Deutsches Schiffahrtsarchiv

28 · 2005

Dr. Uwe Schnall

für seine Verdienste
um die Veröffentlichungen
des Deutschen Schiffahrtsmuseums

zum 65. Geburtstag
am 1. Mai 2006

Deutsches Schiffahrtsarchiv
28 · 2005

Wissenschaftliches Jahrbuch
des Deutschen Schiffahrtsmuseums

Für das Deutsche Schiffahrtsmuseum
herausgegeben von Lars U. Scholl

Redaktion:
Erik Hoops und Ursula Feldkamp

CONVENT

Titelabbildung: Ansicht des Hamburger Hafens. Ausschnitt aus einem undatierten Ölgemälde von Cornelius Wagner. (Reproduktion im Besitz des DSM; Verbleib des Originals unbekannt)

Redaktion: Erik Hoops, M.A. (verantwortlich), Ursula Feldkamp, M.A.

Übersetzung der Summaries: Judith Rosenthal, B.A.
Übersetzung der Résumés: Laurence Wuillemin

Satz und Reproduktion: Gerken Concept, Wiefelstede
Druck und Bindung: Druckerei zu Altenburg GmbH, Altenburg
ISBN-13: 978-3-934613-98-0 · ISBN-10: 3-934613-98-5 · ISSN 0343-3668

Das »Deutsche Schiffahrtsarchiv« (DSA) ist das wissenschaftliche Jahrbuch des Deutschen Schiffahrtsmuseums. Es hat den Status einer referierten Zeitschrift: Sämtliche eingereichten Aufsätze unterliegen einem anonymen Gutachterverfahren, das über die Aufnahme in das Jahrbuch entscheidet. Das DSA erscheint seit 1975, ab 1980 jährlich (Gesamtregister aller bisherigen Beiträge unter http://www.dsm.de/Pubs2/dsa_register.pdf).

Redaktionsanschrift:
Deutsches Schiffahrtsmuseum, Hans-Scharoun-Platz 1, D-27568 Bremerhaven,
redaktion@dsm.de

Inhaltsverzeichnis

With English Summaries · Avec des résumés français · Mit deutscher Zusammenfassung

Polar- und Meeresforschung

Sozialgeschichte der Schifffahrt

Kunstgeschichte

Aus den Sammlungen des DSM

Zeitzeugnisse, Vorträge und Miszellen

QUELLENKUNDE

CHRISTER WESTERDAHL

Maritime Cosmology and Archaeology

Cognition and the Cognitive

In recent years archaeologists have begun to refer to cognitive aspects in their discipline. What is meant here by cognitive is the way people in the past have thought about themselves in relation to their environment and how they have represented this relationship, or, generally, their cognition. Cognition is a function of all the senses: hearing, seeing, even smelling. The cognitive landscape is the landscape experienced by the senses as well as the remembered landscape which one carries along with oneself. To some extent, it may be subliminal or subconscious. It is true that the source material of archaeology is of a material nature, but basically the ambition of all research of the humanities is presumably to get as close as possible to the thoughts of people of the past. An internationally well-known pioneer of archaeological theory (himself formerly obsessed with objects, and very successfully so), the Swede Mats Malmer often – and sometimes quite provocatively – talked about the need for archaeology to follow up the notion of making the *spiritual* life of ancient times the foremost and even the only task of archaeology. It is of course a dangerous illusion to believe that prehistoric man in any period thought exactly as we do. To believe so would be to ignore all experience of how men have been shaped by their environment, by their adaptation to this environment and to other people. This goes for individuals as well as for the social "thinking" of groups. But to be able to interpret the cognitive significance of artefacts or other remains of the past, we find that a wide spectrum of knowledge must be gathered from archaeology and all other disciplines concerned with the cognitive world of human beings. For example, archaeology is not in itself particularly well suited for taking up the challenges inherent to rock art. The contribution of this discipline is restricted primarily to the dating of the objects depicted or of the remains found in connection with the rock panels.

Even the sub-discipline maritime archaeology has now begun to be influenced by this ambition. As for myself, I have always maintained that the task of maritime archaeology is to *document and analyse maritime cultures of the past*. Maritime culture can be defined as the cultural manifestations shaped and exercised by groups living by the sea and getting their subsistence from the sea. And, it could be added, by and from great open waters in general. It is unlikely that the difference between the sea and the great lakes would be obvious in a cognitive sense anyway. Yet this ambition causes a slight problem of interpretation, since some people probably lived their lives in the neighbourhood of these waters without themselves being dependent on them in any way. It is thus possible to live with your back to the sea, facing the land. On the other hand, the opposite would be the rule almost everywhere. In any case, the sea would be one of the basic points of reference.[1]

In this text, it will make no difference if the archaeological source material is found underwater or on land. Almost all remains are part of the maritime cultural landscape of the respective period. The relevance of all sources will be judged according to their ability to reveal cognitive aspects of human existence. Some major problems of interpretation in Nordic archaeology will be addressed, and a few comparisons with other areas will be undertaken. This text is an attempt to introduce something truly new. It is thus necessarily associated with the analysis of unconventional kinds of sources, which archaeologists may never have even touched in the past. A cross-disciplinary approach is required.

Cosmology

In order to formulate my hypothesis, I must refer briefly to definition. I must confess, however, that I have not found any good references to this part. In my view, the kind of cosmology I am referring to is a simpler kind of explanation of the world than myth and religion. It is based on contrasts and other great dividing lines in existence. This is why it can – as assumed here – pass unscathed through time and space, almost independently of time-bound ornamentation. Among its manifestations are the various doctrines of basic elements in the universe or the primeval or first element, which found its first expression in partial dissociation from religion, in the work of the pre-Socratic Greek philosophers (fire, water etc).[2] However, this idea is linked to more than two elements, usually to four.

Cosmology could be said to represent the *magico-religious aspect of cognition*. It is an emotional and partly subconscious aspect. It is quite plausible that no basic cosmology was formulated as such, even in the past. Its position is that of an illiterate "ideology" expressed by oral tradition, language and the application of all the senses. In an illiterate tradition, images such as rock carvings are a prime form of illustration/conveyance. Cosmology is often covered by and hidden beneath more sophisticated religious representations. Religions proper have a much clearer social function and change relatively quickly *pari passu* societal development. Their role is formulated by the upper classes and elites of society as a means of explaining and legitimizing their own existence *vis-à-vis* the subordinate groups, the "lower classes." In fact cosmology often works as a *counter-ideology* to formal religion, used by the subordinate groups. This cosmology, and the kind of magic used by the underdogs to negotiate it, is accordingly despised by the creators of such religious systems. In their eyes it is merely *superstition*. I think that it is quite possible to sketch a picture of a cosmology, or part of it, for a long period of time. On the other hand, I will maintain that prehistoric religions represent a much greater challenge. They are much more sophisticated, thus more difficult and ambiguous. In a certain sense they are the offspring of literacy, partial or "total." In this text I will attempt only to indicate a few of the interfaces of cosmology, magic and religion. It will be observed that I have avoided references to the important scientific field known as structuralism.[3] This avoidance does not mean that I consider structuralism irrelevant or inadequate. It means simply that I want to found my somewhat alternative view on independent source material, which has not been used previously for this purpose, rather than on a theoretical scheme. Methodically, I will proceed by way of *cross-disciplinary analogies*. The dual structure of the cosmology proposed may allude to many different things at the same time, such as nature versus culture, female versus male, etc., all elements which are part of structural patterns. But I have chosen one of these pairs of opposites as a fundamental factor – the environmental one: sea versus land.

What I am going to present as a model for the explanation of maritime cosmology has taken many years to chisel out of an old torso composed of several elements of maritime and other cultures.[4] It was only in 2004 that I found what I now audaciously propose as a definitive solution. At least when it comes to cosmology proper, I myself am convinced that I am on the right track. My task is now rather to convince others. My own scepticism with regard to my success in this endeavour derives chiefly from doubts of my own ability to explain to my readers the sheer scope of human forms of expression and their relevance to cosmology. After all, I did not understand it myself for many years, although I was more or less entirely immersed in the topics involved. This exploration will touch on such disparate phenomena as words, names, pictures, objects, and animals or human beings as transferred forms or "symbols." Inanimate materials, such as stone and water, and their transformation by way of fire may also be relevant to some extent. The senses, such as sight and hearing, perhaps even smelling and feeling, could be implicated. Initially, I had no idea that this spectrum could possibly explain other controversial and enigmatic elements than the manifestations of a "purely" maritime culture. Well, here it is:

Taboo and *noa*

Two essential anthropological concepts taken from recent cultures in the South Pacific are *taboo* and *noa*. *Taboo* is what is forbidden. *Noa* is what is normal and what could replace that which is *taboo*, if needed.[5] *Noa* could also be a construction for the purpose, a paraphrase or a euphemism. In this case, *taboo* at sea is what represents land. *Noa* replaces it as not forbidden at sea.

In our world, the complex of ideas I am referring to here is known simply as *superstition*, *Aberglaube*, a term which is itself already a clear value judgment. It has little or no connection to the sublime categories of religion. One of the reasons why no scholars before me have ever tried to use it as an analogy to archaeological problems may be precisely their explicitly and implicitly condescending attitude towards everyday magic (cf. above).

It is well-known that fishermen have or rather had a well-developed kind of superstition. Today it is believed that only old fishermen would believe in such "nonsense." Probably most of us also believe that superstition does not exist anymore. This is almost true, but only almost. And it does not only concern *old* fishermen. In fact, likewise contrary to common expectations, it also does not only concern males. We, and some fishermen then, may encounter this superstition as the notion that various things and behaviour bring fortune at sea and other things rather the reverse. Mostly the rules are negative. Many of them would seem to relate to gender. The best-known *taboo* forbids women on board, but it is by no means the most important of these rules. Black colours should always be avoided on boats. One should never whistle at sea. You should never have clawed animals such as cats, dogs, etc, on the vessel. On board you must not even mention them and others of their kind. The same goes particularly for horses and wild animals such as bears and some bird species. The parson or priest is even less welcome than women/females. You must not talk about or name women/females or priests on board. It is even considered bad luck to meet such individuals on the way to the boat, i.e. a priest, a female, a cat, etc. When aboard a vessel, it is forbidden to use the same word or name you normally use for these animals and people. If you have to mention them anyway, you must use a *noa* expression, a 'good name,' a euphemism, Norwegian: *godnemne*.[6]

You also have to use another – *noa* – place name for a conspicuous feature on land than you would when on land. Perhaps you would even know the obvious cases of *Jungfrun*, 'The Virgin,' or *Bonden*, 'The Farmer,' which are often the *noa* names for several important sighting points in the North, such as that of Kullen of Skåne, southern Sweden (below). Even the boat and its implements are taboo, and the same goes for various species of fish and the weather. Perhaps the latter category is the last to survive.

It was also taboo to mention stone of the land on the boat. In eighteenth-century Finnish Österbotten, the Swedish *noa* name for stone was 'halman.'[7]

On the other hand, many of the most forbidden names and words have in fact been used quite often in place names, and women are not always unwelcome; in fact they appear as mistresses of the sea. Ship names are not seldom feminine, or inspired by the names of land animals, both wild and domestic. A ship's cat and a ship's dog are indispensable on vessels, etc. Why? We will return to this ostensible structural reversal later on.

When fully developed, this system amounted to what was supposed to serve as a special language to be used at sea, a *sjómali*, as it was known in the Faroes, or mainly as another vocabulary, called *hafwords* or *lucky words* in Shetland, *skrocknamn* in Gotland.[8] The latter means 'names of superstition,' which reveals its origin in an external, condescending observer. But it was in fact not merely another vocabulary; even grammar or syntax could be influenced.[9]

These language rules may appear as a rather "simple" kind of superstition. Sceptics have always despised such primitive forms of superstition, even fishermen. And nowadays very few people follow such rules. If they do, it is in secrecy. There appears to be a taboo on mentioning such practises to strangers.[10] Already in the 1960s, when interviewing fishermen at Lake Vänern, I encountered very little of it.[11] In the 1970s along the Norrland coast down to Norrtälje in Roslagen, the prevalence was the same.[12] But this "varnish" was quite superficial. People were ashamed of showing what they believed in openly to strangers. Another important mechanism at work in the concealment of such behaviour is the notion that the practise of magic loses its power to transform if it becomes known to outsiders and non-believers, in this case landlubbers in particular (for example myself!). In fact, many of the old ideas were still alive, including taboos, *noa* names and other superstitions. But only a very few were affected by these old cognitive patterns. On the other hand, this group consisted not only of older people, and – as mentioned above – not only of males. A necessary condition seemed, however, to be that the practisers were firmly rooted in a maritime environment; accordingly, the practises were encountered primarily in fishing families and communities. In these milieux, everyone has a father and/or grandfather who was a fisherman, at least part-time.

Furthermore, the current forms of superstition were shared with quite a number of sailors. "Det er tydeleg at fordomar hjå sjøfolk stort sett har vori dei same som hjå fiskarar" (It is obvious that prejudice among sailors have been the same as those of fishermen).[13] This was clear as well from some of the other interviews I carried out myself, the rituals being part of everyday maritime culture. The transfer is due to the pattern of recruitment within maritime culture. The life cycle of an individual fisherman/ farmer often includes a period at sea as a sailor and maybe as a pilot or pilot's assistant in later years. He accordingly bears the twin world of sea and land within himself.

The reader may by now have gained the impression that only the fishermen's world is affected. But that is an oversimplified notion. Only a closer examination could reveal the actual scope. At first *taboo* is associated with land, the noa name with the sea. There is a clear dividing line at the shore, and beyond it, by being on board the boat or the ship. The shore itself is an ambiguous zone where anything can happen. Everything associated with agrarian activities, the animals of the land, in particular the prestigious animals such as the horse and the great predators are taboo at sea. The physical stay at sea or on the boat demonstrates the application of the dividing line. It is applied with a clear theoretical consistency and in all current senses. The taboo could comprise seeing, gazing at, using, feeling and even smelling and hearing land phenomena. The pattern is in fact rather that of *a consistent system of belief*.

Studies of literature on the subject revealed that the same kind of taboos were known from fishing cultures throughout the North Atlantic, even as far away as Newfoundland, but also in Texas, on the Malay peninsula and in parts of South America, e.g. Guyana.[14] Thus it appears that it may be a universal form of superstition in fishing communities.

Several authors have explained this form as a reasonably logical reaction to the dangers and hazards of fishing as a *métier*, a profession. Magic would then give mental guarantees and assurances that could not be obtained anywhere else. Subjectively the fisherman felt much safer if he applied age-old traditions rather than not. No harm done anyway, if it did not work as he thought or in fact did not work at all! This idea was often put forward by people I interviewed who confessed to having made use of such magical practises.

To summarize: The opposition of sea and land is thus applicable two ways: 1) Any land words/names or patterns are fundamentally forbidden at sea (even if they belong to the sea), and 2) the most prominent incarnations of land – animals, etc. – represent the strongest taboos and are the most dangerous.

However, a third principle – in fact the strongest of them all – is that these taboos could be broken and the danger placated and used by way of magical transfers, which I will refer to below as *liminal agency*.

'Only' superstition and 'only' magic for the benefit of fishing?

Was this pattern still merely the product of superstition, merely the result of an adaptation to hazardous circumstances? Was it "just superstition?" At first the whole pattern seemed rather uninteresting to me. After all, my concerns during field work were very material and tangible, such as wreck sites, sea routes, harbours and all that pertained to these categories. The maritime cultural landscape[15] was thus basically material. The field of archaeology chiefly studied such remains. The complex of beliefs and the associated behaviour more or less appeared as a kind of curiosity. Personally, I only started to doubt my former assumptions, shared by so many other field workers, by observing the obvious *consistency* of the pattern and especially the scope of its remains. I was deeply impressed by *the wealth of its traces in the landscape*. Especially, place names containing allusions to magic literally studded the archipelagos of Scandinavia: "Vi har her ei sikker rettesnor til å kartleggja dei gamle ferdslevegane langs kysten vår" (Here we have got a secure clue to chart the old transport routes along our coast).[16] Clearly, if the maritime cultural landscape were defined as "the whole network of sailing routes, old as well as new, with ports and harbours along the coast, and its related constructions and remains of human activity, underwater as well as terrestrial[17]," the cognitive landscape, including the place names, would certainly be included[18], but also their interpretation.

Even if I am personally best acquainted with this Nordic area and my survey may therefore seem prejudiced in favour of this area, I do not think this geographical preponderance of exceptionally rich and relevant material is a coincidence. The richest elaboration of this cosmology, of myths and rituals of this kind, presupposes an equally rich archipelago with lobate and undulating coasts, striking contrasts between the high, often forbidding land and its steep cliffs, often all the way down to the water's edge. And at the same time such an extreme wealth of relevant ritual sites is necessarily accompanied by difficult channels with an equal wealth of dangerous rocks, shallows and skerries. To be sure, these observations do not mean that I do not consider this cosmology universal in maritime environments. But the wealth of allusions could not have been recorded elsewhere to such a striking degree. It truly belongs to the Nordic heritage.

Scholars working in such fields as folkloristics, ethnology and linguistics, for example the Norwegians Svale Solheim and Per Hovda and the Dane Henning Henningsen, discovered *the ritual landscape of maritime culture*. They did not refer to their discovery as such, but I did as an archaeologist, if at a much later date. Fragmentation into academic subjects had to be replaced by a holistic view of the totality. At the same time, I suddenly realized that almost all of this superstition must be *based on a contrast or antagonism between sea and land*.[19]

It was self-evident. Firstly, it was indeed at sea that this ritual behaviour or magic was practised. The inner space of the boat was its radius of action. Secondly, everything forbidden was in some way or other associated with or identified with land, the agrarian element, the farm, children, wild animals, the bailiff, the priest, definitely not only the women, or females in general. Where it appeared as an antagonism expressed by gender, the latter was always secondary to the relationship between sea and land. Gender was simply another way of expressing the dual structure. On land there were other rules. They were not as consistently applied, but some were influenced by the same representations, no doubt because of the double role of the fisherman/farmer. The everyday fisherman/sailor was also a small farmer or small peasant, although his wife and children managed a large part of the land-based economy. In a way, only his other existence applied the consistent taboos. On land there were other taboos, but infinitely weaker and much less consistent. But the sea was always there as a cognitive category and a point of reference.

The contrast between land and sea, as expressed by the patterns of superstition, was evidently based on a true *maritime culture*. It belonged to the identity of the practitioners of this culture. This was interesting, since the cognitive representations of social groups reveal their deepest feelings of identity. Otherwise my studies of the aspects of the maritime cultural landscape had only found *sliding transitions* between the seaboard and the inland cultures. The border between maritime and terrestrial was somewhat vague. This was something completely different, something much more clear-cut. The ritual landscape served as the best conceivable introduction to the cognitive element of maritime culture.

The sliding transition was described by the aspect I referred to as *the power landscape*. The folklorist Svale Solheim conjectured that the aversion towards priests and bailiffs was essentially a reaction to the tyranny of authorities, "the wolves on two legs," as they were referred to by one *noa* name. This aversion had then been extended by the fishermen to apply to land conditions in general. British researchers explained the antagonism in much the same way.[20] As an explanation of function in the present this assumption appears reasonable. But from a historical perspective, such an explanation is obviously insufficient. It partially explains the present-day function of a custom, but nothing else. All other taboos aside from those pertaining to priests and bailiffs show the insufficiency of this partial approach to the complex. What is more, the priest was probably not taboo merely as a representative of the authorities but also because of his attitude towards magic, which he not only condemned but, in the imaginations of the fishermen, possibly also weakened with counter-magic. And that is apparently an old idea, originating long before the present generations, probably even before the Christian church.

Other functionalist interpretations concentrated more generally on the hazardous life of the professional fisherman who wanted to create safety by sticking to customary ritual or magic behaviour. From this point of view, the practises were mainly the reflection of a risky business.[21] Solheim believed that the fisherman worried about the life of his family on land and what could happen during his absence.

Structuralists, for their part, tend to stress a relational dualism as expressed in gender, nature/culture, private/public, etc. One of the most consistent of these explanations for the appearance of dichotomies in recent times is that by Vestergaard (1981). The dual oppositions are manifold but logical:

A.	contrasted to:	**B.**
culture		nature
male		female
familiar		strange
public		private
profane		sacral

Vestergård significantly describes her own studies as *social cosmology*. It is considered to have extended validity in Europe as well as the Mediterranean region. Just a few aspects will be referred to here: The taboos applied in the Faroes to animals are satisfactorily explained by way of their gender and, accordingly, their categorization under one of the two categories. Sheep belong to the male sphere and do not require taboos. But cows do, since they belong to the female sphere.[22] Apart from being wild and thus belonging to nature, the raven and crow are animals inimical to culture and are accordingly charged with power, magical potential and ritual behaviour such as taboos. The current social cosmology in which some of these taboos acquire a function has indeed been admirably explored in this structural dimension.

However, even if the dual structure of opposites referred to in the A-B scheme could be extended to other epochs of human history, I find it largely irrelevant on the level of cosmology which is my theme. Social cosmology has always existed side by side with environmental cosmology. Partly they are identical. They have cross-fertilized each other by way of metaphors and cognition. The kind of supernaturally founded magic which was applied in prehistoric societies certainly depended on *other social cosmologies*, although the same categories A-B might still be interesting to us. But these categories would be interspersed by those supplied by altogether different social configurations. In recent traditional societies, the crucial behaviour and cognition associated with life (birth) and death (burial), the passage rites (initiation in stages), ritual (and to some extent even magic) as well as morals (right/wrong) were governed by the relationship to an "all-pervasive" established church structure and the regulations imposed by a legal system and the hierarchy of an "all-powerful" state. The Faroes of the nineteenth century were part of a developed Western society, although retaining a clear identity of their own. These "modern" elements have certainly made their way into – and to some extent distorted – what I believe is a fairly consistent belief pattern based on *the environment* rather than on a formal society. But such a basic dualism of sea and land is in no way unrelated to society and economy. On the contrary, it conforms to the two basic subsistence strategies of combined hunting, gathering and fishing societies[23], as well as of farming, hunting and fishing societies. This would perhaps best be described as a *diachronic* perspective, but also as cutting across local or regional identities such as the Faroese.

The societal component thus makes it likely that the character of some taboos and other ritual or "cognitive" behaviour analysed by Vestergård is a *synchronic* function, acquired over time.

The representatives of land may change, but the fundamental antagonism appears the same throughout the centuries. The kind of magic associated with this antagonism is not known only from recent centuries but at least from the beginnings of the sixteenth century. Place names certainly allow us to assume that these practises hark back to the Middle Ages. And judging by the nature of such matters, they would reasonably be much, much older. Thus, for example, the priest, as a male representative of land, must have had other predecessors. In anthropological literature it has been pointed out since the late nineteenth century that *the motives used among the practitioners of an ancient custom vary with the current conditions*. So do its functions. Wise old men like Heinrich Schurtz and Wilhelm Wundt, once giants in their field, are no longer read widely.[24] They have been left behind and are *passé* in the history of ideas. Everything they said, even the many wise and reasonable things, has been forgotten. But in this respect

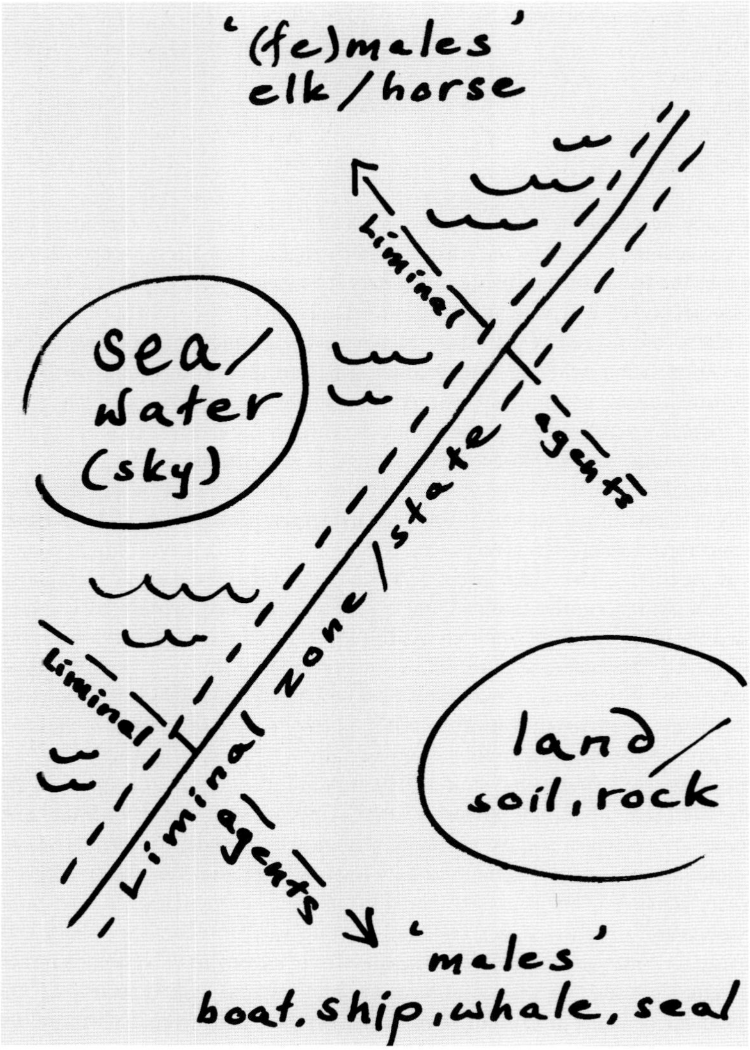

Sketch A Principal sketch of the ritual meeting between land and sea. (Drawing: Christer Westerdahl)

they provided a better picture of the diachronic and polysemic aspects than is normally the case today.

The basis for this superstition and this ritual behaviour may therefore lie in something else and much more fundamental. I am convinced it does. The basic conception of the opposition of land and sea and passages between them, developed in the following text, is illustrated by the sketch A.

Gender?

The antagonism between sea and land could be seen as a consistent belief pervading all elements implied. The division into gender, or sex, appears as a secondary contrast. In a certain situation, the female element was identified with land. In this situation, in recent Scandinavia and adjacent areas, she represented – according to a somewhat simplified view – the agrarian economy and the subsistence on land products, in her capacity as organizer in this sphere, while her husband was out fishing or at sea as a sailor. But her role was in fact as varied as the infinite possibilities of emphasis on niches in maritime life. In my research area, she was or had invariably been a partner in pair-fishing with her husband, brother or father, and could not possibly be unwelcome on board.

Apart from this temporary gender role, another interesting pattern can be discerned. It was obvious that certain female beings may in fact bring extraordinary luck at sea, both by meeting fishermen on the way to the boat, or their being out at sea. It was clear that the living favourable ones were very special, in some way or other they were outsiders, or abnormal as it were.[25]

The same pattern was valid in the case of supernatural beings represented as females. The mermaid or, as she is called in the North, *Sjöjungfrun* or *Jungfrun (Jomfrun)*, 'the sea virgin,' or *havsrået*, was the quintessential *Mistress of the Sea*. In this case we must forget entirely the sweet and gentle apparition of the Little Mermaid, *Den lille Havfrue*, on Langelinie in Copenhagen. The "real" mermaid was conceived of as being infinitely more powerful but also fickle and easily offended. The memories of her are contained in a large number of place names of important sites of magic at sea. I am constantly reminded of the dangerous names of *Nerrivik*, the sea-woman of Inuit cosmology.[26]

Fig. 1 The contours of Blå Jungfrun Island, home of the mermaid and the witches. (Photo: Christer Westerdahl, 1978)

The significance of the island *Blå Jungfrun*, 'Blue Virgin' or, in Low Dutch / Low German *Zweedse Jouncvrouw or Swedish Virgin* (fig. 1) was already pointed out by the early ethnographer Olaus Magnus in 1555.[27] The sacred status of these *Jungfru* sites is obvious, not only from testimonies of tradition. Outside the mainland of the Swedish province of Hälsingland is the large island *Stor-Jungfrun*, 'the Great Virgin,' otherwise known as *Helgön*, 'The Sacred Island.'[28] These names can be dated to some extent. *Helgön* may well be prehistoric. Before the German word *Jungfrau* began to replace the word for 'virgin' in Nordic languages during the fifteenth century, the indigenous word was *mö*. This word is still often found in place names referring to the same type of sites. There are numerous references to females in dangerous and charged places. Per Hovda has shown that this has a transcendent meaning in the fairly mundane-appearing element *Kjerring* as used for names of skerries.[29] *Kjerring* means 'old woman, crone, hag,' but also, with a slightly affectionate connotation, '(my) wife.' These names are found all over the North, but there are others as well.

The Norwegian parson Peder Claussøn Friis tells us from ca. 1600 AD that the sailors replaced the name of the island *Jomfruland* at Kragerö, an important sighting point, with the name *Landet Gode* while passing it.[30] This is a typical *noa* name, and recurs as such, but in this case the forbidden name contains the element *Jomfru* whereas *Landet Gode* is the *noa* name. The oldest known name of Jomfruland is *Aurr*, 'the gravelly (island).' The presumably "most forbidden" name of *Blå Jungfrun is Blåkulla*, which is the traditional name of the foremost meeting-place of witches.[31] In Germany this supposed meeting-place is located far inland on the Blocksberg in the Harz mountain range. The cases of *Blå Jungfrun* and a couple of others indicate that a certain locality may have carried many different names. The case of Jomfruland shows that a *noa* name sooner or later becomes the normal name. This is also the case with several other sites.

To find evidence of this mechanism, it is difficult to reach further back than late Christian

Fig. 2 The dangerous cape of Kullen, or *Bonden*, at the entrance to The Sound, Öresund, probably the most well-known site of sailors' baptism in Europe. (Anthonis Goeteeris, AD 1619)

times. There are few sources to rely on. But it seems to me of some consequence that many medieval chapels on islands in the North almost invariably seem to have had a tale of origin connected with a virgin of high status directly or indirectly founding the building or the churchyard. Folk cosmology would have tended to identify her with the mermaid rather than with the Virgin Mary or St. Sunniva of Selje, Norway.[32]

Apparently for the same reasons, quite a number of islands and mountainous sighting points were called *Bonden*, 'the farmer,' at sea, even though they had other names on land, such *Kullen* i Skåne (fig. 2) or *Kinnekulle* in Lake Vänern. The oldest known name of Kullen is likely to be *Skjold*, 'the Shield,' in this case only preserved in the name of the nearby bay *Skälderviken*.[33] Several other such indications can thus be cited to show that a certain magic locality had several names in succession, the noa name replacing the old name as the regular name, the *noa* name becoming the forbidden name and so forth. The magic of such places could be exceedingly strong, even on an inland lake. The hill of *Kinnekulle* was so charged with power, one of my informants told me, that it might be dangerous even to fix one's gaze upon it.[34]

Fig. 3 The island Högbonden, Ångermanland, Sweden, with its lighthouse. (Photo: Christer Westerdahl, 1990)

Most of the original names of such places have now disappeared. Only the *noa* name has survived in the names of several islands called *Bonden, Högbonden,* (fig. 3, map fig. 4), etc.[35] It can easily be understood that they are all important sighting points at sea. Some possess other ritual aspects as well. In the case of Kullen, we have the most famous site of sailors' baptism in the North. It has largely been forgotten that the Equator, the Line, is not alone in this function. The large number of such sites, including *Blå Jungfrun*, in the Baltic and the Kattegat/ Skagerak indicates that the custom emerged here, probably in the latter half of the fifteenth century.[36]

By way of comparison, it can thus be established that not only virgins but also male beings, supernatural or not, could be favourable in magic-related behaviour at sea. Gender works as a contrast but there is no fixed role for the sexes, land or sea. But it is certainly a virile world in general.

Initiation rites in fishing

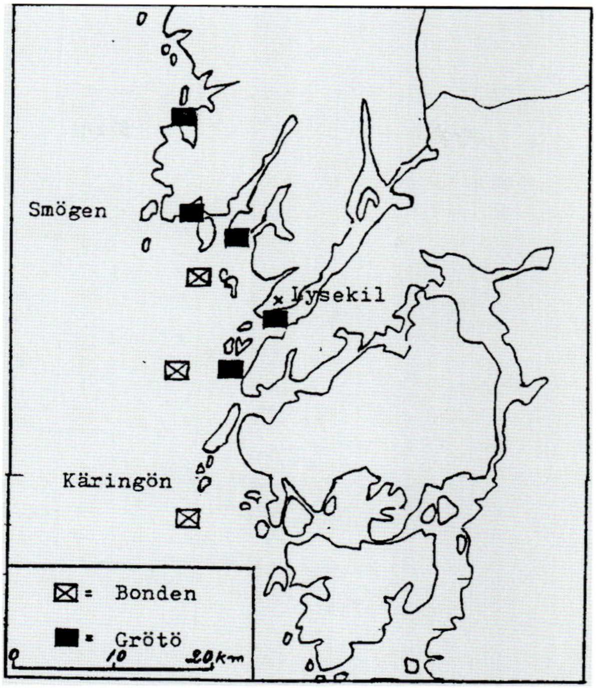

Fig. 4 Assumed *noa* names of *Bonden* names in a small area near the town of Lysekil, Bohuslän, West Sweden. (After Fries 1989)

The prerequisites for sailor's baptism (map, fig. 6) are the ritual customs in fishing. As we have observed above, fishing provides the primary economy and the primary cognitive patterns in maritime culture. These customs have been well accounted for in the North, in particular in Norway. Many dangerous places with rocks and shallows must be memorized by the young apprentices in fishing. They faithfully mark the old sailing routes, as pointed out by Solheim (above). A forbidden (land) name is used for this locality, like *Bjønn, Björnen,* 'the Bear,' *Kråka, Kråkan,* 'the Crow,' *Galten, Grisen,* 'the Pig (Boar),' *Hesten, Hästen,* 'the Horse[37],' in spite of the taboo for such names at sea. The intention is *to warn* sailors, who know the rules: such names must mean something special, something dangerous. So they are made favourable nonetheless. With regard to Norway, this complex has also been treated by Per Hovda.[38]

The taboo was extended to other wild animals as well, which may have further implications, especially for prehistoric representations. The well-known natural sea mark in southernmost Rogaland, *Hådyret,* Old Norse *hádýr,* obviously means 'the high deer' or 'the high stag.'[39] This seems to be a clear *noa* name.[40] I see it as an abstraction, a metaphor of *the most impressive animal of the land,* the animal *par préference,* the really big game. In the old days it might have been an elk.

Fig. 5 The bright patch is the natural sea mark *Hådyret* in southernmost Rogaland, Western Norway. Old Norse *hádýr* evidently points to a stag (Særheim 2005). According to the author the place name is an example of a liminal agent. (Photo: Endre Elvestad, The Maritime Museum of Stavanger)

When passing a locality with such a name, the apprentice is wheedled into pronouncing the forbidden name. Having committed such a transgression, he is forced to make a sacrifice of some kind. During the last century this consisted in treating his mates to a tot of brandy. In recent times, more practical jokes may have been applied, such as involuntary baptism. This is a classical rite of initiation or rite of passage as an-

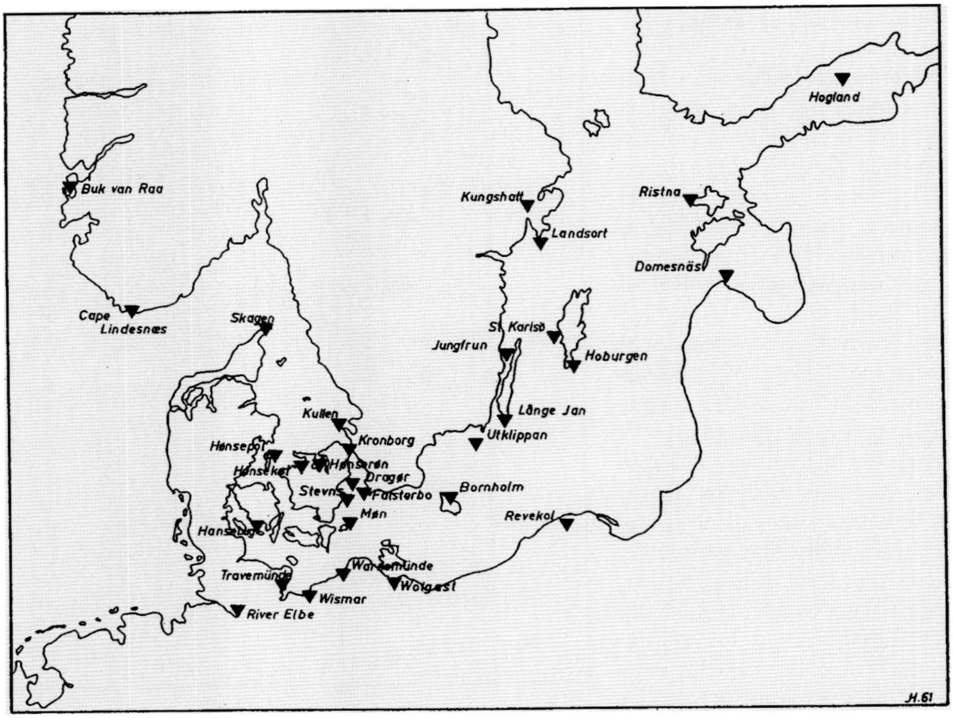

Fig. 6 Map of known sites of sailors' baptism in the Scando-Baltic area. (After Henningsen 1961)

alyzed by Arnold van Gennep[41], even though the different stages systematized by him may not be retold in the records. At some point in time the custom was taken over by sailors (map, fig. 6). In both cases – fishermen's skerries and the sites of sailor's baptism – the names of the localities will henceforth function as *mnemotechnic pegs*, supporting the oral memory of the group members. The apprentice has been socialized, integrated into the team and made adult or able. Afterwards his articulation of the forbidden name is no longer only dangerous, but potentially beneficial.

Some of these places have been recorded as sacrificial sites as well. Coins and small ornaments were offered by passing seamen and, remarkably enough – for the use of the Virgin thought of as being under water– boots, gloves and scarves. This practise was still carried out within living memory in the nineteenth century.[42]

Boat and seal on land – a contrast bringing fortune

On this basis, we can once again contemplate the other crucial mechanism of this cosmology: Certain things taken from land will bring fortune at sea, in spite of their being dangerous there. Some are words or names; some are names of human-like beings. Some are animals, which is precisely the reason why the ship's cat and dog are a boon on board. Some others may be of the same mundane type. But most of the interesting animals are of course *the very princes of nature, kings of the forest*, the elk, the stag, the bear and, among domestic animals, the majestic horse.

Others taken from the sea will obviously bring luck on land. Precisely because they are taboo,

Fig. 7 Several kinds of sorcery are performed in a maritime milieu in this picture by Olaus Magnus, Historia 3:16, AD 1555. To the right is a seal's skull on a pole, held by a male figure.

forbidden, in one element or the other, they possess magical power there. Such agents are whales and seals, but presumably not the mundane fishes. But cf. below on the halibut!

This transfer across the border should be made by a human being, either physically or symbolically. According to some records of tradition, the transfer can be dangerous to the human being carrying it out. One example is the head or cranium of a seal (fig. 7) which was brought on land to be buried at the threshold of a cowshed to protect it and its animals. Within living memory, it could also be used to bring fish into a sterile lake. The individual doing this must be very careful not to provoke the wrath of the powers. A possible means of avoiding being "iden-

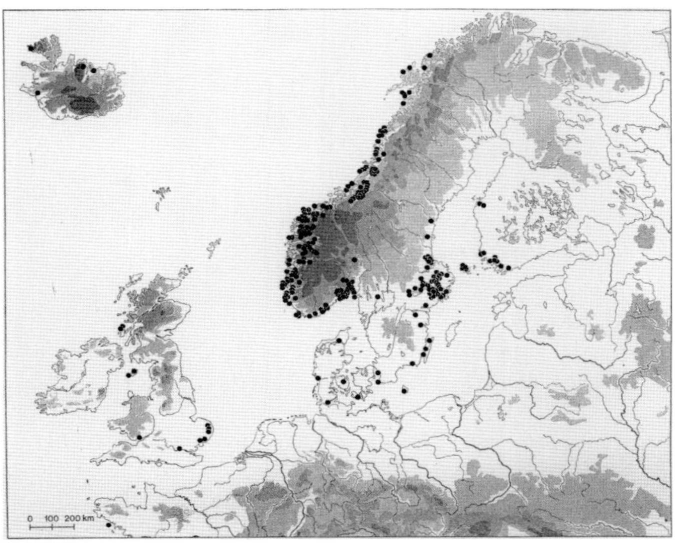

Fig. 8 Map of ship burial sites in the north. (After Müller-Wille 1970)

Fig. 9 The ship setting of Gannarve, Gotland, Sweden. (Photo: Christer Westerdahl 1996)

tified" as the perpetrator (or possibly the superstitious fellow practising magic) was the use of impersonal fire to burn the stake on which the cranium was hanging in order to let it down into the water "by itself."[43]

If we transfer this mechanism to another element associated with the sea – the *boat* – we can see that it has been used for a wide range of sacred or magical purposes on land. I am indeed inclined to introduce this cosmological function as one of several explanations for *prehistoric ships or boats used in burials*[44] (map fig. 8), *ship settings*[45] (fig. 9, map fig. 10) and also medieval *votive ships* in churches or *boats used in carnival processions*. It seems *as if the magic function of the liminal space of the boat's interior was recreated on land*. We remember that it is precisely this space which governs the extension of ritual behaviour in recent folklore. As to the symbolic use of the boat on land or as a pictorial symbol, there is an overwhelming and almost unbroken tradition during Nordic prehistory.[46]

Conceptually, the boat has a complicated relationship to both elements, land and sea, since it is also very much a thing of the land. This may sound like a banality. Still, it is probable that the

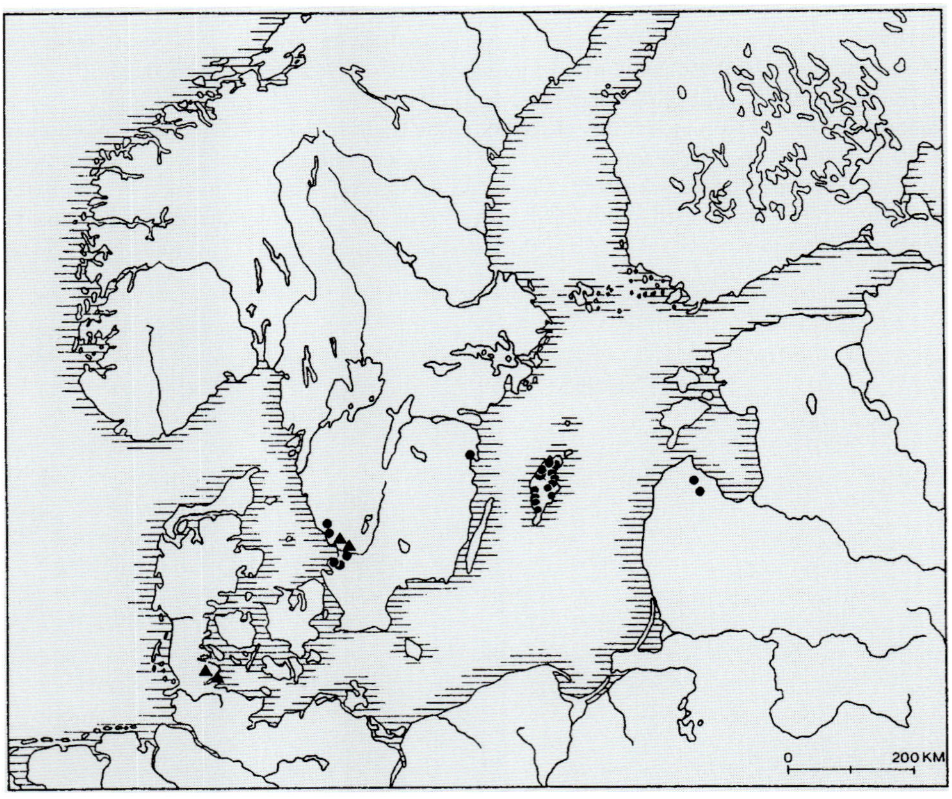

Fig. 10 Map of dated Bronze Age ship settings, according to Capelle 1995.

boat was originally cognitively identified with land, being built entirely of land materials, and got its particular symbolic (and real!) power by way of transfer to the wet element. As it happens, this transfer is a ceremony even today not conducted by just anyone, but invariably by a woman. This is, however, a late development, probably dating from the early nineteenth century. But the ceremony on the shore is inescapable in any maritime culture.[47]

The *grave ships or ship settings* are as much a recurring theme as the boat depictions.[48] At their margins we also find vessels or parts thereof immersed in wetlands, with further polysemic implications. One is of course that the "wet" technology of the Iron Age in the North required immersion in water for a certain period. The liminal state is found anywhere at the water surface. The oldest known burials in a boat were obviously made with a Mesolithic or Neolithic log boat in the water, moored to a pole.[49]

It is well in line with the suggestion of the ship as a paramount liminal agent that the carnivals themselves – boat on a cart or not – attain a liminal status. Their significance is found in terms of a rite, like the Roman *saturnalia,* where reversals of time are marked by way of the momentary freedom of social restraints. The poor can mock and laugh at the rich. This is *communitas,* antistructure, according to Victor Turner, but it may as well mean compensation and perpetuation of the social structure, or it may mean popular resistance momentarily or in the end.[50]

The basic meaning of the *votive church ship* is different. It is more easily perceived as a luck charm to the parish or chapel community and at the same time a status symbol of maritime individuals, groups and communities.[51]

For this reason, I think it is most probable that any such magic transfer could be repeated several times. That is to say that the properties of magic work not only for the element immediately concerned but also the other, sea or land. It is easy to imagine that since the ship has passed one border it will be able to pass another. Below I will treat the liminal state tangibly as the water surface or the shore, the border between sea and land.

But the liminal state works in several cognitive dimensions. Life and death is another, especially in connection with the ship as the carrier of the sun, from light to darkness and back again. These seem to be some of the combined reasons for the significance of the ship in burials. It should be noted that the appearance of sacrificial horses in ship burials would make the representation of land- and sea-based liminal agents complete. The liminal role of the horse in the sepulchral sphere can be pointed out also in connection with its quality of *psychopomp* in Nordic mythology. Odin lent out his own horse *Sleipnir* to elite warriors. It has eight feet and is conspicuous on some of the Gotlandic picture stones, along with a ship. Not only the transport aspect, however, but also the journey to Walhalla[52] might be intended. The polysemic roles of the prehistoric horse and ship have been given ample attention in recent discussions of these subjects.[53]

The potential of rock carvings in this respect is striking. But the classical problem of interpretation has obscured the discussion on meaning: Do they depict mythology or cult/ritual scenes? Perhaps it would be fair to say that this is not a very productive question. The myth could be re-enacted in the cult. A myth of creation is normally repeated as a cultic show to ensure continuity of the eternal cycle of life. On the other hand, the actual practise of the ritual would reasonably influence details of the myth. In this context I will not comment on the possible connection of rock carvings with burials or the sepulchral associations of the ship figure, which naturally comes into mind when contemplating the ship-formed graves of the same period.[54]

In the arctic hunting and fishing tradition of rock carvings, the proportion of boats is fairly small at the outset but increases significantly towards the end, which may be as late as the Iron Age.[55] In the southern agrarian tradition of the Bronze Age, the ship is the most common of all representational motifs, varying from an all-time low of approximately 25% in Denmark[56] to some 80% in the west of Norway.[57]

Apart from the use of any kind of ship as a symbol in Bronze Age rock carvings, there is a

Fig. 11 Some examples of the "boat-lifting feat," the large ship from Brandskog, Uppland, the other two from Bohuslän and Östergötland, Sweden. The same motif is found at other sites in Sweden and Norway.

characteristic scene recurring in many places and on many panels. A male figure, sometimes disproportionately large in comparison with the ship (if the latter is thought of as life-size), is depicted as carrying or lifting the ship, sometimes with its crew on board. The most famous instance is one of the largest and most naturalistic of all Bronze Age rock-carved vessels (if it really is Bronze Age and not Iron Age?), the *Brandskog* ship, nearly five metres long, of Uppland, Sweden (fig. 11). The late Swedish religious historian Åke Ohlmarks, who still seriously attempted to identify rock carving figures with gods and heroes of Nordic medieval myths documented almost two thousand years later, was at a loss to identify any known situation with this figure. He called the scene more or less neutrally *Båtlyftarbragden*, 'the boat lifting feat.'[58] This is what I would call a *window* to the meaning. I would interpret it as *the transfer of the boat to another element, in this case land*.[59] The carving itself is certainly supposed to bring luck, but it would be futile to propose any other hypothetical details. Naturally, such a motif can be interpreted much more tangibly as a magic transport of an actual vessel across land. The fairly normal portage may have been thought of as a ceremony.[60] Or the motif may represent a boat or boat model procession on land.

The Swedish pioneer Oscar Almgren[61] and much later the Danish archaeologist P.V. Glob[62] seriously considered the possibility that the ships on the rocks could have been models of real ones. This would have been more or less in the same vein as votive church ships, or rather the ships carried or driven on carts as important elements of carnivals on land, sometimes known precisely as *boat carnivals or boat pageants*. Apart from the somewhat ambiguous evidence of the carvings (with regard to the interpretation of details), archaeological finds like the famous bronze figures of Fårdal and Grevensvænge in Denmark may very well have been affixed to a miniature boat or model (fig. 12). The foremost Nordic maritime folklorist, the Dane Henning

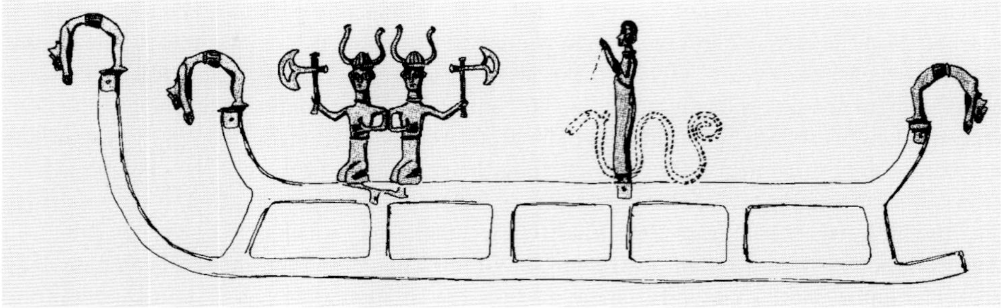

Fig. 12 A tentative model ship of the rock carving type with the figurines of Grevensvænge, Denmark. (After Glob 1962)

Henningsen, described such customs in historical times, including sailor's baptism, but without seeing any pattern like that proposed here.[63] My hypothesis does not decisively influence the old bone of contention among interpreters of rock carvings, whether the pictures represent cult or myth. They might do both or either, depending on the context. I have merely shifted my emphasis precisely to cosmology, which may be closer to beliefs than to action. The mythology of the sun, as recently expounded by Flemming Kaul[64], does not exclude the fundamental cosmology of the liminal agent between sea and land.

Heads of land animals at sea, of sea animals on land

Why do the ships of the rock carvings almost invariably bear heads of land animals on their stem-pieces? In the North, the heads are without a doubt those of elks (fig. 25, but also Brandskog, fig. 11, which is Bronze Age and southern; is it an elk or a horse?). In this arctic hunting and fishing tradition, the majority of figurative motifs probably depict elks, to some extent other wild animals, including reindeers in the far north. Whales are more widespread. The elk is the predominant motif also in paintings. Already from 5700 BC we have a unique dated wooden sculpture of an elk head with this potential, that of *Lehtojärvi* in Rovaniemi, northern Finland (fig. 13). This find is contemporary with some of the oldest dated rock carvings, ca. 6000 BC.

During the Bronze Age in the south, ca. 1800-500 BC, horse's heads adorned the stems of the ships on the rocks.[65] As we can also see from later tradition, the horse was one of the most tabooed animals at sea. If one can judge from the number of *noa* names, the horse was perhaps the most forbidden prominent animal of all. In Shetland the name of the horse had 13 *noa* replacements, if this is to be taken as a measure of its power. In fact there are other animals – the cat and the pig – with the same number of noa-names or more. But except the boar, they have never been much revered by man, and they are not graphically identifiable as stem adornments anyway, which is presumably a shade more decisive. If land animals were taboo at sea during the Bronze Age, we may have a case of an apotropaeic function, i.e. protective and averting, at sea.

This is not a phenomenon restricted to the north. *Hippos*, plur. *hippoi*, Greek for 'horse,' was the term for a well-known ship type, apparently of Phoenician origin in the Eastern Mediterranean during the Iron Age, probably emerging somewhat later than 1000 BC, but contemporary with the later part of the Nordic Bronze Age. Its stem had a horse's head. Such boats were still sailing the Mediterranean in the beginning of the 2nd century AD, according to Strabo. A mighty stag with impressive

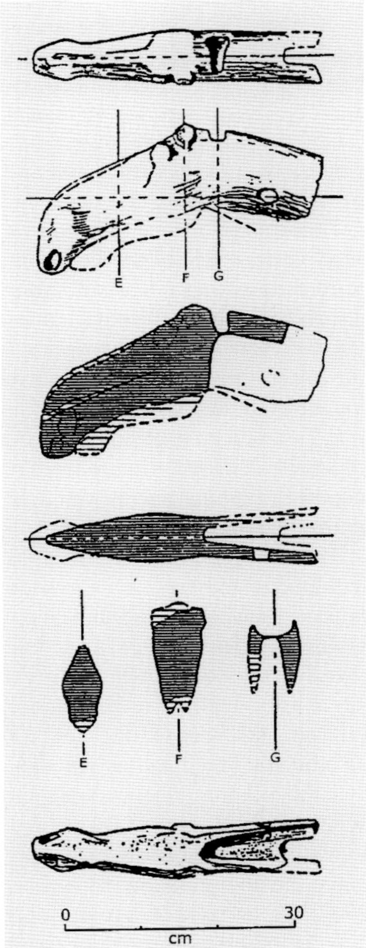

Fig. 13 The wooden elk head of Lehtojärvi, Rovaniemi, ca. 5700 BC. (After Erä-Esko 1958)

antlers is attached to the stem in the Sardinian bronze ship models, probably lamps, of the Early Iron Age (ca. 700-400 BC). The cranium of an ox was the figurehead of a large Irish curragh depicted in the late seventeenth century.[66] The fishermen of Cadiz in south Spain used to carve wooden horse heads and put them at the stems of their boats in the first part of the 20th century AD. Maybe early names of individual boats could reflect this magic of land animals and – as mentioned above – female beings, using words for animals, the ox, the horse, female proper names. etc.

But the ship must also have been significant on land. The seal was mentioned above in the same function.[67] As to the figures in rock carvings of the arctic tradition, the large number of whales depicted may have borne a related significance to land.

Some comparisons across time and space

In Northern Scandinavia, the land upheaval must have contributed to the postulated cosmology. But how? The changes were perceptible during a single lifespan, but the impression would have been strengthened from generation to generation by means of tradition: *The land conquers the sea*.[68] Not much survives of probable prehistoric ideas, in fact only one, as far as I know:

Gotland was first discovered by a man named Tjelvar. At that time the island was so bewitched that it sank by day and rose up at night. That man, however, was the first that brought fire to the island and afterwards it never sank again.[69]

Tjelvar later became the ancestor of all Gotlanders. This is the opening passage of the *Guta saga* on the origin of the Gotlanders. The manuscript of the *saga* probably dates from the late thirteenth century.[70] It seems reasonable to suppose that the occurrences of marine fossils were discovered early by the inhabitants of the island. But would not this saga be an indication of the mysterious relationship between sea and land? Together with Michal Artzy I have proposed that the fire of Tjelvar is depicted as a round symbol on early Gotlandic picture stones.[71] The fire is the medium that makes the wet thing dry, and transforms it, from sea to land. I also suggested that Tjelvar, who is obviously identical to the companion *Tjalfi* of the god *Thor* in Nordic mythology, is a *trickster* figure like Prometheus of the Greeks, who brought fire to mankind. The notion that liminal agents would develop precisely into tricksters has been expressed elsewhere in this text (below on *Loki*).

Another aspect concerns the mythical significance of this new land: Was it possibly sacred or hallowed in any way? Even in southern Scandinavia, new land could emerge. The island *Saltholm* in the Sound (Øresund) emerged in the Neolithic as a huge skerry-like limestone shallow visible from both sides. My onetime colleague in Copenhagen, Dr. Klaus Ebbesen, informed me that this limestone, which is easily identified, was mined on the island, transported by boat and put in a crushed state on the floor of at least ten known *hellekister* (stone cists) of the Late Neolithic on both sides of the Sound. Does this mean that the new land and its rock were considered liminally important for burials?

Is the dichotomy between sea and land a universal idea even in prehistory? Although I still believe that this kind of cosmology is closer to magic than formalized religion, traces may be found in the latter. As to the Mediterranean, the Maltese archaeologist Reuben Grima has proposed the interpretation that the arrangement in the Maltese Bronze Age temples of ca. 3500-2500 BC was based on a contrast between the sea and the land as the basic elements.[72]

As far as I can determine, a classical taboo situation is indicated in a veiled state in the stanzas of the Odyssey retelling the Song of the Sirens in ca. 700 BC. It is an obvious circumlocution of the fact that the danger of the land is represented by the Sirens. Ulysses challenges the taboo by hearing their seductive singing with impunity. To do so, he has to be lashed to the mast during the passage, and the crew, who wear plugs of wax in their ears, must not take any notice of him, who is otherwise the undisputed skipper. In the continuation of the same text[73], it is even indicated in passing that the horns of a domestic land animal, the ox, can be used for magic while fishing by being sunk into the sea. This passage is used as a kind of simile when six of Ulysses' men are snatched away by Scylla:

"Even as when a fisher on some headland lets down with a long rod his baits for a snare to the little fishes below, casting into the depths the *horn of an ox of the homestead*, and as he catches each flings it writhing ashore, so writhing were they borne upward to the cliff ..."

This is entirely consistent with the implicated principles of magic using the liminal passage. Whatever is land, as *pars pro toto*, could be strong at sea. In this case it is the horn of an ox.

During classical antiquity, we know that sacrifices were made to the sea in the neighbourhood of important sighting points, passages of capes, high promontories, etc. These localities were also important meeting places, at which there were temples, graves and other markings.[74] There is, as far I know, no explicit authority suggesting that they reflect any sea-land contrast. But I strongly suspect just that (fig. 14).

Very little evidence of any "secret" maritime cosmology of the Nordic kind has been preserved in the Mediterranean in recent times. The apparent lack of corresponding material is indeed stunning. As has been shown, this is a sensitive knowledge. Would it be quite preposterous to suggest that a hindrance may have been presented by the fact that, during a critical period for the survival of such magic, there was in the Mediterranean region a more hierarchical relationship between scholars and lowly superstitious informants than in the North? And as Henningsen[75] suggests concerning the early lack of testimonies of the sailors themselves on baptism at sea, there may "even have been a sort of taboo about it."

The Canadian archaeologist Robert McGhee has shown that the Inuit Thule culture of ca. 1000 AD only permitted objects from land to be used in hunting on land and only objects from the sea for hunting there. The title of this study, *Ivory for the Sea Woman*[76], reflects the distinct gender division between land and sea. Indeed, it does not reflect the same contents as my proposal, but rather the reverse, yet it certainly shows the existence of a strong contrast or antagonism between the sea and the land. Accordingly, this evidence does not change my proposal in any way. On the contrary, it strengthens it, by pointing out its cosmologically founded variations, its potential *polysemy*. In the interchangeability of *Bonden* and *Jungfrun* as representatives of the sexes, I think I have potentially the same reverse mechanism. According to Leif Zeilich-Jensen, land and sea constitute the pair of opposites that is the dominating axis of recent Inuit culture, and he illustrates the effects by recording that future favours were expected by giving fresh water to sea mammals which had been killed, and blubber oil to land animals, precisely the effect of border-crossing liminal agents.[77] It has also been recorded that in the Swedish shieling system (*fäbodar, säter*) of the northern forests, the act of giving seal blubber to cattle was believed to have magical properties. According to some statements, it was the same in Norway, either with herring blubber or whale blubber.[78]

Fig. 14 The impressive promontory of Ras Il-Wardija on Gozo, Maltese islands. A large cairn-like structure – actually a rock-cut Punico-Hellenistic sanctuary – can clearly be seen at the top. (Photo: Christer Westerdahl, 2003)

As has been mentioned, stone was taboo at sea. Perhaps an approach like that of McGhee can provide new perspectives on the production and choice of stone materials, and not only in a maritime milieu. Bryan Hood considers some of the diverging stone material of coastal Norway as an intentional marking of the origin of the dwellers inland.[79] On the other hand, the "people of the red stone" is a term of Åsa Lundberg, denoting a Neolithic slate culture with a possible origin of its materials on the Baltic coast of Ångermanland.[80] The most extreme location of a stone quarry in the North is the green-stone site at the exposed skerry of Hespriholmen, Bømlo, West Norway.[81] Did it play a particular cognitive role for the axes made here for the groups of the mainland coast? Close to another great quarry, in this case of diabase, at Halleberg, Västergötland, Sweden, axes and axe forms were deposited, apparently ritually, in a waterlogged state, on Lake Vänern.[82]

Liminal state and liminal agents

Thus it is apparently the contrast, and thereby the transition between land and water, that is relevant for this magical mechanism. It is at the same time the most definite border provided by nature. I have suggested therefore that it is the cognitive border *par préference* of environmental cosmology. Such a stage or state is usually called *liminal*. The concept 'liminal' is derived from the Latin *limen*, gen. *liminis*, which means 'threshold.' It is remarkable though, that in Greek, the other great classical language, closely related to Latin, two almost identical words, ho limän, *λιμήν*, masc., and hä limnä, *λιμνή*, fem., refer to harbours and tidal estuaries, respectively.[83] The different genders may have further implications. The difference in meaning may well be a reflection of the maritime character of Greek civilization, whereas the fundamentally terrestrial Romans denoted something having to do with the home.[84]

In our version, the liminal zone is the beach or, more specifically, the tidal area, generally between high and low tide, corresponding to the feminine Greek word. An intentional passage across this liminal area is supposed to endow magic power. But it is full of dangers. As we have seen, anything could happen to the fisherman on his way down to the boat. A bad omen, a woman – of the dangerous kind –, a parson, an unsuitable or ominous utterance by a passer-by, etc. might induce him to go back home. If the contrast between land and sea was important to prehistoric people, as it was in the recent past, we would indeed expect the border, the liminal state, between them to be marked by distinct monuments. As we will see, this is indeed the case: rock carvings, burial cairns/mounds, etc.

But, as we have also seen, some tabooed things were favourable precisely because they passed with impunity, or rather were made to pass the liminal area or stage. *Liminal agents* is the general term I have invented for these magic words which were used intentionally as *noa* words or *noa* names, the gender complex of *Bonden, Jungfrun*, certain women at sea, ship names, ships on land, but also whales and seals on land, land animals like horses and elks at sea. To return to the ship's dog and the ship's cat, they are – on a modest scale and in everyday sea life – the most obvious liminal agents, bringing luck to all ships, precisely because they are taboo on them. No ship could do without them.[85] It is important to underline that any words or names can be used as liminal agents, in fact almost any kind of cultural action or manifestation of the senses. At least some of those who make the passage across the liminal field can presumably return and obtain new power on the other side. The most salient example of an object returning to land would be the all-embracing prehistoric use of boats and ships as symbols and markings in burials/graves, pictures, votive ships, boat pageants and processions, presumably all occasions for ritual.[86]

There are very few clear illustrations of the cosmology in question. Perhaps it should only be expected that such references are indirect. But those which do exist could be called *windows* like the 'boat-lifting feat' discussed above. One example is a highly indicative rock carving (fig. 15) from Alta in Northern Norway, published by Knut Helskog. It depicts a boat at the top, bearing two people who are fishing with a very long line, at the end of which a large *kveite* (Norwegian for a halibut) has been hooked. At the same level as the halibut there stands an elk.[87] There are no pictorial scenes in the vicinity for which this elk would be relevant. This is the most evident "window" to the elk (or another land animal) at sea as a liminal agent that I have found. Certainly there must be others.

The choice of the halibut for the depiction may carry other implications. Richard Bradley has identified halibuts also on the Bronze Age carvings of Åmøy in Southwest Norway.[88] This large fish is called the sacred fish, *heilagr fiskr*, in ancient Norse[89], and the meaning still sticks to present-day Scandinavian with variations like *helleflyndre* or *hälleflundra*, since this is actually a corruption of *helgeflyndre*, 'the holy flounder.' This term is normally ascribed to its function as food during Catholic Lent[90], but there is no reason why it could not have much deeper roots. The richly elaborated taboos and ritual behaviour surrounding the halibut in fairly recent times would rather suggest such an interpretation.[91]

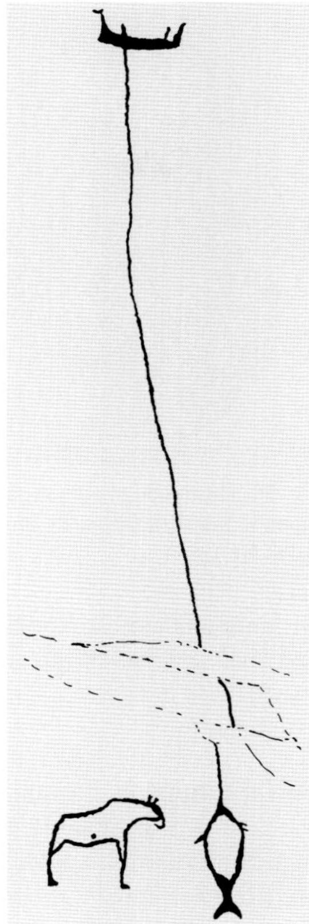

Fig. 15 A "window" to the interpretation of "liminal agents?" The elk is evidently not misplaced. Alta. The figure of the elk is somewhat vague, and may have been intended to depict a different land animal (a bear? [pers. comm. Knut Helskog, Tromsø]). (After Helskog 1988)

I also believe that the liminal agents have been thought of as interchangeable; i.e. they can replace and reinforce each other. In this capacity they can also be used several times, as mentioned above, more specifically concerning the role of ships in graves. If any liminal agent has crossed one border it will be able to cross others, in various possible dimensions, as elk, horse, seal, ship, shaman (below), etc. The *psychopomp* carrier of prominent dead personalities to the afterlife is still the horse *Sleipnir* in Nordic medieval mythology, and the dog *Kerberos* has an important role at the river of death, the *Styx*, which has to be crossed with the ferryman *Charon* of classical Greek mythology.

Human beings can also be used as liminal agents. It is easy to imagine some complications there, since men make a potentially liminal passage all the time in their daily life, that across the shore.[92] However it is important to make the distinction between normal daily life and the role of the liminal agent. Magic is an intentional act, for a specific ritual purpose. The people who assume the role of a liminal agent could only be special, often outsiders, and liminal also in a social sense. The *shaman* is such a liminal agent. He is the great border-crosser in the cosmology of the Eurasian mainland. The perspectives are indeed much related, those of the liminality displayed by the shore and not least the significance of passages across it, which correspond to a number of opposites where the shaman/sorcerer himself is in-between, such as male/female, death/life, hot/cold, wild/domestic, etc.

I will merely indicate the possibility of finding such liminal human agents in rock pictures. A suitable environment would be that of the Norwegian cave paintings. There are at present at least ten prehistoric sites in Northern Norway where almost exclusively human figures have been painted precisely in the part of the cave where the transition occurs between light from the

Fig. 16 Illustration of Finnish sorcerers onboard a ship in the harbour, waiting for a favourable wind. The male figure to the right shows the three knots of winds of international maritime folklore. (Olaus Magnus, Historia 3:16, AD 1555)

entrance and almost total darkness. This is indeed a parallel liminality to the transition of sea and land or between life and death. The sites have so far been found on islands and near the coast.[93]

Social groups as liminal agents

In northern Europe and out on the seas of the world, the Finns were considered to be the main maritime sorcerers.[94] The application of witchcraft in *Winlandiae* was already recorded before the mid thirteenth century.[95] Olaus Magnus reports in 1555 (fig. 16) – with some pride! – on these sorcerers or magicians.[96] In maritime tradition, Finns were often feared as "Jonahs" on board.[97] Saamis had the same reputation, but mostly on land.[98] In my opinion, this point of view was based on an erroneous but powerful illusion: that the Finns and the Saamis were exclusively *inland* people.[99] This notion carried particular significance as the fairly recent "national" symbols of Swedish and Finnish-speaking groups of Finland.[100] The transfer of the abilities of Finns and Saamis and their power was made comparatively early to terrestrial environments. But the inception of their role might be their use in maritime culture.

There is an interesting application of the ship motif on a rock carving panel found fairly recently in Padjelanta in the Northern Swedish mountains, an entirely Saami milieu, in ca. 1000 metres above sea level.[101] These well-executed square-rigged ships (fig. 17) can be dated to the early Viking Age, ca. 800 AD. This could be considered a magic act, reflecting the same basic cosmology, with ships as liminal agents.[102] The ship motif is furthermore exhibited on seventeenth-century Saami drums, the vehicle of the shamans. According to accounts of informants of the latest centuries, the Saamis offered a boat model to their wind god, *Bieggolmai*. This may perhaps be the boat depicted on the drums,[103] but possibly there is another, cosmic, significance to this figure.

In social anthropology, there are several examples of groups and individuals which have been considered marginal, ambiguous and thereby liminal in a certain milieu. Authors treating such sociocultural attitudes are, for example, Victor Turner and Mary Helms.[104]

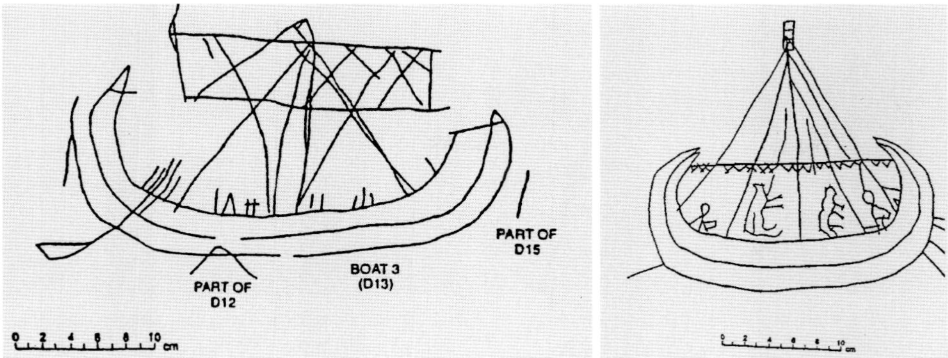

Fig. 17 Some of the ships carved in the Padjelanta National Park, North Sweden, at approx. 1,000 metres above sea level. (After Mulk 1998 or Bayliss-Smith/Mulk 1998)

The liminal zone along the shores

Since we have now proposed that it is possible to perceive a link between the sea-land dichotomy of recent folklore and prehistoric cognition, it is crucial to establish *whether the border between these two elements has been marked in any special way by archaeological remains.* Any place where both elements could be implicated, seen or felt at the same time is liminal.

For the Atlantic coast of Europe, Brian Cunliffe points out that the 'cliff castles' or 'promontory forts,' as they are known in British Isles, seem to be less defensive than liminal in function, "the main imperative being to create a defined enclave at the interface between land and sea." He conjectures: "If, then, the domains of land and sea were conceived of as separate systems subject to their own very different supernatural powers, the interface between them was a liminal place, and as such was dangerous."[105]

In the north, the liminal zone at the water's edge is once again well illustrated by rock carvings. This is particularly true of the arctic variety, that of the hunting and fishing cultures. With regard to Norway, this *location at the ancient shorelines* has been pointed out by Kalle Sognnes and Knut Helskog.[106] The contents of the carvings as well as their fusion of marine and terrestrial elements, referring to animals, have been emphasized by Christian Lindqvist.[107] There are exceptions to the role of the beach rocks, but they do not negate the general tendency. Besides, even the exceptions seem to exhibit a close relationship to water – not least in the later Bronze Age tradition (figs 18, 19, 20).

Unlike the coastal cairns and other fixed monuments on the shore (below), presumably in this case due to their contents (the burial, which would naturally require physical proximity to the liminal area), rock carvings may have been considered more independent. *The liminal area was re-created by the imposition of figures on rocks.*

I did not realize at first when formulating this idea that Richard Bradley[108] already had approached this problem from another angle and come up with a related idea. He proposes that the ships may "convey the idea of water itself", *recreate a water-line* inland in connection with burial sites, where even the carvings of footsoles find an intelligent function, but in a sepulchral context.

It is assumed here that the liminal content of the rock carving was the border between sea and land. Thus a physical closeness to the actual seafront may not have been of crucial importance in some cases of rock carving panels far from the sea. In this sense one could perhaps compare them to the *re-creations of boat forms on land,* the ship settings, possibly the ship burials and – who knows? – the alleged boat or boat model processions indicated by certain rock carving

Fig. 18 The shore position of a ship carving at Vänersnäs, Lake Vänern, Västergötland, Sweden. (Photo: Christer Westerdahl, 2002)

Fig. 19 Rock carving in Bohuslän, Sweden, with the effect of rain and snow melting. (Photo: Christer Westerdahl, 1970)

Fig. 20 Rock carving in Bohuslän, Sweden, during rain. (Photo: Christer Westerdahl, 1974)

Fig. 21 A group of coastal cairns at Gamle hamn/St. Olofshamn, Fårön, North Gotland. (Photo: Christer Westerdahl, 1996)

images. The sites farthest from the shore would then expose the practical aspect of the distance to which the maritime dichotomy would have been thought to extend on land.

The hunting culture of the north certainly depended on marine resources and maritime culture, with fishing and hunting sea mammals as the main themes. But the elk and other land animals were hunted inland, at least seasonally.

During the Neolithic, the maritime connection remained – generally speaking – but inland hunting was partially replaced by agrarian pursuits. Even today, Bronze Age rock art often has a liminal location, but not always at the very seaboard. To a considerable extent, this is a result of land uplift over 3,000 years. As already observed, it should not be denied, however, that there are a couple of carvings and, above all paintings, which do not conform to this pattern of relative proximity to larger bodies of water. However, it has long since been observed that rock carving panels often lie in *vannsigen*, a Norwegian term for precisely that part of the rock which is trickled over by any excess water, at many places shown clearly by brown manganese sediments. As pointed out above, perhaps this was seen as a re-creation of the liminal status of the waterline. On the other hand it must be pointed out that in prehistory this dark colouring, if it existed, must have been a good place to knock down pictures since they would presumably stand out as white against this background.

The contemporary Bronze Age location of the many *coastal burial cairns* (fig. 21), as well as the location of those certain to have been erected during the Iron Age, indicates that this liminal position is fundamental to cosmology.[109] A striking fact in some parts of the north, especially Swedish Norrland, is that the cairns were indeed erected precisely at the shore, although the land upheaval may have lifted them up to 25-45 metres above sea level today. What is more, there are no signs of settlement in the vicinity, a condition only to be expected since this is quite a barren zone, unsuitable for any kind of agrarian activity or permanent settlement. Although the material for building cairns is found in rounded stones and boulders typical of the shore, soil for building mounds is available inland. But there seem to be no mounds at all of the period in the area of concern. Even if this regional picture is most striking there is also general tendency in many traditional societies, as Gabriel Cooney expresses it,[110] to see "the contact zone between the sea and the land ... as a liminal zone, resource-rich but also appropriate for the disposal of the dead." Other authors illuminate the point in prehistoric Scotland and Neolithic Brittany.[111]

Fig. 22 The large stone maze of Blå Jungfrun National Park, Kalmarsund, Sweden. (Photo: Christer Westerdahl, 1978)

The Iron Age mounds, on the other hand, were erected on the very doorstep of the farm, i.e. the grave field was an integrated part of the *inmark*. Nevertheless, the shore was used for individual burials in cairns. My own experience concerns the province Ångermanland of northern Middle Sweden, the very core area investigated in-depth by Evert Baudou.[112] These cairns have often been plundered. Since there is a strict rule in ancient times to respect and actively protect graves, even between enemies, I have suggested that this grave robbery indicates that the cairns had lost their liminality, or 'maritimity' as I put it once, when the plunderers dug their holes, desecrating the burial.[113] The land upheaval then lifted them beyond the sacral point.

If this is correct, it would be reasonable to assume that the liminal zone is quite limited, whereas I have proposed elsewhere that it extends all the way up to the point where the cairn is not visible from the sea, or rather the sea is not visible from the cairn. Of course, both ideas are equally speculative. The interpretations of these coastal cairns range basically from territorial markers in an economic landscape to primary or secondary use as sailing marks in a transport landscape. None of the proposed functions would be excluded *a priori* as an additional function to this cosmographic scheme, especially when it comes to the *precise* location along the shores.

The precise location of the border between the liminal and the non-liminal states is thus still enigmatic. But an answer to the question is suggested by the analyses of the Finnish archaeologist Tapani Tuovinen. His material is the cairns of the Åboland archipelago of southwestern Finland. There are two main periods, the Late Bronze Age, ca. 1000 BC, and the Iron Age, in this case approx. 500-1000 AD. Tuovinen's point of departure is the issue as to whether the main view from the cairns is directed towards the sea or inland. There is a tendency for a direction inland during the older period and for a direction towards the sea during the later period. I think that the border between the liminal state and the non-liminal would be in this cognitive orbit, either with the cairn visible from the water or with a possible view of the sea from the cairn.[114]

If a cognitive borderline is to be drawn, there is little more to refer to than to the senses. An example of a situation where the border to forbidden behaviour was the sighting distance to the sea is what Vestergaard[115] retells about the Faroese woman who has recently given birth to a child but not yet been received into the bosom of the church. She then was preferably not even supposed to leave her house, but if she had to, it was possible only if she could still see the church or the sea. Evidently this is also a reminder of the overall dualism, either the land or the sea, since in this juncture the woman was in a liminal state.

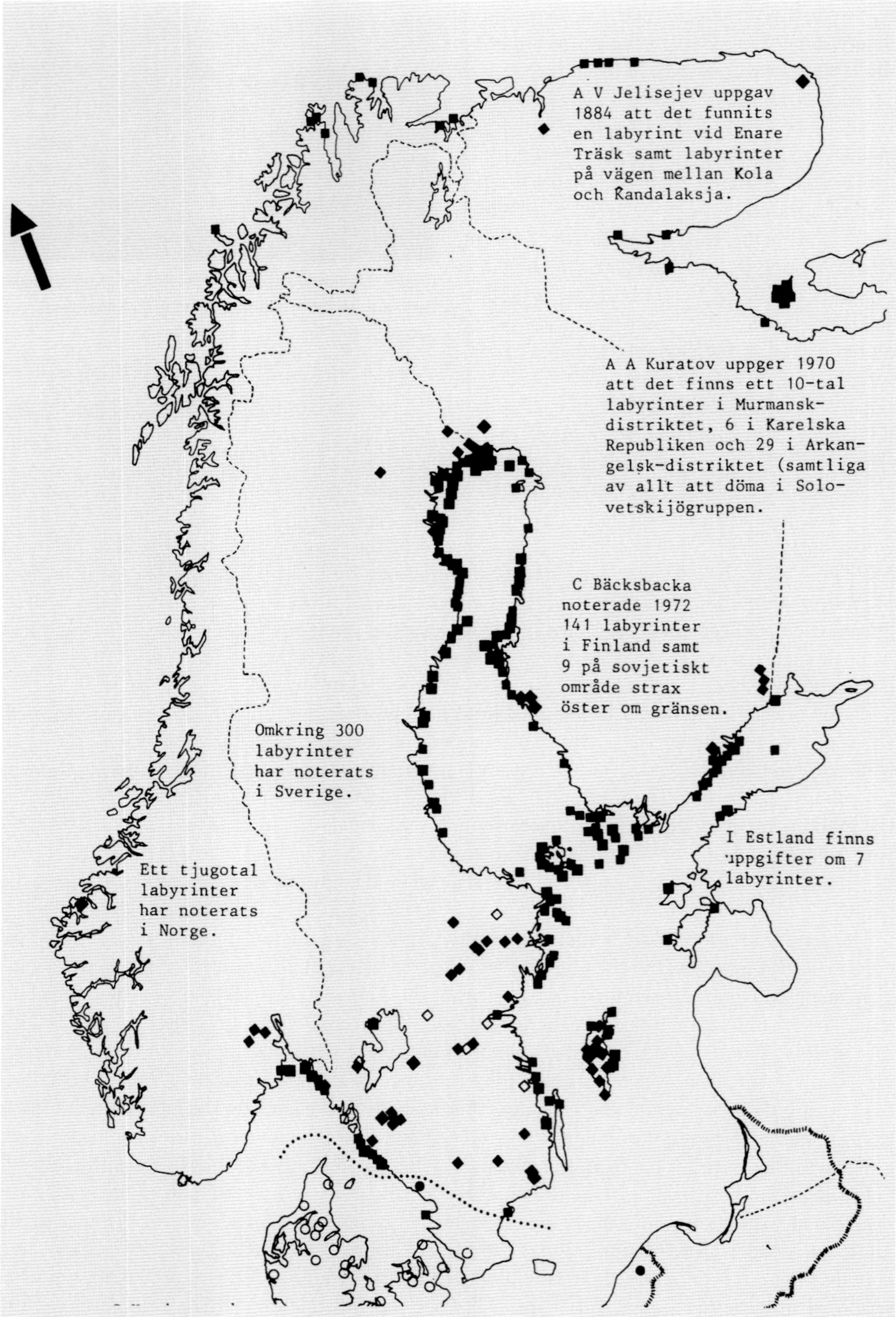

Fig. 23 Map showing distribution of stone mazes/labyrinths in the north. (After Kraft 1982)

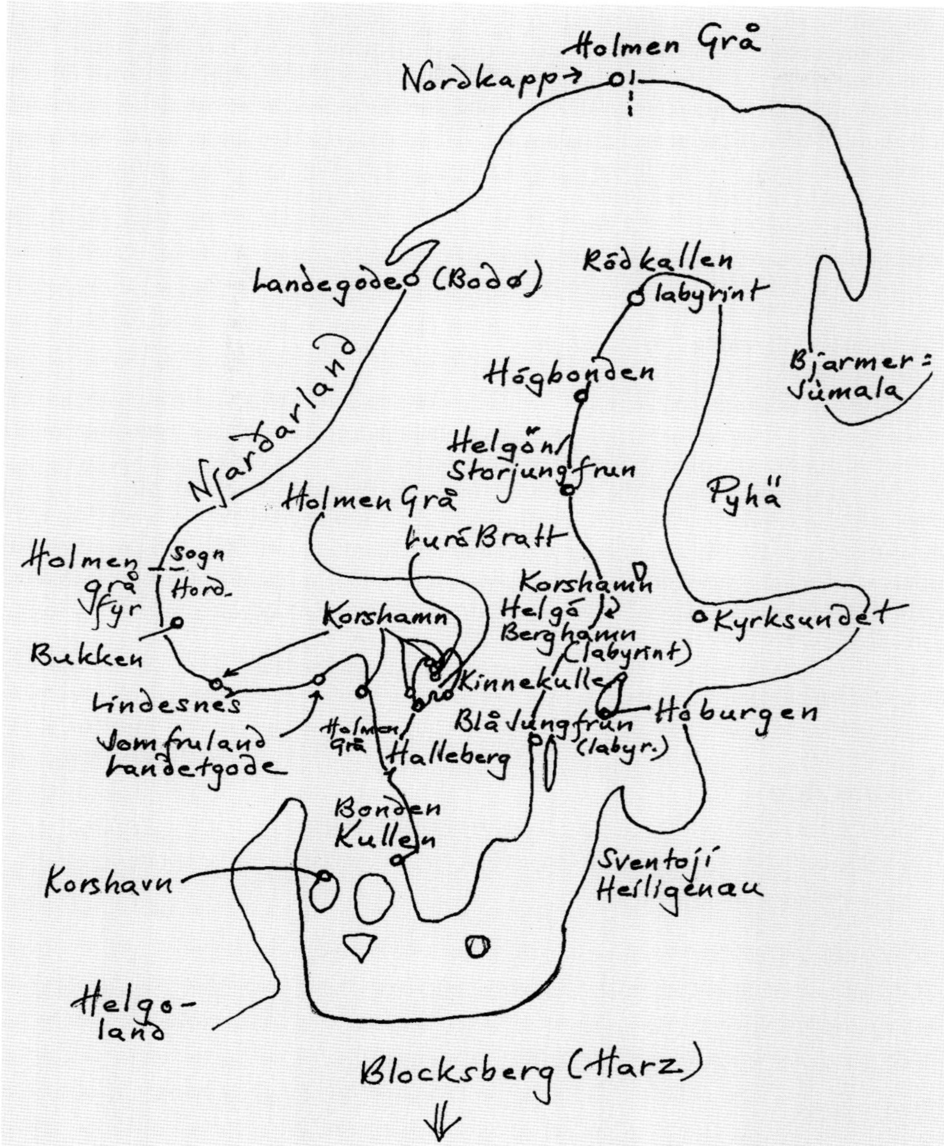

Sketch B Some important ritual points and areas within the maritime cultural landscape of the North. (Drawing: Christer Westerdahl)

In historical times, starting in the Middle Ages, *labyrinths or stone mazes* (fig. 22) were laid out in the same liminal zone, especially along the Baltic coasts of Sweden and Finland, but also in other archipelagos, although more sporadically. There are at least three hundred along the Swedish coasts and more than two hundred along the Finnish. They appear in smaller numbers in Norway, Estonia and Russia (map, fig. 23). Some are accompanied by *compass cards* made of stones, but compass cards could also be carved into the rock, sometimes along with other maritime graffiti, reflecting the visits of sailors. Perhaps the liminal zone is not applied consciously in all cases, but there seems to be a natural disposition in maritime culture to leave traces in this zone. After all, little else has remained, e.g. of constructions. The alleged main period of such monuments, the sixteenth century AD (the dating based on lichenometry and rock weathering), is that of the earliest traditions fixed on paper and the first recorded magic functions of place names on the coasts. The significance to maritime people of such ritual behaviour has presumably been many-layered. John Kraft has characterized the function of the stone labyrinths as a *universal medium of magic.*[116] I think this is basically correct, not only for mazes but for all kinds of magic spaces or magic charms.

The liminal state along any waterline

The border between any body of water, including rivers, and the "earth" is loaded with magical meaning (sketch B, fig. 24). It is here that wisdom can be procured, and where supernatural duels are settled in Celtic (Irish) cosmology.[117] At sea it is called *flomålet* in Norwegian, with reference precisely to the tidal area at the seaboard (with very little tide, however), the area where corpses of anonymous outsiders or dangerous evil-doers were buried so they would not walk the earth inland. Ghosts cannot cross water anyway, according to tradition[118], and drowned sailors are therefore buried on islands as a special precaution. The burial grounds in consecrated graveyards of the archipelagos comprise several ritual dimensions, not only the official, Christian one.[119]

As can easily be imagined, the liminal state is found also in wetlands, again situated between water and land.[120] One of the obvious cases is the ships or boats or parts of such – to some extent

Stone Age
Mesolithic/Neolithic: ritual, magic, supernatural = rock carvings
Neolithic (LN) = sacrificial deposits, rock carvings, (rock paintings), early graves in ship form

Bronze Age
Burial = coastal cairns/mounds, ship settings (including islands and heights)
Ritual = rock carvings, sacrificial deposits

Iron Age
Burial (ritual processions, ships and boats) = ship graves/coastal cairns
EIA sacrificial deposits, human and war offerings, ship parts
LIA burial deposits, ship settings, sacrificial, ships, ship parts

Middle Age
Supernatural = mazes, burials of aliens (islands, tidal area)

Fig. 24 Different transcendent spheres in connection with water and sea applied in different periods (chiefly prehistoric) of northern Europe.

raw material – found in bogs and marshes. The water vessels are strong on land, as we have indicated, but their elements probably become even stronger when they lie immersed for whatever polysemic purpose intended – for a grave, for universal intentions of magic, or for actual use in a planned construction according to the "wet" wooden technology practised by the Scandinavians. Function is indeed parallel to symbol.[121]

An obvious case of liminal significance would be human constructions for ritual purposes, on the sides of lakes or in bogs and marshes, such as pile dwellings of a less everyday type, if this can be established. A Neolithic structure at *Alvastra*, Östergötland, Sweden appears to have been just such a large, seasonally used construction.[122]

Pit dwellings, crannogs on islands in lakes and other sites at the water´s edges may as well have had something to do with similar beliefs on the properties of a liminal state. The perspectives of wetland archaeology are opening up somewhat in this direction.[123]

On the other hand some studies indicate that fresh water and salty sea water appear to have different cosmological and other properties.[124] However, I doubt that this meaning could be generalized. At least it is obvious that e.g. the folklore of great lakes, in particular that of Lake Vänern, the fourth largest of Europe, display the characteristics of that of the Seven Seas, in this case even before being connected by a canal and sluices in 1800.[125]

The liminal state is also found in several other maritime (and other) dimensions. As an example, colours are implied. Black is the colour of the land and is therefore taboo on a boat. The prohibition on wearing the black clothes of clerics on boats may be secondary to the assumed nature of the priests as the counter-magicians of the land. White is of course to some extent permitted at sea. But the only truly liminal, and accordingly "safe," colour is grey, the colour between black and white. This is the reason for naming magically charged islands *Holmen Grå,* 'the Gray Island," and similar names with the element grå, 'grey.'[126] In the case of *Holmen Grå* and *Landet Gode,* mentioned above in connection with *Jomfruland,* the special character of their name is clearly indicated by the inverted position of the adjective.[127]

The sun – the foremost liminal agent?

I can imagine a few raised eyebrows at this question. But why not? The kind of cosmology that I am proposing here serves at times as a reinforcement or parallel to religious representations.

Symbols are always ambiguous. Rock carvings and other prehistoric pictures have been interpreted in almost all possible – and impossible – ways. The sun and its orbit across the sky are a self-evident prerequisite for beliefs not only during the Bronze Age. The Danish archaeologist Flemming Kaul has used the evidence of archaeological objects to illuminate the role of the sun's carrier, the ship of the bronzes and of the rock carvings.[128] This indeed has a liminal aspect. At the edge of any ocean or any large body of water, the sun could be observed to rise out of and sink into it. To a considerable extent, this explains its connection with a ship. *Along with its permanent carrier, the ship, and its draught-horse – and in an earlier prehistoric inland version, the elk*[129] *– the sun could be considered a supreme liminal agent.* I must repeat that I consider any identification of rock art scenes with mythical figures to be futile – even if they are more or less contemporary. But a cosmological view must definitely include the implications of the eternal change from day to night, and night to day.

This does not exclude the possibility that memories of some original liminal agent may have influenced the shape and form of actual myths. More specifically, I am referring to what the religious historians and anthropologists call the *trickster* figures. An example would be *Loki* in Scandinavian mythology.[130] When challenged by the gods, he could easily perform a *hamnskifte,* turn into to an eagle or – perhaps more relevant in this case – a salmon. Another ambiguous and

Fig. 25 Part of the rock carving field Ole Pedersen XI, Jiebmaluokta, Alta, Finnmark, Norway. (After Lindqvist 1994)

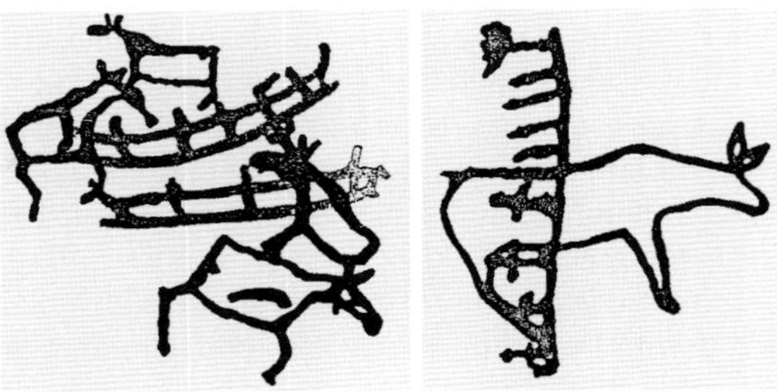

Fig. 26 Superimpositions of ship and elk, Nämforsen, Ångermanland, Sweden (left), Ole Pedersen XI, Jiebmaluokta, Alta, Finnmark, Norway (right). (After Lindqvist 1994)

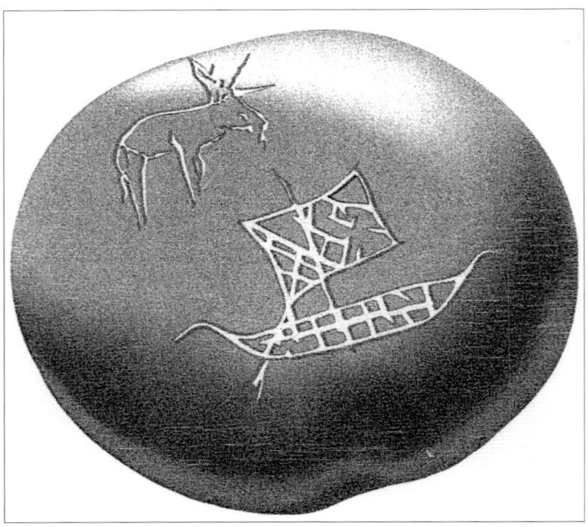

Fig. 27 Drawing of the small (coin-size) Karlby stone, Djursland, with both figures – ship and elk – placed on the same side of the stone, contrary to reality. (Thanks to Hans Drake, Stockholm)

enigmatic figure of some interest in connection with the sun is *Heimdall*.[131] On the other hand, most divinities have the same qualities according to the myths.

However, another reflection could be added on the role of the sun. It is not often depicted very clearly among the rock carvings. The so-called *sun-wheels* or *sun-crosses* appear as its symbol. They are fairly common among rock-carved figures. However the comparatively modest number of actual "sun-like" symbols is somewhat puzzling. Of course it might also be identified with something else on the rock panels. There is another sign, the simple *cup mark*, which is by far the most ordinary of all carvings, not only on the figurative panels. A cup mark is a small, rounded hollow, cut into the rock, almost exclusively horizontal or nearly so. The number of cup marks exceeds by far that of the most common figurative sign, the ship. Normally there are a large number of them in all sites, sometimes without any other figures. Such a simple, round sign – if it really is a sign? – could represent anything.[132] This is the reason that it is not even considered figurative. I suggest that it might represent the sun, but in a reduced meaning. In some contexts, such as on the shaman drums, such elementary dots could serve as a *reinforcement of a certain meaning*. On a Saami drum, several dots above the head of a wolf indicate its extreme wickedness.[133] Cup marks could have this function on the panels. When seen isolated, they are neutral. Their role is determined by the context. Generally speaking, they are capable of indicating both negative and positive reinforcements. By positive factors I mean, for example, strength, power and good luck. This is one of the alleged functions of liminal agents. They are dangerous, but appear to be used precisely as reinforcements, positive or negative, in all possible contexts.

Active transitions?

Many superimpositions of carvings are found, not least in the arctic hunting tradition. Quite a number concern elks and ships (figs 25, 26). Even if the time span between the figures could be considerable, a related meaning to this reinforcement can still be implied. However, the time difference cannot always be established. There are also sliding transitions within the same figure, for example from bird to ship.[134] There appears to be a clear liminal meaning in this transition.

Furthermore there is a general lack of cup marks in the north. However, this is only of secondary interest in this hypothesis. Since the time span between the first instances of the arctic tradition and the majority of the southern carvings is staggering, there is no way to make a sensible comparison. However, the need for signs of reinforcement, or perhaps rather a *grading of the magical power of figures* may be general. If this is the case, I would by all means suggest that the superimpositions of the arctic rock art fill the possible function of the cup marks in the south, i.e. during the Bronze Age. In this case, two figurative signs – in my view the strongest liminal agents – have been combined. Presumably their strength was once considered to be at least double that of each potent individual figure, since – in the case of the ship and the elk – they cover both elements, land and sea. Superimpositions are also found in the Bronze Age south but they do not, I think, represent such clear-cut tendencies as in the arctic tradition with only a very few figures involved. I therefore suggest that cup marks perhaps bear the same significance as the superimpositions in the Bronze Age "dialect" of the rock art "language."

There are a few "windows" to environmental magic from the Iron Age. The old cosmology presumably underlies parts of rituals of the more or less everyday kind. Constellations of two liminal agents do not only occur during the great age of rock carvings. The picture of a sailing ship on a very small, coin-like, perfectly round, almost *gemma*-like stone from *Karlby* (fig. 27) on the peninsula of Djursland, Jutland, is attributed to the Early Viking Age, approximately the period 750-850 AD. It adorned the cover of *The International Journal of Nautical Archaeology* in 1992. Until now, the ship is the only figure on the stone which has attracted attention, mainly because it might possibly show the first sailing ship of Scandinavia. The form of the hull indicates a type close to the Nydam ship, ca. 350 AD.[135] On the other hand, the shape of the sail and the weathervane seem to indicate a concurrency with the ship of the Swedish Sparlösa runestone of ca. 800 AD, despite the hull form.[136] The context of the Karlby stone, both internal and external, has hitherto been largely ignored. But it is quite interesting and relevant to this text. On the back side – if it is that – there is a large deer with antlers or an elk, in any case one of the most prominent land animals. The location of the find is no less significant. The stone was found directly on the beach, in a liminal state if you like. The background can perhaps be considered that of a charm offered for magical purposes.

A similar interpretation can be proposed in the context of another find made in the river *Weser* upstream from Bremerhaven in northern Germany. On several bones, cattle bones mostly, but in at least one case the bones of a horse, obviously thrown into the river intentionally, were pictures of a very accurately carved Roman ship, human figures and some land animals. At first

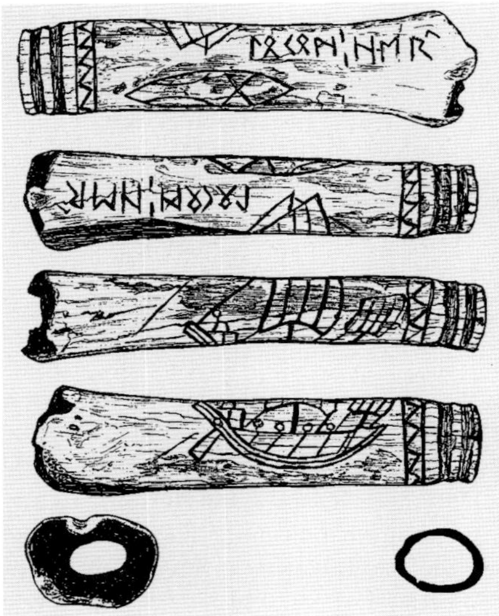

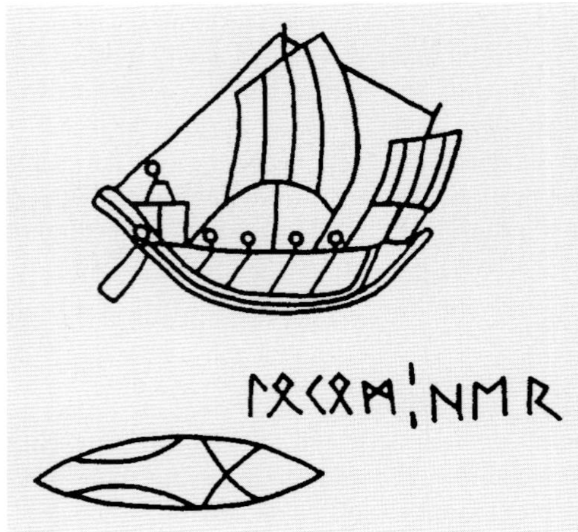

Fig. 28 One of the runic bones of the Weser. a) All sides according to Pieper 1989; b) The ship and the runes exposed.

these figures were thought to be recent fakes. But a genuine runic inscription and a fourteenth-century dating of the bones confirm the Migration Age, fifth century AD. The runic inscription, made in the old 24-letter runic alphabet, is particularly interesting. It says *lokom here*, 'we coax [them, the Romans] here' (fig. 28).Without a doubt, this indicates another magical offering. I have proposed that it expresses a form of Germanic "cargo-cult" towards the Romans.[137] The liminal meaning would then be inferred by way of the bones of land animals, the offering at the shore and the figurative motives.

The last case is the *Häggeby* picture stone of Uppland. It is not a charm like the others, but the basic layout is the same. One side depicts a rowing ship with its crew (fig. 29). It is to some extent unique on the mainland and therefore slightly anomalous, but fundamentally it appears as an occurrence of the "Gotlandic" kind, possibly fifth or sixth century AD. There is no runic inscription. The dating is mainly based on the fact that the ship lacks a sail, and to some extent on stylistic features. It may be a sepulchral monument, but not necessarily. The other side exhibits two horse figures with human attendants on both sides, obviously instigating a stallion fight (fig. 30). I find it natural, however, to introduce a parallel interpretation approximately of the same significance as the others. Images of two liminal agents must have been a strong means of invocation even, as is reasonable to assume, in a sepulchral context.

Why?

A cosmological explanation of the ancient world according to these chief conjectures appears to me quite logical and quite reasonable. The starting point was the distinct contrast between the sea with its waves on the one hand, and the coastal rocks, steep cliffs and mighty inland forests on the other. To some extent the emphasis has been on the world under water, invisible to men, but precisely therefore filled with unknown dangers, but also good fortune, and along with it sometimes immense – but capricious – catches. The force of the meeting between sea and land, the water surface, is expressed by an intermittently enormous surf, incessantly fascinating. Knut Helskog discusses the concrete human perception of the shore area, concentrating on the saline Atlantic:

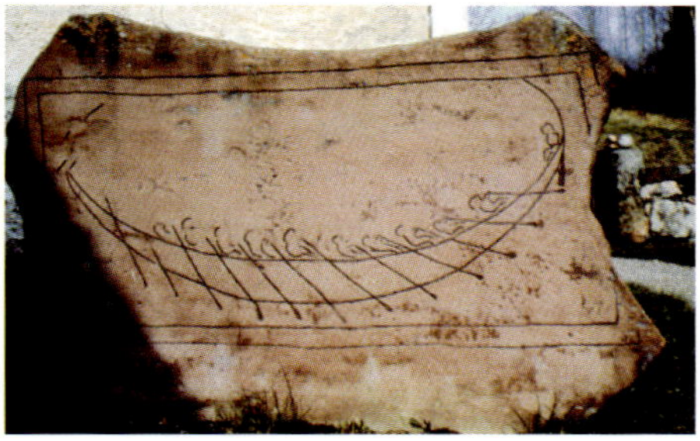

Fig. 29 The ship on the Häggeby picture stone, Uppland, Sweden, approx. Middle Iron Age. (Photo: Christer Westerdahl, 1972)

Fig. 30 Back side of the Häggeby picture stone, showing two horse figures. (Photo: Christer Westerdahl, 1972)

"The shore is where land meets water. It is a zone that stretches from the dry land immediately above the high-tide mark and into the ocean at the lowest tide mark. It is the area that is the last to be covered by snow when winter returns. In the spring, the shore is the first area where the snow disappears and where life associated with land first reappears. As such the shore (associated with any body of water) connects not only land and water but also the life therein."[138]

Basically, the impression of a transitional zone is similar on the Baltic or the shore of any body of fresh water, except that the situation is somewhat reversed. In the brackish area, the shore and parts inland are the last to be covered by ice and snow due to the fact that the higher temperature of the sea is usually higher in the autumn, and in the springtime the ice and snow stay there longer than inland or out at sea.

If we add the dramatic effects of a crushing swell or the huge spray clouds of a storm, along with the enormous strength of the waves at the shore, it is even easier to apply the omnihuman experience and fascination with the shore as a dividing line, and consequently, to associate it with liminal qualities.

The sun is seen coming out of or entering this ambivalent element every day and night, depending on whether the coast faces east or west. Man's experience of this landscape creates the cognitive landscape within man. It is not uncommon to observe the elk swimming, the whale stranded on the shore, or the seal on land, sometimes far inland. The adaptation of human beings to the maritime landscape is the prerequisite for a world built on such opposites or contrasts. The first point in time at which a cognitive world of this could have developed, I believe, is the Mesolithic. I suspect that it presupposes more advanced boats than simple log boats. But the related structure of human thought is certainly more elementary than that. It reminds me of the concepts of *thesis, antithesis* and *synthesis* developed by the German philosopher Hegel.[139]

In a way, the *noa* name or the liminal agent is the counterpart of a conceptual *synthesis*. To some extent, the well-known but arguable socioanthropological concept of *dual organisation* may be a social reflection of this conceptual structure.[140] If the cosmology under discussion here was founded in cognition in hunting, fishing and gathering cultures, as I assume, the twin worlds would reappear in the Neolithic as a fundamental antagonism between what would be considered as wild, savage, feral and what is tame, domesticated. Not only *The Domestication of Europe* – the title of the brilliant attempt by Ian Hodder[141] to bring symbolic order into that world – but also the mere fact of a fundamental shift in values and cognition during the Neolithic, deserves our credence. As I have pointed out elsewhere, it is a pity that Hodder focuses on aspects he refers by the invented Proto-Indo-European concepts *domos, foris, agrios*, but has no space for a sea, a *maris*. Even in his object of study, the land mass of Central Europe, the sea and the waters would have been a point of reference. The liminal meaning of the fresh waters is convincingly demonstrated by huge quantities of bog offerings, starting in the Mesolithic but reaching a peak in the Neolithic and carried on without any interruption into the Bronze Age, however with variations of sites and of artefact composition which are in themselves of great social and cosmological interest.[142]

Generally speaking, the meaning of rituals in the liminal state, the liminal zone, with liminal agents in either element, sea or land, would be apotropæic, protective or beneficial in some way. In each case the precise function is irrevocably lost. However, the context of burial or other basic ritual provides some indication of the seriousness attached to it the minds of the people of the past.

Summary: The time factor

To maintain that one and the same cognitive structure may have been at the basis of a cosmology for eight to nine thousand years sounds little convincing. But the very father of the ecological school in the history of religions, Åke Hultkrantz, confirms the probability of that circumstance:

"The opposition between sea and land within fishing and hunting culture undoubtedly contributed to the emergence of taboos in fishing. It is here the question of more than just categorization into a dichotomy between land and sea, motivated by the structural "order." It is a question of a deeply felt division between two worlds within surrounding reality.

The ancient fishing culture – ancient in structure and general patterns, not in details modified over time – has survived up to our own times in marginal zones, where it has existed since antiquity. Isolated but populous fishing settlements have best withstood modernizations following in the steps of agriculture, high culture and industrialization. In particular the fishing villages of the sea have preserved their continuity."[143]

What Hultkrantz is treating here is the origin of recent fishing taboos, but the wider implications of this complex are my own. Furthermore, it should of course be repeated that this structure is proposed as a *cosmological dichotomy*, not a religion. As well as the inescapable fact that symbols are always *polysemic*!

According to my exploration of possible interpretative models for prehistoric societies, both the location and the contents as well as the building patterns of ancient monuments and finds such as rock carvings, burials and sacrifices reflect the opposition of sea and land and the qualities of the liminal zone. This zone is at the border between the two elements, either in the water or on dry land. Islands are of course particularly loaded space, bounded and surrounded as they are by this zone. Islands of the dead existed in many places in prehistory.[144] The mechanism of liminal agency can be applied both ways, terrestrial things at sea, maritime things on land. The liminal state appears to be served also by any kind of ritual immersion into water, even stagnant, such as that of lakes, bogs and marshes.

Within maritime as well as terrestrial archaeology, the relevant remains have been found and will continue to be found on land, in wetlands, on the shore and at the bottom of the sea. Most of them express practises of ancient magic, rite and cult. Only with the fairly recent scientific exploration of the abysses of the sea have both their ambiguity and the bottomless human fear and awe of them been reduced to more reasonable proportions. But the fascination of mind and cognition of what is happening at the shore and in the water is still there and will always be there.

Bibliography:

Almgren, Oscar: 1926-27. *Hällristningar och kultbruk*. Kungl. Vitterhets Hist. och Antikv. Akad. Handlingar del 35. Stockholm. Carnival Boats and Divine Ships, pp. 23-67. Comparison of Cult Ships and Rock-Carved Ships, pp. 68-85.

De Anna, Luigi: 1992. "The Peoples of Finland and Early Medieval Sources. The Characteristics of Alienness." In: Julku, K. (ed.): *Suomen varhaishistoria. Tornion kongressi 14.-16.6.1991*. Studia Historica Sptentrionalia 21: 11-22. Rovaniemi.

Artelius, Tore: 1996. *Långfärd och återkomst- skeppet i bronsålderns gravar*. Riksantikvarieämbetet. Arkeologiska undersökningar Skrifter No. 17. Diss (lic.). Varberg.

Bakhtin, M: 1968 (1984). *Rabelais and his World*. Bloomington.

Ballard, Chris/Bradley, Richard/Nordborg Myhre, L./Wilson, M.: 2003. "The ship as a symbol in the prehistory of Scandinavia and Southeast Asia." In: *World Archaeology*, Vol. 35 (3): *Seascapes*: 385-403.

Baudou, Evert: 1968. "Forntida bebyggelse i Ångermanlands kustland." In: *Arkiv för norrländsk hembygdsforskning XVII*. Härnösand.

Baudou, Evert: 1989. "Hög-gård-helgedom i Mellannorrland under den äldre järnåldern." In: *Arkeologi i norr* 2: 9-13. Umeå.

Bayliss-Smith, Tim/ Inga-Maria Mulk: 1998. "Segelbåtar i Padjelanta. Samiska hällristningar från järnålder och medeltid i Laponia, Lappland." In: Djerw, U./Haasum, S. (eds.): *Människor och båtar i Norden. Rapport från seminarium vid Sjöhistoriska museet 29-31 maj 1998:* 39-51. Stockholm.

Bjerck, Hein: 1993, "Malte menneskebilder i 'Helvete.' Betraktninger om en nyoppdaget hulemaling på Trenyken i Röst i Nordland." In: *Universitetets Oldssaksamling. Årbok* 1993/94: 121-150.

Bradley, Richard: 1998 (1990). Passage to Arms. Cambridge, Oxford.

Bradley, Richard: 2000. An Archaeology of Natural Places. London.

Brody, Aaron Jed: 1998. *Each man cried out to his god. The Specialized Religion of Canaanite and Phoenician Seafarers*. Harvard Semitic Museum Monographs 58. Atlanta.

Browall, Hans: 1986. Alvastra pålbyggnad: social och ekonomisk bas. Stockholm. Diss.

Calissendorff, Karin: 1965. "Helgö." In: *Namn och Bygd* 1965: 105-152.

Capelle, Torsten: 1986. "Schiffsetzungen." In: *Praehistorische Zeitschrift* 61, 1986, Heft 1.

Capelle, Torsten: 1995. "Bronze Age Stone Ships." In: Crumlin-Pedersen, Ole/Munch Thye, Birgitte (eds.): *The Ship as Symbol in Prehistoric and Medieval Scandinavia*. Studies in Archaeology and History, Vol. 1: 71-75. Copenhagen.

Carpenter, Steven: 1991. *Fra undervannsarkeologi til maritim arkeologi*. Hovedfagsopgave i arkeologi. University of Tromsø. Unpublished.

Carpenter, Steven: 1992. "Fra råseil til radar- om bruken av maritime symboler." In: *Ottar* 5/92: 42-47.

Clark, David: 1982. *Between Pulpit and Pew. Folk Religion in a North Yorkshire Fishing Village*. Cambridge.

Claussøn Friis, Peder (c. 1600): "Norriges oc Omliggende Øers sandfærdige Bescriffuelse." In: Idem: *Samlede Skrifter*. Utg. G. Storm 1881. Kristiania.

Cooney, Gabriel: 2003. "Introduction: seeing land from the sea." In: *World Archaeology*, Vol. 35 (3): *Seascapes*: 323-328.

Crumlin-Pedersen, Ole/Munch Thye, Birgitte (eds.): 1995. *The Ship as Symbol in Prehistoric and Medieval Scandinavia*. Publications from the National Museum. Studies in Archaeology & History, Vol. 1. Copenhagen.

Cunliffe, Brian: 2001. *Facing the Ocean. The Atlantic and its Peoples 8000 BC-AD 1500*. Oxford.

Djupedal, Reidar: 1966. *Selja i tusen år. Eit minneskrift om kloster og kyrkjor*. Selje.

Edlund, Ann-Catrine: 1989. *Sjökatt och svarttjäder. Studier över säljägares noaord för säl inom det bottniska området och Östersjöområdet*. Research report No. 15. Center for Arctic Cultural Research. Umeå.

Edlund, Ann-Catrine: 1992. "Språklig tabuering vid säljakt. Kring ord för sälar på svenskspråkigt område." In: Edlund, L.-E.(ed.): 1992: 54-88. Umeå.

Edlund, Ann-Catrine: 2000. *Sälen och Jägaren. De bottniska jägarnas begreppssystem för säl ur ett kognitivt perspektiv*. Umeå. Diss.

Edlund, Lars-Erik (ed.): 1992. *Tabu, verklighet, språk. Tio uppsatser om folkliga tabueringsföreställningar och taxonomier*. Stockholm.

Egardt, Brita: 1962. *Hästslakt och rackarskam. En etnologisk undersökning av folkliga fördomar*. Nordiska museets Handlingar 57. Lund. Diss.

Eliade, Mircea: 1969 (1957). *Det hellige og det profane*. Pocket. Oslo.

Ellmers, Detlev: 1987. "Frühe Schiffahrt auf Ober- und Mittelweser und ihren Nebenflüssen. Neue Forschungsergebnisse der Schiffsarchäologie." In: Bachmann, Jutta (Hrsg.): *Schiffahrt, Handel, Häfen. Beiträge zur Geschichte der Schiffahrt auf Weser und Mittellandkanal*. Minden.

Ellmers, Detlev: 1995. "Valhalla and the Gotland Stones." In: Crumlin-Pedersen, Ole/Munch Thye, Birgitte (eds.): 1995. *The Ship as Symbol in Prehistoric and Medieval Scandinavia*. Publications from the National Museum. Studies in Archaeology & History, Vol. 1: 165-171. Copenhagen.

Fenton, Alexander: 1969. "The Tabu Language of the Fishermen of Orkney and Shetland." In: *Ethnologia Europaea* 2-3: 118-122.

Fernholm, H.: 1943. "Fiskelycka. Studier over valda delar av fiskets folklore. I: *Folkkultur* 1943: 242-283. Lund.

Fernstål, Lotta: 2003. "Where different Waters met. Aspects on the Apollo Grannus Vase and its Position near Sagån in the Province of Västmanland." In: *Current Swedish Archaeology* 11, 2003: 25-43.

Firth, Raymond: 1971 (1946). *Malay Fishermen. Their Peasant Economy*. London.

Fitzhugh, William (ed.): 1975. *Prehistoric Maritime Adaptations of the Circumpolar Zone.* World Anthropology. Mouton, The Hague, etc.

Frazer, James G.: 1955 (1911). *The Golden Bough.* Part II: *Taboo & Perils of the Soul.* 3rd ed. London.

Fredell, Åsa: 2003. "Bronze Age Imagery. Through Water and Fire." In: *Current Swedish Archaeology* 11, 2003: 45-63.

Fries, Sigurd: 1989. "Likhetsnamn eller vandringsnamn? En synpunkt på namngivningen längs våra kuster." In: Hallaråker, P. (et al., red.): *Stadnamn i kystkulturen.* Norna-Rapport 41: 35-46. Uppsala 1989.

Frykman, Jonas: 1982 (1977). *Horan i bondesamhället.* Stockholm.

van Gennep, Arnold: 1960. *The Rites of Passage.* (French. orig. *Les rites de passage*). Chicago.

Glob, P.V.: 1962. "Kultbåde fra Danmarks Bronzealder." In: *Kuml* 1961: 9-18.

Glob, P V: 1969. *Helleristninger i Danmark.* Jysk Ark. Selsk. Skr., Bind VII. Århus.

Grima, Reuben: 2001. "An Iconography of Insularity: A Cosmological Interpretation of some Images and Spaces in the Late Neolithic Temples of Malta." In: *Papers from the Institute of Archaeology (PIA)*, Vol. 12. 2001: 48-65. London.

Haavio, Martti: 1947. "'För strömdrag rygga de tillbaka.' Ett bidrag till de folkliga föreställningarna om färden till dödsriket." In: *Arv* 3: 155-175.

Hedeager, Lotte: 2003. "Kognitiv topografi. Ædelmetaldepoter i landskapet." In: Rolfsen, P./Stylegar, F.A. (eds.): *Snartemofunnene i nytt lys. Univ. Kulturhistoriske museer. Skrifter nr.* 2: 147-165. Oslo.

Hegel, G.W. Friedrich: 1807. *System der Wissenschaft. Phänomenologie des Geistes.* Bamberg.

Helms, Mary: 1988. *Ulysses Sail. An Ethnographic Odyssey of Power, Knowledge and Geographical Distance.* Princeton U.P. Princeton, New Jersey.

Helms, Mary: 1998. *Access to Origins. Affines, Ancestors and Aristocracy.* Texas U. P. Austin.

Helskog, Knut: 1985. "Boats and Meaning. A Study of Change and Continuity in the Alta Fjord, Arctic Norway, from 4200 to 500 years BC." In: *Journal of Anthropological Archaeology* 4: 177-205.

Helskog, Knut: 1988. *Helleristningene i Alta. Spor etter ritualer og dagligliv i Finnmarks forhistorie.* Alta.

Helskog, Knut: 1999. "The Shore Connection. Cognitive Landscape and Communication with Rock Carvings in Northernmost Europe." In: *Norwegian Archaeological Review*, Vol. 32, no. 2: 73-92.

Henningsen, Henning: 1950. *Kirkeskibe og kirkeskibsfester.* Søhistoriske skrifter III. København.

Henningsen, Henning: 1953. *Bådeoptog i danske søkøbstæder og i udlandet.* København.

Henningsen, Henning: 1960. "Bokn og Bukken i Bergens led. Sømandenes hønse- og dåbspladser langs Norges kyst." In: *Bergens sjøfartsmuseums årshefte.* Bergen.

Henningsen, Henning: 1961. *Crossing the Equator. Sailor's Baptism and Other Initiation Rites.* Copenhagen. Diss.

Henningsen, Henning: 1966. "Jonas, profet og ulykkesfugl." In: *Maritime Studier tilegnet Knud Klem.* Helsingør. Published at the same time as: *Handels- og Søfartsmuseet på Kronborg. Årbog* 1966: 105-122.

Hermelin, Olof: 1930. "Sägner och folktro från skilda landskap samlade av Olof Hermelin (1827-1913)." In: *Svenska Landsmål* 52, 1930: 100.

Hodder, Ian: 1990. *The Domestication of Europe: Structure and Contingency in Neolithic Societies.* Oxford.

Hole, Christina: 1967. "Superstitions and Beliefs of the Sea." In: *Folklore* 78: 184-189.

Homer: *Odyssee.* Griechisch und deutsch. Übertragung von Anton Weiher. 8. Aufl. Darmstadt 1986.

Hood, Bryan C.: 1992. "Sacred Pictures, Sacred Rocks: Ideological and Social Space in the North Norwegian Stone Age." In: *Norwegian Archaeological Review* 25 (2), 1992: 65-84.

Hovda, Per: 1941a. "Okse, galt, hund og andre dyrenevne i skjernamn." In: *Bergens musems årsbok. Historisk-antikvarisk rekke* nr. 7. Bergen.

Hovda, Per: 1941b. "Kjerring- i stadnamn frå sjøen." In: *Maal og Minne* 1941: 37-47.

Hultkrantz, Åke: 1992a. "Tabuföreställningar. Några teoretiska utgångspunkter." In: Edlund, Lars-Erik (ed.): 1992. *Tabu, verklighet, språk. Tio uppsatser om folkliga tabueringsföreställningar och taxonomier:* 13-34.Stockholm.

Hultkrantz, Åke: 1992b. "Tabueringsföreställningar kring fisket." In: Edlund, Lars-Erik (ed.): 1992. *Tabu, verklighet, språk. Tio uppsatser om folkliga tabueringsföreställningar och taxonomier:* 35-53. Stockholm.

Högnäs, Sten: 1995. *Kustens och skogarnas folk. Om synen på svenskt och finskt lynne.* Stockholm.

Innselset, Sonja: 1995. *Skålgropsristninger. Ein analyse av helleristningene i Valdres.* Upubliset hovedfagsopgave, i arkeologi, Universitetet i Bergen.

Jakobsen, Jakob: 1921. *Etymologisk ordbog over det norrøne sprog på Shetland.* København.

Jasinski, Marek: 1993a. "Maritimt kulturlandskap – arkeologisk perspektiv." In: *Viking* 1993: 129-140.

Jasinski, Marek: 1993b. "The Maritime Cultural Landscape- an Archaeological Perspective." In: *Archeologia Polski* XXXVIII, 1993, Zeszyt 1: 7-21

Johnstone, Paul: 1980. *The Sea-Craft of Prehistory.* London, Henley.

Kaul, Flemming: 1998. *Ships on Bronzes. A Study in Bronze Age Religion and Iconography.* Publications from the National Museum. Studies in Archaeology and History, Vol. 3/1-2. Copenhagen.

Kaul, Flemming: 2004. *Bronzealderens religion. Studier af den nordiske bronzealders ikonografi.* Nordiske Fortidsminder, Serie B, Bind 22. København.

Koch, Eva: 1998. "Neolithic Bog Pots from Zealand, Møn, Lolland and Faloster." *Det Kgl. Nordiske Oldskriftselskab.* København.

Koch, Eva: 1999. "Neolithic offerings from the wetlands of eastern Denmark." In: Coles, B./Coles, J./Schou Jørgensen, M. (eds.): Bog Bodies, Sacred Sites and Wetland Archaeology: 125-132. WARP, Exeter.

Kraft, John: 1982. "Labyrinter i magins tjänst." In: Westerdahl, C. (red.): *Bottnisk Kontakt In*: 90-101. Örnsköldsvik.
Kulturhistoriskt Lexikon för Nordisk Medeltid (KLNM).
Ladurie, Emmanuel Le Roy: 1979. *Carnival in Romans*. Harmondsworth.
Larsson, Gunilla: 2001. "Sältran." In: Morney, J. (red.): *Bottnisk Kontakt X*. Maritimhistorisk konferens Österbottens museum i Vasa 4-5 februari 2000: 71-83.
Larsson, Lars: 2001. "South Scandinavian wetland sites and finds from the Mesolithic and the Neolithic." In: Purdy, B. (ed.): *Enduring Records: the environmental and cultural heritage of wetlands:* 158-171. Oxbow, Oxford.
Larsson, M./Lindgren, C./Nordqvist, B.: 1997. "Lihultyxor och trindyxor." In: *Regionalt och interregionalt. Stenåldersundersökningar i Syd- och Mellansverige*. Stockholm.
Leach, Edmund: 1961. "Time and False Noses." In: Leach, E.: *Rethinking Anthropology*. London.
Lévi-Strauss, Claude: 1967a (1963). *Structural Anthropology*. New York.
Lévi-Strauss, Claude: 1967b (1963). "Do dual organizations exist?" In: Ibidem: *Structural Anthropology:* 128-160. New York.
Liddell, H.G./Scott, R.: 1901 (1843). *Greek-English Lexicon*. Oxford.
Lindqvist, Christian: 1994. *Fångstfolkets bilder. En studie av de nordfennoskandiska kustanknutna jägarhällristningarna*. Theses & Papers in Arch., New Ser. A 5. Stockholm. Diss.
Lindqvist, Christian/Possnet, Göran: 1999. "The First Seal Hunter Families on Gotland. On the Mesolithic Occupation in the Stora Förvar Cave." In: *Current Swedish Archaeology* 7, 1999: 65-87.
Ljunggren, Karl Gustaf: 1943. "Skälderviken och Kullen." In: *Namn och Bygd* 31: 150-160.
Lockwood, W.B.: 1955. "Word Taboo in the Language of the Faroese Fishermen." In: *Transactions of the Philological Society* 53: 1-24. Oxford.
Lundberg, Åsa: 1997. *Vinterbyar -ett bandsamhälles territorier i Norrlands inland 4500-2500 f Kr*. Studia Arch. Univ. Umensis 8. Umeå. Diss.
Malmer, Mats: 1991. "Social Space in Alvastra and Other Pile Dwellings." In: Grøn, O./Engelstad, E./Lindblom, I. (eds.): *Social Space. Human Spatial Behaviour in Dwellings and Settlements. Proceedings of an Interdisciplinary Conference*: 118-122. Odense.
Manker, Ernst: 1938-50. *Die lappische Zaubertrommel. Eine ethnologische Monographie I-II*. Nordiska museet/Acta lapponica VI. Stockholm. Diss.
McGhee, Robert: 1977. "Ivory for the Sea Woman. The Symbolic Attributes of a Prehistoric Technology." In: *Canadian Journal of Archaeology*, No. 1, 1977: 141-149.
Modéer, Ivar: 1927. "Blå Jungfrun i den litterära traditionen." In: *Stranda* (Stranda härads Hembygdsförening) 1927: 16-38.
Monikander, Anne: 2006. "Borderland-stalkers and Stalking-horses. Horse Sacrifice as Liminal Activity in the Early Iron Age." In: *Current Swedish Archaeology* 14, 2006: 143-158.
Morton, Jamie: 2001. *The Role of the Physical Environment in Ancient Greek Seafaring*. Leiden, Boston, Cologne.
Mulk, Inga Maria: 1998. "Nyfunna hällristningar avbildar samiska segelbåtar." In: *Populär Arkeologi* 4, 1998: 23-25.
Mullen, Patrick B.: 1978. *I Heard the Old Fisherman Say*. Austin & London. Diss.
Müller-Wille, Michael: 1970. Bestattung im Boot. Studien zu einer nordeuropäischen Grabsitte. *Offa*, Vol. 25/26, 1968/69 (1970). Neumünster. Diss.
Müller-Wille, Michael: 1974. "Boat Graves in Northern Europe." In: *The International Journal of Nautical Archaeology*, Vol. 3, 1974, no. 2: 187-204.
Müller-Wille, Michael: 1995. "Boat Graves, Old and New Views." In: Crumlin-Pedersen, Ole/Munch Thye, Birgitte (eds.): 1995. *The Ship as Symbol in Prehistoric and Medieval Scandinavia*. Publications from the National Museum. Studies in Archaeology & History, Vol. 1: 101-109. Copenhagen.
Odyssey: Butcher, S.H./Lang, A. (transl.): 1909. *The Odyssey of Homer*. The Harvard Classics, Vol. 22. New York. *The Odyssey* transl. by E.V. Rieu. Penguin Classics (1946) 1969.
Ohlmarks, Åke: 1937. *Heimdalls Horn und Odins Auge. Studien zur nordischen und vergleichenden Religionsgeschichte*. Uppsala. Diss.
Ohlmarks, Åke: 1946. *Gravskeppet*. Studier i förhistorisk nordisk religionshistoria. Lund.
Ohlmarks, Åke: 1963. *Hällristningarnas gudar*. En sammanställning och ett tolkningsförsök. Stockholm.
Okladnikow, A.P.: 1972. *Der Hirsch mit dem goldenen Geweih. Vorgeschichtliche Felsbilder Sibiriens*. Wiesbaden.
Olaus Magnus: 1555. *Historia de gentibus septentrionalibus*. Romae (facsimile Copenhagen 1970). Engl. transl. 1996-1998 (1555). *A Description of the Northern Peoples I-III*. Ed. by Peter Foote. Hakluyt Society. London.
Oma, Kristin: 2000. *Hesten i nordisk jernalder. Ei kontekstuell analyse av den symbolske sfære kontra den materielle røynda*. Upublisert hovedfagsopgave, Universitetet i Oslo.
Opedal, Arnfrid: 2005. "Båten og det maritime i religiöse forestillinger fra yngre jernalder." In: Selsing, L. (m. fl., red.): *Fra Galta til Geitungen: Kystkultur og fjæresteinsarkeologi i Sørvest-Norge*. AmS-NETT, nr. 7: 8-29. Stavanger.
Peel, Christine: 1999. *Guta Saga. The History of the Gotlanders*. Viking Society for Northern Research. University College. London.
Pieper, Peter: 1989. Die Weser-Runenknochen. Neue Untersuchungen zur Problematik: Original oder Fälschung? *Archäologische Mitteilungen aus NW Deutschland, Beiheft* 2. Oldenburg.
Pitt-Rivers, Julian: 1970. "Women and Sanctuary in the Mediterranean." In: Pouillon, Jean/Pierre Maranda (eds.): *Échanges et Communications*. Tome II: 862-875. The Hague/ Paris.

Poggie, J./Gersung, C.: 1972. "Risk and Ritual: An Interpretation of Fishermen's Folklore in a New England Community." In: *Journal of American Folklore 85*: 66-72.
Poggie, J./Pollnac, R.B./Gersung. C.: 1976. "Risk as a Basis for Taboos among Fishermen in Southern New England." In: *Journal for the Scientific Study of Religion* 15: 257-262.
Pollard, T.: 1996. "Time and Tide: Coastal Environments, Cosmology and Ritual Practice in early prehistoric Scotland." In: Pollard, T./Morrison, A. (eds.): *The early Prehistory of Scotland*: 198-210. Edinburgh.
Rees, Alwyn/Rees, Brinley: 1973 (first published 1961). *Celtic Heritage. Ancient tradition in Ireland and Wales*. London.
Rieck, Flemming/Crumlin-Pedersen, Ole: 1988. *Både fra Danmarks oldtid*. Vikingeskibshallen. Roskilde.
Rooth, Anna Birgitta: 1961. *Loki in Scandinavian Mythology*. Acta Reg.Soc.Humanior.Litterar. Lundensis LXI. *Lund*.
Sandström, Åke: 2003. "Sälhuvud på stång." In: Flodell, G. (et. al., red.): *Ord i Nord. Vänskrift till Lars-Erik Edlund, 16.8.2003*. Umeå.
Sarauw, Georg/Alin, Johan: 1923. *Götaälvsområdets fornminnen*. Göteborgs jubileumspublikationer. Göteborg.
Scarre, C.: 2002a. "A Pattern of Islands: The Neolithic Monuments of north-west Brittany." In: *Journal of European Archaeology* 5: 24-41.
Scarre, C.: 2002b. "Coast and Cosmos: The Neolithic Monuments of northern Brittany." In: Scarre, C. (ed.): *Monuments and Landscapes of Atlantic Europe*: 84-102. London.
Schurtz, H.: 1893. *Die Speiseverbote. Ein Problem der Völkerkunde*. Hamburg.
Sébillot, Paul: 1886. *Légendes, croyances et superstitions de la mer I-II*. Paris.
Selsing, L. (m. fl., red.): *Fra Galta til Geitungen: Kystkultur og fjæresteinsarkeologi i Sørvest-Norge*. AmS-NETT, nr. 7: 8-29. Stavanger.
Shetelig, Haakon/Johannessen, Fredrik: 1929. *Kvalsundfundet og andre norske myrfund av fartøyer*. Bergen.
Skaarup, Jørgen: 1995. "Stone-Age Burials in Boats." In: Crumlin-Pedersen, Ole/Munch Thye, Birgitte (eds.): 1995. *The Ship as Symbol in Prehistoric and Medieval Scandinavia.*. Publications from the National Museum. Studies in Archaeology & History, Vol. 1: 51-58. Copenhagen.
Sognnes, Kalle: 1994. "Ritual Landscapes. Toward a Reinterpretation of Stone Age Rock Art in Trøndelag, Norway." In: *Norwegian Archaelogical Review* 27 (1), 1994: 29-50.
Sognnes, Kalle: 1996. "Dyresymbolikk i midt-norsk yngre steinalder." In: *Viking* LIX: 25-44.
Solheim, Svale: 1940. *Nemningsfordommer ved fiske*. Det Norske Videnskaps Akademi. Oslo. Diss.
Stammler, Wilhelm: 1962. "Seemanns Brauch und Glaube." In: *Deutsche Philologie im Aufriss* 3: 2901-2972. Berlin.
Steiner, Franz: 1967 (1956). *Taboo*. London.
Storm, Gustav (utg.): 1880. *Monumenta Historica Norvegiæ. Latinske kildeskrifter til Norges historie i middelalderen*. Kristiania.
Ström, Åke V.: 1950. "Havet i mytologin." In: *Boken om havet I. Havet i historien*: 54-62.
Svanberg, Ingvar: 2000. *Havsråttor, kuttluckor och rabboxar. Folklig kunskap om fiskar i Norden*. Studia ethnobiologica 6. Smedjebacken.
Særheim, Inge: 2005. "Navigasjon og namngjeving. Namn og stader som orienteringsmerke langs kysten." In: Selsing, L. (m. fl., red.): *Fra Galta til Geitungen: Kystkultur og fjæresteinsarkeologi i Sørvest-Norge*. AmS-NETT, nr. 7: 39-47. Stavanger.
Säve, P.A.: 1940. *Havets och fiskarens sagor*. Visby.
Thedéen, Susanne: 2003. "Life Course Practises in Bronze Age Landscapes of East Central Sweden. Beyond divine Chiefs and Neodiffusionism." In: *Current Swedish Archaeology* 11, 2003: 97-118.
Thomas, Keith: 1984 (1983). *Man and the Natural World. Changing Attitudes in England 1500-1800*. Pocket. Harmondsworth.
Tilley, Christopher: 1990. "Claude Lévi-Strauss: Structuralism and Beyond." In: Tilley, C. (ed.): *Reading Material Culture*: 3-81. Oxford, Cambridge Mass.
Toivanen, Pekka: 1995. "Vindsäljare, stormbesvärjare och olyckskorpar- de finländska sjömännen i litteraturen." In: Ala–Pöllänen, A. (red.): *De nordiska sjöfartsmuseernas 14:e samarbetsmöte i Finland. Helsingfors och Åbo den 15-17 augusti 1994*: 33-49. Helsinki. A short version in English as Toivanen 1993: "Wind Merchants, Storm Raisers and Birds of Ill Fortune – Finnish Seamen in World Literature." In: *Nautica Fennica 1993*: 88-91. Helsinki.
Tuovinen, Tapani: 2002. *The Burial Cairns and the Landscape in the Archipelago of Åboland, SW Finland, in the Bronze Age and the Iron Age*. Acta Universitatis Ouluensis Humaniora B 46. Oulu. Diss.
Turner, Victor: 1969. *The Ritual Process*. Harmondsworth.
Tvedt, Terje (vhief ed.): 2006. *A History of Water I (-III)*. London.
Van de Noort, Robert/ O´Sullivan, Aidan: 2006. *Rethinking Wetland Archaeology*. London.
Vella, Nicholas: 2002. "The Lie of the Land: Ptolemy's Temple of Hercules in Malta." In: *Ancient Near Eastern Studies* 38, 2002: 53-82.
Vella, Nicholas: (in pr.). "A Maritime Perspective: Looking for Hermes in an Ancient Seascape." In: Chrysostomides, Julian (ed.): *The Greek Islands and the Sea. Proceedings of an International Colloquium held at the Hellenic Institute, Royal Holloway, Univ. of London 21-22 Sept. 2001*.
Vestergaard, Elisabeth: 1981. "Mandlig kultur og kvindelig natur. Kosmologi og ritualer i færøsk bygdeliv." In: *Folk og Kultur. Årbog for Dansk Etnologi og Folkemindevidenskab 1981*: 73-89.

Wachsmuth, Dietrich: 1967. *ΠΟΜΠΙΜΟΣ Ο ΔΑΙΜΩΝ. Untersuchung zu den alten Sakralhandlungen bei Seereisen.* Ernst-Reuter-Gesellschaft. Berlin 1967. Diss.

Weise, Lis: 1969. *Efterstillet adjektiv i danske stednavne.* København. Diss.

Westerdahl, Christer: 1985. *Förhistoria nolaskogs. Fornlämningar och fornfynd i Örnsköldsviks kommun.* Bjästa.

Westerdahl, Christer: 1986. "Die maritime Kulturlandschaft. Schiffe, Schiffahrtswege, Häfen. Überlegungen zu einem Forschungsansatz." In: *Deutsches Schiffahrtsarchiv* 9, 1986: 7-58.

Westerdahl, Christer: 1987a. *Et sätt som liknar them uti theras öfriga lefnadsart. Om samiskt båtbyggeri och samisk båthantering.* Skrifter utgivna av Johan Nordlander-sällskapet, nr. 11. Umå. Diss (lic.).

Westerdahl, Christer: 1987b. *Norrlandsleden II. Beskrivning av det maritima kulturlandskapet. Rapport från en inventering i Norrland och norra Roslagen 1975-1980. The Norrland Sailing Route II. Description of the maritime cultural landscape. Report from a survey in Norrland and northern Roslagen, Sweden, in 1975-1980.* Arkiv för norrländsk hembygdsforskning XXIII 1987.

Westerdahl, Christer: 1989. *Norrlandsleden I. Källor till det maritima kulturlandskapet. En handbok i marinarkeologisk inventering. The Norrland Sailing Route I. Sources of the maritime cultural landscape. A handbook of maritime archaeological survey.* Arkiv för norrländsk hembygdsforskning XXIV. Härnösand.

Westerdahl, Christer: 1992. "The maritime cultural landscape." In: *The International Journal of Nautical Archaeology,* Vol. 21 (1): 5-14.

Westerdahl, Christer: 1995. "Society and Sail." In: Crumlin-Pedersen, Ole/Munch Thye, Birgitte (eds.): 1995. *The Ship as Symbol in Prehistoric and Medieval Scandinavia.* Publications from the National Museum. Studies in Archaeology & History, Vol. 1: 41-50. Copenhagen.

Westerdahl, Christer: 1996a. "Stone maze symbols and navigation. A hypothesis on the origin of coastal stone mazes in the north." In: *International Journal of Nautical Archaeology* 24 (4), November 1995: 267-277.

Westerdahl, Christer: 1996b. "Sparlösa-stenen. Symboler och "politiska" attityder i tidig vikingatid." In: *Västgötabygden* 51, nr. 5: 16-21.

Westerdahl, Christer: 1999. "From Land to Sea, from Sea to Land. On Transport Zones, Borders and Human Space." In: Litwin, J (ed.): *Down the River and into the Sea. 8th ISBSA.* Gdansk, Poland (1997): 11-20. Gdansk.

Westerdahl, Christer: 2001. "Sägner om skepp och båtbygge. Vandringssägner som vittnesbörd om maritim kultur." In: *Vid Vänern. Natur & kultur. Årsskrift Vänermuseet år 2000*: 30-38.

Westerdahl, Christer: 2002a. "The Ritual Landscape at Sea." In: Krueger, K./Cederlund, C.O. (eds.): *Maritime Archäologie heute. Maritime Archaeology Today.* 3rd International Marine Archaeological Conference of the Baltic Sea Area (2001): 51-72. Rostock.

Westerdahl, Christer: 2002b. "Vänerns magi. Sjöns rituella landskap." In: *Vid Vänern- natur och kultur. Vänermuseets årsbok* 2002: 42-77. Lidköping.

Westerdahl, Christer: 2003a. "Holy, Profane and Political. Territoriality – Extraterritoriality. A Problem with Borders. Some Notes and Reflections." In: Bäärnhielm, G. (et al., red.): *Accurata descriptio. Studier i kartografi, numismatik, orientalistik och biblioteksväsen tillägnade Ulla Ehrensvärd.* Kungliga Biblioteket, Stockholm: 467-495.

Westerdahl, Christer: 2003b. *Vänern- landskap, människa, skepp. Om en maritim inlandskultur vid Vänern. En studie kring människor, båtar, vattentransport och segelsjöfart från förhistorien till tiden före sekelskiftet 1900.* Skärhamn.

Westerdahl, Christer: 2004. "Lindesnes och sjömäns dopseder." In: *Agder Historielag. Årsskrift,* nr. 80, 2004: 105-136.

Westerdahl, Christer: 2005. "Seal on Land, Elk at Sea: Notes on and Applications of the Ritual Landscape at the Seaboard." In: *International Journal of Nautical Archaeology* 34 (1), 2005: 2-23.

Westerdahl, Christer: 2006a (in pr.). "Skärgårdskapell i Norden. En kortfattad översikt med några reflexioner." In: *Hikuin,* Århus.

Westerdahl, Christer: 2006b (in pr.). "The Significance of Portages. A Survey of a New Research Theme." In: Westerdahl, C. (ed., forthcoming): *The Significance of Portages.* British Archaeological Reports. International Series. Oxford.

Westerdahl, Christer: in prep. *Contrasts in Action. On the cosmological structure of environmental magic.* Book manuscript.

Westerdahl, C./Artzy, M.: 2002. "The Fire of Tjelvar: Gutnic Symbols on Picture Stones." In: Gheorghiu, Dragos (ed.): *Fire in Archaeology. Papers from a session held at the European Association of Archaeologists Sixth Annual Meeting in Lisbon 2000. BAR International Series 1089*: 147-154. Oxford.

Worsley, Peter: 1970 (1957). *The Trumpet Shall Sound. A Study of 'Cargo' Cults in Melanesia.* London.

Wundt, Wilhelm: 1910. *Völkerpsychologie. Eine Untersuchung der Entwicklungsgesetze von Sprache, Mythus und Sitte. 3. Mythos und Religion.* 2. Auflage. Leipzig.

Yesner, David R.: 1980. "Maritime Hunter-Gatherers: Ecology and Prehistory." In: *Current Anthropology,* Vol. 21, No. 6, 1980: 727-750.

Zeilich-Jensen, Leif: 1974. *Den centraleskimåiska världsbilden. Huvuddragen av eskimåisk religion mot bakgrunden av termerna för orientering.* Acta Universitaris Stockholmiensis. Stockholm Studies in Comparative Religion. Västerås. Diss.

Østmo, Einar: 1995. "Nøstvetboplassen på Dælenengen i Oslo." In: Universitetets Oldsaksamlings første boplassundersøkekse. *Universitetets Oldsaksamling Årbok* 1993-94: 91-119.

Østmo, Einar: 1998. "Hester, båter og menn. En statusrapport fra bronsealderen." In: *Viking* LXI, 1998: 71-97.

Notes:
1 Ström 1950.
2 Ström op. cit.
3 Lévi-Strauss 1967a, Tilley 1990.
4 Westerdahl 1999, 2002a, 2002b, 2004, 2005, in prep.
5 A current discussion on the term *taboo* is found in Hultkrantz 1992a. *Taboo* is taken from Tonga, *noa* from the Maori of New Zeeland.
6 The most comprehensive treatment is Norwegian, Solheim 1940, although this author included almost all the Nordic orbit, including Estonia (he had Oskar Loorits' work from 1931 translated). Another fundamental work is also Norwegian, Hovda 1941a.
7 Edlund, A.-C. 1992: 63.
8 Jakobsen 1921, Säve 1940, Lockwood 1955, Fenton 1969.
9 The inverted adjective is one case in point, Weise 1969, but I have personally recorded others.
10 Just as Henningsen points out concerning the ceremonies of sailor's baptism: "The reason why there is no mention of baptism in Europe (before the end of the sixteenth century) lies simply in the nature of the sparse material extant on the subject. Seamen were not very communicative about the custom; there might even have been a sort of taboo about it …" (Henningsen 1961: 201).
11 Much later systematized in Westerdahl 2003b.
12 Westerdahl 1987b, 1989.
13 Solheim 1940: 14. Transl. by this author.
14 Mullen 1978, Firth 1971 (1946) very briefly, Frazer 1955 fragmentarily, some references in Edlund, L.-E. (ed.) 1992. – In Europe, excluding the Nordic orbit (with the Atlantic islands), similar taboos are found e.g. in Sébillot 1886, Stammler 1962, Hole 1967.
15 Westerdahl 1986.
16 Solheim 1940: 165. Transl. by this author.
17 Westerdahl 1992: 6.
18 Jasinski 1993a & b.
19 Westerdahl 2002b.
20 Clark 1982: 160, as an "animus towards things rural and agricultural."
21 Poggie & Gersung 1972, Poggie et al. 1976.
22 But what about the strong taboos of the horse? The latter definitely belongs to the male, cultural sphere. This anomaly cannot just be explained by local factors, nor to the widespread prejudice pertaining to the slaughter of horses and the eating of horse meat (Egardt 1962).
23 A good economic discussion on the early cultures of this kind is found in Fitzhugh 1975, with a circumpolar bias, and Yesner 1980. Cf. Cunliffe 2001.
24 E.g. Schurtz 1893, Wundt 1910.
25 The kind of outsider woman, e.g. the outcast single mothers, as depicted by Frykman 1982 (1977).
26 Zeilich-Jensen 1974: 47ff.
27 Olaus Magnus: Historia 2:23, 3:1. The combination of the island of the sailor's baptism, the tabooed status of its name, its role as the central meeting place of witches and its great maze/labyrinth, is unique. Cf. Modéer 1927.
28 On *Helgö* names: Calissendorff 1965. The Nordic *heilagr*, 'hallowed, holy, sacred,' but also 'forbidden,' possibly even 'taboo' in some sense, at least understood legally, outside of normal jurisdiction (see Westerdahl 2003), apparently has the same ambivalent meanings as Latin *sacer* and Hebrew *qadosh*. See also Steiner 1967 (1956).
29 Hovda 1941b.
30 Claussøn Friis 1881: 297. The rule is that as long as you are approaching a certain "charged" place you use the *noa* name. If you do not, you will meet contrary winds. When withdrawing from the place it is less important.
31 There are several other such maritime localities in the north, e.g. *Lyderhorn* at Bergen, Norway, *Hornelen* in Nordfjord, Norway, appearing as *Hornilla Buk* on the Carta marina of Olaus Magnus AD 1539, *Brattön* (alt. Blåkollen) in Bohuslän, where the very top is still called Blåkollen, just like Blåkulla as Blå Jungfrun, Sweden and *(Stora) Bratten* of lake Vänern in Sweden. However, it seems that Blå Jungfrun is a particularly well-known locality for this phenomenon.
32 Westerdahl 2006a in prep. The legend of St. Sunniva Storm 1880: 145ff (Acta Sanctorum in Selio). The European - background of the legend is given by Young 1933. For the Mediterranean, slightly interesting notes on the role of women for sailors are found in Pitt-Rivers 1970. Even in later Lutheran times, the Virgin Mary was thought of in the north as the chief protector and benefactor of the fishermen, the sea being her *storehouse* (Scotland), *visthusbod* (Swed.) and *stabbur* (Norw.; Solheim 1940: 117), with identical meaning. The liminal meaning of females would be paralleled by the strong – and universal – tendency to think of the boat as a female and giving it female names.
33 Ljunggren 1941.
34 A similar statement has been retold elsewhere, but at this junction I fail to remember the source.
35 Cf. Fries 1998 for the distribution of some of the sites.
36 Westerdahl 2004; cf. Henningsen 1961.

37 There is not to be found references to grazing of horses or other animals, nor any similarity in form. Among the *Hesten* names there are some that do not connote the normal skerries, but quite conspicuous mountainous features at the classical passages exposed to the fury of the North Atlantic, like *Stemshesten* at Hustadvika, Møre and Romsdal, Norway. This has been a well-known sighting point from time immemorial. It was remarked in a poem of the Saga of St. Olav (The Saga of St. Olav: 172; Norges Kongesagaer 1979 II, p. 64,), that the Danish king Canute the Great in AD 1028 sailed past Stem in the Hustad area, i.e. Stemshesten, on his journey to Nidaros (Trondheim). There was in fact in Hustad a farmstead called Stem. It is presently unknown where king Øystein died in AD 1123 (The saga of the sons of Magnus Barfot, Magnussønnenes saga: 23 II. Norges Kongesagaer 1079 II, p. 254). *Hesten* is the alternative name of Stålet of Stad, at the border in the north of Sogn and Fjordane, Norway. At the entrance of Sognefjord there is a well-known and important sighting point on the mountain *Lihesten*. As an example of a small skerry at a significant point *Hesten* outside Selja, the island landing place of St. Sunniva can be mentioned. This locality is found immediately south of Stad.

38 Hovda 1941a.

39 *Dýr* could mean a deer but also a four-footed animal in general.

40 Særheim 2005: 40.

41 Van Gennep 1960.

42 Olaus Magnus 1555: 2:23, 3:1, Hermelin 1930, Westerdahl 2002b (Vänern). Interviews by this author.

43 Cf. Sandström 2003 with other references, esp. Edlund 1989, etc., and Fernholm 1943.

44 According to an estimate by the author, based on Ohlmarks 1946 and Müller-Wille 1970, 1974, there must be at least six hundred boat graves at ca. three hundred locations places in the north, the majority in Norway. They date from at least a fairly early part of the Roman Iron Age, ca. 100 AD, to the end of the heathen period, probably late tenth century AD.

45 According to other estimates, including Capelle 1986, there are at least 1,500 ship settings in Sweden and ca. 500 outside this country. They date from the Early Bronze Age (although ship-formed stone graves do occur even in the Neolithic) to the Viking Age, and no period so far can be given precedence because of sparse datings. And so far actual datings seem to indicate a preponderance in the Bronze Age of the south (old Denmark) and on Gotland.

46 Cf. Crumlin-Pedersen/Munch Thye (eds.) 1995.

47 It should be observed that, according to the scheme proposed here, the shore where the ship must be launched is an ambivalent, hence liminal, area. Here anything could happen. In this case a launching may be obstructed by way of magic, usually by a woman. Such legends and tales have been treated by Westerdahl 2001. The obvious reflection in Nordic mythology is in the story of the burial of Baldr. The ship with his corpse could not be launched until the arrival of an old witch named Hyrrokin, who carried out her task with such glee that the ship caught fire. This witch was the trickster Loki in disguise.

48 Müller-Wille 1970, 1974, 1995 on grave boats, Capelle 1986, 1995 on ship settings, with an interesting precursor in Ohlmarks 1946. A possible universal sepulchral meaning of the boat as a symbol is indicated by Ballard (et al.) 2003 in an interesting comparison of recent Southeast Asia with prehistoric Scandinavia.

49 Skaarup 1995 on the transition between the Mesolithic and the Neolithic.

50 Bakhtin 1968, Ladurie 1979, Leach 1961, Turner 1969.

51 E.g. Henningsen 1950. Several other surveys exist, although without any fundamental additions.

52 Ellmers 1995.

53 Oma 2000, Opedal 2005.

54 Especially Swedish archaeologists stressed this aspect in the past, and it was revived recently by Bradley (2000: 132ff.).

55 Helskog 1985.

56 Partly due to the fact that rocks only exist in present-day Denmark on the island of Bornholm, but the same ships are common on bronzes, Kaul 1998.

57 The percentage varies – sometimes drastically – between different panels in the same area, but the author has managed to cull the following from standard works: Denmark 25%, Uppland, Sweden, 57%, Östergötland, Sweden, 59%, Bohuslän, Sweden 57%, Østfold, Norway 69%, Rogaland, Norway 80%, but Trøndelag, Norway seems to deviate, probably ca. 20% (preliminary oral communication Kalle Sognnes, NTNU, Trondheim).

58 Ohlmarks 1963.

59 To make my point perhaps I should call this fellow *Bonden*, 'The Farmer'?

60 Westerdahl 2006b in prep.

61 Almgren 1926-27.

62 Glob 1962, 1969.

63 Henningsen 1950 on votive ships, 1953, on boat pageants/carnevals, and sailor's baptism 1960, 1961.

64 Kaul 1998, 2004.

65 Cf. Østmo 1998.

66 Found e.g. in Johnstone 1980, Cunliffe 2001: 66.

67 Cf. on sealing taboos also Edlund 1989, 1992, 2000.

68 Westerdahl 1999.

69 Peel 1999.

70 The latest treatment is Peel op. cit.
71 Westerdahl/Artzy 2002.
72 Grima 2001.
73 *The Odyssey*: 251-252, as translated by Butcher/Lang 1909: 269ff. The critical point is how the words *βοος κέρας αγραυλοιο* are interpreted: Cf. Homer, *Odyssee*, Darmstadt 1986. Differently translated but not necessarily more correct: *The Odyssey* transl. Rieu 1969, p. 60. The horn is not a practical sinker for the hooks!
74 Wachsmuth 1967, Brody 1998, Vella 2002, and in prep., cf. Morton 2001.
75 Here note 10; Henningsen 1961: 201.
76 McGhee 1977.
77 Zeilich-Jensen 1974: 80ff.
78 Interviews *in situ* made by the author in 1981 and 1986. On the extensive use of seal blubber in the Bothnian area, cf. Larsson 2000.
79 Hood 1992.
80 Lundberg 1997.
81 Alsaker 1987, giving the technical information.
82 As suggested by Larsson, et al. 1997, cf. Sarauw-Alin 1923: 194ff. On a (votive) deposit of axes at the same time in Norway, Østmo 1995.
83 Liddell, H.G. & Scott, R. Greek-English Lexicon. Oxford 1901 (1843).
84 In fact, at which point the liminal state becomes what we would call 'holy,' or 'hallowed' is open to conjecture, in the same way that *taboo* is. The double meanings of 'holy' and 'forbidden' (and, somewhat contradictorily, to some extent even dirty) adhere not only to the concept of *taboo*, but also Latin *sacer*, Hebrew *qadosh* and Nordic *heilagr* (Steiner 1967 (1956), Calissendorff 1965, Hultkrantz 1992a).
85 The dog was indispensable in locating points on land in fog; aside from their practical value, both animals were so important to the ship as an entity that, according to medieval English law (first Statute of Westminster, 1275) no shipwreck was legally abandoned until both had left it (Thomas 1984: 98).
86 Cf. generally in Crumlin-Pedersen/Munch Thye (eds.) 1995; on ship settings Ohlmarks 1946, Capelle 1995, Artelius 1996, on pageants Henningsen 1950, 1953.
87 The elk could possibly be another (land) animal, a bear? Pers. comm. Knut Helskog, Tromsø. Helskog 1988.
88 Pers. comm. Richard Bradley. Another rockcarving in Kvernvik, Nord-Trøndelag, Norway, depicts only halibuts formed together as a crescent.
89 Kulturhistoriskt Lexikon för Nordisk Medeltid (KLNM): *"Flundrefiskar"* (J. Bernström).
90 Svanberg 2000: 120.
91 Solheim 1940: 41ff., Lockwood 1955: 7 and note 2, p. 9.
92 It could also be seen as the transcendent entering everyday life. Mircea Eliade states in the preface to an important book on the holy and the profane (Eliade 1969) that to religious man (normal) space shows breaks and cracks. This is where the transcendent or holy forces come forth.
93 Bjerck 1993.
94 Toivanen 1995.
95 As *magicae artes* mentioned by Bartholomeus Anglicus in *De proprietate rerum*; cf. de Anna 1992: 18.
96 Olaus Magnus: Historia 2:3, 23, 3: 4,12, 14-21, 22, etc.
97 Henningsen 1966: 117.
98 Part of the crew on Swedish men-of-war of the seventeenth century were Finns and Saamis. Many Finns served as well in the army and the cavalry. The Swedes were rumoured in Europe to use these alleged sorcerers to win battles in the Thirty Years' War. This is one of the reasons that the Chancellor of the Realm, Magnus Gabriel de la Gardie, imported the famous Strassburg historian Johannes Schefferus (Johann Scheffer) to write an objective work on the Saamis. This appeared first in Latin, as *Lapponia* (1673), but was rapidly translated into all the major European languages at the time.
99 A powerful refutation of this die-hard prejudice was the exhibition *Sea Finland* of the National Maritime Museum of Finland at its namesake in Greenwich; on Saami boats Westerdahl 1987a or *Deutsches Schiffahrtsarchiv*: Teil I: DSA 18, 1995: 233-261; Teil II: DSA 19, 1996: 317-349; Teil III: DSA 21, 1998: 233-254; Teil IV: DSA 22, 1999: 285-314.
100 Högnäs 1995. Swedish-speaking Finns were thought to be maritime, inhabiting the coasts, and the Finnish-speaking Finns were thought to be the people of the forests.
101 Mulk 1998, Bayliss-Smith/Mulk 1998.
102 Westerdahl 2005.
103 Manker 1938-50.
104 Turner 1969, Helms 1985, 1998.
105 Cunliffe 2001: 9ff.
106 Sognnes 1994, Helskog 1999.
107 Lindqvist 1994.
108 Bradley 2000: 141, his fig. 43.
109 The total number is unknown, but along the coasts of Finland, Sweden and Norway it must exceed twenty

thousand. In southern Sweden and in Denmark/northern Germany they are substituted to some extent by shore-based mounds.
110 Cooney 203: 326.
111 Pollard 1996, Scarre 2002a, b.
112 Bronze Age, cf. Baudou 1968; Iron Age Baudou 1989, Westerdahl 1985: 86ff.
113 Westerdahl 1999.
114 Tuovinen 2002.
115 Vestergård 1981: 83.
116 Kraft 1982. A basically functionalist view of coastal mazes, with some datings, cf. Westerdahl 1996a.
117 Rees & Rees 1973.
118 Haavio 1947.
119 Westerdahl, in prep.
120 Shetelig/Johannessen 1929 still contains the best published catalogue. An unpublished survey has been carried out by the present author. But the most extensive recent work has been accomplished by Morten Sylvester, Vitenskapsmuseet, Trondheim, Norway. On valuables offered in such places, cf. Hedeager 2003.
121 This "aphorism" was indeed expressed in Westerdahl 1995. Some relevant aspects on watery symbolisms were expressed in the thematic issue of *Current Swedish Archaeology*, Vol. 11, 2003, e.g. by Lotta Fernstål, Åsa Fredell and Susanne Thedéen.
122 Malmer 1991, based on Browall 1986.
123 Van de Noort/Sullivan 2006: 69ff., passim.
124 Tvedt 2006.
125 Westerdahl 2002b, 2003a.
126 I have myself recorded three cases of small and dangerous skerries called *Grå Häst*, 'Gray Horse,' in Lake Vänern (Westerdahl 2003b: 65).
127 Weise 1969.
128 Kaul 1998, 2004.
129 Okladnikow 1972.
130 Rooth, A.B. 1961. The folklorist Rooth believes that Loki is among other things a personification of the spider. This spidery part of her treatment is, however, doubtful.
131 Ohlmarks 1937.
132 Innselset 1995 has documented the use of such cup marks into recent times, and this could be corroborated by the present author, in fact by way of his own grandmother, but reference is then made not to panels with figurative carvings but to isolated occurrences of only cup marks, sometimes in large numbers.
133 Manker 1938-50.
134 Sognnes 1996.
135 Rieck/Crumlin-Pedersen 1988.
136 Westerdahl 1996.
137 Ellmers 1987, Pieper 1989, Westerdahl 2002b. On twentieth-century cargo cults Worsley 1970 (1957).
138 Helskog 1999: 76.
139 Hegel 1807.
140 Lévi-Strauss 1967b, Westerdahl 2005.
141 Hodder 1990.
142 Bradley 1998, 2000, Koch 1998, 1999, Larsson 2001, Van de Noort/O´Sullivan 2006.
143 Hultkrantz 1992a: 42; transl. by the present author.
144 As an example, a reference to a possible case is found in Lindqvist/Possnert 1999.

Author's address:
Dr. Christer Westerdahl
Norwegian University of Science and Technology
Institute of Archaeology and Religious Studies
Erling Skakkes Gate 47B
N-7012 Trondheim
Norway

Kosmologie des Meeres und Meeresarchäologie

Zusammenfassung

Die Aufgabe der Meeresarchäologie besteht in der Dokumentation und Analyse vergangener maritimer Kulturen. Früher wurde der Begriff maritime Kultur definiert als kulturelle Manifestationen, geprägt von Gruppen, die am Meer und vom Meer sowie im weiteren Sinne auch an größeren Gewässern leben; Unterschiede zwischen dem Meer und großen Seen dürften aller Wahrscheinlichkeit schwer auszumachen sein. Archäologie war und ist im Wesentlichen eine Wissenschaft der materiellen Kultur. Die moderne Forschung sollte ernsthaft darum bemüht sein, auch die kognitive Welt der Vergangenheit zu rekonstruieren, das also, was Menschen über sich und ihre Umwelt dachten, wenn auch möglicherweise gewissermaßen unbewusst. Eines der am weitesten verbreiteten und offenkundigsten Merkmale wäre die Kosmologie der Meere, wenn man sie als solche bezeichnen will, die von heutigen Religionen deutlich zu unterscheiden ist.

Obwohl diese Studie viele Bezüge zu strukturalistischen Mustern und zum Geschlechtergegensatz enthält, zielt sie doch vor allem darauf, disziplinübergreifende Analogien, vor allem ethnologische und sozialanthropologische Quellen und Analysen heranzuziehen. Ein zentraler Begriff ist dabei der des Schwellenzustands *(liminality)*, der nicht nur in der Soziologie, sondern auch im ökologischen Kontext verwendet wird.

Zwei anthropologische Hauptkonzepte neuerer Kulturen aus dem südpazifischen Raum sind Tabu und Noa. Tabu ist, was verboten ist. Noa ist das Gewöhnliche, das gegebenenfalls auch an die Stelle dessen treten kann, was tabu ist. Noa kann auch eine Konstruktion für die Absicht sein, eine Paraphrase oder ein Euphemismus. In diesem Fall entspricht das für das Meer gültige Tabu dem, was das Land verkörpert. An seine Stelle tritt Noa, das auf dem Meer nicht verboten ist.

In Nordeuropa gibt es überaus reichhaltiges Material zu Tabu und Noa bei Fischern. Das meiste Quellenmaterial stammt von hier, aber es scheint Übereinstimmungen zu anderen Teilen der Welt zu geben. Das bekannteste Merkmal mag das Tabu von Frauen an Bord eines Schiffes sein. Dasselbe gilt in der Regel aber für alles, was mit dem Haushalt an Land zu tun hat, für Klauentiere, bestimmte Vögel, den Priester (Geistlichen) usw. Es erscheint als schlüssiges Glaubenssystem, das hier wie dort auf der gefährlichen Dichotomie oder dem Gegensatz zwischen Land und Meer gründet.

Anstelle der tabuisierten oder einer anderen Bezeichnung, einer Paraphrase oder eines Euphemismus wurde die Noa-Bezeichnung verwendet. Als dieses System zur Gänze entwickelt war, galt es als eigene Sprache auf See, wie das von Faröer bekannte *sjómali*, hauptsächlich aber als andersartiges Vokabular wie die *hafwords* oder *luckywords* in Shetland, in Gotland *skrocknamn* genannt. Letzteres bedeutet »Bezeichnungen des Aberglaubens«, was den abschätzigen äußeren Beobachter verrät. Tatsächlich handelte es sich jedoch nicht nur um ein anderes Vokabular; die Einflüsse zeigten sich unter Umständen auch in Grammatik und Syntax.

Einige der für die Fischer gültigen Verbote gingen auf die Seemänner über, was sich durch die elementare Bedeutung des Fischfangs für maritime Kulturen erklärt. Tabuisierte Orte mit allseits bekannten Noa-Bezeichnungen stimmen mit solchen überein, an denen Seemannstaufen abgehalten wurden.

Zusammenfassend kann man sagen, dass sich aus dem Gegensatz zwischen Land und Meer dementsprechend zwei Grundsätze ableiten lassen: 1. Sämtliche an Land gebräuchlichen Begriffe, Bezeichnungen oder Muster sind auf See prinzipiell verboten (auch wenn sie sich auf die See beziehen). 2. Die hervorstechendsten Landmerkmale, wie etwa Tiere usw., sind mit den stärksten Tabus belegt; von ihnen geht die größte Gefahr aus. Es gibt allerdings ein drittes Prinzip, wonach diese Tabus – gerade auch die größten – durchaus gebrochen werden konnten, die Gefahr damit gebändigt und durch magische Übertragung der Dinge vom Land auf die See und umgekehrt zum Vorteil gewendet wurde, was weiter unten mit dem Begriff der Schwellenkraft *(liminal agency)* umschrieben ist. Dabei wurde jede Art von Medium miteinbezogen, Sprache, bildliche Darstellungen oder die Sinne wie Gesichts- und Hörsinn.

Wenn diese Dichotomie von See versus Land Bestandteil der prähistorischen Kosmologie war, ist es nahe liegend, dass die Grenze zwischen den beiden Elementen durch Grabmäler markiert war. Eindeutig belegt ist das durch Felsritzungen vorwiegend in Küstennähe, vom ausgehenden Mesolithikum über die Bronze- bis hin zur beginnenden Eisenzeit. In der Bronze- und teils noch in der Eisenzeit waren über die Küste verteilt etliche Stein- und auch Erdhügel aufgetürmt. Die Verbundenheit mit der Küste im Begräbnisritual wird noch deutlicher, wenn höher gelegene Orte, Vorsprünge oder andere augenfällige Merkmale einbezogen waren, sogar bis hinein in den Mittelmeerraum. Weitere Kategorien wie die steinernen Küstenlabyrinthe aus historischer Zeit kann man als Ausdruck einer universellen Magie unter Fischern betrachten. All das verweist auf die Küste als Schwellengebiet *(liminal zone)*.

Aufgrund des Noa-Prinzips kann man mit hoher Wahrscheinlichkeit davon ausgehen, dass Symbole, Metaphern oder Inkarnationen des zum Land gehörigen Teils der Dichotomie auf See zwar tabuisiert waren, mittels einer bewusst herbeigeführten, zielgerichteten Handlung aber deutlich verstärkt und durchaus unberechenbar und gefahrvoll, aber unter Umständen auch auf See nutzbringend werden konnten. Inkarnationen dieser Art waren die Herrscher über die Natur, an Land etwa der wilde Elch, der Bär und das domestizierte Pferd, auf dem Meer Wale und Robben. Kamen letztere an Land, was in der Realität beobachtet werden konnte, galt das als günstig, ihr Erscheinen auf Felsen offenbar ebenfalls. Wichtigstes Tiermotiv für Felsritzungen in der Jagd-, Sammel- und Fischfangtradition der Nordpolargegend sind Elche, während in südlichen Ausgestaltungen bäuerlicher Kultur aus der Bronzezeit am häufigsten Schiffe auftauchen. Es kann daher als wahrscheinlich gelten, dass das Schiff mit dem Meer gleichgesetzt und an Land als nutzbringend erachtet wurde.

Die magische Funktion von Schiffen in Gestalt steinerner Begräbnisstätten in Schiffsform, vom späten Neolithikum bis in die ausgehende Eisenzeit, und bei Boots- und Schiffsbestattungen ist offenbar auf den Schwellenzustand zwischen Land und Meer zurückzuführen. Eine Schwellenkraft *(liminal agency)* lässt sich ferner dadurch belegen, dass Schiffe aus der Nordpolargegend als Stevenfiguren Elchköpfe führten, während an Schiffen aus südlichen Gegenden entsprechend den an Land meist verehrten Tieren Pferdeköpfe angebracht waren. Die Sonne schließlich, die in der Vorstellung auf einem Schiff aus dem Ozean hinaus oder in ihn hinein getragen wurde, galt möglicherweise als vornehmste Schwellenkraft und besaß in einem bestimmten Kontext göttlichen Status.

Andere Muster, die für Rituale, Opfer und Bestattungstraditionen (fremder oder anonymer Personen) überliefert sind, verweisen allem Anschein nach auf einen Schwellenzustand *(liminal state)* in der Begegnung von Land und Wasser, insbesondere im Binnenland. Die liminale Funktion von Seen, Sümpfen und Mooren für manche Perioden ist augenfällig.

Manche Völker und Ethnien schließlich, die man irrtümlich ausschließlich für Binnenbewohner hielt und mit dem Land identifizierte, Finnen und Samen, wurden in Europa wegen ihres »liminalen Status« möglicherweise als Hexenmeister auf See betrachtet.

Riten in liminalem Zustand, auf liminalem Gebiet und mit liminalem Agens, ob auf dem Wasser oder an Land, waren im Großen und Ganzen als apotropäische Handlungen mit schützender oder heilbringender Funktion gedacht; welcher genau, lässt sich nicht mehr in Erfahrung bringen. Im Kontext von Bestattungen ergeben sich jedoch Hinweise auf bedeutsame kognitive Intentionen.

Diese Kosmologie der zwei Welten könnte zum einen auf die zeitlose Faszination des Menschen für das Schauspiel zurückgehen, das sich ihm an der Küste bietet, zum anderen möglicherweise auf die Gefahren und Unwägbarkeiten der Natur ganz allgemein. Die in der Wahrnehmung generell liminale Rolle von Wasser tritt jedoch ebenfalls zu Tage. Als möglicher Archetyp seien auch das dualistische menschliche Denken und zweigeteilte Organisationsformen in manchen Gesellschaften als Parallele zur verbreiteten strukturalistischen Ausbildung kultureller Muster genannt.

Cosmologie et archéologie maritimes

Résumé

La tâche de l'archéologie marine est la documentation et l'analyse de cultures maritimes anciennes. Autrefois, le terme de culture maritime était défini comme des manifestations culturelles formées et pratiquées par des groupes qui non seulement vivaient près de la mer, mais en vivaient et également, au sens plus large, vivant au bord de plus grandes étendues d'eau; selon toute probabilité, il sera difficile d'établir des différences entre mer et grands lacs. L'archéologie était et reste essentiellement une science de la culture matérielle. La recherche moderne devrait sérieusement s'efforcer de reconstruire également le monde cognitif du passé, ce que l'homme pensait de lui-même et de son environnement, même si c'était de façon probablement inconsciente. L'une des caractéristiques les plus répandues et les plus visibles serait la cosmologie des mers, si elle existe en tant que telle, qui est à différencier clairement des religions actuelles.

Bien que cette étude comprenne de nombreux rapports avec les modèles structuralistes et l'opposition des sexes, elle vise avant tout à utiliser des analogies interdisciplinaires, en particulier des sources et analyses ethnologiques et socio-anthropologiques. À ce propos, un terme central est celui de liminalité *(liminality)* qui a été employé non seulement en sociologie mais aussi dans un contexte environnemental.

Deux concepts anthropologiques essentiels, repris de cultures plus récentes du Pacifique Sud, sont ceux de *tabou* et *noa*. Tabou, c'est ce qui est interdit. Noa, c'est ce qui est ordinaire et qui peut, si nécessaire, remplacer aussi ce qui est tabou. Noa pourrait aussi être une construction pour l'intention, une paraphrase ou un euphémisme. Dans ce cas, ce qui est tabou en mer, c'est ce qui représente la terre. Noa le remplace, puisqu'il n'a pas été interdit en mer.

Il existe un matériel excessivement riche sur tabou et noa parmi les pêcheurs de l'Europe septentrionale. La majeure partie du matériel des sources est concentrée dans cette région, mais il semblerait que des parallèles existent avec d'autres régions du monde. Le tabou le plus connu est certainement le tabou entourant la présence féminine à bord. La même chose est généralement valable aussi pour tout ce qui concerne la tenue du foyer à terre, les animaux portant des griffes, certains oiseaux, le prêtre (ecclésiastique), etc. Il apparaît comme un système cohérent de croyances, dont la base commune est la dichotomie dangereuse ou l'opposition entre mer et terre.

Au lieu d'utiliser le terme tabou ou un autre nom, une paraphrase ou un euphémisme, on employait le terme noa.

Lorsque ce système fut développé dans son entier, il aboutit à ce qui était supposé être un langage particulier en mer, un *sjómali*, tel qu'il est connu aux îles Faroe, ou principalement un autre vocabulaire comme les *hafwords* ou *luckywords* aux Shetland, ou encore *skrocknamn* à Gotland. Ce dernier signifie *«noms de la superstition»*, ce qui révèle un spectateur externe condescendant. Mais il ne s'agissait pas uniquement d'un autre vocabulaire, même la grammaire et la syntaxe étaient susceptibles d'être influencées.

Certains interdits des pêcheurs sont passés chez les marins, la pêche jouant un rôle élémentaire dans la culture maritime. Les lieux tabous, avec des noms noa connus de tous, semblent être les mêmes que ceux où avaient lieu des baptêmes de marins.

En résumé, l'opposition entre terre et mer se laisse appliquer de deux façons: 1) tous mots/noms ou modèles usuels à terre sont généralement interdits en mer (même s'ils se rapportent à la mer), 2) les incarnations les plus évidentes de la terre, comme par ex. des animaux, sont celles dont émanent le plus de tabous et de dangers. Toutefois, un troisième principe veut que ces tabous – justement ceux qui sont les plus grands – puissent être transgressés, le danger étant ainsi écarté et grâce à un transfert magique, les choses de la terre en mer et vice-versa transformées en avantage, ce qui sera plus loin désigné sous le terme d'entremise liminale *(liminal agency)*. À cet effet, tout moyen d'expression sera impliqué: langue, représentations picturales, les sens comme la vue ou l'ouïe.

Si cette dichotomie de la mer opposée à la terre était un composant de la cosmologie préhistorique, il y a tout lieu de penser que la frontière entre les deux éléments fut marquée par des monuments funéraires, comme en témoignent clairement les gravures rupestres prépondérantes à proximité des côtes, depuis la fin du mésolithique jusqu'au début de l'âge du fer, en passant par l'âge du bronze. Au cours de l'âge du bronze et encore en partie à l'âge du fer, un grand nombre de cairns ou de tumulus étaient disséminés le long des côtes. La relation avec la côte dans les rites funéraires devient encore plus évidente lorsque des lieux plus élevés, des promontoires ou d'autres caractéristiques du terrain sont pris en compte, même jusque dans la région méditerranéenne. D'autres catégories, comme les anciens labyrinthes côtiers en pierres, pourraient être considérées comme l'expression d'une magie universelle au sein des pêcheurs. Tout ceci contribue à désigner la côte comme une zone liminale.

Bien que les symboles, métaphores ou incarnations de la partie de la dichotomie inhérente à la terre soient tabous en mer, en partant du principe de noa, il est fort probable qu'ils pouvaient être rendus extrêmement forts, assurément imprévisibles et menaçants par un acte conscient et intentionnel, s'avérant toutefois bénéfiques en mer. De telles incarnations étaient les maîtres de la nature, comme l'élan sauvage, l'ours et le cheval domestiqué faisant partie de la terre, et les baleines et les phoques de la mer. Lorsque ces derniers apparaissaient sur la terre, ce qui pouvait être observé dans la réalité, c'était un signe considéré comme favorable. Visiblement, leur apparition sur des rochers semblait produire le même effet. Parmi les motifs animaliers des gravures rupestres, les animaux les plus importants dans la tradition arctique de pêche, cueillette et chasse sont les élans, tandis que dans les régions du sud, à tradition plus agricole, ce sont les représentations d'embarcations qui prédominent à l'âge du bronze. Il est donc fort probable que l'embarcation est identifiée à la mer et considérée comme favorable sur terre.

Le rôle magique que joue le bateau sous forme de sépulcre en pierre, de la fin du néolithique à la fin de l'âge de fer, et d'enterrements dans des embarcations, est probablement dérivé du seuil liminal existant entre terre et mer. Une autre confirmation du rôle liminal est révélée par le fait que les bateaux de la tradition arctique portent des têtes d'élans à la proue, tandis que les embarcations de la tradition du sud portent des têtes de chevaux, correspondant aux animaux de terre les plus révérés. Pour finir, le soleil, qui est porté sur une embarcation dans et hors de l'océan, pourrait être considéré comme la plus puissante force liminale, atteignant dans certains contextes le statut de déité.

D'autres modèles relatés dans des rituels et des sacrifices, des traditions funéraires (de personnes étrangères ou anonymes), semblent révéler un état liminal entre terre et mer, particulièrement dans les terres. Le rôle liminal des lacs, marécages et marais est clair à certaines périodes.

Pour finir, certains peuples et ethnies que l'on considérait à tort comme étant exclusivement des habitants terrestres et identifiés au pays, les Finnois et Lapons, ont pu apparaître comme étant des sorciers en mer, en raison de leur statut liminal.

La signification des rites dans l'état liminal, la zone liminale et l'entremise liminale, que ce soit sur mer ou sur terre, était généralement apotropéique, à fonction protectrice ou bénéfique, mais dont la fonction précise est à jamais perdue. Toutefois, le contexte des funérailles révèle des intentions cognitives importantes.

Cette cosmologie des deux mondes pourrait remonter d'une part à la fascination intemporelle de l'homme pour le spectacle qui s'offre à lui sur la côte, d'autre part probablement aux dangers et à l'imprévisibilité de la nature en général. Néanmoins, le rôle liminal de l'eau dans la perception apparaît également. Il faut citer aussi comme archétypes possibles la pensée humaine dualiste et les formes d'organisations dans certaines sociétés en tant que parallèle aux modèles structurels généraux.

URSULA FELDKAMP

Eine Alltagsgeschichte der Segelschifffahrt in Selbstzeugnissen

Das Konzept einer Quellendatenbank am Deutschen Schiffahrtsmuseum

In den nächsten drei Jahren soll am Deutschen Schiffahrtsmuseum (DSM) ein Thesaurus-Datenbankprojekt auf den Weg gebracht werden, das Ego-Dokumente und andere Selbstzeugnisse sowie externe Quellen, Dokumente und Bilder zur Segelschifffahrt aus dem Zeitraum zwischen 1800 und 1939 bereitstellen und miteinander verknüpfen wird. Darin werden Selbstzeugnisse von Seeleuten und Reisenden sowie offizielle Dokumente (Bordjournale, Kapitän-Reeder-Korrespondenz, Rechtsquellen etc.) mit den dazugehörigen Schiffen und ihren Reisen semantisch verknüpft. Der Thesaurus kann auf unterschiedliche Weise befragt werden. Die Suche nach einem bestimmten Schiff und seinen Reisen, seiner Biografie und seiner Besatzung ist ebenso möglich wie Recherchen zu speziellen Themen. Sie können aus einem erstellten Kategorienkatalog ausgewählt oder anhand von Begriffen, die in den eingegebenen Textquellen vorkommen, gesucht werden.

Für die Ausstellung zur Segelschifffahrt im Industriezeitalter am Deutschen Schiffahrtsmuseum unter dem Titel »Windjammer – Mythos und Realität« wird mit bereits vorhandenen Datensätzen eine vereinfachte Demo-Version der neuen Datenbank vorgesehen. Eingegeben werden solche Textquellen, die detaillierte spezielle Informationen zum Leben und Arbeiten an Bord, zum Handel (Frachten, Passagiere, Routen) und zur Seemannssprache bieten. Die Eingaben konzentrieren sich zunächst ausschließlich auf die Segelschifffahrt. Langfristig ist eine Ausdehnung auf die gesamte Seeschifffahrt möglich.

Fragen und Hypothesen

Die geplante Untersuchung umfasst die folgenden Kernfragen:
1. Welche Auswirkungen hatte die Industrialisierung auf die Arbeitssituation an Bord?
2. Wie hat sich die Ausbildung verändert?
3. Wie hat sich das Leben an Bord verändert?

Dabei soll die Mikrogeschichte des Bordlebens bei Fragen weiterhelfen, die uns die Makrogeschichte nicht beantworten kann. Die Datenbank bietet eine empirische Grundlage, mit deren Hilfe die Diskussion kontroverser Thesen, beispielsweise zur Veränderung der Autorität des Kapitäns und des Status der Mannschaft in der ersten Hälfte des 19. Jahrhunderts, vertieft werden kann. Die Datenbank soll zugängliches Quellenmaterial zur praktischen Anwendung der Seegesetzgebung, zur Entstehung der seemännischen Bräuche und ihres Verschwindens oder zur Genese des maritimen Liedguts vervielfachen, die Quellen zur Bearbeitung der Thesen schnell findbar machen und damit den Diskurs der bestehenden Thesen erweitern und befördern.

Als Ergebnis wird erwartet, dass die Auswirkungen der strukturellen Veränderungen der Seefahrt auf die Schiffsbesatzungen im Detail aufgezeigt und die historischen Ereignisse bzw. Meilensteine zur Modernisierung und Expansion der Schifffahrt mit dem Bordleben direkt in Beziehung gesetzt werden können. Dabei entsteht u.a. ein Schifffahrtsthesaurus, der alle eingegebenen Quellen und Dokumente zu den Schiffen bzw. ihren Reisen findbar macht und miteinander verknüpft.

Angestrebt ist eine vielfältige Nutzung der Inhalte des Thesaurus, die Kulturwissenschaftlern, Theologen, Philologen, Ethnologen, Sprachwissenschaftlern, Historikern der Technik-, Schiffbau- und Sozialgeschichte und auch Naturwissenschaftlern gleichermaßen eine wertvolle Informationsquelle sein sollen. Eine diesbezügliche Zusammenarbeit mit anderen wissenschaftlichen Instituten und Universitäten, z.B. dem Wossidlo-Archiv der Universität Rostock, dem Deutschen Volksliederarchiv Freiburg, dem Bereich Schifffahrtsgeschichte an der Universität Bremen, dem Bereich Meteorologiegeschichte am Deutschen Wetterdienst in Hamburg und dem Bereich Schifffahrtsgeschichte am Deutschen Museum München, bietet sich an und ist im Aufbau.

Zur Bedeutung von Berichtsquellen

Wer sich mit der Lebens- und Arbeitswelt der Seeleute auf Segelschiffen befasst, ist auf Berichtsquellen und Selbstzeugnisse von Bord angewiesen. Um die immense Bedeutung solcher Berichtsquellen für die Bearbeitung von Detailfragen, zur Arbeit an Bord, zur Analyse der Bewältigung von Extremsituationen, zur Entstehung seemännischer Traditionen und Bräuche sowie des maritimen Liedguts, zur Verpflegung und Gesundheitspflege sowie zur Mentalität der Seeleute und ihrem Umgang miteinander zu verstehen, genügt ein Blick in die Standardwerke zur Geschichte der Segelschifffahrt. Henning Henningsen[1], Basil Lubbock[2], Stan Hugill[3], Harold Huyke[4], W.L.A. Derby[5], Alan Villiers[6], Heinz Burmester[7], Jürgen Meyer[8], Peter-Michael Pawlik[9], Wolfgang Rudolph[10] und Jürgen Rath[11], um nur einige zu nennen, sie alle waren bei ihren Recherchen auf Briefe, Berichte oder Befragungen von Zeitzeugen angewiesen.[12] Auch am Deutschen Schiffahrtsmuseum wird der Wert von Berichtsquellen hoch geschätzt, was die Edition zahlreicher Seefahrtsberichte unterstreicht.[13]

Segelschiffsbesatzungen waren während ihrer mehrjährigen Reisen vom gesellschaftlichen Alltag der übrigen Welt derart abgeschottet, dass ein Blick von außen auf den Schiffsbetrieb kaum möglich war. Damit die Reeder trotzdem über den Fortgang der Reisen, die Vorgänge an Bord und Geschäftsabwicklungen in den Häfen Informationen bekamen, mussten die Kapitäne über alle Vorkommnisse und Handlungen Buch führen.

Die Einsamkeit der einzelnen Besatzungsmitglieder, ihr Bedürfnis nach Abgrenzung von den übrigen Besatzungsmitgliedern und die Sehnsucht nach einem Minimum an Privatsphäre im Bordbetrieb motivierte vor allem die Neulinge in der Seefahrt, Erlebnisberichte zu verfassen. Aber auch Kapitäne, die an Bord von Seglern ihre ersten Reisen machten, schrieben oftmals im Alter anhand von bewahrten Bordnotizen oder Briefen, die sie als Schiffsjungen und Matrosen nach Hause geschrieben hatten, ihre Erinnerungen an ihre Seefahrtszeit auf. So kommt es, dass trotz der isolierten Arbeitssituation auf See kaum ein Berufsstand so gut in persönlichen Selbstzeugnissen dokumentiert ist wie der des Seemanns in der Frachtfahrt unter Segeln, und kaum eine Arbeitswelt wurde so akribisch für den Arbeitgeber (Reeder), die Schiffsversicherer und die Behörden protokolliert.

Zur Authentizität der Selbstzeugnisse

Während der Wert von Ego-Dokumenten[14] bzw. Selbstzeugnissen als Beleg für die Alltags- und Kulturgeschichte noch immer von Historikern in Zweifel gezogen wird, ist die Bedeutung dieser Quellengattung für die Geschichtsforschung durch die Arbeitsergebnisse von Sozialhistorikern, Volkskundlern, Ethnologen, Germanisten, Sprachwissenschaftlern und Psychologen hinlänglich belegt. Die steigende Anzahl der Untersuchungen zur Alltagsgeschichte anhand von Ego-Dokumenten hat den Diskurs um die Analyse der Quellen für ganz unterschiedliche Fragestellungen befördert.[15] Der Weg von der Makro- zur Mikroperspektive wurde vor allem dort beschritten, wo die Makrohistorie inhaltliche Fragen nicht mehr beantworten konnte; zudem wuchs das Interesse am Verhalten des einzelnen Menschen.[16] Die moderne Geschichtsforschung ist vor allem an den Quellen interessiert, die einen Einblick in individuelle und kollektive Deutungen, Wertungen oder soziales Wissen ermöglichen. Dies gilt natürlich auch für Selbstzeugnisse von Schiffsreisen aus der Zeit der Segelschifffahrt.

Der Seemann galt als Kosmopolit, der überall auf der Welt zuhause war und Freunden und Angehörigen Nachrichten aus fernen Ländern mitteilen konnte. Wenn er nach Hause schrieb, so erwartete man neben Anmerkungen über sein Befinden auch einen Bericht über das Fremde, die Exotik überseeischer Häfen. Diese Rezeption des Seemanns als weltoffener Freigeist an Land wirkte auf ihn zurück und machte ihn stolz. Dazu passte aber nicht, dass er sich auf seinen oft mehrjährigen Seereisen einer strengen Hierarchie unterwerfen musste, die Arbeit und Freizeit an Bord gleichermaßen betraf und ihm selbst mitunter nur ein langweiliges Einerlei bedeutete. Darüber mochten die meisten nicht schreiben. Das Erleben sehr gegensätzlicher Lebensräume, des kleinen Aktionsradius an Bord und der »großen Welt« voller neuer Eindrücke, die sie im nächsten Hafen anzutreffen hofften, beflügelte die Phantasie der Seeleute, motivierte sie zum Geschichtenerzählen, zum Spinnen von Seemannsgarn, und manche, vor allem spätere Kapitäne, auch zum Verfassen von Berichten über das Leben und die Arbeit an Bord.

Für die Analyse ihrer Aufzeichnungen aus der Seefahrt gilt der von Jan Peters formulierte Kernsatz: *Die Authentizität von Selbstzeugnissen ist [...] in gewissem Sinne nur eine scheinbare.*[17] Die Bordgemeinschaft bestand zumeist aus Menschen sehr unterschiedlicher Herkunft. Oft war die Mannschaft international, so dass – je nach Anzahl der »Ausländer« – die englische Sprache oder das Plattdeutsche, gespickt mit seemännischen Begriffen, für die gemeinsame Kommunikation zur Verfügung stand. »Hochdeutsche« wurden von den Matrosen mit großem Misstrauen betrachtet, was sie zum Ausdruck brachten, indem sie den vermeintlichen »Quittje«, die »Landratte«, hinsichtlich verbaler Schlagfertigkeit und körperlicher Stärke auf die Probe stellten.

Das Bildungsniveau konnte sehr unterschiedlich sein. Kaum oder gar nicht Schreibkundige waren an Bord ebenso anzutreffen wie Abiturienten bzw. angehende Akademiker, die – solange sie auszubildende Schiffsjungen waren – an Bord mit besonders rüder Behandlung rechnen mussten, was zweifellos ihre Motivation, sich einem Bordtagebuch anzuvertrauen, erhöht hat. Die detailliertesten Bordberichte, die wir von deutschen Frachtsegelschiffen kennen, wurden von gebildeten Autoren verfasst. Berichte von Seeleuten mit wenig Erfahrung im Umgang mit Schrift sind deutlich in der Minderzahl. Wenn sie schrieben, so versuchten sie sich an Texten zu orientieren, die ihnen bekannt waren, und sich an Fremddiktion anzulehnen. Das an Bord vom Steuermann bzw. Offizier geführte Journal mag dabei mitunter ein willkommenes Vorbild gewesen sein.[18] Als Chronisten waren die Seeleute geprägt durch zeittypische Wertungen, durch das Rollenspiel innerhalb der fest gefügten Bordhierarchie und ganz besonders durch die Verdrängungseffekte, welche die Unentrinnbarkeit des Arbeitsplatzes Schiff mit sich brachte.

Zum Ende des ausgehenden 19. Jahrhunderts stieg die Zahl der schreibenden Seeleute deutlich an. Das sich abzeichnende Ende der Segelschifffahrt veranlasste viele traditionsbewusste Seeleute, Berichte darüber niederzuschreiben und für die Nachwelt festzuhalten. Viele Autoren dieser Schriften schlugen nach ihrer Segelfahrzeit eine Offizierslaufbahn ein, wurden Kapitäne oder Offiziere auf Dampf- oder Motorschiffen. Ihre zumeist im Nachhinein verfassten Bordberichte sind oftmals von Melancholie über das Unwiederbringliche begleitet, wobei die mit Kameradschaft und Korpsgeist überwundenen Gefahren des Segelns von den Autoren sehr positiv bewertet werden.

Berichtsquellen in der angewandten maritimen Forschung

Wie eingangs erwähnt, kommt ein Schifffahrtshistoriker, der sich mit der Welt der Seefahrt auseinandersetzt, ohne die Selbstzeugnisse der Seeleute nicht aus. 1911 hat Friedrich Kluge, damals Professor der deutschen Sprache und Literatur an der Universität Freiburg, in seinem wortgeschichtlichen Handbuch zur Seemannssprache[19] neben allgemeinen Nachschlagewerken und älteren Arbeiten zur Seemannssprache von Röding[20] und Jacobsen[21] eine Fülle von Dokumenten und Selbstzeugnissen aus der Lebenswelt des Seemanns zitiert, um den Fachjargon der Seeleute, aber auch die Bedeutung und den Wandel maritimer Begriffe zu beschreiben. Seine Arbeit ist für die heutigen Forschungen zum Verständnis des Bordbetriebs und aller die Seefahrt betreffenden Aspekte von großer Bedeutung.

Die erste deutsche Untersuchung zum Leben und Arbeiten an Bord deutscher Segelschiffe im 19. Jahrhundert stammt von dem Volkskundler und durch seine Forschungstätigkeit eigentlichen Urheber des Mecklenburgischen Wörterbuchs Richard Wossidlo.[22] Er unternahm eine Zeitzeugenbefragung mecklenburgischer Seeleute der zweiten Hälfte des 19. Jahrhunderts, deren Aussagen er akribisch dokumentierte. In seiner thematisch gegliederten Quellendokumentation wird auf einzigartige Weise die bunte Vielfalt des Bordlebens sichtbar, jeweils abhängig von Fahrtgebiet, Schiffstyp und Eigner/Reeder sowie der Mentalität und regionalen Zugehörigkeit der Bordangehörigen.[23] Wossidlos Forschungsergebnisse zeigen deutlich, wie sich durch möglichst große Quellendichte Aussagen präzisieren lassen. Indem auch scheinbar widersprüchliche Zitate ernst genommen und unbewertet aufgenommen werden, wird die Gefahr der Pauschalisierung vermieden und können komplexe Sachverhalte dargestellt werden. Wossidlos Sammlung des mecklenburgischen Kulturguts und Brauchtums, heute im Wossidlo-Archiv, wird zurzeit in Rostock verfilmt.[24]

Jann Markus Witt[25] hat in seiner Arbeit »Master next God?« versucht, anhand von Selbstzeugnissen verbindliche Aussagen zur Besatzungsdisziplin und Kapitänsautorität zu treffen. Dazu wertete er 43 Selbstzeugnisse, in erster Linie Memoiren von deutschen, englischen, niederländischen und dänischen Kapitänen vom 17. bis zum 19. Jahrhundert aus. Diese Berichte waren vor allem als Erfolgsberichte für ihre Nachkommen oder als Reflektion und Rückschau auf das vergangene Leben entstanden. Trotz der für eine Einzelarbeit enormen Fülle der Quellen, die aus dem gesamten nordeuropäischen Raum zusammengetragen wurden, erwies es sich als schwer, die Quellenfunde themenspezifisch zu bewerten. Es gab damals nicht einmal für den deutschsprachigen Raum eine einheitliche Seegesetzgebung, und mentale Unterschiede in der Schiffsführung der einzelnen Staaten mit der Vielfalt der sozialen Bedingungen, in denen beispielsweise Ereignisse oder Handlungen der Seeleute restriktive Maßnahmen des Kapitäns verursachten, waren nur sehr rudimentär miteinander vergleichbar und ließen verbindliche Aussagen zur praktizierten Autorität des Kapitäns nicht zu.[26]

Diese Frage wird bis heute kontrovers diskutiert. Der Veränderungsprozess in der Struktur der Bordgemeinschaft in der ersten Hälfte des 19. Jahrhunderts kann nur dann vollständig beurteilt werden, wenn neben den politischen, seerechtlichen und ökonomiegeschichtlichen Quellen auch Ego-Dokumente zur praktischen Umsetzung von Rechten beachtet werden. Projekte wie dieses könnten von einer Quellendatenbank, wie sie am Deutschen Schiffahrtsmuseum entstehen soll, enorm profitieren, wie auch umgekehrt unsere Datenbank von der Verarbeitung des in einer solchen Studie benutzten Quellenmaterials sehr profitieren kann. Größere Quellendichte der Reisedokumentationen eines Zeitraums, Seegebiets oder Schiffstyps mit der Aufnahme zugehöriger Rechtsquellen und Abbildungen könnte langfristig ein Gesamtbild entstehen lassen, in dem sich die Vielfalt der Einzelaussagen zu einem Mosaik zusammenfügt.

Thesaurus – Vorbild Missions-Datenbank

Seitdem ich mich mit Berichtsquellen aus der Seefahrt, insbesondere der Segelschifffahrt beschäftige, habe ich darüber nachgedacht, wie die darin enthaltenen Informationen auffindbar gemacht werden könnten. Die mögliche Lösung begegnete mir in Form eines Projekts an der Universität Bremen zur Bearbeitung des Archivs der Bremer Mission in Westafrika. In diesem von Prof. Dr. Rainer Alsheimer geleiteten Projekt wurden Briefe, die Missionare von Afrika nach Bremen geschrieben hatten, sowie Fotos und Dokumente zum Leben in der Mission aus dem Zeitraum 1842 bis 1939 unter verschiedenen thematischen Gesichtspunkten[27] in eine Datenbank aufgenommen. Die Briefe wurden in Datensätzen erfasst, nach ihren Inhalten untersucht und fragmentarisch einem Kategorienschema zugeordnet.

Dieses System schien mir in seinen Grundstrukturen auf Berichtsquellen zur Segelschifffahrt anwendbar, zumal einige bedeutende Quellen am Deutschen Schiffahrtsmuseum bereits digitalisiert vorliegen. Berichtsquellen und dazugehörige Exponate aus der bereits existierenden Datenbank MuseumPlus würden mit dieser Quellendatenbank verknüpft, denn sie soll langfristig Grunddaten und Kommentierungen für alle Archivalien und Exponate unserer Sammlung enthalten. Bei einer Verknüpfung der beiden Datenbanken können die Quellen der DSM-Sammlung und die dazugehörigen Exponate in einem Zug für zwei verschiedene Ziele bearbeitet werden: Sie sind im Archiv als kommentierte Quellen/Exponate findbar und werden zugleich in der Quellendatenbank themenspezifisch bearbeitet. Es versteht sich von selbst, dass nicht alle Quellen des Archivs auch für die Datenbank ausführlich beschrieben oder transkribiert werden können.

Ich entwarf eine Liste von Themen, deren Bearbeitung über Ego-Dokumente vielversprechend scheint, und ordnete sie Kategorien zu (siehe Anhang). Diese Themenkategorien entwickelte ich mit einer der Bearbeiterinnen des Bremer Projekts, der Kulturwissenschaftlerin Sonja Sawitzki, dann weiter. Die IT-Leitung am Deutschen Schiffahrtsmuseum, Frau Dipl.-Ing. Birgit Schindler, bestätigte die technische Machbarkeit des Projekts und die Anwendbarkeit eines datenbankgestützten Thesaurus.

Die Quellen

Bord- und Brieftagebücher

Unter den persönlichen Quellen ist das Bord- oder Brieftagebuch von Angehörigen der Schiffsbesatzungen die wichtigste. Das Bordtagebuch – zumal wenn es täglich geführt wird – vermittelt durch den Eindruck des ummittelbar Erlebten den detailreichsten Einblick in die Arbeitswelt der Seeleute. Das bedeutendste bisher bekannte Bordtagebuch zur Segelschifffahrt im 19. Jahrhundert schrieb der Gymnasiast und Schiffsjunge Franz von Wahlde über seine Reise mit der Bark PALLAS 1884 bis 1886. Es verbindet lebendig formulierte Schilderungen des Bordalltags aus der Sicht des Neulings, des Schiffsjungen, mit akribisch detaillierten Erläuterungen zur Verrichtung der Arbeit, der Unterkunft, der Verpflegung, zur Besatzung und zum Betriebsklima.

Kapitän Jens Jacob Eschels. (Privatbesitz Horn)

Das Original mit Kladde und vielen Handzeichnungen befindet sich in der Sammlung des DSM[28] und wurde 1989 unter dem Titel »Ausgebüxt« publiziert.[29] Ein weiteres Bordtagebuch aus dem Jahre 1912 im Archiv des DSM schildert die Ausbildung an Bord der Bark LISBETH aus dem Blickwinkel des Schiffsjungen Hans-Georg Seiffert.[30]

Auch Brieftagebücher von Kapitänsfrauen helfen, die Situation an Bord aus der Perspektive der »Nichtbesatzung« zu beleuchten. Die bekanntesten Beispiele sind die Brieftagebücher von Eugenie Rosenberger[31] (Berichtszeitraum 1891-1897) und Mimi Leverkus[32] (Berichtszeitraum 1883-1885), die beide publiziert wurden.

Lebenserinnerungen

Lebenserinnerungen stützen sich meist auf eine Anzahl von Kernereignissen, an die sich der Chronist erinnert oder die er für wichtig erachtet. Sie dienen ihren Autoren damals wie heute unterschiedlichen Zwecken. Der Zweck, den Jens Jacob Eschels, Autor der bedeutendsten deutschsprachigen Kapitänsautobiografie des 18. Jahrhunderts, für die Niederschrift seiner Erinnerungen formuliert hat, kommt den Fragestellungen von Schifffahrtshistorikern sehr entgegen: Er wollte seinen Kindern und Enkeln, die den Seefahrtsberuf anstrebten, eine Art Kompendium hinterlassen, einen Ratgeber für Seefahrt, Navigation und Bordbetrieb sowie Kapitänsgeschäfte und Handel. Eschels' erstmals 1835 veröffentlichte »Lebensbeschreibung eines alten Seemannes« wurde am Deutschen Schiffahrtsmuseum 1995 von Albrecht Sauer neu herausgegeben und ist jüngst vom DSM wieder aufgelegt worden.[33]

Eine bedeutende Berichtsquelle eines Schiffsjungen und Offiziersanwärters in der traditionellen Segelschifffahrt 1891-1894 sind die Seefahrtserinnerungen von Oscar Schulz, die im Original im Kempowski-Archiv liegen und vom DSM publiziert wurden.[34]

Korrespondenzen und Borddokumente zur Kontrolle für den Reeder

Informationen über Instandsetzungsarbeiten und zur Ladung sowie Geschäftsabwicklungen sind offiziellen Reise- und Arbeitsberichten zu entnehmen, die Kapitäne an ihre Reeder in Kopiebüchern verfassten. Leider sind solch aufschlussreiche Dokumente höchst selten. Reeder und loyale Kapitäne gaben diese Korrespondenzen kaum aus der Hand. Rar sind auch Inventar- und Proviantbücher, die Listen enthalten zur Ausrüstung des Schiffes, seines Inventars, der Ersatzteile, des Werkzeugs, Reparaturbedarfs, der Anzahl und Art der Segel sowie zur Verpflegung der Seeleute.

Trotzdem finden Kopiebücher mit Kapitänskorrespondenz und Inventarbücher mitunter ihren Weg in öffentlich zugängliche Archive, so auch an das Deutsche Schiffahrtsmuseum. Vorhandene Kopiebücher werden ausnahmslos für die Datenbank digitalisiert und verwertet.

Bordjournale und Verklarungen

Seit dem 19. Jahrhundert gewannen Schiffstagebücher, Logbücher und Bordjournale zunehmend als Belege für Versicherungen und bei Rechtsstreitigkeiten an Bedeutung. Überdies wurden seit 1868 Bordjournale von der Norddeutschen Seewarte (seit 1875 Deutsche Seewarte)

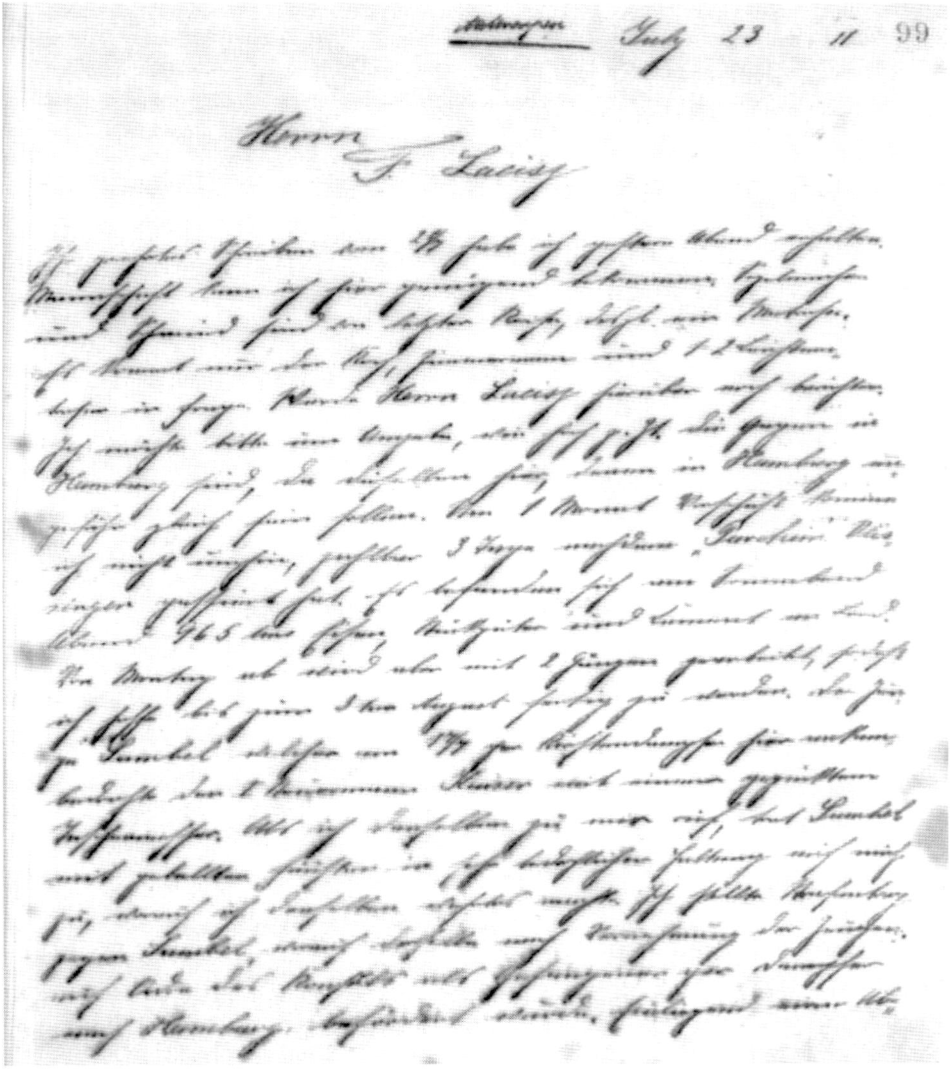
99

Herrn
F. Laeisz

Seite aus dem Kopiebuch des Kapitäns an seinen Reeder von einer Reise der Viermastbark PAMIR 1912 nach Valparaiso. (Archiv DSM)

gesammelt und zur Optimierung der Reiserouten für Segler, die auch im Interesse der Reeder lag, in Segelhandbüchern ausgewertet. Über 5000 Meteorologische Segelschiffsjournale und Schiffstagebücher von Überseefrachtseglern befinden sich heute im Archiv des Deutschen Wetterdienstes in Hamburg. Zum Bestand zählen auch einige Journale aus der ersten Hälfte des 19. Jahrhunderts sowie erste Wetteraufzeichnungen des amerikanischen Marineleutnants Maury, der mit der systematischen Sammlung von Seereisedaten, angeregt durch die Arbeiten Alexander von Humboldts, in den 1840er Jahren begann. Diese Quellen können für den persönlichen Reisebericht eines Seemanns ergänzend genutzt werden. Mitunter lässt sich durch ein solches Wetterjournal die Zuverlässigkeit eines Seefahrtsberichterstatters prüfen.

Dies gilt in noch stärkerem Maße für Verklarungen und Seeamtssprüche, die seit der Reichsgründung bewahrt und zum Teil publiziert worden sind.[35] Persönliche Auskunftsdokumente der Seeleute sind die Seefahrtsbücher, die ihnen seit 1837 als Arbeitsnachweis dienten und in denen alle Reisen, ihre Dauer, Alter und Dienstrang des Seemanns sowie seine Heuer, Kapitän und Schiffsname festgehalten sind. Bei erinnerten Aufzeichnungen dienen die Seefahrtsbücher den Autoren als Gedächtnisstütze und liegen deshalb nicht selten den Seefahrtsschilderungen bei.

Weitere Quellen, die für die Datenbank von Belang sein können, sind die Musterrollen, die die zwischen dem Kapitän und seiner Besatzung geschlossenen Arbeitsverträge beinhalten. Vor dem Wasserschout wurden darin die neben der Seemannsordnung abgemachten Arbeitsbedingungen aufgeführt, außerdem eine Liste der Besatzung, ihrer Dienstgrade und ihrer Heuer.

Seegesetzgebung und persönliche Ausweisdokumente als Quellen

Zur Untersuchung der Lebensverhältnisse von Seeleuten an Bord der Segelschiffe muss die jeweils geltende Gesetzgebung bedacht werden.[36] Aus solchen Quellen ersehen wir, dass der Seemann im 19. Jahrhundert vor allem Pflichten, aber kaum Rechte hatte. Erst mit dem Aufblühen des Auswanderergeschäfts thematisieren Reeder und Gesetzgeber Unterbringung, Verpflegung und gesundheitliche Betreuung an Bord.

Seit der Mitte des 19. Jahrhunderts wurden in der deutschen Seeschifffahrt Richtlinien zur Unterbringung und Verpflegung auf Langreisen formuliert. Die Einhaltung der Vorgaben zur Verproviantierung der Schiffe war jedoch nicht bindend. Erschwert wurde die Ahndung seerechtlicher Übertretungen auch durch die Länge der Seereisen und durch die Rechtsgültigkeit unterschiedlicher Seemannsordnungen der freien Hansestädte und der Länder der deutschen Küste sowie durch oftmals parteiische Jurisdiktion seitens der überseeischen Konsulate, die mit Kaufleuten besetzt waren. Erst nach der Reichsgründung führte man 1872 eine einheitliche Seemannsordnung ein, und erst 1888 wurde vom Reichsgesundheitsamt eine »Anleitung zur Gesundheitspflege auf Kauffahrteischiffen« publiziert, die auf allen Seeschiffen vorgehalten werden musste.

Bildquellen

Manchmal sind Bordtagebücher illustriert, enthalten Zeichnungen von Segelschiffen oder Dampfern, denen man unterwegs begegnete, oder es kommen Skizzen mit Erläuterungen von Schiffsinventar sowie Segel- und Ankermanövern vor; ein Bericht aus den 1850er Jahren enthält sogar eine Zeichnung mit dem Selbstporträt des Autors.[37] Handzeichnungen, Holzschnitte und Kupferstiche zum Thema, wie sie für Zeitschriften des 19. Jahrhunderts angefertigt wurden, sollen zur vergleichenden Auswertung ebenfalls in die Datenbank aufgenommen werden.

Die Fotosammlung des Deutschen Schiffahrtsmuseums zur Segelschifffahrt ist in den vergangenen Jahren durch den Bedarf für die Ausstellung »Rund Kap Hoorn mit Frachtseglern zur Westküste Südamerikas« und die zur Zeit vorbereitete neue Ausstellung »Windjammer – Mythos und Realität« stark angewachsen. Reisealben oder Einzelfotos von Amateuren, manchmal auch von professionellen Bordfotografen, dokumentieren Ausschnitte der Seereisen als Bildergeschichten, oft chronologisch eingeordnet und mit erläuternden Texten versehen. Bisher wurden sie vor allem als Einzeldokumente themenbezogen eingesetzt, ohne die Intentionen des Seemanns, der das Album zusammenstellte, zu berücksichtigen, was in der Datenbank leicht möglich ist.

Besonders vielversprechende Bilddokumente zum Leben und Arbeiten an Bord liefern Filmdokumente zur Segelschifffahrt, die einen größeren Ausschnitt einer Situation zeigen können als Fotos. Hier sieht der Betrachter beispielsweise nicht nur die zur Arbeit an den Segeln aufenternden Seeleute, vielmehr wird ihm in einer anschließenden Einstellung der Ausrufer des Kommandos, meistens ein Offizier, vorgestellt, dessen Haltung unbedingte Autorität ausdrückt. Oder es wird Arbeit in den oberen Rahen gezeigt, wobei zur Verdeutlichung der Höhe des Arbeitsplatzes die Kamera langsam nach unten schwenkt. Auch Filme sollen als Gesamtarbeit und themenbezogen behandelt werden.

Quellenstandorte

In den Archiven des DSM, der Staatsarchive Hamburg, Bremen, Stade und Oldenburg sind Hunderte von maritimen Selbstzeugnissen archiviert, deren Prüfung noch aussteht. Für den

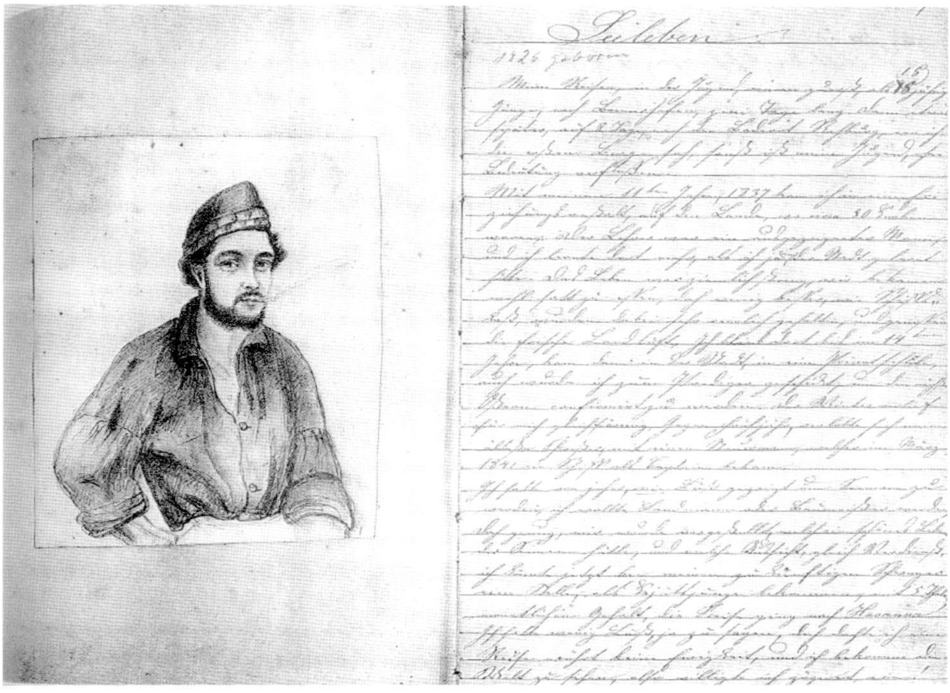

Selbstporträt des Seemanns Friedrich Wilhelm Hildenbrock aus seinem Bericht über seine Seereisen 1841 bis 1850. (Privatbesitz Hildenbrock, Hamburg)

Bremer Raum bergen das Focke-Museum in Bremen, die Bremer Handelskammer und das Staatsarchiv Bremen zahllose Quellen. Sie sollen unter Angabe des Standorts in die Datenbank aufgenommen werden. Aus dem zur Verfügung stehenden Material soll zunächst eine Auswahl von ca. 150 Quellen getroffen werden, die als komplette Datensätze eingestellt und für die Datenbank auch thematisch vorbereitet werden.

Quellen zur Frachtsegelschifffahrt der Zwischenkriegszeit

In einem auf zehn Monate befristeten Projekt hat der Bremer Historiker und Bootsbauer Rüdiger Bahr seit August 2005 einen großen Teil der Berichtsquellen zur Segelschifffahrt des 20. Jahrhunderts recherchiert, vorbereitend für die Datenbank gelistet und auf Verwendbarkeit untersucht. Dabei lag der Schwerpunkt gemäß dem am Hause gemeinsam bearbeiteten Forschungsthema »Die deutsche Schifffahrtsgeschichte in den 1920er und 1930er Jahren im Spannungsfeld von Kontinuitäten, Krisen und Innovation« auf Quellen zur Segelschifffahrt der Zwischenkriegszeit. Sie beinhalten also die letzte Phase der Frachtsegelschifffahrt. Für die Datenbank werden diese Berichtsquellen danach ausgewählt, ob sie Veränderungen des Arbeitsalltags der Seeleute thematisieren. Inhaltlich werden die Quellen zur Frachtsegelschifffahrt des 20. Jahrhunderts in zwei Kategorien unterteilt: Berichte von Segelschulschiffen, die als Frachtsegler fuhren und auf denen gegen Bezahlung Schiffsjungen ausgebildet wurden, und Berichte von traditionell bemannten Frachtsegelschiffen.

Mit der Gründung des internationalen Freundschaftsbundes der Cap-Horniers, der Amicale Internationale des Capitaines au Long Cours (A.I.C.H.) in St. Malo 1937 entwickelte sich unter den ehemaligen Segelschiffskapitänen ein enormer Antrieb, die Geschichte der Segelschifffahrt weiter zu erforschen. Durch die A.I.C.H. tauschten sie Informationen über Segelschiffe und ihre Fahrtrouten aus und schrieben Berichte über ihre eigene Fahrzeit. Die Berichte beziehen sich fast ausschließlich auf die Segelschifffahrt des 20. Jahrhunderts. Die Cap-Horniers genossen ein enormes Ansehen, auch die deutschen Segelschiffskapitäne, obwohl sie bis 1954 nicht der A.I.C.H. angehörten, weil sie unter der Herrschaft der Nationalsozialisten von den Cap-Horniers nicht als Mitglieder akzeptiert wurden. Das Ansehen der deutschen Segelschiffskapitäne wiederum erfuhr im Nationalsozialismus durch die Ideologisierung und Idealisierung des deutschen Seemanns eine Aufwertung. Verdiente Marinekommandanten wie z.B. Korvettenkapitän Günther Prien oder der Seefahrtsschriftsteller Fred Schmidt wurden vom Reichsministerium aufgefordert, ihre Seefahrtserlebnisse zur Publikation aufzuzeichnen.[38] Hinzu kam, dass zu dem Zeitpunkt, als die Frachtsegelschifffahrt mit Ausnahme der bescheidenen Getreidefahrt endgültig der Vergangenheit angehörte, die Traditionen der Segelschifffahrt als bewahrenswertes Kulturgut betrachtet wurden.[39]

Nachdem die deutschen Kapitäne der A.I.C.H. beigetreten waren, gründeten sie eine eigene Zeitschrift, den »Albatros«[40], als Diskussionsforum und um dort eigene Berichte aus der Seefahrt zu publizieren. Aus heutiger Sicht ist dieser Quellenbestand einzigartig. Einige Autoren des »Albatros« haben als Segelschiffsexperten auch Sachbücher geschrieben und sich mit der Segelschifffahrt älterer Zeit auseinandergesetzt. Unter den Chronisten des »Albatros« herrschte eine starke Kontrolle, was die Genauigkeit der Berichterstattung betraf. Die Texte wurden redaktionell weiterbearbeitet, außerdem musste ein Autor damit rechnen, dass jede Übertreibung, kleine Prahlereien und Seemannsgarn von jemandem gelesen wurden, der dieselbe Reise mitgemacht hatte. Die Berichte des »Albatros« sind im Rahmen des genannten Projekts vorbereitend für die Datenbank thematisch zugeordnet und ausgewertet worden.

Mythos und Realität in Text- und Bildquellen

Bei der Nutzung dieser Dokumente als historische Quelle müssen die Beweggründe der Abfassung durch die jeweiligen Autoren/Seeleute sehr genau fokussiert werden:
- Warum wurde geschrieben?
- Was bedeutete dem Autor die Seefahrt?
- Hatte er andere berufliche Perspektiven als die Seefahrt?
- Welche Bildung besaß er?
- Welche Zeit wird dargestellt?
- Welche Seerechte galten für den Berichtszeitraum?
- Auf was für einem Schiff fuhr er?
- Für welche Reederei? Auf welcher Route?
- Mit welcher Besatzung?

Mit diesen Fragen sind die detaillierten bisher genannten Aufzeichnungen als von sehr gebildeten Autoren verfasste Texte zu charakterisieren. Franz von Wahlde war Gymnasiast, der von der Schule »ausgebüxt« war. Er wusste sehr genau, dass er der Seefahrt nach dem Ende der Reise den Rücken kehren würde, und wurde Veterinärmediziner. Der Schiffsjunge Hans-Georg Seiffert wusste ebenfalls, dass er nur kurz auf Segelschiffen bleiben würde. Seine Eltern bezahlten die Ausbildung der beschriebenen Reise, die es ihm zusammen mit anderen Ausbildungsschritten ermöglichte, eine Offizierskarriere anzustreben.

Jens Jacob Eschels hingegen hätte wohl in den 1770er Jahren auf der Insel Föhr keine Alternative zum Seemannsberuf gehabt. Allerdings betrachtete er die Seefahrt als eine Berufung, wie seiner Niederschrift deutlich anzumerken ist. Dass dies nicht zwangsläufig der Fall war, bezeugt der Bericht des Bremers Friedrich Wilhelm Hildenbrock, der nach der ersten Reise 1841 schrieb:

Bei mir war noch immer der Gedanke fest, nie auf der See zu dienen, dies langweilige einförmige Segeln auf dem weiten Ocean ersetzt der kurze Aufenthalt am Lande nicht. Was man dann sieht, ist zu wenig für die lange Zeit auf dem Wasser. Doch als ich jetzt wieder zu Hause war, von Eltern, Verwandte und Freunde gefragt wurde; nun, wie ist es gegangen, wie hat es gefallen, hast Du auch Lust und Muth zum Seeleben, da schämte ich mich, nein zu sagen, man könnte mich für furchtsam halten und bange für die Gefahren. Und wirklich, nach 8 bis 14 Tagen, als die erste Freude am Lande vorüber war, da ich jetzt an Beschäftigung gewöhnt war und im Hause nicht's thun konnte, sehnte ich mich schon wieder auf's Schiff.[41]

Trotz seiner negativen Einstellung zur Seefahrt wurde er Steuermann auf großen Bremer Auswandererseglern.[42] Natürlich beeinträchtigt die positive oder eher kritische Einstellung zur Seefahrt den Inhalt der jeweiligen Aufzeichnungen. Hildenbrocks Fähigkeit, sich schriftlich auszudrücken, ist im Vergleich zu den übrigen genannten Autoren deutlich geringer.

Auch Bilder können bekanntlich Fakten verfälschen; dafür zwei Beispiele: Ein Fotokonvolut von Bord des Segelschulschiffs HERZOGIN CECILIE, auf dem Kadetten und andere Seeleute in Uniform bei der Verrichtung verschiedener Arbeiten gezeigt werden, diente offensichtlich Werbezwecken. Die Fotos wirken zum Teil gestellt. Auch ist dokumentiert, dass unterwegs auf See nicht in den auf dem Foto dargestellten Uniformen gearbeitet wurde. Ein Filmdokument zur Ausbildung auf dem berühmten Schulschiff PAMIR aus dem Jahre 1953 wurde mit dem Ansinnen gedreht, die Arbeiten auf einem Segler vorzustellen. Die Vermittlung der ganzen Vielfalt der Arbeit auf See scheiterte daran, dass der Kameramann W.P. Bloch bei Seegang krank in der Koje lag und nicht filmen konnte. Der Produzent Heinz Klemme, der Blochs Film nach dem Untergang der PAMIR 1957 produzierte, behalf sich, indem er Sturmaufnahmen einer anderen Reise der PAMIR zeigte, die er dem Film von Heinrich Hauser aus dem Jahre 1930 entnahm.

Zur kulturellen Inszenierung des Seemannsberufs hat Timo Heimerdinger[43] in einer jüngst publizierten Arbeit den Wandel des Seemannsbildes von 1844 bis heute untersucht. Ausgehend von dem Umstand, dass die Figur des Seemanns ein fester Bestandteil des kollektiven Bildgedächtnisses geworden ist, stellt er fest, dass die in unserer Kultur verankerten Bilder nur wenig mit der Lebenswirklichkeit des Seemanns gemein haben, aber durchaus auf das Selbstbild des Seemanns zurückwirken. In einer »kleinen Typologie populärer Seemannsbilder« unterscheidet er den starken, den wilden, den geselligen, den freien, den erotischen und den leidenden Seemann.[44] Als weitere Facetten wären dieser Liste das Bild des Seemanns als heimatloser Vagabund und Kosmopolit und Berichterstatter über fremde Kulturen hinzuzufügen. Noch weit über das 19. Jahrhundert hinaus beflügelte sein diesbezüglicher Ruf an Land sein Selbstbewusstsein und war für viele Seeleute ein Motor zum Schreiben.

Die Selbstzeugnisse können, wie schon angedeutet, auf ihre Zuverlässigkeit geprüft werden, indem sie mit dem täglich geführten Bordjournal konterkariert werden. Wie umfangreich und verschieden die Informationen aus einem Bordjournal sein können, zeigt die Analyse des Journals einer Reise der Hamburger Galiot MARY ANN 1834/35 aus der Sammlung des DSM, die Hagen Allmeling in diesem Band vorstellt. Seine Arbeit macht unter anderem deutlich, welcher Stellenwert der Deutung der Seemannssprache im Umgang mit maritimen Texten zukommt.

Dass Bordjournale durchaus auch den Zweck haben können, wahre Vorkommnisse zu verschleiern, zeigt eine andere in diesem Band vorgestellte Arbeit der Kulturwissenschaftlerin Sonja Sawitzki. Sie hat sich mit dem Auszug eines Bordjournals der Brasilienfahrt, dem Journal des Auswanderervollschiffs GERMANIA aus dem Jahre 1824, auseinandergesetzt. Darin wird eine

Unterricht auf der Brücke des Segelschulschiffs HERZOGIN CECILIE. Werbefotografie des Norddeutschen Lloyd über die seemännische Ausbildung an Bord. (Archiv DSM)

an Bord geführte Verhandlung protokolliert, in deren Folge acht Menschen erschossen wurden. Nur durch weitere Belege, unter anderem Augenzeugenberichte der Vorgänge auf der GERMANIA, können die Darstellungen des Journals konterkariert, widerlegt und der wirkliche Hergang in groben Zügen rekonstruiert werden. Hier bestätigt sich einmal mehr die Notwendigkeit zu kritischem Umgang mit offiziellen Dokumenten als alleinigem Beleg historischer Fakten.[45]

Anhang: Die Themenkategorien

Wie schon zu Beginn kurz beschrieben, kann der Thesaurus unterschiedlich befragt werden. Da Berichtsquellen einzelne Reisen beschreiben, bildet die Schiffsreise den Ausgangspunkt der Befragung. Unter Eingabe eines gesuchten Schiffsnamens kann nach Berichten und Dokumenten einer bestimmten Schiffsreise gesucht werden. Es ist aber auch möglich, die digitalisierten Texte insgesamt nach Begriffen abzufragen oder Zitate aus Berichtsquellen über spezielle Themen zu suchen. Die Bearbeitung der Texte für den nachstehenden Kategorienkatalog macht eine Befragung unabhängig von der Wortwahl der authentischen Texte möglich.

Der Thesaurus enthält aber auch Biografien der in den Quellen behandelten Schiffe, die jeweils geltende Seegesetzgebung sowie weitere Hintergrundinformationen zur Bearbeitung und Bewertung der Quellen.

- Schiffsbiografien, geordnet nach Schiffsname; mit Baujahr und Bauart
  - Allg. Abbildungen
  - Modelle des Schiffs
  - Original-Relikte, Inventar etc.
  - Reisen; Daten von – bis, z.B.:
    - Reise 1900
      - Abbildungen
      - Andere Reedereidokumente
      - Andere Seeamtsdokumente
      - Bordjournal-Logbuch
      - Kopiebuch Kapt. X, Jahr
        - Quelle Kopiebuch
        - Standort Kopiebuch
      - Journal Jan. bis Aug. 1900
        - evtl. Auswertung der Sparte Bemerkungen
        - Wetterdaten der Reise
      - Musterrolle 1900
        - Faksimile oder Standort der Quelle
      - Pers. Bordtagebuch
        - Autor und Standort der Quelle oder Datei der Quelle
        - Wortlaut der Quelle
      - Schiffsmodelle
      - Seefahrtsbericht 1900
        - Evtl. Textdatei des Berichts oder Standort
      - Seefahrtsbücher
        - Namen, Standort, verzeichnete Schiffe
      - Verklarung 1900
        - alternativ Standort der Verklarung mit knappen Angaben dazu
        - Quelle als Datei

- Reise 1903
- Weitere Dokumente
- Suchlauf gesamt
- Themen der Quellen
  - Quellen zum Leben und Arbeiten an Bord
    - Im Hafen
      - Freizeit
      - Laden
      - Löschen
    - Leben und Arbeiten an Bord
      - Arbeitsabläufe
        - Arbeit im Hafen
        - Organisation
        - Saisonale Arbeiten
        - Selbständige Arbeitsausführung
        - Wachen
        - Zuständigkeiten
      - Ausbildung
        - Auf Schulschiffen
        - Hierarchie
        - Seemännische Berufe und Werdegang
          - Bootsmann
          - Dritter Steuermann
          - Erster Steuermann
          - Jungmann – Leichtmatrose
          - Kapitän
          - Koch
          - Matrose
          - Schiffsjunge
          - Segelmacher
          - Zimmermann
          - Zweiter Steuermann
      - Ausrüstung – Kleidung
      - Blick auf das Eigene
        - Abenteuer
        - Der Seemann als Kosmopolit
        - Erfahrung physischer Stärke
        - Heimat (an Bord und Zuhause)
        - Übergangsriten, Schiffsjungenreise als liminale Phase
      - Blick auf das Fremde
        - Exotik
        - Landgang
        - Umgang der internationalen Besatzung untereinander
        - Umgang mit fremden Kulturen
          - Hafenarbeiter
          - Internationale Besatzung
      - Emotionalität
        - Angst
        - Erschöpfung

  - Feigheit
  - Feindschaften
  - Freundschaften
  - Frustration – Euphorie
  - Heimweh
  - Isolation
  - Mut
  - Rache
  - Sexualität
  - Überforderung
- Herkunft, Bildung
  - Bildung
  - Familie, Milieu
  - Religion und Akzeptanz an Bord
- Hierarchie
  - Freizeithierarchie
  - Gruppenbildung in der Freizeit
  - Status und Pflichten
  - Status und Privilegien
- Kommunikation
  - Arbeitsanweisungen
  - Nonverbale ritualisierte Verhaltensmuster
    - Fürsorge
    - Kameradschaft
    - Korpsgeist
  - Sprachkenntnis, Kommunikationsmittel
- Krankheit, Gesundheit, Tod
  - Arbeitsunfähigkeit
  - Gesundheitsvorsorge
  - Tod
- Krieg
  - Internierung der Schiffe und Seeleute
  - Lagererfahrung
  - Veränderung der Arbeit
  - Zuständigkeit
- Musik
  - Arbeitslieder
  - Instrumente
  - Musik und Tanz in der Freizeit
- Nahrung
- Natur
  - Eisberge
  - Naturbeschreibung
  - Sturm
  - Windstillen
  - Wissenschaftliches Interesse an Natur
  - Wärme
- Recht
  - Disziplinierung und Strafen

        - Ereignis
            - Havarie
            - Krankheit
            - Meuterei
            - Personenunfall
        - Instanzen
        - Privilegien
        - Rechtsmissbrauch
    - Technik
        - Besegelung
        - Dampfantriebe
        - Schiffsausrüstung allgemein
    - Tiere
        - Albatros- und Haifang
        - Lebendvieh
        - Tiere als Begleiter
        - Ungeziefer
    - Unterbringung
        - Aufenthaltsmöglichkeiten
        - Kajüte
        - Kombüse
        - Privatsphäre
        - Sonstige Unterkünfte
        - Volkslogis
    - Verwaltung
        - Dokumentation des Bordgeschehens
    - Volksglaube, Tradition
        - Festtage
        - Innovation und das Verschwinden der Bräuche
        - Reiserituale
            - Glücksbringer
            - Unglücksbringer
    - Ökonomie
        - schiffsextern
            - Ladung
            - Reederkonzepte
            - Seeleute als Händler
        - schiffsintern
            - Kaplaken, Gage, Heuer
            - Schlappskiste des Kapitäns
- Seemannssprache in den Quellen mit Synonymen

Für die neue Ausstellung »Windjammer – Mythos und Realität« werden die Vorstellung und der Probebetrieb des Thesaurus mit einer zunächst begrenzten Anzahl von Quellen vorbereitet. Anregungen, die das Projekt weiter befördern können, sind willkommen.

Anmerkungen:

1 In seinen volkskundlichen Studien verarbeitete Henning Henningsen u.a. eine Fülle von Selbstzeugnissen, z.B.: Der Schiffskoch im Wandel der Zeiten. In: Wolfgang Steusloff (Hrsg.): Auf See und an Land. Beiträge zur maritimen Kultur im Ostsee- und Nordseeraum. (= Schriften des Schiffahrtsmuseums der Hansestadt Rostock, Bd. 3). Rostock 1997, S. 59-68; ders.: Der Seemann und die Frau. Herford 1987.

2 Basil Lubbock: The Last of the Windjammers. 2 Bde. Glasgow 1954/60.

3 Stan Hugill: Shanties from the seven Seas. Ship-board worksongs and songs used as work-songs from the great days of sail. Collected by Stan Hugill. London 1976; ders.: Windjammerlieder. Das rauhe Leben und die lustigen Lieder der alten Fahrensleute. (Musikdruck). Düsseldorf 1978. – Auf den Arbeiten Stan Hugills fußt auch der Band von Udo Brozio und Manfred Mittelstedt: Rolling Home. Seemannsbräuche, Shanties und die Faszination der Großsegler. Hamburg 2002.

4 Harold Huycke: To Santa Rosalia: Further and back. The Mariners Museum. Newport News 1970.

5 William Lenson Arnold Derby: The Tall Ships Pass. The Story of the last Years of deepwater square-rigged Sail embodying therein the History and detailed Description of the Finnish four masted steel Barque HERZOGIN CECILIE. Newton Abbot 1937.

6 Alan Villiers, begeisterter Seemann, Fotograf und Kameramann, publizierte zahlreiche Sachbücher über die letzten Frachtsegelschiffe und ihre Reisen.

7 Bis zu seinem Tod 1993 hat der Segelschiffskenner Heinz Burmester, der das Seeleben unter Segeln noch selbst kennenlernte, zahlreiche Artikel zur Frachtsegelschifffahrt seit dem 19. Jahrhundert veröffentlicht, daneben verschiedene Monografien mit Einzeldarstellungen von Schiffsbiografien. Hier einige Beispiele: Aus dem Tagebuch eines Schiffsjungen von 1914. In: DSA 11, 1988, S. 65-98; ders.: Petroleumsegler. In: DSA 14, 1991, S. 79-98; ders.: Weltumseglung unter Preußens Flagge. Die Königlich Preußische Seehandlung und ihre Schiffe. Hamburg 1988.

8 Jürgen Meyer hat zahlreiche Monografien zur Geschichte der Frachtsegelschifffahrt publiziert, z.B.: Hamburgs Segelschiffe, 1795-1945. Norderstedt 1971; ders.: 150 Jahre Blankeneser Schiffahrt: 1785-1935. Hamburg 1968. – Als einer der größten Kenner der Frachtsegelschifffahrt des 19. und 20. Jahrhunderts hat er, wie auch Heinz Burmester, über viele Jahre für die Cap-Horniers die Zeitschrift »Albatros« herausgegeben. Diese seit 1955 erscheinende Zeitschrift enthält in erster Linie Berichte von Seeleuten und diente den Cap-Horniers als Diskussionsforum. Heute ist der »Albatros« mit seiner Fülle an Selbstzeugnissen eine der wichtigsten Quellen zur Frachtsegelschifffahrt seit 1900.

9 Peter-Michael Pawlik: Von der Weser in die Welt. Bd. 1: Die Geschichte der Segelschiffe von Weser und Lesum und ihrer Bauwerften 1770 bis 1893. (= Schriften des DSM, Bd. 33). Hamburg ^{2}1994; Bd. 2: Die Geschichte der Segelschiffe von Weser und Hunte und ihrer Bauwerften 1790 bis 1926 (Elsfleth, Brake, Oldenburg). Bremen 2003.

10 Wolfgang Rudolph: Des Seemanns Bilderwelt: Volkskunst der Fahrensleute von der Ostseeküste von 1750 bis 1900. (= Schriften des DSM, Bd. 32). Hamburg 1993.

11 Jürgen Rath: Zwieback, Pökelfleisch und Koje. Seemannsleben an Bord. Hamburg 2004.

12 Für die Edition von Selbstzeugnissen aus der Seefahrt wurde 1993 am DSM eine neue Reihe installiert, in der bis 2001 eine große Anzahl von Berichten aus der Welt der Seefahrt publiziert wurde. Ziel dieser Reihe war zunächst, Quellenbeispiele für verschiedene Epochen der Seefahrt vorzustellen und damit eine – wenn auch nur sehr bruchstückhafte – Chronologie der Alltagsgeschichte der Seefahrt zu ermöglichen. Dieses Ziel wurde erreicht, so dass Quelleneditionen seitdem seltener erscheinen.

13 Siehe dazu den Abschnitt »Quellen« dieses Beitrages.

14 Der Begriff Ego-Dokument wurde erstmals in den Niederlanden von Jacob Presser als Bezeichnung für Autobiografien, Tagebücher, Memoiren, persönliche Briefe und Texte verwendet. Vgl. Jacob Presser: Memoires als geschiedbron. In: Winkler Prins Encyclopedie VIII, Amsterdam, Brüssel 1958, S. 208-210.

15 Vgl. z.B. Barbara Czernilofsky: Trennendes – Verbindendes: Selbstzeugnisse zur individuellen Mehrsprachigkeit. Wien 2003; Gabriele Jancke: Autobiografie als soziale Praxis. Beziehungskonzepte in Selbstzeugnissen des 15. und 16. Jahrhunderts. Köln, Weimar 2002; dies.: Von der dargestellten Person zum erinnerten Ich. Europäische Selbstzeugnisse als historische Quellen (1500-1850). Köln, Weimar 2002; Kaspar von Greyerz: Das dargestellte Ich. Studien zu Selbstzeugnissen des späten Mittelalters und der Frühen Neuzeit. Köln, Weimar 2001.

16 Vgl. dazu Winfried Schulze: Ego-Dokumente: Annäherungen an den Menschen in der Geschichte. Berlin 1996, S. 12f.

17 Jan Peters: Zur Auskunftsfähigkeit von Selbstsichtzeugnissen schreibender Bauern. In: Winfried Schulze: Ego-Dokumente. Annäherung an den Menschen in der Geschichte. (= Selbstzeugnisse der Neuzeit, Bd. 2). Berlin 1996, S. 176f.

18 Ein gutes Beispiel für die Vorbildfunktion des Journals sind die Aufzeichnungen des Seemanns und späteren Schiffers George Kinder, der mit dem 14. Lebensjahr seine Seefahrtslaufbahn begann und von Anfang an im Stil eines Bordjournals über seine Reisen Buch führte, wenn auch nicht täglich. Vgl. Aufzeichnungen von George Kinder (1764-1833), Archiv DSM, Kopie des Originals (der Sammlung Kruse, Bielefeld).

19 Friedrich Kluge: Seemannssprache. Wortgeschichtliches Handbuch deutscher Schifferausdrücke älterer und neuerer Zeit auf Veranlassung des Königlich Preußischen Ministeriums der geistlichen, Unterrichts- und Medizinalangelegenheiten. Nachdruck. Kassel 1973.

20 Johann Heinrich Röding: Allgemeines Wörterbuch der Marine. Hamburg 1794-1798.

21 Friedrich Jacobsen: Handbuch über das practische Seerecht der Engländer und Franzosen in Hinsicht auf das von ihnen in Kriegszeiten angehaltene neutrale Eigenthum, mit Rücksicht auf die englischen Assecuranz-Grundsätze über diesen Gegenstand. Hamburg 1803; ders.: Seerecht des Friedens und des Krieges in Bezug auf die Kauffahrteischiffahrt. Altona 1815; ders.: Neue Sammlung handelsrechtlicher Abhandlungen. Altona 1823.

22 Mecklenburgisches Wörterbuch (MWB), herausgegeben von Hermann Teuchert und Jürgen Gundlach. 7 Bde. Rostock 1934-1992. – Die Forschungen zur mecklenburgischen Volkskunde von Richard Wossidlo haben dieses Wörterbuch maßgebend geprägt, wenngleich Wossidlo aus Altersgründen nicht an der Herausgabe beteiligt war.

23 Richard Wossidlo: »Reise, Quartier, in Gottesnaam«. Das Seemannsleben auf alten Segelschiffen im Munde alter Fahrensleute. Herausgegeben von Paul Beckmann. Bd. 1. Rostock 1940 (diverse Neuaufl., zuletzt 2005).

24 Möglichkeiten der Zusammenarbeit hinsichtlich der projektierten Quellendatenbank werden zurzeit ausgelotet.

25 Jann Markus Witt: Master next God? Der nordeuropäische Handelsschiffskapitän vom 17. bis zum 19. Jahrhundert. (= Schriften des DSM, Bd. 57). Hamburg 2001.

26 Heide Gerstenberger: Vom Wind zum Dampf. Sozialgeschichte der deutschen Handelsschiffahrt im Zeitalter der Industrialisierung. Münster 1996; Ulrich Welke: Der Kapitän. Die Erfindung einer Herrschaftsform. Münster 1997; Jürgen Rath (wie Anm. 11). Vgl. auch Timo Heimerdinger: Der Seemann und seine kulturelle Inszenierung (1844-2003). Köln, Weimar 2005.

27 Das Projekt zum Thema Transkulturation wurde in Zusammenarbeit mit Missionsangehörigen aus Togo und Ghana durchgeführt, die den Ewe-sprachigen Archivbestand bearbeiteten. Vgl. dazu: Rainer Alsheimer und Günther Rohdenburg (Hrsg.): LebensProzesse. Biografisches aus der Geschichte der Bremer Westafrika-Mission. (= Kleine Schriften des Staatsarchivs Bremen, Heft 31). Bremen 2001; Sonja Sawitzki: Ho-Wegbe. Die Etablierung einer Missionsstation in West-Afrika. (= Kleine Schriften des Staatsarchivs Bremen, Heft 33). Bremen 2002; dies.: Missionare und ihre intimen Kontakte zur indignen Bevölkerung in Westafrika zur Zeit der deutschen Kolonialherrschaft. In: Jahrbuch für Volkskunde, Würzburg 2003.

28 Archiv DSM, Sign. III/A/02761.

29 Franz von Wahlde: Ausgebüxt. Das Tagebuch des Schiffsjungen Franz von Wahlde über seine Reise mit der Bark PALLAS nach Südamerika, Mauritius, Indien und Java 1884 bis 1886. Unter Mitarbeit von Ursula Feldkamp eingeleitet, mit Anmerkungen versehen und herausgegeben von Uwe Schnall. Hamburg 1989, 2. Aufl. 1999.

30 Tagebuch des Hans-Georg Seiffert, 1914, Archiv DSM, Sign. III/A/03035 mit fünf Fotos (Sign. III/A/03028).

31 Eugenie Rosenberger: Auf Großer Fahrt. Tagebuchblätter einer Kapitänsfrau aus der großen Zeit der Segelschiffahrt. Berlin 1899; vgl. auch die Neuausgabe unter gleichem Titel, herausgegeben von Ursula Feldkamp. Hamburg 1997.

32 Ernst Leverkus (Hrsg): Die abenteuerlichen Reisen der Mimi Leverkus: aus dem Tagebuch einer Kapitänsfrau 1882-1886. Bremen 1997.

33 Jens Jacob Eschels: Lebensbeschreibung eines alten Seemannes. Von ihm selbst und zunächst für seine Familie geschrieben. Herausgegeben von Albrecht Sauer. 2. Aufl. (unveränd. Nachdruck der Ausgabe 1995) Hamburg 2006.

34 Oscar Schulz: Im Strom der Gezeiten. Vom Windjammer-Moses zum Dampfer-Kapitän. Herausgegeben von Ursula Feldkamp. Hamburg 1998.

35 Z.B.: Entscheidungen des Ober-Seeamtes und der Seeämter des Deutschen Reiches 1879-1920, 21 Bde., Hamburg; auch das DSM-Archiv beherbergt eine Anzahl von Seeamtsprotokollen bzw. Entscheidungen und Verklarungen.

36 Dazu hat Walter Kresse eine übersichtliche Zusammenfassung für die Hamburger Seegesetzgebung verfasst: Walter Kresse: Die Diskussion um das Hamburger Seemannsrecht um 1850 nebst Vorgeschichte. In: Zeitschrift des Vereins für Hamburgische Geschichte, Bd. 67, 1981, S. 105-115; zum Seemannsrecht im 19. Jahrhundert vgl. auch Jürgen Rath: Zwieback, Pökelfleisch und Koje. Seemannsleben an Bord. Hamburg 2004.

37 Ursula Feldkamp: Vom Seemann zum Goldsucher. Der Bericht des Bremer Steuermanns Friedrich Wilhelm Hildenbrock 1841-1850. In: DSA 17, 1994, S. 159-214.

38 Günther Prien: Mein Weg nach Scapa Flow. Berlin 1940; Fred Schmidt: Schiffe und Schicksale. Ein Buch vom stillen Heldentum. Berlin 1935.

39 Vgl. dazu weitere Publikationen von Fred Schmidt, z.B.: Von den Bräuchen der Seeleute. Gedanken und Erinnerungen. Hamburg 1962.

40 Die Zeitschrift »Albatros« erscheint seit 1956 regelmäßig mehrmals pro Jahr und wird auch nach der Auflösung der A.I.C.H. noch von Jürgen Meyer als Schriftführer für die deutsche Sektion der Cap-Horniers herausgegeben.

41 Vgl. Feldkamp (wie Anm. 37), S. 172f.

42 Vgl. ebd., S. 178.

43 Timo Heimerdinger: Der Seemann und seine kulturelle Inszenierung (1844-2003). Köln, Weimar 2005.

44 Ebd., S. 196ff.

45 Die beiden genannten Beiträge entstanden im Rahmen von Vorarbeiten – Transkriptionen und Digitalisierung von Texten – und sind im vorliegenden Band des DSA auf S. 399-470 (Hagen Allmeling: Das Journal der Hamburger Galiot MARY ANN) bzw. S. 267-281 (Sonja Sawitzki: Die Erschießung von acht »Meuterern« an Bord des Auswandererseglers GERMANIA 1824) publiziert.

Anschrift der Verfasserin:
Ursula Feldkamp, M.A.
Deutsches Schiffahrtsmuseum
D-27568 Bremerhaven

The History of Everyday Life on Sailing Vessels as Told by Personal Testimonies: The Concept of a Source Database at the German Maritime Museum

Summary

Over the next three years, a thesaurus database project is planned at the DSM that will collect and interlink personal accounts and other documents as well as external sources, documents and photographs from the world of sailing in the period from 1800 to 1939. Personal accounts by mariners and travellers as well as official documents (ships' logs, captain-ship-owner correspondence, legal sources, etc.) will be semantically linked with the appropriate ships and their voyages. Queries can be keyed into the thesaurus database in several different ways. Searches for particular vessels and their voyages, their biographies and their crews are just as possible as research into special topics. These can be selected from a catalogue of categories or searched for according to terms that arise in the database text sources.

For the German Maritime Museum exhibition on sailing in the industrial age, entitled "Windjammers – Myth and Reality," a simplified demo version of the new database is planned, with already-existing database material. The text sources included in it are those that provide detailed and special information about living and working on board, trading (freight, passengers, routes) and the language used by mariners. The data focuses initially on sailing ships alone, with the long-term option of extending it to include maritime shipping as a whole.

The planned examination considers the effects of industrialization on the work situation on these vessels, as well as the changes in training and life on board. The hope is that small details of life on board may help us understand questions that cannot be answered by broader historical fact. The database offers an empirical basis to help with the discussion of controversial theses, e.g. the change in captains' authority and the status of the crew during the early nineteenth century. The aim of the database is the quick location of sources relating to practical application of maritime law, to the origin of sailors'customs and their disappearance, as well as the origins of sea shanties, and thus to facilitate and encourage discussion of the material available.

The expected result is that the effects of the structural changes in seafaring on the ships' crews can be shown in detail, and that historical events and/or milestones in the modernization and expansion of seafaring can be directly related to life on board. Part of the result will be a seafaring thesaurus, making it possible to find and to link all given sources and documents on the ships and their voyages.

The aim is versatile use of the thesaurus content, which will provide a valuable information source for cultural historians, theologians, philologists, ethnologists, linguists, technology historians, shipping experts and natural scientists alike. Cooperation in this regard is currently in progress with other scientific institutes and universities, e.g. the Wossidlo Archive of the University of Rostock, the Song Archive of Freiburg, the Department of Maritime History of the University of Bremen, the meteorological history department of the German Weather Centre in Hamburg and the maritime history department of the Deutsches Museum in Munich.

Une histoire du quotidien de la navigation à voile à travers les documents autobiographiques. Le concept d'une banque de données de sources au Musée allemand de la Marine

Résumé

Au cours des trois prochaines années, un projet de thésaurus concernant un banque de données doit être lancé, qui mettra à disposition des documents autobiographiques et autres témoignages, ainsi que des sources externes, des documents et des images sur la navigation à voile de l'époque allant de 1800 à 1939, et qui les relieront entre eux. Les témoignages des navigants et voyageurs ainsi que les documents officiels (journaux de bord, correspondance entre capitaine et compagnie d'armement, sources juridiques, etc.) seront mis en relation de façon sémantique avec les navires correspondants et leurs traversées. Le thésaurus pourra être questionné de plusieurs façons. La recherche d'un navire particulier et de ses voyages, de sa biographie et son équipage sera tout aussi faisable que la recherche sur des thèmes spéciaux. Ces derniers pourront être recherchés à partir soit d'un catalogue de catégories qui aura été établi, soit à partir de termes qui sont dans le texte des sources entrées.

Pour l'exposition au Musée allemand de la Marine sur la navigation à voile à l'ère industrielle, intitulée «*Windjammer – Mythos und Realität*» (Grands voiliers – mythes et réalités), une version d'essai simplifiée de la nouvelle banque de données sera munie de quelques données déjà disponibles. Les textes de sources qui seront entrées seront ceux qui donnent des informations spéciales et détaillées sur la vie et le travail à bord, sur le commerce (cargos, cargaisons, passagers, routes) et sur la langue (jargon des marins). Les entrées se concentreront dans un premier temps uniquement sur la navigation à voile – à long terme, un élargissement à la navigation dans son entier est envisageable.

L'analyse prévue prendra en considération les effets de l'industrialisation sur la situation du travail à bord et les changements subis par l'apprentissage et la vie à bord. La microhistoire de la vie à bord permettra ainsi de nous aider à résoudre les questions auxquelles la macrohistoire ne peut répondre. La banque de données offre une base empirique, à l'aide de laquelle les débats de thèses controversées, par ex. sur les modifications de l'autorité du capitaine et le statut de l'équipage dans la première moitié du XIXe siècle, pourront être approfondis. La banque de données devra multiplier les sources servant à l'application pratique de la législation maritime, celles qui relèvent de la naissance des coutumes maritimes et leur disparition ou celles sur la genèse des chants de marins rendre le matériel déjà existant facilement disponible à des fins de thèses et ainsi élargir, et soutenir les débats sur les thèses déjà existantes.

Le résultat attendu serait que les effets des changements structurels de la navigation sur les équipages soient montrés en détail et que les évènements historiques ou les dates clé de la modernisation et de l'expansion de la navigation puissent être mises en relation directe avec la vie à bord. Il en résultera entre autres un thésaurus de la navigation qui devrait permettre l'accès à toutes les sources et les documents entrés, relatifs aux navires ou à leurs voyages, en les reliant entre eux.

Le dessein de ce projet aspire à permettre une utilisation multiple des contenus du thésaurus et qu'il soit une source précieuse d'informations, que ce soit dans les domaines des sciences culturelles, de la théologie, de la philologie, de l'histoire de la technique, celle de la construction navale ou de l'histoire sociale, ou encore des sciences naturelles. Une collaboration avec d'autres instituts et universités à ce sujet se présente donc, comme par exemple avec les archives Wossidlo de l'Université de Rostock, les archives du chant de Freiburg, le département de l'histoire de la navigation de l'Université de Brême, le département de l'histoire de la météorologie du Deutscher Wetterdienst de Hambourg ainsi que le département de l'histoire de la navigation du Deutsches Museum de Munich, et se trouve en cours d'élaboration.

HANS-WALTER KEWELOH

Der Ausbau der Wasserstraßen zwischen Havel und Weichsel im 20. Jahrhundert und deren Auswirkungen auf die Flößerei im Flussgebiet der Oder

Zwischen Frankfurt und Stettin ist während der Sommermonate ein ziemlich reger Dampfschiff-Verkehr. Schleppschiffe und Passagierboote gehen auf und ab und die Rauchsäulen der Schlote ziehen ihren Schattenstrich über die Segel der Oderkähne hin, die oft in ganzen Geschwadern diese Fahrt machen.

Von besonderer Wichtigkeit sind die Schleppdampfer. […] Sie sind dann, was der Führer für den Verirrten, was der Zuzug für die Geschlagenen ist, und beherrschen natürlich die Situation. Diese Situation ist fast immer dieselbe: entweder hat der Rettung erwartende Kahn sich festgefahren und müht sich umsonst ab, wieder flott zu werden, oder aber, er ist in ein mit Flößen verfahrenes Defilee geraten, so daß jeden Augenblick ein Zusammenstoß zu gewärtigen steht.[1]

So schildert Theodor Fontane 1879 in dem Band »Das Oderland« seiner »Wanderungen durch die Mark Brandenburg« anschaulich die Schifffahrtsverhältnisse auf der Oder, wie sie sich mit der Industrialisierung und der damit einhergehenden Zunahme des Verkehrs auf der Wasserstraße darstellten. Diese Zunahme und die schwierigen Verhältnisse auf den Wasserstraßen hatten zu einem spannungsgeladenen Verhältnis zwischen Schifffahrt und Flößerei geführt. Die Schifffahrttreibenden sahen in der Flößerei und in den großen Flößen ein außerordentliches Hindernis, das sie in ihrem Gewerbe stark behinderte, und die Frachtflößer, Floßführer und Flößer[2] fühlten sich ihrerseits durch die Schifffahrttreibenden in ihrer Existenz bedroht.

Dieses gespannte Verhältnis macht Fontane noch anschaulicher, wenn er weiter schreibt: *Die Schiffer blicken […] mit geteilter Empfindung auf die Schleppdampfer; nicht so die Floßführer. Diese geben sich ungeschwächt einer einzigen Empfindung, und zwar ihrem polnischen, oder böhmisch-oberschlesischen Hasse hin. Sie können es wagen. Das Floß, das an manchen Stellen die halbe Breite der Oder deckt, kann wohl den Schleppschiffen, aber das Schleppschiff kann nie und nimmer dem Floße gefährlich werden. Wenigstens nicht ernstlich. Es liegt also kein Grund vor, weshalb sie mit ihrer Abneigung hinter dem Berge halten sollten. Und zu dieser Abneigung mangelt es nicht an triftigen Gründen. Die Schleppdampfer nämlich, weil sie den Flößen in Wahrheit weder nützen noch schaden können, begnügen sich damit, die reizbare slawische Natur zu nörgeln und zu ärgern. Wie Reiter, die lustig durch einen Tümpel jagen, alles, was in der Nähe ist, nach rechts und links hin mit Wasser und Schlamm bespritzen, so jagen hier die Dampfer an dem schwerfällig zur Seite liegenden Floß vorüber und unterhalten sich damit, das Floß unter Wasser zu setzen. Die zur Seite gedrückte Welle eilt, immer höher werdend, auf das Floß zu; jetzt trifft sie den ersten Balken und spritzt hoch auf. Aber nicht genug damit; die Hälfte der Welle gleitet unter dem Floß hin fort und überall da, wo eine Lücke sich bietet, nach oben*

Abb. 1 Der Stich »Schifferleben auf der Spree« nach der Zeichnung des Berliner Genremalers Walter Busch veranschaulicht die Differenzen zwischen Flößern und Schiffern, die der zunehmende Verkehr auf den Flüssen im Odergebiet nach sich zog und die Theodor Fontane in seinen »Wanderungen durch die Mark Brandenburg« beschrieb. (Archiv DSM)

tretend, setzt sie, an sechs, acht Stellen zugleich, das Floß unter Wasser. Nun sollte man glauben, die Flößer müßten gleichgültig sein gegen ein solches Fußbad; aber, als wär' es Feuer, sieht man jetzt die Besatzung des Floßes auf den Bäumen und Querbalken hin und her springen, als gält' es vor ihrem bittersten Feinde zu fliehen. Diese Zickzacksprünge nehmen sich ebenso komisch wie malerisch aus. Mit vielem Geschick wissen sie immer eine Stelle zu treffen, wo ein Querbalken, ein Holzblock, oder am liebsten einer jener Erd- und Rasenhügel sich vorfindet, deren viele sich nicht nur über das Floß hin ausbreiten, sondern auch einen wesentlichen Teil der häuslichen Einrichtung desselben bilden.[3]

Als Fontane 1879 diese Zustände auf der Oder beschrieb, hatte die Verkehrsbelastung auf den deutschen Wasserwegen bei weitem noch nicht ihren Höhepunkt erreicht. Waren 1875 auf dem Rhein noch 882 Millionen Tonnenkilometer (tkm) befördert worden, waren es 1895 schon 3,03 Milliarden. Für die Elbe stieg die beförderte Warenmenge im gleichen Zeitraum von 435 Millionen tkm auf 1,952 Milliarden und auf der Oder von 154 Millionen auf 634 Millionen.[4]

Die Zahlen belegen, dass der Warenverkehr auf dem Wasser in 16 Jahren sprunghaft auf das Vierfache angestiegen war. Dies veranlasste Kaiser Wilhelm II. im Januar 1901, seinen Ministern von Miquel, dem Minister für Finanzen, von Thielen, dem Minister der öffentlichen Arbeiten, Freiherr von Hammerstein, dem Minister für Landwirthschaft, Domänen und Forsten, sowie Brefeld, dem Minister für Handel und Gewerbe, den Auftrag für einen Gesetzentwurf zum Ausbau der Flüsse und des Kanalsystems *im Interesse des Schiffahrtsverkehrs und der Landeskultur* zu erteilen. Schon die Auswahl der Minister belegt, dass das Problem viele Gebiete des Staatswesens betraf und außerordentlich dringlich war.

Den »Entwurf eines Gesetzes, betreffend die Herstellung und den Ausbau von Kanälen und Flußläufen im Interesse des Schiffahrtsverkehrs und der Landeskultur«, sowie die über die Kanalisierung der Weser von Hameln bis Bremen am 15. März 1899 zwischen Preußen und Bremen sowie zwischen Preußen, Braunschweig und Bremen und am 1. April 1899 zwischen Preußen und Lippe abgeschlossenen Staatsverträge mit den zugehörigen Schlussprotokollen legten die Minister einen Tag nach dem offiziellen Schreiben des preußischen Königs dem Haus der Abgeordneten zur Beratung vor.[5]

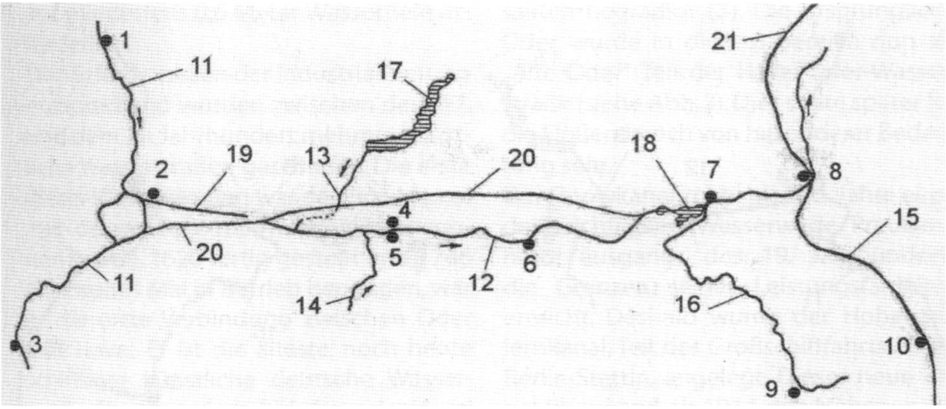

Abb. 2 Schematische Darstellung der Wasserstraßen zwischen Havel und Oder nach der Fertigstellung des Hohenzollernkanals und der Hohensaaten-Friedrichsthaler Wasserstraße 1932. (Aus: Mitteilungsblatt Deutsche Flößerei-Vereinigung, Jg. 12, 2005, S. 14 / Zeichnung: Eberhard Seelig, Eberswalde)

Legende:

Ortschaften:
1 Zehdenick
2 Liebenwalde
3 Oranienburg
4 Steinfurth
5 Schöpfurth (aus Steinfurth und Schöpfurth ging 1929 Finowfurt hervor)
6 Eberswalde
7 Oderberg
8 Hohensaaten
9 Wriezen
10 Güstebiese

Gewässer:
11 Havel
12 Finowkanal
13 Werbellinfließ (ab 1766 Werbellinkanal)
14 Finow (Finowfließ)
15 Oder (Verlauf ab 1753 nach der Herstellung der direkten Verbindung zwischen Hohensaaten [8] und Güstebiese [10])
16 Alter Oderverlauf (ab 1753 als Alte Oder bezeichnet)
17 Werbellinsee
18 Oderberger See
19 Sog. Langer Trödel (ursprünglich Teil des Finowkanals, der nach der Eröffnung des Oder-Havel-Kanals nur noch von der Havel aus erreicht wurde)
20 Oder-Havel-Kanal (früher Hohenzollernkanal)
21 Hohensaaten-Friedrichsthaler Wasserstraße (Teil des Großschifffahrtsweges Berlin – Stettin)

Welche untragbaren Formen die Behinderungen angenommen hatten, macht das Beispiel des Finowkanals anschaulich: Als am 16. Juni 1746 der Finowkanal mit der Fahrt eines 100-Tonnen-Salzschiffes nach Oderberg zum zweiten Mal seiner Bestimmung übergeben wurde, hatte diese Inbetriebnahme auch dem Warentransport auf dem Wasser im märkischen Raum hervorragende Perspektiven eröffnet. Der neue Schifffahrtsweg machte die Umgehung des schwierigen Landverkehrs möglich und bot die Möglichkeit, die Handelsgüter auf dem günstigeren Wasserweg zwischen Oderberg und der oberen Havel im Raum Liebenwalde zu transportieren.

Allgemein verbesserte der Kanal die Verkehrsbedingungen zwischen der Mittelmark und der Neumark sowie Pommern und Polen. Auch der Holztransport in Form der Flößerei profitierte von diesem Verkehrsweg selbstverständlich in gleicher Weise wie die Schifffahrt. Um 1790 passierten im Durchschnitt 4000 Kähne und 1700 Schuten jährlich den Kanal und es wurden 12 000 Stämme Floßholz transportiert.[6]

Im 19. Jahrhundert wuchsen die Zahl der Schiffe und die beförderte Warenmenge auf dem Finowkanal kontinuierlich an. 1841/44, also 50 Jahre später, war die Zahl der Kähne, die jährlich in Eberswalde gezählt wurden, im Jahresdurchschnitt auf 13 334 und die der Floßholzstämme auf 47 975 gestiegen.[7] Das bedeutet, dass zwischen 1790 und 1841 der Schiffsverkehr nahezu um das Dreifache und der Floßverkehr um rund das Vierfache zugenommen hatte.

Abb. 3 Ansicht der großen Floßlagerplätze bei Oderberg-Bralitz. Die Wasserfläche des Oderberger Sees (linke obere Bildfläche) ist bedeckt von Flößen. Der Schifffahrtsweg in der Bildmitte ist freigehalten. Am rechten Flussufer sind größere Mengen Floßholz aufgestapelt. (Aus: Karl Ebner: Flöszerei und Schiffahrt auf Binnengewässern. Wien, Leipzig 1912, S. 233)

Für die Wasserstraße war dies eine außerordentliche Belastung, vor allem wenn man bedenkt, dass auf der Gesamtstrecke von 41,3 km insgesamt 15 Schleusen zu passieren waren. Die Verhältnisse gestalteten sich so schwierig, dass für die fünf Meilen zwischen Liebenwalde und Liepe, für die Schiffe unter normalen Umständen nicht mehr als zwei Tage benötigten, im Mittel 14 Tage, aber auch bis zu drei Wochen gebraucht wurden. Die Schiffe stauten sich vor den Schleusen, obwohl diese in der Regel »rund um die Uhr« arbeiteten. Floßholz musste zum Teil mehr als drei Jahre auf dem Lieper See warten, bis es durchgeschleust werden konnte.[8]

Bildhaft beschreibt ein Artikel in einer Eberswalder Zeitung aus dem Jahr 1885 die Situation auf den Wasserstraßen in Oderberg und Liepe. Dort heißt es: *Einen höchst interessanten Anblick gewährt zu Ende des Sommers der große Oderberger und Lieper See wegen seines schwimmenden Kiefern- und Eichenwaldes. Viele Tausend starke Stämme lagern dicht zusammen an seiner Oberfläche. Es ist die Bauholz- und Bretterkammer von ganz Norddeutschland. Wöchentlich bringen die Flößer von der oberen Weichsel, Warthe, Netze und ihren Nebenflüssen 500 bis 700 Triften, deren jede in Gebinden, je nach der Stärke und Länge der Blöcke, 60 bis 80 Stämme zählt.*[9]

Es ist nachvollziehbar, dass Schiffer und Flößer auf dem Finowkanal in zunehmender Konkurrenz zueinander standen. 1874 war die Zahl der Kähne zwar leicht auf 11 922 zurückgegangen, aber dafür war das Floßholz noch einmal um mehr als das Doppelte auf 111 000 Stämme angewachsen.[10] Zur Jahrhundertwende stieg der Verkehr auf der Wasserstraße rasant weiter an. Gingen 1882 noch 1 002 555 Tonnen durch die Schleuse bei Eberswalde, so waren es in der Folgezeit 2 117 897 t (1896), 2 190 257 t (1901), 2 720 767 t (1906) und 1911 zuletzt 2 712 066 t.[11]

Angesichts des stetig zunehmenden Verkehrs, der nicht zuletzt durch das explosionsartige Wachstum Berlins von einer Großstadt zur europäischen Metropole mit einem immensen

Abb. 4 Holzlager auf den Gewässern bei Oderberg und Liepe. (Aus: Peter Fritz Mengel: Das Oderbruch. Eberswalde 1934)

Abb. 5 Die Postkarte aus der Zeit um 1910 veranschaulicht die Verkehrsdichte auf dem Finowkanal vor der Eröffnung des Oder-Havel-Kanals. Ein Floß und zahlreiche Schiffe fahren vom Unterwasser her auf die Schleuse Eberswalde zu.

Bedarf an Baumaterialien verursacht war, versuchte man die Bedingungen für Schifffahrt und Flößerei auf dem Finowkanal zunächst durch neue Verordnungen und Gesetze sowie durch bauliche Maßnahmen zu verbessern.

1834 wurde eine »Rangfahrt Ordnung für den Finowkanal« erlassen, die eine detaillierte Fahrtregelung für Kähne und Flöße auf der Wasserstraße enthielt. Grundsätzlich war den Flößen die Nutzung des Finowkanals nach dieser Rangfahrt Ordnung nur für den Zeitraum vom 1. Januar bis zum 10. Juni sowie vom 12. September bis zum 31. Dezember gestattet. Die Sommermonate waren allein der Schifffahrt vorbehalten, sofern sich das Floßholz nicht schon auf dem Kanal befand. Außerdem regelte die Ordnung die Reihenfolge, in der Flöße und Kähne in die Schleusen einfahren durften.[12]

Um den stetig steigenden Verkehr auf der Wasserstraße zu bewältigen, reichte diese verkehrsordnende Maßnahme jedoch nicht aus. 1817 hatte man bei Schleusenneubauten und Generalreparaturen auf dem Finowkanal die Anordnung von »versetzten Häuptern« eingeführt, bei der die Schleusentore nicht in der Mittelachse der Schleuse, sondern seitlich eingebaut wurden. Die Schleusen erhielten nun alle eine Kammerlänge von 130′ (40,8 m), eine Kammerbreite von 30′

Abb. 6 Finowmaßkähne und ein Floß warten auf dem Kanal auf die Schleusung. Für das Floß machen die Schleusenabmessungen des Kanals ein Auseinanderkoppeln in zwei Teile für den Schleusungsvorgang erforderlich. (Aus: Karl Ebner: Flöszerei und Schiffahrt auf Binnengewässern. Wien, Leipzig 1912, S. 230)

(9,42 m) und eine lichte Torweite von 17′ (5,34 m), ein Grundrissmaß, das die Schleusen des Kanals noch heute aufweisen.[13] Weitere Verkehrsverbesserungen versuchte man durch den Ausbau des Kanalprofils und die Anlegung von Treidelpfaden zu erreichen. Ebenso wurden Nachtschleusungen erlaubt. Zwischen 1874 und 1885 wurde mit dem Bau von zweiten Schleusen an allen Staustufen eine weitere, bereits 1846 beschlossene Maßnahme umgesetzt.[14]

Trotz all dieser Verbesserungen war man am Ende des 19. Jahrhunderts dem stetig steigenden Verkehr nicht mehr gewachsen. Die Kanalkapazität hatte zu Beginn des 20. Jahrhunderts ihre Grenzen erreicht, und es wurden Überlegungen angestellt, wie die Warenströme auch in Zukunft bewältigt werden konnten. *Dem weiteren Wachsen des Verkehrs konnte nur durch eine leistungsfähige Wasserstrasse für Schiffe von größeren Abmessungen begegnet werden,* heißt es 1914 in der Festschrift zur Eröffnung des Großschifffahrtsweges Berlin – Stettin.[15]

Am 19. September 1906 erfolgte der erste Spatenstich für den heutigen Oder-Havel-Kanal. Nachdem vorher schon einzelne Kanalabschnitte dem Verkehr übergeben worden waren, wurde dieser neue Großschifffahrtsweg zwischen Berlin und Stettin am 17. Juni 1914 offiziell durch Kaiser Wilhelm II. eingeweiht, der die Wasserstraße auf den Namen Hohenzollernkanal taufte. Ein besonders imposantes Bauwerk dieses Kanals war eine Schleusentreppe, mit der in Niederfinow der Höhenunterschied von 36 m von der Scheitelhaltung des Kanals zur Oderhaltung bewältigt wurde.

Mit diesem Kanal und seinen größeren Schleusen stand nun der Schifffahrt zwischen der Oder und Berlin ein wesentlich leistungsfähigerer Weg zur Verfügung als der Finowkanal. Allerdings sollte der neue Kanal den alten Schifffahrtsweg nicht ersetzen, sondern vielmehr entlasten: *Die alte Finowstrasse bleibt jedoch auch fernerhin für den Verkehr erhalten, teils um den neuen Kanal nicht zu sehr zu belasten, teils um der Kleinschiffahrt die billigeren Tarife des alten Wasserweges zugute kommen zu lassen,* legte man von Seiten der Aufsichtsbehörden fest.[16]

In die Kleinschifffahrt war auch die Flößerei eingeschlossen, die ihren Weg allein durch den Finowkanal nehmen sollte. Der neue Hohenzollernkanal war für die Flößerei gesperrt. Die Aussperrung von dem leistungsfähigen, schnellen Transportweg mit der Begründung, dass man *die billigeren Tarife des alten Wasserweges* weiterhin dem Floßholzhandel zugute kommen lasse, muss allerdings auf Holzhändler und Flößer wie pure Ironie gewirkt haben. Auch damals schon galt die Devise »Zeit ist Geld«, und der Transport auf dem Hohenzollernkanal war nun einmal bedeutend schneller möglich als auf dem alten Finowkanal. Die großen Oderflöße, die bis zu 120 m lang sein konnten, hätten nicht mehr in die kleineren Einheiten umgebunden werden müssen bzw. hätten an den Schleusen *die immer wiederkehrenden, zeitaufwendigen Abläufe Trennen der Plötzen, Einfahren der einzelnen Plötzen in die Schleusenkammer, nach der Schleusung das Herausfahren der Plötzen und anschließend wieder Koppeln*[17] überflüssig gemacht.

Auch die Industrie entlang des Finowkanals, besonders in Eberswalde, die das Kanalwasser ebenfalls nutzte, wird über das stetige Öffnen der Schleusen nicht gerade glücklich gewesen sein. Die Frage der Wassernutzung hatte über die Jahrhunderte an vielen Gewässern immer wieder zu Diskussionen und Streitigkeiten zwischen Flößern und Mühlenbetreibern geführt. Müller, Sägewerksbetreiber und im 19. Jahrhundert dann Wasserkraftwerke hatten darum gekämpft, dass Flöße kleiner wurden oder nicht so häufig bzw. überhaupt nicht mehr auf dem jeweiligen Bach oder Fluss fahren durften.[18]

Hatte schon die Eröffnung des Hohenzollernkanals mit seiner erheblich geringeren Schleusenzahl die Transportzeit der Güter wesentlich beschleunigt, so wurde diese mit der Einweihung des Schiffshebewerks Niederfinow am 21. März 1934 noch einmal deutlich verkürzt. Mit der Inbetriebnahme dieses technischen Meisterwerks konnten nun Schiffe bis zu 1000 t die Hubhöhe von 36 m in fünf Minuten überwinden. Wie mühsam und wie zeitraubend war dazu im Vergleich die Überwindung dieses Höhenunterschieds auf der Finowkanalstrecke. Die Flößerei blieb aber wiederum gemäß rechtlicher Regelung von den Vorteilen des beschleunigten Transports ausgeschlossen.

Es ist nicht verwunderlich, dass sich Floßholzhändler bemühten, die verbesserten Transportbedingungen auch für die Flöße in Anspruch zu nehmen. Ein Briefwechsel vom Ende des Jahres 1936 und aus dem Jahr 1937 zwischen der Holzspedition Landschulz aus Liepe und der Wasserbaubehörde, der heute im Archiv des WSA Eberswalde lagert[19], macht die unterschiedlichen Auffassungen und Argumentationen deutlich.

Am 18. Dezember 1936 stellte die Holzspedition W. Landschulz an das Preußische Wasserbauamt Eberswalde einen Antrag auf Sondergenehmigung eines Floßholztransportes durch das Schiffshebewerk in Niederfinow: *Für die Firma Dav. Francke Söhne habe ich wieder Hölzer, von Polen kommend, nach Marienwerder zu flößen. Ich bemerke ausdrücklich, dass es nur etwa 200 Ftmtr.* [Festmeter] *sind. Der Transport wird morgen, den 19. des Monats, schon in Kreuz durch meinen Floßmeister übernommen, kommt also schon in einigen Tagen nach hier. Ich bitte das Wasserbauamt höflichst, mir wieder die Genehmigung zum Durchnehmen durch das Hebewerk und Weiterflößen im Hohenzollernkanal erteilen zu wollen.* […] *Ich konnte das Wasserbauamt nicht früher um diese Genehmigung bitten, da ich nicht wußte, ob die Hölzer wegen Frostes einstweilen im Bromberger Kanal bleiben mußten.*[20] Schon drei Tage später, am 21. Dezember 1936, erhielt Landschulz die Genehmigung zur Benutzung des Schiffshebewerkes mit seinem Floßholztransport.[21]

Ein anderes Gesuch der Holzspedition Wilhelm Grunow jr. vom 10. Mai 1937 *um Erlaubnis zur Flößerei auf dem Hohenzollernkanal von Zerpenschleuse nach Oderberg über das Hebewerk*[22] vermittelt einen Einblick, wie die Flößerei auf dem Hohenzollernkanal zu diesem Zeit-

Abb. 7-8 Das geschleppte Floß auf der Oder und das auf dem Finowkanal gestakte Floß machen die Schwierigkeiten des Floßholztransportes zwischen Oder und Havel vor dem Bau des Oder-Havel-Kanals deutlich.

punkt erfolgte, warum der neue Kanal als Transportweg bevorzugt wurde und welche Gründe für einen Ausschluss der Floßholztransporte sprachen.

Offensichtlich wurden zumindest 1937 die Flöße in der Region im Wesentlichen getreidelt. Wilhelm Grunow schreibt: *Zwangsläufig kommen dadurch* [durch den Verkauf kleinerer Holzmengen der Staatlichen Forstämter an private Interessenten] *nur sehr kleine Floßtransporte für die jeweiligen Mühlen zur Beförderung. Diese müssen nun durch Flößer, (mit Treidelei) – also ohne Dampfschleppkraft befördert werden, da die kleinen Mengen eine Belastung durch Maschinenkraft nicht gestatten.*[23]

Den Transport von 1800 Festmetern Rundholz aus dem Bereich der Schorfheide und aus den Forstämtern am Werbellinsee und am Werbellinkanal nach Oderberg/Bralitz und nach Hohensaaten *durch den alten Finowkanal über Ruhlsdorf – Liepe* empfand Grunow *als eine große Härte*, von der das Wasserbauamt in Eberswalde mit der Erlaubnis zur Nutzung des Schiffshebewerks Niederfinow *in der Lage ist, auf Ansuchen für die Flößerei auch Erleichterungen zu genehmigen.*[24] Und weiter führt Grunow aus, warum die Verbotsgründe zur Befahrung des Hohenzollernkanals mit Flößen in dem genannten Fall zumindest nicht stichhaltig seien: *Es bedarf wohl keiner Begründung, daß ein Floß von 120 m Länge und 4,5 m Breite an den Kanalböschungen keine Beschädigungen verursachen kann, die Fortbewegung durch Menschenkraft keine große Geschwindigkeit möglich machen kann. Der Verkehr in Richtung Hohensaaten am Hebewerk wird im Range nicht beeinträchtigt.*[25]

Diese Einschätzung der Floßholzhändler wurde allerdings von den Verantwortlichen am Schiffshebewerk nicht geteilt. Am 19. Juni 1937 klagte der 1. Maschinenmeister Schlegel im Schreiben an das Wasserbauamt in Eberswalde: *Bei der Beförderung von Floßholz im Schiffshebewerk hat sich herausgestellt, daß durch ins Wasser fallende Borke stets der Trog, die Tornischen sowie der Einlauftrichter für die Spaltwasserleitungen stark verunreinigt werden.* Er führt detailliert aus, welche technischen Störungen durch die Borke im Betrieb des Schiffshebewerks verursacht werden und schließt: *Das Heranbringen der Floßholztransporte an das Hebewerk ist bei stärkerem Schiffsverkehr in den Vorhäfen sehr störend für die anderen Fahrzeuge, ebenso ist das Herausbringen solcher Transporte aus dem Hebewerk, besonders noch bei ungünstigem Wind, für die auf Beförderung wartenden Fahrzeuge oft recht hinderlich.* Aus diesen Gründen leitet er die Bitte ab, *die Beförderung von Floßholztransporten im Schiffshebewerk nur in besonders dringlichen Fällen zu erteilen und die regelmäßige Beförderung solcher Transporte im Hebewerk abzulehnen.*[26]

Offensichtlich waren die Flößerei auf dem Hohenzollernkanal und die Vermeidung des Finowkanals entgegen aller Vorschrift stark verbreitet. Dies bestätigt auch ein weiteres Schreiben an das Wasserbauamt in Eberswalde vom 19. Juni 1937. Darin heißt es:

Die bisher durch besondere Genehmigung erteilten Holztransporte durch die Dichtungsstrecke des Hohenzollernkanals haben zur Folge, daß sich daraus allmählich ein Gewohnheitsrecht herausbildet, welches im Interesse des Schiffsverkehrs und der Unterhaltung der Strecke nicht befürwortet werden kann. Der ständig zunehmende Schiffsverkehr und die Förderung der Eilgut- und Fahrgastschiffahrt durch Erhöhung der Geschwindigkeiten würden durch die Holztransporte eine wesentliche Behinderung erfahren.

Wenn irgend anhängig bitte ich die Holztransporte auf die Benutzung des Finowkanals zu verweisen:

1.) *Weil die Vorhäfen des Hebewerks auch nur auf vorübergehende Lagerung des Floßholzes nicht eingerichtet sind und bei starkem Schiffsverkehr das Floßholz eine Behinderung der ein- und ausfahrenden Schiffahrt zur Folge hat.*
2.) *Weil beim Überholen durch Selbstfahrer durch Ausgieren des Floßes und Benutzung von Schreckbäumen eine Beschädigung der Uferbefestigung unvermeidlich ist.*

3.) Bei Übernachtung auf freier Strecke durch Einschlagen von Befestigungspfählen die Tondichtung gefährdet ist.[27]

Die Interessen der Schifffahrt, die einer Ausnahmegenehmigung vom Verbot der Flößerei auf dem Hohenzollernkanal gemäß § 174 Absatz 1 der Wasserpolizeiverordnung für die Märkischen Wasserstraßen entgegenstanden, wurden als Argument auch von der Wasserbaudirektion Kurmark in einem Schreiben vom 20. August 1937 an das Preußische Wasserbauamt in Eberswalde ins Feld geführt. Der Verfasser des Schreibens, Dr.-Ing. Schmidt, gibt an, dass er solche Anträge auf Freigabe des Hohenzollernkanals für den Floßholztransport abschlägig beschieden habe, *weil ich eine Mehrbelastung des Hebewerkes Niederfinow und der Schleuse Lehnitz durch Floßschleusungen mit Rücksicht auf den Schiffsverkehr für untragbar halte.*[28]

Der Mitarbeiter des Wasserbauamtes antwortete, dass der Firma David Francke Söhne in Marienwerder die Benutzung der Schleusentreppe und später dann des Schiffshebewerks in Niederfinow für das von Stettin gelieferte Floßholz gestattet worden sei, *weil im Falle der Firma David Francke bei Benutzung des Finowkanals die Flöße bei Zerpenschleuse hätten wenden müssen und damit das Fahrwasser für lange Zeit gesperrt hätten. Auch wenn diese Bewegung ausgeführt würde, wären nachts fahrende Selbstfahrer nicht ausreichend gesichert.*[29]

Seit dem 17. Juli sei die Ausnahmegenehmigung aber auch nur noch ausnahmsweise erteilt worden, da sich herausgestellt habe, *daß Floßholz auf der Dichtungsstrecke des Hohenzollernkanals gefährlich ist, weil selbst beim Zug durch Schlepper die Steuerfähigkeit der Flöße gering ist.* Außerdem gelte: *Die nicht stark bemannten Flöße fahren Krümmungen des Kanals oft nicht recht aus, engen das Fahrwasser zu sehr ein und gefährden dadurch die Schiffahrt. Die Hölzer sind oft nicht dauerhaft genug miteinander verbunden; möglicherweise lösen sich bei der Fahrt einzelne Stämme, auf die Schiffe auflaufen und sich stark beschädigen können.*[30]

Die Holzspedition Landschulz aus Liepe argumentierte noch einmal mit Schreiben vom 5. September 1937 gegen den Erlass des Wasserbauamtes Eberswalde, der im August 1937 den Floßholztransport auf dem Hohenzollernkanal und die Benutzung des Schiffshebewerks aus wasserpolizeilichen Gründen untersagt hatte. Landschulz verwies darauf, dass eine Kahnfracht das Holz furchtbar verteuern und dass die Flößerei durch den Finowkanal *wesentlich mehr Wirrwarr im Großschiffahrtsweg verursachen würde, als wenn die Transporte durch das Hebewerk genommen und nachts geschleppt und durch den Dampfer in den Pechteich hereingedrückt werden.*[31]

Letztlich aber lehnte nun die Wasserbaudirektion Kurmark in Berlin im Oktober 1937 die Ausnahmegenehmigungen für Floßholztransporte auf dem Hohenzollernkanal ab, da sich gezeigt habe, *daß die Betriebssicherheit des Hebewerkes Niederfinow in Frage gestellt ist, wenn es von Flößen benutzt wird, und daß die glatte Abwicklung des Verkehrs am Hebewerk, wenigstens während der Betriebszeit durch Flöße beeinträchtigt wird.*[32]

Die Eingaben von Flößereiinteressenten und die Antworten der Behörden lassen erkennen, dass angesichts des Drucks von Seiten der Wirtschaft rechtliche Regelungen nur bedingt aufrechtzuerhalten waren, vielmehr immer wieder umgangen bzw. durch Sondergenehmigungen außer Kraft gesetzt wurden. Es ist zu vermuten, dass die Flößerei auf dem Oder-Havel-Kanal nicht nur in dem dargestellten Zeitraum, sondern vielleicht auch schon früher genehmigt wurde, sofern wirtschaftliche Erfordernisse den Floßholztransport auf der leistungsfähigeren Wasserstraße dringlich erscheinen ließen. Konjunkturelle Hochzeiten in der Industrie können für solche Genehmigungen ebenso eine Rolle gespielt haben wie schwierige Situationen, in denen beispielsweise andere Transportmittel, wie Schiffe oder Eisenbahn, nicht zur Verfügung standen und nur der Floßholztransport übrig blieb, wollte man benötigtes Holz aus den Produktionsgebieten zum Verbraucher bringen.

Dies verdeutlicht ein Blick auf die Weser nach dem Ende des Zweiten Weltkrieges. Zerstörte

Abb. 9-10 Flößer des Flößereibetriebes Hans Schenke O.H.G. Bernöwe bei Einbindearbeiten an einem Floß, um 1965. (Fotos: Sammlung Eberhard Seelig)

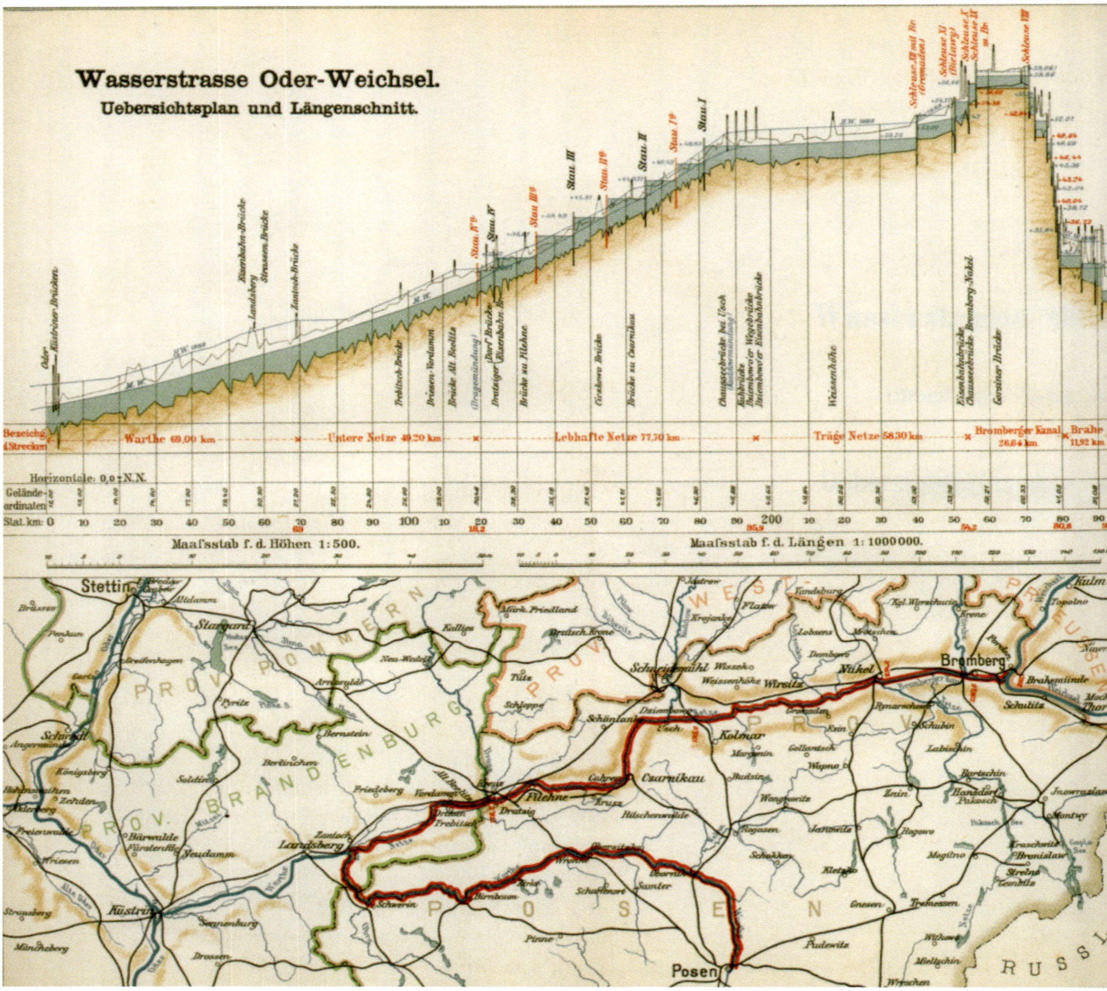

Abb. 11 Der Ende des 18. Jahrhunderts vom preußischen König Friedrich II. erbaute Bromberger Kanal überwand mit der Verbindung von Brahe und Netze die Wasserscheide zwischen Bromberg und Nakel. Das Holz konnte fortan von der Weichsel zur Oder transportiert werden.
Wasserstraße Oder – Weichsel: Übersichtsplan und Längenschnitt. Maßstab für die Längen: 1:1 000 000, Maßstab für die Höhen: 1:500. (Aus: Denkschrift, betreffend den Ausbau der Wasserstraße zwischen Oder und Weichsel. Berlin 1901)

Brücken und nur in geringem Maße vorhandener Schiffsladeraum sowie die Nutzung der Eisenbahn, die im Wesentlichen nur für teurere und wichtigere Transportgüter als Holz zur Verfügung stand, ließen die Flößerei als einzige Möglichkeit erscheinen, um das für den Wiederaufbau zerstörter Gebäude und Städte gefragte Baumaterial aus dem Oberweserraum nach Bremen und in den Unterweserraum zu bringen.

So schreibt Karl Löbe in einem Bericht an die Hauptverwaltung der Binnenschifffahrt des amerikanischen und britischen Besatzungsbereichs: *Es gibt an der Oberweser kleine Ortschaften, in denen das Flößen Familientradition ist und wo fast jede Familie direkt oder indirekt mit der Flößerei verbunden ist. Das harte Leben und die verhältnismäßig geringen Verdienstmög-*

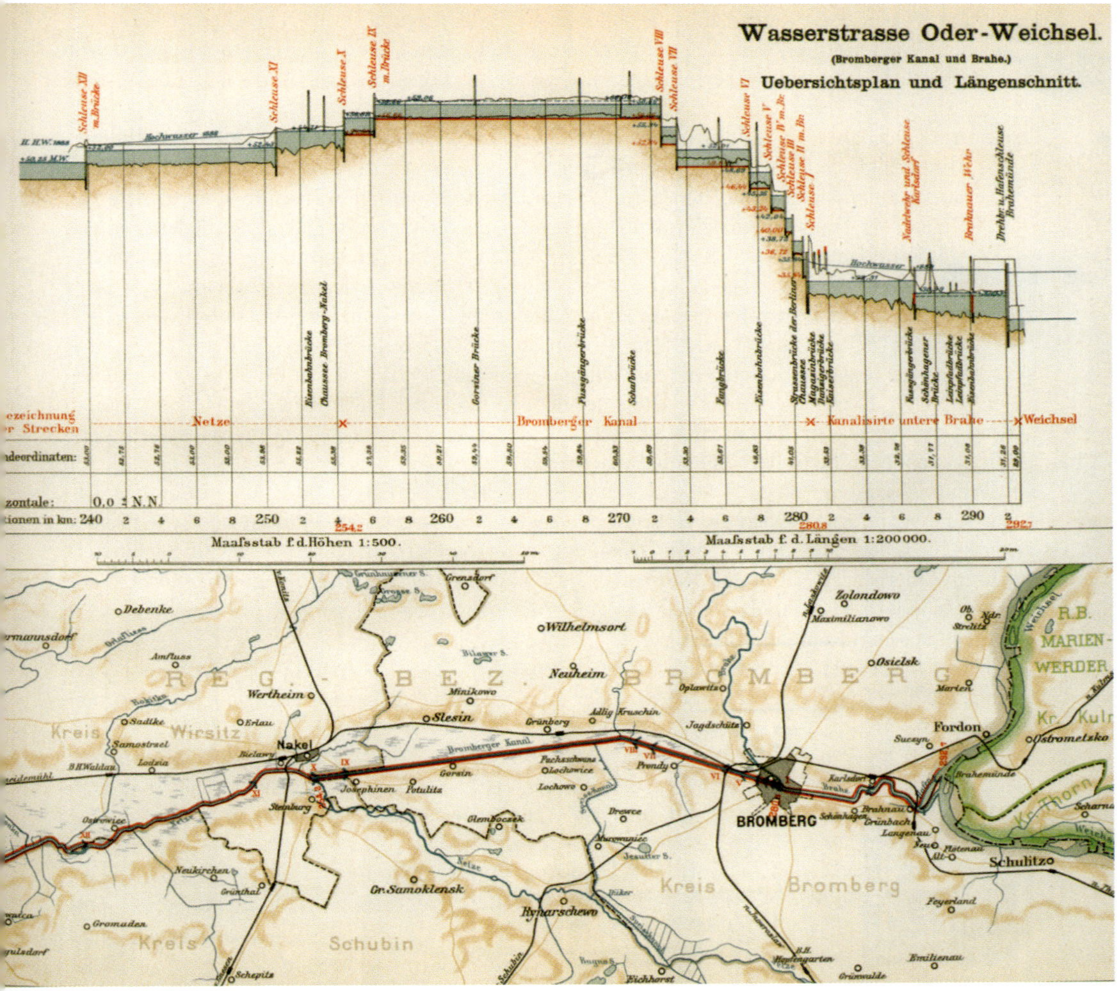

Abb. 12 Wasserstraße Oder – Weichsel (Bromberger Kanal und Brahe): Übersichtsplan und Längenschnitt. Maßstab für die Längen: 1:200 000, Maßstab für die Höhen: 1:500. (Aus: Denkschrift, betreffend den Ausbau der Wasserstraße zwischen Oder und Weichsel. Berlin 1901)

lichkeiten werden aus Liebe zum Beruf in Kauf genommen. Eine stärkere Einschaltung der Flößereibetriebe, insbesondere in die Exportholzprogramme, ist nicht nur aus Gründen der Kostenersparnis und zweckmäßigeren Raumausnutzung der Eisenbahn und Binnenschiffahrt zu empfehlen, sondern auch aus sozialen Gründen angebracht.[33]

Löbes Plädoyer für eine Stärkung der Flößerei leitet den wirtschaftlichen Nutzen von der Kostenersparnis und der zweckmäßigeren Raumausnutzung der Eisenbahn und Binnenschifffahrt ab. Nachdem die Flößerei in den ersten Nachkriegsjahren auf der Weser tatsächlich wieder größere Bedeutung erlangt hatte, wird mit dem Umstand, dass Schifffahrt und Eisenbahn wieder Transportkapazitäten zur Verfügung stellen konnten, vor allem aber dadurch, dass es mit dem Lkw ein neues Transportmittel für das Holz gab, der Niedergang des Flößereigewerbes eingeleitet. Der Lkw verbesserte die Transportmöglichkeiten, da das Holz nicht mehr erst zum Wasser gebracht, dort zum Floß eingebunden, am Zielort auseinandergenommen und dann zum

Abnehmer befördert werden musste, sondern die Holzbringung im ungebrochenen Verkehr[34] aus dem Wald auf direktem Weg zum Verbraucher erfolgen konnte. Die Flößerei wurde damit wirtschaftlich unattraktiv, überflüssig und schrittweise eingestellt.

Eine vergleichbare Entwicklung ist nach dem Zweiten Weltkrieg auch an der Oder zu verfolgen. Die Bringung des Holzes aus den märkischen Wäldern der Schorfheide und vom Werbellinsee, aber auch von Holz, das über Stettin die Oder aufwärts gekommen war, erfolgte wesentlich per Floß, da andere Transportmittel nur unzureichend zur Verfügung standen. Die Bedeutung der Flößerei wird dadurch deutlich, dass 1952 offiziell das Verbot der Benutzung des Schiffshebewerks Niederfinow sowie des Oder-Havel-Kanals aufgehoben wurde. Bis 1974 wurde hier noch kommerziell geflößt, so lange wie auf keinem anderen Gewässer in Deutschland.

Angesprochen auf die Tatsache, dass Flößen durch das Schiffshebewerk und auf dem Oder-Havel-Kanal wegen der damit einhergehenden Gefährdungen für die Bauwerke verboten gewesen sei, sagte Dieter Wendt aus Lychen, der bis zum Ende der Flößerei berufsmäßig als Flößer tätig war: *Wir waren doch nicht blöd. Wir wollten doch Geld verdienen!* Und das war auf dem Finowkanal eben nicht bzw. nur sehr schwer möglich.

Wenn Fontane in seinen Wanderungen durch die Mark Brandenburg die Oderflößerei schildert und schreibt, dass sich die Floßführer *ihrem polnischen, oder böhmisch-oberschlesischen Hasse* hingaben[35], lässt er erkennen, dass der preußische Holzhandel respektive die Sägeindustrie im Oderberger Raum den Rohstoff Holz nicht nur aus den Wäldern des eigenen Landes bezog, sondern Stammholz sowohl aus Polen über den Oberlauf der Oder als auch aus dem österreichischen Böhmen importierte.

Dieser letztere Holzimport wurde dadurch ermöglicht, dass Friedrich II. 1772 nach der ersten Teilung Polens die Gelegenheit ergriff, Oder und Weichsel durch einen Schifffahrtsweg unmit-

Abb. 13 1901 hielt der Maler Friedrich Kallmorgen mit dem Gemälde »Flöße auf der Weichsel« den Transport russischen Holzes für den Berliner Holzhändler Francke (Franckesche Holzhandlung) fest. Das Bild vermittelt einen Eindruck von der Weichselflößerei im 20. Jahrhundert. (DSM)

Abb. 14 Die Flößerei auf der Weichsel wurde schon im 19. Jahrhundert von Außenstehenden unter dem Gesichtspunkt von »Binnenexotik« wahrgenommen. Die Zeichnung »Flissacken-Terzett« (als »Flissaken« wurden die Flößer auf der Weichsel bezeichnet) des in Westpreußen geborenen und in München tätigen Malers und Illustrators Robert Assmus veranschaulicht diese Sichtweise. (Archiv DSM)

telbar miteinander zu verbinden. Diese Möglichkeit bot sich bei Bromberg, wo die schiff- und flößbare Netze bis auf ca. 20 km an die Weichsel heranreichte. In einer Kabinettsorder vom 26. Februar 1772 hatte er u.a. angeordnet: *Um mich wegen des Commerces von Danzig zu dedommagiren* [entschädigen], *bin ich gewillt, die Weichsel und die Netze durch einen Kanal zu kombiniren, die Netze räumen zu lassen und den Danziger Verkehr unbemerkt nach Elbing und Bromberg zu ziehen.*[36]

Im Frühjahr 1773 begannen die Bauarbeiten für den Bromberger Kanal, der in Bromberg aus der Brahe, einem Nebenfluss der Weichsel, abzweigte und nach einer Länge von 26,077 km auf die Netze stieß. In der kurzen Bauzeit von 18 Monaten waren der Kanal fertiggestellt und die Verbindung von Oder und Weichsel hergestellt. Friedrich II. erreichte mit dem Bau sein Ziel, den Verkehrsstrom auf der Weichsel von polnischem Gebiet auf sein Staatsgebiet umzuleiten und die auf dem Fluss beförderten Handelsgüter auch nach Berlin bringen zu können.

Der schon zitierte Artikel aus der Eberswalder Zeitung von 1885 unterstreicht mit dem Hinweis darauf, dass *die Flößer von der oberen Weichsel, Warthe, Netze und ihren Nebenflüssen 500 bis 700 Triften* pro Woche bringen, *deren jede in Gebinden, je nach der Stärke und Länge der Blöcke, 60 bis 80 Stämme zählt*[37], welche Bedeutung die Holzimporte aus dem Weichselraum für die Holzindustrie um Oderberg hatten. Zwischen 30 000 und 56 000 Stämmen kamen also jede Woche in Oderberg und Liepe an, die entweder in den Sägewerken aufgeschnitten oder in Flößen weiter transportiert wurden.

Uhlemann macht deutlich, dass vor allem die Flößerei von dem von Friedrich II. erbauten Kanal profitierte, wenn er schreibt: *Weniger der Gütertransport auf Lastkähnen als der Holztransport mit Flößen bestimmte das Leistungsprofil des Kanals.*[38] 1900 machte Floßholz $^4/_5$ der auf dieser Wasserstraße transportierten Güter aus.

Abb. 15 Polnisches Floßholz nach der Ankunft an einem Sägewerk auf der Alten Oder. (Foto: Sammlung Eberhard Seelig)

Die nach dem Ersten Weltkrieg erfolgte neue Grenzziehung zwischen Deutschland, Polen, Russland und Österreich hatte erhebliche Auswirkungen auf die Flößerei vor allem auf der Weichsel und dem Bromberger Kanal sowie in der Folge auf die Sägeindustrie im Oderberger Raum. Die Verbindung zum österreichischen (= böhmischen) Holz war nicht mehr vorhanden. Auch Russland hatte als Lieferant von Stammholz keinen unmittelbaren Zugang mehr zur Weichsel über den Weichselnebenfluss Bug, der bis 1918 zum Teil Grenzfluss zwischen Russland und Polen gewesen war. Polen hatte sich durch die Gebietsveränderungen massiv zwischen das Deutsche Reich und dessen gewohnte Holzreservoire geschoben bzw. war selbst deren Besitzer geworden. Zudem hatte das Kaiserreich vor dem Ersten Weltkrieg noch auf einem anderen Verkehrsweg russisches Stammholz beziehen können, da dafür ein weiteres Wasserstraßennetz zur Verfügung stand: Holz konnte über den Njemen Richtung Memel und dann über ein Kanalnetz zur Weichsel und weiter auf dem beschriebenen Wasserweg zur Oder gebracht werden. Indem der polnische Korridor zur Ostsee hin geschaffen wurde, war dieser unmittelbare Zugang versperrt.

Polen verfolgte in der Holzwirtschaft nach dem Ersten Weltkrieg durchaus eigene Handelsinteressen, die nicht unbedingt in Einklang zu bringen waren mit den russischen und den deutschen Vorstellungen. Im Verlauf des Ersten Weltkrieges waren in den Waldgebieten sowohl in Schlesien als auch in Böhmen im Zuge militärischer Interessen Sägewerke entstanden, deren Eigentümer nun Polen geworden war. Polnisches Interesse war es nun nicht mehr unbedingt, Stammholz als Rohware auszuführen. Vielmehr wollte man Schnittware verkaufen und damit die eigene Wirtschaft und den einheimischen Arbeitsmarkt stärken. Man unterband daher den Transport des russischen Stammholzes auf den eigenen Wasserstraßen.

Immerhin konnte die leistungsstarke Sägeindustrie im Oderberger Raum ab Schneidemühl noch Rohware auf dem herkömmlichen Wasserweg aus dem Netze-Warthe-Raum beziehen, und hier spielte die Flößerei auch nach dem Ersten Weltkrieg als Transportmittel eine entscheidende Rolle. Holz war schon vor dem Krieg, wie erwähnt, das wichtigste Handelsgut gewesen, das auf dieser Wasserstraße befördert worden war, und diese Stellung wurde nun noch verstärkt. Die Schifffahrt machte der Flößerei den Wasserweg noch weniger streitig, und da diese Art des Transportes die kostengünstigste war, dominierten die Flöße sogar verstärkt das Bild auf Netze und Warthe.

Dennoch war mit dem Ausfall alter Holzbezugsquellen für die Sägeindustrie um Oderberg und den nordwestdeutschen Holzhandel die Frage von Bedeutung, wie man kostengünstig preiswertes Holz beziehen könne. Gerade nach dem Krieg, mit den Erfordernissen des Wiederaufbaus, und in den 1930er Jahren im »Dritten Reich« war die Nachfrage nach Holz groß. In Skandinavien war Holz in Massen vorhanden, und das skandinavische Holz war als Rohware über die Jahrhunderte über die Ostsee in den Küstenraum gebracht worden. Ein kostengünstiger Weitertransport ins Binnenland war allerdings nicht möglich, da die Flößerei – Flöße können nicht flussaufwärts schwimmen – als preiswertes Bringungsmittel ausfiel.

Mit der motorisierten Schleppschifffahrt hatten sich die Voraussetzungen jedoch geändert, und dies nutzte man auf der Oder auch aus. Das Schreiben des Mitarbeiters des Wasserbauamtes in Eberswalde aus dem Jahr 1937 (s.o.) weist darauf hin, dass die Firma David Francke Söhne in Marienwerder Floßholz aus Stettin erhielt. Die Firma Francke war nicht die einzige Firma, die das Floßholz nun auf diesem Weg bezog. Viele Holzhändler kauften das preisgünstige skandinavische Holz, das in Schiffen über die Ostsee nach Stettin gebracht, dort dann in Flöße eingebunden und die Oder aufwärts geschleppt wurde.

In der Literatur ist auf diese im 20. Jahrhundert mögliche Form der Flößerei bislang nicht eingegangen worden; es ist vielmehr immer nur davon die Rede, dass Flößerei nur mit der Strömung flussabwärts möglich gewesen sei. Es ist wahrscheinlich, dass auch in anderen Flussgebieten Holz in größerem Maße flussaufwärts geflößt wurde, sofern flussaufwärts der Häfen, in denen das Holz mit Schiffen angelandet wurde, eine leistungsstarke Sägeindustrie zur Verfügung stand, die die Rohware verarbeitete.

Es ist wünschenswert, dass in weiteren Untersuchungen der Frage nachgegangen wird, ob und in welchem Umfang gerade in Zeiten großer Nachfrage nach Holzprodukten in Deutschland die Flößerei flussaufwärts als preiswerte Bringungsmöglichkeit eine bisher nicht erkannte Rolle gespielt hat.

Außerdem ist die Frage nach dem Ende der Flößerei auf den einzelnen Gewässern nicht so pauschal zu beantworten, dass mit der Einführung der Eisenbahn der Niedergang der Flößerei einherging, wie dies vielfach in der Literatur zur Flößereigeschichte geschieht. Das Ende der Flößerei war, wie dieser Beitrag zeigen sollte, ganz offensichtlich von vielfältigen Faktoren abhängig.

Anmerkungen:

1 Zitiert nach der Nymphenburger Ausgabe. Theodor Fontane: Wanderungen durch die Mark Brandenburg. Das Oderland. München 1994, S. 9.
2 Diese Berufsbezeichnungen für die Flößereiverantwortlichen und die in der Flößerei beschäftigten Personen folgen den Benennungen im Gesetz betr. die privatrechtlichen Verhältnisse der Flößerei vom 15. Juni 1895. Im Oderraum waren zum Teil andere Bezeichnungen, wie z.B. Floßregimenter für den Frachtflößer oder Flissake für den Flößer, gebräuchlich.
3 Fontane (wie Anm. 1), S. 10f.
4 In der Begründung zum »Entwurf eines Gesetzes, betreffend die Herstellung und den Ausbau von Kanälen und Flußläufen im Interesse des Schiffahrtsverkehrs und der Landeskultur«, Berlin 1901, S. 17.
5 Ebd.
6 Hans-Joachim Uhlemann: Berlin und die märkischen Wasserstraßen. Berlin 1994, S. 50.
7 Ebd.
8 Ebd., S. 51.
9 Zitiert nach Rudolf Schmidt: Der Finowkanal. Zur Geschichte seiner Entwicklung. Eberswalde 1938, S. 37.
10 Uhlemann (wie Anm. 6), S. 53.
11 Festschrift zur Eröffnung des Großschiffahrtweges Berlin – Stettin. Berlin 1914, S. 4.

12 Vgl. dazu Eberhard Seelig: Flößerei zwischen Oder und Havel. In: Mitteilungsblatt Deutsche Flößerei-Vereinigung, 12. Jg. 2005, S. 27f.
13 Siehe Hans-Joachim Uhlemann: Wasserstraßenverbindungen Elbe – Oder. In: Martin Eckoldt (Hrsg.): Flüsse und Kanäle. Die Geschichte der deutschen Wasserstraßen. Hamburg 1998, S. 439-450, hier v.a. S. 441.
14 Siehe Hans-Joachim Uhlemann: Historisches vom Strom. 250 Jahre Finowkanal. Duisburg 1996, S. 51ff.
15 Festschrift (wie Anm. 11).
16 Ebd.
17 Seelig (wie Anm. 12), S. 32.
18 Beispiele für solche Auseinandersetzungen finden sich bei Carl Hofacker: Das Floßregal besonders in Württemberg. Beleuchtet in rechtlicher Hinsicht aus Gelegenheit eines Rechtsstreits zwischen der Württembergischen Finanzverwaltung und den Wasserwerksbesitzern am Kocherfluß. Stuttgart 1844; Nicola Borger-Keweloh und Hans-Walter Keweloh: Flößerei im Weserraum. Leben und Arbeiten in einem alten Gewerbe. Bremen 1991, S. 66ff.; speziell zur Flößerei auf dem Finowkanal Eberhard Seelig: Über das Verhältnis zwischen der Flößerei und dem Mühlenbetrieb. In: Mitteilungsblatt Deutsche Flößerei-Vereinigung, 12. Jg. 2005, S. 36-38.
19 Für den Hinweis auf diesen Briefwechsel und für die Überlassung der Transkripte danke ich Herrn Eberhard Seelig.
20 Archiv WSA Eberswalde, Box 52, Blatt 20.
21 Ebd., Blatt 20a.
22 Ebd., Blatt 28.
23 Ebd.
24 Ebd.
25 Ebd.
26 Ebd., Blätter 32-33.
27 Ebd., Blatt 35.
28 Ebd., Blatt 43.
29 Ebd., Blatt 44.
30 Ebd.
31 Ebd., Blatt 48.
32 Ebd., Blatt 52.
33 Karl Löbe: Bericht Flößerei Weser. 1948, S. 3.
34 Beim ungebrochenen Verkehr werden für den Transport nicht verschiedene, sondern nur ein einziges Verkehrsmittel benötigt.
35 Fontane (wie Anm. 1), S. 10.
36 Zitiert nach Hans-Joachim Uhlemann: Die Verbindung zwischen Oder und Weichsel. Der Bromberger Kanal (einschließlich Unterbrahe). In: Martin Eckoldt (Hrsg.): Flüsse und Kanäle. Die Geschichte der deutschen Wasserstraßen. Hamburg 1998, S. 475-478, hier S. 475f.
37 Zitiert nach Schmidt (wie Anm. 9).
38 Uhlemann (wie Anm. 36), S. 477.

Anschrift des Verfassers:
Hans-Walter Keweloh
Deutsches Schiffahrtsmuseum
D-27568 Bremerhaven

The Expansion of the Waterways between the Rivers Havel and Vistula in the Twentieth Century and their Consequences for Timber Rafting in the Oder River Basin

Summary

In the eighteenth century, Friedrich II of Prussia initiated the construction of the second canal linking the Oder and the Havel, as well as that of the Bromberg (Bydgoszcz) Canal. Connecting the Weichsel (Wisła; Vistula) and the Oder (Odra) by way of the River Netze (Noteć), the latter water lane served the purpose of accessing timber in the densely forested areas in the East for the sparsely wooded regions around Berlin and along the River Elbe in the West. Rafting played a significant role in the transportation of that timber.

In the nineteenth century, goods traffic increased dramatically, largely in conjunction with the rapid growth of the city of Berlin. Particularly on the Finow Canal, transportation by ship and rafting competed strongly with one another. The shipping regulations ruled that timber rafting be restricted to the Finow Canal, while the Oder-Havel Canal was reserved for shipping traffic. When this arrangement proved uneconomical for the wood industry, special permits were granted, allowing timber rafters the use of the more efficient, newer canal as well as – in the 1930s – the Lower Finow ship lift. For economic reasons, administrative appeals against such utilization were disregarded.

Due to the new demarcation of the border, wood from the Polish Oder region was no longer available without restriction after World War I. As a result, Scandinavian timber was now also imported by way of the Port of Stettin and floated up the river by raft for the lumber mill industry in the Oderberg and Finow Canal regions. This new form of upriver wood transportation by raft, made possible by towage, and the procurement of Russian wood with the aid of the connection from the Weichsel to the Oder by way of the Brahe (Brda), the Bromberg Canal, the Netze and the Warthe (Warta), also allowed the purchase of inexpensive timber for the wood-processing industry in the Oderberg region between the two world wars.

In the post-World-War-II period, the practice of commercial timber rafting was continued until 1974. Of all German waterways, the Oder and the Oder-Havel Canal were thus the routes used for commercial rafting the longest. The reasons for this circumstance were, on the one hand, that the necessary capacities were available neither in overland transport by lorry nor in the railroad network and, on the other hand, that timber rafting did not prevent the transport of important goods.

Further investigation of timber floating on other German waterways in the period between the world wars must be undertaken to obtain additional insight into the causes for the replacement of rafting by other means of carriage for the task of transporting wood. In any case, the claim that it was the construction of the railways which triggered the transition of timber transport from the waterways to the railways and, later, with the use of lorries, to the roadways, is worthy of closer scholarly attention.

L'agrandissement des voies d'eau entre Havel et Weichsel au XXe siècle et les répercussions sur le flottage dans la région fluviale de l'Oder

Résumé

Avec la création au XVIIIe siècle du deuxième Finowkanal (canal de la Finow), qui relie l'Oder à la Havel, et la construction du Bromberger Kanal (canal de Bromberg) reliant la Weichsel à l'Oder par la Netze, Frédéric II de Prusse avait réussi à procurer du bois aux régions qui en manquaient du côté de Berlin et de l'Elbe, bois en provenance des contrées forestières de l'Est. Le flottage jouait un rôle important pour le transport de ce bois.

Au XIXe siècle, le trafic des marchandises connut un grand essor, surtout en raison de la croissance rapide de la ville de Berlin. Entre la navigation et le flottage s'établissait une rude concurrence sur le canal de Finow, mais aussi sur l'Oder. Le bois de flottage devait être en partie stocké sur le lac Oderberg durant une longue période avant de pouvoir continuer sa route, car le canal ne pouvait plus venir à bout du trafic fluvial, qu'il soit dû aux bateaux ou au flottage.

Au début du XXe siècle, la construction du canal Oder-Havel devait permettre l'étalement du trafic des bateaux et du flottage, et conduire ainsi à un transport plus rapide des marchandises. Le règlement de la navigation autorisait le flottage uniquement sur le canal de la Finow, tandis que le canal Oder-Havel restait réservé à la batellerie. Ce règlement était peu rentable pour l'industrie du bois, et c'est ainsi que grâce à des dérogations exceptionnelles, le flottage put emprunter le nouveau canal, dont la capacité était plus grande, et plus tard, dans les années 30, utiliser le plan incliné de Niederfinow. Des objections de l'administration contre un tel emploi furent reléguées au second plan en raison des intérêts économiques prédominants.

Après la Première Guerre mondiale, le déplacement de la frontière ne permettant plus l'exploitation illimitée du bois de la région polonaise de l'Oder, du bois scandinave fut également introduit par le port de Stettin pour les scieries industrielles aux alentours d'Oderberg et du canal de la Finow, et fut remorqué le long de l'Oder par trains de flottage. Grâce à ce nouveau genre de transport du bois de flottage, le remorquage rendit possible à la fois de remonter le fleuve et d'acheter du bois russe par la liaison de la Weichsel, en passant par la Brahe, le canal de Bromberg, la Netze et la Warthe jusqu'à l'Oder, permettant ainsi également dans la période de l'entre-deux-guerres de fournir de la matière première à bon marché aux industries du bois de la région d'Oderberg.

Après la Seconde Guerre mondiale, le flottage commercial fut encore pratiqué jusqu'en 1974. L'Oder et le canal Oder-Havel sont ainsi les voies navigables d'Allemagne sur lesquelles le flottage fut le plus longtemps effectué à des buts commerciaux. Cela fut rendu possible parce que d'un côté, ni le trafic routier, ni le trafic ferroviaire n'avaient les capacités nécessaires au transport, et de l'autre, parce que le flottage du bois n'entravait nullement le transport de marchandises plus importantes.

Des analyses complémentaires sur le flottage, effectuées sur d'autres voies navigables d'Allemagne dans la période d'entre-deux-guerres, devraient apporter des connaissances supplémentaires sur les éléments décisifs qui ont mené au remplacement du transport du bois par flottage par d'autres moyens de transport. Quoi qu'il en soit, la déclaration comme quoi le transport du bois fut transféré de l'eau au rail en raison de la construction du chemin de fer, et plus tard avec les poids lourds sur la route, reste à considérer de façon plus différenciée.

DIRK J. PETERS

Deutsche Werften in der Zwischenkriegszeit (1918-1939)

Teil 1: Von der Kriegsrüstung zur Friedenswirtschaft. Schiffbaukonjunktur durch Reparationsleistungen und durch den Wiederaufbau der deutschen Handelsflotte nach dem Ersten Weltkrieg (1918-1923)

1. Einleitung

In diesem auf mehrere Teile angelegten Forschungsbericht über die deutschen Seeschiffswerften in der Zwischenkriegszeit geht es in erster Linie um die Darstellung der technik-, wirtschafts- und sozialgeschichtlichen Aspekte der deutschen Schiffbauindustrie am Beispiel einzelner Unternehmen in den jeweiligen Schiffbauzentren Bremerhaven/Geestemünde (heute Stadtteil von Bremerhaven), Bremen, Wilhelmshaven, Emden, Papenburg, Hamburg, Kiel, Lübeck, Rostock, Stettin und Danzig. Bei dieser Betrachtung werden auch die ehemaligen Kaiserlichen Werftbetriebe in Wilhelmshaven, Kiel und Danzig berücksichtigt, die nach dem Ersten Weltkrieg verkleinert, privatisiert oder stillgelegt wurden. In den weiteren Kapiteln werden Krisenerscheinungen und Innovationsbestrebungen in den 1920er Jahren, Rationalisierungsmaßnahmen, Fusionen sowie die Schließung von Firmen am Beispiel der Deutschen Schiff- und Maschinenbau-AG (Deschimag), die Stagnation und der Überlebenskampf vieler Schiffbaubetriebe in den 1930er Jahren und der Aufschwung seit Mitte der 1930er Jahre in Folge der Kriegsrüstung durch die nationalsozialistische Wirtschaftspolitik beschrieben.

Dieser Aufsatz ergänzt das von Klaus-Peter Kiedel, Archivleiter des Deutschen Schiffahrtsmuseums (DSM), geleitete Forschungsprojekt über die technische Entwicklung der deutschen Handelsflotte in den 1920er und 1930er Jahren, das in Kooperation mit dem Fachausschuss »Geschichte des Schiffbaus« der Schiffbautechnischen Gesellschaft auf der Homepage des DSM veröffentlicht wird.

Für die Darstellung der Forschungsergebnisse wurden Quellen aus dem Staatsarchiv in Bremen (Rolle der Deschimag bei der Konzentration der deutschen Werftindustrie), den niedersächsischen Staatsarchiven in Stade (Fusion der Unterweserwerften Tecklenborg und Seebeck mit der Deschimag und Schließung der Tecklenborg-Werft) und Aurich (Nordseewerke in Emden) sowie den Stadtarchiven in Bremerhaven (Unterweserwerften) und Emden (Krise der Nordseewerke) ausgewertet. Neben dem Archiv und der Handbibliothek der Abteilung Schifffahrt im Industriezeitalter am DSM wurden insbesondere die Zeitschriften »Schiffbau, Werft und Reederei« (ab 1922 »Werft, Reederei, Hafen«), das Jahrbuch der Schiffbautechnischen Gesellschaft, die Zeitschrift des Vereins Deutscher Ingenieure, das Internationale Register des Germanischen Lloyd, das Handbuch der Schiffbau-Industrie sowie die entsprechende Schiffbauliteratur in der Bibliothek des DSM systematisch ausgewertet.

Interessant ist die Bedeutung der 1899 gegründeten Schiffbautechnischen Gesellschaft (STG) zu sehen, die nach dem Ersten Weltkrieg technische Neuerungen und Modernisierungen im Produktionsablauf nach amerikanischem Vorbild forderte. Die STG verstand und versteht sich laut Satzung als ein Zusammenschluss zur Diskussion wissenschaftlich-technischer Fragen. Von 1899 bis 1937 blieb der letzte deutsche Kaiser Wilhelm II. auch nach seiner Abdankung ihr Schirmherr. Als Konsequenz der Nachkriegsentwicklung kam es zu einer Reform der Ausbildung der Schiffbauingenieure an den Technischen Hochschulen, die allerdings schon vor 1914 in Angriff genommen wurde.

Als wesentliche Grundlagen für die 1920er und 1930er Jahre haben sich die Untersuchungen von Herbert Heißner[1] über Strukturwandlungen und Konjunkturschwankungen im Schiffbau und ihr Einfluss auf die finanzielle Entwicklung der deutschen Werftindustrie, von Reinhart Schmelzkopf[2] über die deutsche Handelsschifffahrt von 1919 bis 1939, von Marc Fisser[3] über den Seeschiffbau an der Unterweser in der Weimarer Zeit und von Hartmut Rübner[4] über die maritime Wirtschaft und Politik in der Weimarer Republik und im Nationalsozialismus erwiesen. Die Arbeiten von Peter Kuckuk[5] zur AG »Weser«, von Hartmut Roder[6] zum Bremer Vulkan, der von Peter Kuckuk und Hartmut Roder[7] herausgegebene Sammelband über Werften und Schiffbau in Bremen und der Unterweserregion und die jüngst veröffentlichte Studie von Peter Kuckuk[8] über die Ostasienschnelldampfer SCHARNHORST, POTSDAM und GNEISENAU des Norddeutschen Lloyd (NDL) bilden eine gute Ergänzung. Als kurz gefasster Überblick für den Untersuchungszeitraum vom Ende des Ersten Weltkriegs bis zum Beginn des Zweiten Weltkriegs eignet sich die Arbeit von Götz Albert[9] über die Wettbewerbsfähigkeit und Krise der deutschen Schiffbauindustrie.

Zu einzelnen Werften sind neben den erwähnten Untersuchungen von Fisser zum Schiffbau im Unterwesergebiet sowie von Kuckuk und Roder zu den beiden bremischen Großwerften als Basisliteratur die wissenschaftlichen Untersuchungen von Heinz Haaker[10] über die Schiffswerft von Henry Koch in Lübeck, von Joachim Stahl[11] zur Neptunwerft in Rostock, von Dirk J. Peters, Peter Neumann und Norbert Suxdorf[12] über die Nordseewerke in Emden sowie von Christian Ostersehlte[13] über die Kieler Howaldtswerke – Deutsche Werft zu nennen. Für die Hamburger Traditionswerft Blohm & Voss sind neben der offiziellen Firmenchronik zum 125-jährigen Jubiläum von Hans Jürgen Witthöft[14] die beiden Arbeiten von Andreas Meyhoff[15] über Blohm & Voss im Dritten Reich und von Olaf Mertelsmann[16] über die Zeit von 1914 bis 1923 zu erwähnen.

Sozialgeschichtliche Aspekte zur Werftindustrie und der Metallarbeiterbewegung am Beispiel der AG »Weser« in Bremen vermitteln die Untersuchungen von Fred Ludolph[17], Dirk Hemje-Oltmanns[18] und Dieter Pfliegensdörfer.[19] Über die Rolle der Metallarbeiterbewegung sowie der Gewerkschaften im Unterwesergebiet, in Kiel sowie in Flensburg und speziell bei der Flensburger Schiffbaugesellschaft geben die Arbeiten von Rudolf Herbig, Michael Kalk und Michael Joho Auskunft.[20] Eine gute Literaturübersicht über den Schiffbau in der Weimarer Republik und im Dritten Reich bietet der Aufsatz von Lutz Krützfeldt.[21]

Insgesamt stellen die 1920er und 1930er Jahre für die deutsche Schiffbauindustrie eine sehr schwierige Zeit dar. Der Entwurf und der Bau von Kriegsschiffen für das Reichsmarineamt und auch Marineaufträge aus dem Ausland spielten aufgrund der Bestimmungen des Versailler Vertrages keine Rolle mehr und fielen als wesentlicher Beschäftigungsfaktor aus. Die Mitarbeiter mussten erhebliche Lohneinbußen im Vergleich zu 1914 hinnehmen, wenn sie überhaupt noch Beschäftigung fanden. Nach einer wirtschaftlichen Krisenphase waren die deutschen Werften von 1910 bis 1914 im Kriegs- und Handelsschiffbau mit technisch hochwertigen Produkten wieder gut ausgelastet, obwohl sich die Ertragssituation nicht wesentlich verbessert hatte. Etliche Unternehmen hatten ihre Anlagen modernisiert.

Abb. 1 Stapellauf eines Minensuchbootes auf der Seebeckwerft, 1915. (Alle Fotos zu diesem Beitrag: Archiv DSM)

Die Erweiterungen der technischen Einrichtungen und Gebäude reichten bis über das Jahr 1918 hinaus. Für viele Firmen folgte mit Beginn des Ersten Weltkrieges die Umstellung vom Handels- auf den Kriegsschiffbau durch die zentral gelenkte Rüstungsproduktion und Zwangswirtschaft des staatlichen Reichsmarineamtes. Die Ablieferung der Handelsschiffstonnage nahm rapide ab, obwohl im Krieg auch weiterhin zivile Fahrzeuge hergestellt wurden. Ferner gab es Probleme aufgrund des Kriegseinsatzes vieler Mitarbeiter, die durch Frauenarbeit und den Einsatz von Kriegsgefangenen kompensiert wurden, sowie wegen der herrschenden Mangellage und Versorgungsengpässe, insbesondere ab 1916/17.

Wegen des zu erwartenden Wiederaufbaus der deutschen Handelsflotte waren die Werftkapazitäten in Deutschland schon im Kriege erheblich ausgeweitet worden und hatten sich im Vergleich zu 1914 um etwa 50 Prozent erhöht. Neben der Neugründung von Firmen wie der Deutschen Werft in Hamburg-Finkenwerder, die auf Initiative der Allgemeinen Elektrizitätsgesellschaft (AEG), Gutehoffnungshütte (GHH) und Hamburg-Amerika Linie (Hapag) entstanden war, beteiligten sich insbesondere Konzerne der Stahl- und Schwerindustrie an Werftunternehmen, weil sie sich profitable Gewinne durch den zu erwartenden Schiffbauboom erhofften. Schon 1917 begannen mit dem »Gesetz zur Wiederherstellung der deutschen Handelsflotte« die konkreten Planungen für den Nachkriegsbedarf der deutschen Handelsschifffahrt. Auch kam es zu einem weltweiten Ausbau der Werftkapazitäten, insbesondere in den Vereinigten Staaten von Amerika.

Nach dem Wegfall der staatlichen Aufträge durch den Kriegsschiffbau nach Abschluss des Waffenstillstandes und des Versailler Friedensvertrages mussten sich die Werftunternehmen wieder auf die Produktion von Handelsschiffen in einer Friedenswirtschaft einstellen, wobei insbesondere die heimkehrenden Kriegsteilnehmer in den Arbeitsprozess zu integrieren waren, um Unruhen zu vermeiden. Der Um- und Rückbau von Hilfskriegsfahrzeugen zu Fischdampfern und zivilen Fahrzeugen, Abwrackaktionen und schiffbaufremde Fertigungen standen im Vordergrund, bevor wieder Handelsschiffe als Reparationsleistungen für die alliierten Mächte sowie für den Wiederaufbau einer deutschen Flotte als Ausgleich für die im Kriege erlittenen Schiffsverluste entstehen konnten. Die Revolutionswirren mit der Machtübernahme durch Arbeiter- und Soldatenräte spielten in den Betrieben eine relativ geringe Rolle.

Die schlechte Ernährungslage der Bevölkerung sowie der Werftmitarbeiter und ihrer Familien, Kohlenmangel und Materialknappheit, insbesondere des Schiffbaustahls, eine Verteuerung der Rohstoffpreise, die Einführung des Achtstundentages und der Achtundvierzig-Stundenwoche mit Lohnerhöhungen, die Abschaffung der Akkordarbeit, die aber schon im Laufe des Jahres 1919 wieder eingeführt wurde, soziale Unruhen mit Streiks, die rasant steigende Inflation und der einsetzende Schiffbauboom, der durch die staatlichen Förderungsprogramme verstärkt wurde, bestimmten die Situation bis 1923. Als sich die Auftragslage ab Ende 1923, auch durch die Einführung der Rentenmark am 15. November 1923, dramatisch verschlechterte, war es klar, dass die Existenz vieler Schiffbauunternehmen gefährdet und damit Massenarbeitslosigkeit vorprogrammiert war.

Rationalisierungsbestrebungen, die Einführung neuer Produktionsverfahren, technische Neuerungen wie die Entwicklung der Schweißtechnik, des optischen Anzeichenverfahrens 1:10, des Dampfturbinen- und Motorenantriebs, des Voith-Schneider-Propellers, der Kort-Düse, des Ruders (Flettner-, Oertz-, Simplex-Balance- und Seebeck-Ruder), der Frahm-Schlingertanks, des Seebeck-Radial-Schleppgeschirrs, der Maierschiffsform, des Wulstbugs und des Kreuzerhecks sowie Fusionen, Massenentlassungen und die teilweise Stilllegung bzw. Schließung etlicher Unternehmen waren die Folgen der äußerst angespannten Lage von 1924 bis 1935.

Erst die durch die nationalsozialistischen Machthaber eingeleiteten Wiederaufrüstungsmaßnahmen mit dem Flottenbauprogramm für die Kriegsmarine und den Autarkiebestrebungen mit dem Ausbau der Hochseefischerei und der Schaffung einer Walfangflotte brachten eine spürbare Verbesserung für die deutsche Werftindustrie, die wieder qualifiziertes Personal einstellen konnte. Die sozialen Errungenschaften für die Arbeiter und Angestellten der Werftbranche, die sich die Gewerkschaften in der Weimarer Republik erkämpft hatten, wurden allerdings in der nationalsozialistischen Ära zurückgenommen und endeten mit einer Niederlage der Arbeiterbewegung und Zerschlagung der Gewerkschaften im Zuge der nationalsozialistischen Gleichschaltungsgesetze.

2. Von der Kriegsproduktion zur Friedenswirtschaft (1914-1919)

Wie sollte es mit den deutschen Werften und ihren Beschäftigten nach dem verlorenen Ersten Weltkrieg weitergehen? Eine pessimistische Einschätzung trotz der vom Staat gewährten Beihilfen für den Wiederaufbau einer deutschen Handelsflotte und der Leistungsfähigkeit der deutschen Schiffbauindustrie gibt Walter Huth:

Die deutsche Werftindustrie geht vielmehr schweren Zeiten entgegen, denn die auf Grund des Reederei-Abfindungsvertrages bewilligten Mittel reichen bei weitem nicht aus, um die Werften ihrer Leistungsfähigkeit entsprechend zu beschäftigen. […] Inzwischen dürfte sich die eigentliche Leistungsfähigkeit insofern noch vermehrt haben, als in Zukunft unsere Großwerften infolge Einstellung des Kriegsschiffbaus mit ihren gesamten Anlagen für den Handelsschiffbau zur Verfügung stehen, einige sich durch Vermehrung der Zahl der Hellinge und durch Vergrößerung der Werkstätten auf vermehrte Leistung im Handelsschiffbau eingestellt haben, eine Anzahl Werften neu gegründet wurden und auch die Reichswerft Kiel sowie das U-Boot-Ressort der Reichswerft Wilhelmshaven den Handelsschiffbau aufgenommen haben. Nun ist aber infolge der noch nicht ganz überwundenen Arbeitsschwierigkeiten an eine volle Ausnutzung der Leistungsfähigkeit des deutschen Schiffbaus nicht zu denken. Zwar hat sich die Arbeitszeitdisziplin mit Wiedereinführung der Akkordarbeit wesentlich gehoben, und damit hat sich auch die Arbeitsleistung stark vermehrt. Die Materialbelieferung seitens der Stahlwerke hat sich in der letzten Zeit gebessert. Vor allem dürfte die Schwierigkeit der Brennstoffversorgung eine volle Ausnutzung der Leistungsfähigkeit unmöglich machen. Doch selbst unter

Abb. 2 Der für die Hapag erbaute Passagierdampfer JOHANN HEINRICH BURCHARD verlässt die Tecklenborg Werft, 1915.

Berücksichtigung der durch Material- und Brennstoffmangel eingeschränkten Leistungsfähigkeit der deutschen Schiffbauindustrie dürfte wohl kaum damit zu rechnen sein, daß die deutschen Werften in den nächsten Jahren genügend Beschäftigung finden werden. Denn, abgesehen von den unzureichenden Mitteln, die zum Wiederaufbau der deutschen Handelsflotte zur Verfügung stehen, lastet seit einiger Zeit eine schwere Krisis auf dem Schiffbau aller Länder, und es ist, wie die Dinge heute liegen, auch kaum anzunehmen, daß diese so bald überwunden sein wird.[22]

Die totale militärische Niederlage des Wilhelminischen Deutschland bedeutete auch das Ende des Kriegsschiffbaus, der noch 1918 insbesondere mit der Konstruktion sowie Fertigstellung zahlreicher U-Boote forciert worden war. Im November 1918 befanden sich auf der Kieler Germaniawerft, bei Blohm & Voss und der Vulcan-Werft in Hamburg, der Kaiserlichen Werft in Danzig, der AG »Weser« in Bremen und beim Bremer Vulkan sowie bei anderen kleineren Firmen noch 437 U-Boote unterschiedlichster Typen in den Auftragsbüchern oder bereits in der Herstellung.[23]

Trotz der Dominanz der Militäraufträge und Reparaturarbeiten für die Kaiserliche Marine unter der Ägide einer zentral gelenkten Zwangswirtschaft und Kriegsrüstung wurden aber während der gesamten Kriegsdauer auch Handelsschiffe auf verschiedenen deutschen Werften gebaut. Immerhin wurde in den letzten beiden Kriegsjahren Handelsschiffstonnage von insgesamt 59 932 BRT (1917) und 35 587 BRT (1918) für deutsche Rechnung fertig gestellt.[24]

Die deutsche Schiffbauindustrie war seit 1884 im Verein Deutscher Schiffswerften (VdS) organisiert. 1917 gehörten diesem Arbeitgeberverband 37 Schiffswerften mit knapp 59 000 Mitarbeitern an, die in den Regionen Elbe, Weser, Schleswig-Holstein und Lübeck sowie Stettin und Danzig vertreten waren. Vorsitzender dieser Organisation war Hermann Blohm, Besitzer des Schiffbauunternehmens Blohm & Voss, der auch in anderen Arbeitgebervereinigungen an führender Stelle tätig war. Als Geschäftsführer fungierte Georg Howaldt jun., der früher in der Geschäftsleitung der Kieler Howaldtswerke engagiert gewesen war. Die Mitgliedsfirmen versuchten, ein Werftkartell zu bilden, um für den nach Kriegsende zu erwartenden Schiffbauboom gerüstet zu sein. Auch fürchtete man die Konkurrenz der sich neu etablierenden Schiffswerften, die ebenfalls von den zukünftigen Handelsschiffbauaufträgen profitieren wollten.[25]

Die gesamte vorhandene Schiffbaukapazität in Deutschland hatte sich im Vergleich zu 1914 von 600 000 BRT um etwa 50 Prozent auf ca. eine Million BRT im Jahre 1920 erhöht. 1920 existierten 39 bedeutende Seeschiffbaufirmen mit über 200 Helgen, 25 Trocken- und 50 Schwimmdocks, während 1914 nur 26 Seeschiffswerften mit 20 Trocken- und 36 Schwimmdocks vorhanden waren. Zwischen 1916 und 1918 hatten sich verschiedene neue Schiffswerften mit einem Kapital von 40 Millionen Mark etabliert (Hamburger Werft; Elsflether Werft; Ostseewerft in Stettin; Schiffswerft Hansa in Hamburg; Deutsche Werft AG in Hamburg; Hamburger Elbe-Schiffswerft AG; Brückenbau Flender AG, Zweigniederlassung Schiffs- und Dockbauwerft Siems bei Lübeck; Travewerk der Gebrüder Goedhardt AG in Düsseldorf; Bagger-, Schiff- und Maschinenbauanstalt in Siems bei Lübeck; Triton-Werke AG in Lübeck; Vereinigte Elbe- und Norderwerft AG in Hamburg; Securitaswerke für Schiff- und Maschinenbau in Bremen; Schiffswerft Oldenburg AG in Nordenham und Eisenbeton-Schiffbau AG in Hamburg). Von diesen Neugründungen war neben der 1917 in Lübeck-Siems als Dockbau- und Schiffswerft gegründeten Filiale der Benrather Brückenbaufirma Flender sicherlich die 1918 mit Kapital der Hapag, AEG und GHH ins Leben gerufene Deutsche Werft in Hamburg-Finkenwerder das bedeutendste Projekt, das realisiert werden konnte. Dieser Schiffbaubetrieb zeichnete sich durch moderne und nach amerikanischem Vorbild entstandene Produktionsformen aus und war für die Herstellung moderner Motorschiffe konzipiert worden. Teilweise existierten diese neuen Firmen, die oft lediglich als Projekte bestanden, nur für kurze Zeit oder vereinigten sich mit anderen Unternehmen. Auch fällt die Konzentration neuer Schiffbaubetriebe im Hamburger Raum auf.[26]

Die deutsche Stahl-, Schwer- und Montanindustrie hatte sich schon vor dem Ersten Weltkrieg an Seeschiffswerften beteiligt. Der Krupp-Konzern war bereits 1896 in Form eines Betriebsüberlassungsvertrages an der Kieler Germania-Werft beteiligt, die 1902 endgültig übernommen wurde. Er baute sie zu einer der führenden deutschen Seeschiffbaubetriebe mit überdachten Hellingen und mit einem hohen Anteil im Marineschiffbau aus. Neuer Anteilseigner bei den in finanzielle Schwierigkeiten geratenen Kieler Howaldtswerken wurde 1909 das Schweizer Unternehmen Brown Boveri & Co. AG, die in Mannheim eine Zweigfirma unterhielten und im Dampfturbinen- und Motorenbau engagiert waren. Die Familie Howaldt schied aus dem Unternehmen aus. Hugo Stinnes hatte 1912 als Aufsichtsratsvorsitzender der Deutsch-Luxemburgischen Bergwerks- und Hütten-Aktiengesellschaft die in Konkurs gegangenen Nordseewerke in Emden gekauft und ließ sie anschließend zu einer modernen Seeschiffswerft umrüsten. 1916 beteiligte sich z.B. der Thyssen-Konzern am Bremer Vulkan, und 1920 erwarb er die Mehrheit an der Flensburger Schiffbau-Gesellschaft. Der Stumm-Konzern aus dem Saarland war seit 1918 an der Frerichs-Werft in Einswarden (heute Stadtteil von Nordenham) am oldenburgischen Unterweserufer beteiligt. Bis 1921 sicherte er sich weitere Anteile an der Einswardener Schiffbaufirma.

Andere Unternehmen der Schwerindustrie hofften mit dem Kauf von Aktienpaketen deutscher Werften am Nachkriegsschiffbauboom teilhaben zu können.[27] Die bestehenden Aktiengesellschaften (Atlas-Werke in Bremen; Blohm & Voss in Hamburg; Bremer Vulkan; Flensburger Schiffbau-Gesellschaft; J. Frerichs u. Co. AG in Einswarden; Howaldtswerke Kiel; Janssen u. Schmilinsky in Hamburg; Neptun AG in Rostock; Nüscke u. Co. AG in Stettin; Reiherstieg AG in Hamburg; Henry Koch AG in Lübeck; G. Seebeck AG in Geestemünde; Stettiner Oderwerke; Joh. C. Tecklenborg AG in Geestemünde; Vulcanwerke in Stettin und Hamburg; AG »Weser« in Bremen), die ihre Anlagen erweitert und für die Erfordernisse des Kriegsschiffbaus eingerichtet hatten, erwirtschafteten im Krieg gute Gewinne.[28]

Die Planungen für den Wiederaufbau der deutschen Handelsflotte nahmen schon im Krieg konkrete Formen an. Im Beihilfegesetz vom 7. November 1917 in Ergänzung mit den Teuerungsabkommen vom 31. Oktober 1918 und 27. Februar 1919 hatten sich die Reeder als Ausgleich für die in Folge von Kriegshandlungen erlittenen Verluste ihrer Schiffe auf der Basis des Friedenswertes vom 25. Juli 1914 entsprechende Entschädigungen vom Deutschen Reich zusichern lassen. Schon 1918 zahlte der Staat 225 Millionen Mark an die Reedereien aus, so dass die Schifffahrtsgesellschaften bedeutende Aufträge bei den Werften ordern konnten, die dadurch ihre Belegschaften nicht noch weiter zu reduzieren brauchten. 1919 betrugen die staatlichen Zuschüsse an die Reedereiunternehmen bereits 1,775 Milliarden Mark. Durch die enormen Kriegsschulden sowie die ansteigende Inflation wegen der Teuerungen der Rohstoffe und der Mehrausgaben für Löhne und Gehälter mussten die vom Deutschen Reich geleisteten Ausgleichszahlungen an die Schifffahrtsgesellschaften, insbesondere nach den Konsequenzen aus dem Versailler Vertrag, den realen Verhältnissen ständig angepasst werden.[29]

Trotz der Revolutionswirren vom November 1918 mit dem Waffenstillstand, der Machtübernahme durch die Arbeiter- und Soldatenräte sowie der nachfolgenden Streiks und Demonstrationen bis zur Unterzeichnung des Friedensvertrag am 28. Juni 1919 in Versailles blieb die Lage in den einzelnen Schiffbaubetrieben relativ ruhig und stabil. Bis zum Februar 1919 wurden noch U- und Torpedoboote im Rahmen des Scheer-Programms weitergebaut, um die Beschäftigung zu sichern und Unruhen zu vermeiden. Auch wollten die Werften ihren qualifizierten Mitarbeiterstamm nach dem Übergang zur Friedensproduktion für den Wiederaufbau der deutschen Handelsflotte möglichst halten. Auf der Hamburger Großwerft Blohm & Voss fanden noch bis zum April 1919 Beschäftigungsarbeiten am Kreuzer MACKENSEN statt. Bei den Bremer Atlas-Werken wurden ebenfalls zwei U-Boote auch nach Einstellung des U-Bootkrieges im Oktober 1918 weitergebaut, um die Belegschaft zu halten. Auch bei Schichau in Elbing und Danzig wurde im Januar 1919 noch an der Fertigstellung von Torpedo- und U-Booten gearbeitet. Bei Blohm & Voss, Howaldt und der Germania-Werft in Kiel, der AG »Weser« und den Atlas-Werken in Bremen, bei Schichau und auf anderen Werften wurden mit Unterstützung des Staates die auf den Helgen oder an den Ausrüstungskajen liegenden Kriegsschiffe abgewrackt, Lokomotiven und Eisenbahnwaggons repariert und schiffbaufremde Fertigungen als Notstandsmaßnahmen aufgenommen, um Arbeit für die Belegschaft zu haben und zurückkehrende Kriegsteilnehmer wieder zu beschäftigen.[30]

Durch die Revolution hatten sich entscheidende soziale Veränderungen für die Arbeiter und Angestellten der Werftbetriebe und die Unternehmensleitungen ergeben. Die Gewerkschaften wurden als gleichberechtigte Verhandlungsführer gegenüber den Arbeitgeberverbänden und Unternehmen anerkannt, was in dem »Stinnes-Legien-Abkommen« (1918) und in der Einführung des Betriebsrätegesetzes (1920) dokumentiert wurde. Es wurden der Achtstundentag sowie die Achtundvierzig-Stundenwoche eingeführt. Auch kam es zu drastischen Lohnerhöhungen, die aber wegen der stark ansteigenden Lebenshaltungskosten nicht zu einer Verbesserung des Lebensstandards der Arbeiter führten, und einer Abschaffung der Akkordarbeit, die aber schon im Herbst 1919 wegen der sinkenden Arbeitsleistung insbesondere auf Druck der Arbeitgeber wieder rückgängig gemacht wurde. Ferner hatten die Arbeitnehmer erstmals Anspruch auf Urlaub. Die Belegschaft wurde jetzt durch gewählte Arbeiterräte, die späteren Betriebsräte, vertreten, die durch ihre Legitimation als akzeptierte Verhandlungspartner ihre Rechte stärker als die früheren Arbeiterausschüsse gegenüber den Werftbesitzern geltend machen konnten. Die Gewerkschaften und örtlichen Betriebsräte in den norddeutschen Hafenstädten handelten Tarifverträge mit den überregionalen Arbeitgebervereinigen sowie den lokalen Schiffbaueignern aus, die je nach der wirtschaftlichen Lage des Betriebes und der Zusammensetzung der Werftbelegschaft unterschiedlich ausfielen, wobei es häufig zu Streikauseinandersetzungen kam.[31]

Im Krisenjahr 1919 und auch noch 1920 kam es auf den Werften wegen Kohlenmangel und fehlender Stahl- und Materiallieferungen, die sich zudem erheblich verteuert hatten, immer wieder zu Produktionsausfällen mit teilweiser Schließung der Firmen.[32] Die Mitarbeiterzahl sank beispielsweise bei Blohm & Voss von etwa durchschnittlich 12 000 im Jahre 1918 auf ca. 6000 im Herbst 1919 und Frühjahr 1920, wobei die Fluktuation sehr hoch war.[33] Im Geschäftsbericht vom 29. März 1920 der Atlas-Werke in Bremen, der so ähnlich auch für andere Schiffbaubetriebe zugetroffen haben dürfte, heißt es: *Das Geschäftsjahr brachte unserer Gesellschaft schwere Erschütterungen. Die Abschaffung der Stücklohnarbeit durch Verordnung des Demobilmachungsamtes und die dadurch geförderte Arbeitsunlust, politische Streiks und Demonstrationen, passive Resistenz eines Teiles der Arbeiterschaft, die mehrfach zur Betriebsstilllegung zwang, und schließlich Schwierigkeiten in der Rohstoff- und Kohlenbeschaffung haben die Durchführung des Betriebes zeitweise recht erheblich gestört.*[34]

Der Geheime Marinebaurat und Nestor des deutschen Marineschiffbaus, Tjard Schwarz, forderte ein Umdenken bei den deutschen Seeschiffswerften, um die internationale Konkurrenzfähigkeit zu gewährleisten: *Eine der wichtigsten Aufgaben, welche unserer heimischen Schiffbauindustrie zufällt, ist der Wiederaufbau der deutschen Handelsflotte. Während die deutschen Werften vor dem Kriege ihre Hauptaufgabe darin sahen, Handelsschiffe sowie Kriegsschiffe von höchstem Einzelwert und hoher Garantieverbindlichkeit in vollendeter Feinproduktion herzustellen, gilt es nunmehr, Frachtdampfer von größter Wirtschaftlichkeit in Bau und Betrieb anzufertigen; die Betriebe des Schiffbaus müssen daher von der Feinproduktion auf den Roh- und Massenbau umgestellt werden. Daneben sind Maßnahmen zu berücksichtigen, zur Ersparung von Kosten und Baumaterial sowie Bestrebungen, die Werftbetriebe durch technische und organisatorische Umstellungen wirtschaftlicher zu gestalten und die Neubaukosten zu senken, um dem außerordentlich scharfen Wettbewerb im Weltschiffbau erfolgreich begegnen zu können.*[35]

Neben den organisatorischen und technischen Verbesserungen – wie Einführung von Normen für die einzelnen Schiffstypen und Rationalisierung der Arbeitsabläufe – wurde die verstärkte Anwendung von modernen Spezialmaschinen im Produktionsbetrieb in den Werkstätten und auf der Helling verlangt. Außerdem wurde wegen der veränderten Rahmenbedingungen für die Werftindustrie in Nachkriegsdeutschland eine Anpassung der Hochschulausbildung für die Schiffbauingenieure gefordert.[36]

3. Konsequenzen aus dem Versailler Vertrag (1919-1920)

Als Ergebnis des Waffenstillstandes, der zuerst nur für 36 Tage galt, in der Folgezeit um einen Monat verlängert wurde und ab Februar 1919 unbefristet in Kraft trat, musste die deutsche Reichsregierung das Trierer Schifffahrtabkommen vom 15./16. Januar 1919 mit der Ablieferung der deutschen Handelsschiffstonnage unter alliierte Kontrolle akzeptieren, um den Transport und die Versorgung der Lebensmittellieferungen für das notleidende Deutschland sowie das übrige Europa zu gewährleisten. Trotz des Protestes der deutschen Seeleute sowie Hafenarbeiter begann ab 21. März 1919 die Ablieferung der ersten deutschen Schiffe aus dem Hamburger Hafen. Auch die ersten Dampfer des NDL verließen ab 27. März 1919 Bremerhaven. Durch die Übergabe der Frachtschiffe wurden viele deutsche Seeleute arbeitslos. Insgesamt erhielten die alliierten Mächte fast 400 deutsche Seeschiffe mit etwa zwei Millionen BRT Schiffsraum.[37]

Die Friedensbedingungen des Versailler Vertrages stellten für die deutsche Schifffahrt, die Schiffbauindustrie und den Wiederaufbau einer eigenen nationalen Handelsflotte eine schwere Hypothek dar. Am 23. Juni 1919 wurde das Vertragswerk von der Weimarer Nationalversammlung ratifiziert, und am 28. Juni 1919 erfolgte die Unterzeichnung in Versailles durch die deutsche Reichsregierung. Neben der Ablieferung der Kriegsflotte und der im Bau befindlichen Kriegsschiffe sowie dem Verbot des Marineschiffbaus auf den deutschen Werften mit Ausnahme der Reichsmarinewerft in Wilhelmshaven für die Ersatzbauten der von den Alliierten genehmigten Restflotte, musste das Deutsche Reich alle Handelsfahrzeuge über 1600 BRT, 50 Prozent der Schiffe zwischen 1000 und 1600 BRT, 25 Prozent der Fischereifahrzeuge sowie 20 Prozent der Binnenschiffe innerhalb von zwei Monaten abliefern. Diese Regelung galt auch für die bei den Werften in der Fertigung befindliche Tonnage. Außerdem sollte die deutsche Werftindustrie in den kommenden fünf Jahren etwa durchschnittlich 200 000 BRT Handelsschiffsraum pro Jahr für die Entente fertig stellen. In Wirklichkeit lieferten die deutschen Werften aber erheblich weniger Schiffe an die Siegermächte ab. Eine weitere Hypothek ergab sich durch die Selbstversenkung der bei Scapa Flow internierten deutschen Kriegsflotte am 21. Juni 1919, als durch zusätzliche Forderungen der Siegermächte auch Schwimmdocks, Bagger, Krane, Schlepper und Hafengeräte auszuhändigen waren. Diese Bedingungen stellten für die Werftbetriebe eine erhebliche Beeinträchtigung dar, da Dock- und Kraneinrichtungen für die Reparatur und den Neubau von Seeschiffen unverzichtbar waren. Da Danzig als Konsequenz des Ersten Weltkrieges den Status einer Freien Stadt erhalten hatte, unter dem Schutz des Völkerbundes stand und als neutrales Ausland galt, blieben die ehemalige Reichswerft sowie Schichau und Klawitter von den die Schifffahrt, Schiffbau und Marine betreffenden Klauseln in den Bestimmungen des Versailler Vertrags unberührt.[38]

Um die geforderten Schiffsablieferungen an die Siegermächte zu erfüllen, schuf das Deutsche Reich, entsprechend den Forderungen aus dem Versailler Friedensabschluss, am 31. August 1919 ein Enteignungs- und Entschädigungsgesetz für die erlittenen Schiffsverluste der deutschen Reedereien. Für die Erfüllung der Ansprüche der Schifffahrtsgesellschaften an das Deutsche Reich wurde in Hamburg am 15. September 1919 die Reederei-Treuhandgesellschaft (RTG) ins Leben gerufen, die einen Fonds von 1,5 Milliarden Mark zur Verfügung hatte, unter staatlicher Aufsicht stand und den Reedern pauschale Entschädigungen zubilligte.[39]

Im Vergleich zum Potsdamer Abkommen nach dem Zweiten Weltkrieg beinhalteten die Versailler Vertragsklauseln für die deutsche Schiffbauindustrie zwar erhebliche Probleme, aber kein Verbot jeglicher Schiffbautätigkeit mit Ausnahme des Kriegsschiffbaus und keine Demontage der Werftanlagen: *Es gab keine Einschränkung im deutschen Schiffbau, weder technisch noch organisatorisch. Es gab keine Einschränkung der deutschen Schiffahrt. Es gab kein Verbot, bestimmte technische Maßnahmen zu unterlassen, jedenfalls nicht im Bereich des Handelsschiffbaues. Anders ausgedrückt: nach Ratifizierung des Friedensvertrages und Ausführung seiner Bestimmungen gab es die Chance des Neubeginns – die es 1945 nicht gab!*[40]

4. Von der kaiserlichen Werft zur Marinewerft – Die ehemaligen Marinewerften Wilhelmshaven, Kiel und Danzig (1918-1923)

Von den ehemaligen staatlichen Marineschiffbaubetrieben in Wilhelmshaven, Kiel und Danzig blieb aufgrund des Versailler Friedensvertrages nur die einstige Kaiserliche Werft in Wilhelmshaven, die erst Reichsmarinewerft hieß und seit dem 14. März 1920 unter der Bezeichnung Marinewerft firmierte, unter der Verwaltung der Reichsmarine. Die vor dem Ersten Weltkrieg für die Ausrüstung und Reparatur der U- und Torpedo-Boote geschaffene Neue Torpedowerft der Kaiserlichen Werft am Westhafen, auch UTO-Werft genannt, wurde ausgegliedert und gelangte durch die Verträge vom 4. Dezember 1919 und 17. Juni 1920 in den Besitz der Deutschen Werke AG mit der Hauptverwaltung in Berlin. Die auf ihr Stammgebiet beschränkte und verkleinerte Marinewerft Wilhelmshaven war mit Abwrackarbeiten von Kriegsschiffen, zivilen Fahrzeugen, Instandsetzungsreparaturen und Modernisierungen der von den Alliierten genehmigten Restflotte für die Reichsmarine beschäftigt. In Kooperation mit den in der Nachbarstadt Wilhelmshavens, Rüstringen, gelegenen Deutschen Werken wurden auch zahlreiche Fischdampfer sowie vier Frachter und Passagierschiffe für die Reederei Hugo Stinnes in Hamburg

Abb. 3 Kaiserliche Werft in Kiel, 1911.

gebaut. Die Reparatur von Lokomotiven und Eisenbahnwaggons für die Reichsbahn war ein wesentlicher Beschäftigungsfaktor für die Deutschen Werke in Rüstringen, die 1924 wegen der schlechten Auftragslage den Betrieb einstellen mussten. Die etwa 3000 Mitarbeiter konnten ihre Arbeitsplätze auch durch einen Streik nicht retten. Die Marinewerft, auf der im Vergleich zu 1918 mit 20 000 Mitarbeitern um 1920 nur noch ca. 10 000 Angestellte und Arbeiter tätig waren, konnte als ersten Kriegsschiffneubau für die Reichsmarine den Kleinen Kreuzer EMDEN in Angriff nehmen, der von 1921 bis 1925 gebaut wurde.[41]

Die einstige Kaiserliche Werft in Kiel wurde nach dem Waffenstillstand am 12. November 1918 vorläufig als Reichswerft weitergeführt. Am 22. Oktober 1919 wurde der südliche Teil (Südwerft) mit den Schiffbauhallen, Maschinenbauwerkstätten, Dockeinrichtungen und Schwimmkranen dem Reichsschatzministerium übergeben und ebenso wie die UTO-Werft in Rüstringen am 17. Juni 1920 in die Deutsche Werke AG überführt. Nur der nördliche Teil (Nordwerft) wurde von der Reichsmarine als Marinearsenal weitergenutzt. Am 28. Mai 1925 kam es zur Gründung der Deutsche Werke Kiel AG mit der Werft in Kiel und der ehemaligen Torpedowerkstatt in Friedrichsort. Die Deutschen Werke in Kiel beschäftigten 1921 etwa 7000 Personen und führten neben Schiffsumbauten und der Reparatur von Lokomotiven und Eisenbahnwaggons auch den Neubau von Fischdampfern und Frachtern durch. Nach Kriegsende konnten etwa 3000 ehemalige Betriebsangehörige, die als Soldaten im Krieg gedient hatten, ihren alten Arbeitsplatz wieder einnehmen.[42]

Die ehemalige Kaiserliche Werft in Danzig, die Keimzelle des deutschen Kriegsschiffbaus und kleinste der staatlichen Marinewerften, blieb nach dem Ende der Monarchie und dem Abschluss des Waffenstillstandes 1918 als Reichswerft Danzig unter Oberwerftdirektor Konteradmiral Rösing erst einmal bestehen. Wie bei den anderen Schiffbauunternehmen auch, wurde die Umstellung auf die Friedenswirtschaft durch Notstands-, Reparatur- und Umbauarbeiten von Kriegsfahrzeugen zu zivilen Schiffen, Abwrackaktionen und Neubauten von kleineren Fahrzeugen wie Fischdampfern, Schleppern und Frachtern begleitet, um die Beschäftigung der etwa

5000 Angestellten und Arbeiter zunächst sicherzustellen und Unruhen zu vermeiden. Allerdings kam es im Sommer 1919 zu Streikmaßnahmen und Ausschreitungen, als die Hälfte der Mitarbeiter wegen fehlender Aufträge entlassen wurde. Die unsichere Zukunft der Werft und das ungewisse Schicksal Danzigs spielten bei den Auseinandersetzungen ebenfalls eine Rolle. Nachdem Danzig den Status einer neutralen Freien Stadt erhalten hatte und nicht mehr zu Preußen und dem Deutschen Reich gehörte, führte das staatliche Unternehmen seit dem 13. Oktober 1919 die Bezeichnung Danziger Werft. Als Generaldirektor wurde Prof. Ludwig Noé, ein Bruder des späteren Direktors der Schichau-Betriebe, Hermann Noé, von der Technischen Hochschule Danzig bestellt, der die Loslösung aus dem Besitz des Deutschen Reiches leitete, die bis zum Frühjahr 1921 dauerte. Die einstige Kaiserliche Werft in Danzig wurde am 3. Mai 1923 an den Freistaat Danzig und an Polen abgetreten. Der Nordteil mit der Holminsel gehörte in Zukunft nicht mehr zum Unternehmen. Schon Ende 1922 hatte sich aus der Danziger Werft »The International Shipbuilding & Engineering Company Limited, Danzig« entwickelt, die als Aktiengesellschaft mit britischem, französischem, polnischem und Danziger Kapital gegründet wurde. Ludwig Noé blieb der neuen Firma bis 1939 als Direktor verbunden, die in Zukunft Frachtschiffe herstellte und sich auf den Motoren- und Maschinenbau spezialisierte.[43]

5. Schiffbauboom durch Reparationsleistungen und Neubauten für deutsche Reedereien (1920-1923)

Wegen der stetig anwachsenden Inflation, der steigenden Materialkosten und der streikbedingten Produktionsausfälle, die zu erheblichen Preissteigerungen im Seeschiffbau geführt hatten, konnten die zwischen dem Deutschen Reich und den Reedern ausgehandelten Entschädigungsleistungen für die kriegsbedingten Schiffsverluste und den Wiederaufbau einer deutschen Handelsflotte nicht eingehalten werden. Als Konsequenz aus dieser Entwicklung und den Bedingungen des Versailler Friedensvertrages für die deutschen Reedereien und die deutsche Schiffbauindustrie wurde im Februar 1921 zwischen dem Deutschen Reich und der RTG ein Reedereiabfindungsvertrag ausgehandelt, der vom Reichstag am 14. März 1921 gebilligt wurde und am 21. April 1921 in Kraft treten konnte. Den Schifffahrtsgesellschaften stand damit ein pauschaler Fonds von 12 Milliarden Mark zur Verfügung. Mit dieser Summe sollten auf den deutschen Werften in den kommenden zehn Jahren bis zum 10. Januar 1930 insgesamt 2,5 Millionen BRT neue Handelsschifftonnage gebaut werden. Zu diesem Zweck entstand aus der RTG die Schiffbautreuhandbank (STB), die als privatwirtschaftlich geführte Organisation, die paritätisch mit Mitgliedern der Reeder- und Schiffbauverbände, Vertretern der Regierung und des Reichstags sowie Arbeitnehmerorganisationen besetzt war, die beantragten Geldmittel an die Schifffahrtsgesellschaften auszuzahlen hatte.

Wegen der schon geleisteten Entschädigungen aus früheren Verträgen hatte sich die Gesamtsumme auf etwa 8 Milliarden Mark reduziert. Außerdem spielte bei der Berechnung der tatsächlich ausgezahlten Mittel die Geldentwertung eine entscheidende Rolle. Am 23. September 1922 stellte das Ministerium für den Wiederaufbau eine zusätzliche Abfindung von 18 Milliarden Mark zur Verfügung, der inflationsbedingt weitere Ausgleichszahlungen folgten. Insgesamt wurden mit diesen staatlichen Fördergeldern sowie den Leistungen der jeweiligen Reedereigesellschaften 512 Schiffe mit 1,57 Millionen BRT auf deutschen Werften hergestellt und außerdem noch gebrauchte ausländische Tonnage von 572 000 BRT erworben.

Für die deutsche Schiffbauindustrie bewirkten die konzentrierten Förderungsmaßnahmen durch das Deutsche Reich einen Auftragsboom und stellten gleichzeitig die Beschäftigung zehntausender Werftmitarbeiter sicher. Wegen der rasant steigenden Inflationsrate wurde das durch die STB verwaltete und gesteuerte Konjunkturprogramm für den Wiederaufbau einer deutschen Handelsflotte statt der ursprünglich geplanten zehn Jahre in nur dreißig Monaten abgewickelt und war somit schon Mitte 1923 erschöpft. So ist es verständlich, dass in den Jahren 1921 mit 404 733 BRT und 1922 sogar mit 598 300 BRT abgelieferter Handelsschifftonnage für deutsche Rechnung die deutschen Werften Rekordleistungen erzielten, die erst wieder in den 1950er Jahren erreicht wurden.[44]

Abb. 4 Helgen der Tecklenborg Werft, um 1925.

Abb. 5 Anlagen der Tecklenborg Werft, um 1925.

5.1. Unterwesergebiet

5.1.1. Geestemünde, Bremerhaven und Lehe

Nach dem Krieg hatte sich durch den Wegfall des Kriegsschiffbaus in Deutschland und durch die Loslösung Danzigs aus dem Deutschen Reich eine Konzentration und Verschiebung der Werftstandorte zugunsten der Nordseeküste ergeben.[45]

Die Geestemünder, Bremerhavener und Leher Schiffbauunternehmen, die 1919 eine Kapazität von 14 Hellingen sowie 15 Trockendocks aufwiesen und etwa 6350 Mitarbeiter beschäftigten, waren in diesem Zeitraum in erster Linie mit Umbaumaßnahmen von Kriegsschiffen zu zivilen Fahrzeugen, Instandsetzungsarbeiten sowie dem Bau von Fischdampfern ausgelastet.

Abb. 6 Frachtdampfer SOPHIE RICKMERS, erbaut von der Rickmers Werft, 1920.

Abb. 7 Frachtdampfer BERTRAM RICKMERS, erbaut von der Rickmers Werft, 1923.

Abb. 8 Stapellauf des Frachtdampfers GERDA bei der Schiffbaugesellschaft Unterweser, 1921.

Abb. 9 Frachtdampfer FREIBURG an der Ausrüstungskaje der Schiffbaugesellschaft Unterweser, 1922.

Die Situation der Werftarbeiter und ihrer Familien stellte sich in den 1920er Jahren als außerordentlich schlecht dar. Die erzielten Lohnerhöhungen wurden durch die Inflationsrate wieder aufgehoben. Versorgungsengpässe und Unruhen blieben deshalb nicht aus.[46]

Die Tecklenborg Werft konnte sich mit zahlreichen Neubauten für die DDG Hansa aus Bremen am Wiederaufbau der deutschen Handelsflotte beteiligen. Bis 1923 wurden aber auch zahlreiche

Fischdampfer, Schlepper und Flussschiffe gebaut und Reparationsaufträge für Frankreich abgewickelt. Die Werftanlagen wurden in dieser Zeit ebenfalls erweitert. Die Beschäftigtenzahl betrug etwa 2500 bis 3000 Mitarbeiter.[47]

Die Seebeckwerft führte von 1919 bis 1923 neben dem Bau von Fischdampfern für die hiesigen Fischdampferreedereien, kleineren Frachtern unter 1000 BRT für Bremer und Hamburger Kunden und zwei Frachtschiffen für die Reederei Hamburg-Süd auch Reparationsaufträge für Großbritannien, Frankreich und Italien aus. Die beiden kombinierten Kohlen- und Erzfrachter MORA und ZEMBRA stellten besonders innovative Schiffsneubauten dar, bei denen durch eine neue Gestaltung der Frachträume der Lade- und Löschvorgang wesentlich verbessert werden konnte. Entsprechend der durchwachsenen Auftragslage schwankte die Beschäftigung stark. Während hier 1921 noch 2200 Arbeiter und Angestellte tätig waren, fiel die Beschäftigtenzahl 1922 auf 750 Mitarbeiter, die aber 1923 wieder 1600 Mann betrug. 1921 schied der Werftgründer Georg Seebeck aus Altersgründen aus dem Unternehmen aus.[48]

Die traditionsreiche, 1834 gegründete Rickmers Werft, die seit 1918 Norddeutsche Werft hieß und 1919 etwa 450 Mitarbeiter hatte, hielt sich mit Fischdampferaufträgen, dem Bau von Frachtschiffen für die eigene Reederei in Hamburg sowie Frachtern für die Oldenburgisch-Portugiesische Dampfschiffsreederei und kleineren Fahrzeugen über Wasser. Außerdem wurden die Anlagen modernisiert.[49]

Die Schiffbaugesellschaft Unterweser in Lehe (heute Stadtteil von Bremerhaven) setzte ihre schon im Ersten Weltkrieg angefangene Erweiterung und Modernisierung der Werfteinrichtungen fort. Die 400 Mitarbeiter bauten zahlreiche Fischereifahrzeuge und stellten Frachtschiffe für deutsche und ausländische Rechnung her. Die Auftragslage entwickelte sich bis 1923 gut.[50]

Der Technische Betrieb des NDL war nach dem Ersten Weltkrieg neben der Instandsetzung der von den Alliierten zurückgegebenen Lloyddampfer und dem Umbau von ausländischen Fahrzeugen vor allem mit der Reparatur von Lokomotiven, Eisenbahnwaggons und mit dem Abwracken von Schiffen ausgelastet. Die Mitarbeiterzahl betrug je nach Auftragslage etwa 2000 Mann. 1922 waren hier sogar über 3000 Personen beschäftigt.[51]

5.1.2. Frerichswerft in Einswarden

Genau wie die anderen deutschen Schiffbaubetriebe war die Frerichswerft in Einswarden am oldenburgischen Unterweserufer bis 1918 mit Marineaufträgen ausgelastet. Weiter fand in dieser Zeit eine grundlegende Modernisierung und Erweiterung der Schiffbauwerkstätten statt, vergleichbar mit anderen Unternehmen der deutschen Schiffbauindustrie. 1919 betrug die Mitarbeiterzahl in den drei Produktionsstätten in Einswarden, Brake und Osterholz 1310 Beschäftigte. Von 1920 bis 1923 stellte die Aktiengesellschaft, die Gewinne erwirtschaftete und mehrheitlich mit dem Stumm-Konzern verbunden war, überwiegend Frachter für die Hamburg-Bremer-Afrika-Linie, ein Tochterunternehmen des NDL, her. Schiffsinstandsetzungen sowie Reparaturen von Lokomotiven und Eisenbahnwaggons gehörten ebenfalls zum Beschäftigungsprogramm.[52]

5.2. Bremen

5.2.1. AG »Weser«

Die bremische Traditionswerft AG »Weser« in Bremen-Gröpelingen, die stark im Kriegsschiffbau und besonders im U-Boot-Bau engagiert gewesen war und sich nach Kriegsende mit dem Abwracken der nicht vollendeten U-Boote und anderer Kriegsschiffe sowie schiffbaufremden Fertigungen über Wasser hielt, beteiligte sich mit etlichen Neubauten für die DDG Hansa, den

Abb. 10 Anlagen der AG »Weser«, 1921.

Abb. 11 Helgen der AG »Weser«, 1923.

NDL, die Dampfschiffahrts-Gesellschaft Neptun sowie die Argo-Reederei aus Bremen am Wiederaufbau der deutschen Handelsflotte. Es wurden aber auch Seeschlepper hergestellt. Außerdem erwarb das Unternehmen 1920 die angrenzenden Otwi-Werke am Hafenbassin C des Industriehafens, die im Reparaturgeschäft für Lokomotiven und Eisenbahnwaggons tätig waren. Deren kaufmännischer Geschäftsführer, Franz Stapelfeldt, wurde 1921 Vorstandsvorsitzender der AG »Weser«. Die etwa 7000 Personen zählende Belegschaft galt als gewerkschaftlich gut organisiert und sehr streikbereit. Auf der Kapitalseite übernahm an der Stelle der bremischen Kaufmannschaft der Bankier Johann Friedrich Schröder, der 1920 zum Aufsichtsratsvorsitzenden avancierte und später entscheidend die bremische und deutsche Werftenpolitik mitbestimmen sollte, die führende Rolle.[53]

5.2.2. Bremer Vulkan

Seit 1916 befand sich der Bremer Vulkan im Mehrheitsbesitz der Industriellenfamilie Thyssen. Bestimmende Unternehmerpersönlichkeit war fast zwei Jahrzehnte lang Victor Nawatzki, der das Unternehmen seit 1893 aufgebaut hatte, bis 1922 die Geschicke der Firma als Generaldirektor verantwortlich leitete und anschließend als Aufsichtsratsvorsitzender die Geschäftspolitik wesentlich bestimmte. Von 1919 bis 1923 herrschte in dem Unternehmen, das Gewinne erwirtschaftete, Vollbeschäftigung. Die etwa 4000 Mitarbeiter lieferten die schon im Krieg für deutsche Schifffahrtsgesellschaften bestellten Frachter 1919/20 als Reparationsaufträge ab. Insgesamt wurden 16 Frachtdampfer mit einer Tonnage von 138 700 BRT für die alliierten Mächte hergestellt. 1922 wurde ein Dieselmotorbau-Lizenzvertrag mit der Maschinenfabrik Augsburg-Nürnberg (MAN) abgeschlossen. Anschließend konnte der Bremer Vulkan mit der Fertigung von Fracht- und Passagierschiffen, u.a. für Hugo Stinnes in Hamburg, die Hapag und den NDL, wesentlich zum Wiederaufbau der deutschen Handelsflotte beitragen. Trotz der guten Beschäftigungssituation verbesserte sich die schwierige wirtschaftliche Lage der Werftarbeiter nicht, was in Streikmaßnahmen 1923 zum Ausdruck kam.[54]

5.2.3. Atlas-Werke

Die Atlas-Werke wurden 1902 als Norddeutsche Maschinen- und Armaturenfabrik auf Initiative des damaligen Generaldirektors des NDL, Dr. Heinrich Wiegand, etabliert. Die Spezialfirma für Schiffshilfsmaschinen übernahm 1905 das einstige Schiffbauareal der AG »Weser« zwischen der Weser und dem Europahafen, firmierte seit 1911 als Atlas-Werke Aktiengesellschaft und war schon vor 1914 im Kleinschiffbau engagiert. Im Ersten Weltkrieg erhielt das innovative Unternehmen, das Hilfsmaschinen für U- und Torpedoboote herstellte, 1918 vom Reichsmarineamt den Auftrag zum Bau von sechs U-Booten. Aus Beschäftigungsgründen wurde die Arbeit an zwei U-Booten fortgesetzt. Die Übergangszeit von der Kriegsproduktion zur Friedenswirtschaft überbrückte die Belegschaft mit Arbeiten zur Vernichtung der eigenen Kriegsmaterialien, die von einer internationalen Kommission begutachtet wurde. Nach einer Schließung des Betriebes im Jahre 1919 und nachdem es zu einer Vereinbarung zwischen der Werftleitung und den Arbeitern über einen Betriebsrat gekommen war, konnten die Atlas-Werke im Jahre 1920 die Arbeit wieder aufnehmen. Neben ihrer ursprünglichen Domäne im Schiffshilfsmaschinenbau (Propeller und Unterwasserschallanlagen) liefen in den 1920er Jahren etliche kleinere Frachtdampfer bis 1000 BRT für bremische, deutsche und ausländische Reedereien von der Querhelling vom Stapel. In dieser Zeit dürften etwa 1000 Mitarbeiter hier beschäftigt gewesen sein.[55]

5.3. Emsgebiet

5.3.1. Nordseewerke in Emden

Mit der Umstellung von der Kriegswirtschaft auf die Friedensproduktion konnte das Emder Schiffbauunternehmen die schon im Kriege gebuchten Handelsschiff-Neubauaufträge (Frachter und Schleppkähne für verschiedene deutsche Reedereien, wie z.B. G.J.H. Siemers & Co. in Hamburg und die Dampfschiffahrtgesellschaft Argo in Bremen) bis 1924 abliefern. Der mit Abstand größte Neubau der Nordseewerke mit 14 000 Tonnen Tragfähigkeit war der Tankdampfer BALTIC für die Deutsch-Amerikanische Petroleum AG, der 1914 begonnen und auch erst 1920 fertig gestellt werden konnte. 1922 entstand auf den modernen Anlagen, die im Krieg ausgebaut worden waren, ein Schwimmdock von 1560 Tonnen für das hiesige Maschinenbauamt in Emden. Die eigenen Schwimmdockeinrichtungen Dock 1 und Dock 2 wurden 1922 und 1924 verlängert.

Das Stammkapital wurde 1921 auf 260 Millionen Mark erhöht. Die Beschäftigung betrug 1919 im Durchschnitt 938 Arbeiter, elf Frauen und 153 jugendliche Arbeiter. 1920 waren bei der Werft 1182 Arbeiter, zwölf weibliche Beschäftigte und 74 Lehrlinge tätig. Die Beschäftigtenzahl kletterte 1921 auf 1300 Arbeiter, 15 Frauen und 135 jugendliche Arbeiter, während 1922 hier 1134 männliche Personen, elf weibliche Beschäftigte und 126 jugendliche Arbeiter tätig waren. 1923 betrug die durchschnittliche Beschäftigtenzahl nur noch 443 Arbeiter, fünf Frauen und 156 Lehrlinge. Die Arbeiter und Angestellten der Werft kämpften von 1919 bis 1923 um höhere Löhne und Gehälter als Inflations- und Teuerungsausgleich, um eine Verbesserung der Arbeitsbedingungen, um die Einhaltung des Achtstundentages und um eine Freistellung von zwei hauptberuflich tätigen Betriebsratsmitgliedern.[56]

5.3.2. Meyer Werft in Papenburg

Das Papenburger Unternehmen lieferte 1922 als einziges größeres Seeschiff den Frachtdampfer DURAZZO für die Hapag ab. Dieses mit 1468 BRT vermessene Fahrzeug mit einer Länge von 69 m und einer Breite von 10,45 m bedeutete für die Meyer Werft eine erhebliche Kraftanstrengung, weil sie bisher lediglich kleinere Dienstfahrzeuge wie Schlepper, Feuerschiffe, Barkassen, Schuten und Leichter sowie Fahrgastdampfer für den Küstenverkehr und Heckraddampfer für überseeische Binnengewässer gebaut hatte. Von den Größenverhältnissen her stellte die DURAZZO, die zuerst von einem Tochterunternehmen der Hapag in den Niederlanden bereedert wurde, den schiffbaulichen Höhepunkt dar, der erst wieder 1953 erreicht wurde. In dieser kritischen Zeit, in der es auch Streikmaßnahmen gab, hielt sich der Betrieb, der rund 300 Mitarbeiter beschäftigte, mit der Fertigstellung von Schleppdampfern, Schleppkähnen, Dampfloggern, Motorbarkassen sowie Reparaturarbeiten über Wasser. Die Maschinenteile, Kessel und Apparate konnten in der eigenen Gießerei, Schmiede und Maschinenfabrik hergestellt werden. Der Begründer des Papenburger Eisen- und Stahlschiffbaus, Franz. L. Meyer, zog sich 1920 aus dem aktiven Geschäftsleben zurück. Seine Söhne, Franz Joseph und Bernhard Meyer, führten das Unternehmen in dieser wirtschaftlich schwierigen und politisch labilen Lage weiter.[57]

5.4. Hamburg

5.4.1. Blohm & Voss

Die Söhne des Werftgründers Hermann Blohm, Rudolf und Walter Blohm, führten jetzt als persönlich haftende Gesellschafter das Unternehmen mit Unterstützung erfahrener Mitarbeiter im Sinne ihres Vaters fort und wahrten die Kontinuität der Firma.

Die Hamburger Großwerft Blohm & Voss besaß eine politisch sehr aktive Belegschaft, die teilweise stark von kommunistischer Seite beeinflusst und auch gegen die eigenen Gewerkschaften eingestellt war. Der Kampf um die Achtundvierzig-Stundenwoche, die Wiedereinführung der Akkordarbeit, inflationsbedingte Ausgleichszahlungen und eine bessere Lebensmittelversorgung waren wichtige Themen, die von Streikmaßnahmen begleitet wurden. Es kam auch zu Werftbesetzungen. Nach 1919/20 hatte sich die Lage beruhigt. Eine große Rolle spielte auch die interne Aus- und Weiterbildung auf der betriebseigenen Werftschule, die teilweise von bis zu 500 Lehrlingen und Mitarbeitern besucht wurde.

Bis 1919/20 bestimmten die Verschrottungen von U-Booten, Abwrackarbeiten, die Reparaturen von Lokomotiven sowie die Zwangsablieferungen von Handelsschiffen an die Alliierten das Geschäft. Den Übergang zur Friedenswirtschaft bewältigte Blohm & Voss relativ gut. Die Firma erwirtschaftete in dieser Zeit Gewinne. Es gab Probleme bei der Materialbeschaffung, und insbesondere war es nicht einfach, den geeigneten Schiffbaustahl zu erträglichen Konditionen zu bekommen. Durch die gute Auftragslage, die moderne Werftorganisation sowie die Entwicklung von neuen Antriebstechniken für Handelsschiffe mit Turbinen, die das Unternehmen aus dem Know-how ihrer U-Bootmotoren gewonnen hatte, konnte sich Blohm & Voss im Wettbewerb behaupten. Moderne Passagier- und Frachtschiffe mit ausgefeilter Technik und Wirtschaftlichkeit für die großen Hamburger Reedereien wurden erfolgreich abgeliefert. Die durchschnittliche Beschäftigung betrug 1919/20 etwa 7000 Mitarbeiter, stieg 1921 auf 10 000 Arbeiter und Angestellte und hielt sich um 1922/23 bei ca. 9000 Mitarbeitern.[58]

5.4.2. Vulcanwerft

Der 1909 eröffnete Zweigbetrieb des berühmten Stettiner Vulcan im Hamburger Freihafengebiet auf der Elbinsel Ross war überwiegend für den Bau von großen Handels-, Passagier- und Kriegsschiffen konzipiert worden. Seit 1911 befand sich die Hauptverwaltung in Hamburg. Die Firma hieß jetzt »Vulcan-Werke Hamburg und Stettin AG«. Nach dem Ende des Ersten Weltkrieges wurden Lokomotiven und Eisenbahnwaggons repariert. Auch spielten der Maschinen-, Turbinen- und Motorenbau sowie die Schiffsreparatur mit den vier vorhandenen Schwimmdocks für die Auslastung des Unternehmens und für die Beschäftigung der etwa 7000 Mitarbeiter eine wichtige Rolle. Die beiden größten Schiffsbauten waren die mit etwa 13 600 BRT vermessenen kombinierten Passagier- und Frachtdampfer ANTONIO DELFINO und CAP NORTE, die 1922 für die Reederei Hamburg-Süd abgeliefert wurden. Sonst wurden auf dem Hamburger Areal mit den vier Hellingen bis 1923 nur relativ kleine Frachter für verschiedene deutsche Reedereien und ein Schwimmdock angefertigt, für die der moderne Fertigungsbetrieb mit den riesigen Kapazitäten gar nicht geeignet war und die auch in Stettin hätten gebaut werden können.[59]

5.4.3. Janssen & Schmilinsky

Die »Schiffswerfte und Maschinenfabrik (vormals Janssen und Schmilinsky) AG«, wie sie seit 1888 hieß, überließ 1917 der benachbarten Großwerft Blohm & Voss ihr angestammtes Grundstück, an dem sich heute das Dock Elbe 17 befindet, um im Tausch auf einem vom Hamburger Staat gemieteten neuen größeren Areal in Tollerort nach dem Krieg den Bau von Frachtschiffen bis zu 2500 BRT aufzunehmen, damit die Firma an dem zu erwartenden Schiffbauboom teilhaben konnte. Wegen der schwierigen wirtschaftlichen Verhältnisse und nach einer Kapitalerhöhung konnte der Umzug nach Tollerort jedoch erst 1923/24 abgeschlossen werden. Die Maschinenbau- und Reparaturabteilung blieb vorerst am alten Standort. Die Essener Arenbergsche A.-G. für Bergbau und Hüttenbetrieb beteiligte sich 1920 an Janssen & Schmilinsky. Die Deutzer Motorenwerke erwarben um 1923/24 an dem Unternehmen eine Beteiligung. Die Werft baute neben Frachtern für die Oldenburg-Portugiesische Dampfschiffs-Reederei und andere deutsche Schifffahrtsgesellschaften weiter Schlepper, Fischdampfer, Motorschoner, Barkassen und Behördenfahrzeuge und blieb ihrer traditionellen Klientel treu. Das Unternehmen beschäftigte ca. 1200 Mitarbeiter.[60]

5.4.4. Reiherstiegwerft

Der traditionsreichen Reiherstiegwerft an der Norderelbe gelang es nach dem Ersten Weltkrieg nicht, an ihre frühere Stellung anzuknüpfen, obwohl sie die benachbarten Schiffbauanlagen von Wencke (1900), Brandenburg (1912) und Wichhorst (1917) nach und nach erwerben und ihre Fertigungswerkstätten und Docks vergrößern konnte. Von 1920 bis 1923 entstanden verschiedene Frachter für Hamburger Reedereien, über 20 Fischdampfer und diverse kleinere Einheiten. 1923 kam ein Vertrag mit den Motorenwerken Mannheim zustande, um auf dem Gebiet des Schiffsdieselmotorenbaus, dem Schiffsantrieb der Zukunft, Fortschritte zu erzielen. Die Werft beschäftigte etwa 700 Arbeiter.[61]

5.4.5. H.C. Stülcken Sohn

Die traditionsreiche Hamburger Stülckenwerft, die ihre Anlagen mit den Dock-, Kran- und Maschineneinrichtungen an der Norderelbe auf der Insel Steinwerder erweitert und modernisiert hatte und 1919 in eine Kommanditgesellschaft umgewandelt worden war, konzentrierte sich in den Jahren von 1919 bis 1923 vor allem auf den Fischdampferbau. Als Oberingenieur und Leiter der Neubauabteilung war der in Bremerhaven geborene Sohn des Fabrikanten H.G. Cordes, Johann Tönjes Cordes, an dieser Entwicklung maßgeblich beteiligt. Damit konnte sie die Kontinuität ihres erfolgreichen Produktionsprogramms aus der Zeit vor dem Ersten Weltkrieg fortsetzen. Nach dem Krieg wurden aber auch einige Frachtschiffe fertig gestellt. Die Reparatur und der Kleinschiffbau spielten ebenfalls eine Rolle. Die Mitarbeiterzahl umfasste etwa 1000 Personen.[62]

5.4.6. Deutsche Werft

Die Gründung der Deutschen Werft 1918 am Elbufer in Hamburg-Finkenwerder ist ein gutes Beispiel für die Bündelung der Interessen unterschiedlicher Partner aus der maritimen Wirtschaft (Hapag) in Verbindung mit der Elektro-, Maschinenbau- und Stahlindustrie (AEG und GHH) im Ersten Weltkrieg, um auf den zu erwartenden Nachkriegsschiffbauboom zu reagieren.

Die Deutsche Werft war als moderne Großwerft nach amerikanischem Vorbild für den Serienschiffbau von schnellen Motorschiffen konzipiert worden. Als Vorläufer kann die Hamburger Werft AG gelten, die bereits 1916 gemeinsam von der Hapag, der größten deutschen Reederei, und der AEG im Hamburger Hafen am Ende der Landzunge in Tollerort etabliert worden war. Dieses Areal, auf dem auch Frachter vom Stapel liefen, wurde 1920 als Zweigbetrieb der Deutschen Werft weitergeführt. Entscheidend beteiligt an der Idee und späteren Verwirklichung am Bau einer Großschiffswerft war William Scholz, der erste Direktor des neuen Unternehmens, der frühere technische Leiter der Hamburger Großreederei Hapag. Bereits 1917 wurde ein Lizenzvertrag mit der Kopenhagener Firma Burmeister & Wain abgeschlossen, die bei der Konstruktion von Schiffsdieselmotoren eine führende Stellung innehatte. Als Wahrzeichen der modernen Technik galt die Kabelkrananlage, die den Montageplatz und die Helgen überspannte. Bei der Wahl für ein derartiges Kabelkransystem als Alternative zu einem herkömmlichen überbauten Helgengerüst (Blohm & Voss, Vulcanwerft, AG »Weser«, Germania-Werft, Tecklenborg und Nordseewerke) gaben die geringeren Kosten sowie die größere Wirtschaftlichkeit und Leistungsfähigkeit den Ausschlag. Als Zeichen für den fortschrittlichen sozialpolitischen Anspruch kann man auch die Arbeiter- und Werkmeistersiedlung (Laubengang- und Einzelhäuser) in Finkenwerder und die Beamtenwohnungen in Groß-Flottbek (Architekt: Peter Behrens) werten.

Abb. 12 Deutsche Werft, 1921.

Abb. 13 Helgen mit Kabelkrananlage der Deutschen Werft, 1923.

Nach Fertigstellung der ersten Anlagen konnte man im Laufe des Jahres 1920 mit dem Schiffbau beginnen. Die ersten Ablieferungen waren zwei Schwimmdocks. Es wurden zunächst konventionelle Frachtdampfer mit Dreifach-Expansionsmaschinen und Getriebeturbinen, Seeleichter und Fischereifahrzeuge gebaut, ehe man sich an die Konstruktion von Motorschiffen heranwagen konnte. Der erste Auslandsauftrag für eine holländische Reederei half dem jungen Unternehmen aus einer existentiellen Krise, da die vier Fahrzeuge mit Devisen bezahlt wurden. Der Turbinen-, Motoren- und Dockbau nahm eine wichtige Rolle ein. 1923 gliederte die Deutsche Werft die auf diesem Gebiet führende Firma, die »Dockbau-Gesellschaft mbH, vormals Philipp von Klitzing«, in ihr Unternehmen ein. Die Umrüstung von Lokomotiven und die Herstellung von Kesseln gehörte ebenfalls zum Fertigungsprogramm.

Trotz der Materialknappheit konnte die Aufbauphase der Werkeinrichtungen und die Ablieferung der Schiffseinheiten nach Plan erfolgen. Seit 1922 war die Deutsche Werft auch im Abwrackgeschäft tätig. Die Beschäftigtenzahl betrug 1921 etwa 6000 Mitarbeiter. Als junges Unternehmen gelang es der Deutschen Werft trotz der Inflation und schwierigen wirtschaftlichen Lage, sich auf dem deutschen Schiffbaumarkt, der durch Überkapazitäten gekennzeichnet war, zu behaupten. Im Gegensatz zu anderen Betrieben der deutschen Werftindustrie blieb die Deutsche Werft von Unruhen und Streiks verschont, was auch mit der besonderen Situation dieses Unternehmens in Zusammenhang stand.[63]

5.4.7. Vereinigte Elbe- und Norderwerft – Norderwerft – Elbewerft Boizenburg – Norddeutsche Union Werke Hamburg

Die am 30. Mai 1918 von Hamburger und Berliner Bankiers gegründete Aktiengesellschaft Vereinigte Elbe-Werft, die seit August 1918 Vereinigte Elbe- und Norderwerft mit Schiffbauwerkstätten in Hamburg und Boizenburg hieß, war ein Zusammenschluss der Elbe-Werft in Hamburg und Boizenburg sowie der am Reiherstieg residierenden Norderwerft. Die Schiffsrümpfe liefen von der Querhelling in Boizenburg vom Stapel und gelangten bei der Norderwerft zur Ausrüstung. Allerdings lösten sich die Unternehmen 1921 wieder. Die Norderwerft arbeitete als eigenständige Firma weiter, während die Elbewerft in den Werftenverbund der Norddeutschen Union Werke Hamburg gelangte, zu dem auch die Eiderwerft in Tönning und die Bremerhavener Werft Johannes F. Freudenberg gehörte. Die Norderwerft baute Schleppdampfer, Motorschlepper und etliche Seeleichter für die Deutsche Levante-Linie, betätigte sich im Reparaturgeschäft und hatte in den Jahren 1921/22 eine Belegschaftsstärke von etwa 950 Personen. Bei der Boizenburger Elbewerft (Norddeutsche Union Werke) entstanden 1922 die bekannten Hebefahrzeuge Griep und Hiev für die Bugsier-, Reederei- und Bergungs AG in Hamburg sowie die Frachtdampfer Otranto, Sebencio und Spalato für die Hapag (Deutsche Levante-Linie), die in Tönning auf der Eiderwerft ihre Endausrüstung erhielten.[64]

5.4.8. Hamburger Elbe Schiffswerft

Die Hamburger Elbe Schiffswerft, die 1918 auf dem Areal des Stahl- und Brückenbauunternehmens F.H. Schmidt in Wilhelmsburg am Reiherstieg mit Unterstützung der Hamburger Reederei F.W. Dahlström errichtet wurde und drei Helgen von je 110 m Länge besaß, baute zwischen 1921 und 1923 immerhin sieben kleinere Frachtschiffe. Sie gehörte zu denjenigen Seeschiffswerften, die 1918 gegründet wurden, um vom Wiederaufbau der deutschen Handelsflotte zu profitieren, und nur wenige Jahre im Seeschiffbau tätig waren.[65]

5.5. Schleswig-Holstein

5.5.1. Kremer-Werft in Elmshorn

Die 1833 gegründete Kremer-Werft in Elmshorn baute nach dem Ersten Weltkrieg neben vielen kleineren Fahrzeugen wie Motorbarkassen und Schleppdampfern auch mehrere Schoner und einen Fischdampfer. Die für lange Zeit mit Abstand größten Schiffe waren die zwei Frachtdampfer WILHELM BIESTERFELD (843 BRT) und PETER (792 BRT) für die Hamburger Reedereien W. Biesterfeld und Baltische Reederei, die 1921 und 1922 abgeliefert wurden. Wegen der engen Fahrwasserverhältnisse der Krückau konnten sie nur mit Mühe ihre Bauwerft verlassen. Geführt wurde der Familienbetrieb D.W. Kremer Sohn, wie die Kommanditgesellschaft damals hieß, von den drei persönlich haftenden Brüdern Hermann, Wilhelm und Max Kremer.[66]

5.5.2. Eiderwerft in Tönning

Die wechselvolle Geschichte der Werft in Tönning mit unterschiedlichen Besitzverhältnissen von der Gründung im Jahre 1889 (»Schömer, Jensen u. Co., Maschinenfabrik, Eisengießerei u. Schiffswerft«) bis zu ihrer Schließung 1923 spiegelt auch die wechselvolle Geschichte des deutschen Schiffbaus in diesem Zeitraum wider. Von 1895 bis 1904 hieß die Firma »Schömer und Jensen, Schiffswerft, Kesselschmiede, Eisengießerei und Maschinenbau«. Von 1904 bis 1911 nannte sie sich »Eiderwerft Aktiengesellschaft«. Von 1910 bis 1915 lautete die Namensbezeichnung »Werftbetriebsgesellschaft mit beschränkter Haftung«. Im Ersten Weltkrieg nannte sich das Unternehmen »Bodstein & Harborn GmbH« (1915-1916), »Tönninger Schiffswerft und Maschinenfabrik GmbH« (1916-1917) sowie »Schiffswerft und Maschinenfabrik Hansa AG« (1917-1919). 1919 war die Werft in dänischer Hand (»Eidervärft, Kopenhagen«) und gehörte von 1920 bis 1921 zur »Vereinigten Elbe- und Norderwerft AG«. Die letzte Etappe bildete die Zugehörigkeit zu den »Norddeutschen Union Werken, Werft, Maschinen- und Waggonbau AG« (1921-1924). Viele Schiffbauunternehmen versuchten auch, durch eine Kooperation oder Fusion mit anderen Werften die Wirtschaftskrise zu bewältigen, wofür die Eiderwerft neben der Deschimag unter Führung der AG »Weser« ein gutes Beispiel ist.

Da bei der Eiderwerft schon vor dem Ersten Weltkrieg wegen fehlender Aufträge keine Investitionen getätigt worden waren, befanden sich die Anlagen in einem technisch veralteten Zustand. Der häufige Besitzerwechsel verhinderte die notwendigen Instandsetzungsarbeiten. 1920 lief ein 12 000 Tonnen großes Schwimmdock für Großbritannien als Reparationsleistung vom Stapel, und es wurden in den Jahren von 1920 bis 1923 die drei bei der Elbewerft in Boizenburg gebauten Frachter für die Hapag (Deutsche Levante-Linie) fertig gestellt. Als letzte Neubauten entstanden hier von 1922 bis 1923 die Frachtdampfer DEUTSCHLAND, VATERLAND, RHEINLAND und OBERLAND für die Stettiner Dampfer-Compagnie. Die Werft beschäftigte je nach Auftragslage etwa zwischen 350 und 800 Mitarbeiter und war auch im Reparaturgeschäft tätig. Da die Eiderwerft wegen der wirtschaftlichen Schwierigkeiten der Norddeutschen Union Werke und der rasant ansteigenden Inflation mit der pünktlichen Auszahlung der Löhne in Rückstand geriet, kam es 1923 zu Arbeitsniederlegungen und Demonstrationen von Teilen der Belegschaft. Im selben Jahr wurde das Unternehmen endgültig stillgelegt. Die Werkstätten und Einrichtungen wurden anschließend demontiert. Etliche Tönninger Werftarbeiter, für die in Groß-Flottbek eine Wohnsiedlung errichtet wurde, fanden in Hamburg eine neue Beschäftigung.[67]

5.5.3. Flensburger Schiffbau-Gesellschaft (FSG)

Die Flensburger Schiffbau-Gesellschaft besaß im Gegensatz zu zahlreichen anderen deutschen Schiffbaubetrieben, die sich stark im Bau von Kriegsschiffen engagiert hatten, den Vorteil, dass sie im Ersten Weltkrieg überwiegend Handelsschiffe bauen und nach 1919 diese Tradition ohne langwierige Umstellungsprobleme fortsetzen konnte. Viele Frachtdampfer, die deutsche Reedereien im Krieg bei der FSG bestellt hatten, mussten an die alliierten Mächte als Reparationsleistung abgegeben werden. Von 1920 bis 1923 stellte die Flensburger Werft wieder zahlreiche Frachtdampfer für Hamburger und Bremer Schifffahrtsgesellschaften wie die Hapag, Hugo Stinnes, den NDL, die DDG Hansa und für eine Rotterdamer Reederei her. Im Vergleich zur Vorkriegsproduktion wurden aber erheblich weniger Schiffsneubauten abgeliefert. Das Werftareal hingegen wurde erweitert. Seit 1921 existierte eine Herstellungs- und Aufbereitungseinrichtung für Sauerstoff. Die Beschäftigung schwankte etwa um 2000 Mitarbeiter in jenen Jahren. Kurzarbeit und Entlassungen konnten wegen der schlechten Auftragslage nicht vermieden werden. Obwohl sich die Lebensbedingungen der Werftarbeiter und ihrer Familien verschlechtert hatten, blieben Streikmaßnahmen aus. Bedingt durch die rasant ansteigende Inflation wurden die Löhne 1923 auch in Form von Lebensmitteln vergütet.[68]

5.5.4. Nobiskrug in Rendsburg

Wie bei vielen Schiffbaufirmen nach dem Ersten Weltkrieg konnte die an der Obereider gelegene Rendsburger Werft Nobiskrug, die vom Ausbau des Nord-Ostsee-Kanals profitiert und ihre Anlagen erweitert hatte, mit der Fertigstellung von Hochseefischereifahrzeugen eine lohnende Alternative für die zunächst fehlenden Frachtschiffsaufträge entwickeln. Es entstanden acht Fischdampfer für die in Lübeck beheimatete Hochseefischerei AG Trave. Anschließend konnten 1921 bis 1922 vier kleinere Frachtdampfer – EIDER, ELBE, ILMENAU und PINNAU – für die Hamburger Bugsier-, Reederei- & Bergungs AG abgeliefert werden. Es folgten die Dampfer DIANA und NEPTUN für den Flensburger Schiffsparten Verein und die Reederei Heinrich Schmidt, ebenfalls aus Flensburg. Die Werft behielt ihr angestammtes Tätigkeitsfeld mit der Anfertigung von Kleinfahrzeugen (u.a. Schlepper, Segelleichter, Schuten, Kähne, Prähme) bei. Als Geschäftsführer fungierte Otto Storck, der 30 Jahre an der Spitze des Unternehmens stand. Über die Anzahl der Mitarbeiter, die sozialen Verhältnisse und den Grad der Beschäftigung gibt es nur spärliche Informationen.[69]

5.5.5. Kiel

5.5.5.1. Germaniawerft

Die Germaniawerft mit ihren vier überdachten und mit Glas verkleideten Hellingen an der Kieler Innenförde nahm vor und im Ersten Weltkrieg in der U-Bootfertigung und in der Entwicklung des Dieselmotorenbaus in Deutschland eine führende Rolle ein. Die vom Versailler Vertrag geforderte Vernichtung des Kriegsmaterials in Verbindung mit den Abwrackaktionen traf dieses vom Krupp-Konzern geführte Schiffbauunternehmen besonders hart. Als Alternative zum Kriegsschiffbauverbot der Alliierten und wegen der Probleme bei der Beschaffung des Schiffbaustahls entwickelte die Germaniawerft eine Serie von kleinen Motorseglern (Dreimasttoppsegelschoner, Zweimastgaffelschoner und Galeassen) für die Küstenschifffahrt, bei der sie das vorhandene und nicht beschlagnahmte Schiffbaumaterial sowie die Motoren aus dem U-Bootbau wieder verwenden konnte. Initiator war der Oberingenieur und stellvertretende Schiffbaudirektor Rudolf Erbach, der später bei den Deutschen Werken in Kiel und seit 1927 als Hoch-

Abb. 14 Fünfmastschoner CARL VINNEN, erbaut 1922 von der Germaniawerft.

Abb. 16 Fünfmastschoner SUSANNE VINNEN, erbaut 1922 von der Germaniawerft.

Abb. 15 Fünfmastschoner CHRISTEL VINNEN, erbaut 1922 von der Germaniawerft.

schulprofessor an der Technischen Hochschule Danzig wirkte. Erbach war ein Verfechter des Segelschiffbaus in der Frachtschifffahrt und entwarf u.a. auch die fünf großen Fünfmast-Rahschoner für die bekannte bremische Reederei F.A. Vinnen, die mit einem Hilfsmotor versehen waren. Die von ihm ebenfalls konstruierte, mit einem Hilfsmotor ausgerüstete und 1921 abgelieferte Viermastbark MAGDALENE VINNEN (3017 BRT), das spätere populäre Segelschulschiff KOMMODORE JOHNSEN des NDL, befindet sich heute unter russischer Flagge als SEDOV immer noch als Ausbildungssegler in Fahrt und ist gern gesehener Gast bei vielen Windjammerparaden.

Neben Segel- und Motoryachten baute die Germaniawerft bis 1923 die Tankmotorschiffe OSTPREUSSEN und OBERSCHLESIEN für die Reederei Hugo Stinnes in Hamburg sowie diverse Frachtdampfer für verschiedene deutsche Reedereien. Die für Krupp 1920 fertig gestellten Erzfrachter SAYN, MÜLHOFEN, WEILBURG und BETZDORF mussten als Reparationsleistung an Frankreich abgegeben werden. Seit 1923 hieß das bekannte Schiffbauunternehmen »Fried. Krupp Germaniawerft AG Kiel«. Neben kleineren Schwimmdocks bis zu 4500 Tonnen Tragfähigkeit nutzte die Firma seit 1921 auch die alte Südschleuse des Nord-Ostsee-Kanals in Kiel-Holtenau als zusätzliche Dockmöglichkeit. 1918 betrug die Mitarbeiterzahl noch 11 000 Personen, die sich u.a. mit der Reparatur von Waggons und Lokomotiven, wie viele ihrer Kollegen auf den anderen deutschen Schiffbaubetrieben, beschäftigten. Kriegsteilnehmer hatten den Anspruch auf Wiedereinstellung. Die Belegschaftsstärke pendelte sich im Durchschnitt bei etwa 6000 Mitarbeitern ein. Mangelnde Aufträge, Entlassungen, Kurzarbeit, die schlechte Ernährungslage, die Inflation sowie die labile politische Situation führten zu zahlreichen Streiks. Viele der Arbeiter und Angestellten wohnten in Werkswohnungen. Auch galt die Lehrlingsausbildung als vorbildlich.[70]

5.5.5.2. Howaldtswerke

Wegen des eklatanten Kohlenmangels, der Knappheit sowie der Verteuerung der Schiffbaumaterialien und zahlreicher Streiks gestaltete sich der Nachkriegsbeginn mit der Umstellung auf den Handelsschiffneubau und das Reparaturgeschäft von Schiffen, Waggons und Lokomotiven für Howaldt, ähnlich anderer deutscher Schiffbauunternehmen, sehr schwierig. Als Ersatzbrennstoff für Kohle wurde 1921/22 für den Betrieb der Kesselanlage teilweise Torf verwendet. Die Werft hatte sich zu diesem Zweck an einem Torfwerk beteiligt. Auch mussten die ehemaligen Kriegsteilnehmer, die vor 1914 hier tätig gewesen waren, wieder in den Arbeitsprozess eingegliedert werden. Immerhin fanden über 600 Mitarbeiter durch diese vom Staat vorgeschriebene Maßnahme wieder eine Beschäftigung. Auch in den anderen Kieler Schiffbaubetrieben wurde die gesetzlich geregelte Wiedereinstellung einstiger Werftmitarbeiter zur Pflicht, da soziale Unruhen vermieden werden sollten.

Da sich die Auftragslage (Neubau und Reparatur) bis in das Jahr 1923 hinein als relativ beständig erwies, konnte das Unternehmen trotz der allgemeinen ökonomisch unbefriedigenden Situation und der angespannten politischen Verhältnisse Gewinne erwirtschaften. Die Belegschaft der Kieler Howaldtswerke, die noch im November 1918 etwa 3500 Personen betragen hatte, reduzierte sich Anfang der 1920er Jahre sehr wahrscheinlich auf deutlich unter 3000 Mitarbeiter. Im Vergleich zu den größeren Konkurrenten Deutsche Werke und Germaniawerft beschäftigte Howaldt erheblich weniger Personal. Einige soziale Errungenschaften wie die Vertretung des Betriebsrates im Aufsichtsrat und das Zugeständnis von Jahresurlaub konnten nach Kriegsende erreicht werden. Wegen Tariffragen, Lohnerhöhungen und der unbefriedigenden Einkünfte der Werktätigen kam es immer wieder zu Arbeitskämpfen, wobei die Auseinandersetzungen innerhalb der Belegschaft eine nicht unwichtige Rolle spielten. Die Howaldtswerke stellten in den 1920er Jahren anspruchsvolle Aufträge (Fracht-, Passagier- und Tankdampfer sowie Motorfrachter und -tanker) für deutsche und ausländische Reedereien her. Die Schwentinedocks waren ebenfalls gut ausgelastet.[71]

5.5.6. Lübeck

5.5.6.1. Henry Koch

Die vor 1914 geplante und im Krieg teilweise in Angriff genommene Erweiterung der Schiffswerft von Henry Koch konnte wegen der unsicheren Nachkriegswirren nicht verwirklicht werden. 1919 lief kein Neubau vom Stapel. Reparaturen und Umbauten bestimmten das Betriebsgeschehen. Von 1920 bis 1923 lieferte das Unternehmen mehrere Frachtdampfer für die jetzt zu Dänemark gehörende Reederei J. Petersen in Hadersleben (Nordschleswig) und verschiedene deutsche Schifffahrtsgesellschaften (Continentale Reederei AG, Hamburg; Dampfschiffs-Reederei Horn AG, Lübeck; H.C. Horn, Flensburg) ab. Der Frachter PROGRESS für das Haderslebener Unternehmen Petersen war mit 5257 BRT und einer Länge von 117,60 m sowie einer Breite von 16,08 m das bis dahin größte in der Hansestadt gebaute Seeschiff. Wegen der positiven Geschäftsentwicklung wurden die betrieblichen Maßnahmen für eine Vergrößerung der Werftanlagen 1921 erneut aufgenommen, die 1924 mit der Fertigstellung der Kraftzentrale, einer neuen Schiffbauhalle und Glühofenanlage vollendet werden konnten. Durch die Beteiligung mehrerer Großaktionäre aus der Montan-Industrie und einiger Banken an dem Unternehmen konnte der Ausbau der Schiffbaueinrichtungen mit der Fertigstellung technisch anspruchsvoller Schiffe erfolgen. Von der Unternehmerfamilie war Willy Koch, ein Sohn des Werftgründers Henry Koch, als Vorstandsmitglied bis zum Unternehmensende hier tätig. Das traditionsreiche Lübecker Schiffbauunternehmen beschäftigte in diesem Zeitraum etwa 600 Mitarbeiter. In den Krisenzeiten des deutschen Schiffbaus ab Mitte der 1920er Jahre gelang es der Werft von Henry Koch nicht, den Schiffbaubetrieb auf Dauer zu konsolidieren und profitabel zu gestalten. Der lange Schrumpfungsprozess endete 1934 mit der Stilllegung und dem Konkurs der alteingesessenen Lübecker Seeschiffbaufirma.[72]

5.5.6.2. Lübecker Maschinenbau-Gesellschaft (LMG)

Diese Spezialfirma für Schwimmbagger, die seit 1873 existierte, sich aus der Maschinenfabrik Kollmann und Schetelig entwickelt hatte und 1911 vom Berliner Industrieunternehmen Orenstein & Koppel übernommen worden war, stellte nach dem Ersten Weltkrieg neben ihrer traditionellen Fertigung von Baggern und kleineren Fahrzeugen auch zwei Frachtdampfer für die Hamburger Schifffahrtsgesellschaft Johann M.K. Blumenthal und zwei Frachtdampfer für die in Flensburg beheimatete Reederei H.C. Horn her. 1923 betrug die Wasserfront 350 m mit einer Slipanlage sowie zwei kleineren und zwei größeren Helgen. Neben den Schiffbauhallen mit Schnürboden stand ein Turmdrehkran von 10 Tonnen Tragkraft für die Ausrüstung der Schiffe zur Verfügung. Die Maschinenfabrik stellte 1923 eine Dreifach-Expansions-Dampfmaschine mit 1000 PS her. Als Oberingenieur war hier seit 1917 Karl Zickerow tätig, der die Umstellung des Betriebes auf die Schiffbaufertigung einleitete. Über die Beschäftigtenzahl gibt es keine Informationen.[73]

5.5.6.3. Flender

Die 1917 am Unterlauf der Trave als Brückenbau Flender AG, Zweigniederlassung Schiffs- und Dockbauwerft Siems bei Lübeck ins Leben gerufene Filiale des Benrather Mutterkonzerns entwickelte sich rasch zu einem bedeutenden Schiffbaubetrieb mit der Fertigung von Schwimmdocks und Hebepontons als Schwerpunkt. 1926 wurde die Firma als Lübecker Flender-Werke AG eigenständig, nachdem die Hansestadt Lübeck das Unternehmen durch massive Subventionen vor dem Konkurs gerettet hatte. Das erste Seeschiff war der mit 338 BRT vermessene kleine Frachter ORANTES für die Reederei Kirchner & Co. in Hamburg, der 1920 vom Stapel lief. Bis 1921 entstand eine imposante Werftanlage mit einem Dockbauplatz sowie mit Helgen für Seeschiffe bis zu 15 000 Tonnen Tragfähigkeit und Querhelgen für große Schwimmdocks. Schiffbauhallen mit modernen Werkstatteinrichtungen und Werkzeugmaschinen, ein Ausrüstungskran mit 100 Tonnen Tragkraft, ein Werfthafen von 400 m Länge sowie ein Reparaturdock ergänzten die neuzeitlichen Werfteinrichtungen, die durch ein umfangreiches Schienennetz verbunden waren. Bedeutende Reedereien wie die Hapag und Deutsche Levante-Linie aus Hamburg und die Bremer DDG Hansa ließen hier Frachtdampfer bauen. Außerdem fertigte die Firma diverse Schwimmdocks und Pontons für deutsche und ausländische Auftraggeber an. Die Beschäftigung betrug 1921 bereits 2290 Mitarbeiter. Für die Angestellten und Arbeiter entstand in Siems eine eigene Werkssiedlung.[74]

5.5.6.4. Travewerk

Dieser Schiffbaubetrieb mit dem offiziellen Namen »Travewerk der Gebrüder Goedhart Aktiengesellschaft Düsseldorf, Bagger-, Schiffs- und Maschinenbauanstalt in Siems bei Lübeck«, der 1919 von der Düsseldorfer Hafen- und Wasserbaufirma Gebrüder Goedhart am nördlichen Ufer der Untertrave gegründet wurde, existierte nur bis 1928. Es wurden die entsprechenden Schiffbaueinrichtungen mit einer Schiff- und Maschinenbauhalle, einem Kesselhaus, einer Längshelling für Schiffe bis zu 100 m Länge und einer Patentslipanlage für drei Schiffe mit bis zu 80 m Länge errichtet. Zwei Schwimmkrane mit einer Tragkraft von 60 und 50 Tonnen standen für den Transport schwerer Lasten zur Verfügung. Neben Schuten, Baggerprähmen und Spülern wurde hier 1922 der Frachtdampfer CREMON mit 935 BRT für die Hamburger Reederei H.M. Gehrckens abgeliefert. Über die Mitarbeiterzahl der Lübecker Zweigniederlassung gibt es keine Informationen.[75]

5.6. Mecklenburg-Vorpommern

5.6.1. Neptunwerft in Rostock

Die am linken Ufer der Warnow im Westen der Hansestadt Rostock beheimatete Neptunwerft, die im Jahre 1850 durch den Schiffbaupionier Albrecht Tischbein gegründet wurde und mit dem 1851 erfolgten Bau des ersten eisernen in Deutschland gefertigten Seeschiffes, dem Schraubendampfer ERBGROSSHERZOG FRIEDRICH FRANZ, deutsche Schiffbaugeschichte schrieb, galt auch als der wichtigste Industriebetrieb in Mecklenburg-Vorpommern. Sie entwickelte sich bis 1914 zu einem der wichtigsten Schiffbauunternehmen in Deutschland, die im Ersten Weltkrieg neben Frachtdampfern für verschiedene deutsche Reedereien vor allem 34 Minensuchboote für die Kaiserliche Marine baute und 1918 auch noch am U-Bootbau beteiligt wurde. Wegen der schwierigen Bedingungen für den Schiffbau im Nachkriegsdeutschland und in Rostock setzte sich selbst der Arbeiter- und Angestelltenrat bei Neptun für die Wiederaufnahme der Produktion ein. Die Kommunisten nahmen im neugewählten Betriebsrat der Werft eine starke Position ein. Um die Rentabilität der Neptunwerft zu verbessern, die jedoch von 1918 bis 1922 Gewinne erwirtschaften konnte, wurden die neuen, aus Amerika kommenden Fertigungsmethoden mit Arbeits- und Zeitstudien für eine genaue Kostenermittlung der einzelnen Arbeitsvorgänge umgesetzt. Am 5. November 1923 gab der Betrieb wegen der rasant steigenden Inflation eigenes Notgeld heraus, um die etwa 1000 Mitarbeiter der Werft entlohnen zu können. Die vor oder im Kriege bestellten und anschließend fertig gestellten Handelsschiffneubauten mussten an die alliierten Mächte abgeliefert werden. Die Neptunwerft baute in der Folgezeit etliche Frachtdampfer, u.a. für die Hamburger Reedereien Rob. M. Sloman und Hapag sowie für Rostocker Schifffahrtsgesellschaften. Für die Ausrüstung und Reparaturen standen ein Scherenkran mit 80 Tonnen Tragkraft, ein Schwimmkran mit 40 Tonnen Tragkraft sowie ein Schwimmdock mit einer Tragfähig-

Abb. 17 Passagierschiff STUTTGART des NDL, erbaut 1923 vom Stettiner Vulcan, 1930.

keit von 3000 Tonnen zur Verfügung. Vier Helgen für Schiffe bis 150 m Länge und zahlreiche Werkstätten für den Schiff- und Schiffsmaschinen bildeten den Grundstock der umfangreichen und modernen Firmenanlagen. Als langjähriger und erfolgreicher technischer Direktor fungierte Gerhard Barg bis 1923, der sich auch als Konstrukteur von Segelyachten hervortat.[76]

5.7. Stettin

5.7.1. Vulcan

Das einstmals führende deutsche Unternehmen im Handelsschiffbau großer Schnelldampfer für den NDL und die Hapag, die 1857 als »Stettiner Maschinenbau Actien-Gesellschaft Vulcan« gegründete Firma, hatte mit der Errichtung der Großschiffswerft in Hamburg, die 1909 den Betrieb aufnehmen konnte und mit dem Verlust der Hauptniederlassung, die sich seit 1911 in Hamburg befand, seine dominierende Stellung in Stettin-Bredow schon vor dem Ersten Weltkrieg verloren. Die Werftarbeiter des Stettiner Vulcan galten in der Revolutionszeit als besonders politisch motiviert und streikbereit. Es wurden in der Zeit von 1919 bis 1923 in erster Linie Passagierschiffe für den NDL, unter anderem die SIERRA NEVADA, MÜNCHEN, STUTTGART, aber auch Frachtschiffe für den NDL und für verschiedene andere deutsche Reedereien hergestellt. Die Beschäftigung betrug in diesen Jahren etwa 3000 Mitarbeiter. Es standen sieben Helgen, drei Schwimmdocks, eine Gießerei und Kesselschmiede sowie umfangreiche Werkstätten für den Maschinen- und Lokomotivbau zur Verfügung.[77]

5.7.2. Stettiner Oderwerke

Die 1903 etablierten Stettiner Oderwerke, die aus einer bereits 1837 gegründeten Eisengießerei hervorgegangen waren, hatten vor dem Ersten Weltkrieg ihre Werfteinrichtungen grundlegend modernisiert und konnten Seeschiffe bis zu einer maximalen Kapazität von etwa 5000 BRT anfertigen. Die Beschäftigtenzahl betrug 1200 Personen. Während der Kriegszeit stagnierte der Handelsschiffbau, da viele Mitarbeiter ihren Kriegsdienst leisten mussten. Das Unternehmen hielt sich mit Reparaturen sowie dem Bau von sechs Fischdampfern und drei Torpedorümpfen für die Kaiserliche Marine über Wasser. 1919 konnte wieder der erste Frachtdampfer E. RUSS für die Hamburger Reederei Ernst Russ vom Stapel laufen, dem bis 1923 etliche Neubauten folgen sollten. Auch Leonhardt & Blumberg aus Hamburg und Stettiner Schifffahrtsgesellschaften gehörten zu den Kunden der Oderwerke, die im Gegensatz zu ihren Stettiner Konkurrenzbetrieben (Vulcan, Ostsee-Werft und Nüscke) die schwere Werftenkrise von 1925 bis 1935 überlebten.[78]

5.7.3. Nüscke

Das traditionsreichste Schiffbauunternehmen in Stettin, dessen Wurzeln bis in die Mitte des 17. Jahrhunderts zurückreichen, stellte seinen Betrieb erst in den 1890er Jahren auf die längst etablierte Eisen- und Stahlschiffbautechnologie um. Die Firma Nüscke & Co. Schiffswerft, Kesselschmiede und Maschinenbauanstalt, wie sie seit 1903 hieß, wurde mit neuzeitlichen Schiffbaueinrichtungen und Dockanlagen ausgestattet, so dass sie in der Lage war, Seeschiffe bis zu einer Größe von 2500 BRT mit einem Mitarbeiterstamm von 500 Personen herzustellen. Auch bei Nüscke kam es in der Nachkriegszeit zu Versorgungsengpässen und Materialknappheit. Von dem Schiffbauboom mit dem Wiederaufbau der deutschen Handelsflotte und der Abarbeitung von Reparationsaufträgen von 1919 bis 1923 profitierte auch der Nüsckesche Schiffbaubetrieb, der kleine Frachtdampfer für deutsche und ausländische Reedereien fertigen konnte.[79]

Abb. 18 Schnelldampfer COLUMBUS, erbaut bei Schichau in Danzig, im Kaiserdock II, 1931.

5.8. Schichau in Elbing und Danzig

Die später weltberühmte Firma Schichau, die neben dem Stettiner Vulcan und Blohm & Voss in Hamburg zu den arriviertesten deutschen Schiffbaubetrieben gehörte, etablierte sich 1837 in Elbing als Maschinenbauanstalt. Sie nahm hier 1854 den Eisenschiffbau auf und erwarb sich u.a. durch die Produktion von Lokomotiven, Schiffsmaschinen, Schwimmbaggern, Eisenbahnfähren, Spezialfahrzeugen und vor allem Torpedobooten einen guten Ruf. Während in Pillau bereits 1889 eine Dockanlage und Reparaturwerkstatt eingerichtet worden war, erfolgte von 1890 bis 1892 in Danzig der Bau einer modernen Werft für den Großschiffbau, auf der viele bekannte Kriegs-, Passagier- und Frachtschiffe entstanden. Bereits 1910/11 fiel auch die Entscheidung für die Entwicklung und Konstruktion von Dieselmotoren. 1913 wurde noch die einstige Mühlgrabenwerft in Riga erworben.

Während des Krieges wurden in Elbing ausschließlich Torpedoboote für die Kaiserliche Marine und die Antriebs- und Hilfsmaschinen für die in Danzig hergestellten Kreuzer und Linienschiffe angefertigt. Die schwierige politische Lage in Danzig nach dem Ersten Weltkrieg mit der Abtrennung des Freistaates Danzig vom Deutschen Reich durch den »Korridor« und die Blockade der Verkehrswege machte die Situation für die Schichau-Werke nicht leichter, weil sich die Hauptverwaltung und große Teile der Produktionsanlagen in Elbing, das zum Deutschen Reich gehörte, befanden. Kohlenknappheit und Materialmangel sowie der Wegfall der Marineaufträge mit der Umstellung auf die Friedenswirtschaft erschwerten die Bedingungen für die Wiederaufnahme des Handelsschiffbaus. Der Versailler Vertrag schrieb die Ablieferung und Abwrackung von Schiffen, Turbinen, Dieselmotoren, Kesseln und Werkzeugmaschinen vor.

Der Tod der über lange Zeit dominierenden Unternehmerpersönlichkeit Carl H. Ziese 1917 und die Übergabe der Firmenleitung an dessen Schwiegersohn, Carl F. Carlson, bedeuteten für Schichau eine Zäsur. Im Juli 1918 waren hier noch über 11 000 Arbeiter und Angestellte beschäftigt. Dazu kamen noch 2000 Kriegsgefangene. Auch weibliche Arbeitskräfte und ungelernte Hilfskräfte mussten die zum Kriegsdienst eingezogenen Facharbeiter ersetzen, um die

Kriegsproduktion aufrechtzuerhalten. Von 1920 bis 1922 kam es zu Streikmaßnahmen, die politisch und wirtschaftlich motiviert waren. 1921 betrug die durchschnittliche Beschäftigtenzahl 8000 Personen. Bei dem Danziger Zweigbetrieb waren 1923 etwa 2200 Arbeiter tätig. Durch die Inflation stiegen die Löhne und Gehälter 1922 und 1923 in astronomische Höhen.

Von den beiden 1912 und 1913 vom NDL bestellten Doppelschrauben-Passagier- und Frachtdampfern war die COLUMBUS (I) bei Kriegsende zu 90 Prozent fertig gestellt und wurde als HOMERIC Anfang 1922 an die englische White Star Line als Reparationsleistung abgeliefert. Der ursprünglich als HINDENBURG in Auftrag gegebene Schnelldampfer, bei dem bereits im April 1914 der Kiel gestreckt worden war, wurde dann nach 1920 als COLUMBUS weitergebaut. Nach dem Stapellauf im Jahre 1922 wurde das 32 565 BRT große Schiff mit seiner markanten äußeren Erscheinung und einer herausragenden Innenarchitektur als Flaggschiff des NDL 1924 auf der Nordatlantikroute von Bremerhaven nach New York in Dienst gestellt. Sowohl in Elbing als auch in Danzig wurden in der Nachkriegszeit zahlreiche Frachtschiffe für deutsche und ausländische Schifffahrtsgesellschaften gebaut.[80]

5.9. Union-Gießerei in Königsberg

Die Union-Gießerei, die auf eine lange Tradition zurückblicken konnte und u.a. auch im Schiffbau tätig war, beschäftigte sich in erster Linie mit dem Maschinen- und Lokomotivbau. 1913 nahm die Union-Gießerei den Schiffbau und die Schiffsreparatur auf, weil die benachbarte Werft Gustav Fechter, für die sie jahrelang Schiffsmaschinen und Kesselanlagen geliefert hatte, ihren Werftbetrieb einstellen musste. Im Ersten Weltkrieg gehörten neben der Kaiserlichen Marine auch Behörden und Firmen, die hier Spezialfahrzeuge bestellten, zu den Auftraggebern. In den Jahren 1921 bis 1923 baute die Union-Gießerei einige kleinere Frachtdampfer für deutsche Reedereien und stellte Spezialfahrzeuge her. Ein Schwimmdock, eine Patentslipanlage sowie drei Ladebrücken am Pregel ergänzten die umfangreichen Werkstätten und Betriebseinrichtungen. Etwa 2000 Arbeiter und Angestellte fanden hier Beschäftigung.[81]

5.10. Lindenau in Memel

Der Schiffbauingenieur Paul Lindenau konnte 1919 in Memel auf dem ehemaligen Schiffbauareal der Schiffszimmergenossenschaft eine Werft für stählerne Seeschiffe und Spezialfahrzeuge eröffnen. Als erster Neubau lief am 13. Oktober 1922 der Frachtdampfer CATTARO mit 1424 BRT für die in Hamburg beheimatete Deutsche Levante-Linie AG, die zur Hapag gehörte, vom Stapel. Das Schiff, das mit einer Dreifach-Expansionsmaschine ausgestattet war, wurde am 4. Februar 1923 an die Reederei abgeliefert. Die Mitarbeiterzahl betrug etwa 300 Personen. Neben dem Niedergang des Schiffbaus spielte die unsichere politische Lage des Memellandes, das vom Deutschen Reich abgetrennt war und faktisch unter der Autonomie Litauens stand, eine Rolle für die Stagnation des jungen Unternehmens. 1923 konnte Lindenau nur noch etwa 100 Mitarbeiter beschäftigen, die sich mit Reparaturarbeiten und der Fertigung von Maschinenbauteilen, Gussstücken und Armaturen über Wasser hielten.[82]

6. Der deutsche Schiffbau (1923) – Schlussbetrachtung und Ausblick

Für den zu erwartenden Schiffbauboom nach dem Ersten Weltkrieg durch den Wiederaufbau der deutschen Handelsflotte und die Reparationsablieferungen kam es zu einer rasanten Erweiterung der Werftkapazitäten nach 1918, die im Vergleich zu 1914 um 50 Prozent angestiegen waren. Wegen der Aufrechterhaltung der Vollbeschäftigung in der Schiffbauindustrie und den Zulieferbetrieben in einer labilen politischen und wirtschaftlichen Lage nach dem Ersten Weltkrieg hatten das Reichsmarineamt, die Reichsregierung, die Reeder, die mit den Seeschiffswerften verbundene Schwerindustrie sowie die Schiffbauunternehmer, Arbeitnehmer und Gewerkschaften kein Interesse an einer Reduzierung der deutschen Seeschiffbaufirmen. Auch kam es nicht zu den notwendigen Modernisierungs- und Rationalisierungsmaßnahmen, wie sie z.B. die Schiffbautechnische Gesellschaft gefordert hatte.[83]

Während der Demobilmachung wurden die Werften auch dann in Betrieb gehalten, wenn sie kaum etwas produzierten. Zu wichtig war es, eine größere Arbeitslosigkeit um jeden Preis (als auch um den Preis eines beschleunigten Inflationsprozesses) zu vermeiden. Damit erfüllte der Staat sowohl die Forderungen der Vertreter der Arbeiterschaft als auch der Unternehmen. Jedenfalls hatten die Werften keinen Anlaß, ihre Kapazitäten rasch nach unten anzupassen. Im Gegenteil: Der Wiederaufbau der Handelsflotte erfolgte weitgehend durch teure Neubauten auf deutschen Werften, anstatt viel günstiger Gebrauchtschiffe zu erwerben. Aber auf einen Arbeitsplatz in der Werftindustrie kamen schätzungsweise noch drei weitere bei den Zulieferern. Es gab also nach wie vor gute politische Gründe, die Werften in Betrieb zu halten, ja einen weiteren Ausbau zu unterstützen.[84]

Das Reichsmarineamt setzte sich für die Erhaltung der einstigen Kriegsschiffswerften Blohm & Voss, AG »Weser«, Schichau, Germaniawerft und Stettiner Vulcan ein, um das Know-how im U-Bootbau und den technischen Vorsprung im Marineschiffbau trotz der Demilitarisierung der deutschen Werftindustrie durch den Versailler Vertrag nicht zu verlieren. Ein getarntes Konstruktionsbüro für U-Boote wurde im niederländischen Den Haag durch die Germaniawerft, AG »Weser« und den Stettiner Vulcan in Absprache mit der Marineleitung gegründet. Auch gab es eine intensive Beratungstätigkeit deutscher Spezialisten für die Herstellung von U-Booten in Argentinien, Italien, Schweden, Finnland, Spanien, Türkei, der UdSSR und Japan.[85]

Die massiven Subventionen durch die Reichsregierung verstärkten nur noch den Schiffbauboom und verdeckten die Überkapazitäten und Strukturprobleme im deutschen Schiffbau, die nach der Abbremsung der Inflation Ende 1923 deutlich in Erscheinung traten. Die Werftkapazitäten mussten drastisch reduziert werden. Erhebliche Personalentlassungen waren die Folge, die wirtschaftliche und politische Turbulenzen nach sich zogen.[86]

Die Sonderkonjunktur endete für die deutschen Werften damit, dass die Reichsbank nach der Währungsstabilisierung eine restriktive Kreditpolitik betrieb, um neue inflationäre Entwicklungen zu vermeiden. Die Verteuerung des Geldes ließ auch die deutschen Reeder vor weiteren Investitionen zurückschrecken. In der Folge verschlechterte sich das Investitionsklima und weder aus dem Ausland noch aus dem Inland kamen Signale eines konjunkturellen Aufschwungs. Für die Schiffbauindustrie war die häufig als relativ stabile Phase der Weimarer Republik bewertete Zeit zwischen dem Ende der Hyperinflation und dem Beginn der Weltwirtschaftskrise eine Zeit des Abschwungs. Seit Ende 1923, als das Wiederaufbauprogramm für die Reeder auslief, konnten ihre Fertigungskapazitäten immer weniger ausgelastet werden. Verschärfend wirkte sich der weltweite Überschuß an Handelsschiffstonnage aus, denn auch die ausländischen Werften hatten ihre Anlagen in den letzten Jahren ausgebaut. Einem Überangebot an Tonnage stand jetzt eine sinkende Nachfrage gegenüber.[87]

Nach dem Auslaufen des Wiederaufbauprogramms für die deutschen Reedereien und nach dem Inflationsende durch die Einführung der Rentenmark als stabiles Währungsmittel kam es ab 1923/24 zu erheblichen Auftragseinbußen, die zu einem Abbau der nach dem Ersten Weltkrieg aufgeblähten Schiffbaukapazitäten führen mussten und die deutsche Schiffbauindustrie in eine tiefe Krise stürzten, die länger als ein Jahrzehnt andauern sollte. Die einsetzende Weltwirtschaftskrise ab Ende der 1920er Jahre beschleunigte diesen Umstrukturierungsprozess und führte im deutschen Seeschiffbau zu Rationalisierungsbestrebungen mit technischen Neuentwicklungen sowie zu Konzentrationserscheinungen (Deschimag, Howaldtswerke, Deutsche Werft und Reiherstieg) und Betriebsschließungen (Deutsche Werke in Rüstringen, Eiderwerft, Tecklenborg, Stettiner Vulcan, Nüscke, Klawitter, Frerichs, Henry Koch) mit Massenentlassungen. Die Schiffbaukonjunktur besserte sich erst ab Mitte der 1930er Jahre, als es durch die Aufrüstung und Autarkiebestrebungen des nationalsozialistischen Deutschland mit dem ersten Flottenbauprogramm für die Kriegsmarine, dem Ausbau der Hochseefischerei und der Schaffung einer Walfangflotte wieder Aufträge für die deutschen Werften gab.[88]

Anmerkungen:

1 Herbert Heißner: Strukturwandlungen und Konjunkturschwankungen im Schiffbau und ihr Einfluß auf die finanzielle Entwicklung der deutschen Werftindustrie. Eine Untersuchung der letzten zwei Jahrzehnte (1913-1932) unter besonderer Berücksichtigung der Kapitalfehlleitung. Kallmünz 1933.

2 Reinhart Schmelzkopf: Die deutsche Handelsschiffahrt 1919-1939. Bd. I: Chronik und Wertung der Ereignisse in Schiffahrt und Schiffbau. Oldenburg 1974.

3 Marc Fisser: Seeschiffbau an der Unterweser in der Weimarer Zeit. (= Veröffentlichungen des Stadtarchivs Bremerhaven, Bd. 10). Bremerhaven 1995.

4 Hartmut Rübner: Konzentration und Krise in der deutschen Schiffahrt. Maritime Wirtschaft und Politik im Kaiserreich, in der Weimarer Republik und im Nationalsozialismus. (= Deutsche Maritime Studien, Bd. 1). Bremen 2005.

5 Peter Kuckuk: Die A.G. »Weser«. Teil II: 1914 bis 1933. Vom Weltkrieg zur Weltwirtschaftskrise. (= Reihe Industriearchäologie). Bremen 1987; Peter Kuckuk, Hartmut Pophanken: Die A.G. »Weser« 1933 bis 1945. Handels- und Kriegsschiffbau im Dritten Reich. In: Bremer Großwerften im Dritten Reich. (= Beiträge zur Sozialgeschichte Bremens, Heft 15). Bremen 1993, S. 11-103.

6 Hartmut Roder: Der Bremer Vulkan. Schiffbau und Werftarbeit in Vegesack. Teil II: 1914-33. (= Reihe Industriearchäologie). Bremen 1987; Hartmut Roder: Der Bremer Vulkan im Dritten Reich (1933-1945). In: Bremer Großwerften im Dritten Reich (wie Anm. 5), S. 129-153.

7 Peter Kuckuk, Hartmut Roder (Hrsg.): Von der Dampfbarkasse zum Containerschiff. Werften und Schiffbau in Bremen und der Unterweserregion im 20. Jahrhundert. Bremen 1988.

8 Peter Kuckuk: Die Ostasienschnelldampfer SCHARNHORST, POTSDAM und GNEISENAU des Norddeutschen Lloyd. Ein Beitrag zur Schiffbau- und Schiffahrtsgeschichte des Dritten Reiches. Bremen 2005.

9 Götz Albert: Wettbewerbsfähigkeit und Krise der deutschen Werftindustrie 1945-1990. (= Europäische Hochschulschriften: Reihe 5, Volks- und Betriebswirtschaft; Bd. 2343). Frankfurt am Main 1998.

10 Heinz Haaker: Die »Schiffswerft von Henry Koch AG«. Ein Kapitel Lübecker Schiffbau- und Industriegeschichte. (= Schriften des DSM, Bd. 37). Hamburg 1994.

11 Joachim Stahl: Neptunwerft. Ein Rostocker Unternehmen im Wandel der Zeit. (= Schriften des Schiffahrtsmuseums der Hansestadt Rostock, Bd. 1). Rostock 1995.

12 Dirk J. Peters, Peter Neumann, Norbert Suxdorf: Die Nordseewerke 1903-2003. Emden 2003.

13 Christian Ostersehlte: Von Howaldt zu HDW. 165 Jahre Entwicklung von einer Kieler Eisengießerei zum weltweit operierenden Schiffbau- und Technologiekonzern. Hamburg 2004.

14 Hans Jürgen Witthöft: Tradition und Fortschritt. 125 Jahre Blohm + Voss. Hamburg 2002.

15 Andreas Meyhoff: Blohm & Voss im »Dritten Reich«. Eine Hamburger Großwerft zwischen Geschäft und Politik. (= Hamburger Beiträge zur Sozial- und Zeitgeschichte, Bd. 38). Hamburg 2001.

16 Olaf Mertelsmann: Zwischen Krieg, Revolution und Inflation. Die Werft Blohm & Voss 1914-1923. (= Schriftenreihe zur Zeitschrift für Unternehmensgeschichte, Bd. 11). München 2003.

17 Fred Ludolph: Sozial- und wirtschaftsgeschichtliche Aspekte zur Entwicklung der Werftindustrie in Bremen bis zum Ausbruch der Weltwirtschaftskrise am Beispiel der AG »Weser«. In: Beiträge zur Industrieforschung. Historische und aktuelle Aspekte. (= Schriftenreihe der Hochschule für Wirtschaft Bremen, Bd. 16). Bremen 1980, S. 1-171.

18 Dirk Hemje-Oltmanns: Materielle Bedingungen der Entwicklung des Verhältnisses von Sozialreform und Revolution in Deutschland (1880-1924) unter besonderer Berücksichtigung der Bremer Werftarbeiterbewegung. München 1983.

19 Dieter Pfliegensdörfer: Vom Handelszentrum zur Rüstungsschmiede. Wirtschaft, Staat und Arbeiterklasse in Bremen 1929 bis 1945. Bremen 1986.

20 Rudolf Herbig: Wirtschaft, Arbeit, Streik, Aussperrung an der Unterweser. Wolframs-Eschenbach 1979; Wilfried Kalk: 120 Jahre Metallarbeiterbewegung in Kiel. Die Geschichte der IG Metall-Verwaltungsstelle bis 1989. Kiel ca. 1989; Michael Joho: Die Geschichte der Metallarbeiterbewegung und ihrer Gewerkschaften in Flensburg. Hrsgg. von der Verwaltungsstelle Flensburg der Industriegewerkschaft Metall. Flensburg, Hamburg 1992.

21 Lutz Krützfeldt: Literaturbericht zur Geschichte des modernen deutschen Seeschiffbaus bis 1945. In: DSA 14, 1991, S. 157-198.

22 Walter Huth: Die Zukunft des deutschen Schiffbaues. In: Werft und Reederei 2, 1921, Heft 10, S. 279.
23 Schürer: Die deutschen Unterseeboote. In: Schiffbau XX, 1918/19, Nr. 14, S. 359-362.
24 Mertelsmann (wie Anm. 16), S. 44-49, 101 und 197.
25 Mertelsmann (wie Anm. 16), S. 96-102 und 196-198; Verband der Deutschen Schiffbauindustrie e.V. (Hrsg.): 100 Jahre Verbands- und Zeitgeschehen. Hamburg 1984, S. 14f. und 43.
26 Schwerindustrie und Schiffbau. In: Schiffbau XXI, 1919/20, Nr. 42, S. 11-52; Erich Grundt: Die Flender A.-G. für Eisen-, Brücken- und Schiffbau, Werk Lübeck. In: Schiffbau XXVI, 1925, S. 650-654; Heißner (wie Anm. 1), S. 14f. und 19; Hartmut Roder: Technischer Wandel im deutschen Schiffbau zwischen den Weltkriegen. In: Kuckuk/Roder (wie Anm. 7), S. 12-33, hier S. 14f.; Franz Xaver Ortlieb: Zur Werftenkonzentration in den Zwanziger Jahren. In: Kuckuk/Roder (wie Anm. 7), S. 50-70, hier S. 52; Wilhelm Chr. K. Stammer: Hamburgs Werften 1635-1991. Hamburg 1992, S. 60f., 73-75, 98 und 212f.; Wolfgang Günther, Eila Elzholz (Hrsg.): Nordenham. Die Geschichte einer Stadt. Oldenburg 1993, S. 509; Heinz Schröder, Rudolf Wulff, Gert Uwe Detlefsen: 200 Jahre Elbewerft Boizenburg. Boizenburg 1993, S. 26; Fisser (wie Anm. 3), S. 13; Heinz Haaker: Triton-Werke A.-G. und Trave-Schiffbaugesellschaft. Zwei Werftprojekte in Lübeck während des Ersten Weltkrieges. (= Schiffbau in Lübeck, II). In: Strandgut 32, 1993, S. 95-102; Heinz Haaker: Travewerk der Gebrüder Goedhart Aktien-Gesellschaft Düsseldorf, Bagger-, Schiffs- und Maschinenbauanstalt Siems bei Lübeck. (= Schiffbau in Lübeck, III). In: Strandgut 34, 1994, S. 85-92; Heinz Haaker: Werftprojekte in Lübeck am Anfang des 20. Jahrhunderts. In: DSA 17, 1994, S. 321-343, hier S. 334-338; Heinz Haaker: Die Flender Werft AG, Lübeck. (= Schiffbau in Lübeck, IV). In: Strandgut 38, 1996, S. 91-114, hier S. 91-94; Heinz Haaker: Werftprojekte in Lübeck im frühen 20. Jahrhundert. In: Schiff & Zeit 45, 1997, S. 6-10, und Nr. 46, 1997, S. 6-10, hier S. 8-10; Albert (wie Anm. 9), S. 62; Mertelsmann (wie Anm. 16), S. 100; Ostersehlte (wie Anm. 13), S. 444f.; Heinz Haaker: Ein 125jähriges Jubiläum wird es nicht mehr geben. 120 Jahre Eisen- und Stahlschiffbau in Lübeck. Ein Überblick. (= Schriftenreihe Schiffahrtsgeschichtliche Gesellschaft Ostsee e.V., Heft 27). Rostock 2005, S. 22 und 31f.; Rübner (wie Anm. 4), S. 89f.
27 Heißner (wie Anm. 1), S. 22-24; Hermann J. Held: 100 Jahre Howaldt. Kiel 1938, S. 126-139; Georg Bessell, August Westermann: 150 Jahre Schiffbau in Vegesack. Hrsgg. vom Bremer Vulkan Schiffbau und Maschinenfabrik Bremen-Vegesack. Bremen 1955, S. 111; Günther Leckebusch: Die Beziehungen der deutschen Seeschiffswerften zur Eisenindustrie an der Ruhr in der Zeit von 1850 bis 1930. (= Schriften zur rheinisch-westfälischen Wirtschaftsgeschichte, Neue Folge, Bd. 8). Köln 1963, S. 84-88; 100 Jahre Flensburger Schiffsbau-Gesellschaft. Eine Dokumentation. Darmstadt 1972, S. 16; Herbert Karting: Bark, Schoner, Galeass. Die Motorsegler der Krupp-Germaniawerft. Rendsburg 1987, S. 8; Günther Diercks, Reinhold Thiel: J. Frerichs & Co. Frerichswerft Flethe/Rönnebeck – Osterholz-Scharmbeck – Einswarden. Bremen 2001, S. 93-98; Meyhoff (wie Anm. 15), S. 39; Mertelsmann (wie Anm. 16), S. 100; Peters/Neumann/Suxdorf (wie Anm. 12), S. 34-38; Christian Ostersehlte: Die Norddeutsche Schiffbau AG (NSAG) in Gaarden bei Kiel (1865-1879). In: Mitteilungen des Canal-Vereins 22, 2002, S. 7-146, hier S. 123-125; Ostersehlte (wie Anm. 13), S. 129-136 und 271f.; Rübner (wie Anm. 4), S. 90f. und 93f.
28 Heißner (wie Anm. 1), S. 16f.; Fisser (wie Anm. 3), S. 13; Mertelsmann (wie Anm. 16), S. 126-134.
29 Artur Bode: Der Wert des Reedereientschädigungsgesetzes für den Wiederaufbau der deutschen Handelsflotte. In: Werft und Reederei, 2, 1921, Heft 11, S. 341f.; Heißner (wie Anm. 1), S. 36; Wolfran Claviez: 50 Jahre Deutsche Werft 1918-1968. Hamburg 1968, S. 32; Ortlieb (wie Anm. 26), S. 53; Fisser (wie Anm. 3), S. 13f. und 17; Albert (wie Anm. 9), S. 62; Mertelsmann (wie Anm. 16), S. 152-155 und 191-193; Rübner (wie Anm. 4), S. 102-104.
30 Ludolph (wie Anm. 17), S. 124f.; Kalk (wie Anm. 20), S. 89; Joho (wie Anm. 20), S. 271-276; Hans Gillmann, Wolfgang Kunoth, Hans-Hermann Precht: Im Zeichen des Propellers 1902-1945. Hrsgg. durch die Kollegengruppe »Ehemalige Atlas-Werke«. Bremen 1992, S. 8f.; Fisser (wie Anm. 3), S. 17; Witthöft (wie Anm. 14), S. 144-148; Peters/Neumann/Suxdorf (wie Anm. 12), S. 52-56; Mertelsmann (wie Anm. 16), S. 123-126, 143-148, 151f. und 163; Ostersehlte (wie Anm. 13), S. 254-260, 269 und 304.
31 Die Lohnbewegung auf den Werften. In: Schiffbau XX, 1918/19, Nr. 3, S. 113; H.G. Schmaltz: Revolutionslöhne. In: Schiffbau XX, 1918/19, S. 308; Werftangestelltenlöhne. In: Schiffbau XX, 1918/19, S. 441; Die Arbeitszeit auf den deutschen Werften. In: Schiffbau XXI, 1919/20, Nr. 38, S. 1048-1051; Schmelzkopf (wie Anm. 2), S. 25-27; Herbig (wie Anm. 20), S. 247f. und 280f.; Kalk (wie Anm. 20), S. 86-95; Joho (wie Anm. 20), S. 276-285; Stahl (wie Anm. 11), S. 132f.; Fisser (wie Anm. 3), S. 17 und 21; Mertelsmann (wie Anm. 16), S. 125, 135-137 und 155-170; Peters/Neumann/Suxdorf (wie Anm. 12), S. 56; Ostersehlte (wie Anm. 13), S. 303-308.
32 Kohleferien auf den Werften. In: Schiffbau XXI, 1918/19, Nr. 13, S. 433f.; Belieferung deutscher Werften mit Schiffsbaustahl. In: Schiffbau XXI, 1919/20, Nr. 33, S. 913; Held (wie Anm. 27), S. 165; Schmelzkopf (wie Anm. 2), S. 28; Fisser (wie Anm. 3), S. 21; Albert (wie Anm. 9), S. 63; Witthöft (wie Anm. 14), S. 147; Mertelsmann (wie Anm. 16), S. 148-151 und 186-188; Ostersehlte (wie Anm. 13), S. 269f.
33 Mertelsmann (wie Anm. 16), S. 162f.
34 Gillmann/Kunoth/Precht (wie Anm. 30), S. 9.
35 Tjard Schwarz: Die Umstellung der Werftbetriebe für den Wiederaufbau der Handelsflotte. In: Werft und Reederei 2, 1921, Heft 21, S. 659.
36 Vgl. ebd., S. 659f.; W. Loof: Neuzeitliche deutsche Werftmaschinen und Bearbeitungsanlagen für den Kriegs- und Handelsschiffbau. In: Jahrbuch der Schiffbautechnischen Gesellschaft 19, 1918, S. 222-276, hier S. 222-225; Walter Laas: Der Weltschiffbau und seine Verschiebungen durch den Krieg. In: Jahrbuch der Schiffbautechnischen Gesellschaft 21, 1920, S. 125-174, hier S. 148f.; E. Foerster: Wirtschaftliche Konstruktionsfragen im künftigen Schiffbau.

In: Jahrbuch der Schiffbautechnischen Gesellschaft 21, 1920, S. 181-217, hier S. 181-184; Roder (wie Anm. 26), S. 16; Rübner (wie Anm. 4), S. 90.

37 Das Schicksal der deutschen Handelsflotte. In: Jahrbuch 1918/1919 des Norddeutschen Lloyd. Bremen 1919, S. 27-92, hier S. 33-36, 54-56 und 74f.; Schmelzkopf (wie Anm. 2), S. 15 und 20-23; Fisser (wie Anm. 3), S. 15f.; Mertelsmann (wie Anm. 16), S. 173; Rübner (wie Anm. 4), S. 68-71.

38 Das Schicksal der deutschen Handelsflotte (wie Anm. 37), S. 76-79; Heißner (wie Anm. 1), S. 35; Schmelzkopf (wie Anm. 2), S. 16-23; Haaker (wie Anm. 10), S. 60f.; Ellen Mosebach-Tegtmeier, Detlef Weide: 125 Jahre Wilhelmshaven. Stationen der Stadtgeschichte (1869-1994). Wilhelmshaven 1994, S. 27-29; Fisser (wie Anm. 3), S. 18f.; Stahl (wie Anm. 11), S. 128f.; Albert (wie Anm. 9), S. 61f.; Mertelsmann (wie Anm. 16), S. 173-176; Ostersehlte (wie Anm. 13), S. 268; Rübner (wie Anm. 4), S. 71-73; Peter Doepgen: Die Washingtoner Konferenz, das Deutsche Reich und die Reichsmarine. Deutsche Marinepolitik 1921 bis 1935. (= Deutsche Maritime Studien, Bd. 2). Bremen 2005, S. 17 und 25-40.

39 Schmelzkopf (wie Anm. 2), S. 18 und 22; Haaker (wie Anm. 10), S. 61; Fisser (wie Anm. 3), S. 19; Mertelsmann (wie Anm. 16), S. 153 und 174; Ostersehlte (wie Anm. 13), 268; Rübner (wie Anm. 4), S. 104.

40 Schmelzkopf (wie Anm. 2), S. 21.

41 Walter Huth: Die deutschen Marinewerkstätten einst und jetzt. In: Werft und Reederei 2, 1921, S. 181f.; Otto K.W. Neuerburg: Menschenwerk im Mahlstrom der Macht. Die hundertjährige Geschichte der Kaiserlichen Werft Kiel und der Deutsche Werke Kiel A.G. Kiel, Berlin 1955, S. 203f.; Waldemar Reinhardt: Wilhelmshaven. Vom preußischen Marinehafen zum deutschen Tiefwasserhafen. Wilhelmshaven 1977, S. 12f.; Andreas Daniel: Industriehafen statt Reichskriegshafen. Wilhelmshavens wirtschaftliche Entwicklung 1918-1939. In: Oldenburger Jahrbuch 88, 1988, S. 43-56, hier S. 45-50; Holger Dreyer: Die Marinewerft in Wilhelmshaven von 1919 bis 1939. Magisterarbeit Universität Hannover 1990, S. 48-63; Eberhard Rössler: Die deutschen Uboote und ihre Werften. Koblenz 1990, S. 229f.; Rübner (wie Anm. 4), S. 111; Hartmut Büsing, Herrmann Linkohr, Ernst E. Neumann, Bernhard Rohde, Otto Schütze: Der Deutsche Metallarbeiter-Verband und die Werft in Rüstringen und Wilhelmshaven zwischen 1918 und 1933. (= Historischer Arbeitskreis des DGB Wilhelmshaven, Bd. 6). Wilhelmshaven 1991, S. 16-23; Mosebach-Tegtmeier/Weide (wie Anm. 38), S. 30-32; Gerhard Koop, Erich Mulitze: Die Marine in Wilhelmshaven. Eine Bildchronik zur deutschen Marinegeschichte von 1853 bis heute. Bonn 21997, S. 72f.; Hergen Manns: Das Scheitern der Weimarer Republik und die nationalsozialistische Machtübernahme in Wilhelmshaven-Rüstringen. Zwei Städte im Schatten der Reichsmarine. (= Oldenburger Studien, Bd. 42). Oldenburg 1998, S. 41-44 und 46-48; Reinhart Schmelzkopf: Schiffbau in Wilhelmshaven. In: Strandgut 47, 2000, S. 107-130, hier S. 107-111; Cai Boie: Von der Hansekogge zum Containerschiff. 500 Jahre Schiffbau in Deutschland. 2 Bde. Hamburg 2001, S. 180f. und 500f.

42 Huth (wie Anm. 41), S. 181; Die Umstellung der früheren Kaiserlichen Werft Kiel. In: Schiffbau XXIII, 1921/22, Nr. 2, S. 68f.; Kiehne: Die Schiffbauplätze und Kaianlagen der Werft Kiel der Deutsche Werke Kiel Aktiengesellschaft. In: Jahrbuch der Hafenbautechnischen Gesellschaft 11, 1928/29, S. 39-46; ausführlich hierzu: Neuerburg (wie Anm. 41), S. 203-246; Karl Radunz: Kieler Werften im Wandel der Zeiten. In: Mitteilungen der Gesellschaft für Kieler Stadtgeschichte, Heft 1/2, 1957, S. 171-186, hier S. 180; Hans-Joachim Schaefer: Marinearsenal Kiel. Manuskript von 1972; Kalk (wie Anm. 20), S. 89 und 92f.; Rössler (wie Anm. 41), S. 22; Peter Wulf: Die Stadt auf der Suche nach ihrer neuen Bestimmung (1918 bis 1933). In: Jürgen Jensen, Peter Wulf (Hrsg.): Geschichte der Stadt Kiel. Neumünster 1991, S. 303-358, hier S. 330f.; Boie (wie Anm. 41), S. 178f.; Ostersehlte (wie Anm. 13), S. 304.

43 Huth (wie Anm. 41), S. 181; Rüdiger Ruhnau: Die Danziger Werft in fremder Hand. In: Strandgut 7, 1984, S. 125-132, hier S. 125-129; Rössler (wie Anm. 41), S. 166; Günter Stavorinus: Die Geschichte der Königlichen/Kaiserlichen Werft Danzig 1844-1918. (= Veröffentlichungen aus den Archiven Preußischer Kulturbesitz, Bd. 27). Köln, Wien 1990, S. 262-265; Boie (wie Anm. 41), S. 402 und 404.

44 Bode (wie Anm. 29); Zur Krisis in der deutschen Werftindustrie. In: Schiffbau XXII, 1920/21, Nr. 48, S. 1257f.; Heißner (wie Anm. 1), S. 35-39; Schmelzkopf (wie Anm. 2), S. 23-25 und 42-46; Haaker (wie Anm. 10), S. 61; Fisser (wie Anm. 3), S. 23-27; Albert (wie Anm. 9), S. 62f.; Mertelsmann (wie Anm. 16), S. 190-199; Ostersehlte (wie Anm. 13), S. 268f.; Rübner (wie Anm. 4), S. 103-115 und 446f.

45 Heißner (wie Anm. 1), S. 21.

46 Herbig (wie Anm. 20), S. 92, 278-285 und 412-415; Fisser (wie Anm. 3), S. 52-56.

47 Herbig (wie Anm. 20), S. 92; Fisser (wie Anm. 3), S. 62-67 und 120-125.

48 Otto Höver: Das Werk Seebeck der Deschimag 1876-1943, Bremerhaven 1943 (unveröffentliches Manuskript), S. 53-57; Herbig (wie Anm. 20), S. 92; Peter Kuckuk, Hartmut Roder, Günter Scharf: Spanten und Sektionen. Werften und Schiffbau in Bremen und der Unterweserregion im 20. Jahrhundert. Bremen 1986, S. 79; Fisser (wie Anm. 3), S. 86f. und 120-126.

49 Herbig (wie Anm. 20), S. 92; Fisser (wie Anm. 3), S. 95f. und 120-126.

50 Herbig (wie Anm. 20), S. 92; Fisser (wie Anm. 3), S. 100-104 und 120-126.

51 Herbig (wie Anm. 20), S. 92; Fisser (wie Anm. 3), S. 110-112; Siegfried Stegmann: Die Lloyd-Werft. Von der Werkstatt zum großen Reparaturbetrieb. Langen 2000, S. 63-65.

52 Diercks/Thiel (wie Anm. 27), S. 91-99 und 148-150.

53 Otto Höver: Geschichte der Actien-Gesellschaft »Weser«. Schiffswerft und Maschinenbauanstalt in Bremen.

Bremen 1943 (unveröffentliches Manuskript), S. 53-56; 8. November 1968. 125 Jahre A.G. »Weser« 1843-1968. Bremen 1968, S. 63f. und 128f.; Ludolph (wie Anm. 17), S. 124-128; Hemje-Oltmanns (wie Anm. 18), S. 210-220; Kuckuk/Roder/Scharf (wie Anm. 48), S. 34 und 107-109; Kuckuk: Die A.G. »Weser« (wie Anm. 5), S. 7f. und 41f.; Jürgen Fleischer: Schiffbau in Bremen 1945 bis 1983. Mannheim 2002, S. 43f.; Reinhart Schmelzkopf: »Use Akschen«. Die Geschichte der A.G. Weser in Bremen. In: Strandgut 59, 2005, S. 15-70, hier S. 20-22 und 50f.

54 Bessell/Westermann (wie Anm. 27), S. 105-112; Kuckuk/Roder/Scharf (wie Anm. 48), S. 52; Roder: Der Bremer Vulkan. Schiffbau und Werftarbeit in Vegesack (wie Anm. 6), S. 7f. und 41-43; Wolfgang Kiesel: Bremer Vulkan. Aufstieg und Fall. 200 Jahre Werftgeschichte. Bremen 1997, S. 36-41; Helmut Behling, Reinhold Thiel: Bremer Vulkan. Ende einer Ära. Bremen 1997, S. 8f.; Eike Lehmann: 100 Jahre Schiffbautechnische Gesellschaft. Biografien zur Geschichte des Schiffbaus. Berlin 1999, S. 303f.

55 Hans-Hermann Precht: Atlas-Werke 1945-1965. (= Reihe Industriearchäologie). Bremen 1987, S. 3; Gillmann/Kunoth/Precht (wie Anm. 30), S. 3-11; Boie (wie Anm. 41), S. 47-49; Fleischer (wie Anm. 53), S. 64-67.

56 Peters/Neumann/Suxdorf (wie Anm. 12), S. 45, 56-60 und 159f.; Hans Jürgen Witthöft: 100 Jahre Nordseewerke. (= Edition Schiff & Hafen, Bd. 6). Hamburg 2004, S. 26-29.

57 Rolf Eilers, Klaus-Peter Kiedel: Meyer Werft. Sechs Generationen Schiffbau in Papenburg 1795-1988. Hrsg. Meyer Werft. Papenburg 1988, S. 84-97, 252, 277 und 280f.; Klaus-Peter Kiedel: Das Schiffbauprogramm der Meyer Werft in Papenburg. Ein Rückblick anläßlich des 200jährigen Firmenjubiläums. In: Jahrbuch des Emsländischen Heimatbundes 41, 1995, S. 9-23, hier S. 15-19; Klaus-Peter Kiedel, Claus Veltmann: 350 Jahre Schiffbau in Papenburg. 200 Jahre Meyer Werft. Papenburg 1995, S. 21-31 und 35; Lehmann (wie Anm. 54), S. 295; Boie (wie Anm. 41), S. 517f. und 524; Hans Jürgen Witthöft: Meyer Werft. Innovativer Schiffbau aus Papenburg. Hamburg 2005, S. 65-70.

58 Susanne Wiborg: Walther Blohm. Schiffe und Flugzeuge aus Hamburg. Hamburg 1993, S. 33-46; Witthöft (wie Anm. 14), S. 139 und 144-163; Meyhoff (wie Anm. 15), S. 30-35 und 528; ausführlich hierzu: Mertelsmann (wie Anm. 16), S. 155-190 und 199-225.

59 E. Foerster: Die Hamburger Schiffbau-Industrie. In: Werft und Reederei 1, 1920, Heft 18, S. 389-393, hier S. 390f.; W. Schmidt: Der Post-, Fahrgast- und Frachtdampfer SCHLESWIG-HOLSTEIN von der Schiffswerft und Maschinenfabrik, vormals Janssen und Schmilinsky AG, Hamburg, für die Ozean-Reederei, Flensburg. In: Zeitschrift des Vereines Deutscher Ingenieure 67, 1923, Nr. 13, S. 323f.; Howaldtswerke Hamburg A.-G. 50 Jahre Werksgeschichte. Hrsg. Howaldtswerke. Hamburg 1967, S. 33-41; Armin Wulle: Der Stettiner Vulcan. Ein Kapitel deutscher Schiffbaugeschichte. Herford 1989, S. 95-101, 126-128 und 206-209; Boie (wie Anm. 41), S. 948 und 954; Ostersehlte (wie Anm. 13), S. 287-290.

60 Foerster (wie Anm. 59), S. 392; Howaldtswerke Hamburg A.-G. (wie Anm. 59), S. 11-13; Harald Kunick: Schiffswerft Janssen & Schmilinsky Hamburg-Steinwärder. In: Strandgut 10, 1985, S. 113-130; Stammer (wie Anm. 26), S. 118; Boie (wie Anm. 41), S. 380 und 387f.; Ostersehlte (wie Anm. 13), S. 284.

61 Foerster (wie Anm. 59), S. 391; Walter Kresse: Aus der Vergangenheit der Reiherstiegwerft. Hamburg ca. 1961, S. 68, 75f., 78-82 und 96; Stammer (wie Anm. 26), S. 189; Boie (wie Anm. 41), S. 669 und 675f.

62 Foerster: (wie Anm. 59), S. 391f.; Hildegard von Marchtaler: Hundert Jahre Stülcken-Werft 1840-1939. Hamburg 1940, S. 114-119, 216-222 und 257-261; Ernst Hieke: H.C. Stülcken Sohn. Ein deutsches Werftschicksal. (= Veröffentlichungen der Wirtschaftsgeschichtlichen Forschungsstelle e.V., Bd. 14). Hamburg 1955, S. 101-105 und 119; Stammer (wie Anm. 26), S. 223f.; Boie (wie Anm. 41), S. 868 und 874; Hartmut Bickelmann: Johann Tönjes Cordes. In: Bremerhavener Persönlichkeiten aus vier Jahrhunderten. Ein biographisches Lexikon. (= Veröffentlichungen des Stadtarchivs Bremerhaven, Bd. 16). Bremerhaven [2]2003, S. 66.

63 Foerster (wie Anm. 59), S. 391; William Scholz: Die Deutsche Werft. In: Jahrbuch der Hafenbautechnischen Gesellschaft 3, 1920, S. 129-143; Eisenecker: Die Entwicklung der Deutschen Werft 1918 bis 1921. In: Zeitschrift des Vereines deutscher Ingenieure 67, 1923, Nr. 13, S. 298-304; Deutsche Werft Hamburg 1918-1928. Hamburg 1928; Claviez (wie Anm. 29), S. 9-46, 51-53 u. 90; Stammer (wie Anm. 26), S. 60f.; Hermann Hipp: Wohnstadt Hamburg. Mietshäuser zwischen Inflation und Weltwirtschaftskrise. (= Hamburg-Inventar. Themen-Reihe, Bd. 1). Hamburg 1982, S. 22-24; Ralf Lange: Architekturführer Hamburg. Stuttgart 1995, S. 235 und 266; Lehmann (wie Anm. 54), S. 446-448, hier S. 446; Dirk J. Peters: Kabelkrananlage der Deutschen Werft in Hamburg-Finkenwerder. In: Archiv der deutschen Schiffahrt. Braunschweig 2000; Boie (wie Anm. 41), S. 169-171; Ostersehlte (wie Anm. 13), S. 208; Reinhart Schmelzkopf: Die Deutsche Werft AG in Hamburg. In: Strandgut 57, 2004, S. 21-56, hier S. 21-25, 30 u. 40f.

64 Peter Tamm: 50 Jahre Norderwerft Köser u. Meyer. Hamburg 1956, S. 9-11; Karl-Heinz Handke: Die Tönninger Eisenschiffswerft. In: Mitteilungsblatt der Gesellschaft für Tönninger Stadtgeschichte e.V., Heft 6, 1987, S. 12-77, hier S. 65-72; Stammer (wie Anm. 26), S. 74f. und 163f.; Heinz Schröder, Rudolf Wulff, Gert Uwe Detlefsen: 200 Jahre Elbewerft Boizenburg. Die Jubiläums-Chronik. Boizenburg 1993, S. 26-29; Boie (wie Anm. 41), S. 198, 201 und 204; Dirk J. Peters: Ulrichs, Hermann Friedrich. In: Bremerhavener Persönlichkeiten aus vier Jahrhunderten. Ein biographisches Lexikon. (= Veröffentlichungen des Stadtarchivs Bremerhaven, Bd. 16). Bremerhaven [2]2003, S. 356f., hier S. 357.

65 Stammer (wie Anm. 26), S. 98; Boie (wie Anm. 41), S. 201.

66 Peter Danker-Carstensen: Die Werften an der Krückau. Über 200 Jahre Schiffbau in Elmshorn. In: Beiträge zur Elmshorner Geschichte 3, Elmshorn 1989, S. 147-173, hier S. 157-160; Peter Danker-Carstensen: Die Werften an der Krückau. Schiffbauhandwerk und Schiffbauindustrie. In: DSA 13, 1990, S. 201-226, hier S. 208 und 210; Boie (wie Anm. 41), S. 430 und 437.

67 Wolfgang Martin: Fünf Namen – eine Werft. Schiffbau in Tönning. In: Strandgut 3, 1983, S. 115-132; Gert Uwe Detlefsen, Wolfgang Martin: Tönning. Fünf Namen – eine Werft. Ein Kapitel Schiffbaugeschichte. Bad Segeberg und Hamburg 1985; Karl-Heinz Handke: Die Tönninger Eisenschiffswerft. In: Mitteilungsblatt der Gesellschaft für Tönninger Stadtgeschichte, Heft 6, 1987, S. 12-77; Schröder/Wulff/Detlefsen (wie Anm. 64); Boie (wie Anm. 41), S. 198 und 204.

68 100 Jahre Flensburger Schiffsbau-Gesellschaft (wie Anm. 27); Gert Uwe Detlefsen: Flensburger Schiffbau-Gesellschaft 1872-1982. 110 Jahre Schiffbau in Flensburg. Hamburg 1982, S. 23-29 und 53; Joho (wie Anm. 20), S. 310-346; Im Schiffbau die Nase vorn. 125 Jahre FSG. In: Hansa 134, 1997, Nr. 9, S. 28-46, hier S. 32; Boie (wie Anm. 41), S. 236 und 241; Christine Keitsch: Vom Nieter zum Schweißer – vom Konstrukteur zum Schiffsdesigner. 130 Jahre Arbeit auf der Flensburger Schiffbau-Gesellschaft. Flensburg 2002, S. 11f. – Vgl. ferner den Beitrag von Christine Keitsch: »Krise und Konjunktur. Die Flensburger Schiffbau-Gesellschaft von der Weltwirtschaftskrise bis zum Ende des Zweiten Weltkrieges« in dieser Ausgabe des DSA, S. 135-196.

69 50 Jahre Werft Nobiskrug. In: Hansa 92, 1955, S. 1170-1173; 75 Jahre Nobiskrug. In: Hansa 117, 1980, Nr. 10, S. 747-760, hier S. 747f.; Reinhart Schmelzkopf: Schiffbau in Rendsburg. In: Strandgut 17, 1988, S. 135-158, hier S. 136; Boie (wie Anm. 41), S. 561-563; 100 Jahre Werft Nobiskrug. In: Hansa 142, 2005, Nr. 6, S. 53-66, hier S. 54.

70 Das Trockendock der Fried. Krupp Germaniawerft Aktiengesellschaft, Kiel. In: Schiffbau XXVII, 1925, S. 663-665; Wilhelm Berdrow: Die geschichtliche Entwicklung der Fried. Krupp Germaniawerft Aktiengesellschaft Kiel-Gaarden. Berlin 1942, S. 15-18; Reinhart Schmelzkopf: Die Krupp-Germaniawerft und ihre Vorläufer. In: Strandgut 16, 1987, S. 123-150, hier S. 125f.; Karting (wie Anm. 27), S. 5-37, 235 und 246-261; Kalk (wie Anm. 20), S. 86-96; Lehmann (wie Anm. 54), S. 124; Boie (wie Anm. 41), S. 260 und 263f.; Ostersehlte: Die Norddeutsche Schiffbau AG (wie Anm. 27), S. 125f.; Ostersehlte (wie Anm. 13), S. 304.

71 Held (wie Anm. 27), S. 165-172; Boie (wie Anm. 41), S. 352f.; ausführlich hierzu: Ostersehlte (wie Anm. 13), S. 269-272, 291-296, 299f., 302-311, 313f. und 556f.

72 Ausführlich hierzu: Haaker (wie Anm. 10), S. 60-74, 106 und 174-177; Lehmann (wie Anm. 54), S. 230f.; Boie (wie Anm. 41), S. 423; Haaker: Ein 125jähriges Jubiläum wird es nicht mehr geben (wie Anm. 26), S. 14.

73 Das Werk Lübeck der Orenstein-Koppel und Lübecker Maschinenbau Aktiengesellschaft. Lübeck 1965, S. 8-26; Haaker (wie Anm. 10), S. 73f.; Boie (wie Anm. 41), S. 618; Reinhart Schmelzkopf: Lübecker Maschinenbau-Gesellschaft und ihre Nachfolger (1873-2000). In: Strandgut 53, 2003, S. 69-110, hier S. 73f. und 96; Haaker: Ein 125jähriges Jubiläum wird es nicht geben (wie Anm. 26), S. 18.

74 Grundt (wie Anm. 26); Haaker: Die Flender Werft AG, Lübeck (wie Anm. 26), S. 91-94 und 101f.; Boie (wie Anm. 41), S. 229f.; Wolfgang Muth: Arbeit und Arbeiter bei Flender. Hrsg. IG Metall Lübeck. Wismar, Lübeck 2004, S. 4-27; Haaker: Ein 125jähriges Jubiläum wird es nicht mehr geben (wie Anm. 26), S. 22f.

75 Haaker: Travewerk (wie Anm. 26); Boie (wie Anm. 41), S. 900f.

76 Stahl (wie Anm. 11), S. 18-23, 108-111 und 123-138; Lehmann (wie Anm. 54), S. 17f. und 501f.; Boie (wie Anm. 41), S. 544 und 549.

77 Wulle (wie Anm. 59), S. 10, 94-100, und 123-127; Boie (wie Anm. 41), S. 948 und 954.

78 Karl Heinz Drewelow: Stettiner Oderwerke. Aktiengesellschaft für Schiff- und Maschinenbau. In: Strandgut 13, 1986, S. 71-77; Boie (wie Anm. 41), S. 598 und 604.

79 Gottfried Loeck: Nüscke – die Geschichte einer Werft. In: Strandgut 14, 1987, S. 127-148, hier S. 132-134; Boie (wie Anm. 41), S. 581 und 584f.

80 Bihl (wie Anm. 30), S. 84-116; Rüdiger Ruhnau: Der Schiffbau in Danzig und die Entwicklung der Werft-Industrie. (= Danziger Berichte, Heft 3). Stuttgart 1983, S. 86-92; Dirk J. Peters: Unternehmen mit reicher Schiffbauerfahrung. Schichau Unterweser AG (SUAG) – 1837 in Elbing gegründet. In: Niederdeutsches Heimatblatt, Nr. 419, 1984; Rüdiger Ruhnau: Unter dem Hammerkran. Kleine Geschichte der Danziger Schichau-Werft. In: Strandgut 9, 1985, S. 87-110, hier S. 88 und 92; 150 Jahre Schichau Unterweser Aktiengesellschaft Bremerhaven. Bremerhaven 1987, S. 11-18; Reinhart Schmelzkopf: Ferdinand Schichau in Elbing. (= Schiffbau in Elbing, II). In: Strandgut 23, 1990), S. 54-100, hier S. 62-70; Horst Reese: Der Schnelldampfer COLUMBUS des Norddeutschen Lloyd. In: Logbuch 28, 1992, Heft 3, S. 84-88; Bertram (wie Anm. 38); Hans Georg Prager: COLUMBUS. Welch ein Klang … Hamburg 1998, S. 69-94; Lehmann (wie Anm. 54), S. 424-427; Boie (wie Anm. 41), S. 753 und 763f.; Prager: Das Columbus-Abkommen von 1921. Erster Schritt zum Wiederaufstieg der deutschen Handelsflotte. In: Schiff & Zeit 61, 2005, S. 15-20.

81 Reinhart Schmelzkopf: Union-Gießerei, Königsberg. Gustav Fechter, Königsberg. In: Strandgut 21, 1989, S. 61-78, hier S. 61-65; Boie (wie Anm. 41), S. 915f.

82 Gert Uwe Detlefsen: 75 Jahre Lindenau-Werft. Eine Chronik in 75 Jahres-Kapiteln. Kiel 1994, S. 10-21; Boie (wie Anm. 41), S. 470f.; Lehmann (wie Anm. 54), S. 270f.

83 Roder (wie Anm. 26), S. 14-18; Albert (wie Anm. 9), S. 63; Meyhoff (wie Anm. 15), S. 38; Mertelsmann (wie Anm. 16), S. 247-250.

84 Mertelsmann (wie Anm. 16), S. 248.

85 Hans H. Hildebrand: Die deutschen Kriegsschiffe: Biographien – ein Spiegel der Marinegeschichte von 1815 bis zur Gegenwart. (Bd. 7). Herford 1983, S. 105; Meyhoff (wie Anm. 15), S. 37; Lehmann (wie Anm. 54), S. 490; Mertelsmann (wie Anm. 16), S. 230-238.

86 Albert (wie Anm. 9), S. 63f.; Meyhoff (wie Anm. 15), S. 36; Mertelsmann (wie Anm. 16), S. 248.

87 Meyhoff (wie Anm. 15), S. 36.
88 Fisser (wie Anm. 3), S. 26-38; Albert (wie Anm. 9), S. 63-67; Meyhoff (wie Anm. 15), S. 39 und 42; Mertelsmann (wie Anm. 16), S. 250f.; Peters/Neumann/Suxdorf (wie Anm. 12), S. 60; Ostersehlte (wie Anm. 13), S. 273-275, 278 und 280.

Danksagung:
Für die Literaturrecherchen und die Textkorrektur darf ich mich bei dem Schifffahrtshistoriker Rüdiger Bahr bedanken. Für die Durchsicht des Manuskriptes schulde ich dem Bremer Schifffahrtshistoriker Dr. Christian Ostersehlte Dank.

Anschrift des Verfassers:
Dr. Dirk J. Peters
Deutsches Schiffahrtsmuseum
D-27568 Bremerhaven

German Shipyards in the Period between the Wars (1918-1939). Part 1: From wartime armament to peacetime trading. The economic situation of shipbuilding after reparations and the reconstruction of the German trading fleet after World War One (1918-1923)

Summary

A boom in shipbuilding was expected after World War I due to the necessity of reconstructing the German trading fleet and the reparation payments, resulting in a rapid expansion of shipyard capacity after 1918 – a 50-percent increase in comparison to 1914. Determined to retain full employment in the shipbuilding industry and the supplier firms in the volatile political and economic situation after World War I, the Reich Naval Office, the Reich government, the shipowners, the heavy industry connected with the seagoing shipyards, shipbuilding entrepreneurs, workers and trade unions had no interest in a reduction in the number of German shipbuilding companies. Nor were the necessary modernization and rationalization measures called for by such bodies as the Schiffbautechnische Gesellschaft implemented.

The Reich Naval Office supported the preservation of the former warship-yards of Blohm & Voss, AG »Weser,« Schichau, Germaniawerft and Stettiner Vulcan in order not to lose its know-how in submarine construction and its technological edge in naval shipbuilding despite the demilitarization of the German shipyard industry called for by the Treaty of Versailles. After talks with the German naval high command, a secret construction office for submarines was founded in The Hague, Holland, by Germaniawerft, AG »Weser« and Stettiner Vulcan. German submarine construction specialists were also very active as consultants in Argentina, Italy, Sweden, Finland, Spain, Turkey, the USSR and Japan.

The massive subsidies from the Reich government only strengthened the boom in shipbuilding and concealed the overcapacity and structural problems in German ship construction, which became very clear after the slowdown due to inflation at the end of 1923. The shipyard capacities had to be drastically reduced. The large number of layoffs resulted in economic and political turmoil.

From 1923/24 onwards, after the reconstruction programme for the German shipping companies had expired and inflation had been brought to an end by the introduction of the 'Rentenmark' as a stable currency, there was a considerable drop in orders for ships. This necessarily led to a reduction of the shipbuilding capacity that had expanded so sharply after World War I and it plunged the German shipbuilding industry into a deep crisis that would last more than a decade. The global recession at the end of the 1920s accelerated this restructuring process and led to attempts at rationalization in the German ship industry by means of technological innovations, as well as to several mergers (Deschimag, Howaldtswerke, Deutsche Werft and Reiherstieg) and yard closures (Deutsche Werke in Rüstringen, Eiderwerft, Tecklenborg, Stettiner Vulcan, Nüscke, Klawitter, Frerichs, Henry Koch) with mass redundancies. The economic outlook for shipbuilding only improved from the mid 1930s onwards, when the efforts at rearmament and autarky by Nazi Germany – the first fleet-building programme for the navy, the expansion of fishing on the high seas, and the creation of a whaling fleet – brought the German shipyards renewed orders.

Les chantiers navals allemands dans l'entre-deux-guerres (1918-1939). 1ère partie: De l'armement de guerre à l'économie en temps de paix. Conjoncture de la construction navale après la Première Guerre mondiale (1918-1923) grâce aux réparations et à la reconstitution de la marine marchande allemande

Résumé

Le boom dans la construction navale, qui était à prévoir après la Première Guerre mondiale du fait de la reconstitution de la flotte de la marine marchande allemande et des réparations, vit après 1918 une rapide augmentation de la capacité des chantiers navals, celle-ci augmentant de 50% en comparaison de 1914. En raison du maintien du travail à temps complet dans l'industrie navale et les entreprises sous-traitantes, à une période instable pour la politique et l'économie après la Première Guerre mondiale, le ministère de la Marine du Reich, le gouvernement du Reich, les armateurs, l'industrie lourde liée aux chantiers navals ainsi que les entreprises de constructeurs navals, les employés et les syndicats, n'avaient aucunement intérêt à la réduction des firmes de construction navale. Et on n'en vint pas non plus à prendre les mesures de modernisation et de rationalisation qui auraient été nécessaires, comme la Société de construction technique navale (*Schiffbautechnische Gesellschaft*) le requérait.

Le ministère de la Marine, soutenait le maintien des anciens chantiers navals de bâtiments de guerre Blohm & Voss, AG «Weser», Schichau, Germaniawerft et Stettiner Vulcan, afin de ne pas perdre le know-how atteint dans la construction de sous-marins ni l'avance dans la construction navale marine, ceci malgré la démilitarisation de l'industrie navale allemande après le Traité de Versailles. Un bureau de construction de sous-marins camouflé fut fondé à La Haye par Germaniawerft, AG «Weser» et Stettiner Vulcan, en accord avec la direction de la Marine. L'activité de conseillers des spécialistes allemands pour la fabrication de sous-marins se déploya intensivement aussi en Argentine, Italie, Suède, Finlande, Espagne, Turquie, URSS et au Japon.

Les subventions massives accordées par le gouvernement du Reich ne firent que renforcer le boom dans la construction navale, masquant les capacités disproportionnées et les problèmes de structure du secteur, qui apparurent clairement après le ralentissement dû à l'inflation en Allemagne à la fin de 1923. Les capacités des chantiers navals durent être alors réduites de façon draconienne. Les importants licenciements qui s'ensuivirent entraînèrent des troubles économiques et politiques.

À l'expiration du programme de reconstruction prévu pour les compagnies d'armement allemandes et après l'inflation de 1923, avec l'introduction provisoire du *Rentenmark* comme monnaie stable, d'importants retraits de commandes eurent lieu en 1923/1924, qui menèrent à une réduction des capacités de la construction navale gonflées après la Première Guerre mondiale, plongeant l'industrie de construction navale allemande dans une crise profonde qui dura plus d'une décennie. La crise mondiale de l'économie à la fin des années 20 accéléra ce processus de restructuration et conduisit dans la construction navale à des efforts de rationalisation grâce à des innovations techniques, ainsi qu'à la concentration des présences et la fermeture de différentes firmes et des licenciements en masse. C'est seulement à partir du milieu des années 30 que la conjoncture dans la construction navale s'améliora, lorsque des commandes ayant pour but l'armement et l'autarcie de l'Allemagne nazie furent à nouveau passées aux chantiers navals, avec le premier programme de construction pour la marine de guerre, le développement de la pêche hauturière et la création d'une flotte de pêche à la baleine.

CHRISTINE KEITSCH

Krise und Konjunktur: Die Flensburger Schiffbau-Gesellschaft von der Weltwirtschaftskrise bis zum Ende des Zweiten Weltkrieges

Einleitung

Der folgende Aufsatz beschäftigt sich mit der Situation der Flensburger Schiffbau-Gesellschaft (FSG) von den 1920er und 1930er Jahren bis zum Ende des Zweiten Weltkrieges. Die Geschichte des renommierten Flensburger Unternehmens ist bereits vielfach dokumentiert und aufgearbeitet worden. An dieser Stelle sei dabei vor allem auf die Publikationen von Gert-Uwe Detlefsen hingewiesen, die in den 1980er Jahren zum Thema erschienen sind und sich vor allem auf schiffbauliche Zusammenhänge und eine Präsentation der auf der FSG gebauten Schiffe beschränken, wirtschaftliche und vor allem soziale Komponenten und Zusammenhänge dabei allerdings fast völlig ausblenden.

Hier sollen andere Schwerpunkte gesetzt werden: Im Blickpunkt der Darstellung stehen in erster Linie die wirtschaftlichen Geschicke des Unternehmens, die im Zusammenhang mit den sozialen und politischen Rahmenbedingungen jener Zeit betrachtet werden sollen. Wie für alle deutschen Schiffbau-Unternehmen, so war die sogenannte »Zwischenkriegszeit« auch für die FSG von schweren Umbrüchen geprägt, bedingt durch Inflation und Weltwirtschaftskrise, die seitens der Geschäftsführung die Entwicklung neuer Überlebensstrategien, unternehmerischen Mut, Fantasie und Risikobereitschaft, ökonomischen Weitblick und nicht zuletzt politisches Fingerspitzengefühl erforderten.

Das dem vorliegenden Aufsatz zugrunde liegende Literatur- und Quellenmaterial wurde ergänzt durch reichhaltiges Bildmaterial sowie einige von der Autorin während der letzten vier Jahre durchgeführte Befragungen von Zeitzeugen, die über bestimmte Aspekte von Werftarbeit und Schiffbau jener Zeit Auskunft geben und daher als wichtige Ergänzung der ansonsten eher nüchternen Quellen gelten können.

Einen reichen Fundus bislang nur wenig bekannten Bildmaterials bieten ferner die Fotoalben und Erinnerungen des Maschinenbaumeisters Christian Möller, die im Flensburger Stadtarchiv vorhanden sind. Dabei gibt Möller durchaus einige Rätsel auf. Obwohl offensichtlich ein überzeugter Nationalsozialist, hielt er sich doch nicht an das ab 1939 ausgesprochene Fotografierverbot. Tatsächlich wurde, wie er selbst in seinen Erinnerungen berichtet, seine Kamera kurzfristig beschlagnahmt. Er erhielt sie jedoch offenbar zurück, denn ihm verdanken wir etliche Aufnahmen der bei der FSG gebauten U-Boote, deren Bau strikter Geheimhaltung unterlag.

Zu den von der Autorin benutzten Archiven zählt vor allem das Flensburger Stadtarchiv, in dem eine große Anzahl an Dokumenten und Unterlagen, die FSG betreffend, erhalten sind.

Dazu gehören in erster Linie die *Copie-Bücher* des Aufsichtsrats der FSG, die aufschlussreiche Briefwechsel und Akten enthalten. Darüber hinaus sind einige Konvolute mit Werftarchivalien im Archiv des Flensburger Schiffahrtsmuseums vorhanden, auf die ebenfalls zurückgegriffen werden konnte.

Das in diesem Zwischenbericht abgebildete Bildmaterial stammt zum überwiegenden Teil aus den oben bereits genannten Quellen. Darüber hinaus wurden Fotografien aus dem Bestand des Flensburger Schiffahrtsmuseums verwendet.

Um eine bessere Lesbarkeit zu gewährleisten und die Darstellung übersichtlich zu gestalten, wurde auf Quellen- und Literaturverweise in Form von Fußnoten oder Anmerkungen verzichtet. Jedwedes für die Ausführungen benutzte Material ist in einer im Anhang befindlichen ausführlichen Liste zusammengefasst. Zitate sind als solche ausdrücklich gekennzeichnet und im Text benannt.

Die FSG bis Mitte der 1920er Jahre

Die Flensburger Schiffbau-Gesellschaft wurde bereits 1872 von Flensburger Reedern und Unternehmern gegründet und zählt so zu den ältesten industriellen Schiffbau-Unternehmen in Deutschland. Sie erwies sich von Beginn an als erfolgreich. Schon am 8. Juni 1889, also nur rund 17 Jahre nach Gründung, lief mit dem 1244 t großen Dampfer HANS JOST die Baunummer 100 vom Stapel. Acht Jahre später, am 3. Juli 1897, absolvierte bereits die Baunummer 200, die für eine Bremer Reederei gebaute LÖWENBURG, ihre Probefahrt auf der Flensburger Förde. Die Auftragsbücher für Schiffsneubauten waren gut gefüllt. Darüber hinaus war für die Ausführung von Reparaturen schon 1892 ein sogenanntes »Off-Shore-Dock« bei der FSG konstruiert, gebaut und in Betrieb genommen worden. Es war 250 Tage im Jahr ausgebucht.

Die FSG hatte sich nicht nur innerhalb weniger Jahre einen guten Namen in ganz Europa erarbeitet, sie hatte sich auch zum größten Arbeitgeber der Stadt entwickelt. Mit Hilfe großer Investitionen in den Einsatz modernster Techniken und der Erweiterung des Standortes um die sogenannte »Neue Werft«, die 1902 weiter nördlich am Fördeufer eingeweiht werden konnte, hatte sich die FSG zur vorletzten Jahrhundertwende an die Spitze der deutschen Schiffbau-Unternehmen emporgewirtschaftet. Tjard Schwarz und Ernst von Halle führen die FSG in ihrem 1902 erschienenen Werk mit dem Titel: »Die Schiffbauindustrie in Deutschland und im Auslande« an dritter Stelle hinter Blohm & Voss und dem Stettiner Vulkan auf.

Zwar brachen von 1905 bis zum Ausbruch des Ersten Weltkrieges durchaus auch schwierigere Zeiten an, bedingt durch eine allgemeine Schifffahrtskrise, doch durch den Einstieg in den Spezialschiffbau und die weitere Forcierung des Dockbaus konnte sich die Flensburger Werft nicht nur weiterhin gut am Markt behaupten, auch die Mitarbeiterzahlen stiegen kontinuierlich an: von 2000 im Jahre 1900 bis auf knapp 3000 im Jahre 1913, da, wie es in einer 1947 aus Anlass des 75-jährigen Bestehens der FSG abgefassten Festschrift heißt, *durch vergrößerten Umsatz die Rentabilität gesteigert werden sollte.* In dieser Zeit konnten rund 140 Baunummern fertiggestellt werden, davon allein 1913 sieben Dampfer und eine Dockhälfte.

Im Grunde kann somit postuliert werden, dass die Geschichte der FSG bis zum Ausbruch des Ersten Weltkrieges eine zwar durchaus von kleineren Einbrüchen getrübte, aber dennoch von wirtschaftlichem Aufschwung und Expansion gekrönte »Erfolgsstory« darstellt.

Mit dem Kriegsausbruch änderte sich diese Situation erstmals grundlegend. Zwar konnte die Werft mit einer stark reduzierten Belegschaft weiterhin Handelsschiffe bauen und wurde nicht zum Kriegsschiffbau herangezogen, wenngleich 1917 ein Torpedobootsdock für die Kaiserliche Werft in Kiel abgeliefert wurde. Aber die insgesamt neun fertiggestellten Schiffe wurden nach Ende des Krieges von den Siegermächten konfisziert. Ein Verlust, der allerdings insofern zu ver-

Abb. 1 Das 1917 auf der FSG gebaute und für die Kaiserliche Werft in Kiel gelieferte Torpedobootsdock vor der Ausrüstungswerft. (Foto: Flensburger Stadtarchiv/Sammlung Möller)

schmerzen war, als durch die Nichteinbeziehung der FSG in die Kriegswirtschaft nach dem Kriegsende sofort gestattet wurde, mit dem Handelsschiffbau fortzufahren – wenn auch unter den starken Einschränkungen der Siegermächte, die allen deutschen Werften den Bau von Schiffen über 1000 BRT zunächst untersagten. Es gelang aber tatsächlich, Auftraggeber zu finden, die Schiffe dieser Größe orderten. Über das harte Ringen der Geschäftsleitung, nach dem Krieg und unter den gegebenen Bedingungen nicht nur neue Auftraggeber zu finden, sondern auch den Betrieb aufrechtzuerhalten, was vor allem angesichts des Material- und Brennstoffmangels im Winter 1919 fast zum vollständigen Erliegen des Baubetriebs geführt hätte, geben die wenigen noch erhaltenen Berichte des Aufsichtsrates eindringlich Aufschluss. Immerhin beschäftigte die FSG Ende April 1919 bereits wieder 1800 Arbeiter.

Mit dem Erlass des Gesetzes über die Reichsbeihilfen für den Wiederaufbau der deutschen Handelsflotte wurde seitens der Generalversammlung der FSG am 19. Mai 1920 beschlossen, das vorhandene Aktienkapital auf 6 600 000 Mark zu verdoppeln, um – wie es in der erwähnten Festschrift zum 75-jährigen Bestehen des Unternehmens heißt – *allen finanziellen Ansprüchen gerecht zu werden.* Noch im selben Jahr konnten vier große Frachtdampfer auf Kiel gelegt werden. Darüber hinaus wurden das Areal erheblich erweitert und auch die technischen Anlagen ausgebaut. Unter anderem wurde 1921 eine Sauerstoff-Anlage eingerichtet, mit der auch Kunden des gesamten Flensburger Umkreises versorgt bzw. beliefert werden konnten.

Die Inflation brachte im lakonischen Wortlaut der bereits zitierten Festschrift *der Werft große Verluste. Wenn auch das Reich die Finanzierung der Schiffsneubauten übernahm, so war es doch unmöglich, die eingehenden Baugelder sofort wieder in Waren anzulegen,* so deren Verfasser, Ove Lempelius, der von 1912 bis nach dem Zweiten Weltkrieg Geschäftsführer des

Unternehmens war. Die Löhne stiegen in schwindelerregende Höhen, ohne dass für dieses Geld noch irgendwelche Gegenwerte zu erhalten waren. Die FSG entschloss sich daher, Vorschüsse auf die Gehälter in Form von Brot und Margarine auszugeben. Darüber hinaus wurden wöchentlich zwei Rinder und zwei Schweine geschlachtet, *damit der Arbeiter bei Lohnempfang sofort billiges Fleisch kaufen konnte,* wie Lempelius schrieb.

Doch 1923 war der Spuk der Inflation vorbei. In diesem Jahr liefen drei Schiffe vom Stapel: Die OLDENBURG, die für die Hamburg-Amerika Linie gebaut wurde, die QUARTA für die Flensburger Dampfschiffahrtsgesellschaft von 1869 und die AUGUST THYSSEN, die von der Thyssen GmbH, Hamburg, in Auftrag gegeben worden war. Kurz nach dem Ende des Ersten Weltkrieges hatte der rheinische Großindustrielle August Thyssen große Teile der FSG-Aktien aufgekauft. Seitdem waren in den jährlichen Geschäftsberichten der FSG auch die Namen von August und Fritz Thyssen unter denen des Aufsichtsrats zu finden.

Kurzfristig stabil: Die Lage von 1925 bis 1928

Bis 1925 hatte sich die Lage der Werft wieder einigermaßen stabilisiert. Lempelius spricht diesbezüglich von einer *ruhigeren Geschäftslage.* Und weiter fährt er fort:

Es war für die Werft ein besonderes Ereignis, in diesem Jahr für die Deutsche Dampfschifffahrts-Gesellschaft Kosmos unter Bau-Nr. 364, Dampfer RAMSES, *ein Motorschiff von 11 000 t Tragfähigkeit bauen zu können. Dieses Schiff war mit einem doppelt wirkenden 6-Zylinder-Zweitaktmotor von 4400 PS mit 84 Umdrehungen in der Minute auszurüsten. Es wurde im Mai 1926 geliefert und brachte dem Erbauer des Motors, der MAN, und auch der Werft einen durchschlagenden Erfolg.*

Somit ging bei der FSG, wie auf anderen deutschen Werften auch, die Zeit des Dampfschiffbaus langsam vorbei, und es wurden in der Folge zunehmend Motorschiffe geordert und gebaut. Zwar hatte die Werft schon 1920 erste Erfahrungen mit dem Bau des Küstenmotorschiffes ERNA DAVID gemacht, das aus einem bereits vorhandenen Rumpf eines nicht fertiggestellten Minensuchers konstruiert wurde. Doch erst mit der RAMSES gehörte das Motorschiff zum festen und regelmäßigen Bestandteil des FSG-Bauangebots. Auch die gleichfalls 1925 im Auftrag der Hamburger Reederei Horn als Fracht- und Passagierschiff gebaute FRIEDA HORN war mit einer MAN-Maschine ausgestattet. Im selben Jahr schloss die FSG mit dieser Motorenbau-Firma einen Lizenzvertrag ab, um künftig deren Schiffsmaschinen selber bauen zu können – ein Vorhaben, das allerdings dann doch nicht in die Tat umgesetzt wurde.

Wenngleich die bereits zitierten Autoren von einer *stabilen* Lage der FSG ab 1925 sprechen, so ist doch aus den jährlich erscheinenden Geschäftsberichten jener Zeit etwas anderes herauszulesen. Beispielsweise ist dem Geschäftsbericht für den Zeitraum vom 1. Januar bis zum 31. Dezember 1925, der auf der 52. ordentlichen General-Versammlung am 26. Juni 1926 herausgegeben wurde, Folgendes zu entnehmen:

Das Jahr 1925 hat für die Werft einen unbefriedigenden Verlauf genommen, der einerseits durch die hohen Steuern und Abgaben und andererseits durch dauernde Lohnerhöhungen verursacht ist.

Die Beschäftigung war auch im verflossenen Geschäftsjahr, der allgemeinen Wirtschaftslage im Schiffbaugewerbe entsprechend, ungenügend. Fortlaufend Aufträge zu lohnenden Preisen zu erhalten, war uns nicht möglich.

Für das laufende Geschäftsjahr haben wir verschiedene Aufträge hereinbekommen, so daß wir unseren heutigen verringerten Arbeiterstand bis zum Herbst durchzuhalten in der Lage sind.

Wie der Bericht weiter ausführt, musste das Geschäftsjahr mit einem Verlust abgeschlossen werden. Der erwähnte Maschinenbaumeister Christian Möller, der seit 1913 für die FSG tätig war und diese schwierigen Zeiten selbst miterlebt hatte, schrieb dazu 1948 in seinen Erinnerungen »35 Jahre Maschinenbau der FSG«:

War die Geschäftslage der Werft im allgemeinen nicht günstig, so ließ die Werftleitung nichts unversucht, Arbeit zu verschaffen. Die Werftarbeiterschaft war bemüht, daß wieder ordentliche und tüchtige Arbeit geleistet wurde, damit wir den guten Klang unseres Hammers erneuern könnten.

In bunter Reihe wurden Frachtdampfer, Hilfsfahrzeuge, Turbinen- und Motorschiffe gebaut, für die Werft »technisch« ein Erfolg, verdienstlich war die Sache allerdings nicht.

Da die Lage schlecht war, hatte die FSG 1925 auch einige kleinere Aufträge angenommen. So wurde eine Reihe von Spülprähmen für das Wasserbauamt Genthin konstruiert. Auch das folgende Geschäftsjahr ließ noch keine Euphorie aufkommen. Im entsprechenden Geschäftsbericht heißt es:

Das Jahr 1926 stand gleich wie die Vorjahre unter dem Druck der im Schiffbaugewerbe herrschenden Krise, sodaß eine genügende Beschäftigung unserer Werft nicht zu erzielen war.

Zu den am Schluß des Vorjahres vorhandenen Aufträgen war es nur möglich, einige neue bei schärfster Konkurrenz zu erlangen. Wir waren mehrfach gezwungen, Leute zu beschäftigen, die für weiter hinausliegende Arbeiten unentbehrlich waren. Ein ökonomischer Betrieb, durch den ein größerer Teil der Unkosten hätte gedeckt werden können, war nicht durchzuführen.

Dementsprechend musste auch dieses Geschäftsjahr mit einem erheblichen Verlust abschließen. Der Bericht fährt immerhin etwas positiver gestimmt fort:

Bei Schluß des Geschäftsjahres ist eine Belebung der Wirtschaftslage im deutschen Schiffbau eingetreten, indem die Reedereien umfangreiche Neubaubestellungen tätigten. – Auch uns sind Aufträge erteilt worden auf 2 Turbinendampfer von je 9400 To. Tragfähigkeit und 1 Motorschiff von 10 000 To. Tragfähigkeit sowie auf 4 Dampfer von je ca. 2600 To. Tragfähigkeit.

Durch die aus dem Vorjahre noch zu erledigenden und die neuen Aufträge sind wir in der Lage, den Betrieb rationeller zu gestalten, sodaß das Ergebnis des nächsten Jahres ein besseres zu werden verspricht. Nicht außer Acht zu lassen ist, daß die erzielten Preise noch immer gedrückt sind und sowohl Löhne als Materialien eine steigende Tendenz zeigen.

1926 liefen mit den Baunummern 403 und 404 zwei Frachtdampfer für die Hamburger Reederei Russ sowie das Fracht- und Passagierschiff KARNAK für die Deutsch-Australische-Dampfschiffahrts-Gesellschaft in Hamburg bei der FSG vom Stapel. 1927 wurden insgesamt fünf Schiffe abgeliefert: ein weiterer Frachtdampfer für die Reederei Russ, die MARQUARDT für die Flensburger Reederei Marquardt Petersen, das Fracht- und Passagierschiff ARUCAS für den Norddeutschen Lloyd, Bremen, sowie die Frachtdampfer HÖCHST und LEUNA für die Hamburg-Amerika Linie. Entsprechend las sich der Geschäftsbericht des Jahres 1927 – obgleich verhalten – doch schon etwas optimistischer:

Im Geschäftsjahr 1927 ist es uns gelungen, den Betrieb gegenüber dem Vorjahre infolge eines verstärkten Auftragsbestandes, rationeller zu gestalten: andererseits haben sich aber auch unsere Befürchtungen, daß das Ergebnis durch die zu erzielenden nur unzulänglichen Preise und die stetig steigenden Löhne und Materialpreise eine wesentliche Beeinträchtigung erfahren würde, bewahrheitet.

Immerhin konnte das Geschäftsjahr mit einem – wenngleich geringen – Gewinn abgeschlossen werden, erstmals seit Ende des Krieges! Allerdings musste zur Verringerung des noch bestehenden Verlustes ein Betrag in Höhe von 8597,83 Reichsmark, der, wie es hieß, *auf RM 447 555,77 auf neue Rechnung vorzutragen wäre,* verwendet werden. Weiter ist zu lesen:

Die am Schlusse des Geschäftsjahres noch unerledigten Aufträge sowie eine neuerdings – für einen lückenlosen Betrieb allerdings zu spät – erfolgte Bestellung zweier Dampferneubauten

Abb. 2 Arbeiter in der Kupferschmiede der FSG. Aufnahme aus den 1920er Jahren. (Foto: Archiv Flensburger Schiffahrtsmuseum)

von je 9000 Tonnen Tragfähigkeit geben uns für das laufende Jahr weiterhin Beschäftigung im gegenwärtigen Rahmen.

1928 schien es endgültig wieder bergauf zu gehen, obwohl das Unternehmen – wie andere Werften auch – mit einem Arbeitskampf konfrontiert wurde, an dem sich die gesamten Werftarbeiter Norddeutschlands, immerhin fast 50 000 Menschen, beteiligten. Er begann am 1. Oktober des Jahres, zog sich über insgesamt 14 Wochen hin und kann als einer der wohl am erbittertsten geführten Streiks während der Zeit der Weimarer Republik gelten. So ist denn auch im Geschäftsbericht des Jahres zu lesen:

Das Geschäftsjahr 1928 verlief bis Ende September ohne Störungen. Durch den am 1. Oktober einsetzenden, am Schluß des Geschäftsjahres noch anhaltenden Streik, von dem die ganze Schiffbauindustrie betroffen wurde, haben wir selbstverständlich einen beträchtlichen Schaden erlitten. Die Fertigstellung und die Ablieferung von Neubauten wurden durch den Streik verschoben und das finanzielle Ergebnis nicht unwesentlich beeinträchtigt.

Trotz alledem konnte das Unternehmen einen – im Gegensatz zum Vorjahr – stattlichen Gewinn von 305 681,29 Reichsmark verbuchen, der den Verlustsaldo, der durch die vorangegangenen Jahre entstanden war, erheblich reduzierte. Weiter heißt es: *Die vorliegenden Aufträge geben uns volle Beschäftigung im bisherigen Rahmen für das laufende Geschäftsjahr.*

Insgesamt fünf Schiffe konnten 1928 abgeliefert werden: das Fracht- und Passagierschiff BURGENLAND für die Hamburg-Amerika Linie, die GEMMA für die Flensburger Reederei Holm & Molzen, die ANNA M. PETERSEN für die Flensburger Reederei Marquardt Petersen, die QUINTA für die Flensburger Dampfschiffahrts-Gesellschaft von 1869 und die NEPTUN für die Flensburger Schiffsparten-Vereinigung.

1929: Das Jahr der weltweiten Wirtschaftskrise

Wie die vorliegende Bilanz ausweist, ist es uns im Rechnungsjahr 1929 gelungen, bei normalen Abschreibungen die bestehende Unterbilanz zu beseitigen. Ein besseres Resultat wurde durch die mit dem ersten Januar abermals eingetretene Lohnerhöhung und die anhaltend gedrückte Marktlage verhindert.

Auch für das laufende Jahr haben sich die Aussichten bisher nicht gebessert. Die übernommenen Aufträge geben uns keine ausreichende Beschäftigung. Die Beschaffung neuer Aufträge wird durch die ungünstige wirtschaftliche Lage fortlaufend erschwert.

So lautet lapidar der Bericht für das Geschäftsjahr 1929. Er zeigt, dass es der FSG nunmehr gelungen war, die Verluste der vorangegangenen Jahre auszugleichen. Somit schien der Aufschwung endgültig geschafft zu sein. Doch mittlerweile war eine internationale Wirtschaftskrise ungeahnten Ausmaßes ausgebrochen.

Am sogenannten »Schwarzen Freitag«, dem 25. Oktober 1929, brach die New Yorker Börse zusammen. Dieses Ereignis sollte sich als auslösendes Moment für den weltweiten Zusammenbruch einer bereits stagnierenden Wirtschaft erweisen. Der drastische Rückgang des Kapitalstroms von den USA nach Europa durch die rückläufigen Importe und vor allem das für die deutsche Wirtschaft besonders fatale Abziehen der Auslandskredite führten zu einer katastrophalen Situation. Bis 1932 fiel das Welthandelsvolumen um 25 Prozent. Der deutsche Warenexport sank von 1929 bis 1932 von 13,5 auf 5,7 Milliarden Reichsmark. Die industrielle Produktion des Deutschen Reiches ging um 40 Prozent zurück. Konkurse, Bankzusammenbrüche und Massenarbeitslosigkeit sowie, damit einhergehend, eine große Verelendung breiter Bevölkerungsschichten waren die Folgen dieser Misere, die sich natürlich auch auf den Schiffbau auswirkte.

Flensburg befand sich unter den Städten des Deutschen Reiches dazu noch in einer speziellen Situation, die sich schon während der gesamten 1920er Jahre wenig positiv ausgewirkt hatte: *Wenn allgemein der Zeitraum von 1924 bis 1929 als Jahre des wirtschaftlichen Aufschwungs, ja der Hochkonjunktur in Deutschland bezeichnet werden können, so gilt das für die Stadt Flensburg nur bedingt. Zu groß waren die Veränderungen, die sich durch die neue Grenzlage ergaben. Dazu kamen die allgemeinen Kriegsfolgen*, wie der Flensburger Historiker Gerd Vaagt treffend festhält.

Er weist nach, dass der Umsatz bei insgesamt 55 Industriebetrieben Flensburgs von 1913 bis 1926 um 95 Prozent zurückging, wobei fast alle Industriezweige betroffen waren. Von 1927 bis 1929 gingen im Bereich der Industrie- und Handelskammer Flensburg rund 2000 Arbeitsplätze in der eisen- und metallverarbeitenden Industrie verloren. Die Arbeitslosigkeit wurde für Flensburg zu einem großen sozialen Problem: die Zahlen stiegen von 2797 im Jahre 1928 auf einen Höchststand von 8983 Menschen im Jahr 1932. Zugleich nahmen die Konkurse und Vergleiche zu: Waren es 1928 69 Konkurse und 18 Vergleiche gewesen, so steigerte sich diese Zahl im Jahre 1932 auf 99 Konkurse und 39 Vergleiche. Die Flensburger Wirtschaft lag am Boden.

Schon 1928 wurde in einer »Denkschrift« der Stadt Flensburg beklagt, dass diese Misere nicht nur durch die allgemein schlechte Wirtschaftssituation, sondern vor allem durch die Abtretung Nordschleswigs und die dadurch verursachte ungünstige Grenzlage der Stadt verschärft worden sei. So ist zu lesen:

Verhängnisvoll blieb jedoch der Verlust des nördlichen Absatzgebietes für den Großhandel sowie für Teile der Flensburger Industrie, welche nunmehr im Norden, unmittelbar vor den Toren der Stadt, auf die Zollschranken stießen. […] Besonders bemerkbar macht sich auch, daß der größte Betrieb Flensburgs, die Schiffswerft, durch das Überangebot an Werften bei nicht in gleicher Weise vorhandenem Angebot von Schiffsaufträgen sich gezwungen sah, den Arbeiterbestand um 3/5 zu verringern.

Abb. 3 Die JEAN JADOT und die EMILE FRANCQUI vor der Ausrüstungswerft. Die beiden Frachter für eine belgische Reederei gehörten zu einer Reihe von insgesamt fünf Dampfern, die 1929 von der FSG gebaut wurden. (Foto: Archiv Flensburger Schiffahrtsmuseum)

Und weiter heißt es an anderer Stelle:

Für das Wirtschaftsleben der Stadt ist von besonderer Bedeutung die Beschäftigung der hiesigen Werft. Wenn auch der Rückgang der Beschäftigungsmöglichkeit bei der Werft nicht auf die Abtretung Nordschleswigs zurückgeführt werden kann, sondern, wie bereits ausgeführt, sich aus anderen Gründen erklärt, so kann immerhin angenommen werden, daß das zum Teil lokal begrenzte Reparaturgeschäft bei der Nichtabtretung Nordschleswigs einige Beschäftigungsmöglichkeiten gebracht hätte. Der Rückgang ist aber für das Flensburger Wirtschaftsleben deshalb besonders schwer, weil er den schon so vorhandenen ungünstigen Stand bedeutend verschärft. Die Zahl der bei der Werft beschäftigten Arbeiter und Angestellten ist bei 2543 im Jahre 1913 und 1096 im Jahre 1926 um etwa drei Fünftel zurückgegangen.

Nicolai Haase führte in einem Artikel zur wirtschaftlichen Notlage Flensburgs, der im März 1929 in der Zeitschrift »Der Schleswig-Holsteiner« erschien, folgendes aus:

Es besteht daher kein Zweifel mehr, daß die primäre und die Hauptursache der Notlage Flensburgs die Grenzziehung vom Jahre 1920 ist, die allerdings durch allgemeine Depressionserscheinungen und Strukturwandlungen im deutschen Wirtschaftsleben verstärkt worden ist. [...] *Es bedarf keines tieferen Eindringens in die Flensburger Wirtschaftsverhältnisse, um festzustellen, daß die Arbeitslosigkeit in Flensburg unverhältnismäßig groß ist. Sie wird im Vergleich mit anderen Städten Schleswig-Holsteins nur noch von Kiel übertroffen, das 28 von tausend Einwohnern Arbeitslose hat gegenüber Flensburg mit 24 von Tausend.*

Tatsächlich hatte sich in ganz Schleswig-Holstein die Arbeitslosenziffer vom Herbst 1929 bis 1932 vervierfacht. Besonders betroffen waren, wie auch schon Matthias Schartl festhält, der Metallsektor und der Schiffbau. Schartl gibt an, dass die Arbeitslosigkeit in der Stadt Flensburg in den Jahren 1930/31 den Reichsdurchschnitt von 35 Prozent noch um gut 12 Prozent übertraf! Im Winter 1932/33 musste mehr als ein Drittel der Flensburger Bevölkerung durch öffentliche Mittel unterstützt werden.

Schwere Jahre bis 1933

Trotz alledem konnte der Schiffbaubetrieb noch aufrechterhalten werden. 1930 wurden wieder insgesamt fünf Frachtdampfer abgeliefert, und noch um die Jahreswende 1929/30 war es gelungen, zwei Aufträge der Reederei Sloman hereinzuholen. Im Geschäftsbericht heißt es dazu:

Die ungünstige Lage der Schiffahrt während des verflossenen Geschäftsjahres wirkte sich auch nachteilig auf unser Unternehmen aus. Infolge des scharfen Wettbewerbs unter den deutschen Werften waren Neubauaufträge nur schwer und zu unlohnenden Preisen zu bekommen. Die eingegangenen Bestellungen reichten nicht aus, um unseren Werftbetrieb während des ganzen Jahres aufrechtzuerhalten. Nach der Ablieferung des Dampfers Lipari *an die Reederei Rob. M. Sloman jr., Hamburg, am 8. November 1930, mußten wir unsere Werft schließen.*

Wie die Bilanz ausweist, war es uns möglich, ohne Verlust abzuschließen, für das laufende Jahr werden jedoch durch die Kosten der Stillegung größere Verluste entstehen. Erst in den letzten Wochen ist es uns gelungen, uns den Auftrag auf den Bau eines 5000 t Motorschiffes zu sichern, so daß wir in der zweiten Jahreshälfte den Betrieb, wenn auch nur in sehr kleinem Umfang, wieder aufnehmen können.

Die wirtschaftliche Krise wirkte sich – wie überall im Reich – auch in Flensburg zunehmend politisch aus. Dass Flensburg bis 1929, wie Windmann betont, noch nicht *radikal im nationalsozialistischen Sinne* war, zeigte sich bei den Volksbegehren gegen den so genannten »Young-Plan«, einen neuen Zahlungsplan für die von Deutschland zu leistenden Reparationen, die von

Abb. 4 Die Adele Traber auf dem Bauhelgen der FSG, Juni 1930. (Foto: Archiv Flensburger Schiffahrtsmuseum)

den alliierten Siegermächten im Versailler Vertrag festgelegt worden waren. Der »Young-Plan« hatte den »Dawes-Plan« abgelöst und kam dem Wunsch nach Senkung der Schuldenlast entgegen; allerdings war darin vorgesehen, dass die abzuleistende Schuldenlast von 112 Milliarden Reichsmark über eine Laufzeit von mehreren Dekaden, bis zum Jahr 1988, gezahlt werden musste. Sowohl die Deutschnationale Volkspartei als auch die Nationalsozialistische Arbeiterpartei und der Stahlhelm initiierten dagegen einen Volksentscheid, der jedoch scheiterte. Aber immerhin sprachen sich im gesamten Deutschen Reich zehn Prozent der Wahlpflichtigen und in Schleswig-Holstein sogar 13,5 Prozent gegen den »Young-Plan« aus. In Flensburg hingegen waren es nur drei Prozent.

Aufgrund der Verschlechterung der allgemeinen Wirtschaftslage und den daraus resultierenden Folgen änderte sich die politische Lage in Flensburg jedoch schnell. Im Sommer 1931 gab es immerhin fast 7000 Arbeitslose in der Stadt. Ein Grund für das Anschnellen dieser Arbeitslosenzahlen war die miserable Lage auf der FSG. Da für das Jahr 1930 bereits kein Neubauauftrag hatte herangeholt werden können, hielt sich das Unternehmen noch eine Zeitlang mit Reparaturen über Wasser. Doch im November 1930 musste, wie wir schon gesehen haben, die Arbeit auf der Flensburger Werft eingestellt werden. Die Zahl der Beschäftigten sank von rund 1500 auf 200 Menschen. Im Geschäftsbericht des entsprechenden Jahres heißt es dazu:

Wie schon im letzten Geschäftsbericht erwähnt, ist die vorübergehende Stillegung unseres Betriebes im Geschäftjahr 1931 mit großen Kosten verbunden gewesen. Der hierdurch entstandene bilanzmäßige Verlust beziffert sich auf RM 416 810,81.

Der Verlust ist dadurch beeinflußt, daß sich die Inangriffnahme der Arbeit an dem im vorjährigen Geschäftsbericht erwähnten Neubau des ca. 5000 Tons großen Motor- Fracht- und Passagierschiffes für die Reederei H.C. Horn in Flensburg bis zum Ende des Dezembermonats verzögerte.

Leider ist es nicht gelungen, weitere Aufträge auf Neubauten zu erhalten, so daß der Betrieb voraussichtlich nur in verhältnismäßig sehr kleinem Umfange bis Mitte Oktober 1932 aufrechterhalten werden kann.

Später hoffen wir jedenfalls, zu Abwrackarbeiten herangezogen zu werden.

In diesem Geschäftsbericht findet sich unter den Namen der Aufsichtsratsmitglieder auch erstmalig der des damaligen Flensburger Oberbürgermeisters Dr. Fritz von Hansemann. Grund dafür war, dass die Stadt Flensburg 1930 auf dem freien Markt rund 25 Prozent des FSG-Aktienpakets aufgekauft hatte, um so einer »feindlichen Übernahme« durch die Deutsche Schiff- und Maschinenbau-Aktiengesellschaft (Deschimag) entgegenzuwirken, einem Großkonzern der deutschen Schiffbauindustrie, der hauptsächlich auf Initiative des Bremer Bankiers J.F. Schröder am 28. Dezember 1926 durch Angliederung der Vulcan-Werke in Hamburg und der Werft Joh. C. Tecklenborg A.G. in Wesermünde an die AG »Weser« entstanden war. Bis 1928 waren insgesamt acht Werften an der Nord- und Ostsee diesem Konzern angegliedert worden. Ziel war es, möglichst viele dieser Werften stillzulegen, um so eine Konzentration der Schiffbauindustrie herbeizuführen. Diesen Konzentrationsbestrebungen unter das Dach der Deschimag fielen vier Werften zum Opfer, unter anderem die Tecklenborg-Werft in Wesermünde (heute Bremerhaven). Zur Deschimag sei an dieser Stelle insbesondere auf die Publikation von Marc Fisser verwiesen.

Im Sommer 1931 konnte bei der FSG endlich mit den Arbeiten an einem Neubau für die Reederei Horn begonnen und so der Betrieb, wenn auch zögerlich, wieder aufgenommen werden. Um, wie Detlefsen schreibt, das Überangebot an Tonnage abzubauen und damit den Werften des Deutschen Reiches Beschäftigungsmöglichkeiten zu bieten, veranlasste die Reichsregierung ein Abwrackprogramm, an dem auch die FSG beteiligt wurde. Insgesamt konnte sie neun Dampfschiffe abwracken, darunter auch die IMPERIAL, die LILI WOERMANN, die ALGIEBA der Flensburger

Reederei Holm & Molzen, die 1928 in Konkurs gegangen war, sowie die JUSTITIA und die FIDUCIA der Flensburger Reederei Jost, wobei das letztgenannte Schiff rund 30 Jahre zuvor auch auf der FSG gebaut worden war. Durch den Neubau, die Abwrackarbeiten sowie einige Reparaturaufträge konnten insgesamt 300 Arbeiter in Lohn und Brot gesetzt werden. Doch nach Fertigstellung der H.C. HORN Ende 1932 musste der größte Teil der Mitarbeiter wieder entlassen werden. Die Belegschaft der FSG schrumpfte auf einen einmaligen Tiefstand von 60 Personen. Der Maschinenbaumeister Möller erinnerte sich 1948:

Der allgemeine Niedergang der Wirtschaft kam nirgends klarer zum Ausdruck als auf unserer Werft. Abgebaut wurden zunächst die Untermeister, die Kollegen vom Betriebsrat, Vertrauensleute und unliebsame Kollegen, alles Männer, die nicht nur gewerkschaftlich geschult, sondern vor allem in der Arbeit ihren Mann standen. Auch ich mußte damals meine erste Meistertätigkeit einstellen. Meiner Familie gegenüber hatte ich die Pflicht auszuhalten und so ging ich zum Schraubstock zurück und diesen Schritt, so schwer er war, habe ich niemals bereut.

Da nun die Beschäftigungsmöglichkeit immer mehr nachließ, schloß die Werft 1930 ihre Pforten. Diese Tatsache rief in der Stadt und bei uns Betroffenen eine Stimmung hervor, die so recht zeigte, wie Stadtverwaltung und Geschäftswelt auf Gedeih und Verderb mit der Werftarbeiterschaft verbunden war.

Die »Flensburger Volkszeitung« vom 14. August 1930 schrieb unter der Schlagzeile *Die Werftarbeiter an die Bürgerschaft:*

Aus den Kreisen der Werftarbeiter geht uns ein Schreiben zu, das an die gesamte Einwohnerschaft Flensburgs gerichtet ist. Die Arbeitsbeschaffung für die Werft ist ein Problem von stadtwirtschaftlicher Bedeutung. Fällt die Lohnsumme der jetzt noch beschäftigten Arbeiter aus dem Wirtschaftsleben aus, dann steht Flensburg einfach vor einer Katastrophe. Zur augenblicklichen Situation haben die Werftarbeiter selbst das Wort:

Auf der Schiffswerft scheint es nunmehr doch zur vollständigen Betriebsstillegung zu kommen. Die neue Werft, auf der zurzeit noch etwa 400 Mann beschäftigt sind, wird allem Anschein nach in 14 Tagen die Hälfte und in etwa 4 Wochen den Rest der Arbeiter entlassen. Ende Oktober wird das letzte Schiff ausgerüstet sein, und dann steht auch die alte Werft vor einem Nichts. Vor einem Jahr waren noch 1700 Arbeiter auf der Werft in Lohn und Brot, die nach und nach der Erwerbslosenfürsorge und dann dem Wohlfahrtsamt zur Last fallen. […]

Ohne politische Färbung, ohne Sentimentalität oder agitatorische Nebenzwecke redet hier die Arbeiterschaft eine Sprache, die in ihrer Nüchternheit und Sachlichkeit wie eine Sturmglokke tönt. Stadtverwaltung und Geschäftswelt sind mit der Arbeiterschaft auf Gedeih und Verderb verbunden. Der Arbeitslohn ist das Blut des Wirtschaftskörpers, fließt dieses nicht mehr, dann ist Flensburg eine sterbende Stadt.

Bis 1933 gelang es der Geschäftsführung der FSG nicht, einen Neubauauftrag zu akquirieren. Im Geschäftsbericht des Jahres 1932 heißt es dazu:

Das uns von der Reederei H.C. Horn, Flensburg, in Auftrag gegebene Motor-, Fracht- und Passagierschiff von ca. 5000 Tons Tragfähigkeit und 14½ Knoten Geschwindigkeit wurde am 3. November 1932 nach zufriedenstellender Probefahrt abgeliefert. Weitere Aufträge auf Neubauten sind trotz fortlaufender Bemühungen ausgeblieben.

Anfang des Jahres 1933 haben wir mit dem Abwracken der uns zugeteilten Tonnage von ca. 11 000 Brutto-Register-Tons begonnen. Diese Arbeiten werden einem geringen Teil unserer Belegschaft bis über das laufende Geschäftsjahr hinaus Beschäftigung geben. Die Aussichten auf Erhalt von Neubau-Aufträgen sind, wenn auch einzelne Anfragen auf Spezialschiffe ab und zu eingehen, z.Zt. noch wenig erfolgversprechend.

Ein Jahr später, mit der Erringung der Stimmenmehrheit im Reichstag 1932 und der Berufung Hitlers zum Reichskanzler am 30. Januar 1933, hatten die Nationalsozialisten die Macht im Deutschen Reich übernommen. Die Hoffnungen, die hinsichtlich eines wirtschaftlichen Aufschwungs hiermit verbunden waren, fanden ihren Niederschlag auch im Geschäftsbericht der FSG für das Jahr 1933:

Es ist trotz angestrengter fortlaufender Bemühungen im ganzen Geschäftsjahr nicht gelungen, einen Auftrag auf einen Schiffsneubau zu erhalten. Es wurden zwar einige wenige Neubauten vergeben; doch mußten wir leider die Erfahrung machen, daß die Inlandsaufträge meistens an den Plätzen bestellt wurden, an denen die Reedereien beheimatet waren. Das geschah sogar mit den Schiffen von solchen Hamburger Reedereien, die sonst immer an der Ostsee bauen ließen.

Im vergangenen Geschäftsjahr haben wir daher nur einen kleinen Bruchteil unserer Belegschaft beschäftigen können, mit dem Abwracken von ca. 7000 Brutto-Reg.-Tons der uns zugeteilten Tonnage von ca. 11 000 Brutto-Reg.-Tons, sowie Dock- und Reparaturbetrieb. Diese Arbeiten genügten aber trotz größter Sparsamkeit nicht, um die entstandenen Geschäftsunkosten ganz zu decken. […]

Zur Unterstützung des Arbeitsbeschaffungsprogramms der Reichsregierung haben wir eine Reihe wertverbessernder Arbeiten an unseren Betriebseinrichtungen und an der Dockanlage in Angriff genommen.

Was das neue Geschäftsjahr betrifft, so hoffen wir zuversichtlich, daß durch den von der Reichsregierung geführten Kampf gegen die Erwerbslosigkeit sich auch eine Belebung für unseren Betrieb ergeben wird, und wir bald in die Lage versetzt werden, unsere Belegschaft zu vergrößern.

Doch vorerst besserte sich die Lage nur sehr langsam. Der Reichsminister, Parteiideologe und Reichsleiter der NSDAP, Alfred Rosenberg, stattete Flensburg am 11. und 12. Oktober 1933 einen Besuch ab und besichtigte bei der Gelegenheit auch die FSG. Dort waren zu dem Zeitpunkt 25 Mitarbeiter anwesend, der Betrieb lag still. Rosenberg versprach, sich dafür einzusetzen, dass die FSG neue Aufträge erhielt. Mittlerweile verkaufte die Werft ihre Bestände an Lagerholz nach Norwegen, um an Geld zu kommen, denn die Banken weigerten sich, den bisherigen Kredit zu erhöhen, da keine weiteren Sicherheiten mehr vorhanden waren. Doch erst Ende 1934 gelang es der FSG durch Vermittlung des Reichsverkehrsministeriums, vier Neubauaufträge zu bekommen.

Politische Wende und erhoffter Aufschwung

Wie bereits erwähnt, hatte die schwere Wirtschaftskrise der ausgehenden 1920er und beginnenden 1930er Jahre auch in Flensburg dafür gesorgt, dass sich die politischen Zeichen der Zeit langsam wandelten. Obwohl Flensburg, wie Horst Windmann betont, bis 1929 noch *nicht radikal im nationalsozialistischen Sinne* war, änderte sich dies angesichts der stets wachsenden Arbeitslosenzahlen und der fortschreitenden Verelendung breiter Bevölkerungsschichten bald, was die Reichstagswahlen vom 14. September 1930 bereits andeuteten, die sowohl für die NSDAP als auch für die KPD einen, wie es hieß, *ruckartigen* Stimmenanstieg brachten.

Christoph Buchheim betont sehr richtig, dass sich die neuere Forschung zur Geschichte der NS-Diktatur darüber einig sei, dass Wirtschaftskrise und Massenarbeitslosigkeit in entscheidender Weise zu einer Entsolidarisierung und großen Verunsicherung der Arbeiterschaft beigetragen hätten. Beides seien wichtige Voraussetzungen dafür gewesen, dass der scheinbar schnelle Wirtschaftsaufschwung und der massive Abbau der Arbeitslosigkeit unter dem nationalsozialistischen Regime dem, so Buchheim, *tiefen Bedürfnis der Arbeiter nach existenzieller Sicherheit entgegen kam.* Mit der weiteren Verschärfung der Wirtschaftskrise kam es zu einer verstärkten öffentlichen Präsenz der »neuen« Gruppierung der NSDAP auch in Flensburg. Zwischen Vertretern dieser Partei und Anhängern der KPD kam es zu Schlägereien, so unter anderem am 17. Februar im beliebten Vergnügungslokal »Bellevue«, bei der es einige Schwerverletzte gab.

Für das Ansteigen der Arbeitslosenzahlen in der Stadt war auch die FSG zum Teil mit verantwortlich gewesen. Die Werft musste aufgrund der miserablen Auftragslage 1930 die Arbeit weitgehend einstellen. Die Zahl der Beschäftigten sank von rund 1500 auf 200, Ende 1932 sogar auf einen einmaligen Tiefstand von 60 Personen. Im Winter 1931/32 war jeder vierte Flensburger im arbeitsfähigen Alter erwerbslos gemeldet. Tatsächlich gelang es der Geschäftsleitung der Werft bis 1933 nicht, einen Neubauauftrag hereinzuholen. Mit der Machtübernahme der Nationalsozialisten wurde – siehe oben – nun auch hier die Hoffnung auf einen wirtschaftlichen Aufschwung geäußert.

Im April 1932 stattete Adolf Hitler Flensburg einen Besuch ab. Seine Rede, die er im Flensburger Stadion hielt, wurde von fast 45 000 Menschen gehört und offensichtlich als Hoffnungsschimmer in einer ansonsten recht tristen Lage verstanden: Bei den nachfolgenden Wahlen im Juli des Jahres erhielt die NSDAP 45,7 Prozent aller Stimmen in Flensburg. Das Ergebnis lag damit über dem Reichsdurchschnitt. Es ist richtig zu betonen, dass die Stabilisierung von Hitlers Macht in erster Linie auf einer gewissen Sicherung der sozialen Verhältnisse der Bevölkerung, auf einem wirtschaftlichen Aufschwung nach den Jahren tiefster Krise, auf der Schaffung von Arbeitsplätzen und damit einhergehend einer besseren Versorgung und sozialen Absicherung der Menschen beruhte. So hieß es in dem 25 Punkte umfassenden Programm der NSDAP unter Punkt 7 programmatisch: *Wir fordern, daß der Staat sich verpflichtet, in erster Linie für die Erwerbs- und Lebensmöglichkeit der Staatsbürger zu sorgen.*

Als Hitler im Januar 1933 Reichskanzler wurde, waren bei den Arbeitsämtern des Deutschen Reiches über sechs Millionen Arbeitslose offiziell registriert, knapp 19 Prozent der Gesamtbevölkerung. Besonders betroffen waren kaufmännische Angestellte, ungelernte Arbeiter, Arbeiter in der eisen- und metallverarbeitenden Industrie sowie Baufacharbeiter. Wie Wilhelm Wagner treffend schreibt, wurde vor allem die rasche Senkung der Arbeitslosenzahlen für Hitler und sein Regime zur Existenzfrage. So kündigte der frisch gekürte Reichskanzler am 1. Februar 1933 in seiner Regierungserklärung, die vom Rundfunk übertragen wurde, neben der *Rettung des deutschen Bauern zur Erhaltung der Ernährungs- und damit Lebensgrundlage der Nation auch die Rettung des deutschen Arbeiters durch einen gewaltigen und umfassenden Angriff gegen die Arbeitslosigkeit* als das wichtigste seiner politischen Ziele an.

Tatsächlich sanken die Arbeitslosenzahlen bereits im ersten Jahr des nationalsozialistischen Regimes auf 4,8 Millionen, bis 1937 auf 0,9 Millionen. Dabei darf jedoch nicht vergessen werden, dass dieser Erfolg – außer auf Maßnahmen der Arbeitsbeschaffung – auf die Aufrüstung, die Wiedereinführung der Wehrpflicht, die Einrichtung eines Reichsarbeitsdienstes und darüber hinaus auch zum Teil auf die Emigration von Verfolgten zurückzuführen war. Hitlers Konjunkturprogramme umfassten staatliche Ausgaben zum Bau von Straßen und Siedlungen, zur Instandsetzung öffentlicher Gebäude und zur Verbesserung des Eisenbahn- und Postwesens. Daneben wurden großzügige Steuererleichterungen für Investitionen von Unternehmen gewährt, die beispielsweise die Anschaffung neuer Maschinen oder den Ausbau und die Modernisierung der Anlagen usw. betrafen. Auf der anderen Seite zog man Frauen durch die Gewährung so genannter »Ehestandsdarlehen«, deren Vergabe an den Verzicht der Berufstätigkeit geknüpft waren, vom Arbeitsmarkt ab.

Friedemann Bedürftig betont sehr richtig, dass die Maßnahmen zur Arbeitsbeschaffung, die Hitler in die Wege leitete, keinesfalls neu waren, sondern nur einen sehr viel mutigeren finanziellen Einsatz des Staates darstellten, insgesamt sechs Millionen Reichsmark kosteten und eine hohe Staatsverschuldung bedeuteten. Und Bernd Conrad hält in seinem 2002 veröffentlichten Aufsatz über die Wirtschaftspolitik des »Dritten Reiches« treffend fest:

Die Machtergreifung von Adolf Hitler und der nationalsozialistischen Partei bedeutete langsam aber sicher den Abschied vom Weltmarktgeschehen und eine Abkehr vom freien und internationalen Warenverkehr. Auch die innenpolitische Wirtschaftskrise wurde nur durch massive Staatsausgaben zur Ankurbelung der Rüstungsindustrie sowie durch den Ausbau der Infrastruktur nur scheinbar gelöst. Hohe Staatsverschuldung und der unvermeidliche Weg in den Krieg waren die bekannten Folgen.

Zugleich war die allgemeine Weltwirtschaftskrise zum Zeitpunkt der nationalsozialistischen Machtübernahme de facto bereits wieder am Abklingen. Der bereits zitierte Christoph Buchheim weist in seinem 1994 erschienenen Aufsatz über den Wirtschaftsaufschwung in der NS-Zeit schlüssig nach, dass die Weltwirtschaftskrise von 1930 eine Reinigungsfunktion gehabt habe, da sich durch diese die grundlegenden Voraussetzungen der Wirtschaft derart verändert hätten, dass es, so Buchheim, *zu einem selbsttragenden Wirtschaftsaufschwung gekommen wäre, der längerfristig zu ungleich besseren Resultaten geführt hätte als die nationalsozialistische Staatskonjunktur mit ihren deformierenden Effekten.*

Auch in Flensburg schien, wie Matthias Schartl schreibt, Ende 1932 der Höhepunkt der Krise erreicht zu sein, so dass die hiesige Industrie- und Handelskammer bereits Ende Oktober des Jahres ein gewisses Maß an Optimismus verbreitete. *Allerdings konnte die nördliche Region in den folgenden Jahren nicht im gleichen Umfang wie andere industrielle Zentren an der wirtschaftlichen Gesundung im Reich teilnehmen,* so Schartl weiter. Als Indikator dafür gibt er die im Verhältnis zum Reich sehr hohen Arbeitslosenzahlen an, die noch Ende 1935 einer Quote von 44 Prozent der Bevölkerung entsprachen. *Erst der sich langsam durchsetzende Bauboom Mitte der dreißiger Jahre und eine verstärkte Rüstungsproduktion auf der Werft konnte diesem Prozeß Einhalt gebieten,* wie er weiter festhält.

Otto Schütt führte in seinem 1935 erschienenen Aufsatz über die wirtschaftlichen Verhältnisse Flensburgs, der im Auftrag der Industrie- und Handelskammer angefertigt wurde, Folgendes aus:

Schiffbau und Reederei stellen das wirtschaftliche Rückgrat der Flensburger Wirtschaft dar. Es ist eine durch die Geschichte immer wieder bewiesene Tatsache, daß der Auf- oder Niedergang von Schiffbau und Reederei jederzeit auch den Wohlstand oder den Tiefstand der Stadt bedeutet hat.

Und weiter fährt er an anderer Stelle fort:

Wenn leider festzustellen ist, daß bis heute die Errichtung neuer Industrien zur Beschäftigung der zahlreichen Arbeitslosen in Flensburg noch nicht geglückt ist, so ist andererseits doch zu hoffen, daß es den Maßnahmen der nationalsozialistischen Regierung, welche eine Verlagerung der Industrie aus den Großstädten und dem übervölkerten Westen Deutschlands vorzunehmen beabsichtigt, gelingen wird, auch für Flensburg neues wirtschaftliches Leben zu schaffen. Wenn irgendeine Stadt, so hat diese alte treudeutsche Handelsstadt verdient, daß ihr von Reichs Seite Hilfe zuteil wird.

Aus diesen Ausführungen geht zum einen hervor, dass die wirtschaftliche Krise de facto noch nicht überwunden war. Zum anderen wird deutlich, mit welchen Erwartungen die Wirtschaft der Stadt dem Nationalsozialismus gegenüberstand.

Die Lage von Schifffahrt und Schiffbau Anfang der 1930er Jahre

Wie schon Lutz Krützfeldt in seinem »Literaturbericht zur Geschichte des modernen deutschen Seeschiffbaus bis 1945« festhält, gehört die Geschichte des Schiffbaus des 19. und 20. Jahrhunderts zu den bislang eher vernachlässigten Bereichen innerhalb der maritimen Forschung. Dies hat sich auch in den letzten Jahren nicht wesentlich verbessert, selbst wenn einige Aufsätze und Monografien erschienen sind, die sich lokalen oder regionalen Entwicklungen widmen. Schon Krützfeldt gibt an, dass vielfach auf zeitgenössisches Material zurückgegriffen werden muss.

Wie Detlefsen feststellt, lagen Anfang 1931 rund 20 Prozent der deutschen Handelsflotte auf, und die noch in Fahrt befindlichen Schiffe fuhren in der Regel nur Verluste ein. 1932 waren es dann nach Peter Kuckuck bereits 33,5 Prozent aller deutschen Schiffe, die aufgelegt werden mussten. Wenn die Reedereien sich dadurch bereits gezwungen sahen, größere und mit höheren Kosten verbundene Reparaturen so lange wie möglich aufzuschieben, war an die Order von Neubauten erst recht nicht zu denken.

Den ungeheuren Tiefstand in Schiffbau und Schiffahrt der seefahrttreibenden Länder kennzeichnet so recht deutlich die Tatsache, daß die Stapellauftonnage des vergangenen Jahres mit 720 000 B.R.T. weniger als die Hälfte der kleinsten seit 1898 zu verzeichnenden Werte der jährlich abgelaufenen Tonnage betrug – vom Kriegsjahr 1915 mit 1,2 Mill. B.R.T. und im Krisenjahr 1909 liefen ebenfalls 1,6 Mill. B.R.T. vom Stapel. […]

Von den erwähnten 720 000 B.R.T. sind in Deutschland im Vorjahr nur 56 000 B.R.T. vom Stapel gelaufen. Ein ähnlich trauriges Bild zeigt ein Vergleich der jeweils am Jahresschluß in Arbeit befindlichen Tonnage; 1929 waren es 3,1 Mill., Ende 1931 noch 1,4 Mill. Und zu Beginn dieses Jahres nur 766 000 B.R.T., heißt es in einem Situationsbericht über Schiffbau und Schiffahrt für das Jahr 1932 in der Fachzeitschrift »Schiffbau, Schiffahrt und Hafenbau« des entsprechenden Jahres. Der Verfasser führt dort weiter aus, dass die wirtschaftliche Lage allgemein Auswirkungen auf die gesamte Welthandelsflotte gehabt und diese im Vergleich zum Vorjahr erstmals abgenommen habe. Weiter ist zu lesen:

Ueber den Bestand der deutschen Handelsflotte lassen sich für den Jahresbeginn 1933 Angaben aus dem Schiffsregister des Germanischen Lloyd für 1933 und dem Januar-Nachtrag entnehmen. Danach hatte die deutsche Handelsflotte Anfang 1933 einen Bestand von 4 103 052 B.R.T., zu Jahresbeginn 1932 waren es 4 299 919 B.R.T., die Abnahme beträgt also 196 867 B.R.T.; sie ist entstanden durch Verkäufe (85 000 B.R.T.), Verluste (5000 B.R.T.) und Abwracken (127 000 B.R.T.), während durch Neubauten nur 7000 B.R.T. hinzukamen.

Diese Angaben zeigen deutlich, dass die Lage der Reedereien und damit zusammenhängend auch die Lage der Werften allgemein keine rosige war. Der Verfasser des Artikels wähnt jedoch, dass durch den *Regierungswechsel* bald eine Besserung eintreten werde. *Das durch die Regierung geförderte und aus den vorstehenden Zahlen ersichtliche Bestreben der deutschen Reeder nach Beseitigung der zur Zeit überflüssigen und unwirtschaftlichen Tonnage verdiente mehr Nachahmung im Auslande,* heißt es weiter. Doch auch ein Jahr später hatte sich die Lage zunächst noch nicht wesentlich verbessert. Allerdings vermutet der Verfasser einer »Übersicht über Schiffbau und Schiffahrt 1933«, die in der Ausgabe des Jahres 1934 in der bereits oben zitierten Zeitschrift aufgestellt ist, dass nun doch bald ein Lichtstreif am Horizont zu erblicken sei:

[…] *so ist doch die Verringerung der Welthandelsflotte durch die endlich in Angriff genommene Verschrottung herbeigeführt worden. So hat Deutschland, das als erstes Land ein schon lange auf der ganzen Welt besprochenes Hilfsmittel zur Verringerung der Notlage in der Schifffahrt in die Tat umgesetzt hat, erfreulicherweise vielseitige Nachahmer gefunden, und die Verringerung der minderwertigen Tonnage, die hochwertigen Neubauten Platz zu machen hat, dürfte im neuen Jahr noch weiter fortgesetzt werden,* lautet der entsprechende Passus in dem erwähnten Artikel. Und weiter heißt es:

Die im letzten Vierteljahr 1933 erteilten Aufträge – in Deutschland etwa 40 000, im Ausland 350 000 B.R.T. gegenüber etwa ebensoviel Tonnage in den voraufgegangenen drei Vierteljahren zusammen – sind ein Zeichen von Besserungsaussichten für den Schiffbau. Und tatsächlich dürfte der Tiefstand überschritten sein, der für 1933 den Warenumsatz des ganzen Welthandels auf 100 Milliarden RM. zusammenschrumpfen ließ, während er vor dem Krieg 160 Milliarden jährlich und während der Scheinblüte nach dem Krieg sogar 290 Milliarden RM. in einem Jahr betragen hatte.

Für Deutschland bedeutete die mit Regierungshilfe begonnene und zum großen Teil schon durchgeführte Abwrackung von 400 000 B.R.T. alter Tonnage eine fühlbare Erleichterung, betont der Verfasser weiter. Diese Abwrackaktion, von der auch die FSG zumindest in einem Umfang profitierte, dass sie sich über Wasser halten konnte, war allerdings noch von der alten Reichsregierung ins Leben gerufen worden.

Reinhardt Schmelzkopf hält in seinem Werk über »Die deutsche Handelsschiffahrt 1919 bis 1939« treffend fest, dass die nationalsozialistische Regierung am 1. Juni 1933 mit dem sogenannten »1. Arbeitsbeschaffungsgesetz« zwar eine Milliarde Reichsmark zur Verfügung stellte, dass Schifffahrt und Schiffbau von dieser Maßnahme jedoch nicht profitierten. Im Juli des Jahres wurden zwar mit den »Richtlinien für die Reichshilfe zugunsten der Seeschiffahrt« 20 Milliarden Mark bereitgestellt. Allerdings waren an deren Verwendung, wie Schmelzkopf weiter ausführt, zahlreiche Bedingungen geknüpft.

Grundsätzlich wurde die Seewirtschaft völlig umstrukturiert. De facto ging es mit der deutschen Handelsflotte langsam wieder bergauf, womit auch der Schiffbau spürbaren Aufschwung erhielt. Lagen am 31. Dezember 1933 noch 16,9 Prozent der deutschen Handelsflotte auf, waren es ein Jahr später nur mehr 8,4 Prozent, Ende 1935 noch 3,3 Prozent der Gesamttonnage. Zwar hieß es auch im »Bericht über Schiffbau und Schiffahrt des Jahres 1935« in der bereits zitierten Zeitschrift noch, dass die im Jahre 1932 eingeleitete rückläufige Bewegung im Bestand der Welthandelsflotte sich auch im vergangenen Jahr noch weiter verstärkt habe, dennoch sei in Deutschland bereits ein deutlicher Anstieg der Neubautonnage zu verzeichnen, dank der *tatkräftigen Unterstützung, die die Regierung der Schiffahrt zuteil werden läßt,* so der unbekannte Verfasser.

Allerdings, so fährt er fort, *vergleicht man die vom Stapel gelaufene Tonnage von 1934 mit den Zahlen früherer Jahre, so bedeutet das letzte Jahr mit 970 000 B.R.T. zwar einen Anstieg gegen 1933 (490 000 B.R.T.) und 1932 (730 000 B.R.T.), aber für keines der früheren Jahre dieses Jahrhunderts sind bisher so niedrige Zahlen wie die genannten zu finden. […] Die Seeschiffahrt hat sich auch im vergangenen Jahre noch nicht erholen können, wenn auch Besserungszeichen zu erkennen waren.*

Auch ein Jahr später klingt zwar schon viel Optimismus durch, die grundlegende Situation in Schiffbau und Schifffahrt hat sich allerdings noch nicht deutlich verbessert. Jedoch ist folgendes zu lesen: *Im Laufe des letzten Jahres haben die meisten Schiffahrtsländer reichlich Neubauten bestellt, so daß die Verringerung der Welthandelsflotte nunmehr zum Stillstand gekommen sein dürfte. Die rege Abwracktätigkeit der letzten Jahre, die unwirtschaftliche und preisdrückende Tonnage beseitigte, hat neben der allmählich etwas gebesserten Lage des Frachtenmarktes dazu beigetragen, zu umfangreichen Bestellungen auf neuzeitliche Schiffe anzureizen.*

Und weiter heißt es:

Ins neue Jahr gingen die deutschen Werften mit Bau- bzw. Auftragsbeständen von mehr als 400 000 B.R.T. Davon entfallen allein auf die Deutsche Werft zwölf Tankmotorschiffe und neun Frachtschiffe mit rund 150 000 B.R.T., die der Werft für zwei Jahre reichlich Arbeit geben, die A.G. Weser hat etwa 75 000 B.R.T. an Aufträgen, darunter ein Walfang-Mutterschiff von 18 000 B.R.T., die zugehörigen Walfang-Dampfer sowie 18 Fischdampfer und drei Frachtdampfer, insgesamt 34 000 B.R.T. hat die Seebeck-Werft zu liefern; Bremer Vulkan und die Howaldtswerke sind je mit rund 40 000 B.R.T. eingedeckt. Bei Blohm & Voss sind die beiden Afrika-Schnelldampfer mit zusammen 32 000 B.R.T. in Bau, und dann kommen noch die vielen mittleren und kleinen Werften, die fast durchweg ebenfalls gut besetzt sind.

Aus den Angaben wird deutlich, dass sich die Auftragslage zunächst bei den großen Werften an den wichtigen Umschlaghäfen der Nordsee besserte. Doch auch bei den Werften der Ostsee und vor allem bei der FSG erschien ab 1935 langsam ein Lichtstreif am Horizont. So konstatierte der bereits zitierte Otto Schütt 1935: *Die Flensburger Schiffsbau-Gesellschaft hat in den letzten Jahren recht schwere Zeiten durchgemacht. Heute sind jedoch erfreulicherweise wieder alle 4 Hellinge belegt und die Belegschaft ist auf 600 Mann angewachsen. Eine Zunahme ist mit dem fortschreitenden Bau der auf Kiel gelegten Schiffe zu erwarten.*

Allerdings irrte Schütt sich in der Zahl der Mitarbeiter, denn zu diesem Zeitpunkt waren tatsächlich schon wieder über 1000 Menschen auf der Flensburger Werft in Lohn und Brot gesetzt.

Die Situation der FSG Anfang der 1930er Jahre

Wie bereits ausführlich dargelegt, hatte die FSG vom Ende der 1920er bis in die frühen 1930er Jahre hinein schwer um ihr Überleben zu kämpfen und Ende 1930, wie schon zuvor erwähnt, sogar für eine kurze Zeit komplett ihre Tore schließen müssen. Zwar war es zum einen gelungen, am schon erwähnten Abwrackprogramm der Reichsregierung beteiligt zu werden, und zum anderen konnte 1931 noch ein Neubau für die Reederei H.C. Horn hereingeholt werden, doch erwies sich dieser im Nachhinein als schwerwiegendes Problem, denn die Reederei Horn sah sich nach Erteilung dieses Auftrags plötzlich nicht mehr in der Lage, das bestellte Schiff auch bezahlen zu können. Es ist interessant, einen Blick auf die noch erhaltenen Schriftwechsel zwischen Reederei und Werft zu werfen, die im Kopiebuch des Aufsichtsrates der FSG erhalten sind, da diese Aufschluss darüber geben, dass angesichts der allgemein sehr schlechten wirtschaftlichen Situation, unter der auch die Reedereien zu leiden hatten, der Abschluss eines Auftrags nicht immer mit einem wirtschaftlichen Erfolg gleichzusetzen war.

Der Vertrag mit der einstigen Flensburger Reederei Horn, die 1933 ihren Sitz nach Hamburg verlagerte, weil sie sich von diesem zentralen Standort aus einen besseren Ausgangspunkt für die Beschaffung von Fracht etc. erhoffte, war bereits Anfang 1931 unterzeichnet worden. Entsprechend hatte die FSG mit den Vorbereitungen für den Neubau begonnen, was zugleich den Einsatz relativ hoher finanzieller Investitionen bedeutete. Doch schnell stellte sich heraus, dass die Reederei Horn den Bau zu verzögern gedachte, ja sogar einen Versuch machte, von dem Vertrag noch zurückzutreten. In einem Schreiben der Geschäftsleitung der FSG an die Reederei heißt es am 15. Juli 1931:

Wir telephonierten Ihnen am 8. Juli, daß wir uns, wie wir es durch den Ankauf des Motors getan haben, nicht durch Kaufen von Hintersteven, Schiffbaumaterial, Hölzer usw. für obigen Neubau weiter engagieren dürften, wenn nicht die erste Baurate, oder wenigstens 50% davon, in den allernächsten Tagen einginge. Inzwischen ist wieder eine Woche verflossen, ohne daß wir etwas von Ihnen betreffs der Baurate hörten.

Da wir lediglich auf Grund des mit Ihnen geschlossenen Vertrages unseren Betrieb wieder eröffnet und Personal wieder eingestellt haben, sowie Verbindlichkeiten eingegangen sind, müssen wir nunmehr auf umgehende Erfüllung auch Ihrerseits drängen und wir sind angewiesen, Ihnen eine letzte Frist bis zum 22. des Monats zu setzen.

Ferner sehen wir uns veranlaßt, Ihnen der Ordnung halber mitzuteilen, daß die zugesagten Bautermine sich entsprechend dem späteren Eingang der 1. Baurate verschieben können und dass wir uns vorbehalten müssen, Sie für die dadurch bei uns entstehenden höheren Kosten eventuell verantwortlich zu machen.

Die Antwort des Reeders Horn folgte am 17. Juli 1931 und ist ebenfalls im Kopiebuch des Aufsichtsrats erhalten:

Ich erhielt ihr vorgestriges Schreiben und werde auf dasselbe in der zweiten Hälfte der nächsten Woche zurückkommen.

Abb. 5 Die H.C. HORN war der vorerst letzte Neubau der FSG bis 1934. (Foto: Archiv Flensburger Schiffahrtsmuseum)

Heute muß ich Ihnen nur vor Augen führen, daß sich die wirtschaftlichen und politischen Verhältnisse in Deutschland, wie Ihnen auch bekannt ist, so verändert haben, daß dadurch alle Voraussetzungen und Berechnungen über den Haufen geworfen sind.

Hochachtungsvoll, gez. H.C. Horn

So ging es noch einige Wochen hin und her. Am 1. September 1931 erklärte die Reederei schließlich, das Schiff nicht mehr bauen und von dem Vertrag zurücktreten zu wollen. Allerdings waren seitens der Werft durch Anfertigen der Bauzeichnungen, Anschaffung von Material, die Kiellegung, Arbeitslöhne usw. schon Kosten in Höhe von rund einer Million Reichsmark entstanden. Es wurde daher zäh miteinander gerungen, wie die vielen Briefe und Telegramme deutlich vor Augen führen. Am 12. Dezember 1931 einigte man sich schließlich, und die H.C. HORN wurde gebaut.

Auf das restliche Geld allerdings musste die FSG noch lange warten. Der ganze Prozess zog sich über Jahre hin und bedeutete für die Werft eine finanzielle Belastung, die in der ohnehin sehr schwierigen Lage nicht leicht zu meistern war. Die Reederei bemühte sich, die Wechsel laufend zu verlängern. Ende 1934 betrug die noch ausstehende Wechselschuld für diesen Auftrag immerhin 125 000 Reichsmark. Erst Ende 1936 war die Angelegenheit vom Tisch.

Ein harter Kampf ums Überleben

Im Kopiebuch des Aufsichtsrats der FSG für den Zeitraum von 1933 bis 1940 sind die monatlich abgehaltenen Aufsichtsratssitzungen festgehalten. Sie fanden in der Regel im Verwaltungsgebäude der FSG statt. Da jedoch seit Mitte der 1920er Jahre auch zwei Direktoren im Aufsichtsrat saßen, die aus Rotterdam kamen, die Herren J.G. Gröninger, ein Vertreter der niederländischen Reederei Halycon Lijn, sowie H.J. Kouwenhoven, der gemeinsam mit Gröninger für den Thyssen-Konzern tätig war und gleichzeitig auch im Aufsichtsrat einer großen niederländischen Bank saß, der »Bank voor Handel en Scheepvaart«, die ebenfalls zu Thyssen gehörte und Teil der 1924 von W.A. Harriman in New York gegründeten Union Banking Corporation war, wurden etliche Sitzungen auch im Hamburger Hotel »Vier Jahreszeiten« abgehalten.

Zu weiteren Mitgliedern des Aufsichtsrates zählten der Generaldirektor V. Nawatzki aus Eisenach, der Direktor K. von Sydow aus Hamburg, der Konsul Fritz Christiansen aus Flensburg sowie der Flensburger Oberbürgermeister, zu diesem Zeitpunkt, wie bereits erwähnt, Dr. von Hansemann.

In einem der Aufsichtsratsberichte ist die Situation der Flensburger Werft am 15. März 1933 wie folgt festgehalten:

Verhandlungen über Neubauten: Keine
Ablieferung von Neubauten: Keine
Stapelläufe: Keine

Die Mitarbeiterzahlen betrugen, einschließlich des Wächters und der Lehrlinge, 74 Personen, die Zahl der *Beamten*, der Ingenieure und Verwaltungsangestellten also, wurde mit 13 beziffert. Die meisten der Mitarbeiter waren mit Reparaturmaßnahmen beschäftigt, die unter dem Punkt: *Dockbetrieb in Verbindung mit kleinen Reparaturen* aufgelistet waren. Zu den gedockten Schiffen zählten ausschließlich kleinere Dampfer einiger Flensburger Reedereien, wie z.B. der Reederei Frohne und der *Vereinigten*. Auch das Abwrackprogramm brachte noch etwas Beschäftigung. Es lief, wie es hieß, *programmmäßig*.

Einen Monat später, am 15. April 1933, war die Arbeiterzahl kurzfristig auf 91 aufgestockt worden, da das Reparaturgeschäft etwas besser lief. Doch schon im Mai mussten etliche Mitarbeiter wieder entlassen werden. Mitte des Monats betrug die Arbeiterzahl noch 59 Personen. Mit allen Mitteln bemühte man sich, Neubauaufträge hereinzubekommen. Seitens des Aufsichtsrats wurde diesbezüglich eigens ein Arbeitsausschuss eingerichtet. Die Vertreter der Werftleitung, namentlich vor allem Ove Lempelius, setzten sich engagiert ein und sprachen persönlich bei verschiedenen potentiellen Auftraggebern vor.

In einem *streng vertraulichen* Brief an das Mitglied des Aufsichtsrats Gröninger führte Lempelius am 22. Juni 1933 aus, dass bislang nur eine einzige Anfrage bezüglich eines Neubaus vorliege, und zwar aus dem Ausland. Es handelte sich um einen Schleppzug für die Donau, der aus einem Motorschlepper mit einer Maschinenleistung von 600 PS und drei Tankleichtern bestehen sollte. In dem Brief heißt es weiter:

Im Anschluß hieran wird es Sie gewiß – wenn Sie es nicht schon wissen – interessieren zu erfahren, daß Blohm & Voss einen großen Auftrag aus Holland erhalten hat. Zweifellos wird Blohm & Voss den Auftrag nur dadurch hereingeholt haben, daß nachgewiesen werden konnte, daß durch diesen Schiffsneubau <u>keine Konkurrenz für die deutsche Schiffahrt entsteht.</u> Denn in diesem Fall ist es z.Zt. möglich, als Werft vom Reichswirtschaftsministerium zur Förderung des Exports die gleichen Vergünstigungen zu erhalten, welche anderen Industriezweigen schon seit längerer Zeit gewährt werden.

Ich darf Ihnen als Mitglied des Arbeitsausschusses unseres Aufsichtsrats dieses nur vertraulich mitteilen. Auf diesem Wege dürfte es Ihnen vielleicht möglich sein, den 12 000 t Dampfer zu RM 1 600 000 zu liefern. Andererseits wird die Werft hierdurch verpflichtet, nur inländisches Material zu verarbeiten und kann bei den Unterlieferanten nicht mit dem Kauf aus dem Ausland drohen. Hierdurch ergeben sich höhere Selbstkosten, so daß der Verkaufspreis bei etwa RM 2 000 000,– liegen müßte. Die Differenz von RM 400 000 würde der Staat als Ausfuhrprämie vergüten müssen.

Knöhr und Burchardt Nfl. haben leider noch keine Schiffe verkaufen können, so daß wir mit dem Bauvorhaben dieser Reederei noch nicht weitergekommen sind. Rob. M. Sloman jr. würde, *wie mir der eine Inhaber bei meinem vorgestrigen Besuch in Hamburg sagte, gerne noch 2 genau solche Schiffe bauen lassen, wie wir dieselben kürzlich lieferten (*GEMMA *und* LIPARI*). Diese Schiffe machen sich, wie er sagte, ganz vorzüglich. Die Firma wartet nun ab, bis sie in der Lage ist, wieder 2 Neubauten zu finanzieren.*

Lempelius schreibt in der von ihm verfassten und bereits zitierten Festschrift aus Anlass des 75-jährigen Bestehens der FSG über jene Jahre lapidar:

Auch die Jahre 1933 und 1934 brachten für die Flensburger Schiffsbau-Gesellschaft noch keine nennenswerte Besserung der Beschäftigung. Die Hauptkundschaft der Werft hatte ihren Sitz in Hamburg und Bremen. Dort aber verblieben die Aufträge infolge Beihilfe der Regierungen aus eingesparten Erwerbslosen-Unterstützungen für Schiffsneubauten am eigenen Platze. Um Geld zu erhalten, mußten erhebliche Bestände an abgelagerten Hölzern nach Norwegen verkauft werden, da die Banken sich weigerten, ohne Hergabe von Sicherheiten den bisher gewährten Kredit zu erhöhen.

Tatsächlich bemühten sich sowohl er selbst als auch das Mitglied der Geschäftsführung Direktor Bauer persönlich darum, mit der neuen Reichsregierung in Verhandlungen zu treten, um bei möglichen Aufträgen Unterstützung zu erhalten. Hinweise darauf liegen im Protokoll der FSG aus den Jahren 1919-1947 vor. Einem darin enthaltenen Sitzungsbericht des Aufsichtsrats ist zu entnehmen:

Herr Direktor Bauer meint, daß es z.Zt. keinen Zweck habe, mit den Berliner Reichsbehörden erneut zu verhandeln, zumal durch den Regierungswechsel noch keine Beruhigung bei den zuständigen Stellen eingetreten sei. [...]

Herr Konsul Christiansen ist trotzdem der Meinung, daß Herr Lempelius bei seiner demnächstigen Anwesenheit in Berlin bei den zuständigen Persönlichkeiten der verschiedenen Reichsbehörden vorsprechen sollte, um zu erfahren, ob von dieser Seite noch Unterstützung für etwaige Bauvorhaben zu erwarten sei. Außerdem schlage er vor, daß Herr Lempelius auf der Rückreise in Bremen bei dem Norddeutschen Lloyd vorsprechen möge, da er erfahren habe, daß der NDL Neubauten vergeben wolle. Wir müssen uns in Erinnerung bringen.

Diese schriftlich festgehaltenen Dokumente eines verzweifelten Bemühens um die Erhaltung des traditionsreichen Flensburger Unternehmens endeten mit der Zusammenfassung der Ergebnisse, in denen auch konkrete Maßnahmen und Ziele vorgegeben wurden:

Es soll versucht werden

1) *Beim Reichskommissar Gerecke* [Günther Gerecke, Reichskommissar für Arbeitsbeschaffung] *bzw. bei dessen rechter Hand, Herrn Kordemann, der Herrn v. Hansemann persönlich bekannt ist, zu sondieren, ob aus den für die Arbeitsbeschaffung neu zur Verfügung stehenden Mitteln von 2 Milliarden etwas für die Schiffsneubauten zu erhalten ist.*
2) *Beim R.M.A.* [Reichsmarineamt] *Fühlung zu erhalten, damit wir uns dort für die evtl. Gebung von Marinefahrzeugen oder Hilfsfahrzeugen einschalten.*
3) *Mit dem Norddeutschen Lloyd Fühlung zu nehmen, damit wir zur Teilnahme an der Konkurrenz aufgefordert werden, wenn Bauten vergeben werden.*

Aufschlussreich ist an dieser Stelle auch die Erwähnung, persönliche Kontakte des Flensburger Oberbürgermeisters von Hansemann nutzen zu wollen. Dr. Fritz von Hansemann war am 10. November 1930 mit großer Mehrheit als Nachfolger seines Vorgängers Dr. Todsen gewählt worden, obwohl er, wie es auf S. 436 in »Flensburg, Geschichte einer Grenzstadt« heißt, *vorher nur erster Beigeordneter in Neuss gewesen war,* also offensichtlich ein politisch eher unbeschriebenes Blatt, das zudem dem bürgerlichen Lager zuzuordnen war.

Von Hansemann trat sein Amt an, als die Folgen der Wirtschaftskrise in Flensburg deutlicher denn je zu spüren waren. Da er den Nationalsozialisten offensichtlich ein Dorn im Auge war, zählte von Hansemann zu denjenigen Personen aus dem Kreis der Stadtverwaltung, die nach der Machtübernahme ihren Platz räumen mussten. Zu seinem Nachfolger wurde am 19. September 1933 der gebürtige Kieler Dr. Wilhelm Sievers ernannt, seit 1925 bekennender Nationalsozialist. Sievers vertrat bis zu seiner Amtsenthebung am 1. Februar 1936 die Stadt Flensburg im Aufsichtsrat der FSG.

Die Zusammenarbeit zwischen der Geschäftsleitung der Flensburger Werft und Oberbürgermeister von Hansemann scheint sehr gut gewesen zu sein. Von Hansemann verabschiedet sich schriftlich am 1. September 1933 bei Direktor Bauer. In dem Brief, der bereits einen Berliner Absender trägt, heißt es:

Sehr verehrter Herr Bauer!

Nachdem der Herr Preußische Minister des Innern mich in den Ruhestand versetzt hat, lege ich hiermit mein Amt als Mitglied des Aufsichtsrats der Flensburger Schiffsbau-Gesellschaft nieder.

Es war mir eine besondere Freude 2 1/2 Jahre lang meine Bemühungen auch im Interesse dieses alten und ruhmreichen Unternehmens verwenden zu können. Ich wünsche der Flensburger Schiffsbau-Gesellschaft von Herzen, daß sie siegreich die großen Schwierigkeiten der Gegenwart überwindet und zum Besten Flensburgs und der deutschen Wirtschaft einer neuen Blütezeit entgegengehen möchte.

Sollte ich persönlich irgendwie in der Lage sein, der Gesellschaft nützlich sein zu können, so stehe ich dazu gerne und jederzeit zur Verfügung.

Ich verbinde damit meine besten Wünsche für Sie, sehr verehrter Herr Bauer, die Herren des Aufsichtsrats und Vorstandes persönlich und bin mit vorzüglicher Hochachtung und verbindlichen Grüßen,

Ihr sehr ergebener Dr. Fr. v. Hansemann

Das Antwortschreiben vom 7. September 1933 ist ebenfalls bewahrt und enthält, wenngleich in knapper Form, einen persönlichen Dank für gute Zusammenarbeit von Lempelius und Bauer. Es geht aus den weiteren Unterlagen nicht hervor, ob später noch von dem Angebot von Hansemanns Gebrauch gemacht worden ist.

Die Säuberungsaktionen der neuen Machthaber griffen im übrigen – wie überall im Reich – auch auf die Leitung der Flensburger Wirtschaftsbetriebe über. So hatte die Geschäftsleitung der FSG einen Fragebogen auszufüllen, in dem u.a. die »Rassezugehörigkeit« der Mitglieder der Geschäftsleitung und des Aufsichtsrats angegeben werden musste. Dieser Fragebogen ist im *Aufsichtsrats-Copie-Buch* erhalten. Aus den weiteren Unterlagen des Kopiebuchs geht deutlich hervor, dass zwar ab Ende des Jahres 1933 diverse Verhandlungen über Neubauten mit verschiedenen Reedereien geführt wurden, doch keine zu einem erfolgreichen Abschluss gebracht werden konnte. Als Grund dafür wird unter anderem erwähnt, dass im Ausland damals noch sehr viel günstiger produziert werden konnte. *Wir hoffen, daß die inländischen Reeder in die Lage versetzt werden können, in Deutschland zu ausländischen Preisen zu bestellen,* schrieb Lempelius am 23. September 1933 an das Aufsichtsratsmitglied von Sydow.

Da noch Abwrackarbeiten liefen und auch das Dock einigermaßen ausgelastet war, konnten bis 1934 zwischen 80 und 120 Mitarbeiter beschäftigt werden. Dann jedoch gab es tatsächlich wieder zwei – wenngleich im Verhältnis kleine – Aufträge über Neubauten. Mit den Baunummern 424 und 425, den beiden Motor-Fahrgastschiffen FORELLE und LIBELLE, beide jeweils 20,5 Meter lang und neun Knoten schnell, konnten am 12. Mai 1934, nach mehr als zwei Jahren, erstmalig wieder Neubauten bei der FSG auf Kiel gelegt werden. Auftraggeberin war die Flensburger Reederei Vöge & Däcker. Aber auch wenn nun weitere Aufträge abgeschlossen werden konnten, so ein unter der Baunummer 422 registrierter Motor-Hafenschlepper mit einer Maschinenleistung von 450 PS, der im Auftrag der Marinewerft Wilhelmshaven bei der FSG gebaut wurde und unter dem Namen GEIER ebenfalls 1934 vom Stapel lief, war das Tief dennoch nicht überwunden.

In einem Sitzungsprotokoll vom 4. Mai 1934 ist zu lesen, dass man weiterhin in persönlichen Verhandlungen mit den Berliner Behörden stand:

Herr Oberbürgermeister Dr. Sievers sagt, daß er mit Herrn Lempelius bei den Ministerien in Berlin wegen Arbeit für die Werft vorstellig geworden ist, aber leider vergebens.

Herr Nawatzki sagt, Flensburg ist immer vernachlässigt worden. Bremen, Hamburg, Kiel, hätte Arbeit erhalten, aber Flensburg als Grenzstadt hätte nichts bekommen.

Herr Oberbürgermeister Sievers will wieder in Berlin vorstellig werden und erbittet hierfür eine Aufstellung, welche Werften Neubauaufträge mit Reichszuschüssen erhalten haben.

Es wurden auch kuriose Aufträge angenommen, um die kleine Belegschaft in Lohn und Brot zu halten. Am 15. Oktober 1934 findet sich im Aufsichtsratsbericht unter der Rubrik Neubauten: Teil einer Sporthalle in Gewicht von ca. 260 Tonnen. Diese konnte allerdings erst am 16. Juli des folgenden Jahres abgeliefert werden, denn nun ging es Schlag auf Schlag, ein Auftrag folgte dem nächsten.

Der Aufschwung im Spiegel der Geschäftsberichte

Erst das Jahr 1935 brachte etwas mehr Arbeit, liest sich der beginnende Aufschwung schlicht in der schon zitierten Festschrift aus dem Jahr 1951. *Es waren einige Spezialschiffe nach dem Selbst-Trimmer-System zu bauen, die es gestatteten, die Belegschaft in diesem Jahr um 1000 Mann zu vergrößern.*

Im Geschäftsbericht der FSG über 1934 ist einleitend folgendes zu lesen: *Unsere im vorigen Jahr ausgesprochene Hoffnung, daß durch den von der Reichsregierung geführten Kampf gegen die Erwerbslosigkeit sich auch eine Belebung für unseren Betrieb ergeben würde, hat sich leider erst gegen Schluß des Geschäftsjahres bestätigt, so daß wir für das abgelaufene Geschäftsjahr daraus keinen Nutzen ziehen konnten.*

Allerdings heißt es weiter: *Es ist uns gegen Schluß des Geschäftsjahres gelungen, nachstehende Neubau-Aufträge hereinzunehmen:*

1 Frachtdampfer von 4300 to. Tragfähigkeit,
1 Frachtdampfer von 2500 to. Tragfähigkeit,
2 Frachtmotorschiffe von je 7500 to. Tragfähigkeit,
wodurch sich unsere Belegschaft gegenüber dem Vorjahre allmählich beträchtlich erhöhen wird. Doch genügen diese Aufträge noch nicht, um unsere Anlagen voll ausnutzen zu können.

Die ersten drei Schiffe, die unter den Baunummern 426, 427 und 428 im Jahr 1935 vom Stapel liefen, waren die WILHELM TRABER, die OTTO ALFRED MÜLLER und die CLÄRE HUGO STINNES. Alle drei Aufträge kamen also von großen Hamburger Reedereien. Für die Reederei Stinnes sollte die FSG in den folgenden Jahren noch etliche weitere Schiffe bauen.

Und schon ein Jahr später wird im Geschäftsbericht ausgeführt:

Im Geschäftsjahr vom 1. Januar 1935 bis 31. Dezember 1935 gelang es uns, unsere Belegschaft um ca. 100 Mann auf ca. 1250 Mann zu steigern.

Wir konnten das erste der im letzten Geschäftsbericht genannten 4 Frachtschiffe Mitte August, das zweite Mitte Oktober und das dritte am Schluß des Geschäftsjahres abliefern.

Die erste Hälfte des Geschäftsjahres war lediglich dem Aufbau des Unternehmens gewidmet. Der eigentliche volle Produktionsprozeß hat erst im Herbst begonnen.

Es ist uns gelungen, unsere Unkosten zu decken und bescheidene Abschreibungen vorzunehmen. [...]

Der Auftragsbestand betrug Ende 1935:
1 Fracht-Motorschiff von 7500 to. Tragfähigkeit,
2 Frachtdampfer von je 2500 to. Tragfähigkeit,

Abb. 6 Die Cläre Hugo Stinnes bei ihrer Taufe. Der Taufschmuck zeigt deutlich den neuen Geist, der auch bei derartigen Anlässen selbstverständlichen Einzug gehalten hatte. Werkzeugmeister Christian Möller hält in seinen Erinnerungen übrigens fest, dass erstmalig auch die Anwesenheit der Arbeiter der FSG bei Stapelläufen und Schiffstaufen ausdrücklich erwünscht war. Die Arbeit durfte solange ruhen. Seinen Schilderungen zufolge wurden Belegschaften der Flensburger Betriebe eigens zu derartigen Feierlichkeiten herbeibeordert. (Foto: Archiv Flensburger Schiffahrtsmuseum)

1 Fracht-Motorschiff von 9000 to. Tragfähigkeit,
2 Fracht-Motorschiffe von je 8500 to. Tragfähigkeit.

Die in dem Geschäftsbericht abschließend ausgesprochene Hoffnung, dass sich nunmehr weitere Aufträge abzeichnen würden, sollte sich tatsächlich bewahrheiten. So wird im Bericht des folgenden Jahres vermerkt, dass 1936 *mit einer von etwa 1250 auf etwa 1450 Mann erhöhten*

Abb. 7 C-24 auf dem Bauhelgen, kurz vor der Fertigstellung. 1938 baute die FSG insgesamt vier solcher »C-Schiffe« für die Kriegsmarine. (Foto: Archiv Flensburger Schiffahrtsmuseum)

Gefolgschaft, wie es heißt, fünf Frachtschiffe fertiggestellt wurden. Das Gesamtvolumen der Produktion belief sich auf insgesamt 25 800 Tonnen Tragfähigkeit.

Dieser großartige Erfolg sei, so ist weiter zu lesen, in erster Linie dem Einsatz und der Leistung der Betriebsangehörigen zu verdanken:

Von unserer Gefolgschaft, zu welcher 125 Lehrlinge gegenüber 87 im Vorjahre gehören, sind 706 über 40 Jahre alt, 420 unserer Mitarbeiter sind über 10 Jahre und 145 über 25 Jahre bei uns tätig, ein Zeichen guter Verbundenheit zwischen Gefolgschaft und Werk.

Das getätigte Arbeitsprogramm des Berichtsjahres stellte an alle unsere Gefolgschaftsmitglieder erhöhte Ansprüche. Es war nur durch das harmonische Zusammenarbeiten möglich, unsere Kundschaft pünktlich und gut zu bedienen.

Aus den Erträgen einer monatlichen freiwillig geleisteten Überstunde aller Werksangehörigen konnten 94 erholungsbedürftige Arbeitskameraden je einen zusätzlichen 14tägigen kostenlosen Ferienaufenthalt in der Holsteinischen Schweiz genießen.

1936 wurden erstmals wieder erhebliche Investitionen in die Modernisierung der Werftanlagen getätigt. So bittet Lempelius in einem im Kopiebuch des Aufsichtsrats enthaltenen Schreiben an das Aufsichtsratsmitglied Gröninger vom 27. März 1936 um die Genehmigung der Kosten für die Anschaffung einer elektrischen Schweißanlage. Die geschätzten Gesamtkosten beliefen sich auf 60 000 Reichsmark. Da als Voraussetzung für die Inbetriebnahme einer solchen Anlage u.a. auch eine höhere Stromerzeugung unabdingbar war, diese jedoch auf der Werft nicht mehr geleistet werden konnte, da der vorhandene Generator zu klein war, schlug Lempelius vor, die Werftanlagen an das Kraftwerk anschließen zu lassen, *zumal uns dieser zusätzliche Strom nur 3 Pfennige/kW kosten soll und das Kraftwerk die Kabel etc. bis zur Schaltzelle in unserer Zentrale kostenlos liefern will*, wie es weiter heißt.

Abb. 8 Die Baunummer 429, JOHANNES MOLKENBUHR, bei einer Maschinenstandprobe vor der Ausrüstungswerft der FSG. Das Schiff zierte auch das Titelblatt der »Flensburger illustrierten Nachrichten« vom 22. Januar 1936. Der Aufschwung der Werft fand vor allem in Form von Titelbildern seinen begeisterten Niederschlag in der Flensburger Presse. So war in einer weiteren Ausgabe der genannten Zeitung vom 19. Februar 1936 ein Bild der CLÄRE HUGO STINNES im Hafen von Rotterdam zu sehen. Die Bildunterschrift lautete: *Flensburgs Ruhm in fremden Häfen!* (Foto: Archiv Flensburger Schiffahrtsmuseum)

Des Weiteren bat Lempelius um den Ankauf moderner und leistungsfähiger Radial-Bohrmaschinen *zum paketweise*[n] *Bohren der Platten*, eine Investition, deren Kosten er auf immerhin 25 000 Reichsmark bezifferte.

Die Beschaffung beider Anlagen ist sehr dringlich. Die erstere, damit wir die Schiffe so leicht bauen können, wie es neuerdings allgemein gewünscht wird. Die zweite, weil hierdurch genaueres Arbeiten möglich ist. Diese Maschinen machen sich auch bezahlt, wenn man Schwesterschiffe (wie die beiden Unileverschiffe) im Bau hat, weil hier immer 4 Platten auf einmal gebohrt werden und damit das vierfache Anzeichnen der Platten seitens der Schiffbauer fortfällt, führte Lempelius weiter aus.

Das benötigte Kapital hoffte er aus dem, wie er schrieb, laufenden Geschäft entnehmen zu können. In einer eilends einberufenen Aufsichtsratssitzung wurde dem Wunsch der Betriebsleitung schließlich entsprochen.

Bereits in einer Aufsichtsratssitzung vom Mai 1933 hatte man sich ausdrücklich zur Aufgabe gemacht, sich auch um Aufträge durch die Marine zu bemühen. In dem Protokoll einer Sitzung vom 21. April 1936 teilte Ove Lempelius den anwesenden Aufsichtsratsmitgliedern mit, dass sich die Geschäftsleitung bereits in Verhandlungen über den Bau einiger so genannter »C-Boote«, kleinerer Motorschiffe, die als Sperrfahrzeuge eingesetzt wurden, befinde. Lempelius begrüßte diese Entwicklung, da er, wie es weiter heißt, *gerne wieder 1800 Mann beschäftigen möchte.* Tatsächlich stellte die FSG allerdings erst 1938 unter den Baunummern 374 bis 377 insgesamt vier so genannte »C-Boote« für die Kriegsmarine her.

In derselben Sitzung erkundigte sich übrigens das Aufsichtsratsmitglied Gröninger, wer die Unkosten für die vielen Gäste auf der Probefahrt der JOHANNES MOLKENBUHR zu übernehmen gedenke. Es ist die erste Anfrage dieser Art, die sich in sämtlichen Protokollbüchern vergangener Jahrzehnte findet. Entweder waren die Gäste außerordentlich zahlreich und die Ausgaben ungewöhnlich hoch gewesen oder es handelte sich um einen Versuch, die Kosten für derartige

Probefahrten grundsätzlich der Reederei aufzubürden. Die Antwort von Lempelius, dass die Werft dies tue, ist ebenfalls festgehalten: Es sei dies nicht nur eine große Reklame für die Firma Stinnes, sondern auch für die FSG. Außerdem sei er persönlich mit verschiedenen Herren aus den Ministerien auf den Probefahrten bekannt geworden, was für weitere Verhandlungen in Berlin von großem Vorteil sei. Diese Antwort wurde offensichtlich nicht nur zur Kenntnis genommen, sondern auch akzeptiert, obwohl ein Ereignis dieser Art einiges an finanziellem Aufwand verursacht haben dürfte.

Durch die oben erwähnten hohen Investitionen in die verschiedenen Modernisierungsmaßnahmen konnte das Geschäftsjahr 1936 keinen Gewinn nachweisen, vielmehr wurde ein Verlust erwirtschaftet. In dem Geschäftsbericht heißt es entsprechend:

Bei einem von RM 4 430 000,– auf RM 7 754 000,– gestiegenen Umsatz waren unsere Anlagen nur zu etwa 60% ausgenutzt und ist uns ein finanzieller Erfolg versagt geblieben, weil erhebliche Mittel zur Instandsetzung und Verbesserung des Werkes aufgewandt werden mußten und die erzielten Preise teilweise nicht auskömmlich waren. Es ist im Berichtsjahr ein Verlust von RM 142 994,98 entstanden.

Doch trotz des Verlustes waren die Auftragsbücher erstmalig wieder voll:

Der Auftragsbestand an Neubauten beläuft sich heute auf:
7 Frachtmotorschiffe von je 8500 to. Tragfähigkeit fürs Ausland,
2 Frachtmotorschiffe von je 8000 to. Tragfähigkeit fürs Inland,
2 Frachtdampfer [von je] *5000 to.* [Tragfähigkeit fürs Inland],
1 [Frachtdampfer von] *1750 to.* [Tragfähigkeit fürs Inland],
1 [Frachtdampfer von] *1250 to.* [Tragfähigkeit fürs Inland].
[…] *Die weiteren Neubauten geben unserem Unternehmen Beschäftigung bis gegen Ende des Jahres 1938.*

Zu den Auftraggebern zählten u.a. die Hamburg-Südamerikanische Dampfschiffahrts-Gesellschaft, die Reederei Otto A. Müller, Hamburg, Ernst Russ, Hamburg, die Mathies-Reederei und die Reederei Hugo Stinnes, wobei letztere in der Folge mit zu den wichtigsten Auftraggebern der folgenden Jahre gehören sollte, ferner die Flensburger Schiffspartenvereinigung, für die die FSG den mit 1560 BRT vermessenen Frachtdampfer HEINRICH SCHMIDT baute.

1937 wurden mit der MOERO und der MOBEKA auch erstmalig wieder zwei Schiffe für ausländische Rechnung geliefert. Auftraggeberin war die Compagnie Maritime Belge, Antwerpen. Doch die Konkurrenz war weiterhin groß, und nicht alle Kunden brachten stets nur Freude. So ist im Kopiebuch des Aufsichtsrats in einem Protokoll vom 9. Juni 1937 zu lesen, dass laut Lempelius die größte Konkurrenz auf dem Schiffbaumarkt nach wie vor die Howaldtswerke seien. Außerdem habe man einen schlechten Jahresabschluss gemacht, zum einen durch Investitionen, zum anderen durch das ungleiche Bauprogramm und darüber hinaus, durch die, wie es heißt, *Ansprüche der Reederei Hamburg Süd.* Darüber hinaus wird folgendes ausgeführt:

Erhebliche Kosten sind auch entstanden durch die von dem »Amt für Schönheit der Arbeit« verlangten Arbeiten, wie Herstellung von Waschräumen, Hell-Streichen von Werkstätten etc. etc.

Das erwähnte Amt für Schönheit der Arbeit war, ebenso wie die bereits im November 1933 gegründete Organisation »Kraft durch Freude«, der Deutschen Arbeitsfront (DAF) unterstellt. Seine Aufgabe bestand darin, durch entsprechenden Druck auf die Unternehmensleitungen dafür zu sorgen, dass werktechnische Anlagen zum einen pfleglich behandelt, sauber gehalten und gut instand gesetzt waren, zum anderen, wie es im Duktus jener Jahre hieß, sozialhygienisch einwandfrei blieben.

Im Geschäftsjahr 1937 stieg die Zahl der Gefolgschaftsmitglieder auf 1700. – Es wurden 5 Frachtschiffneubauten von 32 000 Tonnen Tragfähigkeit zur Ablieferung gebracht, davon 17 000 Tonnen für das Ausland. Diese Leistung ist nur dadurch möglich gewesen, daß zeitweise

Abb. 9 Die MOERO im April 1937 vor dem Ausrüstungskai der »Alten Werft«. (Foto: Archiv Flensburger Schifffahrtsmuseum)

Überstunden gemacht wurden, wofür wir nicht unterlassen, auch an dieser Stelle der Gefolgschaft unseren Dank auszusprechen, heißt es im Geschäftsbericht für das Jahr 1937, der am 13. Juli 1938 vorgelegt wurde. In diesem Bericht wird die allgemeine Lage der Werft als gut bezeichnet. Neben den vollen Auftragsbüchern wird angegeben, dass auch das Schwimmdock erstmalig wieder zufriedenstellend ausgelastet sei, nämlich an 236 Tagen im Jahr. Insgesamt wurden 43 Schiffe repariert. Zum ersten Mal seit etlichen Jahren konnte verkündet werden, dass ein Guthaben erwirtschaftet worden war.

Bis zum Berichtsdatum sind drei Schiffe zur vollen Zufriedenheit der Auftraggeber abgeliefert worden. Die übrigen 11 Neubauten geben unserem Unternehmen Beschäftigung bis in das Jahr 1940 hinein.

Für freiwillige soziale Leistungen haben wir fortlaufend Beträge zur Verfügung gestellt und bleiben um den Ausbau der Betriebseinrichtungen laufend bemüht, wie weiter ausgeführt wird.

Lempelius erläutert später in der von ihm verfassten und bereits vielfach zitierten Festschrift aus dem Jahre 1951, dass sich die Konkurrenz *überreichlich mit Aufträgen eingedeckt* hatte. Seinen Angaben zufolge drohte das Flensburger Arbeitsamt sogar damit, Facharbeiter, die erwerbslos waren, zwangsweise auf andere Werften, beispielsweise nach Kiel, zu vermitteln. Andererseits führt er aus, dass die Gesamtsituation auf dem Markt die FSG in die positive Lage versetze, verhältnismäßig kurzfristige Liefertermine anbieten zu können. Das war der Fall bei einem lukrativen Auftrag, mit dem die Margarine-Rohstoff-Beschaffungs-GmbH an die Flensburger Werft herantrat. Gebaut werden sollten insgesamt fünf Schiffe gleicher Bauart, die mit je 8700 to. Tragfähigkeit vermessen waren.

Abb. 10 Die BIRKA vor dem Stapellauf im April 1937. (Foto: Archiv Flensburger Schiffahrtsmuseum)

Ganz einfach war es nicht, dieses Geschäft, welches für die Werft einen Auftrag von rund RM. 12 000 000,– bedeutet, zustande zu bringen. Die deutschen Margarinefabriken beabsichtigten zwecks Einfuhr von Tran von norwegischen Reedern sofort Walfang- Mutterschiffe mit den Walfangbooten zu chartern und die auf mehrere Jahre laufende Charter später mit den von der Werft gebauten Schiffen zu bezahlen.

So beschreibt Ove Lempelius den zunächst etwas kompliziert scheinenden Vorgang, der für die FSG bzw. deren Geldgeber durchaus mit einigen finanziellen Risiken behaftet war. Dementsprechend fand sich erst nach längerem Suchen und vielen Verhandlungen eine Bank, die bereit war, die Charter zu verauslagen. Es handelte sich dabei um die Hambros-Bank in London. Nach ihrer Fertigstellung wurden die Schiffe an die Bank geliefert, die diese anschließend auf dem freien Markt verkaufte. Laut Lempelius wurden dabei gute Preise erzielt, da, wie er schreibt, *die Schiffspreise inzwischen auf dem Weltmarkt angezogen hatten.*

Die besagten fünf Schiffe liefen 1938 und 1939 unter den Baunummern 440, 441, 442, 444 und 446 vom Stapel. Es handelte sich dabei um die BIDEWIND, die von der Aktieselskab Borgestad, die MIM, die von Hvistendahl in Tønsberg, die ARCADIA, die von S. Bruusgaard in Drammen, und die HOEGH SILVERCLOUD, die von der Reederei Leif Hoegh, Oslo, aufgekauft wurde. Bei allen diesen vier Schiffen kamen die Käufer also aus Norwegen. Einzig die Baunummer 444, die MOCAMBO, wurde von der Compagnie Maritime Belge, Lloyd Royal aus Antwerpen übernommen. Für diese Reederei waren bereits zwei Jahre zuvor die beiden Frachtmotorschiffe MOERO und MOBEKA auf der FSG gebaut worden. Wie sowohl der Geschäftsbericht für das Jahr 1938 als auch die Festschrift aus dem Jahre 1951 festhalten, war es dieser Großauftrag, der dafür sorgte, dass die Flensburger Werft das seit Ende der 1920er Jahre andauernde wirtschaftliche Tief endgültig überwunden hatte:

Abb. 11 Die HOEGH SILVERCLOUD war das letzte von fünf Schiffen einer Baureihe, die ursprünglich im Auftrag der Deutschen Margarinewerke auf der FSG gebaut und dann auf dem freien Markt verkauft wurden. (Foto: Archiv Flensburger Schiffahrtsmuseum)

Das geschäftliche Ergebnis war, daß der Verlustsaldo von RM 617 874,– beseitigt und noch ein Gewinn von RM 137 000,– ausgewiesen werden konnte. Nach Abwicklung dieses Geschäftes war die Werft aller Sorgen enthoben, die sie seit 1924 gehabt hatte, ist bei Lempelius zu lesen.

Und weiter schreibt er: *Es war der Gesellschaft gelungen, ohne fremde Hilfe die flaue Zeit zu überbrücken, während andere Werften den Existenzkampf trotz ein- oder mehrmaliger Zusammenlegung des Aktienkapitals noch nicht beendet hatten.*

Nunmehr hatte sich die FSG also mit eigener Kraft, unter großem Einsatz seitens der Geschäftsleitung, aus einer nahezu aussichtslosen wirtschaftlichen Situation wieder emporgearbeitet. Eine ruhige Zukunft schien zunächst gesichert, zumal Ende 1938 Orders für insgesamt 20 Schiffe sowie zwei Schwimmdocks und einen Schwimmkran vorlagen. Aufgrund der inzwischen als sehr gut zu bezeichnenden Auftragslage wurden weitere Investitionen in die technischen Anlagen in Höhe von rund 6 Millionen Reichsmark getätigt. Doch am 1. September 1939 brach mit dem Einmarsch der deutschen Truppen in Polen der Zweite Weltkrieg aus, und damit kamen auf die FSG erneut große Umbrüche zu.

Die FSG im Aufschwung

Von 1938 an schien eine ruhige Entwicklung der Werft gesichert. Außer einigen kleinen Dampfer-Aufträgen, die nötig waren, um die Maschinenbau-Werkstätten und die Kesselschmiede zu beschäftigen, lag im Jahre 1938 eine Reihe lohnender, großer Aufträge vor:

Abb. 12 Das Schwimmdock mit der Baunummer 460, das von der FSG 1939 für die Marine gebaut wurde. Das Oberkommando der Marine hatte noch ein weiteres Schwimmdock (Baunummer 465) und einen Kranponton (Baunummer 455) bei der FSG geordert, die auch noch vor Kriegsende fertiggestellt wurden. (Foto: Flensburger Stadtarchiv/Sammlung Möller)

Die Bau-Nrn. 448 und 449 hatte sich Herr Hugo Stinnes wieder gesichert für 2 gleiche Motorschiffe, wie er sie schon wiederholt empfangen hatte: M.S. WELHEIM *und M.S.* ALBERT JENSEN, *3 Dampfer für die Firma Bock, Godeffroy & Co., von je 5200 t Tragfähigkeit, 2 Frachtmotorschiffe von je 9100 t Tragfähigkeit für die Firmen Ernst Russ & Co. und Afrikanische Fruchtkompagnie, 2 Frachtmotorschiffe für Unterweser-Reederei von je 9300 t Tragfähigkeit.* [...] *Auf Grundlage dieser Entwicklung wurde eine technische Erneuerung der Betriebe mit einem Kostenaufwand von RM 6 000 000,– in Angriff genommen.*

Damit wird zugleich auch ein Überblick über die Kunden der FSG zu diesem Zeitpunkt gegeben, zu denen hauptsächlich große Hamburger Reedereien gehörten. Der ungebremsten Hochkonjunktur schien nichts im Wege zu stehen – doch dann brach am 1. September 1939 der Zweite Weltkrieg aus. Der Handelsschiffbau musste zunächst, wie es bei Lempelius heißt, *zurückgestellt* werden. Das bedeutete nichts anderes, als dass die FSG den Bau dieser Schiffe unterbrechen bzw. gar nicht erst in Angriff nehmen durfte, obwohl zum Teil das Material für diese Schiffe bereits geordert oder sogar schon geliefert worden war. Auf diesen Sachverhalt wird weiter unter zurückzukommen sein. Man sah sich insgesamt vor eine Situation gestellt, die für das Unternehmen wirtschaftlich schwer abschätzbar war.

Soziale Veränderungen

Abgesehen von diesen Ereignissen und Umbrüchen gab es, bedingt durch die Zeitgeschehnisse, noch Anforderungen ganz anderer Art, die seitens einer konzentrierten Unternehmenspolitik des nationalsozialistischen Regimes forciert wurden und den Wettbewerb der einzelnen Betriebe hinsichtlich gesteigerter Produktionsraten anstacheln sollten, auch Veränderungen, die sich nur zum Teil in den Journalen und Akten der FSG wiederfinden, die sich jedoch in den Erinnerungen vieler ehemaliger Mitarbeiter der Werft jener Zeit widerspiegeln und die zum Teil auch der zeitgenössischen Tagespresse zu entnehmen sind. So berichtet der Maschinenbaumeister Christian Möller beispielsweise eher beiläufig, dass mit Anbruch der *Neuen Zeit* erstmalig auch der einfache Werker an den feierlich zelebrierten Stapelläufen und Schiffstaufen teilnehmen durfte, die nunmehr für jedermann zugänglich waren und fast schon Volksfest-Charakter erhielten. Die Arbeit durfte während dieser Anlässe ruhen. Seinen Schilderungen zufolge wurden Belegschaften anderer Flensburger Betriebe eigens zu derartigen Feierlichkeiten herbeibeordert.

Neu war auch der Ton, der sich in den Geschäftsberichten seit Mitte der 1930er Jahre findet, in denen die Leistung der »Gefolgschaft«, wie der Mitarbeiterstamm nun bezeichnet wurde, ausdrücklich hervorgehoben wurde. Arbeiter, die sich besonders hervorgetan hatten, erhielten nun – wie in anderen Industriebetrieben auch – die Möglichkeit, sich im Rahmen des Programms »Kraft durch Freude« bei Sonderurlauben und kostenlosen Ferienaufenthalten, beispielsweise in der Holsteinischen Schweiz, zu erholen. Bedingt durch die Vorgaben, die vom Amt für Schönheit der Arbeit an die Industriebetriebe gestellt wurden, hatte auch die FSG erhebliche Summen in Maßnahmen zu investieren, die den Mitarbeitern in anderer Hinsicht zugute kommen sollten. Albert Gregersen, Jahrgang 1922, kam 1937 als Schiffbau-Lehrling auf die FSG. Im Rahmen eines Interviews im Mai 2004 erinnert er sich:

Als ich 1937 bei der FSG anfing, kamen neue Gesetze betreffend den Jugendschutz heraus. Wir durften keine Überstunden mehr machen (wir arbeiteten normal ja 48 Wochenstunden). Man musste für die Lehrlinge einen eigenen Waschraum einrichten, was bei den älteren Gesellen großen Unmut hervorrief. Das wurde dann ein kühler Raum mit Blechspinden. In der Mitte

Abb. 13 Nach außen war die Mitarbeiter-Fürsorge ein wichtiger Bestandteil der NS-Propaganda. Das Bild zeigt eine kleine Feierlichkeit unter Kollegen: Werkzeugschmied Johann Möller (Mitte, am Amboss) tritt in den Ruhestand, 1936. (Foto: Archiv Flensburger Schiffahrtsmuseum)

war ein großer Waschtisch mit Kummen, in denen man sich mit kaltem Wasser waschen konnte. Das war ein gewaltiger Fortschritt, so etwas hatte es auf der Werft noch nie gegeben. Ehrlich gesagt waren die sanitären Verhältnisse bei der FSG mehr als primitiv.

Der Fortschritt ging weiter, man gründete einen Betriebssportverein mit u.a. einer Fußballmannschaft. Etwas ganz neues war auch der »Werkschutz«, der aber auf der FSG nicht weiter auffiel. Das waren jüngere Gesellen, mit einer militärischen schwarzen Uniform mit flotter Mütze. Uniformiert war ja eigentlich alles bei Adolf, und wenn es gar nicht anders ging, hatte man irgendwo wenigstens eine Mütze, auf der irgendwo ein Hakenkreuz zu sehen war. Der »Werkschutz« hatte auch eine Blaskapelle. Es gab in allen größeren Flensburger Betrieben zu der Zeit eine solche Einrichtung.

All diese Maßnahmen sollten in erster Linie über die wahren Verhältnisse hinwegtäuschen. Mit der Zerschlagung der Gewerkschaften gleich nach der Machtübernahme und der Gründung der »Deutschen Arbeitsfront«, die nunmehr die Interessen der Arbeiterschaft wahrnehmen sollte, war Linientreue gefragt. Das wirkte sich – wie in allen Unternehmen – auch auf der FSG aus, wie sich Gregersen wiederum erinnert:

Das nun vorherrschende totalitäre System brachte vielen Ärger mit sich. Unter anderem gab es Meister, die meinten, sich mit unfeinen Methoden durchsetzen zu müssen. [...] Manche Bestimmungen wurden verschärft, ganz besonders mit Ausbruch des Krieges und auch noch später, als viele Fremdarbeiter die eingezogenen Kollegen ersetzen sollten. Da drohten diese Meister schnell einem Widersprechenden mit der Gestapo. Es blieb nicht immer nur bei der Drohung – mancher Werftarbeiter verschwand hinter Mauern. [...] Viele verbargen ihre sozialistische Gesinnung, um zu überleben.

Der Zeitschrift »Schiffbau«, 37. Jahrgang 1936, ist unter der Rubrik *Gütezeichen für vorbildliche Betriebseinrichtungen* das Folgende zu entnehmen:

Die planvolle Aufbauarbeit zur Schaffung wirklicher Betriebsgemeinschaften nimmt durch die in der Zeit vom 4. November bis zum 31. Dezember 1936 zur Durchführung kommende große Unfallverhütungsaktion: Schutz und Sicherheit in der Eisen- und Metallindustrie ihren Fortgang. Nachdem in allen zur Reichsbetriebsgemeinschaft 6, Eisen und Metall, gehörenden Betrieben die Aktion »Schönheit der Arbeit« mit großem Erfolg – der zu weiteren Taten Ansporn sein muß – durchgeführt worden ist, treten wir in das zweite Stadium nationalsozialistischer Betriebsneuordnung: Von der Schönheit der Arbeit zur Gesundheit, Schutz und Sicherheit der Arbeit. Unser Kampf gilt dem Unfall!

Ziel war es, durch Wettbewerb der Betriebe untereinander die Schaffung nationalsozialistischer Musterbetriebe zu fördern, deren oberste Maxime der *Schutz und die Pflege des schaffenden deutschen Menschen* sein sollte. Weiter, S. 445f., heißt es:

Darum soll an der Spitze dieser Aktion das Geleitwort des Führers Adolf Hitler stehen: So, wie die Wirtschaft und das Kapital der Nation zu dienen haben, ist auch die Arbeit dem gleichen Zweck dienstbar zu machen. Der vornehmste Träger der Arbeit aber ist keine Maschine, sondern der Mensch selbst. Die Pflege und der Schutz des arbeitenden Menschen ist damit in Wirklichkeit Pflege und der Schutz der Nation des Volkes.

Obwohl dieser merkwürdige Wettkampf durch den Ausbruch des Krieges längst ad absurdum geführt war, fand er auch unter den Flensburger Unternehmen weiter statt. So wurden beispielsweise am 18. November 1942 diverse Flensburger Betriebe im Sinne des NS-Leistungskampfes ausgezeichnet. Die FSG stand an 17. Stelle für die *Auszeichnung mit der Plakette für die Bewährung im Leistungskampf.* Den ersten Platz hatte die *Allgemeine Flensburger Autobus-Gesellschaft* und den zweiten die Maschinenbaufirma *Anthon & Söhne* errungen. Insgesamt wurden 51 Plaketten verteilt.

Einige Unternehmen wurden sogar mehrfach ausgezeichnet, die FSG gehörte jedoch nicht dazu. Sie erhielt weder einen Preis als *NS-Musterbetrieb,* der an das Postamt Flensburg ging, noch das *Gaudiplom für besondere Leistungen*, das die Kraftwerke Flensburg einheimsen konnten, noch das *Leistungsabzeichen für vorbildliche Förderung von »Kraft durch Freude«*, das den Margarinewerken, dem Kraftwerk, der Freien Vereinigung Flensburger Schlachter und einigen anderen Betrieben verliehen wurde, noch das *Leistungsabzeichen für vorbildliche Berufserziehung*, das unter anderem auch an das Kraftwerk und das Postamt ging. Auch das *Leistungsabzeichen für vorbildliche Sorge um die Volksgesundheit* wurde statt der FSG anderen Flensburger Unternehmen zuerkannt.

Der Kriegsausbruch: Verpflichtung zum U-Boot-Bau

Den Protokollen der FSG aus den Jahren 1924 bis 1947 ist zu entnehmen, dass seit 1939, mit Ausbruch des Krieges, das Oberkommando der Marine die Werft zum U-Boot-Bau verpflichten wollte. Seitens der Geschäftsführung der Flensburger Werft stand man dieser drohenden Verpflichtung allerdings nicht ausschließlich positiv gegenüber. Zwar ist den besagten Protokollen jener Jahre deutlich zu entnehmen, dass man sich auch ausdrücklich um Marineaufträge bemühte, die Prioritäten sollten jedoch weiterhin im Handelsschiffbau liegen. So heißt es im Protokoll der Aufsichtsratssitzung vom 6. April 1940:

Nachdem Herr Lempelius noch über den Werftausbau, Umstellung auf den Kriegsschiffbau, Beschäftigungslage des Werkes sowie über unser Verhältnis zur Marine gesprochen hat, bittet Herr v. Sydow, bei allen Maßnahmen in erster Linie die Werft für den Handelsschiffbau leistungsfähig zu gestalten.

Der Geschäftsführer der FSG, Ove Lempelius, bemühte sich, die mit dem Einstieg in die Rüstungsmaschinerie verbundenen Umbaumaßnahmen und die Kosten derselben nicht allein der Werft auferlegen zu lassen. Dazu heißt es im Protokoll der Aufsichtsratssitzung vom 18. November 1939 im Hotel »Vier Jahreszeiten« in Hamburg:

Zu Punkt 1 berichtet Herr Lempelius über das Ergebnis seiner Bemühungen beim Oberkommando der Kriegsmarine in Berlin, die Übernahme der Kosten zu klären, die durch den Ausbau der Betriebsanlagen erforderlich wurden.

Das Oberkommando hat unsere schriftlich eingereichten Vorschläge, entweder die Ausbaukosten auf die vorliegenden Kriegsschiffsbauaufträge umzulegen oder die Verzinsung und Amortisation des Bauvorhabens auf die Gemeinkosten im Verlauf einer kürzeren Zeit zu verrechnen, abgelehnt. Das Oberkommando ist aber der Ansicht, daß der finanzielle Status der Werft eine Finanzierung des Ausbauprogramms im Kreditwege über die Industrie-Bank ohne Schwierigkeiten möglich erschienen läßt.

Die Verhandlungen mit dem Oberkommando der Marine verliefen in der Folge recht zäh. Wie andere deutsche Werften auch, beispielsweise Blohm & Voss in Hamburg, hatte sich die FSG, bedingt durch den Ausbruch des Krieges, den forcierten Forderungen des Oberkommandos zu beugen. Doch bevor das erste U-Boot auf Kiel gelegt werden konnte, mussten zunächst erhebliche Summen investiert werden, um überhaupt die Voraussetzungen für diesen Spezialschiffbau schaffen zu können. Einer in den Protokollbüchern der Aufsichtsratssitzungen aus dem Jahre 1940 enthaltenen Liste sind die einzelnen Maßnahmen nebst den veranschlagten Kosten detailliert zu entnehmen. Die Liste, die vom 10. Oktober 1940 datiert, gibt einen Überblick über die Ausbau- und Anschaffungsmaßnahmen. In mehreren vorangegangenen Sitzungen, in Anschreiben und persönlichen Auseinandersetzungen zwischen Werftleitung und Marinevertretern hatte Ove Lempelius schließlich geltend machen können, dass nicht die gesamten Kosten der Werft aufgebürdet wurden. Unter anderem waren Reichsbeihilfen beantragt und letztlich auch genehmigt worden. Zur Übernahme eines weiteren Teils der Kosten hatte sich letztlich die Marine verpflichtet.

Abb. 14 Die Baunummer 485, das U-Boot U 364, verlässt am 3. Mai 1943 die FSG. (Foto: Flensburger Stadtarchiv/Sammlung Möller)

Die Höhe der zu investierenden Summe für den Bau von neuen Werkstätten, Magazinhallen, Büroräumlichkeiten für eine eigene Bauaufsicht, eine Schweißhalle, da im Zusammenhang mit dem U-Bootsbau erstmals auch das elektrische Schweißverfahren eingeführt wurde, entsprechender Aggregate, verschiedener Lagerplätze sowie zwei weiterer Hellinge betrugen rund 1,3 Millionen Reichsmark, von denen die Hälfte von der Reichsbeihilfe getragen wurde. Zugleich zeichnete das Oberkommando der Marine Aufträge über die Instandsetzung von Marineschiffen. Zu diesem Zweck erwarb die Werft eigens ein 2600 Quadratmeter großes Gelände, das sich westlich der Kesselschmiede der FSG befand. Darüber hinaus mietete die FSG ein weiteres Grundstück für die Errichtung eines Gemeinschaftslagers von der Stadt Flensburg an, doch das sei hier nur am Rande erwähnt.

Bis zum Ende des Zweiten Weltkriegs wurden auf der FSG schließlich 34 U-Boote gebaut, davon sechs des sogenannten Typs VII-C (U 1025 bis U 1030) und acht des Typs VII-C/41 (U 1301 bis U 1308). Insgesamt sechs Boote (U 1025 bis U 1030) wurden auf der Hamburger Werft Blohm & Voss gebaut und anschließend auf der FSG fertiggestellt bzw. ausgerüstet. Die zunächst für den Bau von U-Booten des Typs VII-C/41 acht weiteren Bauaufträge zog das Oberkommando der Marine wieder zurück. Von den erwähnten 34 auf der FSG gebauten oder fertig ausgerüsteten U-Booten wurden 16 während des Krieges durch feindliche Angriffe versenkt, elf im Mai 1945 selbst versenkt, sechs an England ausgeliefert, eines später wieder in Dienst gestellt und eines auf der FSG aufgelegt (Angaben u.a. nach Kopien aus dem U-Boot-Archiv Möltenort sowie aus einer von Klaus Hauser, Flensburg, zusammengestellten Liste, StA FL XII HS 2172).

Die U-Boot-Produktion auf der FSG geschah unter größtmöglicher Geheimhaltung. Obwohl der Handelsschiffbau im Prinzip mit Übernahme des ersten U-Boot-Auftrags zum Erliegen kam, war offensichtlich doch nur ein Teil der Belegschaft direkt in den U-Boot-Bau involviert. Albert Gregersen, zu diesem Zeitpunkt Mitarbeiter der FSG, erinnert sich im Mai 2004:

Wir waren ein Rüstungsbetrieb, und da achtete man sehr auf Geheimhaltung. Überall sagten Plakate: »Pst – Feind hört mit!« Wir bekamen alle einen Ausweis mit Bild, und für die an

Abb. 15 Dieses Bild ist von Christian Möller mit den Worten *Der letzte Akt* betitelt worden. Es zeigt die Ablieferung des letzten U-Bootes (U 1025), das nicht auf der FSG gebaut, aber hier fertiggestellt und ausgerüstet wurde, am 12. April 1945. (Foto: Flensburger Stadtarchiv/Sammlung Möller)

Bord Arbeitenden gab es noch eine besondere Anstecknadel. Ich war nicht im U-Bootsbüro und bekam diese Anstecknadel nicht, und so war ich nie auf einem dieser U-Boote. Ich habe mich auch nie bemüht, mehr zu erfahren, als ich unbedingt wissen musste, obwohl mich die Technik schon sehr interessierte.

Diese Geheimhaltungspolitik wirkte sich auch auf den Aufsichtsrat der FSG aus, in dem mit den Herren Gröninger und Kouwenhoven zwei Niederländer vertreten waren. Grund dafür war, dass die Bank voor Handel en Scheepvaart, Rotterdam, deren Vertreter H.I. Kouvenhoven, und die N.V. Handels- en Transport Maatschappij Vulcaan, deren Vertreter I.G. Gröninger war, stattliche Aktienpakete der FSG besaßen. Ove Lempelius machte dazu in einem Rechenschaftsbericht, den er im Namen der Geschäftsleitung 1952 verfasste, folgende Angaben: *Im Jahre 1942 mußten Herr Gröninger und Herr Kouwenhoven ihre Posten als Aufsichtsratsmitglieder bei der FSG niederlegen, weil es verboten war, Ausländern Einblicke in die Kriegsproduktion zu gestatten.*

Im Herbst 1943 wurde die FSG jedoch aus dem U-Boot-Bauprogramm des Reiches entlassen. Grund dafür war, wie Ove Lempelius zusammenfassend in einer Festschrift aus Anlass des 75-jährigen Bestehens der FSG schrieb: *Im Herbst 1943, als vergrößerte U-Boots-Typen nach dem Sektionsbausystem vergeben werden sollten, konnte die Werftleitung den Nachweis erbringen, daß die FSG für den Sektionsbau nicht geeignet sei.*

Damit konnte der Wiedereinstieg in den Handelsschiffbau forciert werden.

Wiedereinstieg in den Handelsschiffbau: Das Hansa-Bauprogramm

Tatsächlich hatten Ende 1939 – wie bereits erwähnt – Aufträge für 20 Schiffe mit insgesamt über 100 000 Tonnen Tragfähigkeit vorgelegen. Darüber hinaus hatte die FSG Aufträge über einen Schwimmkran und zwei Schwimmdocks abschließen können, wobei letztere allerdings im Auftrag des Oberkommandos der Marine gebaut werden sollten. Ove Lempelius schrieb dazu in der mehrfach zitierten Festschrift aus Anlass des 75-jährigen Bestehens der FSG, die 1951 erschien:

Wohl waren die im Sommer 1939 vom Oberkommando der Marine bestellten beiden Schwimmdocks, Bau-Nrn. 460 und 465, und der Kranponton, Bau-Nr. 455, fertigzustellen, doch mußte sofort das ganze Handelsschiffbau-Programm zurückgestellt werden.

Die Materialien für einen 10 000 t Erzdampfer für Leonhardt & Blumberg, für den bereits der Kiel gelegt war, mußten nach Holland und die Materialien für 2 Dampfer für die Reederei Robert Bornhofen mußten nach Dänemark zum Fertigbau verlagert werden.

Bereits auf der Aufsichtsratsversammlung der FSG des Jahres 1940 hatte das Aufsichtsratsmitglied Kurt von Sydow die Anwesenden eindringlich darum gebeten, bei allen erforderlichen Maßnahmen, die im Zuge der Umstellung des Betriebes auf den Rüstungsbau vorgenommen werden mussten, in erster Linie darauf zu achten, die Werft auch weiterhin für den Handelsschiffsneubau leistungsfähig zu gestalten. Lempelius äußerte sich dazu 1951 in dem schon erwähnten Rechenschaftsbericht wie folgt und ausführlicher als in der Festschrift:

Anfang 1940 wurde der Werft der Weiterbau von Frachtschiffen vom Rüstungskommando untersagt. Es mußten drei Schiffe, für die bereits der größte Teil des Schiffbaumaterials angeliefert, bearbeitet und montiert war, nach dem Auslande, und zwar nach Dänemark und Holland verlagert werden, damit dort diese Schiffe fertiggestellt würden.

Ferner wurde die Flensburger Schiffsbau-Gesellschaft gezwungen, 9 Inlandsaufträge auf Handelsschiffe mit einer Bruttotonnage von insgesamt 33 500 Reg.-To zu annullieren, damit die Werft für Zwecke der Kriegsmarine frei wurde. Diese Auflage wurde vom Rüstungskommando Kiel erteilt, dessen damaliger Chef der Kapitän zur See Halbe war. – Ein Beleg hierfür ist nicht mehr aufzubringen, weil alle Unterlagen aus dem Kriege vernichtet werden mußten.

Lempelius fährt eine Seite später fort: *So kam es, daß die Flensburger Schiffsbau-Gesellschaft schon im Herbst 1943 den Bau von Frachtdampfern für die Schiffahrt-Treuhand-Gesellschaft übernehmen konnte und daß im Januar 1945 keine Kriegsschiffe mehr auf der Werft lagen. Diesem Umstand ist es offenbar zuzuschreiben, daß die Werft nach dem Jahre 1943 keine Luftangriffe mehr erfuhr, denn zweifellos waren die Feinde schon über die Umstellung der Flensburger Schiffsbau-Gesellschaft auf den Handelsschiffbau unterrichtet.*

Ob dem so war, mag dahingestellt bleiben. Tatsache jedoch ist, dass Lempelius vergisst zu erwähnen, dass diese Neubauten Teil des sogenannten »Hansa-Bauprogramms« waren, mit dem die Reichsregierung neben zivilen Zwecken durchaus auch – sowohl direkt als auch indirekt – militärische Ziele verfolgte.

Am 30. Mai 1942 wurde das »Reichskommissariat See (ReikoSee)«, dessen Leitung Hamburgs Reichsstatthalter Karl Kaufmann antrat, gegründet, das unmittelbar Adolf Hitler unterstellt war. In dessen Auftrag übernahm Kaufmann die Organisation von Seetransporten, die nicht unmittelbar Kriegszwecken dienten oder mit Truppentransporten zusammenhingen. Ziel war es, wie Hartmut Rübner in seiner 2005 erschienenen Arbeit über die »Konzentration und Krise der deutschen Schiffahrt« festhält, für die *Beschleunigung des Tonnageumlaufs und eine optimale wirtschaftliche Ausnutzung der zur Verfügung stehenden Tonnage zu sorgen und dazu, falls notwendig, auch die zwischenzeitlich von der Kriegsmarine bewirtschafteten Einheiten wieder in den Verantwortungsbereich der Reedereien zu überführen.*

Darüber hinaus sollte das ReikoSee auch die Aufnahme und Leistungsfähigkeit der Seehäfen des Reiches und der besetzten Gebiete steigern und eine möglichst große Zahl feindlicher Handelsschiffe beschlagnahmen. Dabei standen, laut Rübner, vor allem die skandinavischen Länder sowie Holland und Belgien im Vordergrund. Die wichtigsten Ladungen waren u.a. Erz, Holz, Kohle und Schwefelkies, aber auch Getreide und Baumwolle.

Vor allem die hohen Verluste an Handelsschiffstonnage im Laufe des Krieges stellten das ReikoSee vor eine große Herausforderung. Aus diesem Grund wurde am 23. Juni 1942 ein Führererlass herausgegeben, mit dem der *Neubau von Seeschiffen für Handelszwecke, insbesondere für Erztransporte* vorangetrieben werden sollte, dem kriegsentscheidende Bedeutung zugemessen wurde. Das »Hansa-Bauprogramm« war damit aus der Taufe gehoben. *Am gleichen Tag,* so Rübner, *gründeten acht Reedereien die Schiffahrt-Treuhand-Bank GmbH, eine Gesellschaft, die die gesamte vertragliche und finanzielle Entwicklung des sogenannten »Hansa-Bauprogramms« übernahm.*

Rudolf Blohm, Mitgesellschafter der damals größten deutschen Werft, des Hamburger Unternehmens Blohm & Voss, Staatsrat, zugleich Beauftragter des Reichsministers für Rüstung und nach Gründung des ReikoSee zusammen mit Max Waldeck und dem Reeder Richard Bertram vom Norddeutschen Lloyd durch Kaufmann in den Führungsstab der Organisation berufen, wurde als Leiter des Sonderausschusses Handelsschiffbau für die Umsetzung des Hansa-Bauprogramms zuständig, dessen Ziel es war, wie Rübner schreibt, *innerhalb kürzester Zeit eine größtmögliche Menge an Frachttonnage zu schaffen.* Allerdings musste Blohm diesen Posten schon am 19. Mai 1943 wieder aufgeben.

Das Hansa-Bauprogramm war in zwei Abschnitte eingeteilt: »Hansa I« sah den Bau von 100 Schiffen mit je 3000 tdw, »Hansa II« den Bau von 30 Schiffen mit je 3000 tdw, 50 Schiffen mit je 5000 tdw und 20 Schiffen mit je 9000 tdw vor. Nach Rübner war es der ausdrückliche Wunsch Hitlers, diese Schiffe möglichst einfach zu konstruieren und nur für eine Lebensdauer von fünf Jahren anzulegen. Zur Verwendung kamen einfache Antriebssysteme, und aufgrund des bereits drastischen Mangels an hochwertigem Baumaterial wurde entsprechend minderwertiges Material für den Bau verwendet, so dass *kriegsbedingte Kompromißbauten* zustande kamen, die nur Mindestanforderungen genügten.

Die Schiffe wurden auf deutschen Werften geplant, gezeichnet und »vorgebaut« und dann bei ausländischen Schiffbauunternehmen u.a. in Dänemark, Holland und Belgien, »nachgebaut«. Doch das, wie Rübner schreibt, *Gerangel* um den immer knapper werdenden Schiffbaustahl, der gravierende Arbeitskräfte- und vor allem Facharbeitermangel, aber auch Sabotage und Materialverschiebungen sorgten dafür, dass das Programm nicht in vollem Umfang zum Tragen kam. Von den insgesamt 200 geplanten Schiffen kamen nur 58 zur Ausführung, davon 52 3000-Tonner, fünf 5000-Tonner und ein 9000-Tonner. Bezüglich des Materialmangels führte Albert Gregersen im Interview vom Mai 2004 aus:

Je länger der Krieg dauerte, umso schwerer wurde es, den benötigten Schiffbaustahl termingerecht heranzubekommen. Immer häufiger ging das Material auf dem Transport verloren. Egal, ob es mit der Bahn oder per Lastkahn auf den Weg gebracht wurde, irgendwo erwischten es die Bomben der Amerikaner oder der Engländer. Eine Menge Papier musste dann immer geschrieben werden: Suchanträge, Restanten-Listen, Neubestellungen, das erforderte viel Arbeit.

Am 18. Januar 1943 ging bei der FSG per Einschreiben der erste Auftrag für zwei 3000-t-Einheitsschiffe ein, die im Rahmen des Hansa-Bauprogramms hier produziert werden sollten:

Der Leiter des Sonderausschusses Handelsschiffbau, Herr Staatsrat Rudolf Blohm, teilt uns mit, daß Ihre Werft nunmehr für den Bau von zwei 3000 t Einheitsfrachtschiffen im Rahmen des Hansa-Bauprogramms vorgesehen ist. […] Der Vertragswortlaut ist mit der federführenden Deutschen Werft abgestimmt, doch machen wir der Ordnung halber darauf aufmerksam, daß in § 11 des Vertrages auf Wunsch der Deutschen Werft folgender Zusatz aufgenommen wurde: »in Gemeinschaft mit der Preisprüfungsstelle des Reichskommissars für die Seeschifffahrt auf Basis der L.S.Ö.« Weiter machen wir der guten Ordnung halber auch darauf aufmerksam, daß wir zur Zeit noch nicht die Gegenbestätigung des Einverständnisses des Reichskommissars für die Seeschiffahrt für diesen Zusatz in Händen haben. Wir haben den Zusatz der Einfachheit halber vorgenommen unter der Voraussetzung, daß wir in den Besitz der Gegenbestätigung des Reichskommissars kommen werden, müssen uns jedoch den Vorbehalt einer Änderung machen, sofern sich der Reichskommissar anders entscheidet (StA FL XII Fa FSG 189).

Der Reichskommissar entschied jedoch nicht anders. Die Geschäftsleitung der FSG bedankte sich vier Tage später, ebenfalls per Einschreiben, für den erteilten Auftrag und gab an, dass die beiden Schiffe in Auftrag genommen und die Baunummern 466 und 467 erhalten hätten. Als Termin für die Kiellegung für Nr. 466 war der 1. April 1943, für Nr. 467 der 1. Juni 1943 vorgesehen worden, vorbehaltlich des rechtzeitigen Eintreffens großer Teile des Baumaterials, die entsprechend in Aussicht gestellt worden waren. Die Ablieferung der Schiffe sollte knapp ein Jahr später, im Januar bzw. März 1944 erfolgen. Doch auch hier machten sich die kriegsbedingten Schwierigkeiten schnell bemerkbar. In den Verträgen war unter § 4 folgendes festgehalten:

Änderungen: Falls der Reeder während der Bauausführung die Vornahme von Änderungen an den Plänen oder Bauvorschriften wünscht, die nur in begründeten Ausnahmefällen beantragt werden sollen, so ist vor Inangriffnahme der Arbeiten die Zustimmung des Leiters des Sonderausschusses Handelsschiffbau einzuholen und Übereinstimmung zwischen dem Reeder und der Werft über die entstehenden Mehr- und Minderkosten und evtl. durch die Arbeiten bedingte Terminverzögerung, Tragfähigkeitsänderung usw. herbeizuführen. Falls als Folge der gegenwärtigen Schwierigkeiten in der Lieferung der Materialien andere Materialien als in der Spezifikation angegeben verwendet werden müssen, haben sich Reeder und Werft darüber zu verständigen.

Und unter § 9 hieß es: *Als Liefertermin wurde der 31. März 1944 festgesetzt. […] Voraussetzung für die Einhaltung des Liefertermins bleibt jedoch, daß nicht Umstände eintreten, die zu beseitigen außerhalb der Macht der Werft liegen und damit von dieser nicht zu vertreten sind. Darunter zu verstehen ist u.a. auch das Ausschußwerden großer Gußteile oder Schmiedestükke, verspäteter Eingang von Schiffbaumaterial, Hauptmaschinen, Hilfsmaschinen oder sonstigem Schiffszubehör und Ausrüstungsteilen, die im Rahmen des Arbeitsplans von der Werft rechtzeitig bestellt sind. Gleichzuachten sind vorstehenden Vorkommnissen Auflagen von Reichsbehörden, Dienststellen der Wehrmacht oder anderen Stellen, kriegswichtige Arbeiten bevorzugt auszuführen, sofern hierdurch ein Ausfall an Arbeitskräften, Lohnstunden u.a.m. für die Durchführung des im Rahmen des HANSA-Programms auszuführenden vorliegenden Neubaus eintreten sollte.*

Den Kriegsumständen wurde auch bei der Gewährleistungspflicht Rechnung getragen, indem unter § 10 ausgeführt war, dass die FSG grundsätzlich für alle materialbedingten Mängel eine Gewährleistungspflicht zu übernehmen habe. Diese gelte jedoch ausdrücklich nicht, *soweit durch bestehende Kriegsvorschriften Ersatzstoffe für das Schiff und seine Teile zur Verwendung kommen.* In diesem Fall könne *für diese eine Gewährleistungspflicht nicht übernommen werden* (StA FL XII Fa FSG 189).

Diese vertraglichen Ausführungen erlauben einen guten Einblick, welchen Schwierigkeiten man sich mittlerweile gegenüber sah und welche Kompromisse hinsichtlich der Qualität von Material und Ausführung in Kauf genommen werden mussten. Seit Mitte 1943 war das gesamte Schiffbaumaterial fest kontingentiert und wurde jedem Unternehmen je nach Lage und Dringlichkeit zugeteilt. Am 22. September 1943 informierte der Sonderbeauftragte für das Hansa-Programm in einem Rundschreiben an alle beteiligten Werften und Behörden darüber, *daß die gesamten Kontingentierungsfragen des Hansa-Programms unmittelbar vom Hauptausschuß Schiffbau in Berlin bearbeitet werden.[...] Alle Anforderungen auf Ausstellung von Eisen-, Metall- und Holzscheinen sowie weitere Zuteilungen an Spinnstoffen, Hanftauwerk, Segeltuchen usw. sind von diesem Zeitpunkt an zu richten an: Hauptausschuß Schiffbau, Rohstoff- und Kontingentierungsabteilung, Berlin W 35, Liechtensteinallee 3a.*

Bereits im April des Jahres hatte die FSG den Auftrag über drei weitere 3000-Tonner des Hansa-Programms erhalten, die von der Werft am 28. April 1943 bestätigt worden waren. Die Schiffe erhielten die Baunummern 506, 507 und 508, sollten Ende 1943 bzw. Anfang 1944 auf

Kiel gelegt und entsprechend nur jeweils ein halbes Jahr später abgeliefert werden. Doch schon kurz danach sah sich die FSG gezwungen, bedingt durch Bombenangriffe und erhebliche Materialengpässe, die Termine für alle fünf Schiffe um rund drei Monate zu verschieben.

Am 18. November 1943 wurde der Auftrag über die letzten drei Schiffe *gemäß einer Entscheidung des Sonderausschusses Handelsschiffbau im Hauptausschuß Schiffbau* wieder annulliert und stattdessen ein Auftrag über den Bau von drei 5000-Tonnern im Rahmen des Hansa-Programms erteilt. Diese Schiffe erhielten dieselben Baunummern. Während für die 3000-Tonner der festgelegte Richtpreis 1,7 Millionen Reichsmark betrug, waren es für die 5000-Tonner 2,5 Millionen Reichsmark. Das Geld wurde in drei Raten, entsprechend dem Bauzustand, bis zur Ablieferung an die FSG gezahlt.

Mittlerweile sah sich die Flensburger Werft jedoch genötigt, keine genauen Liefertermine mehr angeben zu können. Grund dafür waren Aufträge der Kriegsmarine über Instandsetzungsarbeiten an U-Booten, die bevorzugt durchgeführt werden mussten. Diese Boote belegten die für den Bau benötigten Hellinge. Am 11. August 1944 teilte die Werftleitung mit, dass die Probefahrt für die Baunummer 466 hatte absolviert werden können und dass die Baunummer 467 acht Tage später vom Stapel gelaufen war. Dadurch konnte die Baunummer 507 Ende August 1944 endlich auf Kiel gelegt werden.

In einem Schreiben der Schiffahrts-Treuhand vom 9. Oktober 1944 an die Geschäftsleitung der FSG hieß es bezüglich Baunummer 467: *Der obige Neubau soll nach Übernahme durch unsere Gesellschaft übertragen werden an die Reederei Otto Brink & Co., Komm. Ges., Flensburg. Das Schiff soll den Namen* LICENTIA *mit dem Heimathafen Flensburg erhalten.*

Am 4. November wurde dann allerdings mitgeteilt, dass das Schiff statt an Brink an die Reederei Jost, ebenfalls Flensburg, übertragen werden sollte, deren Inhaber allerdings Brink war. Die Baunummern 506, 507 und 508 konnten erst nach dem Krieg fertiggestellt werden. Sie wurden alle als Reparationen an die britische Militärregierung abgeliefert.

Große Herausforderung: Arbeitskräfte- und Materialmangel

Schon Vaagt, Schütt und Windmann führen in ihrem Beitrag aus dem Jahre 1966 aus, dass – wie in der gesamten Wirtschaft des damaligen Deutschen Reiches – auch die Flensburger Wirtschaft in, wie es heißt, *größtmöglichem Umfang* in die Kriegswirtschaft mit einbezogen wurde. Im Laufe der Zeit sahen sich jedoch alle Betriebe den Problemen von Materialknappheit und Arbeitskräftemangel ausgesetzt, die, wie auf der FSG, dazu führten, dass die wenigen vorhandenen Fach- und Arbeitskräfte eine Wochenarbeitszeit von bis zuletzt 66 Stunden absolvieren mussten, und dies bei zunehmender Belastung durch unzureichende Ernährung und den Strapazen regelmäßiger Fliegeralarme und Bombenangriffen durch die alliierten Flugstreitkräfte.

Zu einer Aufsichtsratssitzung vom 9. Mai 1940 ist Folgendes festgehalten: *Über die Beschäftigungslage berichtet Herr Lempelius, daß sich der Frost sehr störend auf die Fabrikation ausgewirkt hat, daß die Verzögerung aber durch Überstunden und Sonntagsarbeit zum Teil wieder ausgeglichen wird. Um unsere Belegschaft zu vergrößern und unseren Unkostensatz zu reduzieren, bemühen wir uns, Leute aus Oberschlesien zur Umschulung heranzuholen.*

In einer weiteren Aufsichtsratssitzung vom 15. April 1942 wird unter anderem überlegt, der Ausbildung mehr Gewicht zu verleihen: *Herr Dr. Kracht regt an, im Interesse des Nachwuchses gewisse Rücklagen für den Bau eines Jugendheimes in Flensburg vorzusehen. Herr Lempelius berichtet, daß die Frage schon dadurch gelöst ist, indem wir in unserem Gemeinschaftslager eine besondere Wohnbaracke für diese Zwecke hergerichtet haben, in der z.Zt. 25 von auswärts zugewiesene Lehrlinge untergebracht sind und weitere 15 Jugendliche aus Nordschleswig erwartet werden. Die Baracke enthält alle sanitären Einrichtungen, Warm- und Kaltwas-*

serversorgung, ein Tagesraum ist als Spielzimmer eingerichtet, ferner erhalten die Jungen eine vorzügliche Verpflegung. Die Leitung soll einem Jugendführer unterstehen, den uns die Arbeitsfront demnächst zuweisen will.

Im Laufe des Krieges waren viele Mitarbeiter der FSG zum Kriegsdienst eingezogen worden. Die Geschäftsleitung bemühte sich, ihre Fachkräfte – zumindest in gewissem Rahmen – vom Militärdienst freistellen zu lassen. Da sich die Produktion ab 1939 bzw. 1940 zunächst auf den U-Boot-Bau konzentrierte, scheint das Argument, ohne ausreichende Fachkräfte der Nachfrage hier nicht nachkommen zu können, durchaus schlagkräftig gewesen zu sein.

Lina Leu, Jahrgang 1918, berichtet: *Mein Mann hatte erst keine Arbeit. Er hatte auf der Werft gelernt, aber zu der Zeit war hier ja die große Arbeitslosigkeit. Also ist er auf Wanderschaft gegangen. Erst war er hier überall auf dem Land und später ist er bei einer großen Stahlbaufirma in Westfalen gewesen. Als es dann mit dem Militär hier wieder losging, hat er sich gleich als erstes für ein Jahr gemeldet, damit er das hinter sich hatte. Zum Dank dafür haben sie ihn nachher, als der Krieg ausbrach, als einen der Ersten wieder eingezogen. Aber er wurde von der Werft gleich reklamiert und konnte deshalb im Dezember 1939 schon wieder zurückkommen. 1943, als Russland mit in den Krieg ging, ist er dann aber doch wieder eingezogen worden. Während des Krieges wurde er schwer verwundet* (Interview vom 24. Mai 2002).

Christian Elbert, Jahrgang 1912, erklärte in einem Interview vom 20. Juni 2002: *In der Zeit, als die Rüstung lief, hatten wir jeder gut ein Vierteljahr an Überstunden. Die viele Arbeit, die wir während des Krieges leisten mussten, ging schon ganz schön an die Substanz. Einmal stand auf einer Tafel groß geschrieben: »Sonntag wird nicht gearbeitet!« Da hatten wir frei. In der Nazizeit war das eigentlich nicht ganz unproblematisch. In der Tischlerei saßen viele Nazis. Ich war ja von der dänischen Minderheit, das war nicht so gut angesehen. Aber ich habe mich durchgesetzt. Ich habe meine Arbeit gut gemacht und immer Leute gefunden, die ihre Hand über mich gehalten haben, weil ich gute Leistung gezeigt habe. Aber schließlich wurde ich doch nach Frankreich abgeschoben. »Dann wollen wir unseren kleinen Dänen mal nach Frankreich schicken«, meinte ein Meister höhnisch. Mein Bruder hat das damals auch zu hören gekriegt. Während des Krieges waren meine vier Brüder auch auf der Werft tätig. Franz, Ludwig, Thomas und Julius, der jüngste. Insgesamt hatte ich neun Geschwister. Meine Frau hatte auch neun Geschwister, wir passten gut zusammen. 1942 wurde ich dann eingezogen. Wir waren Marineartilleristen ohne Kanone, sozusagen. Wir hatten nur die Infanterieausbildung gemacht.*

Die Aussagen zeigen, dass mit dem Ende des U-Boot-Programms und Beginn des Russlandfeldzuges, also spätestens ab 1943, auch Facharbeiter verstärkt zum Kriegsdienst herangezogen wurden. Die Situation auf anderen deutschen Werften war ähnlich.

Einsatz von Zwangsarbeitern auf der FSG

Die Kopfzahl der Belegschaft ist von 1939 im Jahre 1943 um ungefähr 800 Mann gestiegen. Es handelt sich hierbei um Fremdarbeiter, Zivilarbeiter aus den besetzten Gebieten, insbesondere aus Dänemark, Belgien, Frankreich und aus dem Osten. Diese wurden uns von dem zuständigen Rüstungskommando zugewiesen.

So liest es sich in dem bereits erwähnten Bericht von Ove Lempelius aus dem Jahre 1952. Uwe Bohn weist in seiner Einführung zu dem 2003 erschienenen Buch über den »Ausländereinsatz in Flensburg 1939-1945« richtig darauf hin, dass der Einsatz von Fremd- und Zwangsarbeitern in erster Linie auf den sich bereits in den ersten Kriegsjahren abzeichnenden teilweise massiven Mangel an Arbeitskräften und Facharbeitern zurückzuführen und vor allem in der Landwirtschaft und in der Industrie ein unumgänglicher und quasi zwangsläufiger Schritt war, wollte man die industrielle und landwirtschaftliche Produktivität zumindest in gewissem Umfang aufrechterhalten. Bohn führt weiter aus, dass der Einsatz ausländischer Arbeitskräfte vom nationalsozialistischen Regime als durchaus problematisch angesehen wurde, da man zum einen politische Unterwanderung der deutschen Arbeiter, andererseits die sich dadurch unter Umständen ergebenden Möglichkeiten für Werksspionage fürchtete. Deshalb, so Bohn, wurde bereits vor Kriegsbeginn der Einsatz von Ausländern in der deutschen Wirtschaft bei den Nationalsozialisten als zwar unbeliebte, aber unvermeidliche und lediglich vorübergehende Notlösung angesehen.

Auf die kriegsbedingten Grundlagen und die teilweise grausamen Umstände der Zwangsrekrutierungen soll an dieser Stelle nicht weiter eingegangen werden, da dies den Umfang des vorliegenden Beitrages sprengen würde. Es sei daher an dieser Stelle auf die umfangreiche und vor allem in den letzten Jahren verstärkt erschienene Literatur zum Thema hingewiesen, die sich in ausführlicher Form im Literatur- und Quellenteil der bereits erwähnten Publikation von Bohn/Danker/Köhler: »Der ›Ausländereinsatz‹ in Flensburg 1939-1945« wiederfindet. Hier wird auch der Sonderstatus dänischer »Fremdarbeiter« ausführlich erläutert, die sich zum größten Teil freiwillig zum Arbeitsdienst in der deutschen Industrie verpflichtet hatten. Insgesamt, so Bohn, kamen während der fünfjährigen Besetzung Dänemarks rund 100 000 dänische Arbeiter ins Deutsche Reich, *wobei vom Grundsatz der freiwilligen Werbung auch in der Zeit des verschärften Besatzungsregimes ab August 1943 nicht abgegangen wurde.*

Gleichwohl führt Bohn weiter aus, dass die Freiwilligkeit zum Teil reine Fiktion war, weil durchaus massiver Druck auf die Betreffenden ausgeübt wurde, teils von den Gewerkschaften, teils von den Arbeits- und Sozialbehörden, da die Bereitschaft, sich ins Reich werben zu lassen, zu den Verhandlungsoptionen der dänischen Regierung gegenüber der deutschen Besatzungsmacht gehörte.

Während in den Jahren 1939 und 1940 in erster Linie Tschechen, Polen und Dänen nach Schleswig-Holstein kamen, so waren es ab Mitte 1940 auch zunehmend Kriegsgefangene und Zivilarbeiter aus Westeuropa, und bis Ende 1944 stellten die knapp 57 000 sogenannten »Ostarbeiter« die weitaus größte Gruppe unter diesen Arbeitskräften. Bei ihnen handelte es sich fast ausnahmslos um Menschen aus der Sowjetunion, die zwangsweise zum Arbeitseinsatz ins Reich deportiert worden waren. Darüber hinaus stellten Kriegsgefangene und auch KZ-Häftlinge weitere Anteile, letztere vor allem aus den KZ-Außenstellen des Konzentrationslagers Neuengamme, in Kaltenkirchen, Schwesing und Ladelund (siehe dazu auch: Uwe Danker: Ausländer im »Arbeitseinsatz« in Flensburg 1939 bis 1945. Zahlen, Daten, Fakten. In: Bohn/Danker/Köhler: Der »Ausländereinsatz« in Flensburg 1939-1945, Diagramm S. 58).

Wie Bohn schreibt, war die Mortalität *nicht gering*, vor allem unter den sowjetischen Kriegsgefangenen, die in der Regel bereits in einem sehr geschwächten Zustand in Schleswig-Holstein eintrafen: *viele von ihnen starben in den ersten Monaten, insgesamt etwa 6500.* Er weist auf das Beerdigungsregister des Flensburger Friedenshügels vom November/Dezember 1941 hin, in dem die Begräbnisse von 30 sowjetischen Kriegsgefangenen verzeichnet sind. Alle waren erst kurz zuvor in Flensburg angekommen. Unter den aufgelisteten Todesursachen finden sich die Bezeichnungen *allgemeine Schwäche, Auszehrung* oder auch *TBC* – alles Hinweise auf den furchtbaren Allgemeinzustand, in dem diese bedauernswerten Menschen sich befanden.

In Flensburg wurden seit 1939 ausländische Arbeiter eingesetzt, zunächst aus den sogenannten »Protektoraten« Böhmen und Mähren, die zumeist auf der FSG zum Einsatz kamen, da es sich vielfach um begehrte Facharbeiter handelte, unter anderem Schweißer und Schlosser. Ab Frühsommer 1940 wurden dann auch die ersten Kriegsgefangenen in Flensburg eingesetzt, so dass ein erstes Lager zur Unterbringung dieser Menschen errichtet werden musste. Die eigentliche Phase des Ausbaus eines Lagersystems begann in Flensburg aber erst mit dem verstärkten Zustrom von Kriegsgefangenen und Zivilarbeitern, vor allem mit dem Einsatz sowjetischer

Zwangsarbeiter. Dabei, so Bohn, sei es kaum noch feststellbar, wann genau welches Lager errichtet wurde. Uwe Danker führt explizit aus, dass *der mit Abstand größte örtliche Arbeitgeber für »Fremdarbeiter«* die Flensburger Schiffbau-Gesellschaft *mit insgesamt allein 1741 ausländischen Zivilarbeitern war* (vgl. dazu Danker, wie oben, Diagramme S. 79 und S. 81). Die größte Gruppe der Fremdarbeiter machten auf der FSG dabei die Dänen aus, es folgten die übrigen »Westarbeiter«, d.h. Niederländer, Belgier und Franzosen, während die »Ostarbeiter« die drittstärkste Gruppe bildeten.

Die Zahlen der jeweils auf der Flensburger Werft eingetroffenen Fremdarbeiter sind in den Monatsberichten der FSG verzeichnet, die unter der Signatur II C 463 im Flensburger Stadtarchiv erhalten sind. Hier ist ersichtlich, dass die ersten 229 »Ostarbeiter« am 1. September 1942 eintrafen. Dazu heißt es: *In Zugang gekommen sind 140 russische Zivilarbeiter, meistens aus der Ukraine beheimatet, zum größten Teil handelt es sich um ungelernte Arbeitskräfte.* In einer Aktennotiz vom 4. September 1942 heißt es im Protokoll der FSG (XII Fa FSG 117, 1919-1947), in der es um die Festlegung eines Gemeinkostenzuschlagsatzes im Rahmen der Feststellung der Wehrwirtschaftsprüfung geht:

Die Vertreter der Werft halten den Zuschlagsatz für Handelsschiffsneubauten für zu hoch, da die z.Zt. fertigzustellenden beiden Schiffe Neubau Nr. 451 und 452 im Jahre 1938 mit 80% Gemeinkostenzuschlag abgeschlossen worden sind und mit Rücksicht auf die Preisstoppverordnung eine Erhöhung nicht möglich erscheint. Sie beantragen Festsetzung eines Zuschlagsatzes von 80%.

Für Kriegsschiffsneubauten und Instandsetzungen halten sie einen Zuschlagsatz von 145% keinesfalls für ausreichend, da aus Umständen, die sie nicht zu vertreten haben [Einziehung von ca. 280 Facharbeitern zur Wehrmacht und Ersatz durch größtenteils ungeeignete Ostarbeiter, die erst zu Werftarbeitern umgeschult werden müssen, sowie dadurch ausgelöste ungünstige Ausnutzung der Werftkapazität], *der Kostensatz 1942 durch Absinken des Fertiglohnes wesentlich gestiegen ist. Sie beantragen für Kriegsschiffsneubauten und Instandsetzungen einen Zuschlagsatz von 160%.*

Nach Danker bildeten am 1. September 1943 649 Ausländer und 1570 Deutsche die sogenannte »Gefolgschaft« der FSG. Vergleicht man diese Zahlen zum Beispiel mit denen der Hamburger Werft Blohm & Voss, die bis zum Ende des Krieges weitaus stärker als die FSG in die Rüstungsproduktion eingebunden war, so scheint der Ausländeranteil auf der FSG erstaunlich hoch gewesen zu sein: Im Juli 1943, kurz vor dem verheerenden Bombenangriff der Alliierten auf die Hansestadt, betrug der Anteil an Fremd- und Zwangsarbeitern bei Blohm & Voss nach Andreas Meyhoff rund 17 Prozent der Gesamtbelegschaft und hatte damit ihren Höchststand erreicht, während es auf der FSG im selben Zeitraum über 30 Prozent waren. Nils Köhler und Sebastian Kramer listen für den Landkreis Flensburg insgesamt 18 Fremd-, Zivil- und Kriegsgefangenenlager sowie Durchgangslager auf (vgl. Köhler/Kramer: Lager, Ausländerunterkünfte und Kriegsgefangenenkommandos. In: Bohn/Danker/Köhler: Der »Ausländereinsatz« in Flensburg 1939-1945, S. 89ff.).

Die auf der FSG beschäftigten Fremd- und Zwangsarbeiter waren hauptsächlich im sogenannten »Trollseelager« untergebracht, das sich direkt hinter dem Werftgelände am Trollseeweg befand und etwa 800 Belegplätze hatte. Ove Lempelius schreibt dazu in seinem bereits erwähnten Bericht:

Für die Unterbringung dieser Fremdarbeiter wurde ein Gemeinschaftslager – Trollsee – gebaut, welches wegen seiner vorzüglichen Ausstattung mit Zentralheizung, Warmwasser-Versorgung der Brause- und Waschräume, eines großen Gemeinschaftsraumes mit Bühne, wegen seiner vorzüglichen Küchenanlage und wegen seiner beiden bombensichereren Luftschutztürme für je 500 Mann allgemeine Anerkennung fand. Dieses Gemeinschaftslager wurde von der Militärregierung sehr gelobt.

Abb. 16 Blick vom Werftgelände auf das sogenannte »Trollseelager«, in dem Fremd- und Zwangsarbeiter untergebracht waren, die hauptsächlich auf der FSG eingesetzt wurden. Die beiden Hochbunker sind heute noch erhalten, die Baracken wurden abgerissen. (Foto: Flensburger Stadtarchiv/Sammlung Möller)

Und weiter fährt er fort: *Weil die Fremdarbeiter bei der Besetzung durch die Westmächte sich nicht über schlechte Behandlung beklagten, wurde der Vorstand der Flensburger Schiffsbau-Gesellschaft nicht gemaßregelt und erhielt sehr bald die Genehmigung, an den in Bau befindlichen Handelsschiffen weiterzuarbeiten, so daß überhaupt keine Störung des Betriebes durch die Besatzung erfolgt ist.*

Und in der aus Anlass des 75-jährigen Bestehens der FSG im Jahre 1951 herausgegebenen Festschrift heißt es, noch etwas moderater formuliert:

Die Unterbringung der vielen von auswärts zugewiesenen Arbeitskräfte erfolgte in dem zwischen Bau- und Ausrüstungswerft gelegenen Ledigenheim »Trollsee«, welches aus 10 Einzelgebäuden aus Holz auf steinernen Fundamenten mit je 90 Betten bestand. Für alle Insassen wurde in der geräumigen Küche, die mit den modernsten Kochapparaten ausgerüstet war, die Verpflegung bereitet und im großen Eßsaal, der 500 Sitzplätze und auch eine Vorstellungsbühne hatte, in 2 Abteilungen eingenommen.

Das Lager war vorbildlich eingerichtet. Nur bis zu 6 Mann wohnten in einem Raum; Zentralheizung war eingebaut; zur Sicherung gegen Bombenangriffe waren 2 Luftschutzräume für je 500 Personen gebaut worden. Bei Fliegeralarm wurde aber auch die Zivilbevölkerung aus der Nachbarschaft aufgenommen, so daß ein Turm vorübergehend mit 1000 Personen belegt war. Opfer durch Luftangriffe sind im Lager nicht zu beklagen gewesen.

Bei diesen Schilderungen fällt auf, dass die Beschreibung der wahren Zustände recht harmlos klingt: ... *von auswärts zugewiesene Arbeitskräfte* ... täuscht über die damalige Realität denn doch krass hinweg. Ohnehin muss dahingestellt bleiben, ob die von Lempelius geschilderten Zustände wirklich der Realität entsprachen. Es kann wohl davon ausgegangen werden, dass die Verhältnisse in Flensburg etwa mit denjenigen vergleichbar waren, die Jan Klußmann in seiner Arbeit über Zwangsarbeiter in der Kriegsmarinestadt Kiel nachweisen konnte. Generell wurden zumindest die russischen Kriegsgefangenen und Zwangsarbeiter nicht sonderlich gut behandelt und müssen im Werftbetrieb als weitgehend isolierte und abgeschottete Gruppe angesehen werden. Anne Gregersen, Jahrgang 1924, während des Krieges als kaufmännische Angestellte auf der FSG beschäftigt, erinnert sich in einem Interview vom Juli 2004:

Es kam öfter vor, dass es tagsüber Fliegeralarm gab, dann mussten wir, so schnell es ging, in einen Keller unter dem Kornsilo der Walzenmühle, an der Ecke Werftstraße – Grönlandsgang. Das war nicht so ideal. Es gab nur einen Eingang, Notausgänge fehlten, es war niedrig und die Luft schlecht. Wenn die Sirenen heulten, kamen russische Fremdarbeiter und holten die Schreibmaschinen und wichtigen Unterlagen, um sie in den »Bunker« zu bringen. Die Russen waren auch morgens und zum Feierabend da, um die Maschinen hin und her zu transportieren. Es war verboten, mit ihnen zu reden oder sich ihnen zu nähern. Ich hätte ihnen gerne was zu essen gegeben, aber ich konnte selber nicht immer für mich ein Frühstücksbrot mit zur Arbeit nehmen.

Die Aussage macht deutlich, dass die russischen Zwangsarbeiter einen negativen »Sonderstatus« hatten und offensichtlich weder gut ernährt noch gut behandelt wurden.

Christian Elbert erklärt im Mai 2002 im Interview: *Auf der Werft hatten wir während des Krieges auch einige Zwangsarbeiter. Viele Flamen, mit denen wir uns gut verständigen konnten. Auch viele Russen waren auf der Werft eingesetzt. Wir hatten aber wenig mit denen zu tun. Der Kontakt war nicht so einfach möglich. Die wohnten ja alle in Baracken auf diesem Gelände, auf dem wir heute wohnen. Das war das sogenannte »Trollseelager«.*

Und Albert Gregersen ergänzt (Inverview vom Mai 2004): *Das Heer von Fremdarbeitern war aber sicher eine gute Fundgrube für Feindspionage.*

Bombenangriffe und Zerstörung

Insgesamt wurden 41 Luftangriffe auf Flensburg gezählt, bei denen 176 Menschen getötet und 251 verletzt wurden. Wie bereits festgehalten, kam Flensburg – im Vergleich zu anderen Städten – damit jedoch noch glimpflich davon. Das hing nicht zuletzt damit zusammen, dass vornehmlich »kriegswichtige« Betriebe im Visier der Attacken standen, zu denen auch die Werft gehörte. Doch diese Unternehmen befanden sich fast ausschließlich im Norden der Stadt und direkt an den Ufern der Förde, wodurch die Innenstadt weitgehend verschont blieb. Als schwerster Angriff dieser Art gilt die Bombardierung durch 80 amerikanische Kampfflugzeuge, der am Mittag des 19. Mai 1943 stattfand. Dieser Angriff forderte allein 83 Tote. Tragischerweise zählten dazu vor allem Kinder eines im Norden der Stadt gelegenen Kindergartens sowie Arbeiterinnen der ortsansässigen Schokoladenfabrik, die gemeinsam in einem nicht ausreichend befestigten Schutzraum Zuflucht gesucht hatten.

Albert Gregersen, Jahrgang 1922, war als junger Mann von 21 Jahren Zeuge dieser schrecklichen Geschehnisse. Zu dem Zeitpunkt war er Helfer des Roten Kreuzes. Anfang der 1990er Jahre schrieb er seine Erinnerungen an das fürchterliche Ereignis nieder:

Wie man deutlich erkennen konnte, waren die Bomben im Norden der Stadt, auf die Werft gefallen. Große Qualmwolken stiegen zum Himmel und man hörte die Sirenen der Feuerwehr.

Zu unserer Einsatzstelle kamen einige Leute mit Mauerschutt in den Haaren und auf der Kleidung, die gleich von unseren Helferinnen versorgt wurden, aber sonst geschah nicht viel mehr, so daß wir wieder gehen konnten. […]

Wieder im Büro angekommen, bekam ich den Auftrag, zur »Neuen Werft« zu gehen und nach unserem Zeichnungsarchiv zu sehen, das wir vor kurzem im Keller des ehemaligen Kinderheims (am Ostseebad) eingerichtet hatten.

Der Weg über den Brauereiweg war mir versperrt. die Holzhandlung Brink brannte an allen Ecken und Enden. So entschloß ich mich, die Werftstraße entlang zur Apenrader Straße zu gehen. Auch hier war alles abgesperrt, doch kamen mir einige Rote-Kreuz-Leute auf einem Lastwagen entgegen, die mir sagten, daß man in der Fischfabrik jeden Helfer gebrauchen könne.

Ich machte meine Armbinde um und machte mich auf den Weg dorthin. Ja, und hier lagen sie nun, die Kinder des dänischen Kindergartens und die Frauen von der Schokoladenfabrik, alle tot. Sie waren in dem Keller, den man für so sicher hielt, von der Bombe getötet worden. Man hatte sie auf Matten gelegt, mit denen wir sie nun auf den Lastwagen legten, der sie nach dem Friedenshügel-Friedhof bringen sollte.

Es fiel uns schwer, dort zu sein, denn immer wieder kamen Angehörige, die laut klagend ihre Nächsten identifizierten.

Bei dem großen Bombenangriff vom 19. Mai 1943, bei dem fast ausschließlich der nördliche Teil Flensburgs bombardiert und unter anderem große Teile des Kraftwerks zerstört worden waren, gab es auf der Werft nur deshalb keine Toten zu beklagen, weil gerade Mittagspause war und deshalb keine Arbeiter auf dem Gelände unterwegs waren. Albert Gregersen hält fest:

Recht bald wurden die »Luftschutzwachen« eingeführt. In allen Arbeitsbereichen gab es kleine Betonbunker für einen oder zwei Mann. Manche auch mit Telefon. Die mußten bei Alarm besetzt werden und das auch des nachts. Da gab es auf beiden Werftanlagen je einen Schlafraum, wo die eingeteilten Männer die Nacht verbringen konnten. Das waren ungemütliche Räume, es roch nach Desinfektion, und die waren von keinem geliebt. So nächtigten denn manche, die in der Nähe der Werft wohnten, doch lieber zu Hause.

Nachfolgend beschreibt Gregersen seine persönlichen Eindrücke von den Schäden auf der Werft:

Als Angehöriger des Roten Kreuzes mußte ich nun zu meiner Einsatzstelle, der Handelslehranstalt am Schloßwall. […] Zu Hause wechselte ich meine Uniformjacke gegen eine zivile aus und ging zu meinem Arbeitsplatz auf der Werft, dem Schiffbaubüro. Hier waren nur ein paar Fensterscheiben zerbrochen, aber sonst war alles in Ordnung.

Ein kurzer Rundgang über das Gelände der »Alten Werft« zeigte dann ein etwas anderes Bild. Hier war im nördlichen Teil viel zerstört worden und es sah doll aus. Es brannte an manchen Stellen, unsere beiden Schlepper waren abgesoffen und ein vor kurzem vom Stapel gelaufenes Dock hatte erhebliche Schäden. […] Es war schon spät am Nachmittag, ehe ich zur »Neuen Werft« kam. Hier sah es »lustig« aus. Wir hatten zur Verschickung als kriegswichtiges Material für die Bahn einen großen Haufen Profileisen bereitgelegt, und in diesen Haufen war eine Bombe eingeschlagen und hatte die bis zu 10 Meter langen Stangen weit auseinander gestreut. Ein solches Eisen hing abgeknickt in der Hochspannungsleitung und dingelte vor sich hin.

In der zitierten Festschrift aus dem Jahre 1951 schreibt Lempelius zu den Bombenschäden während des Krieges:

Der letzte Angriff war der größte. Die Ausrüstungswerft wurde von 22 und die Bauwerft von 48 Bomben getroffen. Dank des guten Schutzes für die Werksangehörigen in 3 Luftschutztürmen, einem Hochbunker und mehreren Flachbunkern fielen insgesamt nur 3 Betriebsangehörige den Bombenangriffen zum Opfer. Die Wiederherstellung der Gebäude und die Wiederbeschaffung der zerstörten Maschinen nahm 18 Monate in Anspruch.

Der Angriff findet seinen Niederschlag in den Akten, vermutlich kriegsbedingt, erstaunlicherweise erst am 17. Juli 1944, im vertraulichen Schreiben des Regierungspräsidenten in Schleswig an den damaligen Oberbürgermeister des Stadt Flensburg, Dr. Kracht. Bei dem Aktenstück, das im Flensburger Stadtarchiv erhalten ist, handelt es sich um eine Abschrift der bezifferten Schäden:

Betrifft: Gewerblicher Kriegssachschaden der Flensburger Schiffsbaugesellschaft am 19.5. 1943 über 492 355,73 RM und 204 507,77 RM.

Anlagen: 2 Aktenhefte und 4 Schadensaufstellungen I, II, III u. IV

Zu den Äußerungen der Flensburger Schiffsbaugesellschaft vom 16. Juni 1944 […] nehme ich wie folgt Stellung:

Der Betriebsprüfer hat im letzten Absatz seines Berichts vom 31. Mai 1944 vorgeschlagen, der Geschädigten eine Nachprüfung und entsprechende Berichtigung ihrer Schadensforderung aufzugeben. Ich habe diesen Vorschlag des Betriebsprüfers übernommen [...], weil ich den Eindruck hatte, daß die eingereichten Schadenslisten nicht vollständig genug sind, um aus ihnen eine zutreffende Entschädigung feststellen zu können.

Auf eine eingehende Überprüfung und Ergänzung der vorliegenden Schadenslisten im Sinne der Ausführungen des Betriebsprüfers kann auch deshalb nicht verzichtet werden, weil sie keine Angaben darüber enthalten, welche Gegenstände in gebrauchten und welche in neuen Zustande vernichtet worden sind.

Die Schadensliste war umfangreich und umfasste Werkzeuge, Inventar, Krane und Gebäudeschäden, vor allem jedoch war ein kurz vor der Fertigstellung stehendes Dock stark in Mitleidenschaft gezogen worden. Am 28. Juli 1944 schrieb der Flensburger Oberbürgermeister unter Bezugnahme auf das Schreiben aus Schleswig Folgendes an die Werftleitung:

Auf Veranlassung des Herrn Reichs-Regierungs-Präsidenten in Schleswig soll in einigen Punkten Ihres angemeldeten gewerblichen Sachschadens durch Zeugenvernehmung weiter Beweis erhoben werden. Ich gebe Ihnen hiervon Kenntnis und bitte Sie, mir mitzuteilen, ob Sie meinem Beauftragten einen geeigneten Raum zur Führung der Verhandlungen zur Verfügung stellen können. Die erforderlichen Verhandlungen werden von meinem Sachbearbeiter für Kriegssachschäden, Stadtoberinspektor Krause, geführt.

Eine solche Räumlichkeit stand zur Verfügung, so dass in einem Schreiben vom 3. August 1944 die Beweiserhebung an den Oberbürgermeister, Kriegsschädenstelle, Feststellungsbehörde, 1. Rechtsstufe, Flensburg, vorgelegt werden konnte. Der Schriftwechsel gibt einen interessanten Einblick in das umständliche Prozedere der Schadensaufnahme – und des daraus folgenden Bemühens um Schadensersatzleistungen durch das Reich, was angesichts der sich bereits drastisch zuspitzenden Kriegsereignisse, zumindest aus heutiger Sicht, wie ein aussichtsloser Kampf gegen die vorherrschenden Bedingungen vor dem Hintergrund des zunehmenden Kriegschaos erscheint. Es kam zu einer Beweisaufnahme, bei der verschiedene Zeugen seitens der Werft, unter anderem Oberingenieur Georg Weedermann und der Werkmeister Ferdinand Rehfeldt sowie der Oberingenieur Blume, vernommen wurden. Bei der Vernehmung ging es in erster Linie um die Schäden am bereits erwähnten Dock, bei dem 42,5 Kubikmeter Bauholz vernichtet worden waren.

Weit schlimmer als der Angriff vom Mai 1943 traf die Werft allerdings der Bombenangriff vom 24. September 1942. Dieser Vorgang, der ebenfalls in den Akten des Stadtarchivs unter der Signatur XII Fa FSG 162 erhalten ist, hatte vor allem für Ove Lempelius unangenehme Folgen. Ihm wurde vorgeworfen, den Luftschutz sträflich vernachlässigt und dadurch mit dazu beigetragen zu haben, dass wertvolles und kriegswichtiges Material zerstört worden war.

Lempelius hält dazu in seinem zitierten Bericht aus dem Jahre 1952 folgendes fest: *Die Werft hat Kriegsschäden insbesondere in den Jahren 1942 und 1943 in Höhe von 5 050 000,– RM durch den Abwurf von 50 Bomben auf der Bauwerft und 25 Bomben auf der Ausrüstungswerft an wertvollen Gebäuden und hochwertigen Maschinen erlitten. Diese Schäden sind uns nur zum Teil ersetzt worden.*

Und an anderer Stelle fährt er fort: *Obwohl ich bei der Stadt Flensburg eine angesehene Persönlichkeit bin, wurde ich von der Schutzpolizei nach einem Bombenangriff verdächtigt, Sabotage getrieben zu haben, indem ich den Luftschutzwachen keine richtigen Instruktionen gegeben haben sollte. Die Schutzpolizei hat sich ohne mein Wissen ihr Beweismaterial hierfür durch persönliche Rückfragen im Werk verschafft. Bei der Gerichtsverhandlung aber stellte sich heraus, daß der Werksluftschutzleiter und ich unsere Pflicht getan hatten, daß aber die von der Schutzpolizei zitierten Zeugen eine falsche Aussage gemacht hatten, so daß das Urteil lautete: Die Zeugen hätten auf die Anklagebank gehört und die Angeklagten auf die Zeugenbank.*

In besagter Akte des Stadtarchivs sind auch einige Fotografien, die zur Beweisaufnahme gemacht wurden, enthalten, die – zumindest meines Wissens – einzigen erhaltenen Bildzeugnisse des Vorgangs, was die Anlagen der FSG betrifft. Aus Gründen der Geheimhaltung durften Bombenschäden grundsätzlich nicht fotografiert werden.

Der Bericht »Über den durch Feindeinwirkung auf der Bauwerft der Flensburger Schiffsbau-Gesellschaft entstandenen Brandschaden anläßlich des feindlichen Flugzeugangriffes auf Flensburg vom 24. September 1942« stellt den Vorgang wie folgt dar:

Bei einem Einflug von mehreren feindlichen Flugzeugen aus nördlicher und östlicher Richtung am 24. September 1942, gegen 04.00 Uhr, wurden beim Überfliegen der Werftanlagen der Flensburger Schiffsbau-Gesellschaft über der Bauwerft 7 Sprengbomben und eine größere Anzahl Stabbrandbomben abgeworfen. Ein Teil der Sprengbomben fiel auf freies Gelände, der andere Teil zerstörte den südlichen Teil der Baracke der Werkluftschutzbereitschaft und beschädigte durch Splitterwirkung das Kantinengebäude. Die Stabbrandbomben verteilten sich über den nördlichen Teil der Bauwerft und trafen die Modelltischlerei und die Magazinhalle-Schiffbau. Während in der Modelltischlerei der Entstehungsbrand später noch rechtzeitig gelöscht werden konnte, wurde die Magazinhalle Schiffbau mit den darin lagernden Kabeln für U-Boot-Neubauten, Schweißmaschinen, Stahldrahttrossen, Karbidmengen, Glasreserven und sonstigen Materialien durch Brand vollkommen vernichtet.

In einem Schreiben der Geschäftsleitung vom 28. September 1942 an den Regierungspräsidenten in Schleswig zur *Feststellung eines Kriegssachschadens der Flensburger Schiffsbaugesellschaft,* sind die Details der Angriffe vom 2. und 11. Juli sowie des besagten Luftangriffs vom 24. September 1942 festgehalten und aufgelistet:

Die Flensburger Schiffsbaugesellschaft in Flensburg hat am 2. und 11.7.1942 umfangreiche Kriegsschäden durch Feindbombenabwurf erlitten. Wie aus den beigefügten Akten a) über Gebäudeschäden, b) [über] *Sachschäden, c)* [über] *Nutzungsschäden und einem Schreiben der Antragstellerin vom 22.9.1942 hervorgeht, beträgt der Schaden rund 900 000 RM.*

Inzwischen ist ein weiterer Schaden durch Bombenabwurf am 24.9.1942 (Vernichtung eines Kabelschuppens der Kriegsmarine), der wohl in gleicher Höhe wie der Schaden vom 2. und 11.7. 1942 liegen wird, entstanden.

Von hier ist veranlaßt worden, daß mindestens die Antragsformulare und die bis jetzt entstandenen Unterlagen eingereicht worden sind. Da es sich jedoch um einen kriegswichtigen Rüstungsbetrieb handelt (U-Bootsbau), ist die Kriegsmarine wesentlich beteiligt.

Die von den höheren Rüstungsstellen und der Kriegsmarine eingesetzten Kommissionen haben unmittelbar mit der Werftleitung über den entstandenen Kriegssachschaden verhandelt. Die erforderlichen Maßnahmen zur Behebung des Schadens sind auch von diesen Stellen ohne Hinzuziehung der örtlichen Feststellungsbehörde getroffen worden.

Aus einem weiteren Schreiben der Werftleitung an den Oberbürgermeister der Stadt Flensburg vom 22. September 1942 geht die Höhe der bemessenen Sachschäden hervor:

Betr.: Fliegerangriffe am 2. und 11. Juli 1942 auf die Bauwerft

Wir überreichen anliegend:

1.) Antrag auf Entschädigung für Gebäudeschaden abschließend mit	*RM 454 000,–*
2.) desgl. für gewerbliche Sachschäden abschließend mit	*RM 350 000,–*
3.) desgl. für Nutzungsschäden abschließend mit	*RM 50 000,–*
zusammen:	*RM 854 000,–*
Für nicht aufgeführte Aufräumungskosten dürften zu rechnen sein: rd.	*RM 50 000,–*
so daß eine Entschädigung bis zu	*RM 904 000,–*
infrage kommen wird.	

Abb. 17 Blick auf das Gelände der »Alten Werft« und die Zerstörungen durch den Angriff vom September 1942. Im Vordergrund ist das Holzlager zu erkennen, im Hintergrund sieht man die alte Tischlerei und den großen Dreibein-Kran. (Foto: Flensburger Stadtarchiv)

Da wir die wirklichen Schäden durch Vorlage aller erforderlichen Belege genau nachweisen – ein genauer Kostenanschlag ist bei dem Umfang der Zerstörungen unmöglich –, bitten wir, das Verfahren bis zur Vorlage einer genauen Abrechnung auszusetzen und uns den Betrag von rd. RM 900 000,– in Aussicht zu stellen.
Die Arbeiten und Lieferungen sind inzwischen so weit fortgeschritten, daß der Aufwand für dieselben die Summe von rd. RM 200 000,– aufweist.
Wir bitten, uns diesen Betrag durch Überweisung auf unser Reichsbankgirokonto als erste Abschlagszahlung zur Verfügung zu stellen.

In einem Antwortschreiben des Wehrkreisbeauftragten X des Reichsministers für Bewaffnung und Munition, Staatsrat Otte, vom 30. September 1942 an die FSG heißt es:

Betr.: Maßnahmen zur Beseitigung von Bombenschäden.
Auf Grund der 2. Ausführungsbestimmung zur 18. Anordnung vom 28.7.1942 wird im Einvernehmen mit der Rüstungsinspektion des Wehrkreises X, vertreten durch das Rüstungskommando in Kiel, dem Gaubeauftragten in Kiel und dem Landeswirtschaftsamt in Kiel folgende Entscheidung getroffen:
Auf der Bauwerft der Flensburger Schiffbau-Gesellschaft in Flensburg wurden in der Nacht vom 23. zum 24. September 1942 durch den Bombenabwurf nachstehende Gebäude zerstört bzw. beschädigt:
1.) Werkschutzwohnbaracke.
Diese in Holz auf hölzernen Pfählen errichtete Baracke hatte eine Abmessung von [...]. Sie ist vollständig zerstört; möglich ist, daß Teile des hölzernen Unterbaus noch zu verwenden sind. Auch dieses wird sich jedoch erst nach Fertigstellung der Aufräumungsarbeiten feststellen lassen.
2.) Werkstattgebäude für M- und E-Artillerie.
Diese beiden Gebäude haben durch Brandbomben die durch die Dächer hindurchgeschlagen sind, gelitten. Es sind Fenster-, Glas- und Dachschäden entstanden. Es ist nicht ausgeschlossen, daß auch an den elektrischen Leitungen Schäden entstanden sind.

3.) <u>Aufenthaltsgebäude für die Gefolgschaft der beiden Werkstätten zu 2.</u>
Auch hier sind Glas-, Fenster- und Dachschäden entstanden.
4.) <u>Modell-Tischlerei.</u>
Dieses Gebäude ist durch Brandschäden stark beschädigt worden. [...]
5.) Sonstige Dach-, Glas- und Fensterschäden an den übrigen Gebäuden auf der Bauwerft.
6.) <u>Wohnhaus des Betriebs-Ingenieurs.</u>
Es sind Fenster-, Glas-, Dach- und Putzschäden entstanden. Die Türen sind z.T. zu erneuern und Leitungen neu zu verlegen.

Es folgt nun eine Aufstellung der Gesamtkosten, die auf 60 000 Reichsmark beziffert werden, sowie eine Aufstellung über das für die Behebung der Schäden anzufordernde Baumaterial (160 cbm Bauschnittholz, 3 to. Baueisen, 15 to. Zement, 20 000 Stck Ziegelsteine, 300 l Vergaserkraftstoff, 1000 kg Dieselkraftstoff). Weiter wird ausgeführt:

Bezüglich der Wiederherstellungsarbeiten am Wohnhaus ist die Entscheidung des Leiters der Sofortmaßnahmen einzuholen. Die Abteilung Rüstungsbau des Reichsministers für Bewaffnung und Munition – Außenstelle Hamburg, Hamburg-Altona, Museumsstr. 15, wird gebeten, die zur Durchführung der Arbeiten erforderlichen Arbeitskräfte und Kontingente zuzuweisen.

Das Schreiben des Wehrkreisbeauftragten vom 30. September 1942 ging an die verschiedenen zuständigen Behörden, u.a. auch an den Oberbürgermeister Dr. Kracht als Leiter der Sofortmaßnahmen in Flensburg:

<u>Betr.: Maßnahmen zur Beseitigung von Bombenschäden.</u>

Auf Grund der 2. Ausführungsbestimmung zur 18. Anordnung vom 28.7.1942 wird im Einvernehmen mit der Rüstungsinspektion des Wehrkreises X, vertreten durch das Rüstungskommando in Kiel, dem Gaubeauftragten in Kiel und dem Landeswirtschaftsamt in Kiel folgende Entscheidung getroffen:

Auf der Bauwerft der Flensburger Schiffbau-Gesellschaft in Flensburg wurde in der Nacht vom 23. zum 24. September 1942 eine Lagerhalle für Schiffbau (sogenannte Bohrhalle) durch Brandbomben total vernichtet. Die Halle hatte eine Abmessung von 72 x 15 m und eine Höhe bis zur Traufe von 11 m. Es handelt sich um eine Holzkonstruktion auf Betonsockel.

Da diese Halle dringend für den Werftbetrieb benötigt wird und keine Ausweichmöglichkeit besteht, muß sie in ihrer vollen Ausdehnung wiedererrichtet werden, wobei die zum Teil erhaltenen Grundmauern wiederverwendet werden müssen. Die Baukosten werden etwa 94 000 RM betragen.

Es folgen wiederum eine Auflistung des Baustoffverbrauchs (220 cbm Holz, 14 to Eisen, 30 to Zement, 200 l Vergaserkraftstoff und 1000 kg Dieselkraftstoff) und die Bitte um Bezifferung der benötigten Arbeitskräfte.

Bezüglich der Schäden aus diesem Bombenangriff stellte die FSG in einem Schreiben vom 6. Oktober 1942 einen Antrag auf Entschädigung für Gebäudeschäden (Lagerhalle Schiffbau, Werkluftschutz-Wohnbaracke, Dienstwohnung Betriebsingenieur, Hallen für Artillerie- und optische Werkstatt mit Nebengebäuden, Modelltischlerei und verschiedene andere) inklusive Aufräumarbeiten und gewerbliche Sachschäden in Höhe von 379 181,79 Reichsmark an den Oberbürgermeister der Stadt Flensburg. Dies war zunächst das übliche Prozedere.

Daraufhin erfolgte eine örtliche Besichtigung der Schäden durch einen Vertreter der Rüstungsinspektion des Wehrkreises, Dipl.-Ing. Dr. Matthes, des Landesbau-Inspektors Habel und der FSG, vertreten durch den Baumeister Nielsen. Diese Besichtigung bildete die Grundlage für eine Kostenschätzung, die anschließend aufgestellt wurde und die sich auf insgesamt rund die Hälfte der von der FSG veranschlagten Kosten, nämlich auf ca. 160 000 Reichsmark bezifferte. Beigefügt waren Fotografien, die anlässlich der Begehung des Werftgeländes am 27. Oktober 1942 aufgenommen worden waren und einen Überblick und Eindruck der entstandenen Schäden vermittelten. Kaum waren die Schäden aufgenommen, die Kosten ermittelt und das Verfahren über eine Entschädigung in Gang gekommen, wurde die FSG am 27. Oktober 1942 gegen 18.15 Uhr erneut von alliierten Bomberverbänden attackiert. Wie aus einem mit dem Stempel »Geheim« versehenen Schreiben des Wehrkreisbeauftragten vom 11. November 1942 hervorgeht, wurden erneut Gebäude beschädigt, allerdings blieb das Ausmaß der Zerstörungen weit hinter denen des Vormonats zurück.

Eine am 5. November 1942 eigens einberufene Kommission, bestehend aus dem Vertreter des Wehrkreisbeauftragten des Reichsministers, vertreten durch Regierungsbaumeister a.D. Büscher, einem Verteter der Rüstungsinspektion X des Reichsministers für Bewaffnung und Munition, vertreten durch Dipl.-Ing. Kraft, und dem Gaubeauftragten des Generalbevollmächtigten für die Regelung der Bauwirtschaft im Gau Schleswig-Holstein, vertreten durch Landesbauinspektor Habel, führte eine Ortsbesichtigung durch, ermittelte die Schäden und nahm eine Kosten- sowie Materialaufstellung vor. Beschädigt bzw. zerstört worden waren dieses Mal ein Planschuppen aus Eisenfachwerkbau, die Kupferschmiede und die Maschinenbauwerkstatt, die beide als *behelfsmäßiger Holzfachwerkbau* bezeichnet wurden und daher in eben dieser Weise wiederaufgebaut werden sollten, sowie das Bürogebäude mit anschließender Werkstatt, ebenfalls ein Eisenfachwerkbau, der behelfsmäßig als Holzfachwerkbau wiederhergestellt werden sollte. Alle übrigen Schäden seien, so hieß es, Teilschäden. Die Gesamtkosten wurden auf rund 280 000,– Reichsmark geschätzt, das Material auf 508 cbm Bauschnittholz, 2,5 cbm Eisenholz, 97,5 to Eisen, 14,5 to Zink, Dachpappe und 115 to Zement.

Der Kostenüberschlag der FSG, der am 4. November 1942 mit einer detaillierten Gesamtaufstellung aller Schäden eingereicht worden war, belief sich in etwa auf dieselbe Summe (276 863,25 RM). Darin wurden auch die Kosten für den Betriebsausfall mit eingerechnet sowie für die Brandbekämpfung und für die Schäden an der Schiffbauhalle, der Planbodenhalle und Schmiedewerkstatt, der Schweißhalle mit Meisterstubenanbau, der zweigeschossigen Schlosserwerkstatt des Planschuppens (Totalschaden), des Werkzeuggebäudes, des Magazingebäudes, des Zimmereischuppens mit dem Schuppen für Modellholz, des Gebäudes für die Schiffbaumeister, der Lagerhalle für Maschinenbau, des Abortgebäudes im Norden und in der Planbodenhalle, der eingeschossigen Werkstatthalle, des Gebäudes des Stücklohnkontors, am Gerüst der Helgenkräne, am hölzernen Baugerüst, der Helgenkräne und der Helgenanlage mit Stapelung (u.a. verbrannte Pallhölzer und Gleitschlitten), die total vernichtete Kupferschmiede- und Maschinenbau-Werkstatt und das vollkommen zerstörte Bürogebäude mit anschließender Werkstatt für Pressluftwerkzeuge und Schleiferei.

Unterschrieben ist die Aufstellung, die mit handschriftlichen Korrekturen versehen ist, von Baumeister Wilhelm Nielsen. In einem Schreiben vom 10. November 1942 an den Regierungspräsidenten in Schleswig bezüglich des Angriffes stellte die FSG einen entsprechenden Antrag auf Entschädigung:

Wir überreichen anliegend Antrag auf Entschädigung von Gebäudeschäden, abschließend mit RM 82 363,25 für anerkannte Totalschäden und RM 244 500 für noch nachzuweisende Teilschäden. Die Beseitigung aller Schäden, auch die Wiederherstellung der Totalschäden, sind von einer Kommission, bestehend aus dem Wehrkreisbeauftragten des Wehrkreises X, der Rüstungsinspektion X und dem Gebietsbeauftragten des G.-B. Bau als Sofortmaßnahmen anerkannt. Mit den Arbeiten ist begonnen. Für die Totalschäden begehren wir die Auszahlung des Betrages von RM 82 363,25.

In dem zitierten Bericht Lempelius' aus dem Jahre 1952 berichtet dieser über die Höhe der vom Reich erstatteten Entschädigungen: *All diese Schäden sind uns nur zum Teil ersetzt worden. Insbesondere die im Jahre 1945 nach der Kapitulation durch eine große Wasserbomben-*

Explosion auf dem gegenüberliegenden Ufer entstandenen Gebäude- und Sachschäden von ca. 1 000 000,– RM sind uns weder von der Versicherungsgesellschaft noch vom Staat erstattet worden.

In der erwähnten Akte des Stadtarchivs mit der Signatur XII FA FSG 162, Fliegerangriff in den Morgenstunden am 23./24.9.1942, sind ebenfalls Unterlagen *zu einem Verfahren gegen einen Direktor der FSG wegen angeblicher Verletzung des Luftschutzgesetzes erhalten.* Aus der Akte lässt sich unter anderem auch entnehmen, wie der Luftschutz auf der FSG organisiert war. Danach wurden die Brände sowohl von den Werkschutzkräften der Bauwerft als auch von Feuerlöscheinheiten der örtlichen Luftschutzleitung bekämpft. Weiter heißt es:

Der erste Einsatz einer schweren Löschgruppe erfolgte gegen 04.20 Uhr lediglich auf Meldung des Turmbeobachters hin, daß in Richtung Schlachthof – Neue Werft ein größerer gelblicher Feuerschein sichtbar sei. Vorher an die Befehlsstelle der Werft gerichtete Anfragen, ob es dort brenne, wurden mit nein und alles sei in Ordnung beantwortet.

Bei der Ankunft der Feuerlöschgruppe war das Tor der Bauwerft noch geschlossen und dem Pförtner war von einem Feuer auf der Werft nichts bekannt.

An weiteren Kräften der örtlichen Luftschutz-Leitung wurden eingesetzt: 04.38 Uhr eine schwere Feuerlöschgruppe, 04.44 Uhr eine leichte Löschgruppe, 04.57 Uhr ein schwerer Löschzug. […] *Die eingesetzten Feuerlöschkräfte waren trotz größter Anstrengung leider nicht mehr in der Lage, die Magazinhalle mit dem wertvollen Inhalt zu retten.*

Aufgrund der bereits bestehenden Material-Engpässe war der Verlust des überaus wertvollen Materials für den kriegswichtigen U-Boot-Bau natürlich in jedem Fall ein Grund, eine Ermittlung einzuleiten, die sich vor allem auf den geschäftsführenden Direktor der FSG, Dr. Ove Lempelius, konzentrierte. Es wurden diverse Versäumnisse ermittelt, die schließlich dazu führten, daß, wie schon vorab erwähnt, ein Verfahren eingeleitet wurde.

Unter anderem wurden verschiedene Brandwachen befragt und festgestellt, dass diese nicht ausreichend über die Möglichkeiten und vorhandenen Ressourcen zur Brandbekämpfung informiert waren. Die Brandwachen, so wurde schließlich festgehalten, seien weder ordentlich eingewiesen worden noch teilweise überhaupt vor Ort gewesen. So war der für die Magazin-Schiffbauhalle eingeteilte Arbeiter Kurt Petersen zwei Tage vor dem Angriff nach Frankreich versetzt worden, sein Kollege, Hans Godbersen, war acht Tage zuvor verunglückt und lag in der Diakonissen-Anstalt. Ersatz war keiner beschafft worden. Weiter ist zu lesen:

Die für die Brandwachstände 2, 3, 4 und 5 eingeteilten Brandwachen, Fritz Eichhorn, Bernhard Erichsen, Wilhelm Nissen, Theodor Matzen, Wilhelm Schröder und Bernhard Krakow, hatten ihre Brandwachstände während des Fliegeralarms nicht besetzt. Ein zweiter Mann für den Brandwachstand 5 war nicht eingeteilt.

Als Entschuldigung für ihr Fehlen gaben die Brandwachen unter anderem an, dass sie nicht gewusst hätten, wo sich ihr Einsatzort befand, und dass sie ungenügende Anweisungen erhalten hätten.

Da der Vertreter des Werkluftschutzleiters, ein Mann mit Namen Enguari, auf genaueres Befragen hin diesbezüglich diverse Versäumnisse eingestehen musste und darüber hinaus der hauptamtliche Werkluftschutzleiter, Herr Gieseler, sogar zugab, bislang bei Fliegeralarm während der Betriebsruhe und in der Nacht nicht auf dem Werksgelände, sondern lieber in seiner Wohnung geblieben zu sein und die Überwachung des Luftschutzes seinen Stellvertretern überlassen zu haben, wurden der Geschäftsleitung der FSG schwere Vorwürfe gemacht. Doch schließlich, nach einer ausgiebigen Untersuchung und diversen umfangreichen Berichten, wurde von einer Verurteilung doch abgesehen.

4. März 1943, Dr. jur. Fritz Jacke, Berlin,
an Werftdirektor Ove Lempelius, Flensburg

Sehr geehrter Herr Lempelius!

Im Auftrage des Vorsitzenden des Aufsichtsrats, Herrn Generaldirektor Dr.-Ing. Wilhelm Roelen, teile ich Ihnen ergebenst mit, daß der Arbeitsausschuß des Aufsichtsrats (Dr. Roelen, Direktor Lübke, Dr. Jacke) folgendes beschlossen hat:

Die von Herrn Werftdirektor Ove Lempelius und Herrn Werkluftschutzleiter Wilhelm Giesler in der Strafsache wegen angeblicher Verletzung des Luftschutzgesetzes zu zahlenden Verteidigerhonorare werden in der mit den Verteidigern vereinbarten oder sonst für angemessen erachteten Höhe von der Gesellschaft getragen. Die Verteidigung ist nicht nur im Interesse der unschuldig Betroffenen, sondern auch im Interesse der Gesellschaft erfolgt. Die Verteidiger gelten als von der Gesellschaft beauftragt.

Der Arbeitsausschuß beglückwünscht die Herren zu ihrer wohlverdienten Freisprechung.

Mit freundlichen Grüßen und Heil Hitler!

Unterschrift

In einem Schreiben der FSG an den Regierungspräsidenten von Schleswig vom 1. März 1943 wird festgehalten:

Mit Ihrem o.a. Schreiben teilten Sie uns mit, daß Sie der Polizeidirektor in Flensburg davon in Kenntnis gesetzt hat, daß ein Verfahren eingeleitet wurde, da angenommen wird, daß ein Verschulden des Geschädigten bei der Entstehung des Schadens mitgewirkt hat. Bevor Sie uns für diesen Schaden eine Entschädigung auszahlen, müßten Sie den Ausgang des Verfahrens abwarten.

Wir teilen Ihnen hierauf mit, daß die Verhandlung stattgefunden hat und heute die Strafkammer des Landgerichts Flensburg das Urteil dahin gefällt hat, daß der unter Anklage gestellte Betriebsführer Herr Dipl.-Ing. Lempelius und der Werkluftschutzleiter Herr Gieseler von der Anklage freigesprochen sind.

Wir bitten Sie nunmehr, die Entschädigung für diesen Schaden auszuzahlen.

Vorgeworfen wurde Lempelius, nicht die nötigen, den Vorschriften entsprechenden Vorsichtsmaßnahmen gegen eventuelle Luftangriffe getroffen zu haben. Dies geht aus einem Schreiben des Hamburger Rechtsanwalts Elsner vom 11. Januar 1943 in der Strafsache hervor, in dem es u.a. heißt:

Dem Angeklagten Lempelius wird vorgeworfen, daß er die ihm als Betriebsführer obliegende Aufsichtspflicht verletzt hat und daß durch seine und des Angeklagten Gieseler Säumnis der durch den Brand der Magazinhalle entstandene Schaden verursacht sei. Auch wird dem Angeschuldigten vorgeworfen, daß er es an der nötigen persönlichen Kontrolle hat fehlen lassen.

Der Angeklagte muß mit Entschiedenheit betonen, daß er alles das getan hat, was man von ihm als Betriebsführer zumutbarer Weise verlangen kann. Der Angeklagte hat bei seiner Vernehmung am Schluß ausdrücklich auf seinen Bericht an den Aufsichtsrat Bezug genommen, in dem er die Brandursache angegeben und auch erwähnt hat, welche Anordnungen er als Betriebsführer getroffen hat, um auch seitens der Betriebsführung eine ordnungsgemäße Kontrolle zu gewährleisten.

Auffälligerweise ist dieser Bericht des Angeschuldigten, der sogar in mehrfacher Ausfertigung dem vernehmenden Kriminalbeamten als Aktenbestandteil ausgehändigt ist, nicht zu den Gerichtsakten gegeben, so daß er jetzt der Anlage beigefügt werden mußte.

Aus den Anlagen ergibt sich auch ein Plan, aus dem ersichtlich ist, wie im einzelnen der Luftschutz organisiert ist. Es liegt auf der Hand, daß es in erster Linie Sache des hauptamtlichen Werkluftschutzleiters ist, dafür zu sorgen, daß die gesamte Organisation des Werkluftschutzes durchgeführt wird.

Die Anklage hat offensichtlich irrtümlicherweise nicht zwischen Luftschutzorganisation und der praktischen Durchführung unterschieden. Hinsichtlich der Organisation sollen dem Angeklagten offenbar nach der Anklageschrift keine Vorwürfe gemacht werden. Die praktische Durchführung ist aber in erster Linie Sache des Werkluftschutzleiters. Der Angeklagte Lempelius muß sich darauf beschränken, die ihm als Betriebsführer zukommende Aufsicht auszuüben.

Lempelius habe schon allein deshalb den Anforderungen mehr als genügt, indem er eine besondere Anordnung habe herausgehen lassen (24. August 1942), in der er angeordnet habe, dass bei jedem Alarm wenigstens ein leitender Ingenieur anwesend sein müsse. Dieses sei auch durchgeführt worden, und durch eine eigens eingerichtete Telefonleitung seien die betreffenden Ingenieure zudem jederzeit erreichbar gewesen. Der Werkluftschutzleiter Gieseler habe seiner Pflicht ebenfalls mehr als Genüge getan. Dies sei allein daraus ersichtlich, dass es der eingeteilten Brandwache bei jedem Angriff gelungen sei, die gefallenen Brandbomben sofort zu löschen:

Der Angeschuldigte Gieseler ist auch sowohl von der Reichsgruppe Industrie als auch von der Polizeibehörde wegen seiner Maßnahmen wiederholt gelobt worden. […] Der Angeschuldigte als Betriebsführer darf gewissermaßen nicht sein eigener Unteroffizier vom Dienst sein, sondern er ist in erster Linie dazu da, sein ganzes Können, sein Wissen und seine Arbeitskraft der wehrwirtschaftlich wichtigen Produktion zu widmen und darf sich im übrigen darauf verlassen, daß die Luftschutzorganisation, wenn diese nur umsichtig geschaffen ist, auch im Ernstfall sich praktisch bewährt. […] Die Wirtschaftsgruppe »Schiffbau« hat durch ein Rundschreiben an ihre Mitglieder feststellen lassen, wie die fragliche Kontrolle in anderen Betrieben durchgeführt wird und die aufschlussreichen, in der Anlage II beigefügten Äußerungen von verschiedenen Werften erhalten, aus denen sich ergibt, daß in keiner Werft die Betriebsführer persönlich solche Kontrollen durchführen. Das ist auch praktisch unmöglich.

Allerdings war bei dem Angriff die Brandwache in der Lagerhalle nicht besetzt. Vielmehr wurden die einzelnen Brandwachen offensichtlich von den jeweiligen Luftschutzleitern beauftragt und, wenn nötig, auch zu Hause aus ihren Betten geholt. Zudem sei das in der Lagerhalle befindliche Material, u.a. Kabeltrommeln und Verpackungsmaterial, außerordentlich feuergefährlich gewesen. Ferner, dies habe auch ein Hamburger Gutachter (Julius Matthies) der Hamburger Dienststelle bestätigt, sei keine Brandmauer vorhanden gewesen und habe die Feuerwache zu dem Zeitpunkt nur aus zwei Mann bestanden, was nicht ausreichend gewesen sei. Dieses zu ändern sei jedoch Sache des örtlichen Luftschutzleiters, Major Meyer, und der Feuerlöschpolizei, Hauptmann Harms, gewesen, nicht die der Werftleitung und des von ihr beauftragten Werkschutzleiters.

Das Kriegsende und die Folgen

Nach der Kapitulation und dem Ende des Zweiten Weltkriegs sah sich die FSG vor mannigfaltige Probleme gestellt. Zum einen war der Schiffbau mit dem Potsdamer Abkommen zu einer »verbotenen Industrie« erklärt worden, da die Siegermächte in jedem Fall eine erneute Aufrüstung des besiegten Nazi-Deutschland von Grund auf vermeiden wollten. Als Alternative bot sich zunächst für alle Werften der verstärkte Einstieg in das Reparatur- und Abwrackgeschäft an. Darüber hinaus versuchten fast alle Schiffbauunternehmen, sich auch mit der Herstellung von schiffbaufremden Gegenständen über Wasser zu halten. Auf der FSG wurden beispielsweise nach Kriegsende unter anderem auch Pflüge und Torfmaschinen gefertigt.

Zum anderen waren die Anlagen, Werkstätten und Maschinen teilweise zerstört worden. Eine besonders verhängnisvolle Rolle spielte dabei die Explosion eines Munitionslagers auf der gegenüberliegenden Hafenseite, die aus ungeklärter Ursache am 16. Juni 1945 erfolgte. Das

Abb. 18 Mitarbeiter der FSG beim Probelauf einer hier produzierten Torfmaschine, 1946. (Foto: Flensburger Stadtarchiv/Sammlung Möller)

Unglück forderte nicht nur 50 Tote sondern auch 21 Vermisste und 131 Verletzte. Die Wucht der Detonation, bei der unter anderem 900 Wasserbomben explodierten, sorgte in weitem Umfeld für erhebliche Sachschäden. Allein auf der FSG wurden sämtliche Fensterscheiben sowie etliche Dächer und Mauern zerstört, so dass ein Schaden in Höhe von 75 000 RM entstand. Darüber hinaus hatte die FSG auch Reparationsleistungen an die Siegermächte, in diesem Fall an die englische Militärregierung, zu liefern:

EMPIRE ARDLE, *der erste der drei Reparationsfrachter, die unsere Werft gegenwärtig noch an England abzuliefern hat, ist nunmehr zur Übergabefahrt fertiggestellt. Bis zum Augenblick der Abfahrt, die am Morgen des heutigen Sonnabend um 9 Uhr erfolgen soll, wirken die Arbeiter, insbesondere auch die Maler, noch eifrig an Bord. Die englische Teilbesatzung ist eingetroffen und wird das Schiff zunächst nach Hamburg bringen. Als Heimathafen steht am Heck unter dem Schiffsnamen London angegeben; das Schiff bleibt Staatseigentum. – Ein letzter Rundgang überzeugt davon, daß auch jetzt, angesichts unendlicher materieller Schwierigkeiten, deutsche Wertarbeit geleistet wurde, die jedenfalls eine vollgültige Reparation darstellt, auch wenn auf das verzichtet werden mußte, was in irgend einem Sinne als Luxus bezeichnet zu werden pflegt. – Das gedrungene und doch in seiner modernen Linienführung schnittige Schiff möge unter dem Union Jack als auf deutscher, unserer Flensburger Werft gebautes Schiff, im Laufe einer langen und guten Dienstzeit auf hohem Meer oft Gelegenheit haben, auch seinem Ursprunglande Waren zuzuführen, deren es so dringend bedarf.*

So war es unter der Überschrift: *Ein Schiff verläßt die Werft* in den Flensburger Nachrichten vom 30. November 1946 zu lesen. Ove Lempelius schrieb dazu in der Festschrift aus dem Jahr 1951:

Die Zeit nach der Kapitulation gestaltete sich schwieriger als erwartet wurde: Der letzte eiserne Schiffskörper, die Bau-Nr. 508, wurde am 6. Juni 1946 zu Wasser gelassen. Für die Bau-

Abb. 19 Ove Lempelius spricht zur Belegschaft, 1946. (Foto: Flensburger Stadtarchiv/ Sammlung Möller)

Nr. 509, ein Schwesterschiff der Neubauten 506/508, war der Kiel gelegt und mit den Vorarbeiten für den Weiterbau begonnen, als plötzlich der Bau dieses Schiffes von der Militär-Regierung nicht gestattet wurde, obwohl bereits 60% des Schiffbaumaterials angeliefert war. Infolgedessen mußte die Bauwerft im Juni 1946 stillgelegt werden, wodurch 320 Mann zur Entlassung kamen und die Belegschaft auf 1050 Mann fiel.

Tatsächlich forderte die Britische Militärregierung als Reparation die Auslieferung von zwei noch fertiggestellten Neubauten aus dem Hansa-Programm, die auch abgeliefert wurden. Einer in den bereits erwähnten Protokollen der FSG 1919-1947 befindlichen Akte vom 8. Oktober 1946 ist zudem zu entnehmen, dass die Militärregierung auch beabsichtigte, diverse Werkzeugmaschinen der FSG abzutransportieren. Insgesamt, so heißt es in dem Schreiben, sollten von den 373 auf der Werft vorrätigen Maschinen 179 *zum Abtransport seemäßig verpackt* werden.

Dabei hatte die FSG hinsichtlich dieser Forderungen sogar noch Glück. Einige Hamburger Werften, beispielsweise Blohm & Voss, wurden nicht nur, wie Cai Boie schreibt, *bis zum letzten Kochtopf* demontiert, sondern es wurden auch Anlagen und Werkstätten nebst Bauhelgen durch

Abb. 20 EMPIRE ARDLE, der erste an die Briten abgelieferte »Reparationsfrachter«, 1947. (Foto: Flensburger Stadtarchiv/Sammlung Möller)

Sprengung zerstört. Unter den durch die britische Besatzungsmacht von der FSG geforderten Maschinen befanden sich auch die hydraulische Anlage der Kesselschmiede, die dampfhydraulische Schmiede-Presse, die drei Dampfhammer und die große Blechwalze.

Seitens der Werftleitung wurde umgehend darauf hingewiesen, dass der Abtransport dieser Maschinen, deren Wert auf ca. 1 Million Reichsmark veranschlagt wurde, den gesamten Betrieb, einschließlich des Reparaturbetriebs, mehr oder weniger vollständig lahmlegen würde, so dass nicht einmal die von der Militärregierung als Reparationen geforderten beiden Neubauten (Baunummern 507, EMPIRE TOWY, und 508, EMPIRE FROME) würden fertiggestellt werden können. Die FSG würde, so heißt es in dem Schreiben weiter, auf den technischen Stand von 1905 bis 1910 zurückgeworfen, wodurch auch die Wettbewerbsfähigkeit mit anderen Schiffbau-Unternehmen nicht mehr gegeben sei. Man scheint seitens der Militärregierung ein Einsehen gehabt zu haben, denn der Abtransport der Maschinen ist offensichtlich nicht erfolgt, da der Werftbetrieb in der Folge weiterlief und auch die beiden Schiffe abgeliefert werden konnten. Hinsichtlich der Übergabe dieser Schiffe liegen sogar noch die Probefahrts-Protokolle vor:

Auf See, am 10. Juli 1947

Fertigstellungsbescheinigung

Hiermit wird bescheinigt, das SS EMPIRE TOWY *von der Flensburger Schiffbau-Gesellschaft, Flensburg, unter der Bau-Nr. 507 gebaut, heute die Probefahrt zufriedenstellend beendet hat und am Donnerstag, den 10. Juli 1947, um 16.30 Uhr in britisch kontrollierten Gewässern an die britischen Behörden übergeben worden ist.*

Für das britische Verkehrsministerium:
A. Ridley
Für die Flensburger Schiffbau-Gesellschaft:
O. Lempelius

Die Ablieferung der EMPIRE FROME erfolgte ein halbes Jahr später, am 14. Januar 1948. Am 3. Juli 1947 wurde eine Aufsichtsratssitzung im Geschäftshaus der FSG angesetzt: An diesem Tag konnte das Unternehmen auf sein 75-jähriges Bestehen zurückblicken. Aus diesem Anlass gratulierte auch der Oberbürgermeister der Stadt Flensburg, I.C. Möller, den Anwesenden mit den Worten: *Die Werft ist Flensburg – und Flensburg ist die Werft.* Es wurden Jubiläumsgeschenke an die gesamte Belegschaft verteilt:

1.) Lehrlinge und Jugendliche Arbeiter bis zum 21. Lebensjahr einschließlich erhalten RM. 10,–
2.) Ledige Arbeiter über 21 Jahre RM. 15,–
3.) Verheiratete Arbeiter über 21 Jahre RM. 25,–
4.) In allen Fällen, wo es sich um eine Tätigkeit über 15 Jahre handelt, für jedes Jahr RM 1,– extra, für die Jahre über 25jährige Tätigkeit hinaus RM 2,– und für jedes Jahr über 40jährige Tätigkeit RM. 5,–
5.) Angestellte erhalten 25% des Monatsgehalts, für jedes Jahr über eine Tätigkeit von 15 Jahren 1% extra und für jedes Jahr, welches über 25jährige Tätigkeit hinaus gearbeitet wurde, 2%. Für Angestellte mit 40jähriger Tätigkeit ein volles Monatseinkommen.

Ferner wurde jedem Pensionär ein Jubiläumsgeschenk von RM 100,– *zugebilligt* – und auch die Herren von Vorstand und Aufsichtsrat vergaßen sich nicht. So wurde dem gesamten Vorstand ein *Jubiläumsgeschenk in Höhe eines Monatsgehalts* gemacht und die Herren Mirswa und Lempelius erhielten *für ihre Treuhändertätigkeit* 5000 bzw. 3000 Reichsmark jährlich.

Obwohl die Bauwerft zu diesem Zeitpunkt noch immer stilllag, war die Belegschaft bereits wieder 1000 Mitarbeiter stark. Allerdings war man zu diesem Zeitpunkt noch mit der Fertigstellung der letzten beiden Neubauten aus dem Hansa-Programm beschäftigt. Weiter heißt es in dem Protokoll:

Ob wir später im Reparaturgeschäft einen Ausgleich finden können, läßt sich z.Zt. noch nicht übersehen, es sieht aber so aus, als wenn dieses für die nächste Zeit möglich ist. Es konnten zwei Auslands-Reparaturen im Werte von ca. 200 000 US-Dollar abgeschlossen werden für die jugoslawische Regierung. […] Herr Oberbürgermeister Möller, unterstützt von Herrn Konsul Christiansen, schlägt vor, daß sich die Werft am Abwrackgeschäft beteiligen solle. Es liegen 42 U-Boote im Hafen, die zur Verschrottung freigegeben sind.

Zugleich wurde beklagt, dass bereits wieder ein erheblicher Mangel an Arbeits- und vor allem an Fachkräften herrsche und dass die »Gefolgschaft«, wie der Mitarbeiterstamm immer noch genannt wurde, nur noch bereit sei, 40 Stunden in der Woche zu arbeiten. Zudem gebe es Schwierigkeiten mit dem Wohnungsamt hinsichtlich der Unterbringung der durch das Arbeitsamt angeforderten Arbeitskräfte aus dem Umland bzw. von auswärts. Darüber hinaus hatte man mit einem nicht unerheblichen Kohlen- und Materialmangel zu kämpfen, der dazu führte, dass die Tore der FSG im März 1947 kurzfristig geschlossen werden mussten.

Ab 1948 konnte dann mit Genehmigung der Alliierten Militärregierung ein Neubauprogramm angeschoben werden, das die Produktion von insgesamt 100 Fischdampfern vorsah. Hinter dieser Absicht stand die Maßgabe, die immer noch sehr schlechte Versorgung der Bevölkerung mit Nahrungsmitteln, vor allem mit Eiweiß, erheblich zu verbessern. Die FSG erhoffte sich von diesem Neubauprogramm recht viel, tatsächlich wurden aber nur vier Fischdampfer gebaut. Den Anfang dabei machte die KIEL, die als Baunummer 514 am 21. Oktober 1948 auf Kiel gelegt und am 18. März 1949 vom Stapel gelassen wurde. Der Bau dieser relativen kleinen und durchaus einfachen Schiffe bedeutete für viele FSG-Mitarbeiter eine Umstellung. Christian Elbert, Jahrgang 1912, erinnert sich:

Nach dem Krieg haben wir erst Fischdampfer gebaut. Das war vielleicht was! Da mussten wir die Kojen bauen, mit so Schiebetüren dran. Außerdem hatten die noch richtige Kohleöfen im Logis. Das muss man sich mal vorstellen, so sind die da auf Fischfang gegangen. Das war schon ein Unterschied. Vorher hatten wir die großen und gut ausgestatteten Handelsschiffe gebaut und dann diese Fischdampfer.

In der Aufsichtsratssitzung vom 11. Juli 1949 wurde im Bericht über die allgemeine Lage der Werft verlautbart:

Die Belegschaftszahl hat sich noch nicht verändert, wir beschäftigen immer noch ca. 1104 Mann; wir haben Abgänge zu verzeichnen gehabt, andererseits sind aber auch Arbeiter eingestellt worden.

Die vier Fischdampferneubauten sind zur Zufriedenheit der Auftraggeber abgeliefert, der letzte im Juli d. Ms. Anfang Juli haben wir auch ein Kühlschiff für dänische Rechnung abgeliefert, es handelte sich um eine amerikanische Korvette, welche in ein Frachtschiff mit Kühlanlage umgebaut ist. [...] Wir haben noch eine größere Umbau- und Instandsetzungsarbeit am Dampfer PARIS *für die Reederei L.R. Schmith & Co., Kopenhagen. [...] D* PARIS *erhält eine neue Ölfeuerungsanlage.*

Für norwegische Rechnung liegt das Schiff NORSEL *an der Werft. ein früherer Schlepper, welcher während des Krieges für deutsche Rechnung gebaut werden sollte, und dann liegen geblieben ist, wird in ein Expeditionsschiff umgebaut. Es ist eine engl. norw. schwed. Gesellschaft gegründet, die mit diesem Schiff Forschungen am Südpol vornehmen will.*

Die Aussagen zeigen, dass durchaus Improvisationstalent bei der Auftragsbeschaffung bewiesen werden musste. Des Weiteren wurde auf ein interessantes Neubauprojekt hingewiesen, von dem sich die FSG den erneuten Einstieg in den Neubaumarkt erhoffte. Es handelte sich um zunächst zwei Schiffe im Auftrag eines Flensburger Reederkonsortiums, der »Flensburger Trampreeder Gesellschaft« und der »Flensburger Schiffsparten-Vereinigung A.G. & Co. G.m.b.H.«, die nach den Bestimmungen des Potsdamer Abkommens unter bestimmten Auflagen gebaut werden durften. Beide Schiffe waren mit 1500 BRT vermessen, also relativ klein, und mussten mit Kohlenfeuerung betrieben, also als Dampfschiffe gebaut werden:

Die Finanzierung der beiden Neubauten von 1500 BRT [...], die sich als sehr schwierig gestaltete, ist im Laufe der vorigen Woche zum Abschluß gekommen. Das Land Schleswig-Holstein war nicht bereit, zwei Gesellschaften mit beschränkter Haftung mit nur DM 20 000,– Eigenkapital die notwendigen Kredite in Höhe von 2 Millionen zur Verfügung zu stellen. Das Land verlangte eine Kapitalerhöhung auf DM 100 000,–. Da sich die beiden Gesellschaften hierzu nicht in der Lage sahen, haben sich das Land Schleswig-Holstein (über die Wirtschaftsaufbaukasse) und die Flensburger Schiffsbau-Gesellschaft bereiterklärt, bei beiden Gesellschaften sofort mit einer Beteiligung in Höhe von je DM 80 000,– einzutreten, damit die geforderte Kapitalerhöhung auf je DM 100 000,– sofort durchgeführt werden kann.

Rolf-Dieter Nissen erinnert sich: *Die »Trampreeder-Gesellschaft« bestand aus vier Partnern und es wurde zunächst bestellt der Dampfer* FLENSAU, *der im März 1950 abgeliefert wurde. Das war das zweite Schiff damals, das in Deutschland gebaut wurde nach dem Krieg. Dann kamen wir mit der* FLENSAU. *Da hatten die Schüler hier schulfrei, um sich anzugucken, wie das ist, wenn ein Schiff vom Stapel läuft. Das muss man sich vorstellen. Es war ein Riesen-Ereignis. Hinterher gab es eine Stapellauf-Feier im »Gnomenkeller«, der nur für die Stapellauf-Gäste reserviert worden war. Anwesend waren natürlich auch der damalige Minister Pelzer und der damalige Ministerpräsident, ich glaube das war Bertram – alles war da, denn da stand Flensburg ganz oben an* (Interview mit Herrn Rolf-Dieter Nissen und Herrn Uwe Otzen vom 30. Juni 2004).

Die 1950er Jahre: Spürbarer Aufwind

Anfang der 1950er Jahre ging es wieder zügig bergauf. Wie Detlefsen ausdrücklich betont, füllten sich die Auftragsbücher deshalb, weil zum einen seitens der Alliierten mit der Verabschiedung des Marshall-Plans 1949 positive Signale für die deutsche Wirtschaft allgemein gestellt wurden und zum anderen ein enorm großer Bedarf der Welthandelsflotte insgesamt bestand. Viele Handelsschiffe waren während des Krieges verloren gegangen oder zerstört worden. Mit dem erneuten Aufschwung des Welthandels stieg naturgemäß die Nachfrage nach Schiffsraum enorm an. Schon in der Aufsichtsratssitzung vom 30. Juni 1950 wurde erfreut vermerkt, dass die FSG zehn Schiffsneubauten in Auftrag habe, darunter weitere Schiffe für die Flensburger Trampreeder und für die Hamburger Reederei Essberger, aber auch für die Reederei Neptun in Bremen. Darüber hinaus hatten diverse Reparaturaufträge abgeschlossen werden können:

Diese günstige Beschäftigungslage wird es uns gestatten, den Arbeiterbestand von 1500 auf ca. 2000 Köpfe bis Ende dieses Jahres zu erhöhen. Sobald das Bundesgesetz für den Wiederaufbau der Handelsflotte vom Bundestag angenommen ist, wird sich die Beschäftigungslage weiterhin günstig entwickeln. Es liegen verschiedene Projekte vor, die jetzt ausgearbeitet werden, u.a. Schiffe bis zu 10 000 Tonnen Tragfähigkeit für Hugo Stinnes und für die Hamburg-Amerika Linie. Wir haben auch verschiedene Aufträge auf Schiffsneubauten aus dem Ausland vorliegen. Es ist auch hier zu hoffen, daß bald die einschränkenden Bestimmungen über den Exportschiffbau aufgehoben werden.

Quellen und Literatur:

Aufsichtsrat-Copie-Buch der FSG, 1930-1933. StA Flensburg, FSG 123.

Bedürftig, Friedemann: Lexikon Drittes Reich. Hamburg 1994.

Bohn, Robert, Danker, Uwe, und Köhler, Nils (Hrsg.): Der »Ausländereinsatz« in Flensburg 1939-1945. (= Schriftenreihe des Instituts für schleswig-holsteinische Zeit- und Regionalgeschichte, Bd. 9). Bielefeld 2002.

Boie, Cai: Schiffbau in Deutschland 1945-1952. Die verbotene Industrie. Bad Segeberg 1993.

Broszat, Martin, und Frei, Norbert (Hrsg.): Das Dritte Reich im Überblick. Chronik, Ereignisse, Zusammenhänge. 3. Aufl. München 1992.

Buchheim, Christoph: Zur Natur des Wirtschaftsaufschwungs in der NS-Zeit. In: Buchheim, Christoph (Hrsg.): Zerrissene Zwischenkriegszeit. Wirtschaftshistorische Beiträge. (= Festschrift Knut Borchardt). Baden-Baden 1994, S. 97-119.

Büttner, Ursula, und Jochmann, Werner: Hamburg auf dem Weg ins Dritte Reich. Entwicklungsjahre 1931-1933. 3. Aufl. Hamburg 1985.

Deschimag. Unter: http://www.werften-fischtown.de/deschimag.

Detlefsen, Gert-Uwe: Flensburger Schiffbau-Gesellschaft 1872-1982. 110 Jahre Schiffbau in Flensburg. Hamburg 1982.

Fisser, Marc: Schiffbau an der Unterweser in der Weimarer Zeit. Bremerhaven 1995.

Flensburger illustrierte Nachrichten, Jahrgänge 1936 und 1937. Archiv LZB, Flensburg.

Fliegerangriff in den Morgenstunden 23./24.9.1942. (Darin: Verfahren gegen Lempelius). StA Flensburg, FSG 162.

Geschäftsberichte der FSG 1924 bis 1947. StA Flensburg, XII Fa FSG 279. (Diese Sammlung ist nicht vollständig, einige Exemplare auch der beginnenden 1950er Jahre befinden sich darüber hinaus im Archiv des Flensburger Schiffahrtsmuseums.)

Geschäftsberichte der FSG 1948-1956. StA Flensburg, XII Fa FSG 280.

Haase, Nicolai: Flensburgs wirtschaftliche und finanzielle Notlage nach der Abtretung Nordschleswigs. In: Der Schleswig-Holsteiner, Jahrgang 1929, Heft März, S. 97-100.

Hansaprogramm 1943-1948. StA Flensburg, XIII Fa FSG 189.

Hauser, Klaus: U-Bootbau von 1939 bis 1945 in Flensburg. Eine Zusammenstellung u.a. nach Listen aus dem U-Boot-Archiv Möltenort. StA Flensburg, XII HS 2172.

Hildebrandt, K.: Das Dritte Reich. In: Oldenbourg Grundriß der Geschichte, Bd. 17. 3. Aufl. 1987.

Hofer, Walter (Hrsg.): Der Nationalsozialismus. Dokumente 1933-45. Frankfurt/Main 1957.

Hohnsbehn, Harald: Kriegsgefangene und Zwangsarbeiter in Flensburg. In: Ausgebürgert. Ausgegrenzt. Ausgesondert. Opfer politischer und rassistischer Verfolgung in Flensburg 1933-1945. (= Flensburger Beiträge zur Zeitgeschichte. Bd. 3). Flensburg 1998, S. 89-121.

Joho, Michael: Die Geschichte der Metallarbeiterbewegung und ihrer Gewerkschaften in Flensburg. Hamburg, Flensburg 1992.

Keitsch, Christine: Vom Nieter zum Schweißer – Vom Konstrukteur zum Schiffsdesigner. 130 Jahre Arbeit auf der Flensburger Schiffbau-Gesellschaft. Flensburg 2002.

Klußmann, Jan: Zwangsarbeit in der Kriegsmarinestadt Kiel 1939-1945. In: Jensen, Jürgen (Hrsg.): Mitteilungen der Gesellschaft für Kieler Stadtgeschichte, Band 81. Bielefeld 2004.

Kriegsschäden FSG 1942-1943. StA Flensburg, VIII G 26.

Krützfeldt, Lutz: Literaturbericht zur Geschichte des modernen deutschen Schiffbaus bis 1945. In: DSA 14, 1991, S. 157-198.

Kuckuck, Peter: Seefahrt unter dem »Hungerhaken«. Die Bemühungen der Nationalsozialisten um die politische Organisierung der deutschen Seeleute. In: DSA 21, 1998, S. 101-121.

Lempelius, Ove: 75 Jahre Flensburger Schiffsbau-Gesellschaft. (Festschrift). Flensburg 1951.

Lempelius, Ove: Geschichte der Flensburger Schiffsbau-Gesellschaft in Flensburg in der Zeit von 1935 bis 1945. Rechenschaftsbericht der Geschäftsführung der FSG, 18. Dezember 1952. 7 Seiten. Archiv Flensburger Schiffahrtsmuseum.

Maack, Hans: 100 Jahre Schiffahrt, Schiffbau und Häfen. Hamburg 1964.

Magistrat der Stadt Flensburg (Hrsg.): Flensburgs wirtschaftliche und finanzielle Notlage nach der Abtretung Nordschleswigs. Denkschrift des Magistrats der Stadt Flensburg. März 1928.

Meyhoff, Andreas: Blohm & Voss im »Dritten Reich«. Eine Hamburger Großwerft zwischen Geschäft und Politik. (= Hamburger Beiträge zur Sozial- und Zeitgeschichte, Bd. 38). Hamburg 2001.

Möller, Christian: 35 Jahre Maschinenbau der FSG in Wort und Bild. Handschriftliche Aufzeichnungen vom 18. Februar 1948. Flensburger Stadtarchiv.

Ostersehlte, Christian: Von Howaldt zu HDW. 165 Jahre Entwicklung von einer Kieler Eisengießerei zum weltweit operierenden Schiffbau- und Technologiekonzern. Hamburg 2004.

Petersen, Peter Hansen, Schütt, Hans-Friedrich, Vaagt, Gerd (u.a.): Flensburg von 1920 bis 1960. In: Flensburg. Geschichte einer Grenzstadt. (= Schriften der Gesellschaft für Flensburger Stadtgeschichte, Nr. 17). Flensburg 1966, S. 421-476.

Protokoll der FSG 1919-1947. StA Flensburg, XII Fa FSG 117.

Rübner, Hartmut: Konzentration und Krise der deutschen Schiffahrt. Maritime Wirtschaft und Politik im Kaiserreich, in der Weimarer Republik und im Nationalsozialismus. (= Deutsche Maritime Studien, Bd. 1). Bremen 2005.

Schartl, Matthias: Rote Fahnen über Flensburg. KPD, linksradikale Milieus und Widerstand im nördlichen Schleswig-Holstein 1919-1945. Flensburg 1999.

Schiffbau, Schiffahrt und Hafenbau. Zeitschrift für die gesamte Industrie auf schiffbautechnischen und verwandten Gebieten. Amtliches Mitteilungsblatt der Schiffbautechnischen Gesellschaft, Berlin. Jahrgänge 1933 bis 1939.

Schmelzkopf, Reinhardt: Die deutsche Handelsschiffahrt 1919 bis 1939. Bd. 1: Chronik und Wertung der Ereignisse in Schiffahrt und Schiffbau. Oldenburg, Hamburg 1974.

Schwensen, Broder: Verführt, verfolgt, verschleppt: Aspekte nationalsozialistischer Herrschaft in Flensburg 1933-1945. Flensburg 1996.

Schwensen, Broder: Lange Schatten. Das Ende der NS-Diktatur und frühe Nachkriegsjahre in Flensburg. Flensburg 2000.

Schütt, Otto: Wirtschaftliche Verhältnisse Flensburgs (1935). StA Flensburg, XII HS 1426, Aufsätze und Nachrichten.

Tilly, Richard, und Huck, Norbert: Die deutsche Wirtschaft in der Krise 1925 bis 1934. Ein makroökonomischer Ansatz. In: Buchheim, Christoph (Hrsg.): Zerrissene Zwischenkriegszeit. Wirtschaftshistorische Beiträge. (= Festschrift Knut Borchardt). Baden-Baden 1994, S. 45-96.

Vaagt, Gerd: Die Industrialisierung Flensburgs. In: Diederichs, Urs J. (Hrsg.): Schleswig-Holsteins Weg ins Industriezeitalter. Hamburg 1986, S. 94-109.

Wagner, Wilhelm J.: Knaurs Bildatlas Drittes Reich. Augsburg 2001.

Witthöft, Hans Jürgen: Tradition und Fortschritt: 125 Jahre Blohm & Voss. Hamburg 2002.

Wulf, Peter: Revolution, schwache Demokratie und Sieg in der »Nordmark«. Schleswig-Holstein in der Zeit der Weimarer Republik. In: Geschichte Schleswig-Holsteins von den Anfängen bis zur Gegenwart. Neumünster 1996, S. 514-548.

Anschrift der Verfasserin:
Dr. Christine Keitsch
Deutsches Schiffahrtsmuseum
D-27568 Bremerhaven

Crisis and the Economy: The Flensburger Schiffbau-Gesellschaft from the Great Depression to the End of World War II

Summary

To be sure, the history of the Flensburger Schiffbau-Gesellschaft (FSG; Flensburg Shipbuilding Company) has already been variously published, particularly in the 1980s and '90s. Those studies, however, were limited primarily to the context of shipbuilding itself and the presentation of the vessels constructed by the FSG. Far less attention was paid to economic and, above all, social aspects and interrelationships.

This article takes a different approach. It focuses chiefly on the economic fate of this prestigious Flensburg enterprise in the context of the social and political framework conditions of the era in question. For the FSG, and indeed for all German shipbuilding enterprises, the period between the world wars was characterized by major upheavals which were the consequences of inflation and world depression. In response, the company management was called upon to develop new strategies for survival, entrepreneurial courage, fantasy and the willingness to take risks, economic farsightedness and, not least of all, a fine instinct for the political situation.

The contribution retraces the company history from 1923 to the early 1950s. Based on surviving correspondence, business reports and other sources, it provides lively insights into the company's efforts to defend itself against the threat of bankruptcy and hostile acquisition, master the political, economic and social challenges arising during the period of the "Third Reich" and Second World War, and finally, after 1945, starting out again from scratch. Extensive sources and pictorial material were evaluated for the analysis hereby submitted. Moreover, it proved possible to supplement that material with statements by witnesses to the historical events, who openly answered the author's questions within the framework of various interviews carried out over a period of two years.

Crise et conjoncture. La société de construction navale Flensburger Schiffbau-Gesellschaft, de la crise économique mondiale à la fin de la Deuxième Guerre mondiale

Résumé

Certes, l'histoire de la Flensburger Schiffbau-Gesellschaft (FSG) a déjà fait l'objet de publications, surtout au cours des années 1980 et 1990, toutefois, elles se réduisaient en première ligne au contexte de la construction navale et à une présentation des navires construits par la FSG. Les éléments économiques autant que sociaux avant tout, pas plus que le contexte social lui-même, ne furent de loin examinés aussi minutieusement.

L'article qui suit a mis en avant d'autres accents, par exemple sur l'adresse avec laquelle cette entreprise renommée de Flensburg a su s'adapter aux conditions sociales et politiques de chaque époque. Comme pour toutes les entreprises allemandes de construction navale, la période entre les deux guerres fut également marquée de profonds bouleversements pour la FSG, en raison de l'inflation et de la crise économique mondiale qui exigèrent de la direction le développement de nouvelles stratégies de survie, du courage d'entrepreneur, de la fantaisie et d'être prête à prendre des risques, une clairvoyance économique et enfin, du doigté politique.

L'article retrace la carrière de l'entreprise de 1923 au début des années 50. La correspondance, les rapports d'activité et autres sources qui ont été conservés offrent un aperçu vivant sur les efforts fournis par la firme pour éviter la faillite menaçante et les rachats hostiles, surmonter les défis politiques, économiques et sociaux surgis à l'époque du Troisième Reich et de la Deuxième Guerre mondiale, et après 1945, pour trouver un nouveau départ. L'analyse offerte ici est basée sur le dépouillement d'un important matériel de sources et iconographique. De surcroît, l'auteur a bénéficié des déclarations de témoins de l'époque qui, au cours de différentes interviews effectuées sur deux ans, se tinrent à sa disposition, complétant ainsi la recherche.

JÜRGEN RABBEL

Die Rostocker »Schiffs-Rhederei« Richard V. Beselin

Einleitung

Geschützt durch das Privileg der alleinigen Hafen- und Stapelgerechtigkeit und durch die rücksichtslose Verteidigung dieser Monopolstellung entwickelte sich der Rostocker Hafen in der ersten Hälfe des 19. Jahrhunderts trotz der englischen Getreideschutzzölle und trotz der schlechten Verkehrsanbindungen an das Hinterland zum größten Umschlagplatz für die Ausfuhr mecklenburgischen und vorpommerschen Getreides. Völlig abhängig von diesem Getreideexport, hatte sich die Rostocker Flotte in ihrer Struktur und in ihrem Umfang dem Hafenumschlag angepasst. Die ab 1802 in England bestehenden Einfuhrbeschränkungen, welche ab 1822 abhängig vom Inlandpreis mit einem *festen Zollsatz in gleitender Skala* erhoben wurden, beeinträchtigten die Umsätze beim mecklenburgischen Export zeitweise erheblich und gaben nachfolgend auch der heimischen Schifffahrt nur sehr unterschiedliche Beschäftigungsmöglichkeiten. Erst die teilweise Lockerung der Schutzzölle ab 1828, ihre Neuregelung ab 1836 und erst recht die gänzliche Aufhebung der Kornzölle ab 1846 gaben damit nicht nur der Landwirtschaft, sondern auch der Schifffahrt die nötigen Impulse in ihrer Entwicklung. In diesen »goldenen Jahren« des Rostocker Reedereiwesens übernahm Richard Valentin Beselin 1848 die Korrespondenzreederei seines Onkels mit einem Bestand von acht Briggs.

Schon im Jahr zuvor hatte die Kaufmannschaft[1] fast euphorisch von den »glänzenden Erfolgen« der heimischen Schifffahrt berichtet: *In der heutigen schlimmen Zeit der Geldklemme und der noch nicht verwundenen Nachwehen eines harten Hungerjahres, ist es eine erfreuliche Erscheinung, dass unsere zahlreiche Rhederei ein überaus gesegnetes Jahr gehabt hat und eine so reiche Dividende zur Theilung bringt, wie man sich dessen seit langer Zeit nicht erinnern kann.* Es gab Schiffe, die zwischen 3000 und 5000 Taler an ihre Mitreeder verteilt hatten, und *eines von ihnen, wahrscheinlich die Brigg* MATADOR, *sogar 7808 Taler.* Man schätzte den Nettobetrag der gesamten Reederei auf ca. 500 000 Taler bei einem für die ganze Flotte veranschlagten Stammkapital von etwa 3 500 000 Talern. Doch nicht nur die Teilhaber an den Schiffen hatten verdient. Ein großer Teil des Bruttobetrages war zusätzlich noch an die Handels- und Gewerbetreibenden der Stadt für Ausrüstung, Reparatur, Proviant usw. geflossen. Weiterhin verteilten sich diese erzielten Gewinne nicht nur *auf Kaufleute und Capitalisten, sondern verbreiteten sich auch noch auf andere Erwerbsklassen. Grundlage dafür ist die Art und Weise, wie das Rhedereigeschäft betrieben wird, indem es fast alle Klassen der Gesellschaft einbezieht.* Und noch gravierender *stellt sich die große Bedeutsamkeit dieses Industriezweiges klar hervor, dass dieser ganze Ertrag fast allein dem Ausland abgerungen wird.* Man konnte damit *dreist behaup-*

ten, Mecklenburg habe außer dem Ackerbau und der Viehzucht keinen anderen Industriezweig aufzuweisen, welcher sich diesem an die Seite stellen konnte.

Eine *regelmäßige Folge guter Jahre* im Reedereiwesen hatte bisher zwangsläufig auch einen ungewöhnlichen Aufschwung beim Schiffbau nach sich gezogen. Während einige in der festen Überzeugung lebten, die Reederei habe *die Grenzen ihrer Blüthe und Größe noch nicht erreicht,* misstrauten Zweifler dieser plötzlichen Hochkonjunktur auf den Werften und warnten vor zu starker Baulust und Unternehmungsgeist. Sie schrieben den *übertriebenen und unheilbringenden Aufschwung* nur einer vorübergehenden günstigen Periode zu, *die bald ein übles Ende nehmen* werde. Es kam dann auch so, dass letztlich ein Drittel der Flotte für den gesamten mecklenburgischen Seehandel genügt hätte, doch der Rest war flexibel genug, sich unabhängig vom Heimathafen Frachten zu suchen.

Die Befürworter dagegen waren der festen Überzeugung, dass nach Abschluss von weiteren Schifffahrtsverträgen durch die mecklenburgische Landesregierung über Zollerleichterungen mit Frankreich und Russland, *welche im wohlverstandenen Interesse aller dabei Beteiligten liegt,* sich eine große Zukunft eröffne, zumal speziell Russland so gut wie keine Reederei besaß und Frankreich *an solchen Schiffen Mangel hat,* welche für die flachen Ostseehäfen geeignet waren. Für beide Staaten hielt man Rostock *als die am besten geeignete Vermittlerin,* wofür es dann eher zu wenig Schiffe gäbe. Den anderen, *noch glanzvolleren Hoffnungsstern für eine größere Blüte unserer Reederei* erhoffte man sich aber schon damals von dem vermuteten, kurz bevorstehenden *Fall der altberühmten Navigationsakte Englands.* Nachdem die Kornzölle gefallen waren, konnte eigentlich *dies morsche Bollwerk englischer Reeder* auch nicht mehr lange gehalten werden, zumal dort selbst im eigenen Land *die Forderungen der öffentlichen Meinung immer lauter und immer dringender werden. Sie muß fallen und sie wird balder fallen als die Kornzölle, die erst eines siebenjährigen Kampfes bedurften.* Und dann würden nicht nur die großen russischen Häfen zur direkten Fahrt von und nach England geöffnet werden, sondern endlich auch der gesamte Welthandel der Rostocker Schifffahrt zugänglich sein. Für diesen Fall hoffte man die bisher noch *zurückhaltende Unternehmerlust von inländischen Capitalisten* für das Reedereiwesen zu gewinnen, weil sich dann die Gewinne rentabler als die Aktien von Eisenbahnpapieren erweisen würden.

In allen Punkten trat aber nicht der erwartete Erfolg ein. So zogen aus der Konjunktur der Reederei auch noch andere Gewerbe durch Preiserhöhungen ihren Vorteil. Vor allem die gestiegenen Holzpreise verteuerten nachfolgende Neubauten so erheblich, dass eine gleich hohe Rendite nicht gewährleistet werden konnte. Das bekamen bald solche Dividendenreeder zu spüren, die ihre erst vor kurzem erworbenen Parten *a tout prix weggeschlagen, um in einem neuen Schiff zu rheden.* Diese erzielten nur dann eine noch weiterhin relativ gute Rendite, *wenn bei der Konstruktion von der eigenthümlichen Bauart unserer Schiffe nicht abgewichen worden ist.* Im Gegensatz zu den preußischen Häfen mit ihren Schiffen für die atlantische Fahrt wurde nämlich auf Rostocker Werften mehr auf eine große Tragfähigkeit derselben als auf das schnelle Segeln gesehen. Hier entstanden vorerst weiterhin nur Fahrzeuge von mittlerer Größe *nach dem alt gewohnten und bewährten Schnitte, so sehr ein Fortschritt im Schiffbau auch zu wünschen ist.* Doch das hatte seinen guten Grund, zumal sich auch einige Rostocker Schiffe auf ozeanischen Fahrten versucht hatten *und damit nicht glücklich geworden sind.* Man konnte sich anfangs noch diese äußerst konservativen und völligen Schiffsformen leisten, weil es bei den mehr als Küstenfahrt zu bezeichnenden Reisen zwischen Russland, Holland, Frankreich und Belgien – und selbst nach England – nicht auf Schnelligkeit ankam. Trotzdem konnten diese Rostocker *Schlepper* im Schnitt drei Sommerreisen absolvieren, mit dem großen Vorteil, dass sie im Verhältnis zur Atlantikfahrt *zu Hause am Gewinn ungleich mehr bringen und vertheilen* konnten. Und eben aus diesem Grund glaubte man derzeit noch fest daran, dass bei den Ostseefahrten keine Flotte mit der Rostocker konkurrieren könne, die deshalb *in dieser Branche der Schifffahrt immer den Vorrang behaupten wird.*

Ein weiterer Wandel vollzog sich schon vor der völligen Aufhebung der englischen Navigationsakte 1850 und der damit verbundenen Möglichkeit der mecklenburgischen Flotte, völlig unabhängig vom Heimathafen am freien Welthandel teilzunehmen. Langfristig trat dieser auch in der Organisation der Reedereiform ein.[2] War bis etwa um die Zeit um 1820 der Schiffer selbst *der gründende, verwaltende kaufmännische und nautische Leiter in einer Person,* trat danach schrittweise eine Änderung in Form einer Arbeitsteilung ein. Größere Schiffe benötigten mehr Betriebskapital, und ihr erweiterter Einsatz stellte höhere Anforderungen an die Geschäftsleitung. Steigende Verwaltungsarbeiten in der Reederei, bedingt durch das Heranziehen auch *anderer Gewerbsklassen zur Finanzierung des Schiffes,* erforderten eine separate kaufmännische Betreuung der Abrechnungen durch so genannte Korrespondenzreeder, die an den von ihnen betreuten Schiffen zwar Teilhaber, aber nicht alleinige Besitzer waren. Zur Führung der Geschäfte wurde fast ausschließlich ein Vertreter aus dem Kaufmannsstand gewählt. Da der Export in Rostock vorrangig auf der Getreideausfuhr basierte, standen dabei die Kornhändler an erster Stelle. Doch wegen der günstigen Gewinne im lukrativen Korngeschäft erklärten sich zu diesem Zeitpunkt auch andere Unternehmer dazu bereit, quasi im »Nebenberuf« als Korrespondenzreeder die kaufmännische Leitung mehrerer Schiffe zu übernehmen. Ursprünglich firmierten diese als Schirm- oder Papierfabrikanten, waren Besitzer von Ölmühlen, Seifen- und Lichtfabriken bzw. von Materialhandlungen, Brennereien und Münzereien.

In kaum einem Fall waren Korrespondenzreeder alleinige *Eigentumsreeder,* besaßen also für gewöhnlich nicht mehr als $^1/_4$ bis $^1/_8$ der Parten, nur selten etwa die Hälfte. Jedes Schiff für sich bildete eine Reedereigesellschaft, der er trotz der Beteiligung nur als *geschäftsführender Betriebsleiter* vorstand. Der Reeder fungierte hier als Vermittler zu den Mitreedern. Unter seiner Regie und Kontrolle erfolgte der Einsatz des Schiffes, worüber er gegen Zahlung entsprechender Tantiemen Buch, Kasse und Abrechnung führte. Beim Transport eigener Waren geriet der Korrespondenzreeder oft in einen *Interessenzwiespalt,* weil niedrige Frachtkosten in diesem Fall für ihn dann günstiger waren. Im Widerspruch zu den anderen Mitreedern wollte er jetzt nach Möglichkeit am Schiff verdienen, während diese vom Schiff zu profitieren suchten. Doch es gab noch eine Reihe von weiteren Missständen, die letztlich zum Spruch *Reederei ist Piraterei* führten.[3]

Abb. 1 Sitz der Korrespondenzreederei in der Schmiedestraße 6 in Rostock. (Aus: Adolf Friedrich Lorenz: Die alte bürgerliche Baukunst in Rostock. Rostock 1914)

Die Korrespondenzreederei Richard V. Beselin wurde in den fast 40 Jahren ihres Bestehens mit fast allen Vor- und Nachteilen aus dieser Zeit der wirtschaftlichen, politischen und technischen Umbrüche konfrontiert. Trotzdem kann sie nicht stellvertretend für die gesamte Entwicklung des Rostocker Reedereiwesens herangezogen werden. Sie ist nur ein kleiner zeitgenössischer Mosaikstein jener Epoche, mit kurzen Einblicken in das damalige wirtschaftspolitische Geschehen. Auch die sich anschließende Schiffsliste dokumentiert aus schiffbaulicher Sicht nur in groben Zügen den sehr langsam vorangehenden Fortschritt – wie den Übergang von der Brigg zur Bark, vom Segelschiff zum Dampfer. Selbst der Ankauf von gebrauchten Schiffen, der in Krisenzeiten in großem Stil erfolgte, kann nur an drei Beispielen belegt werden.

Gründung der Reederei durch Übernahme

Richard Valentin Beselin[4], ältester Sohn des *Advocaten und Klostersyndikus* Johann Joachim Valentin Beselin, wurde am 17. Januar 1824 in Rostock geboren. Nach abgeschlossener Schulzeit begann er 1842 eine Kaufmannslehre bei der Firma Dievelmann in Stralsund. Im April 1845 bestätigte ihm der Inhaber: *Herr Richard Valentin Beselin aus Rostock hat seine Lehrzeit in meinem Comptoir bestanden. Derselbe hat sich als sehr ehrlich, treu und fleißig bewiesen, und kann ich ihn deshalb überall empfehlen.*

Die ganzen Jahre über unterhielt Richard einen engen brieflichen Kontakt zu seinem Onkel Friedrich Valentin Beselin in Rostock, der dort ebenfalls als Kornhändler tätig war und ab 1835 eine Korrespondenzreederei betrieb. Sein erstes Schiff war die im gleichen Jahr bei Friedrich Dethloff gebaute Brigg FRIEDERIKE (Kapt. Rohde), der bis 1846 neun weitere folgten.

Der 18-jährige Richard Beselin scheint am Anfang seiner Lehre Heimweh gehabt zu haben. Unter anderem schrieb er am 22. August 1842 an seinen *Onkel Fritz: Jetzt vergnügen die Leute sich in Warnemünde und Doberan, während wir unsere Freuden an den Pulten suchen müssen. Bist Du schon in Warnemünde gewesen und hat es Dir dort gefallen?* Doch dieser riet ihm statt einer Antwort, recht fleißig zu sein, vor allem Sprachen wie Englisch und Französisch und möglichst auch Schwedisch zu lernen.

Abb. 2 Kaufmann Richard V. Beselin (1824-1866), um 1850. (Foto: Stadtarchiv Rostock)

Nach der Lehre arbeitete Richard Beselin kurz in Stettin und danach in England bei der Firma R.P. Jones & Sons in London, ehe ihn sein *Onkel Fritz* in das Korngeschäft holte. Nach dessen Tod 1848 übernahm Richard die Führung der Reederei. Der Wohnsitz des jetzigen *Schiffsrheders und Kaufmannes Richard V. Beselin* befand sich in der Schmiedestraße Nr. 6, ehemals eine Verlängerung der Langen Straße hinter der St. Marienkirche. Als erster Neubau unter seiner Korrespondenz lief bei Schiffbaumeister Wilhelm Zeltz 1849 die für den Dändorfer Kapitän Daniel Heinrich Dade gebaute Brigg HERTHA vom Stapel. Zum regelmäßigen Bestand gehörten ansteigend

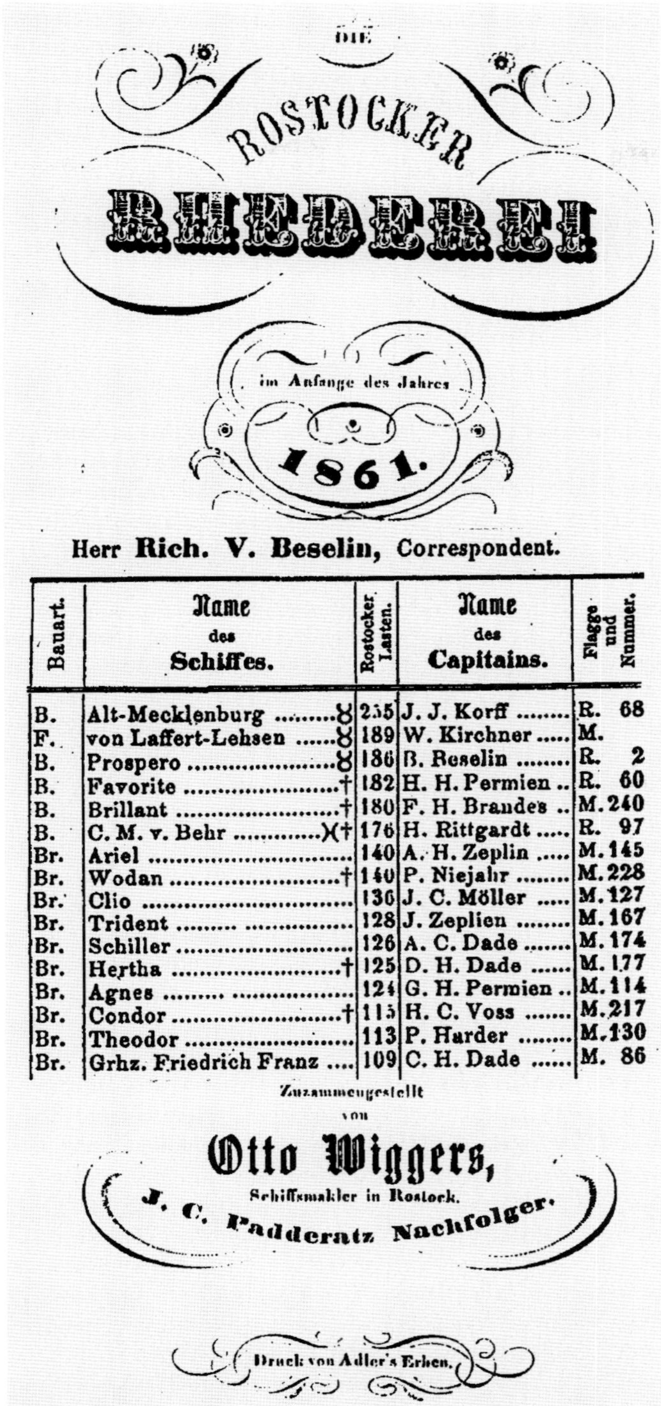

DIE

ROSTOCKER

RHEDEREI

im Anfange des Jahres

1861.

Herr **Rich. V. Beselin**, Correspondent.

Bauart.	Name des Schiffes.	Rostocker Lasten.	Name des Capitains.	Flagge und Nummer.
B.	Alt-Mecklenburg ....ȣ	255	J. J. Korff	R. 68
F.	von Laffert-Lehsen ......ȣ	189	W. Kirchner	M.
B.	Prospero ....ȣ	186	B. Beselin	R. 2
B.	Favorite ....†	182	H. H. Permien ..	R. 60
B.	Brillant ....†	180	F. H. Brandes ..	M. 240
B.	C. M. v. Behr ....)(†	176	H. Rittgardt	R. 97
Br.	Ariel	140	A. H. Zeplin	M. 145
Br.	Wodan ....†	140	P. Niejahr	M. 228
Br.	Clio	136	J. C. Möller	M. 127
Br.	Trident	128	J. Zeplien	M. 167
Br.	Schiller	126	A. C. Dade	M. 174
Br.	Hertha ....†	125	D. H. Dade	M. 177
Br.	Agnes	124	G. H. Permien ..	M. 114
Br.	Condor ....†	115	H. C. Voss	M. 217
Br.	Theodor	113	P. Harder	M. 130
Br.	Grhz. Friedrich Franz	109	C. H. Dade	M. 86

Zusammengestellt von

Otto Wiggers,

Schiffsmakler in Rostock.

J. C. Padderatz Nachfolger.

Druck von Adler's Erben.

Abb. 3 Reedereiverzeichnis Richard V. Beselin, 1861. (Aus: Wiggers)

elf bis zwanzig Segelschiffe, vorrangig Briggs. 1853 kam mit der PROSPERO seines Bruders Berthold die erste Bark hinzu, der fünf weitere folgten. 1856 ließ Wilhelm Zeltz mit der MARGARETHE ROESNER und der ALT-MECKLENBURG die einzigen neuen Vollschiffe für Rostock zu Wasser. Von letzterer übernahm Richard Beselin die Geschäftsführung. Als Schoner bildete die MIRANDA eine Ausnahme, und mit der Brigg BOREAS kam 1866 das einzige Zweithandschiff in seinen Bestand. Im Gegensatz zu anderen Reedereien übernahm auch sein Bruder später nur zwei weitere Ankäufe in Korrespondenz.

Am 22. November 1855 heiratete Richard Beselin die Hamburger Kaufmannstochter Emma Sophie Ernestine Crasemann. In kurzen Abständen folgten bis 1865 die Geburten von sechs Kindern.

Planung des ersten reinen Handelsdampfers

Richard V. Beselin war mit großer Wahrscheinlichkeit der erste Rostocker Korrespondenzreeder, der einen reinen Handelsdampfer ohne Festlegung auf eine bestimmte Route hatte bauen lassen wollen. Nach der durch verschiedene unglückliche Umstände zustande gekommenen Liquidation der ersten, 1850 gegründeten »Rostocker Schrauben-Dampfschifffahrts-Gesellschaft« für die Linienfahrt nach St. Petersburg im Jahre 1855 und dem Verkauf der beiden eisernen Schraubendampfer ERBGROSSHERZOG FRIEDRICH FRANZ und GROSSFÜRST CONSTANTIN erhoffte sich die Kaufmannschaft nach dem Krimkrieg durch die Gründung einer zweiten Aktiengesellschaft 1857 mehr Erfolg. Doch durch zu geringe Frachtmengen und den Mangel an Passagieren bleiben auch diesmal die Gewinne aus. Als die GROSSFÜRST CONSTANTIN II im Januar 1861 im Eis verloren ging, musste auch die ERBGROSSHERZOG FRIEDRICH FRANZ II zur Deckung der Schulden verkauft werden. Zu begrenzt war zusätzlich durch Eisbehinderung die Navigationsperiode auf der Newa. Vermutlich deshalb hat Richard Beselin in weiser Voraussicht am 24. Oktober 1857 – und damit Monate nach dem ersten Stapellauf der neuen Gesellschaft – mit seiner Anzeige für ein einzelnes Dampfschiff geworben, das je nach Frachtenlage zwischen den unterschiedlichsten Häfen »trampen« sollte:

Von verschiedenen Seiten aufgefordert, den Bau eines eisernen Schraubendampfschiffes von ungefähr 115 bis 120 Weizenlast Tragfähigkeit ins Leben zu rufen und die Correspondenz desselben zu übernehmen, indem es mir an einer regen Unterstützung dazu gewiss nicht fehlen würde, erlaube ich mir einen Prospectus vorzulegen, wie nach meiner Ansicht ein derartiges Unternehmen für die Interessenten am meisten gewinnbringend und für unsere Stadt und das Land am vorteilhaftesten sein würde.

Das Schiff müsste einstweilen nicht an eine feste, bestimmte Fahrt zwischen Rostock und einem andern Hafen gebunden sein, sondern je nach Bedürfnis und der vorteilhaftesten Offerte bald nach London, Hull, Leith, Amsterdam oder irgend einem andern Platze verfrachtet werden, und sollte von Rostock nichts zu verschiffen sein oder keine lohnende Offerte gemacht werden, nach einem andern Hafen der Ost- oder Nordsee dirigiert werden, wo sich gerade die günstigste Chance für dasselbe darbietet; jedoch bleibt Rostock stets der Ort, für welchen das Schiff hauptsächlich bestimmt ist, und bei nicht allzugrossem Unterschied in Frachten wird ihm stets der Vorzug zu geben sein. Warnemünde ist der Hafen, der, wenn andere Seestädte der Ostsee und auch Hamburg schon längst durch Eis geschlossen sind, den Segelschiffen noch offen ist. [...] Jede auswärtige Konjunktur von Getreide könne sofort genutzt werden, und die geplante Chaussee nach Warnemünde biete dafür eine gute Voraussetzung.

Nach Rücksprache mit Tischbein würde ein eiserner Schraubendampfer von obiger Größe, 9 Jahre A1 Engl. Lloyd, der bei 8 Knoten ohne Segelhilfe *ein Paar Niederdruck-Maschinen von 65 Pferdekraft haben müssen und* [...] *als dreimastiger Schooner getakelt, complet ausgerüstet und*

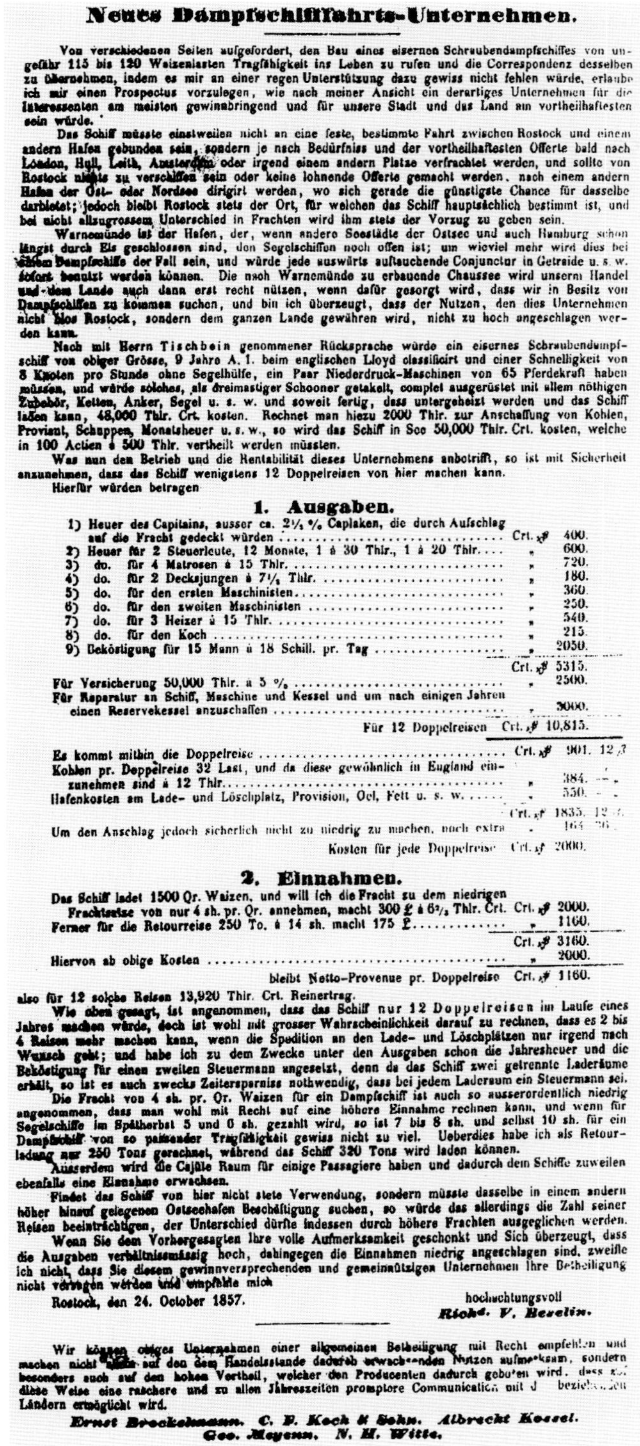

Neues Dampfschifffahrts-Unternehmen.

Von verschiedenen Seiten aufgefordert, den Bau eines eisernen Schraubendampfschiffes von ungefähr 115 bis 120 Weizenlasten Tragfähigkeit ins Leben zu rufen und die Correspondenz desselben zu übernehmen, indem es mir an einer regen Unterstützung dazu gewiss nicht fehlen würde, erlaube ich mir einen Prospectus vorzulegen, wie nach meiner Ansicht ein derartiges Unternehmen für die Interessenten am meisten gewinnbringend und für unsere Stadt und das Land am vortheilhaftesten sein würde.

Das Schiff müsste einstweilen nicht an eine feste, bestimmte Fahrt zwischen Rostock und einem andern Hafen gebunden sein, sondern je nach Bedürfniss und der vortheilhaftesten Offerte bald nach London, Hull, Leith, Amsterdam oder irgend einem andern Platze verfrachtet werden, und sollte von Rostock nichts zu verschiffen sein oder keine lohnende Offerte gemacht werden, nach einem andern Hafen der Ost- oder Nordsee dirigirt werden, wo sich gerade die günstigste Chance für dasselbe darbietet; jedoch bleibt Rostock stets der Ort, für welchen das Schiff hauptsächlich bestimmt ist, und bei nicht allzugrossem Unterschied in Frachten wird ihm stets der Vorzug zu geben sein.

Warnemünde ist der Hafen, der, wenn andere Seestädte der Ostsee und auch Hamburg schon längst durch Eis geschlossen sind, den Segelschiffen noch offen ist; um wieviel mehr wird dies bei einem Dampfschiffe der Fall sein, und würde jede auswärts auftauchende Conjunctur in Getraide u. s. w. sofort benutzt werden können. Die nach Warnemünde zu erbauende Chaussee wird unserm Handel und dem Lande auch dann erst recht nützen, wenn dafür gesorgt wird, dass wir in Besitz von Dampfschiffen zu kommen suchen, und bin ich überzeugt, dass der Nutzen, den dies Unternehmen nicht blos Rostock, sondern dem ganzen Lande gewähren wird, nicht zu hoch angeschlagen werden kann.

Nach mit Herrn Tischbein genommener Rücksprache würde ein eisernes Schraubendampfschiff von obiger Grösse, 9 Jahre A. 1. beim englischen Lloyd classificirt und einer Schnelligkeit von 8 Knoten pro Stunde ohne Segelhülfe, ein Paar Niederdruck-Maschinen von 65 Pferdekraft haben müssen, und würde solches, als dreimastiger Schooner getakelt, complet ausgerüstet mit allem nöthigen Zubehör, Ketten, Anker, Segel u. s. w. und soweit fertig, dass untergeheizt werden und das Schiff laden kann, 48,000 Thlr. Crt. kosten. Rechnet man hiezu 2000 Thlr. zur Anschaffung von Kohlen, Proviant, Schuppen, Monatsheuer u. s. w., so wird das Schiff in See 50,000 Thlr. Crt. kosten, welche in 100 Actien à 500 Thlr. vertheilt werden müssten.

Was nun den Betrieb und die Rentabilität dieses Unternehmens anbetrifft, so ist mit Sicherheit anzunehmen, dass das Schiff wenigstens 12 Doppelreisen von hier machen kann.

Hierfür würden betragen

1. Ausgaben.

1) Heuer des Capitains, ausser ca. 2½ % Caplaken, die durch Aufschlag auf die Fracht gedeckt würden	Crt. ℛ	400.
2) Heuer für 2 Steuerleute, 12 Monate, 1 à 30 Thlr., 1 à 20 Thlr.	„	600.
3) do. für 4 Matrosen à 15 Thlr.	„	720.
4) do. für 2 Decksjungen à 7½ Thlr.	„	180.
5) do. für den ersten Maschinisten	„	360.
6) do. für den zweiten Maschinisten	„	250.
7) do. für 3 Heizer à 15 Thlr.	„	540.
8) do. für den Koch	„	215.
9) Beköstigung für 15 Mann à 18 Schill. pr. Tag	„	2050.
	Crt. ℛ	5315.
Für Versicherung 50,000 Thlr. à 5 %	„	2500.
Für Reparatur an Schiff, Maschine und Kessel und um nach einigen Jahren einen Reservekessel anzuschaffen	„	3000.
Für 12 Doppelreisen	Crt. ℛ	10,815.
Es kommt mithin die Doppelreise	Crt. ℛ	901. 12 [illegible]
Kohlen pr. Doppelreise 32 Last, und da diese gewöhnlich in England einzunehmen sind à 12 Thlr.	„	384. – –
Hafenkosten am Lade- und Löschplatz, Provision, Oel, Fett u. s. w.	„	550. – –
	Crt. ℛ	1835. 12 [illegible]
Um den Anschlag jedoch sicherlich nicht zu niedrig zu machen, noch extra	„	164. 36
Kosten für jede Doppelreise	Crt. ℛ	2000.

2. Einnahmen.

Das Schiff ladet 1500 Qr. Waizen, und will ich die Fracht zu dem niedrigen Frachtsatze von nur 4 sh. pr. Qr. annehmen, macht 300 £ à 6⅔ Thlr. Crt.	Crt. ℛ	2000.
Ferner für die Retourreise 250 To. à 14 sh. macht 175 £	„	1160.
	Crt. ℛ	3160.
Hiervon ab obige Kosten	„	2000.
bleibt Netto-Provenue pr. Doppelreise	Crt. ℛ	1160.

also für 12 solche Reisen 13,920 Thlr. Crt. Reinertrag.

Wie oben gesagt, ist angenommen, dass das Schiff nur 12 Doppelreisen im Laufe eines Jahres machen würde, doch ist wohl mit grosser Wahrscheinlichkeit darauf zu rechnen, dass es 2 bis 4 Reisen mehr machen kann, wenn die Spedition an den Lade- und Löschplätzen nur irgend nach Wunsch geht; und habe ich zu dem Zwecke unter den Ausgaben schon die Jahresheuer und die Beköstigung für einen zweiten Steuermann angesetzt, denn da das Schiff zwei getrennte Laderäume erhält, so ist es auch zwecks Zeitersparniss nothwendig, dass bei jedem Laderaum ein Steuermann sei.

Die Fracht von 4 sh. pr. Qr. Waizen für ein Dampfschiff ist auch so ausserordentlich niedrig angenommen, dass man wohl mit Recht auf eine höhere Einnahme rechnen kann, und wenn für Segelschiffe im Spätherbst 5 und 6 sh. gezahlt wird, so ist 7 bis 8 sh. und selbst 10 sh. für ein Dampfschiff von so passender Tragfähigkeit gewiss nicht zu viel. Ueberdies habe ich als Retourladung nur 250 Tons gerechnet, während das Schiff 320 Tons wird laden können.

Ausserdem wird die Cajüte Raum für einige Passagiere haben und dadurch dem Schiffe zuweilen ebenfalls eine Einnahme erwachsen.

Findet das Schiff von hier nicht stete Verwendung, sondern müsste dasselbe in einem andern höher hinauf gelegenen Ostseehafen Beschäftigung suchen, so würde das allerdings die Zahl seiner Reisen beeinträchtigen, der Unterschied dürfte indessen durch höhere Frachten ausgeglichen werden.

Wenn Sie dem Vorhergesagten Ihre volle Aufmerksamkeit geschenkt und Sich überzeugt, dass die Ausgaben verhältnissmässig hoch, dahingegen die Einnahmen niedrig angeschlagen sind, zweifle ich nicht, dass Sie diesem gewinnversprechenden und gemeinnützigen Unternehmen Ihre Betheiligung nicht versagen werden und empfehle mich

Rostock, den 24. October 1857.

hochachtungsvoll

Richd. V. Beselin.

Wir können obiges Unternehmen einer allgemeinen Betheiligung mit Recht empfehlen und machen nicht allein auf den dem Handelsstande dadurch erwachsenden Nutzen aufmerksam, sondern besonders auch auf den hohen Vortheil, welcher den Producenten dadurch geboten wird, dass auf diese Weise eine raschere und zu allen Jahreszeiten promptere Communication mit [illegible] beziehenden Ländern ermöglicht wird.

Ernst Brockelmann. C. F. Koch & Sohn. Albrecht Kossel.
Geo. Meyenn. N. H. Witte.

Abb. 4 Anzeige für die Gründung eines Dampfschifffahrtsunternehmens, 1857. (Rostocker Zeitung)

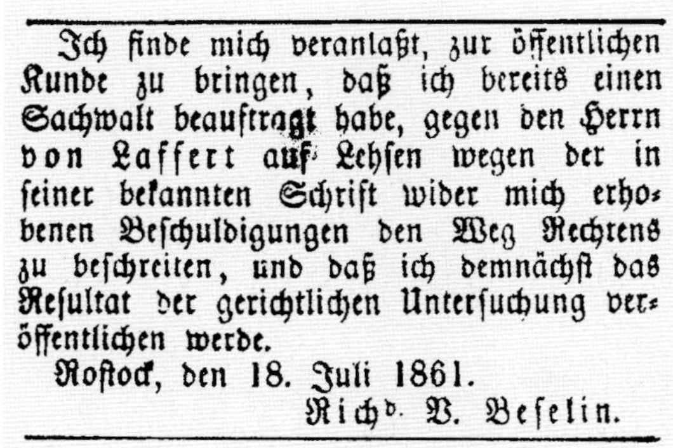

Ich finde mich veranlaßt, zur öffentlichen Kunde zu bringen, daß ich bereits einen Sachwalt beauftragt habe, gegen den Herrn von Laffert auf Lehsen wegen der in seiner bekannten Schrift wider mich erhobenen Beschuldigungen den Weg Rechtens zu beschreiten, und daß ich demnächst das Resultat der gerichtlichen Untersuchung veröffentlichen werde.

Rostock, den 18. Juli 1861.

Richd. V. Beselin.

Abb. 5 Richard Beselin kündigt in einer Anzeige von 1861 rechtliche Schritte an. (Rostocker Zeitung)

[...] soweit fertig, dass untergeheizt werden und das Schiff laden kann, 48 000 Thlr. Crt. kosten. Rechnet man hiezu 2000 Thlr. zur Anschaffung von Kohlen, Proviant, Schuppen, Monatsheuern usw., so wird das Schiff in See 50 000 Thlr. Crt. kosten, welche in 100 Actien à 500 Thlr. vertheilt werden müssten.[5]

Anschließend schätzte Beselin die Rentabilität bei mindestens zwölf Doppelreisen auf den Reinertrag von 13 920 Thlr. Das Unternehmen positiv befürworteten die Kaufleute Ernst Brockelmann, C.F. Koch & Sohn, Albrecht Kossel, Georg Meyenn und N.H. Witte. Trotzdem ließ sich der Bau nicht verwirklichen, vermutlich weil die möglichen Kapitalgeber inzwischen auf das »Neue Dampfschifffahrtsunternehmen« gesetzt hatten. Stattdessen gelang ein ähnliches Unternehmen erst nach dessen Konkurs 1862, dann aber geführt von dem Korrespondenzreeder Martin Petersen.

Die »Denkschrift« des Majoratsherren Laffert auf Lehsen

Bis auf einzelne Ausnahmen blieben alle Kapitäne und selbst deren Nachfolger bis zu seinem Tod 1866 und auch noch in den Jahren danach unter seinem Bruder der Reederei »Rich. V. Beselin« bis zum Verlust oder Verkauf des Schiffes treu. Das spricht eigentlich für ein großes Vertrauen in die Geschäftsführung. Und trotzdem sah sich auch Richard Beselin 1861 in der »Denkschrift« des Majoratsherren auf Lehsen, Ernst August von Laffert, über »Die heillosen Missbräuche im mecklenburgischen, insbesondere im Rostocker Rhedereiwesen« ganz persönlichen Angriffen ausgesetzt. In einem im Anhang befindlichen *Exempla illustrant rem* wurden als Beispiel die unter Beselins Korrespondenz fahrenden Barken VON LAFFERT-LEHSEN und ALT-MECKLENBURG besonders herausgestellt. Zu ersterer erhob von Laffert die Anklage:

Die mit diesem Schiffe betriebene ganz unerhörte Wirthschaft veranlasste die Absetzung des Capitains, welcher dagegen den Herrn Correspondent=Rheder in dessem Hause die bittersten Vorwürfe begangener Veruntreuungen machte, worauf es zwischen beiden zu einem blutigen Auftritte kam. Eine auf Verlangen der Rhederei vorgenommene kostspielige Revision der Schiffsrechnung ergab, daß der Herr Correspondent=Rheder sich zur Zurückzahlung der Gelder bequemen musste, die er unbefugter Weise eincassirt hatte. Der Herr Correspondent=Rheder übergab dem Capitain des Schiffes drei Eigenthumsacten dieses Schiffes in blanco und schließlich stellte es sich heraus, daß die 60 Parte dieses Schiffes längst begeben waren. Um nun diese wie andere Ungehörigkeiten zu vertuschen, wurden dem Capitain von dem Herrn Correspondent=Rheder seine und seiner Verwandten Schiffsparte abgekauft und zwar zu voll, d.h. für den doppelten Werth, als wofür mir solche in Rostock angeboten sind.[6]

Bei der 1860 zur Bark umgetakelten ALT-MECKLENBURG hieß es unter Beispiel Nr. 9: *Das Schiff* ALT-MECKLENBURG *des Correspondent=Rheder R.V. Beselin gehört unter den neueren Schiffen Rostocks zu den größten und vorzüglichsten der dortigen Flotte. Dieses Schiff ist nun seit bereits 5 Jahren in Fahrt, ohne von einer Havarie heimgesucht zu werden. Es sind für das-*

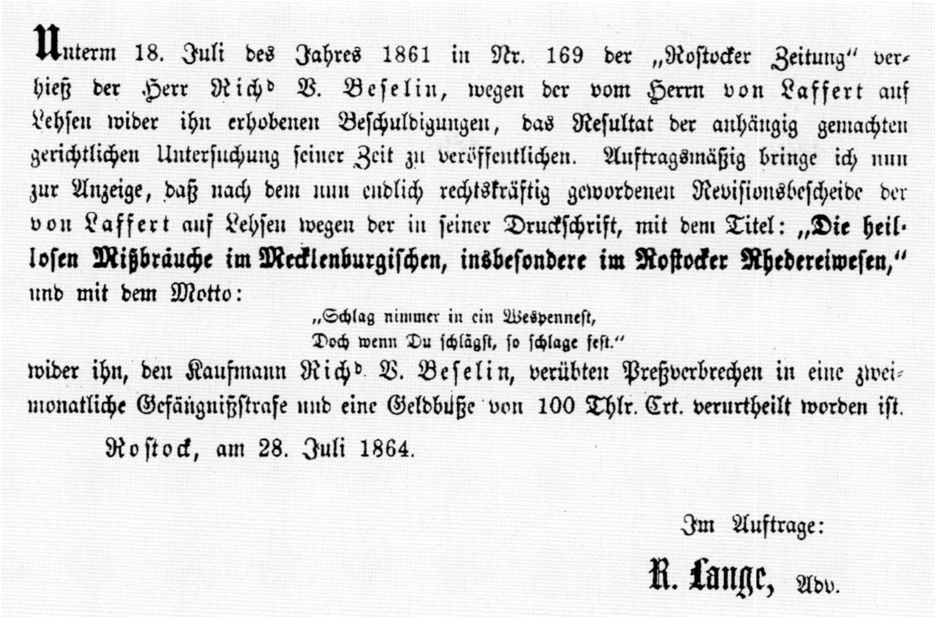

Unterm 18. Juli des Jahres 1861 in Nr. 169 der „Rostocker Zeitung" verhieß der Herr Richd. V. Beselin, wegen der vom Herrn von Laffert auf Lehsen wider ihn erhobenen Beschuldigungen, das Resultat der anhängig gemachten gerichtlichen Untersuchung seiner Zeit zu veröffentlichen. Auftragsmäßig bringe ich nun zur Anzeige, daß nach dem nun endlich rechtskräftig gewordenen Revisionsbescheide der von Laffert auf Lehsen wegen der in seiner Druckschrift, mit dem Titel: **„Die heillosen Mißbräuche im Mecklenburgischen, insbesondere im Rostocker Rhedereiwesen,"** und mit dem Motto:

„Schlag nimmer in ein Wespennest,
Doch wenn Du schlägst, so schlage fest."

wider ihn, den Kaufmann Richd. V. Beselin, verübten Preßverbrechen in eine zweimonatliche Gefängnißstrafe und eine Geldbuße von 100 Thlr. Crt. verurtheilt worden ist.

Rostock, am 28. Juli 1864.

Im Auftrage:

R. Lange, Adv.

Abb. 6 Verurteilung des Herrn von Laffert auf Lehsen 1864 wegen Pressverbrechens. (Rostocker Zeitung)

selbe, so viel man weiß, günstige Frachtbedingungen abgeschlossen worden, dessen ungeachtet wird von denjenigen Rhedern, welche ihre Parte versicherten, noch ein Zuschuß begehrt.

Erwartungsgemäß wehrte sich Richard Beselin öffentlich in der »Rostocker Zeitung« vom 18. Juli 1861 gegen diese Anschuldigungen: *Ich finde mich veranlaßt, zur öffentlichen Kunde zu bringen, daß ich bereits einen Sachwalt beauftragt habe, gegen den Herrn Von Laffert auf Lehsen wegen der in seiner bekannten Schrift wider mich erhobenen Beschuldigungen den Weg Rechtens zu beschreiten, und daß ich demnächst das Resultat der gerichtlichen Untersuchung veröffentlichen werde.*[7]

Das Urteil ließ allerdings recht lange auch sich warten, aber immerhin konnte der Advokat Lange am 28. Juli 1864 in der gleichen Zeitung der »Verheißung« des Herrn Beselin gerecht werden, das Resultat der anhängig gemachten richterlichen Untersuchung zu veröffentlichen: *Auftragsgemäß bringe ich nun zur Anzeige, daß nach dem nun endlich rechtskräftig gewordenen Revisionsbescheide der von Laffert auf Lehsen wegen der in seiner Druckschrift mit dem Titel: »Die heillosen Mißbräuche im Mecklenburgischen, insbesondere im Rostocker Rhedereiwesen« und mit dem Motto: »Schlag nimmer in ein Wespennest, doch wenn Du schlägst, so schlage fest« wider ihn, den Kaufmann Richd. V. Beselin, verübten Preßverbrechen in eine zweimonatliche Gefängnißstrafe und eine Geldbuße von 100 Thlr. Crt. verurtheilt worden ist.*[8]

Berthold Valentin Beselin wird Teilhaber

Es war ein trauriger Anlass, der die Rostocker Senatoren Pries und Langefeld zusammen mit einem Notar am 3. August 1866 nach Warnemünde führte. Im III. Quartier Nr. 61 (Georginenplatz Nr. 1) lag im Haus der Lehrerwitwe Kirch der sich schon längere Zeit als Kurgast aufhaltende, schwer kranke Kaufmann und Schiffsreeder Richard Valentin Beselin aus Rostock mit der

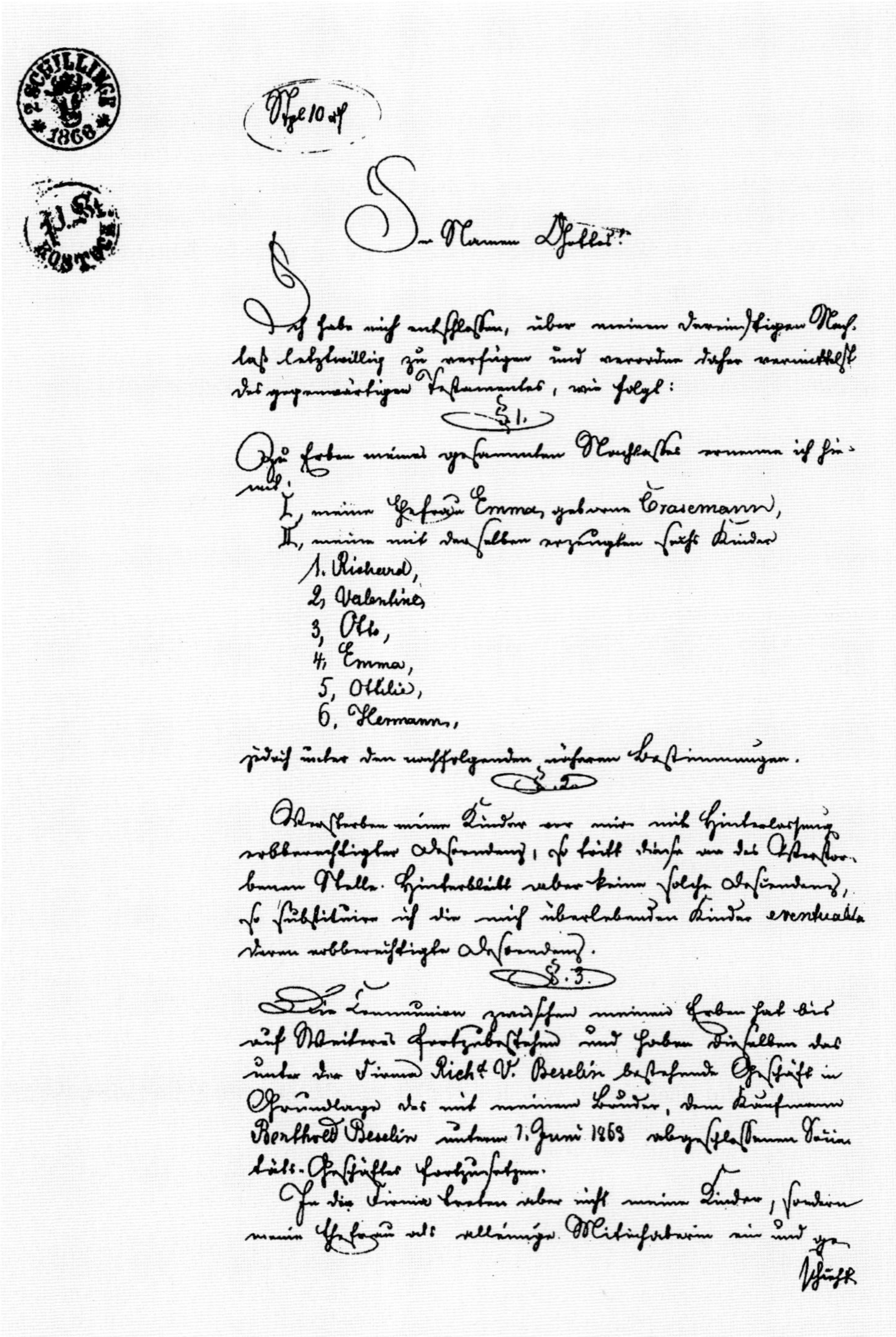

Im Namen Gottes!

Ich habe mich entschlossen, über meinen dereinstigen Nachlaß letztwillig zu verfügen und verordne daher vermittelst des gegenwärtigen Testaments, wie folgt:

§ 1.

Zu Erben meines gesammten Nachlasses ernenne ich hiemit:

I, meine Ehefrau Emma, geborene Crasemann,

II, meine mit derselben erzeugten sechs Kinder

1. Richard,
2, Valentine,
3, Otto,
4, Emma,
5, Ottilie,
6, Hermann,

jedoch unter den nachfolgenden näheren Bestimmungen.

§ 2.

Versterben meine Kinder vor mir mit Hinterlassung rechtmäßiger Descendenz, so tritt diese an die Stelle der Verstorbenen. Hinterbleibt aber keine solche Descendenz, so substituire ich die mich überlebenden Kinder eventuelle deren rechtmäßige Descendenz.

§ 3.

Die Commandite zwischen meinen Erben hat bis auf Weiteres fortzubestehen und haben dieselben das unter der Firma Richd V. Beselin bestehende Geschäft in Grundlage des mit meinem Bruder, dem Kaufmann Berthold Beselin unterm 1. Juni 1863 abgeschlossenen Societäts-Geschäftes fortzusetzen.

In die Firma treten aber nicht meine Kinder, sondern meine Ehefrau als alleinige Mitinhaberin ein und ge-

schieht

Abb. 7 Auszug aus dem Testament von Richard Beselin, 1866. (Stadtarchiv Rostock)

Bitte, seinen Nachlass zu ordnen. Er litt unter einem *schweren Lungenleiden,* das letztlich zu seiner Erblindung führte. Da er *sein Ende nahen fühlte,* hatte er die genannten Mitglieder des Rates aufsuchen lassen, *um mit ihm zur Errichtung eines Testamentes zusammenzutreten.*

Die Anwesenden schilderten seinen bedauernswerten Zustand folgendermaßen: Sie trafen ihn am genannten Ort zwar körperlich leidend und fast erblindet, aber wie die mit ihm angestellte Untersuchung ergab, in einem *geistig völlig dispensationsfähigen Zustand.* Der Kaufmann Beselin legte ihnen ein 16 Paragraphen umfassendes Schriftstück mit der Erklärung vor, *daß darin sein wohlüberlegter letzter Wille enthalten sei.* Das Testament wurde noch einmal vom Notar verlesen, von allen unterzeichnet und dann in einem verschlossenen Umschlag, dem Wunsche des Kranken entsprechend, dem Magistrat zur Aufbewahrung übergeben. Richard V. Beselin starb schließlich nach langem Leiden am 30. Oktober 1866 im Alter von 42 Jahren.

Ob er diese wissentlich und aus gesundheitlichen Gründen traf, darüber kann nur spekuliert werden, jedenfalls vollzog Richard Beselin am 1. Juni 1863 eine Entscheidung, die für die Zukunft seiner Firma später von großer Bedeutung sein sollte. Mit Rückwirkung zum 1. Januar 1863 ging er mit seinem Bruder, dem Kapitän Berthold Valentin Beselin, einen *Societät-Vertrag* für das Reedereigeschäft ein. Bei einer beidseitigen einjährigen Kündigungsfrist bezog sich die Teilhaberschaft nur auf den Betrieb. Die sonstigen Vermögensverhältnisse sowie alle bisher erworbenen Schiffsparten verblieben *ebenso wie deren Verkauf in Verfügung des einzelnen.* Gab es in Sachangelegenheiten strittige Meinungen, behielt sich Richard *den Ausschlag* vor. Als weitere Bedingung galt, dass die Firma auch *bei Absterben des Herrn Richard Beselin weiter unter seinem Namen firmiert und dass das Correspondent-Rhedereigeschäft dessen Erben zum Eigenthum verbleibt.* Jedoch waren dieselben verpflichtet, *dem Herrn Berthold Beselin die Teilnahme daran einzuräumen* und auch seinen Entscheidungen zu folgen.

Abb. 8 Korrespondenzreeder Richard V. Beselin, um 1865. (Stadtarchiv Rostock)

Der Tod von Richard Beselin[9] 1866 machten seinen Bruder unerwartet schnell zum alleinigen Leiter der Reederei. Zwar war im Testament auch Richard Beselins Ehefrau als Mitinhaberin eingesetzt, ihr aber *in Hinsicht die Fortführung des Geschäftes keine Einmischung zugestanden* worden. Stattdessen bekamen sie und ihre Kinder eine festgelegte Summe ausgezahlt, und ihr waren auch *alljährlich die Abschlüsse des Geschäftes vorzulegen.* Bei zusätzlichen Überschüssen wurde der erzielte Gewinn nach Abzug aller Kosten verteilt. Soweit die Firma es für richtig hielt, sollten 3000 Thlr. Crt. zum Erwerb von Schiffsparten freigehalten werden. *Erreicht der vorgedachte Überschuß nicht die genannte Summe, so kann natürlich auch nur bis zum wirklichen Betrage der Überschuß zur Organisation von Schiffsparten verwandt und hinfolglich nicht capitalisiert werden.* Das Geld sollte vorwiegend in den Bau von Neubauten fließen und auch eine Verschie-

Nach langen Leiden starb gestern Abend
der Kaufmann Richard Beselin
tief betrauert von der hinterbliebenen Wittwe
Emma Beselin, geb. Crasemann
Rostock, den 31. October 1866.

Abb. 9 Todesanzeige des Kaufmannes Richard Beselin, 1866. (Rostocker Zeitung)

bung der Mittel innerhalb der Jahre möglich sein. Richard Beselin hatte in seinem Testament an so ziemlich alles gedacht, auch was die Vormundschaft und den Unterhalt für seine Kinder betraf.

Berthold Valentin Beselin[10] wies im Gegensatz zu seinem verstorbenen Bruder eine völlig andere Vita auf. Geboren am 14. Mai 1825 in Rostock, ging er *nach länger absolviertem Schulcursus ab 1843 in den Seedienst.* Seine erste Reise als Schiffsjunge trat er erst mit 18 Jahren auf der unter der Korrespondenz seines Onkels fahrenden Brigg FRIEDERIKE des Kapitän Rohde an. Ab 1845 Jungmann und später Matrose, fuhr er wiederholt auf Hamburger Schiffen und gehörte mit zu den ersten deutschen Seeleuten, die nach China segelten. Nach Gründung der »Deutschen Flotte« meldete er sich 1848 freiwillig zum Dienst in der Marine und bekleidete dort die *Charge eines Bootsmannes.* 1850 quittierte er auf eigenen Wunsch den Dienst und kehrte in seine Heimatstadt zurück, nicht rein zufällig, sondern mit der festen Absicht, nach bestandenem Schifferexamen die Führung eines der beiden Dampfschiffe zu übernehmen, die von der am 6. März 1850 gegründeten »Rostocker Dampfschifffahrts-Gesellschaft« angeschafft werden sollten.

Die Kaufmannskompagnie plant eine Dampfschifffahrtslinie

Mit dem Anschluss der Stadt an das Hamburg-Berliner Eisenbahnnetz 1850 hatte man in Rostock ursprünglich zeitgleich die Eröffnung einer Dampfschifffahrtsverbindung zu einem skandinavischen Ostseehafen geplant. Bereits im Jahre 1847 hatte die löbliche Kaufmannschaft[11] dafür ein *Comité zur Begründung einer überseeischen Dampfschifffahrt* gegründet. Drei Jahre lang wurde über dieses Projekt ergebnislos verhandelt, denn trotz schriftlicher und mündlicher Informationen sowie seitenlanger Kostenvoranschläge wurden auf Fragen wie Ankauf oder Neubau, Holz- oder Eisenrumpf, Räderschiffe oder Schraubendampfer und über die Finanzierung sowie den entsprechenden Zielhafen keine Antworten gefunden. Man plante die Gründung einer Aktiengesellschaft, doch im Gegensatz zu Wismar, Lübeck und Stettin war die Resonanz in Rostock nicht besonders groß. Der Ankauf von zwei gebrauchten eisernen Dampfern aus England galt als zu teuer, der Neubau erst recht, und ein Holzschiff hielt man nicht mehr für angebracht. Auf der Linie nach Kopenhagen wünschte die Stadt keine Konkurrenz mit Wismar, und aus dem Handel mit Stockholm wurde kein lohnender Gewinn erwartet.

Den erhofften Anklang fand letztlich die Linie zum russischen Hafen St. Petersburg. Am 13. Juli 1850 unterbreitete der Kaufmann P. Burchard der Kaufmannskompagnie ein Angebot *des Maschinenbauers Tischbein zu Buckau, der sich erbietet, ein eisernes Dampfboot der angegebenen Dimensionen hier zu erbauen.* Obwohl einige Vorstandsmitglieder eine *gewisse Ängstlichkeit gegen den Bau in Rostock nicht unterdrücken konnten,* gaben letztlich die veranschlagten Kosten und die Tatsache, dass ein neuer Erwerbszweig entstünde, den Ausschlag, *wodurch auch noch ein Teil der Verdienstes in der Stadt blieb.* Am 30. Oktober 1850 verpflichteten sich der Maschinenbauer Albrecht Tischbein und der Rostocker Schiffbaumeister Wilhelm Zeltz gegenüber dem *Dampschiff-Comité, wegen Erbauung zweier Schraubendampfschiffe mit Maschinen und completter Ausrüstung nachstehenden Baukontrakt verhandelt und abgeschlossen zu haben.*

Der Stapellauf des ersten Schiffes ERBGROSSHERZOG FRIEDRICH FRANZ fand dann allerdings nach erheblichen Verzögerungen erst am 9. September 1851 statt. Nach der Fertigstellung im November *vollzieht der Vorsitzende, Kaufmann Raddatz, den actus corporalis. Er faßt mit der Hand an den Hintermast und erklärt, daß er mittels dieses actus corporalis den Besitz und das Eigentum des Kieles und des darauf erbauten Schiffes ergriffen und an sich genommen haben wolle.* Das gleiche geschah mit dem Kiel des noch nicht fertig gestellten Schwesterschiffes GROSSFÜRST CONSTANTIN, das am 23. Dezember zu Wasser ging, aber erst im Mai 1852 abgeliefert wurde.

Abb. 10 Kapitän Berthold Beselin (1825-1882). (Stadtarchiv Rostock)

Mangel an erfahrenen Dampferkapitänen

Außer den laufenden Terminverzögerungen bei den Neubauten scheint es auf den ersten Blick keine weiteren Schwierigkeiten gegeben zu haben. Doch dem war nicht so. Speziell die Anstellung von *im Dampferbetriebe erfahrenen Kapitänen* erwies sich viel schwieriger als gedacht. Zwar hatte bereits im Dezember 1849 und noch vor Gründung der Gesellschaft ein gewisser Kapitän J. Groth dem *provisorischem Direktorio* 1000 bis 1500 Thlr. Crt. geboten, wenn dafür sein Sohn *die Führung des anzuschaffenden Dampfers* bekäme. Der erste *Schiffsführungs-Contract* aber wurde erst im Juli 1850 mit dem Schiffer Heinrich Alwardt aus Rostock geschlossen.

Dieser Vertrag enthielt für Rostocker Verhältnisse zur damaligen Zeit noch unbekannte Bedingungen und Auflagen. Danach hatte sich der Schiffer, *ehe er die Führung des Fahrzeuges übernimmt,* zu verpflichten, auf eigene Kosten wenigstens eine Reise auf einem Schraubendampfschiff von einem Ostseehafen oder von Hamburg oder Bremen nach England, Holland oder Frankreich hin und zurück zu machen und dabei *möglichst genau des Gebrauch des Schraubenantriebs zu studieren und die mittels Dampfkraft zu führenden Manöver und Hülfen zu erlernen, um sich zu einem tüchtigen Führer beweisen zu können.* Weiterhin war er *gehalten*, möglichst ein Jahr zuvor für eine taugliche Mannschaft zu sorgen, *deren Kosten der Kapitän gegen ein angemessenes Kopfgeld übernimmt.* Die Bestimmung der Qualität behielt sich letztlich die Direktion vor, zu deren *Belieben es auch steht, die Beköstigung der Mannschaft auf Schiffs-Rechnung besorgen zu lassen.*

Auch sonst folgten in den Paragraphen vorrangig Reglementierungen hinsichtlich der Frachtabschlüsse, eventueller Reparaturen, spezieller und nur persönlich vorzunehmender Logbucheintragungen, Maschinenbeaufsichtigungen und dabei *unter ständiger Aufsicht der Direktion zu jeder Fahrt nach jedem Ort sich zu fügen.* Außer den Kaplaken (5 von 105) von der Nettofracht sollte die jährliche Besoldung von 400 Talern ab Ostern 1851 in vier Raten erfolgen, *bei Krieg oder ähnlichen Erfordernissen* wurde die Besoldung ganz eingestellt, und die Direktion war ermächtigt, bei Handlungen, welchen den Interessen der Reederei zuwiderliefen, die Führung des Schiffes ohne vorherige Ankündigung zu jeder Zeit und an jedem Ort zu übernehmen. Doch der Vertrag enthielt noch andere den Kapitän entmündigende Klauseln: *Bei allen Vorlagen, Berechtigungen und Beschlußnahmen der Rhederei über Angelegenheiten, welche den Schiffer betreffen, begibt der Kapitän Alwardt sich ausschließlich seines Stimmrechtes und verzichtet er weiter auf die Befugnis wegen solcher Beschlußfassungen, selbst wenn er dieserhalb kündigen sollte oder wenn ihm die Führung des Schraubendampfers genommen würde, das geführte Schraubendampfschiff zu setzen.*

Der Kapitän war mit am Unternehmen beteiligt. Deshalb wollte sich das *Direktorium nur dann begnügen, wenn der neue Schiffer das $^{3}/_{128}$ Part des abzugebenden zu dem durch einen Kunstsachverständigen zu ermittelnden Wert* übernahm. Schon bei der Bauaufsicht hatte der Schiffer darauf zu achten, dass von der Werft die Bestimmungen eingehalten wurden und *pünktlich entsprechend des Vertrages zur Ausführung* kamen. Allein daran müsste Kapitän Alwardt bei der verschleppten Fertigung verzweifelt sein, zumal er sich auch noch erlaubte, darauf hinzuweisen, bei seinen Reisen durch Besichtigungen und Gespräche mit Sachverständigen Kenntnisse erworben zu haben, um *über Bau und Konstruktion etwaige Verbesserungen nachstehend zu bemerken.*

Trotzdem kündigte er, vermutlich am 19. März 1851. Der mögliche Grund dafür lässt sich in etwa der kurzen Kladde seines Rechtsanwaltes entnehmen. Schiffer Alwardt weigerte sich, ständig weitere Zuschüsse zu zahlen, die sich aus den langen Verzögerungen bei der Fertigstellung ergaben. Da sein Rechtsbeistand die Klage gegen das Direktorium *nicht zu führen wünschte,* gingen seine Akten in die Hände eines Dr. Jenssen über.

Im Mai 1851 fand durch die Generalversammlung die Wahl von zwei neuen Schiffern statt. An diesem Tag hatten sich *zu den Stellen* die Kapitäne Sanftleben, Thode, Brinckmann, Dunker, Stoll, Ehlers, Beselin und Zeltz gemeldet. Die Auszählung erfolgte per Stimmzettel, und bei der Nachzählung ergab sich, dass 387 Stimmen für Beselin und 357 für Zeltz abgegeben worden waren – lediglich für Sanftleben und Thode hatten sich noch 38 bzw. 30 Teilnehmer entschieden –, und den beiden ersten *indizierten Schiffern* sollte der Vertrag vorgelegt und mit ihnen abgeschlossen werden. Auffällig in diesem Zusammenhang ist die dabei von der Generalversammlung an die Direktion gerichtete Auftragsforderung, den neu gewählten Schiffern einen *vorstehendermaßen abgeänderten Contract* vorzulegen!

Nun endlich schien alles geregelt gewesen zu sein. Doch dem war nicht so.

»Schifferstreit« des Gelags mit Berthold Beselin

Die Frage wird wohl für immer unbeantwortet bleiben, wie Berthold Beselin es geschafft hat, das Gewett davon zu überzeugen, seinen Rang als Bootsmann bei der Kriegsmarine einer zweijährigen Fahrenszeit als Steuermann gleichzusetzen.[12] Die Bedingungen für die Zulassung zum Examen in der am 18. April 1833 vom Rostocker Magistrat herausgegebenen Verordnung *wegen Prüfung der angehenden Steuerleute und See-Schiffer* besagten in § 2 für den Schiffer eindeutig, *daß er bereits das Steuermanns-Examen bestanden und als Steuermann mindestens zwei volle Jahre, während derselben aber nicht allein die Ostsee, sondern auch die Nordsee befahren habe.* Zur Prüfungsbehörde des Gewetts gehörten neben einem Mitglied aus dem Kaufmannsstand als *Kunstsachverständige* ein dazu ausgewählter Mathematiker und ein Schiffer. Den Ältesten des Schonenfahrergelags stand *allemahl frei, bei den ihnen ebenfalls anzuzeigenden Prüfungen gegenwärtig zu seyn und den Examinanten ebenfalls Fragen vorzulegen, auch ihr eventuelles Erachten über dessen Qualität zu Protocoll abzugeben.*

Gegen diese Regelung hatte das Gewett eindeutig verstoßen und Berthold Beselin unter dem 22. Februar 1851 zur Prüfung zugelassen, die er *mit gutem Erfolg* ablegte. Angeblich waren von

Wir Bürgermeistere und Rath der Stadt Rostock

verordnen wegen Prüfung der angehenden Steuerleute und See-Schiffer hieselbst, wie folget:

§. 1.

Allgemeine Vorschriften.

Zu Seeschiffern und Steuerleuten dürfen hieselbst in Zukunft nur solche Personen angenommen und zugelassen werden, welche mittelst einer Prüfung vor der im §. 3. constituirten Behörde die erforderlichen Fähigkeiten nachgewiesen und darüber das im §. 6. beregte amtliche Zeugniß erhalten haben.

Diejenigen Personen, welche vor der Publication dieser neuen Ordnung bereits als Schiffer das Bürgerrecht gewannen, oder als Steuerleute hieselbst musterten, werden von diesen Vorschriften nicht ergriffen; auch bedarf es hinsichtlich derjenigen, welche schon bei einer andern dazu auctorisirten öffentlichen Behörde das Examen als Schiffer und Steuerleute bestanden haben, in der Regel und wenn nicht besondere Umstände ein Anderes erfordern, keiner weitern Prüfung, vielmehr ertheilt die im §. 3. benannte Behörde, auf Vorlegung der desfallsigen genügenden Atteste, eine Bescheinigung darüber, daß solches geschehen sey und der Zulassung in dieser Hinsicht nichts entgegen stehe.

§. 2.

Bedingungen der Zulassung zum Examen.

Um zum Examen zugelassen werden zu können, ist erforderlich:

A. für den Steuermann:

a. ein mittelst Vorlegung des Geburtsscheines nachzuweisendes Alter von mindestens 23 Jahren, 21. Jahr

b. eine glaubhafte Darlegung darüber, daß der sich Meldende wenigstens vier Jahre als voller Matrose zur See gefahren habe und 3. Jahr

c. das Zeugniß seines Wohlverhaltens und seiner Tüchtigkeit als Matrose von Seiten der Schiffer, mit denen er Seefahrten machte;

B. für den Schiffer:

a. daß er bereits das Steuermanns-Examen bestanden und als Steuermann

b. mindestens zwei volle Jahre, während derselben aber nicht allein die Ostsee, sondern auch die Nordsee befahren habe.

Hinsichtlich derjenigen angehenden Schiffer, welche schon vor der Publication dieser neuen Ordnung als Steuerleute hieselbst gemustert haben, bedarf es der Nachweisung sub a. nicht.

§. 8.

Schlußbestimmung.

Die Mehrung, Minderung und nach Befinden gänzliche Wiederaufhebung dieses Regulativs, nach obrigkeitlichem Ermessen, bleibt vorbehalten.

Dies Regulativ soll abgedruckt, durch Beilegung zu den hiesigen Zeitungen gemeinkündig gemacht werden und von da an in Kraft treten.

Publicatum Jussu Senatus. Rostock, den 18 April 1833.

J. C. T. Stever,
Protonotarius.

Abb. 11 Verordnung wegen Prüfung der angehenden Steuerleute und See-Schiffer, 1833. (Universitätsbibliothek Rostock)

ihm dafür alle erforderlichen Vorlagen eingereicht worden. Auffällig ist, dass Beselin nicht nach der Prüfung wie üblich die Aufnahme bei der Schiffergesellschaft beantragte, um danach die *Rezeption* als Bürger der Stadt zu erhalten. Stattdessen widmete er sich *nach wohlbestandenem Examen* und seiner beeindruckenden Wahl zum Schiffer durch die Generalversammlung voll und ganz den von der Direktion der Seedampfschifffahrts-Gesellschaft geforderten Auflagen. Dazu gehörte nicht nur die Bauaufsicht, sondern er fuhr auch auf dem russischen Dampfschiff NASLEDNIK von Lübeck nach St. Petersburg. Dabei hat er nach eigenen Angaben *nicht nur die Hin- und Rückfahrt genau und sorgfältig studiert und erforscht, sondern auch das Petersburger Fahrwasser und die dortigen örtlichen Verhältnisse überhaupt bei einem mehrwöchigen Aufenthalt daselbst um so bestens und vollständiger* kennen gelernt. Unterstützt wurde Berthold Beselin hierin von seinem Onkel, dem Bruder der Mutter, dem *russischen Marine-Capitän von Flotow, der seine Belehrungen dieserselbst in umfänglichstem Sinne übernommen hat.*

Scheinbar im blinden Vertrauen darauf, vom Schonenfahrergelag nach entsprechender Frist und mit Unterstützung der Kaufmannskompagnie und der Aktiengesellschaft als Mitglied aufgenommen und danach zum Bürger der Stadt ernannt zu werden, fand unter Berthold Beselins Führung am 25. November 1851 die Probefahrt des ersten Schraubendampfschiffes ERBGROSSHERZOG FRIEDRICH FRANZ statt:

Festlich geschmückt lag das neue Schiff am frühen Morgen dieses Tages im Rostocker Hafen. Auf Einladung des provisorischen Direktoriums der »Rostocker Dampf-Schifffahrts-Gesellschaft« hatte sich eine große Anzahl Reeder und Kapitäne, sowie andere an diesem Unternehmen interessierte Herren an Bord des Dampfers versammelt. Punkt 9 Uhr setzte sich das für die Probefahrt von Kapitän Beselin geführte Schiff unter dem Jubel der Zuschauer in Bewegung. Vorsichtig wurde die Leistung der neuen Maschine bis auf 70 Umdrehungen der Schraube pro Minute gesteigert, und nach 45 Minuten erreichte der Dampfer Warnemünde. Auf der offenen See übertraf der ERBGROSSHERZOG FRIEDRICH FRANZ *dann sämtliche in ihn gestellten Erwartungen. Die direkt wirkende Maschine neuester Construction wurde nach und nach bis auf 100 Umschwingungen der Schraube hochgefahren, wobei der Dampfer gegen den Wind 9¼ Knoten gelaufen sein soll, und 110-120 Hübe hielten die Fachleute nach entsprechender Einfahrzeit durchaus für möglich.*

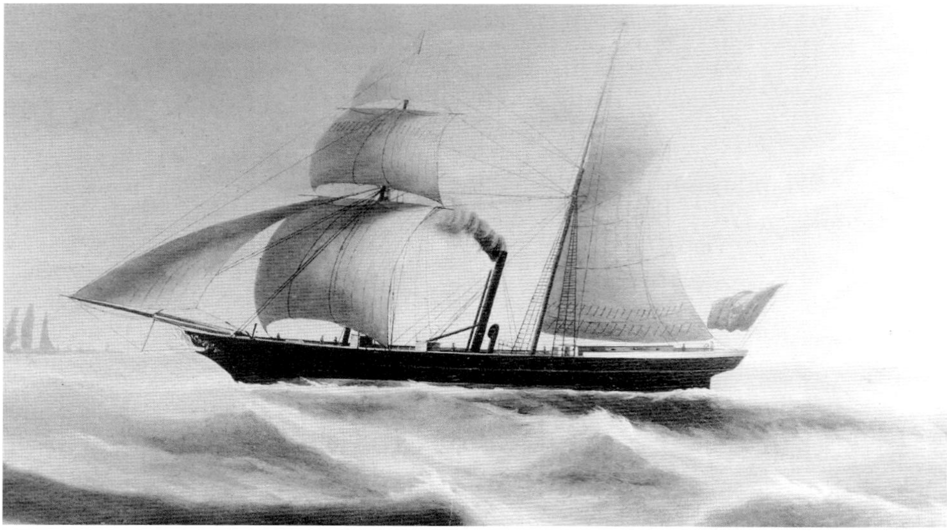

Abb. 12 Schraubendampfer ERBGROSSHERZOG FRIEDRICH FRANZ, 1853. (Fotoarchiv Eschenburg)

Um 2 Uhr Nachmittages erreichte das Schiff unter Kanonendonner wieder den Warnemünder Hafen. Alle Sachverständigen, vor allem aber die beiden Konstrukteure Tischbein und Zeltz, waren vollauf zufrieden. Die zitternden Bewegungen, die sich gewöhnlich bei Dampfschiffen, zumal Schraubendampfschiffen, so unangenehm fühlbar machten, waren kaum zu bemerken. Die Bauart und die Schonertakelung sind äußerst elegant und liegt das Schiff so hübsch zu Wasser, daß es in jedem Hafen der Welt vollste Anerkennung finden wird und nicht wenig dazu betragen wird, den Ruhm unserer Schiffswerften zu vergrößern, hieß es auszugsweise in einer Auswertung der Probefahrt.[13]

Und mit dieser Fahrt glaubte auch Berthold Beselin vor aller Öffentlichkeit den praktischen Beweis seiner Fähigkeit als Dampferkapitän erbracht zu haben. Aber als Einheimischer hätte er eigentlich mit dem Starrsinn und der unbeirrbaren Beharrung des städtischen Zunftwesens auf ihre verbrieften Gerechtsame und Privilegien rechnen müssen, die man mit erbarmungslosen »Böhnhasenjagden« verfolgte. Wie bei der Zunft der Schiffbauer, schreckte man bei der Ablehnung auch hier in ermüdenden Schreiben an Rat und Gewett nicht vor zusätzlichen Beleidigungen zurück. Vielleicht aber wurde dieser späte Termin, kurz bevor der Dampfer in Fahrt gesetzt werden sollte, von Beselin auch nicht rein zufällig, sondern ganz bewusst gewählt, um einen gewissen Druck auf alle Institutionen auszuüben. Die Ältesten der Schiffergesellschaft schienen diesen Zeitpunkt schließlich regelrecht herbeigesehnt zu haben.

Beselin verklagt die Schiffergesellschaft

Anfang Januar 1852 wandte sich Berthold Beselin in seiner *Rezeptionsangelegenheit* an die Löbliche Schonenfahrergesellschaft: *Nachdem von mir denjenigen Erfordernissen genügt worden, welche der Aufnahme eines Steuermannes zum Bürger der Stadt als Schiffer vorausgehen müssen, hat mich das Löbl. Gewett auf meinen Antrag hin zum Schifferexamen zugelassen und mir nach Bestehen desselben erklärt, daß ich nunmehr als Schiffer zum Bürger rezipirt werden könne. In diesem Stande der Sache hat mich die hiesige Actiengesellschaft wegen der beiden eisernen Schraubendampfschiffe zur Führung eines Dampfschiffes auserwählt, welche Wahl von mir angenommen worden ist.*

Die Vorsitzenden lehnten wie erwartet den Antrag auf Ernennung zum Bürger ab, woraufhin *der Seefahrer Beselin* am 17. Januar gegen die Schonenfahrergesellschaft Klage erhob. Das Gericht glaubte, die Angelegenheit mit einem Bescheid an das Gelag schnell beseitigen zu können, *in dem die beklagte Gesellschaft für schuldig erkannt wird, den Kläger binnen drei Tagen der Zwangsexamination zu rezipiren, weil der Kläger allen Erfordernissen zur Aufnahme genügt habe.* Die verursachten Kosten seien demselben noch binnen 14 Tagen *vorbehaltlich bei Strafe der Execution zu erstatten.* Denn während der Kläger, so wurde argumentiert, allen Erfordernissen zur Aufnahme genügt hatte, hätten sich die Beklagten *nicht auf ein ihrer Gesellschaft zustehendes exclusives Recht, sondern auf ein im öffentlichen Interesse vorgeschriebenes Requisit der Zulassung zum Examen berufen, über dessen Vorhandensein nur der competenten Behörde die Entscheidung zusteht. Die Zulassung zum Examen und die Bescheinigung, daß Kläger als Schiffer fahren und fungieren könne, liegt aber vor.*

Doch damit war die Schiffergesellschaft nicht zu beeindrucken. *Hochwohlgeboren, Hochgelobte, Hoch und Wohlweise, Hoch zu ehrende Herren Bürgermeister und Rath,* mit dieser Anrede wandten sich die vier Ältesten, die Kaufleute Koch und Paetow sowie die Schiffer Renz und Maack, am 27. Januar an den Magistrat. Sie seien von dem Kläger *beim löbl. Gericht hieselbst belangt* und fänden sich von diesem Bescheid *trotz unserer Einrede sehr beschwert, da der Gegner die in der Verordnung vom 18. April 1833 vorgeschriebene Zeit als Steuermann nicht gefahren hat. Wir können es einfach nicht glauben, daß die Verantwortlichen, von denen die-*

ses Gesetz seit Bestehen gegen alle hiesigen Schiffer stets so streng geübt worden ist, für den Beschuldigten gar nicht gelten solle. Man habe deshalb einstimmig beschlossen, den Recurs gegen diesen Gescheid zu ergreifen, um ihn an E.E. [Einen Ehrbaren] *Rath zu überweisen, und eventualiter bis an das Hohe Ministerium des Innern, ja selbst bis an Serenissimus durchzuführen. Wir haben dieses Rechtsmittel bereits beim löbl. Gericht eingereicht. Der Rat möge nun fördersamst geneigen, die Akten vom löbl. Niedergericht hieselbst einzufordern und demselben die einstweilige Sistirung des weiteren Verfahrens schleunigst anzubestellen. Wir referiren die Rechtfertigung unserer Beschwerden, welche eine genauere Darlegung des ganzen Sach- und Rechtsverhältnisses erheische als in diesen wenigen Tagen möglich war und verehren E.E. Rath in größter Hochachtung.*

Der *Seefahrer* Berthold Beselin wurde darüber informiert und die Frist auf acht Tage begrenzt. Doch muss sich dieser aufgrund seines bestandenen Schifferexamens in ziemlicher Sicherheit gefühlt haben, weshalb er den Rat am 5. Februar 1852 noch einmal darauf hinwies: *Nachdem von mir denjenigen Erfordernissen genügt worden, welche die Aufnahme eines Steuermannes zum Bürger der Stadt Rostock als Schiffer vorausgehen müssen, hat mich das Löbl. Gewett auf meinen Antrag hin als zum Schifferexamen zugelassen und mir nach Bestehen desselben erklärt, daß ich nunmehr als Schiffer zum Bürger rezipirt werden könne. In diesem Stande der Sache hat mich die hiesige Actiengesellschaft wegen der beiden eisernen Schraubendampfer zur Führung des eines derselben, des* ERBGROSSHERZOG FRIEDRICH FRANZ, *erwählt, welche Wahl von mir angenommen und in Folge daran nunmehr ganz nach Aussicht verstanden ist, daß dieses Schiff eine Reise nach England unternehmen wird. Höchstwahrscheinlich wird dieselbe schon in der nächsten Woche statthaben sollen.*

Inzwischen habe ich mich nun in meiner Rezeptions-Angelegenheit inzwischen an die löbl. Schonenfahrergesellschaft gewandt, von welcher aber meine Zulassung wider Erwarten verzögert worden, weil sie behauptet, daß nicht mindestens eine zweijährige Steuermannszeit auf einem hiesigen Schiff gefahren worden ist, und sie den Dienst bei der Deutschen Flotte statt dessen nicht für genügend anerkennen will. Dagegen habe ich gerichtlichen Beistand in Anspruch genommen. Durch Recurs ist meine Lage – welche in Betracht der noch bevorstehenden Reise des Dampfschiffes ERBGROSSHERZOG FRIEDRICH FRANZ *die schleunigste Abhilfe fordert – für den Augenblick verschlechtert. Ich habe mich daher entschlossen, meinen Antrag gegen die Schonenfahrergesellschaft zu lassen, überhaupt hierdurch gerichtliche Verfahren aufzugeben und dagegen den »Weg der Bitte« bei E.E. Rath zu betreten und ich bitte demzufolge gehorsamst, E.E. Rath geneige, mich von den Erfordernissen, welche außer den von mir bereits erledigten, sonst an mich gestellt werden könnten, freizusprechen und meine Aufnahme als Schiffer zum hiesigen Bürger Dispensando auf Grund des bestandenen Schifferexamens und darauf erlassenen Gewettbescheids zu verfügen. Ich bitte zugleich um schleunige derartige Verordnung an die Schonenfahrergesellschaft und erfahre in größter Hochachtung als E.E. Raths gehorsamster Berthold Beselin.*

Nachdem auch dem Sachführer der Schonenfahrergesellschaft Einsicht in die Akten des Klägers gestattet worden war, richtete diese, datiert unter dem 8. Februar 1852, an den Magistrat ein äußerst umfangreiches und weitschweifig verfasstes Schreiben, dessen Inhalt nachstehend kurz zusammengefasst werden soll:

Ihrem *Rechtsmittel* gab die Gesellschaft gleich grundlegend eine *doppelte Richtung,* wobei es unmittelbar nicht nur gegen den Bescheid des Gerichtes vom 17. Januar ging, sondern mittelbar auch gegen den Beschluss des Gewetts *vom 22. Februar des vorigen Jahres,* zumal letzterer die ursächliche Voraussetzung für ersteren geworden war. Man zweifelte grundsätzlich an, dass das Gewett allein *die competente Behörde* für die Zulassung zum Examen sei, und stellte *mit Befremden fest, daß der Antragsteller dem § 2 der Bestimmung der Verordnung von 1833 nicht*

Genüge geleistet habe. Das Gewett habe vom Kläger nicht einmal verlangt, *den Nachweis über die zweijährige Fahrenszeit als Steuermann zu erbringen, bevor sie als Prüfungsbehörde in Funktion trat.* Als keiner *alleinadministrierenden Behörde* könne ihr unmöglich die Befugnis zustehen, über Aufgaben zu entscheiden, die allein das Gelag zu befinden habe, zumal Beselin dann auch noch ohne Hinzuziehung zweier Schiffer der Gesellschaft examiniert worden war. Die *Ungründlichkeit und Oberflächlichkeit ist auch vom Kläger ohne gleiches geführt worden. Hält er wirklich seine Bootsmannsdienstzeit der eines Steuermannes für gleichbedeutend? Dann könnte man ja auch jeden Warnemünder als Bootsführer benennen.*

Beselins Antrag sei eine *ganz unerhörte Verletzung der Gerechtsame und eine tiefe Verletzung unserer Gesellschaft. Sollte aber der Kläger mit dieser Anmaßung durchkommen, so würde damit die unerbittliche Strenge, womit diese Verordnung immer durchgeführt worden ist, so bald nicht vergessen werden.* Man sei *zusammen mit dem Rat der Schöpfer des Gesetzes gewesen, und wenn dessen Autorität fehle, würde man das Ansehen der Rostocker Flagge im In- und Ausland untergraben und die Ehre und den seemännischen Ruf der Stadt nicht aufrechterhalten können. Ob von oben oder von unten, die alten, ehemals verabreichten Gerechtsame dürfen nicht zerrissen werden.* Deshalb sollte der Rat das Gewett anweisen, in Zukunft bei allen Prüfungen die Schifferältesten mit hinzuzuziehen. Dadurch würden ähnliche Verfahren des Gewetts im Voraus verhütet, und anhand dieser Ausführungen sei der Kläger verpflichtet, die Klage zurückzuziehen und sein Zeugnis dem Gewett zurückzugeben.

Dem Schonenfahrergelag war inzwischen auch bekannt, dass Berthold Beselin jetzt bei E.E. Rat *nachträglich mit dem Gesuche um Dispensation von der gesetzlich vorgeschriebenen* Fahrenszeit als Steuermann vorstellig geworden war:

Da früher ähnliche Gesuche von E.E. Rath mit der gemäßen Strenge zurückgewiesen sind, so können wir jetzt umso weniger glauben, daß diesem Gesuche werde deferirt werden, als unsere gute Stadt Rostock mit dem Schiffe, welches der Gegner fahren soll, selbst mit einer bedeutenden Parte als Rheder beteiligt ist. Wenn die Handels- und Börsenwelt in Petersburg, Hamburg und anderen Seeplätzen erst davon erfährt – und dies kann ihr nicht unbekannt bleiben –, daß mit ausdrücklicher Zustimmung E.E. Raths eines unserer Dampfschiffe einem so jungen Mann zur Führung übergeben worden ist, welcher noch gar nicht als Steuermann Erfahrungen in Seereisen gesammelt hat und der das Fahrwasser der Ostsee noch gar nicht kennt, so wird zweifelsohne gerne dieser Umstand des jungen und in seinen Erfolgen noch ziemlich problematischen Dampfschiff-Unternehmens bei der Handelswelt in Misskredit bringen, denn welcher Geschäftsmann wird sich und seine Güter einem so jungen Mann zur Fahrt über See anvertrauen?! Darum fürchten wir auch nicht, daß die Unerfahrenheit des Gegners durch eine Dispensation E.E. Raths sanctionirt werde.

Die Theorie allein genügt hier nicht, die Praxis ist wichtig. Bei einem Kaufmann, Gelehrten, Landmann oder Secretair trägt dieser nur seine eigene Haut zu Markte, ein Kapitän büßt seine Unerfahrenheit nicht nur mit dem eigenen Leben, ganz abgesehen davon, dass die Deutsche Flotte fast nur vor Anker gelegen habe. Ein Bootsmann bei der Marine sei nicht mehr als der Führer eines Schiffsbootes. *Und auf die Frage, ob und wann er wirklich Steuermann gewesen ist, war die Antwort nur sehr dürftig. Jedenfalls nicht auf einem hiesigen Schiff. Wie kann der junge Mann diese Bootsmannszeit gleichsetzen einer zweijährigen Fahrt als Steuermann auf der Ost- und Nordsee? Man weiß in der Tat nicht, worüber man mehr staunen soll, ob über diese Dreistigkeit, womit er sich die Fähigkeiten eines Steuermannes anmaßt, oder über die wilde und laxe Auslegung und Ausdehnung bestimmter Verordnungen und Gesetze des E.E. Raths.*

Erfolgloses »Bittgesuch« beim Magistrat

Berthold Beselin versuchte es am 13. Februar 1852 noch einmal beim Magistrat, als er *mit Bestürzung erfuhr*, dass seine Vorstellung und Bitte vom 5. Februar nicht den erhofften Erfolg gehabt hatte. Denn *fast in dem nämlichen Augenblick* benachrichtigte ihn die Direktion der Dampfergesellschaft, eine *Charte partie* für eine Weizenfracht nach England zu unterzeichnen und sich für die Abfahrt des Schraubendampfers ERBGROSSHERZOG FRIEDRICH FRANZ in den ersten Tagen der kommenden Woche bereitzuhalten.

Welch eine Lage!, schreibt Beselin verzweifelt, und weiter: *Ich habe Reisen gemacht, wie kein Schiffer in Rostock, ich habe die Ostsee, die Nordsee und die fernsten Meere kennengelernt, ich habe im Jahre 1845* [?] *rühmlichst mein Steuermanns-Examen bestanden, ich habe mich, wie der hiesige Hafen blockiert war und von hier kein Schiff ausgehen konnte, auf die Deutsche Flotte begeben, bin dort wegen meiner theoretischen Kenntnisse, auch besonders wegen meiner praktischen Thätigkeit in rascher Aufeinanderfolge bis zum Bootsmann aufgestiegen, das ist der nächste zum wirklichen Seeoffizier, mit dem Kommando über 160 bis 180 Matrosen, Quartiermeister, Bootsmanns-Matrosen usw. avancirt. Bin daraufhin, nachdem ich neun Jahre hindurch ununterbrochen zur See gefahren, Sommer wie Winter, und in seemännischen Thätigkeiten gewesen, mit ehrenvollen Zeugnissen hierher zurück gekommen, um mich von nun an den Schifffahrtsinteressen meiner Vaterstadt zu widmen. Ich bin auf Vorlegung meiner Zeugnisse zum Schifferexamen zugelassen, habe nach wohlbestandenem Examen vom löblichen Gewett die Zusicherung erhalten, daß ich als Schiffer zum Bürger aufgenommen werden könne. Auf Grund dieser Zusicherung bin ich von der hiesigen Actiengesellschaft fast einstimmig zum Kapitän des Schraubendampfers* ERBGROSSHERZOG FRIEDRICH FRANZ *gewählt worden, um dann die bei dieser Wahl gestellten Bedingungen zu erfüllen und danach a. die Fahrt mit einem Schraubendampfschiff überhaupt und b. die Fahrt nach St. Petersburg besser kennen zu lernen.*

Diese Bedingungen habe er durch die Fahrt auf mehreren Schraubenschiffen in der Ostsee nach England und zurück sowie auf dem russischen Dampfschiff NASLEDNIK von Lübeck aus nach St. Petersburg *im umfänglichsten Sinne übernommen und erfüllt.* Und trotzdem *will der Rath es über sich bringen, mich auf die Gegenvorstellung hiesiger Schiffer, deren Beweggründe dafür offen vorliegen, abzuweisen! Soll denn wirklich das hiesige mit so unendlich vielen Mühen und so großen Opfern zu Stande gebrachte Dampfschiffunternehmen durch den daraus entstehenden unersetzlichen Schaden leiden? … und soll die Gesellschaft gezwungen werden, einen anderen Schiffer zu wählen, der zwar öfter nach Petersburg gefahren sein mag, der aber die Behandlung eines eisernen Schraubendampfschiffes noch nicht kennt und der erst den bevorstehenden Sommer dazu verwenden müßte, sich auf Fahrten von Dampfschiffen dieser kennen zu lernen. Soll damit dieses Unternehmen, von dem die Stadt so viele Vorteile erwartet, auf welcher die Augen des ganzen Landes gerichtet sind, dessen Beginn mit ängstlicher Spannung von den benachbarten Seeplätzen beobachtet wird, gleich anfangs gelähmt und geknickt werden?*

Berthold Beselin ließ es nicht unversucht, den Rat in seinem Schreiben nicht nur allein durch rein sachliche Argumente, sondern auch kraft seiner Persönlichkeit bei der Entscheidung zu beeinflussen: *Ich glaube ich kann, ohne mich zu rühmen, behaupten, daß ich an nautischen Kenntnissen und seemännischer Tüchtigkeit hinter keinem hiesigen Schiffer zurückstehe, und wenn ich mich auch hauptsächlich sonst meiner größeren Reisen in gefahrvollen Gewässern nicht rühmen will, so weiß ich doch, daß ich sie bei der von mir genossenen höheren Schulbildung und bei dem Umstande, daß ich sie erst nach abgelegtem Steuermanns-Examen gemacht, besser beobachten und gelernt habe wie Jemand, der mit diesen Kenntnissen nicht ausgerüstet gewesen wäre. Kann es der Gesellschaft gleichgültig sein, wer das Dampfschiff fährt? Kommt der allgemeinen Bildung, die Kenntnisse fremder Sprachen, Benehmen und Umgangsformen gar nicht in Betracht bei einem Schiffer, der doch vorzugsweise Passagiere aus höheren Ständen zu führen bestimmt ist. Kein Unternehmen, das dem Rath am Herzen liegt, kann auf diese Eigenschaften eines Kapitäns verzichten.*

Ich überlasse mich der Hoffnung, daß es nur diesen Darlegungen bedürfen werde, nur mir – des Widerspruches der Schiffergesellschaft ungeachtet – die Gewährung meiner Bitte zu verschaffen, denn ist irgendwo für das Dispensationsrecht des E.E. Rath die Gelegenheit vorhanden, so hier im Interesse der Stadt und der Dampfschiff-Gesellschaft.

Ich bitte gehorsamst, E.E. Rath geneige, mich dispensando als Schiffer zum Bürger anzunehmen und die deshalbigen Verfügungen bei der großen Dringlichkeit der Sache fördersamst zu erlassen.

Der Rat hatte sich inzwischen vom Gewett die eingereichten Prüfungsakten übergeben lassen. Daraus ging zwar hervor, das Examen sei *in letzterem gut bestanden, aber ebenso werde aus denselben entnommen, das dasselbe die Vorschriften der Verordnung nicht genau befolgt habe, so auch demselben eröffnet, es seien bei weiteren Prüfungen die Anträge in bessere Obhut zu nehmen und auf jedem Protocolle zu constatiren, ob vom Aspirant allen Dispositionen derselben Genüge geleistet worden sei.*

Beselin, inzwischen von der Aktiengesellschaft zu einer abschließenden Entscheidung gedrängt, wandte sich hinsichtlich der erhofften Dispensation zusätzlich noch an den Oberbürgermeister Bencard, der daraufhin noch einmal Rücksprache mit den anderen Ratsvorsitzenden hielt. Bencard ging in diesem Zusammenhang auf die Tatsache ein, dass Beselin schließlich vom Gewett zugelassen worden sei und die Prüfung gut bestanden habe, *wobei seine Bildung und die Erfahrung längerer Seereisen zum Tragen kam,* und bat *um Befürwortung dieses Anliegens.* Zwar empfanden es auch die anderen Bürgermeister *als eine schlimme Lage für Beselin,* wenn es bei der Absage bliebe, zumal es eigentlich keinen triftigen Grund gäbe, das Prüfungsergebnis wieder zurückzuziehen. Dieser Ansicht traten auch noch andere Ratsmitglieder bei, die sogar der Meinung waren, *man würde nicht vom Gesetz abgehen, weil es keine direkte Pflicht sei, nur auf Rostocker Schiffen als Steuermann zu fahren.* Trotzdem war man sich ganz sicher, dass sich die Schiffergesellschaft bei einer Bestätigung sofort an die Landesregierung wenden würde, welche die positive Entscheidung des Rates für Beselin wieder aufheben könnte, weil die gesetzlichen Bestimmungen vom Gewett *nicht dem Sinne nach berücksichtigt worden* waren.

Entschied sich der Rat gegen die Schiffergesellschaft, übernahm er damit *bei der Jugend des Mannes* eine große Verantwortung. Um Beselin zu helfen, wollte man ihn deshalb die erste Reise ohne Passagiere und *mit einem tüchtigen Steuermann an der Seite* oder mit einem *Flaggenschiffer* fahren lassen. Doch Beselin wollte nicht *die bittere und wohl nur seltene Erfahrung machen dürfen, noch erst wieder als Steuermann fahren zu müssen,* nachdem er bereits zum Kapitän gewählt worden sei und auch fast schon ein Jahr als solcher fungiert hätte.

Da bisher immer noch keine endgültige Entscheidung getroffen worden war, kündigte das »Directorium der Rostocker Dampfschifffahrt-Gesellschaft« am 14. Februar 1852 in der »Rostocker Zeitung« eine *Prompte Schiffs-Gelegenheit von London* mit dem neu erbauten Seeschraubendampfer ERBGROSSHERZOG FRIEDRICH FRANZ unter der Führung von Kapitän Berthold Beselin an. Nach dieser Anzeige, die Beselin bei einer Absage seines Bittgesuches *in eine eigenthümliche und schlimme Lage* brachte, war jetzt der Rat gezwungen zu reagieren. Noch am 14. Februar rang man sich zu folgendem Kompromiss durch: Da Berthold Beselin noch nicht nachweisbar als Steuermann gefahren sei, könne die nachgesuchte Dispensation nach der Bestimmung der Verordnung vom 18. April 1833 zur Zeit nicht erteilt werden, sie werde ihm aber *verheißen, sobald er docieren kann, daß er das abgewichene Jahr hinweg als Steuermann gefahren* sei. Daraufhin erhielt Kapitän J.F. Zeltz Beselins Stelle auf dem genannten Dampfschiff.

Prompte Schiffs-Gelegenheit von London.

Das hiesige Dampfschiff „Erbgroßherzog Friedrich Franz", Capt. Beselin, ist nach London befrachtet und wird nach glücklicher Ankunft sofort auf hier zurückkehren. Wir verfehlen nicht, die Herren Commerzirenden auf diese gute, prompte Gelegenheit aufmerksam zu machen.

Das Directorium
der Dampfschifffahrt-Gesellschaft.

„Rostocker Zeitung" 14.Februar 1852

Prompte Schiffs-Gelegenheit von London.

Das hiesige Dampfschiff „Erbgroßherzog Friedrich Franz", Capt. J. F. Zeltz, ist nach London befrachtet und wird nach glücklicher Ankunft sofort auf hier zurückkehren. Wir verfehlen nicht, die Herren Commerzirenden auf diese gute, prompte Gelegenheit aufmerksam zu machen.

Das Directorium
der Dampfschifffahrt-Gesellschaft.

„Rostocker Zeitung" 15. Februar 1852

Abb. 13 Auswechslung von Kapitän Beselin gegen Kapitän Zeltz für die Fahrt nach London 1852. (Rostocker Zeitung)

Zu diesem Zeitpunkt hoffte Berthold Beselin hinsichtlich des unterschriebenen Kontraktes noch auf die entsprechende Unterstützung seitens der Direktion der Aktiengesellschaft. Doch auf sein Schreiben vom 16. Februar 1852 wurde ihm erwidert, dass man sich zur Unterzeichnung der von ihm vorgelegten Akte weder berechtigt noch verpflichtet erachte, weil bisher nichts Offizielles darüber vorläge: *Wir müssen Ihre Ansicht, daß wir irgendeine Veranlassung gaben, Ihnen die Führung des Schiffes unmöglich zu machen, entschieden zurückweisen, vielmehr sind wir überzeugt, daß es Ihnen allein obliegt, Ihre Certification zur Führung eines Rostocker Schiffes nachzuweisen, und daß Sie zu solcher Darlegung seit Ihrer Wahl hinlänglich Zeit gehabt haben. Nicht von der Direktion, sondern von der gesamten Rhederei sind Sie zum Schiffer ernannt.*[14]

Damit war die ganze Angelegenheit für Berthold Beselin aber immer noch nicht abgeschlossen. Am 24. Februar *findet sich das Gelag durch das in subricirter Sache erlassene Decret E.E. Rath vom 14. dieses Monats insofern beschwert, als der Kostenpunkt durch seine Klage mit Stillschweigen übergangen worden ist, und erlauben wir uns deshalb dagegen nachstehende Vorstellung.* Beselin dagegen hielt seine Klage für durchaus berechtigt, weil einerseits das Gewett ihn *mit den vorgelegten Zeugnissen zum Schiffer hieselbst für qualifiziert erachtet und für das Schiffer-Examen zugelassen* und nach Bestehen ein Attest darüber erteilt hatte, das ihn zum Bürger werden lassen sollte. Die Beklagten hätten ihm aber stattdessen die Rezeption verweigert. Da ihn das Gewett in *nachstehende Lage hineingeführt* habe, forderte er die Kostenerstattung abzuweisen. Der Rat entschied schließlich unter dem 19. März, *die Kosten sollen aus den angeführten Gründen gegeneinander aufgehoben werden.*

Daraufhin blieb Berthold Beselin nichts anderes übrig, als der auf sein Bittgesuch hin erfolgten *Verheißung* nachzukommen. Diese Tatsache belegt er am 15. Februar 1853 mit einem Schreiben an den Magistrat der Stadt Rostock mit folgendem Wortlaut: *In dem Dekrete E.E. Raths vom 18. Februar 1852 ist mir die, zum Zwecke meines Bürgerwerdens, nachgereichte Dispensation von der Bestimmung der Verordnung vom 18. April 1833 so bald verheißen, als ich docieren würde, daß ich das abgewichene Jahr noch als Steuermann gefahren habe. Dieser Verheißung zufolge habe ich mich am 1. April vergangenen Jahres in Hamburg auf dem niederländischen Schiffe* Ida, *Capt. J.J. Mulder, als Steuermann verheuert. … Ich schließe darüber die nachliegenden Atteste sub 1 und 2 an, füge demselben auch zur gefälligen Erinnerung an den Examensbrief des löbl. Gewetts vom 22. Februar 1851 in Anlage 3 wieder bei und bitte gehorsamst, mir die verheißene Dispensation von der Verpflichtung zur zweijährigen Fahrt als Steu-

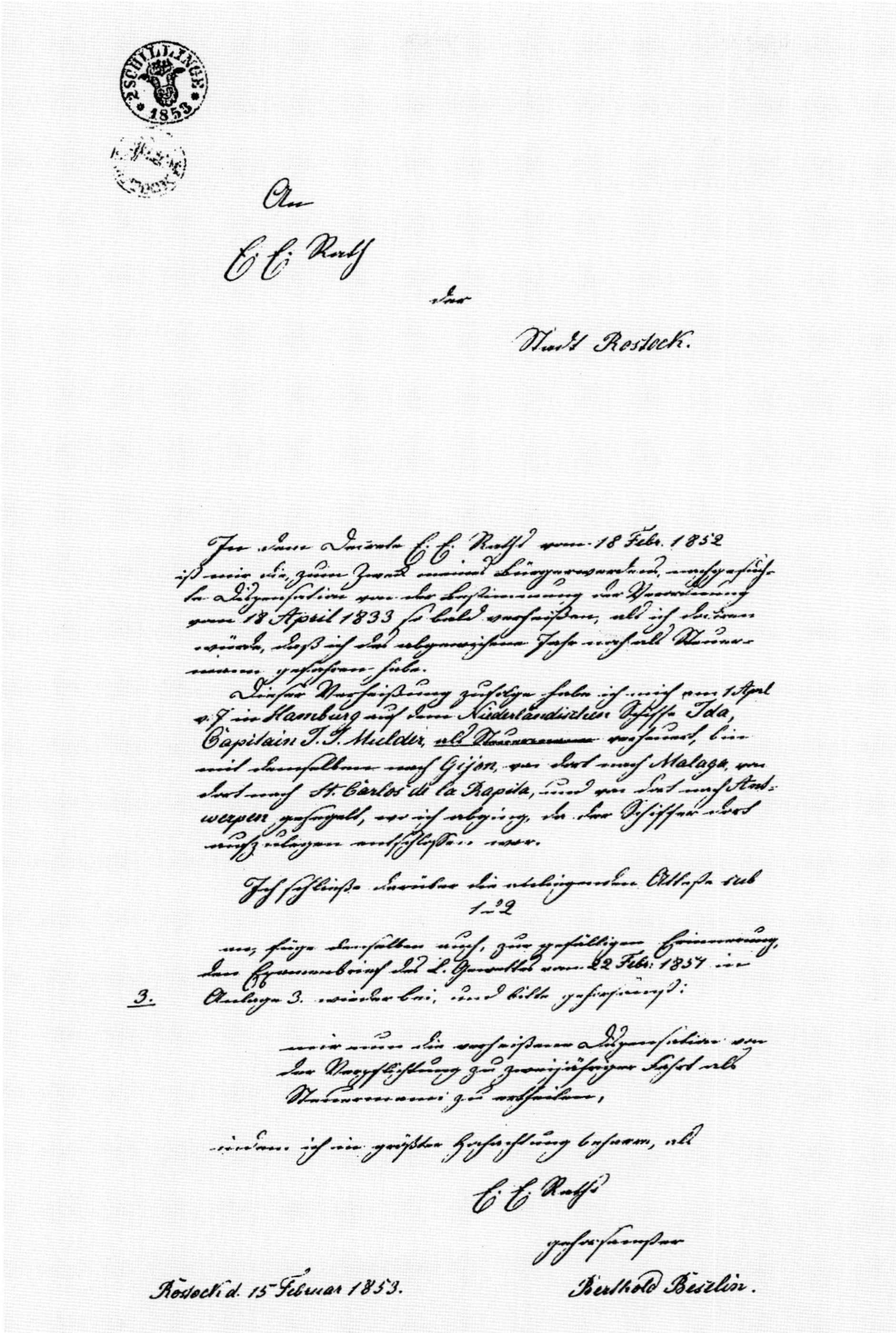

An

E. E. Rath

der

Stadt Rostock.

In dem Decrete E. E. Raths vom 18 Febr. 1852 ist mir die zum Zweck meiner Bürgerwerdung nachgesuchte Dispensation von der Bestimmung der Verordnung vom 18 April 1833 so bald verheißen, als ich bescheinigen würde, daß ich das vorgeschriebene Jahr [illegible] als Steuermann gefahren habe.

Dieser Verheißung zufolge habe ich mich am 1 April v. J. in Hamburg auf dem Niederländischen Schiffe Ida, Capitain J. J. Mulder, als Steuermann verheuert, bin mit demselben nach Gijon, von dort nach Malaga, von dort nach St. Carlos de la Rapita, und von dort nach Antwerpen gesegelt, wo ich abging, da der Schiffer dort aufzulegen entschlossen war.

Ich schließe darüber die anliegenden Atteste sub 1–2

an, füge denselben auch, zur gefälligen Erinnerung, den Steuermannsbrief des L. Gewettes vom 22 Febr. 1851 in

3. Anlage 3. wieder bei; und bitte gehorsamst:

mir nun die verheißene Dispensation von der Verpflichtung zu zweijähriger Fahrt als Steuermann zu ertheilen,

indem ich in größter Hochachtung beharre, als

E. E. Raths

gehorsamster

Rostock d. 15 Februar 1853.

Berthold Beselin.

Abb. 14 Der Dispensation entsprechender Nachweis für die Fahrt als Steuermann. (Stadtarchiv Rostock)

ermann zu erteilen, in dem ich in größter Hochachtung beharre als E.E. Raths gehorsamster Berthold Beselin.

Beselins Anliegen wurde entsprochen, und noch zum Sommer erfolgte die Aufnahme in die Schiffergesellschaft und anschließend die Rezeption zum Bürger der Stadt.

Master of the Barque PROSPERO

Kapitän Berthold Beselin hatte zwar während der Bauaufsicht nicht nur viel Zeit, sondern auch noch *erhebliche Geldopfer* aufbringen müssen, ganz abgesehen davon, dass er *ein Jahr seines Lebens verloren* habe, wie er an den Rat schrieb, doch trotzdem ist er nachträglich sicher froh darüber gewesen, nicht Schiffer auf dem Schraubendampfer geworden zu sein, denn wegen erheblicher Unterbilanzen und trotz entsprechender Nachschüsse durch die Teilhaber wurden beide Dampfer 1855 letztlich nach Holland verkauft. Einige der im ersten Jahr entstandenen Havarien hätte Beselin vielleicht verhindern können, doch das ist Spekulation.

Sein Vater freute sich in einem Brief vom Mai 1852 über seine neue Heuer auf dem *Niederländer*, weil er dort nach eigenen Angaben *bei guten Leuten angekommen* sei. Gleichzeitig versäumte er es nicht, seinem Sohn die Verhältnisse aus Rostock zu berichten, wonach die ERBGROSSHERZOG FRIEDRICH FRANZ auf ihrer zweiten Reise nach London unter Kapitän Sanftleben sich durch eine Kollision das Bugspriet so stark beschädigt hatte, dass der Dampfer erst nach einer zusätzlichen Restaurierung der Galionsfigur durch einen Bildhauer nach St. Petersburg fahren konnte. Dabei hatte das Schiff *bei weitem keine volle Fracht und nur einen Passagier an Bord. Wenn das nicht besser wird, so wird wenig Segen dabei sein,* prophezeite der Vater schon im Voraus.[15]

Berthold Beselin wurde stattdessen nach seiner Rückkehr in Rostock zum *Master of the Barque* PROSPERO, wie es in den englischen Frachtverträgen hieß. Bei Abmessungen von 38,19 x 8,81 x 5,00 m mittelscharf gebaut und zu 387 RT vermessen, lief diese Bark am Sonnabend, dem 20. August 1853, beim Schiffbaumeister Wilhelm Zeltz in Rostock vom Stapel. Die Korrespondenz übernahm natürlich Bertholds Bruder Richard V. Beselin mit Firmensitz in der Schmiedestraße Nr. 6. Es entsprach der Güte der Werft, dass diese kupferfest gezimmerte Bark am längsten unter Rostocker Flagge fuhr und erst 1895, mit 42 Jahren, verkauft worden ist. Jahr-

Abb. 15 Bark PROSPERO, Stapellauf am 20. August 1853 in Rostock. (Sammlung des Verfassers)

zehntelang war die PROSPERO in der Großen und in der Langen Fahrt unter verschiedenen Kapitänen beschäftigt gewesen.

Der Neubau lief, in gewohnter Weise über die Toppen geflaggt und mit einer Ladung Weizen nach London bestimmt, die Warnow abwärts nach Warnemünde, prahmte dort auf der Reede nach und verließ diese am 24. Oktober. Die nächste Fahrt führte über den Atlantik nach Boston. 1855 gingen gleich zwei Rostocker Barken um das Kap Hoorn zur Westküste Südamerikas. Und als wollte Kapitän Beselin es der heimischen Schiffergesellschaft beweisen, machte er als erster, ausgehend von Glasgow, eine Reise nach Valparaiso. Fast ausschließlich von den Häfen Englands auslaufend, wurden bis Ende 1859 neben den Westindischen Inseln und Rio de Janeiro weiter ausschließlich Plätze auf der Westseite, wie Callao und Iquique, angesegelt, um Guano oder Salpeter für Europa zu laden.[16]

Im Jahre 1859 heiratete Berthold Beselin Auguste Framm (21.1.1832–12.10.1908), die Tochter eines Unternehmers aus Kröpelin, die ihm acht Kinder gebar. Vielleicht deshalb bevorzugte Beselin ab 1860 kürzere Reisen durch das Mittelmeer über Konstantinopel in das Schwarze Meer. Zwei Jahre später gab er die Seefahrt ganz auf und übergab Schiffer Schultz das Kommando der PROSPERO. Das Adressbuch bezeichnete ihn jetzt als Kapitän und als Kaufmann für die *Fabrikation künstlicher Erfrischungsgewässer*. Doch schon im folgenden Jahr trat Berthold Beselin, wie bereits berichtet, als Teilhaber in das Geschäft seines Bruders Richard ein, der in der Schmiedestraße Nr. 6 als Kaufmann für Kornhandel und als Schiffsreeder firmierte.

Berthold Beselins Tätigkeit scheint dem Geschäft einen weiteren Aufschwung gegeben zu haben. Die Anzahl der kaufmännisch betreuten Segelschiffe stieg noch vor dem Krieg 1870/71 von durchschnittlich 16 auf 24 an. Als Mann *mit vortrefflichen Eigenschaften wie Rechtschaffenheit, Ehrenhaftigkeit und Humanität* wurden ihm von seinen *Freunden aus allen Ständen* aus Anerkennung zahlreiche Ehren- und Vertrauensämter angetragen. Berthold Beselin war ab 1864 Mitglied der Bürgerschaft, Deputierter des Bauamtes, Vorsteher der Hospitäler Zum Heiligen Geist und St. Georg sowie der Marienkirche. Zu weiteren Ehrenämtern gehörten der Vorsitz im Bezirksverein der Gesellschaft zur Rettung Schiffbrüchiger und im Distriktverein des Germanischen Lloyd. Zusätzlich war er Beisitzer beim Kaiserlichen Oberseeamt in Berlin und Mitglied im Rostocker Nautischen Verein, der ihn mehrfach im Auftrag der Großherzoglichen Regierung zur Teilnahme an Beratungen für die Reichsgesetzgebung deputierte. So schrieb zum Beispiel die »Rostocker Zeitung« im Februar 1868: *Reeder und Kaufmann Beselin, früher praktischer Seemann für ewige Jahre, jetzt einer unserer ersten Reeder, ist vom Gewett bestimmt, als Mitglied im vom Bundeskanzleramt zur Untersuchung des Auswandererwesens zu bildenden Commission mitzuarbeiten, und dafür nach Hamburg abgereist.*

Abb. 16 Auguste Beseslin, geb. Framm (1832-1908). (Stadtarchiv Rostock)

Dampfer in Rostock ohne Zukunft

Bereits in der Vergangenheit waren dem Unternehmungsgeist der mecklenburgischen Reederei bei der Einführung von Dampfschiffen aus den unterschiedlichsten Gründen Grenzen gesetzt worden. Speziell der fehlende Transitverkehr machte Rostock mehr zu einem Hafen des »Kleinhandels«, der keine Garantie für kostenaufwendige Schiffsneubauten bot. Doch obwohl sich Mecklenburgs Handel bisher nicht für einen aussichtsreichen Einsatz von Dampfschiffen empfohlen hatte, wurden nach 1860 auch in Rostock wiederholt entsprechende Versuche unternommen, ab sofort allerdings nicht mehr im Liniendienst, sondern mit universell einsetzbaren Frachtschiffen.

1862 machte man mit der kleinen, in England gebauten eisernen WILHELM TELL (147 RT) den ersten vorsichtigen Versuch in der Trampfahrt, allerdings erfolgte die Finanzierung noch in althergebrachter Weise in Form einer Partenreederei mit einem Korrespondenzreeder als Geschäftsführer. Der im Mai 1869 bei Otto Ludewig in Rostock abgelaufene hölzerne Schraubendampfer CONCURRENT (253 RT) wurde bereits *für Rechnung einer hiesigen Actiengesellschaft gebaut, die mit 120 Actien à 300 Thlr. unter Direktion des Herrn N.H. Witte begründet worden ist.* Das gleiche scheint für das im selben Jahr in Kiel neu erbaute eiserne Dampfschiff MARGRETH TOD (144 Lasten) zu gelten, ebenso wie für die zwei Jahre später abgelaufene ALEXANDER TOD (151 Lasten). Beide Schiffe, *die unter der Korrespondenz von Theodor Burchard stehen,* sind sehr wahrscheinlich mit englischem Kapital durch den Mühlenbetrieb Tod in Leith unterstützt worden.

Auch Berthold Beselin war kein »Eigentumsreeder«. Er hatte bisher traditionell als Korrespondenzreeder nur die übliche *Rhederei in Parten* betrieben, d.h. obwohl er an jedem Schiff beteiligt war, wurde jedes für sich von ihm für die anderen Mitinhaber kaufmännisch betreut. Inzwischen hatte sich aber in Rostock, bedingt durch die hohen Anschaffungskosten bei Dampfern und großen eisernen Segelschiffen, mehr und mehr als Finanzierung das *Rhedereigeschäft auf Actien* durchgesetzt. Damit verschwanden die früheren »patriarchalisch-familiären« Beziehungen. Von jetzt an informierte eine offiziell angesetzte Generalversammlung das Unternehmen.[17]

Bereits ab 1868 begann die »Rostocker Zeitung« ihre Leser über die Geschichte und die Anwendung der Form *einer Actiengesellschaft auf den Rhedereibetrieb in England* zu informieren, *da die Form, unter welcher die Segelschiffsrhederei in der Ostsee betrieben wird, veraltet erscheint,* schon deshalb, weil man mit einer gekauften Schiffspart für gewisse Forderungen mit seinem ganzen Vermögen haftet, während der *Kapitalist der Jetztzeit zur Grundbedingung einer Beteiligung die beschränkte Haftbarkeit und eine leichte Realisierung seines Antheils fordert.* Da England bei Dampfern angeblich Dividenden um 20% auszahlte, bestand *der dringende Anlaß, auch hier dem genannten Beispiel zu folgen, einmal, um nicht überflügelt zu werden, zum anderen auch, um an dem zu erwartenden Nutzen seinen Antheil zu sichern.*[18]

Rostocker Dampfschifffahrts-Actien-Gesellschaft OBOTRIT

Unter dem Namen »Obotrit« hat sich heute hier eine Actien-Gesellschaft constituiert, welche ein eisernes Schraubendampfschiff von 60 Pferdekraft (ca. 200 Last) bauen läßt. Das hierzu erforderliche Capital von 60 000 Thalern wird durch Ausgabe von 120 Actien à 50 Thlr. aufgebracht und ist bereits gesichert, meldete die »Rostocker Zeitung« unter dem 30. September 1871. Zum Vorstand wurde *statutarisch* Berthold Beselin, Inhaber der Firma Richard V. Beselin, bestimmt und als Schiffsführer Kapitän Ludwig Baltzer vorgesehen. Zum provisorischen

Die

Rostocker Rhederei

im Anfange des Jahres

1873.

Herr **Rich. V. Beselin,** Correspondent.

Bauart.	Name des Schiffes.		Rostocker Lasten.	Name des Capitains.	Unterscheidungs-Signale.
D.	Obotrit		180	L. Baltzer	MCTG
B.	Frisch	8	199	H. C. Voss	MCRL
B.	von Laffert-Lehsen	†	189	E. C. Fulda	MCKF
B.	W. W. Harvey	8	188	D. Peters	MCQL
B.	Prospero	†	186	E. Krafft	MBLK
B.	Favorite	†	182	H. H. Permien	MCKV
B.	C. M. v. Behr	)(†	176	H. Rittgardt	MBFP
Br.	Ariel		140	H. Westendorff	MBPJ
Br.	Atlantic	)(	140	J. N. Harder	MCNB
Br.	Clio		136	J. Möller	MCKS
B.	Presto	)(	134	E. Quittenbaum	MBND
Br.	Trident		128	J. Zeplien	MBPH
Br.	Schiller		126	And. Schönemann	MBPL
Br.	Armin	)(	126	P. Fretwurst	MBHF
Br.	Hertha	†	125	D. H. Dade	MBPN
Br.	Agnes		124	T. Holz	MBPG
Br.	Seevogel		123	D. Langhinrichs	MCHK
Br.	Activ	)(	123	J. N. Voss	MCFH
Br.	Theodor		113	P. Harder	MBPK
Br.	Grhz. Friedrich Franz		109	H. Schultz	MBPQ
SBr.	#			W. Maatz	

Zusammengestellt

von

Otto Wiggers,

Schiffsmakler in Rostock.

J. C. Padderatz Nachfolger.

Abb. 17 Reedereiverzeichnis Richard V. Beselin, 1873. (Aus: Wiggers)

Aufsichtsrat gehörten Senator Dr. Witte, P.J.P. Burchard (Firma L. Burchard & Sohn), Advokat Busch und Carl Völling, Besitzer der Firma Küchenmeister & Völling. Nur die Werft für den Bau des Schiffes stand zu diesem Zeitpunkt noch nicht fest. Darum konkurrierten die beiden Schiffbauingenieure Tischbein und Abendroth, von denen *derjenige ihrer demnächst vorzulegenden Risse nebst Kostenanschlägen acceptirt werde, welcher von einer als competent anerkannten auswärtigen Prüfungsstelle der Vorzug eingeräumt wird.*

Berthold Beselin hatte sich also der Zeit entsprechend dazu entschlossen, neben seiner Korrespondenzreederei auch noch den Vorstand von Aktiengesellschaften zu übernehmen. Die Generalversammlung der »Rostocker Dampfschiffahrts-Actien-Gesellschaft OBOTRIT« fand am 28. Oktober 1871 statt. Sie bestätigte *definitiv den interimistisch gewählten Aufsichtsrath* und beschloss gleichzeitig, den Auftrag an die neue »Rostocker Actien-Gesellschaft für Schiff- und Maschinenbau« des Herrn Abendroth zu übergeben. Dieser hatte für den Bau *nach Expertenurteil die höchst günstige Summe von 58 400 Thalern veranschlagt.*

Der Stapellauf war für Ende Mai 1872 vorgesehen, fand aber erst am 13. Juni statt. Unter außergewöhnlich großer Beteiligung des Publikums liefen an diesem Sonnabendnachmittag gleich zwei Schiffe zu Wasser: *Präcise $4^{1}/_{2}$ Uhr ging das Schraubendampfschiff* ROSTOCK *(Kapt. Olsen) für Rechnung des Herrn J.A. Krüger in Bergen von den Helgen. Nachdem das Schiff festgelegt war, wurde sofort das zweite in Angriff genommen, welches präcise 5 Uhr folgte. Dieses Schiff, der* OBOTRIT, *Capitän Baltzer, ist für hiesige Rechnung erbaut und wird unter Direktion des Herrn B. Beselin fahren und hauptsächlich zu Frachtfahrten zwischen Ost- und Nordsee dienen. Die Tragfähigkeit des Schiffes wird, mit den erforderlichen Kohlen für eine zehntägige Reise, 10 600 Zentner betragen. Beide Schiffe fanden bei allen Sachverständigen den ungetheiltesten Beifall, ebenso so sehr durch ihre elegante Form wie durch die saubere Ausführung, und können sich dieselben den Leistungen der bedeutendsten Werften würdig zur Seite stellen.*[19]

Die Abmessungen des aus Eisen geschmiedeten Rumpfes der OBOTRIT, die neben vier Schotten auch Wasserballasttanks besaß, betrugen bei 413 NRT 53,95 x 7,77 x 3,66 Meter. Die Zweizylinder-Dampfmaschine mit ihren nominellen 60 PS *ist nach dem neuesten und bewährtesten Woolf'schen System mit Oberflächenkondensation erbaut* und konnte eine Geschwindigkeit von 8 Knoten erzielen. Wie damals noch üblich, besaß das Schiff aus Sicherheitsgründen oder zur Stabilisierung noch eine zweimastige Schonertakelage.

Die OBOTRIT trat ihre Jungfernfahrt mit 16 Besatzungsmitgliedern am 2. Oktober 1872 von Warnemünde aus an. Leider strandete das neue Dampfschiff auf der Reise von Riga nach Lübeck nach einer Meldung aus Windau bereits am 16. Dezember 1873 während eines Schneesturmes auf Domesneas Riff. Die Besatzung wurde gerettet. Der Bergungsdampfer FORTUNA versuchte erfolglos, das mit einem großen Loch im Heck versehene und vier Fuß unter Wasser liegende Schiff wieder abzubringen. Am 24. März 1874 veranstaltete der Aufsichtsrat im Haus von Berthold Beselin in der Schmiedestraße 6 eine außerordentliche Generalversammlung für alle Aktionäre. Die Liquidation der Gesellschaft wurde mit der *statutenmäßig vorgesehenen Stimmzahl* beschlossen.[20]

Rostocker
Dampfschifffahrts=Actien=Gesellschaft
„Obotrit".
Nachdem das Dampfschiff „Obotrit" im December v. J. leider verunglückt ist, hat der Aufsichtsrath beschlossen, die Auflösung der Gesellschaft zu beantragen, und werden die Herrn Actionäre unter Hinweis auf §§ 36, 43 u. 44 des Statuts zu einer
außerordentlichen
General=Versammlung
am Dinstag, den 24. März, Nachmittags 5 Uhr, im Hause des Herrn B. Beselin hiemit eingeladen. (7453
Rostock, den 8. März 1874.
Der Aufsichtsrath.
M. Petersen, Vorsitzender.

Abb. 18 Auflösung der Dampfschifffahrts-Actien-Gesellschaft OBOTRIT 1874. (Rostocker Zeitung)

Nach dem Verlust der OBOTRIT wurde gleich wieder unter dem Vorstand von B. Beselin ein Folgeunternehmen mit dem Namen »Dampfschifffahrts-Actien-Gesellschaft in Rostock« gegründet. Der Bau des auf den Namen RIGA getauften Schiffes erfolgte wie bei der später genannten ROSTOCK auf der *Hansa-Werfte für eiserne Schiffe und Maschinenbauanstalt (vorm. A. Tischbein)*. Der als Schoner getakelte, bei 55,11 x 8,17 x 4,51 Meter zu 657 BRT/471 NRT vermessene eiserne Dampfer ging erst im Sommer 1875 zu Wasser. Die 240 PSi Compound-Dampfmaschine konnte eine Geschwindigkeit von 8,5 Knoten erbringen. Obwohl die nach dem Tod von Beselin an Martin Petersen verkaufte RIGA ersteren um 30 Jahre unter Rostocker Flagge überlebte, gibt es nichts Spektakuläres zu berichten. Allerdings hätte Kapitän Ludwig Baltzer 1877 fast auch diesen Dampfer im Dänischen Sund durch Grundberührung verloren. Am 15. November in Lillesand *nur mit Verlust der Schraube und des Schachtes* eingeschleppt, wurde dieser Schaden später in Kopenhagen repariert.[21]

Die Postdampferlinie Rostock – Nyköbing

Der geistige Vater der Linie Berlin – Rostock – Kopenhagen war der Oberpostamts-Direktor Flügge. Durch ein *Circulär* vom 22. Juli 1871 hatte er *das Augenmerk auf diese Route gelenkt,* die vorerst durch einen bis Nyköbing fahrenden Dampfer unterhalten werden sollte. Nach der »Chronik der Rostock-Nykjöbing-Dampfschifffahrts-Actien-Gesellschaft« sprach auch am 29. Juli 1871 *Allerhöchstsein Zustimmung* zum geplanten Unternehmen aus, und ebenso stimmte das Kaiserliche Generalpostamt mittels eines Schreibens vom 19. Oktober dem *angeregten Plan* zu. Bereits am 4. November des gleichen Jahres trat hinsichtlich dieser Unterstützung in Rostock ein *provisorisches Komitee zur Bildung einer Actien-Gesellschaft für den gedachten Zweck* zusammen, dem erneut Berthold Beselin für alle organisatorischen und wirtschaftlichen Angelegenheiten vorstand.

In der am 13. Januar 1872 abgehaltenen Generalversammlung der Aktionäre *constituirte sich eine Gesellschaft* mit einem Grundkapital von 150 000 Mark (50 000 Thlr.), welches durch 250 auf den Inhaber lautende Aktien in Raten zu zahlen war, und zwar im *Comptoir des Vorstandes B. Beselin in der Schmiedestraße 6*. Allein die Baukosten des Schiffes betrugen 118 667 Mark. Wieder hatte man Beselin vom Aufsichtsrat zum Vorstand gewählt, und er führte bis zu seinem Tod alle Geschäfte der Gesellschaft. Diesmal gab es neben den sich beteiligenden Privatpersonen bei der Finanzierung auch öffentliche Einrichtungen: 25 Aktien zeichnete das Großherzogliche Finanzministerium und 70 Stück die Rostocker Vereinsbank.

Bei der Wahl des *statutarisch aus 5 Rostocker Aktionären bestehenden Aufsichtsrathes* erhielten von den persönlich abgegebenen 166 Stimmen: Oberpostinspektor Flügge 163, P.J.F. Burchard 162, Kommissionsrat Wachtler 145, Advokat Burchard 141 und Konsul Kossel 140 Stimmen. Letzterer machte dann allerdings darauf aufmerksam, dass es *aus praktischen Gründen wohl räthlich erscheine, auch einen Fachmann in den Aufsichtsrath zu berufen,* und bat daher, ihm den Rücktritt zu gestatten und an seine Stelle den Herrn Schiffbaumeister Otto Ludewig treten zu lassen, der dann fast einstimmig zum fünften Mitglied gewählt wurde.

Für den Bau des vorgesehenen Schiffes stand es dem Aufsichtsrat frei, die Pläne zu prüfen und gegebenenfalls zu genehmigen. Außerdem sei bereits von *einem Fabrikaten ein bestimmter Riß nebst Kostenplan abgegeben worden, bei welchem auf die Anforderungen der Reichs-Post-Oberbehörde, deren Benutzung des Schiffes zu einer neuen Postlinie* in Aussicht stehe, Rücksicht genommen worden sei. Diesmal hatte die *Hansa Werft für eiserne Schiffe und Maschinenbauanstalt (vorm. A. Tischbein)* die Ausschreibung gewonnen. Am 10. Juli 1872, abends 7 Uhr, lief dort das auf den Namen ROSTOCK getaufte Fahrzeug in Gegenwart zahlreicher Zuschauer glücklich vom Stapel. Das Postdampfschiff war *mit zwei Paar 1. Classe Woolf'scher Zwillings-Schrauben-Maschinen von zusammen nominal 70 Pferdekraft mit Oberflächenkondensation*

Die Unterzeichneten — von der Ueberzeugung durchdrungen, daß nach Vollendung der Eisenbahn von Kopenhagen bis Nykjöbing (Juli bis August 1872) eine tägliche regelmäßige Dampfschiffsverbindung zwischen Rostock und Nykjöbing und damit zwischen Rostock und den fruchtbaren Inseln Falster, Laland und Seeland, der dänischen Hauptstadt und ganz Schweden dem hiesigen Handel neue Wege erschließen wird und für den Gesammtverkehr der Stadt Rostock von größter Wichtigkeit werden muß — sind zusammengetreten, um auf Actien

eine tägliche Dampfschifffahrt zwischen Rostock und Nykjöbing

vermittelst zunächst nur **eines** eisernen Schraubendampfers I. Kl., dem aber baldthunlichst ein **Reserveschiff** hinzugefügt werden soll, ins Leben zu rufen.

Das Schiff würde bei der bedeutenden, für den Personen- und eventuellen Posttransport aber nothwendigen Geschwindigkeit von mindestens 12 Knoten pro Stunde incl. Kajüteneinrichtung ꝛc.

50,000 Thlr.

kosten, welche in **250** Actien à **200** Thlr. eingetheilt werden sollen.

Die Rentabilität des Unternehmens erscheint nach aufgestellter Berechnung außer allem Zweifel, und zwar um so mehr, als diese Linie den **möglichst kürzesten Seeweg** zwischen Deutschland und Kopenhagen bietet, und der Reisende nicht genöthigt ist, länger als höchstens **2 Stunden**, und zwar **bei Tage**, auf **offener See** zu sein.

Die Unterzeichneten sind bereit, Zeichnungen auf Actien bis zum **Donnerstag, den 23. d. M. incl.**, entgegenzunehmen und etwaige weitere Auskunft zu ertheilen.

Rostock, den 18. November 1871.

B. Beselin. A. Bolten, Dr. Eduard Burchard, Senator.
H. Burchard, Adv. P. J. F. Burchard. Flügge, Oberpostamtsdirector.
A. Kossel, Consul. A. L. Wachtler, Commissionsrath. Carl Winckler.
Dr. Witte, Senator.

Abb. 19 Werbung für die Passagierdampferverbindung Rostock – Nyköbing, 1871. (Rostocker Zeitung)

ausgerüstet. Die Dimensionen von Kessel und Maschine sind so groß gewählt, damit der Dampfer 12-12 1/2 Knoten läuft. Zu 180 BRT/127 RT vermessen, betrug die Länge 41,23 m, die Breite 5,64 m und die Raumtiefe 1,90 m. Unter dem Quarterdeck erhielt der Dampfer einen *eleganten Salon 1. Classe mit Damenkajüte, auf dem Quarterdeck eine Rauchkabine, hinter und vor dem Maschinenraum 2 Laderäume für 1000 Centner Gut und unter dem vorderen Deck eine einfacher eingerichtete Kajüte 2. Classe. Insgesamt können 150 Passagiere befördert werden. Zum Führer des Schiffes ist Capitän E. Zeyssig bestimmt.*[22]

Zu Beginn erreichte die ROSTOCK die *contractlich stipulirte Geschwindigkeit* nicht, weshalb anstatt der bisher zwei kleineren jetzt nur ein großer neuer Kessel eingebaut wurde. Sonst aber hatte sich der Dampfer *als ein besonders seetüchtiges und gut manövrirendes Schiff bewährt, in dem dasselbe trotz mehrfach sehr stürmischen Wetters stets seine regelmäßigen Fahrten eingehalten hat.* Für die Überfahrt benötigte das Schiff im Durchschnitt 4½ Stunden. In den Jahren 1873 bis 1876 verkehrte die ROSTOCK in den Monaten April bis September zwischen beiden Häfen dreimal wöchentlich, danach bis 1885 ebenfalls dreimal wöchentlich im April, Mai und September, täglich außer sonntags hingegen im Juni, Juli und August.

Am 1. März machte der für die Passagier- und Postverbindung zwischen Rostock und Nyköbing gebaute *Zwillingsschraubendampfer* ROSTOCK *eine längere Probefahrt in See. Wie wir vernehmen,* schrieb die »Rostocker Zeitung« am 1. März 1872, *wird der Dampfer im Laufe der nächsten Woche eine Fahrt von hier nach Nykjöbing machen zur Constatirung seiner Leistung. Das Schiff hat namentlich sehr elegante Cajütseinrichtungen und ist mit allem Comfort für die kurze Seefahrt ausgestattet.* Am 17. Mai 1873 lag die ROSTOCK zum ersten Mal unter vollem Flaggenschmuck an der Lagerbrücke. Vom vorderen Mast wehte die deutsche Reichspostflagge, die erst durch Genehmigung des Reichskanzlers ab 3. Juli an der Gaffel geführt werden durfte. Am 19. Mai begann das Dampfschiff seine ersten Fahrten, die noch wenig Beachtung fanden, weshalb das Schiff zusätzlich Extra- und Vergnügungsfahrten machte. Bei den Stückgütern war der Export größer als der Import. Ersterer bestand größtenteils in Bier aus der hiesigen Brauerei-Aktiengesellschaft und in Wagenfett der Fabrik W. Scheel, während der Import sich vorwiegend auf Mehl, Gerste, Butter und grüne Heringe beschränkte. Große Viehtransporte mit Schweinen, Kühen, Kälbern und Schafen trafen fast ununterbrochen ein, wofür das Vordeck allein meist nicht genügte, sondern auch noch der Vorraum genutzt werden musste. Im hinteren Laderaum befanden sich Stückgüter, Fässer mit Butter, oder er war völlig mit Gerste beladen.

Besonders zahlreich fanden sich Zuschauer beim Löschen von Viehtransporten ein. Rief bei einigen der Umschlag mit seinem *belebten und interessanten Bild eine förmliche stürmische Heiterkeit hervor,* störte andere die Art und Weise, wie das Vieh vom Schiff getrieben wurde: *Nach eben überstandener Seereise ist das Vieh ermattet und angegriffen und macht den Empfängern bestimmt große Schwierigkeiten. Doch sollte man für den Umschlag erfahrene Leute nehmen und nicht der Straßenjugend überlassen. Als hierüber mißliebige Stimmen laut wurden, äußerte ein junger Mann unter anderem: Man möchte es nur versuchen, dem Vieh zu sagen, was es thun solle, so würde es sich wohl ohne Schläge fortbringen lassen …*[23]

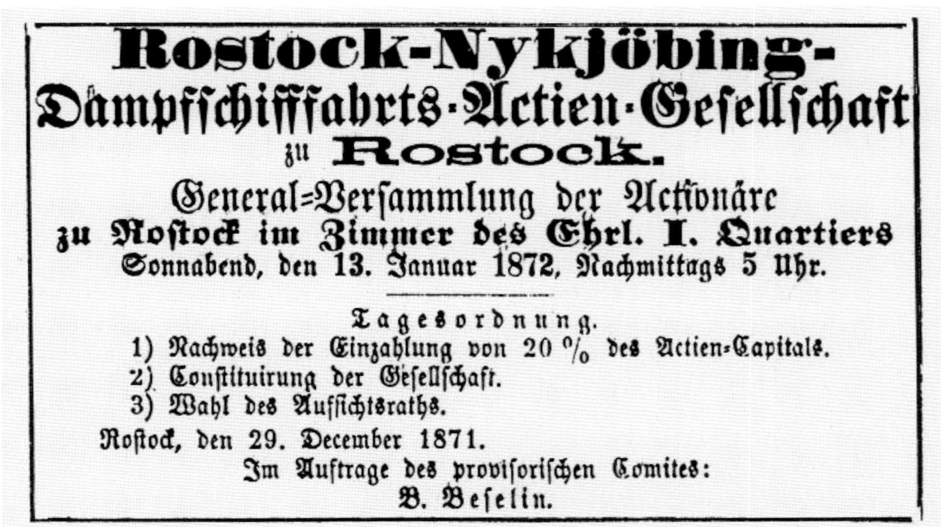

Rostock-Nykjöbing-
Dampfschifffahrts-Actien-Gesellschaft
zu Rostock.
General=Versammlung der Actionäre
zu Rostock im Zimmer des Ehrl. I. Quartiers
Sonnabend, den 13. Januar 1872, Nachmittags 5 Uhr.

Tagesordnung.
1) Nachweis der Einzahlung von 20 % des Actien-Capitals.
2) Constituirung der Gesellschaft.
3) Wahl des Aufsichtsraths.

Rostock, den 29. December 1871.
Im Auftrage des provisorischen Comites:
B. Beselin.

Abb. 20 Anzeige für die Generalversammlung der Aktionäre 1872. (Rostocker Zeitung)

Berthold Beselin oblag es nun, sich landseitig um alle Belange der ROSTOCK zu kümmern. Als erstes galt es, von der Stadt die Genehmigung für einen entsprechenden Liegeplatz einschließlich eines Güterschuppens am Hafen zu erhalten. Dafür wandte er sich am 7. Mai 1872 an den Rat der Stadt Rostock, der sich an der Finanzierung des Schiffes nicht beteiligt hatte:

Wie dem Rath bekannt sein wird, beabsichtigt die Rostock-Nykjöbing-Dampfschifffahrts-Actien-Gesellschaft hieselbst eine tägliche Dampfschifffahrtsverbindung zwischen Rostock und Nykjöbing und zurück mit vorläufig einem Dampfschiffe herzustellen. Die Beweggründe, welche die Actiengesellschaft bei Gründung dieses Unternehmens geleitet haben, waren nicht gerade die, eine vorzügliche Rente aus diesem Unternehmen zu gewinnen, sondern vor allen Dingen die Erwägung, daß der Verkehr der Stadt Rostock durch eine solche regelmäßige Verbindung mit den dänischen Inseln, Kopenhagen und dem ganzen Norden unter allen Umständen nach jeder Richtung hin gehoben werden würde. Somit also hauptsächlich das Interesse vor Augen gehabt, so glauben wir auch hoffen zu können, daß E.E. Rath nach Möglichkeit bestrebt sein wird, uns diejenigen Erleichterungen zu gewähren, wodurch allein das Unternehmen prosperiren und der Stadt wirklich zum Nutzen geneigen kann. Wir erlauben uns daher, folgendes E.E. Rath zur geneigten Erwägung zu unterbreiten:

1. Wir müssen zunächst für unser Dampfschiff eine Anlegestelle in unserem Hafen zu unserer alleinigen Benutzung haben. Lokalbesichtigung und Besprechung mit Herrn Stadtbaumeister Klitzing und dem Hafenmeister Kulow hat ergeben, daß das nordöstliche Bollwerk des neuen Landes vor dem Theerhaus in einer Länge von 140 Fuß engl. vom Fischerhafen ab nach Westen für uns der geeignetste Platz ist, der zu gleicher Zeit nach Ansicht der o.g. Herren sowohl von der Stadt, als vom Hafen wegen am leichtesten entbehrt werden könnte. Wir bitten daher diesen Platz anweisen lassen zu wollen.

2. Außerdem müssen wir zu Lagerung unserer Kohlen und Reponierung der ein- und ausgehenden Ladung notwendigen Raum zu einem Schuppen haben. Der oben erwähnte Platz gewährt auch diesen.

Nach Verhandlungen mit dem Gewett wurde *bis auf beliebigen Widerruf* eine Anlegestelle an der Schnickmannbrücke genehmigt. Da sich diese aber durch mangelhafte Pflasterung und die Lagerung von Bauhölzern in einem für *Fußgänger und Fuhrwerke völlig unpracticablen Zustand* befand und auch noch zum raschen Laden und Löschen verbreitert werden musste, beschloss man laut Frühjahrprotokoll vom 14. April 1871 einen Neubau, der aber letztlich aus Etatgründen um ein Jahr verschoben werden musste. Benötigt wurde auch ein verschließbarer Raum zur Lagerung der Güter in der Nähe der Landungsbrücke. Als Übergangslösung legte die Gesellschaft ein kleines *Comptoir* im Schuppen von Martin Petersen an, bis 1874 die Stadt einen separaten Anbau an dessen Westseite genehmigte. Ein Jahr danach musste dieser durch *den Neubau eines massiven, von den Zollbehörden als zollsicher anerkannten Schuppens an der Stelle des früheren Bretterschuppens* erneuert werden, dessen Kosten die Gesellschaft stark belastete.

Alle diese Angelegenheiten erfolgten unter der Aufsicht von Berthold Beselin, der sich neben der »Schuppenfrage« auch noch um die Lotsenfrage, die Reduzierung von Hafengebühren und ähnliche Dinge kümmerte. Im März jeden Jahres fand eine ordentliche Generalversammlung statt. Dabei musste der Vorsitzende, Oberpostamts-Direktor Flügge, leider immer wieder feststellen, dass *das abgelaufene Geschäftsjahr das Unternehmen zu keinem befriedigenden Resultate geführt* habe, glaubte aber doch die Hoffnung aussprechen zu dürfen, dass es *bei unbeirrbarer Ausdauer* gelingen werde, *die geschäftliche Lage der Gesellschaft aufzubessern, um derselben ein gedeihliches Bestehen zu sichern.*

Trotzdem blieb das Resultat eines jeden Betriebsjahres kein befriedigendes. Obwohl die Route bei den Reisenden beliebt war und oft schon *durchgehende Billette in Berlin, Hamburg und*

Rostock-Nykjöbing
Dampfschifffahrts-Actien-Gesellschaft.

Die diesjährigen Fahrten des Post- und Passagierdampfers

„Rostock“,

geführt vom Capitain E. Zeyssig, zwischen **Rostock u. Nykjöbing a/F.**, beginnen am 22. April und enden am 28. September.

Fahrplan.

a) Abfahrt von Rostock:

Im April, Mai — 1 Juni incl. und September jeden Montag, Mittwoch und Freitag Morgens 9 Uhr nach Ankunft des ersten Eisenbahnzuges von Berlin, Hamburg etc. — Vom 3. Juni — 31. August **täglich** mit Ausnahme des Sonntags Morgens 8½ Uhr.

b) Abfahrt von Nykjöbing a/F.:

Im April, Mai — 1. Juni incl. und September jeden Dinstag, Donnerstag und Sonnabend Nachmittags 2½ Uhr nach Ankunft des Eisenbahnzuges von Kopenhagen. — Vom 3. Juni — 31. August incl. **täglich** mit Ausnahme des Sonntags.

Durchgehende Billets von Berlin, Hamburg und Rostock nach Kopenhagen und vice versa.

Rostock, im April 1878. **Die Direction.**
B. Beselin.

Abb. 21 Fahrplan des Passagierdampfers Rostock, 1878. (Rostocker Zeitung)

Kopenhagen ausgegeben wurden, hatte die Frequenz an sich nicht zugenommen, weil die Eisenbahnanbindungen auf beiden Seiten so ungünstig lagen, dass die sofortige Weiterbeförderung nicht möglich war. Der Zustand verbesserte sich etwas, als die Schnellzüge ab 1876 bei verspäteter Ankunft *eine Maximalzeit über planmäßige Abfahrtszeit von 50 Minuten zu warten* hatten. Trotzdem sah sich der Vorstand ab 1878 genötigt, bei der Stadt Rostock den einmaligen Zuschuss von 5000 Mark zum Betrieb ihrer Fährroute zu beantragen, von denen jedoch nur 3000 Mark genehmigt wurden. Diese Unterstützung scheint weiterhin erfolgt zu sein, wie das letzte Schreiben von Berthold Beselin kurz vor seinem Tod beweist:

Einen ehrbaren Rath verfehlen wir nicht, für die der Rostock-Nykjöbing Dampfschifffahrts-Actien-Gesellschaft huldvollst gewährten Unterstützung von 3000 Mark zur Aufrechterhaltung der regelmäßigen Fahrten während des Jahres 1881 unseren ebenso tief gefühlten, als gehorsamsten Dank hierdurch abzustatten. In größter Ehrerbietung Eines Ehrbaren Rathes gehorsamst im Namen des Aufsichtsrathes und der Direktion B. Beselin.

Hoch geachtet starb Berthold Valentin Beselin im 5. Januar 1882 *nach einem bewegten und tüchtigen Leben* mit 57 Jahren in Rostock. Als Mann mit *vortrefflichen Eigenschaften wie Rechtschaffenheit, Ehrenhaftigkeit und Humanität* lobte ihn sein Nachruf. Bei seinem Leichen-

Abb. 22 Korrespondenzreeder Berthold Beselin, um 1880. (Stadtarchiv Rostock)

begräbnis bekundete der lange *Trauerkondukt* die erwiesene Anteilnahme, dem sich neben den vielen Freunden die Bürgerschaft, die Kaufmannschaft, die Schiffergesellschaft und selbst der Rat der Stadt *in corpore* angeschlossen hatten.[24]

Nach dem Tod des Berthold Beselin führte die Ehefrau von Richard Beselin die Geschäfte vorerst weiter. Im Rostocker Handelsregister wurde laut Verfügung vom 7. Januar 1882 unter Fol. 35 Nr. 104 für die Firma »Richd. V. Beselin« eingetragen, dass *die bisher zwischen der Wittwe Emma Sophie Ernestine Beselin, geb. Crasemann, und dem Kaufmann Berthold Valentin Beselin bestehende offene Handelsgesellschaft* [...] *durch den Tod des Letzteren aufgelöst und Erstere nunmehr alleinige Inhaberin der Firma* sei. Allerdings ist gleichzeitig dem Sohn des Begründers, dem Kaufmann Richard Valentin Beselin aus Hamburg, *Procura ertheilt mit alleiniger Berechtigung zur Zeichnung der Firma.*[25]

Die Korrespondenzreederei bestand nach der »Rhedereiliste« von Otto Wiggers noch bis Anfang 1886. Im gleichen Jahr gingen die noch vorhandenen restlichen elf Segelschiffe an andere Korrespondenzreeder über, allein zehn davon übernahm der Kaufmann Wilhelm Maack. Für jedes dieser Schiffe bekam die Reedereiversammlung von der Witwe zur Bestätigung ein Schreiben folgenden Inhalts:

Der verehrlichen Rhederei erlaube ich mir hierdurch ergebenst mitzutheilen, daß ich meine Parte in diesem Schiff dem Herrn Wilhelm Maack, hier, käuflich überlassen habe und ich von der Korrespondenz-Führung dieses Schiffes zugunsten des Herrn Maack, als nunmehrigem Mitreeder, zurücktrete. Herr Wilhelm Maack hat sich zur Übernahme der Korrespondenz bereit erklärt und bitte ich die werthen Rheder, ihre Zustimmung hierunter aussprechen zu wollen.[26]

Anhang

Chronologischer Schiffsbestand der Korrespondenzreederei Beselin

Initiator für den Neubau oder Ankauf eines Schiffes war nicht allein der Reeder, sondern bei ausreichendem Kapital hauptsächlich der Kapitän. Dieser besaß zusammen mit seiner Familie bis zu 25% des Wertes und trug das in 60 bis 360 Anteile gegliederte Gesamtkapital vorher mittels einer vom Korrespondenzreeder ausgestellten Missive von allen Interessenten zusammen:

Capt. Wilhelm Maatz hat hier beim Schiffbaumeister E. Burchard eine Schonerbrigg von 16-17 Keels Kohlen Tragfähigkeit kupferfest conditioniert.

Das Schiff wird mit Ausrüstung 20 000 Thlr. Pr. Crt. in See kosten.

Capt. Maatz ist mir als ein solider und tüchtiger Seemann bekannt, auch scheint es, als würden die Aussichten für Segelschiffe sich wieder günstig gestalten, und somit ersuche ich Sie,

Nach längerem Leiden entschlief heute
Morgen der Kaufmann
Berthold Valentin Beselin,
tief betrauert von
den Hinterbliebenen.
Rostock, den 5. Januar 1882.

Abb. 23 Todesanzeige des Kaufmannes und Reeders Berthold Beselin, 1882. (Rostocker Zeitung)

in meinem und Capt. Maatz Namen, sich bei diesem Unternehmen durch Zeichnung eines Antheils hierunter zu beteiligen.

Ich rhede als Korrespondenzrheder des Schiffes 1/8 Part.

Hochachtungsvoll
Richard V. Beselin
Korrespondenzreeder

Fast immer wurde die erforderliche Summe in der Reedereiliste nicht nur von wenigen Mitreedern gezeichnet, sondern von vielen Personen aus den verschiedensten Berufsgruppen. Dazu gehörten als so genannte »Interessenreeder« die am Bau oder an der Ausrüstung interessierten Handwerker, Kaufleute und Lieferanten, die ihre Beteiligung von ca. 1/8 durch eine für sie persönlich günstige Preisgestaltung möglichst zu minimieren versuchten. Zu den reinen »Dividendenreedern« gehörten Beamte, Landwirte, Offiziere und ähnlich gut situierte Berufsgruppen, aber auch bekannte Persönlichkeiten, Künstler oder Gutsbesitzer, die als »Namensreeder« dafür zahlten, dass das Schiff ihren Namen trug. Die restliche Finanzierung bestand meist aus einer Vielzahl kleinerer Anteile von den als »Kapitänsreeder« bezeichneten Schifferfamilien des Fischlandes und Umgebung, die dafür zur Sicherheit ihre Beteiligungen in mehreren Fahrzeugen anlegten.

Vor Gründung des Norddeutschen Bundes konnten sich nach mecklenburgischem Recht auch Firmen aus dem Ausland an der Finanzierung beteiligen. Unter »Flagge und Flaggennummer« hieß es dann zum Beispiel im »Schiffs-Certifikat«: *Die Bark trägt die Mecklenburgische Nationalflagge und die Rostocker Flagge Nr. 97. Die Berechtigung des Schiffes zur Führung dieser beiden Flaggen ist anerkannt, weil mehr als 3/4 am Schiffe im Eigenthume Mecklenburgischer Unterthanen stehen und der Führer desselben Rostocker Bürger und Mecklenburgischer Unterthan ist.*

Und als Beweis dafür, dass bei einem Wechsel der Mitreeder sich dieses Verhältnis nicht verschoben hatte, folgte als Nachsatz der Hinweis, dass die vorstehend genannten Eigentümer *zur Begründung der eines Mecklenburgischen Schiffes gesetzlich erforderlichen überwiegenden Mehrzahl ihrer Antheile Mecklenburgische Unterthanen sind, bzw. die Rechte Mecklenburgischer Unterthanen genießen, wird hierdurch in Grundlage des von uns geführten Schiffsregisters bezeugt.*

Geschätzte 10% Ausländer sollen es gewesen sein. Meistens waren es Handelshäuser, Maklerfirmen oder Speditionen, die dadurch an der Befrachtung der Schiffe interessiert wurden. Weil beim Führen der deutschen Bundesflagge ab 1867 alle Teilhaber deutsche Staatsbürger sein mussten, erhielt Mecklenburg von der Reichsregierung zur Umstellung der Eigentumsverhältnisse die Frist von einem Jahr zugebilligt.[27]

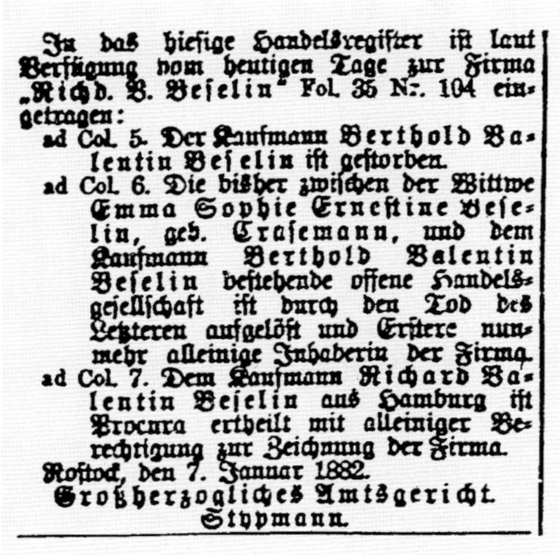
In das hiesige Handelsregister ist laut Verfügung vom heutigen Tage zur Firma „Richd. V. Beselin" Fol. 35 Nr. 104 eingetragen:
ad Col. 5. Der Kaufmann Berthold Valentin Beselin ist gestorben.
ad Col. 6. Die bisher zwischen der Wittwe Emma Sophie Ernestine Beselin, geb. Crasemann, und dem Kaufmann Berthold Valentin Beselin bestehende offene Handelsgesellschaft ist durch den Tod des Letzteren aufgelöst und Erstere nunmehr alleinige Inhaberin der Firma.
ad Col. 7. Dem Kaufmann Richard Valentin Beselin aus Hamburg ist Procura ertheilt mit alleiniger Berechtigung zur Zeichnung der Firma.
Rostock, den 7. Januar 1882.
Großherzogliches Amtsgericht.
Stypmann.

Abb. 24 Eintragung in das Handelsregister zur Firma Richard V. Beselin am 7. Januar 1882. (Rostocker Zeitung)

Die von 1848 bis 1886 betriebene Firma *Richard V. Beselin* bereederte insgesamt 43 Schiffe, darunter ein Vollschiff, 15 Barken, 22 Briggs, eine Schonerbrigg, ein Schoner und drei Dampfer.

Von 1863 bis 1866 trugen sich als Korrespondenzreeder die Kaufleute Richard und Berthold Beselin in Rostock als Besitzer der Firma *Richd. V. Beselin* gemeinsam in das Schiffsregister ein. Nach dem Tode des Bruders wird Berthold Beselin stets als *Mitinhaber der Firma Richard V. Beselin* benannt. Die Reederei firmierte laut Testament bis zu ihrer Auflösung weiter unter *Richd. V. Beselin.* Alle Schreiben behielten nicht nur dieses Prägung bei, sondern waren sogar stets mit dieser Firmenunterschrift versehen. Allerdings stand darunter, scheinbar zur Beglaubigung, noch ein weiterer, immer gleich bleibender Namenszug.

»Rhederei-Verzeichnisse« der Firma Richd. V. Beselin

Mit Hilfe der wenigen noch vorhandenen und zum Teil unvollständigen Schiffsregisterakten[28] soll nachfolgend versucht werden, zeitgenössische Entwicklungen und Abweichungen bei den Eigentumsverhältnissen einzelner Schiffe zu belegen. Die 1843 bei Friedrich Dethloff gebaute, seinerzeit noch unter der Korrespondenz von Friedrich Beselin fahrende Brigg GROSSHERZOG FRIEDRICH FRANZ ist ein klassisches Beispiel für die gravierenden Änderungen, die sich im Laufe der folgenden Jahre bei den Reedereilisten vollzogen haben.

Auffällig bei allen von der Reederei kaufmännisch betreuten Schiffen ist die generelle Teilung der Parten anfangs in 64 und später in 60 Anteile. Bei der am 9. Januar 1844 ausgestellten Liste teilten sich 13 Parteninhaber das Schiff. Danach besaßen der Kaufmann und Korrespondenzreeder Friedrich Beselin aus Rostock (16) und der Schiffer Christian Heinrich Dade zu Dändorf (15) jeweils etwa ein Viertel der Anteile. Den Interessenreedern wie Schiffbaumeister Zeltz (8), Reifer Mentz (4), Segelmacher Gerdes (2) sowie den drei Geschäftsleuten Hübner, Howitz und Lange (4) gehörten mit zusammen 18 ebenfalls rund ein Viertel der Anteile, während sich sechs Kapitäne aus Dändorf und Wustrow als so genannte Kapitänsreeder (15) praktisch den fast gleich großen Rest der Anteile teilten.

In den folgenden 20 Jahren bis 1864 fand dann eine gravierende Umstellung bei den Besitzverhältnissen statt. Anstelle der ehemals 13 sind jetzt 47 Mitreeder eingetragen, dafür sind die Parten zum Teil halbiert, gedrittelt oder geviertelt worden. Diese Veränderungen begründete in den späteren *Rhederei-Listen* teilweise ein Nachsatz, der nachwies, welche Anteile *ursprünglich gerhedet sind* bzw. vererbt oder verkauft wurden. Letzteres erfolgte vorrangig durch die Interessenreeder, die nach gewisser Zeit wenigstens einen Teil ihrer Parten zu verkaufen suchten, um damit Gewinn zu machen oder um das Geld in neuen Schiffen anlegen zu können.

Aber auch Richard und Berthold Beselin besaßen statt früher 16 jetzt nur noch $3^1/_2$ bzw. $2^1/_3$ Anteile. Ein Grund dafür war die speziell nach Wegfall der Navigationsakte 1850 einsetzende Beteiligung ausländischer Maklerfirmen, denen meist aus wirtschaftlichen Erwägungen der Korrespondenzreeder oder auch der Kapitän einen Teil ihrer Parten überließen. Bei der Brigg

Die

Rostocker Rhederei

im Anfange des Jahres

1877.

Herr **Rich. V. Beselin**, Correspondent.

Bauart.	Name des **Schiffes.**	Register-Tons.	Name des **Capitains.**	Unter-scheidungs-Signale.
SD.	Riga (80 Pferdekraft)...	465	L. Baltzer	MDBC
SD.	Rostock (60 Pferdekraft)	127	E. Zeyssig......	MCFQ
B.	Polly Stott......... †	432	F. Harder	MDBP
B.	Anna Precht .... s	429	J. W. Möller	MDFC
B.	Frisch .... s	415	H. C. Voss......	MCRL
B.	Fritz Schmidt ...... †	397	And. Schmidt ...	MCWT
B.	Prospero .... †	380	E. Krafft	MBLK
B.	W. W. Harvey........ s	377	D. Peters.......	MCQL
B.	C. M. v. Behr ....)(	353	G. Kröger	MBFP
B.	Gustav Metzler...... †	352	Aug. Jörck	MCWG
B.	Favorite............ †	331		MCKV
Br.	Atlantic ....)(	307	J. N. Harder	MCNB
B.	Presto ....)(	285	E. Quittenbaum .	MBND
Br.	Armin ....)(	284	P. Fretwurst....	MBHF
Br.	Dr. Witte.......... †	280	J. N. Zeplien	MCWJ
Br.	Actif ....)(	268	J. N. Voss	MCFH
Br.	Ariel	248	L. Westendorff ..	MBPJ
Br.	Hertha............. †	234	D. H. Dade	MBPN
Br.	Agnes	231	T. Holz	MBPG
SBr.	F. W. Fischer.........	213	W. Maatz.......	MCVN
Br.	Grhz. Friedrich Franz..	196	A. Peters.......	MBPQ
B.	#		J. Möller	

Zusammengestellt

von

Otto Wiggers,

Schiffsmakler in Rostock.

J. C. Padderatz Nachfolger.

Abb. 25 Reedereiverzeichnis Richard V. Beselin, 1877. (Aus: Wiggers)

GROSSHERZOG FRIEDRICH FRANZ gingen 4²/3 der Anteile nach Antwerpen, Rotterdam und Newcastle. Allerdings musste diese ausländische Beteiligung 1868, nach Inkrafttreten des bereits erwähnten Gesetzes zur Führung der Deutschen Reichsflagge, notgedrungen wieder rückgängig gemacht werden, und nur selten fand sich ein Makler oder Spediteur außerhalb Rostocks als Käufer dieser freiwerdenden Parten.

Es ist auch noch das *Rhederei-Verzeichnis* der ersten, 1849 bei Zeltz unter der Korrespondenz von Richard Beselin erbauten Brigg HERTHA erhalten geblieben. Damals hielt sich Richard Beselin noch an die Vorgaben seines Onkels, teilte 64 Parten auf zwölf Reeder und übernahm selbst 16 Anteile. Weil die einzelnen Eigentumsverhältnisse zu seinem ersten von ihm kaufmännisch betreuten Schiff gehören, soll die Verteilung nachfolgend aufgelistet werden. Am 26. Juli 1849 wurde von der Rostocker Regierungsbehörde bestätigt, dass *nach dem unseren Acten übergebenen Rhederei-Verzeichnis das Schiff ein unbestrittenes Eigenthum der hiesigen Landeseinwohner ist*. Der Bielbrief wurde von Wilhelm Zeltz am 26. März und der Messbrief am 1. Februar 1849 ausgestellt.

Eigenthums-Verzeichnis der Brigg HERTHA, *Capt. Daniel Heinrich Dade, Daendorf*

R.V. Beselin	*Korrespondenzreeder*	*Rostock*	*16/64*
H. Mentz	*Reifer*	*dito*	*4*
W. Zeltz	*Schiffbaumeister*	*dito*	*4*
J.C. Howitz	*Kaufmann/Wechselgeschäft*	*dito*	*4*
H.C. Hansen	*Segelmacher*	*dito*	*2*
G. Scherf	*Schmied*	*dito*	*2*
J.F. Ahrens	*Schiffer*	*Daendorf*	*8*
J. Niejahr	*Schiffer*	*dito*	*8*
E.F. Maaß	*Schiffer*	*Wustrow*	*4*
D.H. Dade	*Schiffer*	*dito*	*2*
H. Voß	*Schiffer*	*dito*	*2*
Schiffer D.H. Dade, Daendorf			*8/64*
			Summe 64/64

Auch bei diesem Schiff gab es dann aus den erwähnten Gründen ab 1865 eine Erweiterung auf insgesamt 51 Mitreeder. 8²/3 Parten hatten wieder Firmen in Schweden, England und Holland erworben. Der Schiffer besaß nur noch 3²/3 Parten, die Brüder Beselin und ein Familienmitglied aus Neustrelitz zusammen 10. Auch diesmal kaufte die Familie und Firma Beselin nach 1868 die ausländischen Anteile wieder zurück.

Einige Reedereilisten lassen in ihrer Zusammensetzung auf das soziale Umfeld, auf die Herkunft, die Verwandtschaft oder den Bekanntenkreis schließen, zumal wenn plötzlich außer Handwerkern, Schiffern und kaufmännischen Mitreedern ganz »fremde« Berufsgruppen ihre Anteile zeichnen. Bei der 1855 für den Schiffer Heinrich Rittgardt aus Warnemünde gebauten Bark C.M. v. BEHR beteiligten sich zum Beispiel viele Landwirte aus den Dörfern der Umgebung, wie Lichtenhagen, Lütten-Klein, Elmenhorst, Rethwisch, Admannshagen und Bargeshagen, mit insgesamt gut 10%.

Bei der Bark ALT-MECKLENBURG des Schiffers Joachim Korff setzten außer den üblichen Mitreedern noch ein Pastor aus Wittenberg, der Kammerherr von der Lanken aus Galenbeck und weitere 14 Gutsbesitzer vorwiegend aus dem Raum Wismar ihre Teilhaberschaft namentlich unter die Missive.

Senatoren, Bankdirektoren, Auktionssekretäre, Advokaten, Doktoren, Militärs und Besamte standen ebenso in den Eigentumslisten wie Gastwirte, Bäcker, Schlachter und Kolonialwarenhändler. Auffällig bei der Firma Beselin ist die Tatsache, dass viele Teilhaber gleichen Namens auch noch bei anderen Schiffen auftauchen. Das gilt ebenfalls je nach Fahrtgebiet auch für ausländische Maklerfirmen.

Nachdem die Korrespondenzreederei öffentlich in die Kritik geraten war, die Dividenden sanken oder ganz ausblieben und unter Umständen sogar Nachschüsse gefordert wurden, unterstützte ab Ende der 1860er Jahre speziell für Neubauten nur noch ein weiterhin an dem Bestand der Flotte interessierter Kreis von Mitreedern die Finanzierung, also vorwiegend jene, die an oder mit der Schifffahrt verdienten. Die Anzahl der reinen Dividendenreeder nahm ab. Als Beleg dafür könnten die Eigentumsverhältnisse von drei zwischen 1873 und 1877 für Berthold Beselin gebauten Segelschiffen herangezogen werden. Die Analyse dieser in jeweils 60 Parten geteilten *Rhederei-Listen* ergab folgende Gliederung:

1. Der Korrespondenzreeder zeichnete 7 bis 8 Parten,
2. der Schiffer zwischen 12 und 17 Parten,
3. der Schiffbaumeister zwischen 9 und 11 Parten,
4. weitere Interessenreeder (etwa vier bis fünf) zwischen 8 und 10 Parten,
5. Dividendenreeder in der Anzahl abnehmend von 9 auf 4 Parten,
6. Kapitänsreeder (fünf bis vierzehn) in der Anzahl zunehmend von $3^1/_2$ auf $13^1/_2$;
7. deutsche Maklerfirmen (ca. zwei) lagen meistens unter 1 Part.

Literatur:

Busch, Peter, und Stahl, Joachim: Neptun-Schiffe. Schiffsregister der Neptunwerft von 1850 bis 1991. (= Schriften des Schiffahrtsmuseums der Hansestadt Rostock, Bd. 4). Rostock 1998.

Kägbein, August: Zur Geschichte und Organisation der mecklenburgischen Segelschiffs-Reedereien. Rostock 1902.

Laffert, Ernst A. von (Hrsg.): Die heillosen Missbräuche im mecklenburgischen, insbesondere im Rostocker Rhedereiwesen. Nebst Vorschlägen zu deren Abhülfe. Schwerin 1861.

Müller, Walther: Rostocks Seeschiffahrt und Seehandel im Wandel der Zeiten. Ein Beitrag zur Geschichte der deutschen Seestädte. Rostock 1930.

Peters, Max: Die Entwicklung der deutschen Rhederei seit Beginn des 19. Jahrhunderts bis zur Begründung des Deutschen Reichs. Band 1: Die Entwicklung der deutschen Rhederei seit Beginn dieses Jahrhunderts. Jena 1899.

Peters, Max: Die Entwicklung der deutschen Rhederei seit Beginn des 19. Jahrhunderts bis zur Begründung des Deutschen Reichs. Band 2: Von der Mitte des 19. Jahrhunderts bis zur Begründung des Deutschen Reichs. Jena 1905.

Rabbel, Jürgen: Stunde der Wahrheit für zwei Männer. In: Der Demokrat. Tageszeitung der Christlich-Demokratischen Union. 37. Jahrgang, Rostock 1982, 6.10.1982.

Rabbel, Jürgen: Rostocker Windjammer. Hölzerne Segler. 2., erw. Aufl. Rostock 1988.

Rabbel, Jürgen: Rostocks eiserne Segler. 2. Aufl. Rostock 1990.

Rahden, Heinrich: Die Schiffe der Rostocker Handelsflotte 1800-1917. (= Veröffentlichungen aus dem Stadtarchiv der Seestadt Rostock, Bd. 2). Rostock 1941.

Rostocker Adressbücher. Diverse.

Rostocker Zeitung. Jahrgänge 1848-1886.

Stahl, Joachim: Neptunwerft. Ein Rostocker Unternehmen im Wandel der Zeit. (= Schriften des Schiffahrtsmuseums der Hansestadt Rostock, Bd. 1). Rostock 1996.

Wiggers, Otto: Die Rostocker Rhederei. Bände der Jahrgänge 1849 bis 1886.

Bestände des Stadtarchivs Rostock:

Nachlass Familie Beselin (1.4.3).

Bürgermeister und Rat (1.1.3).

Kaufmannskompanie (1.2.1).

Gewett Schifffahrt und Hafen (1.1.12.1).

Gewett Warnemünde (1.1.12.2).

Gewett Bauamt (1.1.13).

»Chronik der Rostock-Nykjöbing-Dampfschifffahrts-Actien-Gesellschaft 1871-1886« (Festschrift).

Schiffe unter der Korrespondenz der Firma »Richard V. Beselin«

Bestand 1850									
1		Br. FRIEDERIKE (M 57)	82 Last	1835	Friedrich Ramm, Rostock	Holz/ze	20,61 x 6,98 x 3,42 m	1852	Strandung
2		Br. AGNES (MBPG)	231 RT	1838	J.D. Dierling, Damgarten	Holz	24,35 x 7,58 x 3,71	1885	verlassen
3		Br. JOHANN UND EMIL (?)	117 Last	1838	Friedrich Dethloff, Rostock	Holz/ze		1853	Strandung
4		Br. CLARA (R45)	119 Last	1839	Friedrich Dethloff, Rostock	Holz/ze		1852	verschollen
5		Br. VALENTIN (M 102)	118 Last	1842	?	Holz		1856	Strandung
6		Br. THEODOR (MBPK)	209 RT	1842	Friedrich Dethloff, Rostock	Holz/ze	26,14 x 7,43 m	1875	Strandung
7		Br. GROSSHERZOG FRIEDRICH FRANZ (MBPQ)	196 RT	1843	Friedrich Dethloff, Rostock	Holz/ze	26,58 x 7,63 x 4,26 m	1878	gesunken
8		Br. CLIO (MCKS)	241 RT	1846	Andreas J. Warnck, Rostock	Holz/e	28,50 x 8,02 x 4,57 m	1876	Strandung
9		Br. TRIDENT (MBPH)	224 RT	1847	H.L. Miebrodt, Ribnitz	Holz/e	27,62 x 7,63 x 4,19 m	1875	verlassen
10		Br. SCHILLER (MBPL)	213 RT	1847	Andreas Schönemann, Rostock	Holz/ze	25,54 x 7,61 x 3,94 m	1874	Strandung
11		Br. HERTHA (MBPN)	234 RT	1849	Wilhelm Zeltz, Rostock	Holz/kf	30,10 x 8,02 x 4,41 m	1879	Kollision
12	1852	Br. ARIEL (MBPI)	260 RT	1852	Andreas Schönemann, Rostock	Holz/ze	30,85 x 7.96 x 4,62 m	1893	Verkauf
13	1853	B. PROSPERO (MBLK)	387 RT	1853	Wilhelm Zeltz, Rostock	Holz/kf	38,19 x 8,81 x 5,00 m	1895	Verkauf
14	1855	B. C.M. VON BEHR (MBFP)	353 RT	1855	Otto Ludewig, Rostock	Holz/kf	35,01 x 8,15 x 5,02 m	1880	verschollen
15		B. FAVORITE (MCKV)	341 RT	1855	Otto Ludewig, Rostock	Holz/kf	35,31 x 8,15 x 5,14 m	1881	verschollen
16		S. MIRANDA (M 212)	82 Last	1855	Wilhelm Zeltz, Rostock	Holz/kf	27,12 x 7,13 x 3,12 m	1858	Strandung
17	1856	VS. ALT-MECKLENBURG (MBNR)	473 RT	1856	Wilhelm Zeltz, Rostock	Holz/kf	41,88 x 8,91 x 5,15 m	1872	Strandung
18	1857	Br. WODAN (M 228)	140 Last	1857	Otto Ludewig, Rostock	Holz/kf	30,89 x 7,92 x 3,71 m	1862	verschollen
19		Br. CONDOR (MBQP)	115 Last	1856	Wilhelm Zeltz, Rostock	Holz/kf	27,92 x 7,72 x 3,64 m	1870	Strandung
20		B. VON LAFFERT-LEHSEN (MCKF)	357 RT	1857	Wilhelm Zeltz, Rostock	Holz/kf	33,86 x 8,61 x 4,75 m	1875	gesunken
21	1858	B. BRILLANT (MCJL)	180 Last	1858	Wilhelm Zeltz, Rostock	Holz/kf	35,94 x 8,47 x 4,75 m	1870	gekapert
22	1862	Br. SEEVOGEL (MCHK)	260 RT	1862	Heinrich Rickmann, Rostock	Holz/ze	30,29 x 8,02 x 3,71 m	1874	Strandung
23	1863	Br. ACTIV (MCSR)	243 RT	1863	Joachim Möller, Rostock	Holz/ze	30,65 x 8,15 x 4,35 m	1887	Strandung
24	1865	Br. ARMIN (MBHF)	240 RT	1865	Andreas Schönemann, Rostock	Holz/ze	30,29 x 8,02 x 5,87 m	1885	Strandung
25		Br. ORION (MCGK)	129 Last	1865	Heinrich. Rickmann, Rostock	Holz/ze	31,78 x 8,02 x 3,79 m	1869	Strandung
26	1866	Br. BOREAS (MBJD)	126 Last	1837	Frankreich (ex GRÖNLAND)	Holz	30,17 x 8,23 x 5,18 m	1868	Strandung
27		Br. METEOR (M 162)	144 Last	1866	Andreas Schönemann, Rostock	Holz/ze	32,08 x 8,02 x 4,01 m	1868	Strandung
28	1867	B. PRESTO	285 RT	1867	Heinrich Rickmann, Rostock	Holz/ze	32,08 x 8,02 x 3,86 m	1893	Verkauf
29		Br. ATLANTIK (MCNB)	307 RT	1867	Carl Schönemann, Rostock	Holz/ze	35,66 x 8,50 x 4,97 m	1896	gesunken
30	1868	B. SALAMANDER (MBLV)	138 Last	1855	USA (ex FANNY MARY)	Holz/kf		1870	gekapert
31	1869	B. MUTTER SCHULTZ (MCPS)	285 Last	1851	Burg/Weser (ex ODER)	Holz/kf		1869	Strandung
32		B. W.W. HARVEY (MCQL)	377 RT	1869	Joachim Möller, Rostock	Holz/kf	34,14 x 8,78 x 4,82 m	1880	verschollen
33		B. FRISCH (MCRL)	412 RT	1869	Emil Padderatz, Rostock	Holz/kf	40,74 x 8,51 x 5,28 m	1890	Verkauf
34	1872	SD. OBOTRIT (MCTG)	180 Last	1872	A.G. f. Schiff- u. Maschinenbau	Eisen/60 PS	53,95 x 7,77 x 3,66 m	1873	Strandung
35		SD. ROSTOCK (MCTQ)	127 RT	1872	A.G. Hansa-Werft, Rostock	Eisen/70 PS	41,23 x 5,61x 1,98 m	1886	Verkauf
36	1873	SBr. F.W. FISCHER (MCVN)	213 RT	1873	E. Burchard & Co., Rostock	Holz/kf	29,72 x 7,78 x 4,23 m	1892	Kollision
37	1874	B. GUSTAV METZLER (MCWG)	352 RT	1874	E. Burchard & Co., Rostock	Holz/kf	35,21 x 8,49 x 5,14 m	1899	abgewrackt
38		B. FRITZ SCHMIDT (MCWT)	397 RT	1874	Heinrich Rickmann, Rostock	Holz/kf	38,74 x 8,52 x 5,19 m	1889	kondemniert
39		Br. DR. WITTE (MCWJ)	280 RT	1874	Otto Ludewig, Rostock	Holz/kf	33,62 x 8,27 x 4,43 m	1893	Verkauf
40	1875	B. ANNA PRECHT (MDFC)	429 RT	1875	Heinrich Dierling, Damgarten	Holz/kf	38,32 x 8,99 x 5,52 m	1897	Verkauf
41		SD. RIGA (MDBC)	471 RT	1872	A.G. Hansa-Werft, Rostock	Eisen/240 PS	55,11 x 8,17 x 4,51 m	1912	Verkauf
42	1876	B. POLLY STOTT (MDBP)	432 RT	1876	Heinrich Dierling, Damgarten	Holz/kf	37,73 x 9,08 x 5,39 m	1896	kondemniert

Anmerkungen:

1 Rostocker Zeitung, 15.1.1848.
2 Kägbein, S. 36ff.
3 Peters 1905, S. 79ff.
4 Nachlass R. Beselin, 1.4.3.29 (alle Angaben und Zitate).
5 Rostocker Zeitung, 24.10.1857.
6 Laffert, S. 53.
7 Rostocker Zeitung, 18.7.1861.
8 Ebd., 28.7.1864.
9 Ebd., 31.10.1866.
10 Nachlass B. Beselin, 1.4.3.34 (alle Angaben und Zitate).
11 Kaufmannskompanie, 1.2.1.333 (alle Angaben und Zitate).
12 Bürgermeister und Rat, 1.1.3.20 (Bd. 6).
13 Rabbel 1982.
14 Kaufmannskompanie, 1.2.1.333 (alle Angaben und Zitate).
15 Nachlass B. Beselin, 1.4.3.34 (alle Angaben und Zitate).
16 Rabbel 1988, S. 268.
17 Peters 1905, S. 79ff.
18 Rostocker Zeitung, 7.6.1871.
19 Ebd., 14.6.1872.
20 Ebd., 8.3.1874.
21 Busch/Stahl, S. 15.
22 Rostocker Zeitung, 11.7.1872.
23 Ebd., 27.6.1874.
24 Ebd., 12.1.1882.
25 Ebd., 7.2.1882.
26 Ebd., Bekanntmachung vom 24.3.1855.
27 Ebd., 27.10.1867.
28 Gewett: Schiffsregisterakten (diverse).

Anschrift des Verfassers:
Dr. Jürgen Rabbel
Mühlenstraße 44
D-18119 Warnemünde

The Rostock "Schiffs-Rhederei" Richard V. Beselin

Summary

The company history of the "Richard V. Beselin" shipping company, a so-called Korrespondenzreederei (shipping company which managed several ships without being their sole owners) provides insight into the maritime history of the maritime town of Rostock in the mid nineteenth century. The two owners, Richard and Berthold Beselin, had very different biographies. The trained businessman Richard Beselin took over the grain business and shipping company from his uncle Fritz Beselin in 1848. Berthold Beselin became a shareholder in 1863 and the company director following the death of his brother in 1866. A sailor by profession, he was captain of the barque PROSPERO from 1853 onwards before entering the shipping company as a partner.

This article is concerned with the internal economic structure of the shipping company as well as with contemporary social structures in the Rostock of the time. The power of the guild system, embodied by the shipmen's association, is documented in depth on the basis of the example of the Schifferstreit (shipmen's conflict) with the town authorities. Insisting on the rights transferred it by testamentary law, the guild refused to recognize the master's certificate Berthold Beselin had been awarded by the Gewett (administrative committee for commercial and maritime affairs) because, in contrast to the Gewett, it was not capable of equating Beselin's "rank as boatswain" of the German fleet with a mate's certificate. Even though a compromise was ultimately reached, Beselin was not able to accept the position of captain on the first screw steamer of Rostock, the ERBGROSSHERZOG FRIEDRICH FRANZ, offered him by the "Rostocker Dampfschiff-Actien-Gesellschaft" (Rostock Steamer Corporation).

In the appendix, a detailed look is taken at the various forms of ownership of the sailing ships managed by the »Korrespondenzreederei Richard V. Beselin. « In the preceding chapters there is a description of the initial efforts which ushered in the transition from partner shipping companies to joint stock corporations.

La compagnie d'armement de Rostock Richard V. Beselin

Résumé

À travers l'histoire de la *Korrespondenzreederei* Richard V. Beselin (compagnie d'armement dont l'administration croissante requérait que les comptes concernant les navires soient tenus par un armateur associé, auquel toutefois n'appartenait pas un navire en entier) se reflète celle de la marine marchande de la ville portuaire de Rostock au milieu de XIXe siècle. Les deux propriétaires, Richard et Berthold Beselin, faisaient preuve d'une carrière tout à fait différente. Le négociant Robert Beselin reprit l'affaire céréalière et la compagnie d'armement de son oncle, Fritz Beselin, en 1848. Berthold Beselin devint associé de l'entreprise en 1863 et reprit sa direction après la mort de son frère en 1866. Marin de formation, il commanda à partir de 1853 en tant que capitaine le trois-mâts PROSPERO, avant de participer en tant que négociant à la compagnie d'armement.

Outre l'organisation économique interne de la compagnie d'armement, l'article présent se préoccupe de faire ressortir les structures sociales de l'époque à Rostock. Le pouvoir des corporations, incarné par la société de marins, sera documenté par la querelle des marins *(Schifferstreit)* avec les autorités de la ville. Insistant sur son privilège réglé par un contrat d'hérédité, elle ne reconnaîtra pas l'examen que Beselin avait réussi devant le «*Gewett*» (commission administrative, de laquelle relevait les questions de commerce et de navigation), car contrairement à cette commission, elle ne voulait pas attribuer à la charge de quartier-maître *(«Charge als Bootsmann»)* de la flotte allemande la même valeur que l'examen pour devenir second. Même si pour finir, on en vint à un compromis, Beselin ne pourra pas prendre sa charge de capitaine, qui lui avait déjà été promise par la Dampfschiff-Actien-Gesellschaft (Société anonyme de vapeurs), sur le premier vapeur à hélice de Rostock, le ERBGROSSHERZOG FRIEDRICH FRANZ.

Tandis que dans l'annexe, les différents voiliers administrés par la compagnie Beselin feront l'objet d'une analyse détaillée de leurs propriétaires, dans les chapitres précédents, les premiers pas qui conduisirent les compagnies d'armement à devenir des sociétés anonymes par actions seront décrits.

ANDREAS GONDESEN

Die letzten Weizensegler 1921-1949

In den Jahren zwischen den beiden Weltkriegen fand das letzte Kapitel der Fracht fahrenden Segelschiffe seinen Höhepunkt. Die Zahl der in diesem Zeitraum eingesetzten Segler wird sehr oft unterschätzt: Allein in der Weizenfahrt von Australien waren zwischen den beiden Weltkriegen noch 115 Großsegler beschäftigt, die zusammen über 330 Weltreisen unternahmen. Dabei sind die anderen Segelschiffsrouten, die es in den 1920er und 1930er Jahren noch gab, überhaupt nicht erfasst, wie z.B. die Salpeterfahrt von Chile nach Europa, die zweimal rund Kap Hoorn führte, oder der amerikanische Dreieckshandel mit Holz vom Puget Sound der kanadischen Westküste nach Australien, von dort mit Kohle an die Westküste Südamerikas und zurück zur nordamerikanischen Westküste mit Salpeter oder Guano. Auch die Fahrten der Alaska-Packers, die noch in den 1920er Jahren den Fisch aus Alaska nach San Francisco brachten, oder die so genannten Le Havre-Barken, die von der französischen Atlantik- bzw. Kanalküste in die Karibik segelten, und die Holztransporte in Nord- und Ostsee, die von finnischen oder schwedischen Häfen im Bottnischen Meerbusen an die Küsten des europäischen Kontinents führten, sind nicht in Zahlen erfasst, nicht zu vergessen die große Anzahl der Segelschiffe, die noch in der Küstenschifffahrt eingesetzt waren. Aber die Weizenfahrt von Australien war bei weitem die bedeutendste Segelroute. Sie hatte am längsten Bestand, und über diese Reisen wurde in der Öffentlichkeit sehr viel berichtet.

Massengut für Segelschiffe

Wir haben uns an ein unüberschaubares Angebot an Waren, vor allem an Nahrungsmitteln aus aller Welt, gewöhnt und damit an eine Verbesserung und Veränderung des Transportwesens. Die technischen Neuerungen auf diesem Gebiet haben wesentlich das Ende der Segelschifffahrt eingeläutet, denn die Segelschiffe konnten mit ihnen nicht Schritt halten. Die Möglichkeiten der Kühlung und des Einfrierens sowie andere technischer Maßnahmen machten es möglich, Nahrungsmittel auf See in frischem Zustand zu transportieren. Das Kühlaggregat, das mit Energie aus den Maschinen versorgt werden musste, war zu keiner Zeit an Bord eines der letzten kommerziell eingesetzten Windjammer verwendbar. Die Probleme mit der Kühlanlage konnten auch auf den Segelschiffen der 1930er Jahre, z.B. auf der Viermastbark ADMIRAL KARPFANGER nicht gelöst werden.[1] So blieben für die letzten Tiefwassersegler schon vor dem Ersten Weltkrieg nur noch Massengüter übrig, die ohne besondere Behandlung transportiert werden konnten.

Abb. 1 Die Viermastbark Admiral Karpfanger. (Foto: Archiv DSM)

Abb. 2 Die Viermastbark Pamir in Hamburg an den Pfählen. Aufnahme aus den 1950er Jahren. (Foto: Sammlung Gondesen)

Für die Windjammer waren dies Jute, Petroleum, Holz, Kohle, Wolle, Häute, Baumwolle, Erz, Maschinen, Guano und vor allem Salpeter. Aber auch diese Ladungen wurden mehr und mehr von Dampfern übernommen.

Den letzten Windjammern blieb in den 1920er und 1930er Jahren nur noch der Transport von südaustralischem Getreide. Es kostete einen Dampfer zu viel Zeit und Geld, die abgelegenen südaustralischen Häfen mit ihren veralteten Ladeeinrichtungen anzufahren. Überdies schmälerte die Ballastfahrt auf dem Hinweg zusätzlich den Gewinn. Wegen des fehlenden Importhandels mit den australischen Ladeplätzen war es für Windjammer rentabler als für Dampfer, in diesen Häfen zu laden. Auch durch Spekulationen, Kauf und Weiterverkauf der Weizenladungen vergrößerte sich manchmal der Gewinn während einer langen Segelschiffsreise. Außerdem fielen, solange der Großsegler unterwegs war, im Gegensatz zum Dampfer oder Motorschiff kaum große Lagerkosten an. Zwar wurden für Seglerladungen höhere Versicherungssummen gefordert, aber diese konnten durch die niedrigeren Betriebskosten ausgeglichen werden. Wind war immer noch billiger als Kohle für die Maschinen. Ladungen, deren Transport nicht zeitgebunden war und die an Bord keine besondere Behandlung nötig hatten und sich auch noch kostengünstig und leicht stauen ließen, waren für die Windjammer ideal. Diese Kombination traf jedoch nur auf wenige Rohstoffe zu, zum Beispiel auf Holz aus dem Ostseeraum, Salpeter aus Südamerika und Getreide aus Südaustralien.

Nach dem Ersten Weltkrieg war es den Windjammern kaum noch möglich, auf Trampfahrt zu gehen und die größeren Häfen der Welt – in der Hoffnung auf zufällige Ladungen – anzulaufen. Die Trampfahrten hatten schon seit langer Zeit die Dampfer übernommen. So mussten die letzten Windjammer im Voraus eine Order zur Übernahme einer Ladung haben. Im Übrigen blieb ihnen nur, in Ballast zu den abgelegenen Häfen im Süden zu segeln, deren regionaler Exporthandel noch nicht von Dampfern übernommen worden war.

Zu den Massengütern, die sie dort luden, gehörte auch Guano, eine der unangenehmsten Ladungen überhaupt. Die Übernahme des Guanos war bei Seeleuten ebenso unbeliebt wie der Transport. Guano ist ein Vogelexkrement und wurde wie ein Mineral abgebaut. Er wurde von entlegenen Orten wie der Insel Lobos vor der peruanischen Küste oder den Seychellen im Indischen Ozean geholt. Es ist einleuchtend, dass für diese abgelegenen Orte keine Ladung für die Hinfahrt zu bekommen war. Gelegentlich konnte eine Ladung Holz aus Schweden oder Finnland nach Südafrika gebracht werden, um dann Guano von den Seychellen weiter nach Neuseeland zu transportieren. Die Übernahme von Guanoladungen konnte sehr langwierig und manchmal auch gefährlich sein, wie das Beispiel der Viermastbark OLIVEBANK 1928 zeigt:[2]

Die OLIVEBANK ankerte bei einer Wassertiefe von 12 Faden mit einer Kettenlänge von 65 Faden (1 Faden = 0,547 m). Danach wurden bis auf die Untermarssegel alle Segel abgeschlagen, denn die vom Guano aufsteigende Dämpfe und Stäube galten als Segel zerstörend. Während des Tages wurde mit allen Besatzungsmitgliedern begonnen, den Ballast zu löschen. Nur die Ankerwache blieb während der Nacht an Deck, um die Position des Schiffes kontinuierlich zu überprüfen. Aber als am nächsten Morgen die Schiffsführung an Deck kam, war die Insel nur noch am Horizont zu sehen. Der Ankerwache muss es wohl an der nötigen Aufmerksamkeit während der Nacht gefehlt haben. Der Anker hing senkrecht in der Klüse; man hatte vermutlich direkt an der Klippe geankert, und der Anker hatte nicht gehalten. Das Lösen des Ankers hatte niemand an Bord bemerkt. So lag die OLIVEBANK mit wenig Ballast und abgeschlagenen Segeln bei Flaute treibend im Indischen Ozean. Erst nach zwei Wochen gelang es der OLIVEBANK, wieder den Ankerplatz zu erreichen, um weiter beladen zu werden.

Der Guano wurde mit kleinen Seglern zum Großsegler gebracht, der auf Reede ankerte. Bei schlechtem Wetter musste die Beladung des Schiffes oft unterbrochen werden. So wurden z.B. auf Lobos die Säcke mit Guano mit dem bordeigenen Ladegeschirr an Bord genommen. Manchmal war es sogar üblich, dass der Guano vorher von der Besatzung selbst abgebaut werden musste. Die Abkürzungswege, die ein Dampfer nehmen konnte, standen dem Windjammer nicht zur Verfügung, denn die niedrigen Frachtraten schlossen die Benutzung der Kanäle aus. Von den Guanohäfen auf den Seychellen kommend, konnten Windjammer den relativ nahen Suezkanal nicht nutzen und mussten Südafrika umrunden, um nach Europa zu segeln. Aber meistens war die Guanoladung für Neuseeland bestimmt, und von dort ging es dann weiter nach Südaustralien, um Weizen zu laden.

In der Weizenfahrt von Australien traten nach dem Ersten Weltkrieg entscheidende Veränderungen ein. Segelten 1921 noch 68 Segelschiffe mit Weizen von Australien nach Europa, so waren es 1922 nur noch sieben.[3] Ebenso sah es in der Salpeterfahrt nach Chile aus. Hier übernahmen die Dampfer bald den gesamten Transport des Salpeters, denn Dampfer hatten den Vorteil des kürzeren Weges durch den Panamakanal. Auch wirkte sich für die Windjammer negativ aus, dass Salpeter bald nur noch als Schüttgut verladen wurde, die Windjammer aber auf den Transport in Säcken angewiesen waren. Hinzu kam noch, dass die Düngemittelproduktion durch die Gewinnung von Stickstoff aus der Luft von der Salpetereinfuhr unabhängig wurde. So reduzierte sich der Bedarf an Salpeter kontinuierlich.

Unter Segeln zum Spencer Gulf

Der Spencer Gulf liegt an der Südküste Australiens in einer 1600 Seemeilen langen Bucht. Ihren Namen erhielt sie im Jahre 1802 von Kapitän Matthew Flinders von der HMS INVESTIGATOR, der den Spencer Gulf kartographierte. Dieses Seegebiet ist wegen plötzlich aufkommender Stürme berüchtigt, und die Namen an der Küste zeugen von den Problemen, die man bei seiner Erkundung hatte: Trockenes Kap, Kap der Katastrophen, Falsche Bucht, Bucht der Sorge, um nur einige zu nennen. Der Spencer Gulf ist 180 Seemeilen lang und erstreckt sich in nordöstlicher Richtung. Nur der südliche Teil war für die Großsegler sicher befahrbar, während in den Norden, z.B. nach Port Augusta, nur Fahrzeuge mit geringem Tiefgang einliefen.

Um Weihnachten eines jeden Jahres ist auf der Südhalbkugel Erntezeit. Zu diesem Zeitpunkt erreichten die letzten Fracht fahrenden Windjammer den Spencer Gulf. Die kleinen Häfen dort boten, wie schon erwähnt, kaum Möglichkeiten, Ladung zu erhalten. So hatten die Segelschiffe bei der Ankunft nur ihren Ballast zu löschen. Einige Segler besaßen zwar Tanks, in denen sie Wasserballast aufnehmen konnten, dennoch musste fast immer noch zusätzlich fester Ballast mitgeführt werden. Schon bei der Einfahrt in den Spencer Gulf wurde ein Teil des Ballastes, soweit man es verantworten konnte, von der Besatzung über Bord geschaufelt. Ein Rest musste aus Stabilitätsgründen an Bord zurückbehalten werden, bis das Schiff seinen endgültigen Ankerplatz erreicht hatte. Dort wurden zuerst ca. 500-1000 Tonnen Getreide geladen, um dann zu den Ballastgründen zu verholen und den verbleibenden Rest des Ballastes über Bord zu schaufeln. Danach ging es zurück an die Pier oder auf Reede, um das Laden fortzusetzen.

Manchmal wurde auf der langen Ausreise sogar eine Ladung Holz aus der Ostsee in das ostafrikanische Lourenço Marques (Maputo) oder Beira transportiert. Von dort ging es in Ballast weiter zum Spencer Gulf. Aber auch diese Holzladungen wurden durch die Dampferkonkurrenz immer seltener.

Laden am Spencer Gulf

An der Küste des Spencer Gulfs gab es nur wenige Siedlungen oder Dörfer, deren Seeseite für den Umschlag von Weizen eingerichtet war. Diese Orte besaßen meist lange hölzerne Ladepiers, und während der Ernte stapelten sich dort Berge von Säcken mit Weizen. Auf einigen dieser

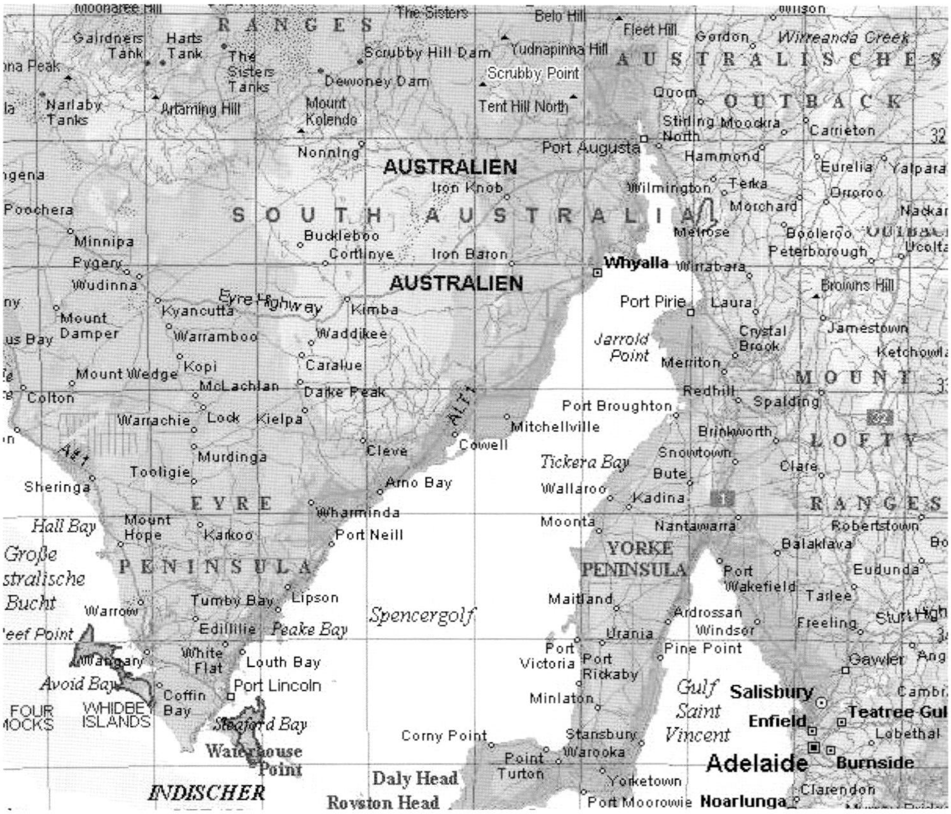

Abb. 3 Der Spencer Gulf im Süden Australiens.

schmalen Piers befanden sich Gleise, um das Getreide mit Loren zu den Schiffen zu bringen. Wegen des großen Tidenhubs vor der Küste hatten die Piers eine Länge von mehr als einem Kilometer. Nur an ihrem Ende hatte man genügend Wassertiefe, um gefahrlos zu laden. So konnten maximal zwei Großsegler gleichzeitig beladen werden, die anderen mussten auf Reede warten, bis wieder ein Platz zum Laden frei wurde. In den Ladehäfen Port Germein, Port Pirie, Port Lincoln, Port Augusta und Wallaroo konnten die Windjammer an einer solchen Ladepier festmachen, um den Weizen zu übernehmen. In den Häfen Port Broughton und Port Victoria hingegen konnten die Schiffe nur auf Reede ankern. Die Großsegler lagen dort weit vor der Küste, und das Getreide wurde mit Schonern und Küstenseglern, die teilweise nur 100 Tonnen Weizen laden konnten, zu den Schiffen transportiert. Diese kleinen Schoner und Küstensegler wurden von Farmarbeitern beladen, die das Getreide mittels Pferdewagen oder Eisenbahn von den großen Farmen aus dem Hinterland zu den Häfen brachten. Mit bordeigenem Ladegeschirr wurden dann die Getreidesäcke von den kleinen Schiffen in die Laderäume der Großsegler verladen. Zu diesem Zweck hatte jeder Segler dampf- oder motorbetriebene Ladewinden an Bord.

Alle Segler in der Weizenfahrt nach Australien segelten mit dem Ziel Port Lincoln oder Port Victoria »for orders«. Dort erst erfuhren sie, an welchem Ort sie eine Weizenladung übernehmen konnten. Dort wurden auch alle nötigen Formalitäten der Zoll- und Gesundheitsbehörde erledigt, ehe es weiter zu den Ladehäfen ging. Im Jahre 1934 ankerten in Port Victoria einmal innerhalb von 24 Stunden zehn Großsegler. Das war sogar für den Spencer Gulf, in dem in den

1920er und 1930er Jahren die Windjammer jedes Jahr zu Silvester zum Hafenbild gehörten, ein besonderes Ereignis.[4]

Vom Spencer Gulf »homeward bound« auf verschiedenen Routen

Vom Spencer Gulf aus hatten die Windjammer für die Heimreise nur die Wahl zwischen zwei Routen, die beide über ca. 15 000 Seemeilen nach Europa führten. Die Wetterbedingungen bestimmten meistens die Wahl der Route für die Heimreise. Man konnte ostwärts zwischen Tasmanien und Victoria hindurch segeln, oder auch südlich um Tasmanien herum, um von Neuseeland aus die klassische Segelschiffsroute durch die Brüllenden Vierziger und Heulenden Fünfziger um Kap Hoorn zu nehmen. Als Alternative bot sich der Weg westwärts zum Kap Leeuwin. Von dort ging es quer über den Indischen Ozean und in der Höhe des Südlichen Wendekreises um das Kap der Guten Hoffnung in den Südatlantik. Dieser Kurs um Südafrika herum war ca. 1200 Seemeilen kürzer als der um Kap Hoorn, aber zeitraubender durch ungünstigere Winde, die während des südlichen Sommers im Indischen Ozean anzutreffen waren. Im Atlantik trafen sich die beiden Routen im Bereich der Schwachwindzonen des Äquators wieder.

Andere Segelschiffsrouten in der Getreidefahrt, wie z.B. von der Westküste Nordamerikas nach Europa, waren längst von Dampfern übernommen worden. Der Transport von argentinischem Getreide hatte für die Segelschifffahrt ebenfalls nur noch eine geringe Bedeutung. Die argentinischen Häfen besaßen bereits Anlagen, die das Getreide nur noch als Schüttgut verladen konnten, und das war für die Segler aus Sicherheitsgründen nicht akzeptabel.

Die Rückreise nach Europa

Da das Getreide keine saisonabhängige Fracht war, bestand für die Märkte kein Zeitdruck. Nachdem die Schiffe Australien verlassen hatten, wurden die Ladungen an der Börse angeboten und weiter verkauft, lange bevor der Segler den Orderhafen erreicht hatte, um dort zu erfahren, wo die Ladung gelöscht werden sollte. Eine lange Reise eines Windjammers konnte einem Spekulanten durchaus willkommen sein, indem er den Segler zum Instrument eines aussichtsreichen Glücksspiels machte. Der Erfolg solcher Spekulationen hing von den sich ständig ändernden Marktpreisen des Getreides ab. Die beste Spekulationsmöglichkeit bot sich, wenn die Beladung bei niedrigen Preisen vereinbart worden war. So waren die Chancen sehr gut, dass die Ladung während der Reisedauer an Wert gewann. Lud der Windjammer jedoch bei einem hohen Preis, war bei seiner Ankunft mit Verlusten zu rechnen.

Auf längeren Routen unterschied sich die Fahrtdauer von Seglern und Dampfern in den stürmischen Breiten mit starken Westwinden oft weniger als man annimmt. Mit einer Durchschnittsgeschwindigkeit von 8 Knoten erreichte im Herbst 1936 ein britischer Dampfer mit 5000 BRT und 652 PS von Port Lincoln mit Getreide die Insel Wight nach 53 Tagen. Mit 83 Tagen machte die Viermastbark PARMA 1933 unter Kapitän de Cloux die schnellste Heimfahrt, die ein Rahsegler in den 1920er und 1930er Jahren von Australien aus je absolviert hatte. Die PARMA segelte 14 555 Seemeilen, ca. 3500 Seemeilen mehr als der Dampfer, mit einer Durchschnittsgeschwindigkeit von 7,5 Knoten.[5]

In der Weizenfahrt von Australien konnten sich die Segler nur alle zwölf Monate eine Weizenladung sichern, so dass das Beladen des Schiffes mit zeitaufwendigen Methoden im Spencer Gulf nebensächlich war. Heuer und Verpflegung der Besatzungen während des Ladens waren die hauptsächlichen Kosten, hinzu kamen die Hafengebühren, wobei die Segler wie Dampfer behandelt wurden.

Abb. 4 Die Viermastbark PARMA, in einen englischen Hafen einlaufend. (Foto: Sammlung Dr. Jürgen Meyer)

Im Januar oder Februar segelten die Schiffe aus dem Spencer Gulf. Wenn sie Europa zwischen April und Juni erreichten, trafen sie auf einen günstigen Markt. Die Ernte des vergangenen Jahres ging zur Neige, und der australische Weizen war sehr willkommen, um den Bedarf bis zur nächsten Ernte zu decken. Nach dem Löschen der Ladung segelten sie in Ballast in ihre Heimathäfen und wurden während der Sommermonate überholt. Erst im Spätherbst ging es dann wieder auf eine neue Reise nach Australien. Es kam vor, dass die Segler Europa erst sehr spät erreichten und eine Rückkehr in die Heimathäfen nicht mehr möglich war. Dann wurde die nächste Ausreise vom Löschhafen aus angetreten.

Für Dampfer hingegen war die Ladezeit ein großer wirtschaftlicher Faktor: die Unterhaltungskosten, Heuern, Hafengebühren und Brennstoff machten Laden und Löschen zu einer teuren Angelegenheit für die Reedereien. Zum Be- und Entladen der Dampfer wurden gerne landseitige fahrbare Kräne, Förderbänder und Saugheber genutzt, die gleichzeitig an mehreren Luken arbeiteten und den Ablauf erheblich beschleunigten, denn da für Dampfer die nächsten Ladungen bereits von den Reedereien terminlich festgelegt wurden, konnte schon eine kleine zeitliche Verzögerung zur Stornierung der vereinbarten Charterverträge führen.

Der Chartervertrag

Für den Seetransport von Getreide gab es eine vertragliche Grundlage[6], einen Rahmenvertrag, die »Grain Charter Party Sail«. In diesem Vertrag wurden die Bedingungen zwischen dem Ladungseigner und dem Reeder des Segelschiffes für eine Frachtreise festgelegt. Der Rahmenvertrag wurde 1935 vom Verband australischer Getreidespediteure noch einmal verbessert. Darin verpflichteten sich die Ladungseigner, dem Segler spätestens 24 Stunden nach Ankunft in Australien Ladeanweisungen zu erteilen. Außerdem wurden im Vertrag verschiedene Orte erwähnt, wo der Windjammer laden konnte, später wurden darin auch untaugliche Häfen ausdrücklich ausgeschlossen. Zu diesen Häfen gehörten Smoky Bay, Streaky Bay, Turnby Bay und

Port Thevenard. In Turnby Bay gab es beispielsweise am Ende der Lademole eine Wassertiefe von nur 18 Fuß. So durfte die Viermastbark VIKING dort 1936 nur 1500 Tonnen Getreide laden und hatte dann weiter nach Wallaroo zu segeln, um dort die restliche Ladung zu übernehmen. Ein Segelschiff hatte nach diesem Vertrag an den Lade-, Anker- oder sonstigen Bestimmungsplatz heranzusegeln, soweit dies gefahrlos möglich war, um die Weizenladung aufzunehmen. Das Ladegewicht des Getreides, das im Vertrag angegeben war, galt nur annähernd, denn es wurde dem Kapitän erlaubt, sein Schiff möglichst vorteilhaft auszutrimmen. So war eine Differenz von zehn Prozent als Ober- und Untergrenze zulässig.

Vom Ladehafen aus hatte der Großsegler sich unverzüglich nach Queenstown, Falmouth oder Plymouth zu begeben, um dort Anweisung für den Löschhafen in irgendeinem Hafen in Europa einzuholen. Diese Häfen lagen meist in Großbritannien oder Irland und nur ganz selten auf dem Kontinent zwischen Bordeaux und Hamburg. Im Löschhafen musste das Schiff ungefährdet liegen können und stets flott sein, während die Ladung gelöscht wurde. Der neue Ladungseigentümer konnte verlangen, dass die in Säcken transportierte Ladung in den Laderäumen aufgeschnitten wurde, um das Getreide mittels eines Saughebers löschen zu können. Durch das Aufschneiden einiger der Jutesäcke in Australien ergaben sich manchmal zusätzliche Probleme, denn schon während des Ladens wurde eine Anzahl von Säcken, ca. 1% der Ladung, geöffnet, um Lücken in den Laderäumen zwischen den Säcken aufzufüllen. So wurde erreicht, dass die Weizenladung zu einer möglichst festen und nicht verrutschenden Masse gestaut wurde. Je mehr loses Getreide auf diese Weise verwendet wurde, desto leichter war die Arbeit für die Schauerleute, den Laderaum des Schiffes voll zu nutzen. Die Kehrseite war aber, dass der Reeder für jeden unnötigen Schaden an den Säcken haftete. So hatte der Erste Offizier dafür zu sorgen, dass nur so viele Säcke wie unbedingt nötig aufgeschlitzt wurden, denn die Frachtrate wurde nur für das gelieferte Nettogewicht, ohne Säcke also, gezahlt. Für eine Viermastbark mit ca. 50 000 Säcken an Bord, bei einem Bruttogewicht von ca. 5000 Tonnen, bedeuteten das für die Reederei etwa 50 Tonnen Weizen, die kostenfrei zu transportieren waren.

Man kalkulierte eine Liegezeit von 20 bis 25 Arbeitstagen. Für Verzögerungen in den Löschhäfen Englands oder Irlands waren sieben Tage vorgesehen. So blieben 18 Arbeitstage mit je 24 Arbeitsstunden für das Beladen des Schiffes. Bei einem Arbeitstag von acht Stunden konnte sich die Beladung des Schiffes elf Wochen hinziehen. Bei fünf Arbeitstagen pro Woche konnte die Beladung zwischen 50 und 60 Tagen dauern. In einem solchen Fall durften die Besitzer der Fracht das Schiff nicht länger als sieben Tage in seinem britischen Löschhafen aufhalten. Für den Fall, dass diese Zeit überschritten wurde, war ein Überliegegeld von 25 bis 30 Pfund pro Tag, je nach Tonnage des Schiffes, zu zahlen, das jedoch auf zehn Extratage begrenzt war. Der Reeder wurde mit fünf zusätzlichen Liegetagen belastet, falls er oder sein Broker vergessen hatten, den Ladungsbesitzer über das Abfahrtsdatum des Schiffes in Australien zu unterrichten. Es war aber üblich, dass diese Klausel von den Vertragsparteien gestrichen wurde. Es durfte keine andere Fracht ohne die Zustimmung des Frachteigentümers befördert werden, und diesem war es erlaubt, die gesamte Ladung oder einen Teil davon weiter zu verchartern. Zusätzlich konnten die Ladungseigentümer verlangen, dass Zertifikate über den Zustand des Schiffes vorgelegt wurden. Ein Recht auf Rücktritt von der Charterung war nur für den Fall eingeplant, dass das Schiff seinen Beladungstermin in einem nicht seetüchtigen Zustand oder gar nicht erreichte. Alle Geldbeträge waren in englischen Pfund zu zahlen.

Die Frachtraten

Die Frachtgebühren unterlagen auch damals schon erheblichen Schwankungen. So hatte z.B. eine Missernte in den USA beträchtliche Auswirkungen auf den Marktpreis. Wenn zum Beispiel

Ernteschäden in Russland erwartet wurden und gleichzeitig die kanadischen Ernteerträge gering waren, wurde der australische Weizen für die Reeder besonders interessant. Stieg oder fiel die Frachtrate um einen Schilling pro Tonne, bedeutete das für einen Windjammer mit ca. 4000 Tonnen Tragfähigkeit ungefähr einen Unterschied von 200 Pfund an Bruttoeinnahmen. Für den finnischen Reeder Gustaf Erikson verringerten sich im Jahre 1936 z.B. die gesamten Frachterträge durch eine Änderung des Transportpreises von einem Schilling je Tonne um einen Betrag von 2500 bis 3000 Pfund. Ein kleinerer Segler, der einige tausend Tonnen weniger geladen hatte, aber fast ebenso hohe Kosten verursachte wie ein großer Viermaster, konnte bei einer Frachtrate von nur noch 25 Schilling pro Tonne nicht mehr rentabel gesegelt werden. Negativ wirkte sich zusätzlich aus, dass das englische Pfund aus der Goldbindung genommen und Anfang der 1930er Jahre schließlich auch noch abgewertet wurde.

Danach wurde in Finnland, das sich bis zu diesem Zeitpunkt an der englischen Währung orientierte, die Mark an die schwedische Krone gebunden, um sie so wieder zu stabilisieren. Die weitere Entwertung gegenüber dem britischen und dem australischen Pfund von ca. 16% war aber nötig, denn die Zahlung aller Gelder erfolgte in Pfund Sterling, während Alle an Bord in Finnmark bezahlt wurden, woraus allein sich bereits eine erhebliche Bedeutung für die Reederei Gustaf Erikson ergab.

Der Einbruch des Marktes im Jahre 1930 infolge schlechter Ernten weltweit führte zu einer Frachtrate von nur 16 Schilling 6 Pence, die für die schwedische Viermastbark C.B. PEDERSON in Melbourne akzeptiert werden musste. Auch die Viermastbark HERZOGIN CECILIE konnte nur eine Frachtrate von 22 Schilling 6 Pence vom Spencer Gulf erreichen. Weiter bot man z.B. der Bark PENANG eine ähnlich niedrige Frachtrate wie der C.B. PEDERSON an. Da die Reise der PENANG bei dieser geringen Frachtrate Verluste von mehreren Schillingen je Tonne gebracht hätte, verzichtete man auf die Charter und segelte wieder in Ballast von Australien zurück nach Europa. Die Viermastbark BEATRICE nahm in diesem Jahr ebenfalls keine Weizenladung über, sondern bekam Wolle aus Melbourne. Es war die letzte Ladung Wolle, die auf einem Segler nach Europa transportiert wurde.[7]

Zu dieser Zeit war mit den niedrigsten Frachtraten überhaupt die Talsohle erreicht, und schon 1931 stiegen sie wieder erheblich an. So erhielten viele Schiffe Frachtraten von 30 Schilling und mehr. 1932 war sogar ein Spitzenjahr. Die ARCHIBALD RUSSELL beförderte 3800 Tonnen Getreide für 33 Schilling 9 Pence pro Tonne, die HERZOGIN CECILIE 4250 Tonnen für 32 Schilling 6 Pence je Tonne. Im Jahre 1933 fielen die Frachtraten wieder auf 27 Schilling 6 Pence, und im folgenden Jahr kam es zu einem erneuten Rückgang von einem Schilling pro Tonne Weizen. 1934 fielen die Raten auf Werte zwischen 24 Schilling 9 Pence und 25 Schilling 6 Pence. Die Viermastbarken PAMIR und PONAPE sowie die Viermastbarkentine MOZART, die den Spencer Gulf erst sehr spät erreichten, mussten einen noch stärkeren Preisverfall hinnehmen. Sie bekamen nur noch 19 Schilling 6 Pence pro Tonne Getreide, und nur 19 Schilling hatte auch die PARMA zu akzeptieren. 1935 fiel die Frachtrate noch einmal um einen weiteren Schilling.

In dieser Situation hatte der Beschluss der argentinischen Getreidebehörde, im Dezember 1935 den Preis für Weizen und Leinsaat zu erhöhen, sofort Auswirkungen auf den Weizenmarkt in Australien. 35 Schiffe, nicht nur Windjammer, wurden innerhalb von vier Tagen beordert, Getreide aus Australien zu holen. Ihnen wurde eine Prämie von einem Sixpence pro Tonne für Weizenladungen zugesichert, die schon im Januar aufgenommen werden konnten. Die Weizencharter stieg für alle nach Europa gehenden Ladungen sprunghaft an. Zwar stieß die Charter der Dampfer auf größeres Interesse, aber auch 17 Windjammer erhielten eine Weizenladung. 14 dieser Schiffe trugen Gustaf Eriksons Flagge. Die Frachtrate für Segelschiffe betrug in diesem Jahr durchschnittlich 25 Schilling 6 Pence, die niedrigste 25 Schilling 3 Pence. Die höchste erzielte die Viermastbark MOSHULU – die letzte Neuerwerbung Gustaf Eriksons – mit 26 Schilling. Der Preis für australisches Getreide betrug etwa 6 Pfund 10 Schilling pro Tonne. Bei 4850

Abb. 5 Die Viermastbark MOSHULU während des Zweiten Weltkrieges. (Foto: Sammlung Dr. Jürgen Meyer)

Tonnen Weizen an Bord der MOSHULU hatte die Ladung einen Gesamtwert von mehr als 30 000 Pfund und brachte einen Frachterlös von 6000 Pfund.

Ein Dampfer, der in den größeren australischen Seehäfen eine Ladung übernahm, erzielte Frachtraten von 27 bis 28 Schilling pro Tonne bei 7000 bis 8000 Tonnen Gesamtladung. Der Preis für australischen Weizen stieg 1936 auf 8 Pfund 10 Schilling pro Tonne. Grund dafür war die Rückkehr Italiens in den Kreis der Getreide importierenden Länder. Im folgenden Jahr traten viele Windjammer die Ausreise in Ballast an. Sie hatten zwar alle noch keinen Chartervertrag, aber es bestanden bei ihrer Ankunft in Australien berechtigte Hoffnungen, eine annehmbare Fracht zu bekommen. Dennoch lagen die Frachtraten 1936 um fast 8 Schilling pro Tonne niedriger als noch im Jahr 1932 und um ca. 15 Schilling niedriger als noch 1926. Von 1936 bis 1939 stiegen, vermutlich als Folge der zunehmend angespannten weltpolitischen Lage, die Frachtraten wieder kontinuierlich an.

Durch Schiffbruch und Verschrottung wurde die Weizenseglerflotte kleiner, und im Zweiten Weltkrieg kam die Getreidefahrt mit Segelschiffen fast zum Erliegen. Die PENANG machte allerdings noch 1940 eine Reise mit Weizen von Australien nach Europa, wurde jedoch vom deutschen U-Boot U 140 vor Irland versenkt. Auch die LAWHILL unternahm während des Zweiten Weltkrieges noch mehrere Reisen mit australischem Weizen nach Südafrika.[8] Zum Ende des Zweiten Weltkrieges besaß die Reederei Gustaf Erikson noch sechs Großsegler: die Viermastbarken MOSHULU, ARCHIBALD RUSSELL und POMMERN waren aufgelegt, nur PAMIR, PASSAT und VIKING waren noch seetüchtig. Bis 1949 machte die PASSAT noch zwei Reisen mit Getreide von Australien nach Europa, VIKING und PAMIR unternahmen jeweils eine Reise. Dabei waren die Kosten für die Unterhaltung bei den niedrigen Frachtraten jedoch viel zu hoch – die Handelsfahrt mit Segelschiffen musste endgültig aufgegeben werden.

Gewinnerwartungen der Weizensegler in den 1930er Jahren

In den 1930er Jahren konnten die Gewinnerwartungen der Weizensegler noch erfüllt werden. Eine Viermastbark mit einer Weizenladung aus Südaustralien für Europa und einer Frachtrate von 31 Schilling pro Tonne konnte bei einer Tragfähigkeit von 4800 Tonnen mit einer Einnahme von 7440 £ Sterling aus der Frachtrate rechnen. Die Ausgaben für die gesamte Reise, Ausreise und Heimreise, sollten 6000 £ nicht überschreiten, so kalkulierten die Eigner der Schiffe. Bei diesen Zahlen ergab sich ein kalkulierter Gewinn von 1440 £ pro Reise. Für 6000 £ musste das Schiff nach Australien segeln, in der Regel nur mit Ballast in den Laderäumen, der in Australien wieder über Bord kam. Es musste den Weizen in Säcken übernehmen und im Laderaum verstauen, zurück nach Europa segeln, den Weizen in Europa löschen und wieder Ballast übernehmen, um in die Heimathäfen zurückzusegeln. Die Mannschaft musste ausbezahlt, neue Segel angefertigt, Lotsen- und Hafengebühren entrichtet, Schleppdienste bezahlt und Proviant erneuert werden. Darüber hinaus mussten Farben und Tauwerk ersetzt bzw. aufgefüllt und die Agenten und Broker, Schauerleute sowie Hafenarbeiter bezahlt werden, nicht zu vergessen die Kosten für Reparaturen im Trockendock und das Erneuern der Vorräte. Auch die eigenen Büroangestellten wurden von diesem Betrag bezahlt.

Allerdings verwaltete Gustaf Erikson seine Reederei von seinem eigenen Büro aus meistens selbst. Die Liste der anfallenden Kosten sieht beängstigend aus. Für die Verpflegung des Seemanns rechnete man 1 Schilling und 3 Pence pro Tag, das war nicht sehr viel für die immer hungrigen Seeleute. Zusätzlich veranschlagte man die Heuerkosten für die Besatzung auf 100 £ pro Monat; bei einer geschätzten Reisedauer von neun Monaten waren dies 900 £ nur für die Besatzung. Verpflegung, Ausrüstung und Segeltuch etc. für eine Rundreise kann man mit 1000 £ veranschlagen, einschließlich des Trockendockaufenthalts in Europa vor der Ausreise. Wenn keine Reparaturen notwendig waren, schlug der Aufenthalt im Trockendock nicht sehr hoch zu

Abb. 6 Die Viermastbark Passat, noch in den Farben der Reederei F. Laeisz. (Foto: Sammlung Dr. Jürgen Meyer)

Buche. Die Kosten in Australien, wie Hafengebühren, Lotsen-, Ladegebühren etc., waren mit ca. 2200 Australischen Pfund zu berechnen. Das Australische Pfund hatte zur Zeit der Weizensegler einen Wert von 70% des Englischen Pfundes, nach dem abgerechnet wurde. So beliefen sich die Ausgaben in Australien auf 1540 £ Sterling. Hinzu kamen nach der Rückkehr die Ausgaben in Europa einschließlich Schlepp- und Lotsengebühren, das Löschen der Ladung und die Rückreise in die Heimathäfen, um auf die nächste Weizenernte zu warten. Diese Kosten wurden mit 2500 Pfund kalkuliert:[9]

Posten	Ausgaben	Einnahmen
Besatzung	900 £	
Ausrüstung, Segel, Proviant	1000 £	
Ausgaben in Australien	1540 £	
Ausgaben in Europa	2500 £	
Einnahmen aus Frachtraten		7440 £
Summe	*5940 £*	*7440 £*
Gewinn		1500 £

Um diesen Gewinn wirklich zu erreichen, war es nötig, dass es auf und an den Fahrzeugen kaum Unfälle und keine Verzögerungen gab, die zusätzliche Kosten verursachten. Den Gewinn zu erwirtschaften, war aber nicht so leicht, wie es sich hier liest, sonst hätte es sicherlich in den 1920er und 1930er Jahren noch mehr Segelschiffsreeder gegeben, die sich an der Weizenfahrt beteiligt hätten. Oft wurden die kalkulierten Gewinne nicht erreicht oder Verluste erwirtschaftet. Die Bewirtschaftung der letzten Segelschiffe setzte Mut und natürlich auch Glück voraus. Auch wurden die Segelschiffe, die fast alle schon um die Jahrhundertwende gebaut worden waren, immer reparaturanfälliger. Investitionen in den Neubau von Segelschiffen waren ausgeschlossen, und seetüchtige Segelschiffe gab es auf dem Weltmarkt kaum noch. Von den Schiffen, die jedes Jahr in der Weizenfahrt tätig waren, hatten etwa 10–15% mehr oder weniger ernsthafte Probleme, die dann den Gewinn schmälerten, entweder durch Schäden am Schiff, durch Kollision oder Sturm, aber auch durch überlange Reisezeiten.

Bei dieser Betrachtung der Wirtschaftlichkeit sind zusätzliche Einnahmen durch die Mitnahme von Passagieren für eine Rundreise oder nur für die Rückreise in die Heimathäfen gar nicht erfasst, weil mit diesen Einnahmen nicht fest kalkuliert werden konnte. Alle Schiffe segelten unversichert. Die Versicherungsprämien für betagte Segler waren von den schmalen Gewinnen nicht mehr zu bestreiten. Unter diesen Vorrausetzungen war auch eine Wiederherstellung der 1932 entmasteten Viermastbark HOUGOMOUNT nicht mehr vertretbar. Daneben verursachten Währungsturbulenzen weitere Wertverluste und zusätzliche Probleme.

Ausbildung (apprenticeship) an Bord der Weizensegler

Zusätzliche Einnahmen erzielten die Reeder durch die Ausbildungsrichtlinien für angehende Schiffsoffiziere, die vorschrieben, dass jeder Seemann, der das Steuermannspatent erwerben wollte, 20 Monate Fahrzeit auf Segelschiffen nachzuweisen hatte. Dies machten sich die Reeder der letzten Weizensegler nach Australien zunutze und nahmen so genannte Apprentices (Anwärter) an Bord. Diese Neulinge mussten für ihre Ausbildung an Bord 50 £ pro Rundreise bezahlen. Als Heuer bekamen sie nur ca. 10 Schilling pro Monat.

Bei einer Reisedauer von ca. 9–10 Monaten waren die Ausbildungsgebühren höchst willkommen. Fast alle Windjammer, die an den Weizenfahrten teilnahmen, nahmen mehrere Apprentices auf. Es gab zwar Vorschriften für die Aufnahme eines Apprentice – so waren z.B. in Finnland separate Unterkünfte an Bord zur Verfügung zu stellen –, doch wurden diese nicht immer eingehalten.[10] Die als Segelschulschiffe gebauten Viermastbarken VIKING, L'AVENIR und HERZOGIN CECILIE besaßen ebenso wie die »Drei-Insel-Schiffe« PAMIR, PASSAT und MOSHULU gute Voraussetzungen für die Aufnahme von Auszubildenden. Die meisten hatte wohl 1932 die ARCHIBALD RUSSELL an Bord, als sie mit einer Besatzung von 24 Mann im Matrosenlogis auslief. Von diesen erhielten nur vier die reguläre Heuer, alle anderen waren noch in der Ausbildung.[11]

Die wirtschaftliche Krise hatte die großen Reedereien schwer getroffen, viele Schiffe wurden aufgelegt, und viele Seeleute und Schiffsoffiziere waren arbeitslos. Auch die Ausbildungsmöglichkeiten für Offiziere waren stark begrenzt worden. Als sich Anfang bis Mitte der 1930er Jahre die Situation wieder besserte und sich ein wachsender Bedarf an Schiffsoffizieren abzeichnete, waren die nötigen Ausbildungsplätze nicht mehr vorhanden. Segelschiffe, die zur Ausbildung geeignet waren, gab es kaum noch. In Deutschland hatte die Reederei F. Laeisz Anfang der 1930er Jahre bis auf zwei Segelschiffe alle Einheiten verkauft, und die Fracht fahrenden Ausbildungsschiffe des Norddeutschen Lloyd, die Barken BREMEN und OLDENBURG, wurden ebenfalls abgewrackt bzw. verkauft. Aber den Offiziersanwärtern wurde weiterhin Segelfahrzeit abgefordert. Von insgesamt 50 Monaten Seefahrtszeit vor dem Mast waren mindestens 20 Monate auf Segelschiffen zu leisten. Als Bonus galt die Segelfahrzeit als Vollmatrose bis zu sechs Monaten für die Berechnung der Gesamtfahrzeit doppelt.

Außer den Küstenmotorseglern der Nord- und Ostsee standen bald nur noch die wenigen Segelschiffe der Weizenfahrt für die Ableistung der Segelfahrzeit zur Verfügung: die drei deutschen Viermastbarken PRIWALL, PADUA und KOMMODORE JOHNSON und natürlich die Windjammer, die unter der Flagge Gustaf Eriksons segelten. In dieser Situation kaufte die Hapag 1937 die Viermastbark ADMIRAL KARPFANGER, um sie als Schulschiff in Fahrt zu setzen, denn das Verbot der Reichsregierung, das Deutsche nicht mehr auf ausländischen Schiffen ausgebildet werden durften, hatte die Situation nicht verbessert.[12]

Passagiere an Bord

Gustaf Erikson hatte den Gewinn bringenden Nutzen der Mitnahme von Passagieren auf Segelschiffsreisen schnell erkannt. Segelschiffsreisen waren angesichts der nur noch selten zu erblickenden Windjammer bei enthusiastischen Segelschiffsromantikern wieder beliebt. Sie zogen ein spartanisches Leben an Bord eines Seglers dem angenehmen Luxus eines Passagierschiffes vor. Mehrere Schiffe der Weizenseglerflotte konnten optimale Quartiere für Passagiere zur Verfügung zu stellen. So boten die langen Poopdecks der VIKING, L'AVENIR und HERZOGIN CECILIE, aber auch die geräumigen Hochdecks der PASSAT, PAMIR und MOSHULU gute Unterkünfte für Passagiere. Die Barken PENANG, WINTERHUDE und KILLORAN konnten hingegen nur wenige Passagiere aufzunehmen. Geringe Unterbringungsmöglichkeiten für Passagiere boten auch Glattdecker wie die Viermastbarken POMMERN, ARCHIBALD RUSSELL, OLIVEBANK und HOUGOMOUNT. Trotzdem wurden 1933 auch auf der POMMERN Kabinen für Passagiere eingerichtet. Diese wurden offiziell als Besatzungsmitglieder des Schiffes angemustert, waren aber nicht verpflichtet, an der Bordroutine teilzunehmen, obwohl es ihnen auch nicht verboten wurde. Als Reisepreis wurden 10 Schilling pro Tag berechnet. Dabei durfte kein besonderer Luxus erwartet werden: So mussten die Passagiere in normalen Kammern, wie sie auch die Schiffsoffiziere nutzten, wohnen und erhielten die gleiche Verpflegung wie diese.

Eine Rundreise von Kopenhagen nach Australien mit einer Reisezeit von 90 bis 100 Tagen und einer Heimreise nach England von 100 bis 120 Tagen oder mehr konnte eine zusätzliche

Abb. 7 Die Viermastbark L'AVENIR während der Sommerkreuzfahrt 1933. (Foto: Sammlung Dr. Jürgen Meyer)

Einnahme von ca. 100 £ bedeuten.[13] Dabei wurde mit einer Gesamtreisezeit von sieben Monaten einschließlich der Ladezeit in Australien gerechnet. Diese Gelder abzüglich der Kosten für Proviant und Sonstiges waren den Reedern höchst willkommen. Drei oder vier Passagiere verbesserten die Rentabilität eines Weizenseglers entscheidend. Viele Passagiere begnügten sich jedoch mit Kurzreisen von Mariehamn nach Kopenhagen oder sie fuhren von den englischen Löschhäfen zurück in die Heimathäfen der Schiffe. Für diese Mitfahrer wurden 12 Schilling 6 Pence pro Tag berechnet. War jedoch die Reise zum Zielhafen nur kurz, mussten als Minimum 12 £ gezahlt werden.

Eine besondere Form der Seetouristik fand 1933 auf der L'AVENIR statt.[14] Nachdem sie ihre Weizenladung 1933 in Avenmouth gelöscht hatte und nach Mariehamn zurückgekehrt war, wurde sie für eine dreiwöchige Segelkreuzfahrt in der Ostsee ausgerüstet. Mit 70 Passagieren an Bord verließ sie am 30. Juli Mariehamn. Mit an Bord war eine Tanzkapelle, und im Zwischendeck sorgte ein Generator für die nötige Energie, damit unter anderem abends und nachts die Masten und Rahen angestrahlt werden konnten. Ein ständiger Begleiter während dieser Kreuzfahrt war Eriksons Schlepper JOHANNA, der mit Holz befeuert wurde, das jeweils abends aus dem Laderaum der L'AVENIR an Bord der JOHANNA umgeladen werden musste. Während dieser Kreuzfahrt wurden unter anderem Stockholm und Sandhamn angelaufen. Die Kosten für die Teilnehmer betrugen 165 Schwedische Kronen in der 1. Klasse und 95 Schwedische Kronen in der 3. Klasse. Für die Unterhaltung sorgten das Tanzorchester sowie eine große Tanzfläche mit angeschlossener Bar. Der wirtschaftliche Erfolg hat sich jedoch offenbar in Grenzen gehalten, denn in den darauf folgenden Jahren gab es keine weiteren Kreuzfahrten dieser Art mehr.

Tagesablauf auf einem Weizensegler

Ganz anders als auf dieser Segelkreuzfahrt sah der Tagesablauf auf einer Reise der Weizensegler aus. Wenn sie Kap Hoorn umrundet hatten, segelten sie nach Norden zum Äquator. Man fühlte meistens schon den positiven Einfluss des Südostpassats, auf den sich die gesamte Besatzung freute, denn dieser bedeutete den angenehmsten Teil der langen Reise.

Um Mitternacht schlug der Ausguck auf der Back acht Glasen – vier Doppelschläge an der Schiffsglocke, die vom Rudergänger beantwortet wurden. Es war Wachwechsel, und die aufziehende und abziehende Wache, mit Ausnahme von Ausguck und Rudergänger, wurden gemustert. Die abziehende Wache ging unter Deck, und die aufziehende Wache löste den Rudergänger und den Ausguck ab, der neue Wachhabende übernahm die Backbordwache. Als erstes übergab der Rudergänger den Kurs an seinen Ablöser, der diesen laut wiederholte, womit die Wache übergeben war.

Für eine Stunde hatte man nun Dienst am Ruder, um das Schiff auf Kurs zu halten – eine angenehme Arbeit in einer lauen und ruhigen Nacht. Die Steuerbordwache hatte seit 19.00 Uhr Dienst und konnte sich jetzt in die Koje begeben. Schon vier Stunden später begann für sie die nächste Wache. Nach der Stunde am Ruder hatte man für eine Stunde die Aufgabe des Ausgucks auf der Back zu übernehmen. Der Ausguck wurde durch Rotation abgelöst. Die nächste Stunde hatte man die Aufgabe eines Läufers für den Wachhabenden. Nachdem die Stunde als Läufer beendet war, kehrte man zur Wache zurück. Bei Rotation von zehn Mann pro Wache dauerte es eine Weile bis zum Beginn des nächsten Törns als Rudergänger. Um 3.30 Uhr musste der Läufer die neue Wache wecken. Diese hatte bis 4.00 Uhr Zeit, an Deck zu kommen. Zum Wachwechsel um 4.00 Uhr wurde schließlich die Backbordwache abgelöst und konnte bis zum Frühstück um 7.30 Uhr schlafen. Die um 4.00 Uhr morgens aufgezogene Steuerbordwache musste ab 6.00 Uhr bis zum Ende der Wache um 8.00 Uhr Instandhaltungsarbeiten am Schiff durchführen.

Die Backbordwache begann wieder um 8.00 Uhr und hatte Dienst bis 13.00 Uhr. Auch sie musste während dieser fünf Stunden Instandhaltungs- und Wartungsarbeiten am Schiff fortsetzen. Die Handwerker, die keine Wache gingen, waren verantwortlich für die Frischwassertanks, deren Füllstand sie überprüften, ebenso die Wasserballasttanks und den Zustand der Bilge. Das war die Aufgabe des Zimmermanns, der erst danach in seine Werkstatt ging. Für die Wache an Deck gab es vielfältige Aufgaben: Das Wasser musste in die Tagestanks gepumpt, Kohlen für den Koch geholt, Schweineställe und Toiletten gereinigt sowie Positionslampen mit Brennstoff aufgefüllt und getrimmt werden, außerdem galt es, Rost zu klopfen, zu malen, das Deck zu scheuern und zu konservieren, die Teakhölzer an Bord zu ölen und das »geliebte« Messing zu putzen. Auch das Rigg wurde ständig gewartet, die Fußpferde und Webeleinen und das gesamte laufende und stehende Gut überprüft, Blöcke ausgetauscht und Racks an den Rahen geschmiert. Zu jeder Zeit konnte der Wachhabende mit zwei Pfiffen die Arbeit unterbrechen und die gesamte Wache an die Brassen rufen, um die Segelstellung dem Wind anzupassen oder um mehr Segel zu setzen bzw. die Segelfläche zu reduzieren.

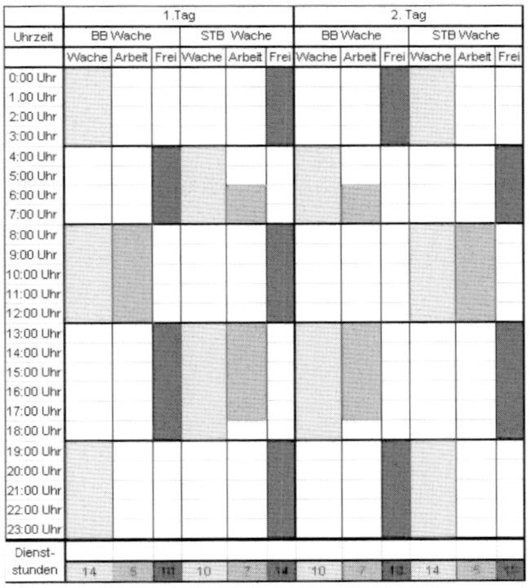

Abb. 8 Wacheinteilung auf einem Weizensegler. (Grafik des Autors nach Angaben aus W.L.A. Derby: The Tall Ships Pass. Newton Abbot [2]1970)

Bis 13.00 Uhr hatte die Backbordwache Dienst, dann wurde sie wieder von der Steuerbordwache abgelöst, die gerade vom Mittagessen kam. Die Backbordwache hatte nun bis 19.00 Uhr frei, konnte zu Mittag essen und sich dann eventuell schlafen legen. Einzelne arbeiteten, sofern das Wetter es zuließ, an Schiffmodellen, die sie mit Bordmitteln fertigten. Um 18.00 Uhr wurden die Instandhaltungsarbeiten der Steuerbordwache am Schiff eingestellt, denn um 19.00 Uhr wurde sie wieder von der Backbordwache abgelöst. Es begann jetzt wieder ein Fünf-Stunden-Wachtörn bis Mitternacht.

Der skizzierte Ablauf eines Tages unter Segeln gibt vielleicht einen Eindruck über das Leben an Bord. Aber nur die angenehmeren Aspekte der Arbeit sind hier angesprochen worden, denn unter anderen Wetterbedingungen konnte es ganz anders sein. Es gab viele Tage auf den langen Seetörns nach oder von Australien, an denen es unmöglich war, Arbeiten am Schiff durchzuführen. Das Leben an Bord war grausam nass und bitter kalt. Wochenlang wurde die Kleidung nicht trocken, Verletzungen wie Schnitte und Entzündungen heilten nicht, und die schwere Arbeit an den Schoten und Brassen oder oben im Rigg auf den unter Umständen mit Eis bedeckten Rahen und dem oft auch noch gefrorenen Segeltuch machten die Arbeit unerträglich.

Zu den unbeliebtesten Arbeiten während der Ballastfahrt zählten das Entrosten und »Malen« des Laderaums und das Löschen des Ballastes, der meistens aus Steinen und Sand bestand. Er wurde mit bordeigenen Mitteln in Australien über Bord geschaufelt. In seinem Buch »Heavenly Hell« beschreibt Richard Sheridan, wie er als Apprentice auf einer Reise der LAWHILL über 230 Stunden im Laderaum verbrachte, um bei dem schwachen Licht einer Paraffinlampe die Bilge des Schiffes zu entrosten. Rost war das Schreckgespenst eines stählernen Windjammers. Weil der Rost nach kurzer Zeit wieder Einzug hielt, musste praktisch ständig Rost geklopft werden. Deshalb wurden, je nach Größe der Besatzung, oftmals einige der Matrosen aus den Wachen ausgegliedert und als so genannte Tagelöhner eingesetzt. Sie hatten während dieser Zeit nur Tagesdienst und überholten die Takellage des Schiffes.

Neben der Segelreserve hatte jeder Windjammer mindestens zwei komplette Segelsätze an Bord, einen neuen, noch widerstandfähigen Satz, der in den Breiten mit starken Winden genutzt wurde, und einen Segelsatz für leichte Winde in den tropischen Regionen, der sehr abgenutzt und schon vielfach ausgebessert worden war. Der Segeltausch wurde mindestens zweimal auf jeder Ausreise nach Australien und auf jeder Heimreise von Australien durchgeführt. Diese Aufgabe wurde in zwei Gruppen durchgeführt, wobei die Segel jedes Mastes nacheinander ausgetauscht wurden. Es entwickelte sich mitunter ein Wettbewerb zwischen den beiden Gruppen, wer besser oder schneller war, die alten Segel abzuschlagen und durch neue zu ersetzen. Wenn die bordeigenen Dampfwinden benutzt wurden, war der Segeltausch innerhalb von zwei Tagen beendet. Standen aber nur die Gangspills zur Verfügung, dauerte es wesentlich länger, die Segel auszutauschen.

Für die gesamte Takelage, das stehende und das laufende Gut war der Erste Offizier verantwortlich. Er war selbst durch die Schule eines Windjammers gegangen und konnte so jede Arbeit auch selbst ausführen und dadurch richtig bewerten. Er war die rechte Hand des Kapitäns. Wenn der Dritte Offizier an Bord war, unterstand er dem Ersten Offizier und unterstützte ihn bei der Führung der Backbordwache. Dabei wurden viele unerfreuliche Aufgaben an den Dritten delegiert. Um einen Windjammer mit einer kleinen jungen Besatzung zu segeln, war es nötig, dass auch die Offiziere Arbeiten übernahmen und sich nicht nur auf das Anleiten und Delegieren beschränkten. Bei der Bedienung der Segel im Manöver oder auch im Sturm konnte sich ein Offizier durch aktive Mitarbeit als Führungspersönlichkeit bei der Besatzung Anerkennung verschaffen. Manchmal gab es keine Unterschiede zwischen den Besatzungsmitgliedern und der Schiffsführung, wenn schnell und zügig gehandelt werden musste. Trotzdem war es der Besatzung verboten, ohne Erlaubnis die Unterkünfte der Offiziere zu betreten. Diese Regel ging sogar so weit, dass jedes Besatzungsmitglied, das die Brücke oder das Poopdeck betrat, um z.B. den Rudergänger abzulösen oder andere Aufgaben zu übernehmen, die Leeseite benutzen musste; die Luvseite war dem Wachoffizier vorbehalten.

Auf Weizenseglern wurde das Deck mit einer Mixtur aus Leinsamenöl und Terpentin gepflegt. Für einen kurzen Zeitraum sorgte diese Methode für eine akzeptable Decksoberfläche, aber das Deck wurde sehr dunkel. Das Poopdeck oder die Brücke wurden, nachdem das Öl eingezogen war, oft noch mit dem »Holystone« und Sand gescheuert, um eine schöne Decksoberfläche zu bekommen. Der »Holystone« war ein hölzerner, in Leinen gebundener Block. Die schneeweiß gescheuerten Decks sind für die Weizensegler jedoch eher eine Fiktion denn Realität. Es war aber auf den Weizenseglern üblich, die Heimreise, sobald das Wetter es zuließ, für eine Überholung und Instandsetzung des gesamten Schiffes zu nutzen. Wenn die Schiffe dann nach ihrer Weltreise Mariehamn anliefen, wurde der Erfolg der Arbeit überprüft. Gustaf Erikson hatte die Angewohnheit, jedes seiner Schiffe bei der Ankunft persönlich zu inspizieren. Seinem kritischen Auge, das durch jahrelange Seemannschaft geübt war, entging nicht die kleinste Unregelmäßigkeit im Rigg und an Deck. Für einen Eigner, der seine Schiffe unversichert segeln ließ, war es sehr wichtig, dass seine Schiffe in einem bestmöglichen Zustand waren. Die Kapitäne und Offiziere waren dafür verantwortlich und hatten dafür zu sorgen, dass alles in bester Ordnung war. So verglich man die Schiffe, wenn sie in die Bucht von Falmouth oder Queenstown einliefen, oftmals mit Yachten.

Bezahlung der Besatzungen

Die Entlohnung auf den Weizenseglern von Gustaf Erikson war im Vergleich zu den Verdienstmöglichkeiten auf Schiffen anderer Nationen sehr gering. Das wurde in der Zeit der letzten Weizensegler immer mit dem niedrigen Lebensstandard auf den Ålandinseln begründet. Es gibt tatsächlich einen generellen Zusammenhang zwischen dem Lebensstandard eines Landes und dem seiner Schiffe. Nationen mit einem geringen Lebensniveau hielten länger an den Segelschiffen fest als Nationen mit einem höheren Lebensstandard, und so waren auch die Heuern an Bord von Nation zu Nation verschieden.

Ein Leichtmatrose erhielt auf den Schiffen Gustaf Eriksons 450 Finnmark pro Monat, ein Vollmatrose rund 100 Finnmark mehr. Die Handwerker, der Segelmacher, Schmied, Bootsmann und Zimmermann, erhielten ca. 900 Finnmark pro Monat. Das bestbezahlte Besatzungsmitglied war der Steward, der bei spendablen Passagieren sogar mehr verdienen konnte als der Erste Offizier. Den einsamsten Job an Bord hatte der Kapitän eines Weizenseglers. Er erhielt je nach Größe und Typ des Schiffes zwischen 3500 und 4500 Finnmark pro Monat. Zusätzliche Strapazen der Besatzungen an Bord der Weizensegler, zum Beispiel Kräfte zehrende ununterbrochene Arbeit bei Sturm, wurden nicht honoriert. Auf den Seglern wurde in der Regel nicht geheizt, es gab keine Elektrizität und meist auch keine Funkverbindungen.

Ein Zweiter Offizier konnte mit einem Gehalt von bis zu 1600 Finnmark pro Monat rechnen. Allerdings musste er, um Erster Offizier zu werden, noch einmal zwei Jahre zur See fahren, ehe er wieder die Navigationsschule besuchen konnte. Danach musste er mindestens ein Jahr als Erster Offizier zur See gefahren sein, um dann das Kapitänspatent ablegen zu können. Hier die Aufstellung der Bezahlung (in Finnmark pro Monat) auf den Schiffen von Gustaf Erikson:[15]

Kapitän:	3500–4500	Schmied:	900–1300
Erster Offizier:	1900–2100	Zimmermann:	900–1200
Zweiter Offizier:	1500–1600	Koch:	800–1200
Dritter Offizier:	1000–1100	Vollmatrose:	550– 650
Steward:	1700–2000	Leichtmatrose:	400– 500
Segelmacher:	900–1300	Schiffsjunge:	250– 350

Frauen als Besatzungsmitglieder

Auf den Weizenseglern der Zeit zwischen 1921 und 1949 waren Frauen als Besatzungsmitglieder sehr selten. Viele Seeleute glaubten, dass Frauen an Bord Unglück bringen würden. Doch wenn man die Geschichte der Seefahrt betrachtet, haben immer wieder Frauen auf Schiffen ihren »Mann« gestanden. So waren z.B. während der Seeschlachten von Abukir und Trafalgar Frauen in den beteiligten Flotten eingesetzt. Aber als reguläre Besatzungsmitglieder wollte man sie nicht akzeptieren. Als Jahre nach den Seeschlachten mehrere Frauen die General Service Medal beantragten, die alle männlichen Überlebenden der Seeschlachten selbstverständlich bekamen, bestritt die Admiralität zwar nicht die Anwesenheit der Frauen an Bord, verweigerte ihnen aber die Medaille.[16] Man fürchtete zu viele Anträge und damit ein schlechtes Image der Flotte. Dennoch arbeiteten in der Küstenschifffahrt unter Segeln mitunter auch Frauen an Bord der Schoner, Galeassen und anderen Küstensegler. Aber weibliche Besatzungsmitglieder gaben immer wieder Anlass zur Diskussion unter den Mannschaften. Wenn Frauen auf Weizenseglern vorkamen, blieben sie meistens nur für eine Reise.

Ein Besatzungsmitglied, das hier eine Ausnahme darstellt, war Mimmi, mit richtigem Namen Wilhelmina Widbom aus Tenala in Südfinnland, die seit 1923 auf Schiffen unter der Flagge Gustaf Eriksons fuhr. Bekannt wurde Mimmi als Stewardess und Köchin auf der Viermastbark POMMERN. Sie erwarb sich schnell Anerkennung durch Zuverlässigkeit und Fleiß bei den anderen Besatzungsmitgliedern. Mimmi wurde im Jahre 1875 geboren und war oft die Älteste an Bord der Schiffe. Dadurch avancierte sie ab und zu zum Muttterersatz für die meist noch jugendlichen Schiffsjungen. Auch der Schiffsführung gegenüber nahm sie oft eine besondere Stellung ein. So wird berichtet, dass sie dem Kapitän sagte, er möge doch selbst kochen, wenn ihm das Essen nicht schmecken würde. Mimmi segelte nicht nur auf der Viermastbark POMMERN, sondern auch auf der Viermastbark HERZOGIN CECILIE sowie dem Vollschiff GRACE HARWAR und fuhr auf mehren Motorschiffen der Reederei Erikson. Sie muss sich sehr bewährt haben, denn

Abb. 9 Lena Ringbom-Lindén an Bord der VIKING. (Foto: Sammlung Mariella Lindén,Turku)

im Alter von fast 70 Jahren befand sie sich immer noch im Dienst der Reederei. Als die VIKING während des Zweiten Weltkrieges in Stockholm als Getreidespeicher eingesetzt wurde, bewachte Mimmi den Windjammer im Hafen von Stockholm. Sie umrundete achtmal Kap Hoorn und überlebte während des Zweiten Weltkrieges die Torpedierung ihres Schiffes.[17]

Als eine weitere Frau an Bord der letzten Weizensegler ist Lena Ringbom–Lindén zu erwähnen. Lena, 1914 in Åbo geboren, hatte schon immer davon geträumt, zur See zu fahren. So schrieb sie einen Brief an Gustaf Erikson, der von ihrem Schreiben so beeindruckt war, dass er entschied, ihr eine Chance zu geben. So stieg Lena am 1. Oktober 1931 in Kopenhagen auf der Viermastbark VIKING unter dem Kommando von Kapitän Ivar Hägerstrand ein. Die Besatzung der VIKING war zuerst sehr überrascht, dass ein weiblicher Anwärter auf der Reise nach Australien an Bord arbeiten und ausgebildet werden sollte. Es gab viele überhebliche Äußerungen innerhalb der männlichen Besatzung, die aber schon bald ihre Meinung grundlegend ändern musste. Lena bekam ihre eigene Kammer im Bereich der Schiffsoffiziere und nahm mit ihnen auch gemeinsam die Mahlzeiten ein – eine Regelung, die für die damalige Zeit den gängigen Moralvorstellungen angemessen war. Als ein Journalist sie bei der Rückkehr in England fragte, ob sie nicht wie andere Mädchen sein möchte, z.B. schöne Kleider tragen und tanzen gehen wollte, antwortete Lena: *Natürlich tue ich das, natürlich gehe ich tanzen, aber an Bord der* VIKING *möchte ich wie eine Frau behandelt werden, die jede Arbeit macht, die nötig ist.* Lena segelte nur eine Reise auf der VIKING, ehe sie dann, viel zu früh, 1965 im Alter von 51 Jahren verstarb.[18]

Eine weitere bekannt gewordene Anwärterin ist Jackie von der L'AVENIR. Nach den Erfahrungen, die man ein Jahr zuvor mit Lena auf der VIKING gemacht hatte, gab Gustaf Erikson wieder einem weiblichen Anwärter eine Chance. Jackie musterte auf der L'AVENIR an und bekam, wie ein Jahr zuvor Lena, ihre eigene Kabine in dem langen Poopdeck des Schiffes. Sie musste aber das doppelte Ausbildungsgeld bezahlen wie ihre männlichen Anwärter. Es ist nicht viel über Jackie berichtet worden, nur einen kurzen Tagebuchauszug, der auf CD-ROM in Mariehamn festgehalten wurde, möchte ich hier wiedergeben:

Abb. 10 Die Viermastbark VIKING. (Foto: Hans Hartz/Archiv DSM)

Es ist erstaunlich, wie schnell sich Geschwätz verbreitet. Wir hatten gerade geankert, als sich das Gerücht verbreitete, das ein weiblicher Apprentice an Bord der L'AVENIR *war. Jackie an Bord der* L'AVENIR *sah auch noch nicht schlecht aus, es musste etwas mit ihr nicht in Ordnung sein, weshalb sonst ging sie zur See, und wie hat sie das geschafft. Und wie hat sie ihre Unschuld bewahrt, wenn sie sie noch hat, mit 30 Männern an*

Bord der L'AVENIR. *Wir haben gehört, dass es niemandem gelungen ist, sich ihr zu nähern. Vielleicht wurde deshalb ihre Leistung herabgesetzt als wäre sie ein Feind. Sie drehte sich nicht einmal um, wenn die Wache nach dem Aufstehen sich über die Reling erleichterte. Es war für sie ganz normal, sie wurde nicht einmal rot im Gesicht. Das kann doch nicht normal sein?*[19]

Soweit der Tagebuchauszug. Es hat den Anschein, als seien die Matrosen mit ihr an Bord der L'AVENIR rüde und rücksichtslos umgegangen.

Ein weiteres weibliches Besatzungsmitglied war Anne Stanley aus Maidenhead. Sie wurde 1925 geboren und arbeitete während des Zweiten Weltkrieges in einer Flugzeugfabrik. Danach begann sie ein Studium am Queen Mary's College in London. Aber schon nach zwei Jahren brach sie das Studium ab und arbeitete in verschiedenen Berufen. Im Herbst 1948 besuchte sie die PASSAT in Avenmouth, die darauf wartete, ihre Weizenladung löschen zu können. Sofort stand für Anne fest, dass sie, wenn die PASSAT wieder auf ihre nächste Reise gehen würde, als Besatzungsmitglied an Bord sein wollte. In ihrem Tagebuch, abgedruckt in dem Buch »Women under Sail«, beschreibt sie die Schwierigkeiten, ihren Traum in die Tat umzusetzen. Zwar konnte sie, als der Steward abmusterte, dessen Tätigkeiten übernehmen, aber für eine Reise nach Australien wollte man Anne nicht als Steward anmustern. Es wurde ihr angeboten, für den Fall, dass Passagiere mitführen, als Mess-Girl an Bord bleiben. Sie hatte Glück und konnte bleiben. Dank ihrer Tagebuchaufzeichnungen gibt es heute eine lückenlose Dokumentation über ihre Tätigkeiten an Bord der PASSAT auf der Reise nach Australien. Anne segelte nicht mit der PASSAT zurück nach Europa, sondern blieb in Australien.[20]

Auch der Fall von Jeanne Day, die sich als blinder Passagier an Bord der HERZOGIN CECILIE schlich und zurück nach Europa segelte, sorgte für sehr viel Aufsehen. Dieser Fall ist durch Allan Villiers' Buch »Falmouth for Orders« sehr gut dokumentiert, denn Villiers war auf dieser Reise ebenfalls an Bord der HERZOGIN CECILIE und hat ein Kapitel des Buches der Geschichte gewidmet, wie Jeanne Day an Bord der HERZOGIN CECILIE gelangte und sich dort versteckte. Sie war schon ein Jahr zuvor, 1927, einmal an Bord gewesen, als die HERZOGIN CECILIE ebenfalls in Port Lincoln lag, um das Schiff zu besichtigen. Als Kapitän de Cloux in Adelaide Proviant kaufen wollte, brachte er fünf oder sechs Lehrerinnen, die ihre freien Tage in Port Lincoln verbringen wollten, mit an Bord. Zu diesen Lehrerinnen gehörte auch Jeanne Day. Es wurde an Bord des Schiffes eine Tanzveranstaltung organisiert, und zu diesem Zeitpunkt fasste sie den Entschluss, einmal mit dem Schiff zu segeln. Sie kehrte aber zunächst wieder nach Adelaide zurück, um weiter als Lehrerin zu arbeiten.

Im nächsten Jahr, als die HERZOGIN CECILIE wieder in Port Lincoln war, besuchte sie erneut das Schiff. Diesmal gelang es ihr, bis zum Kapitän vorzudringen und ihn nach einer Möglichkeit zu fragen, auf dem Schiff mitzusegeln. Es wurde ihr jedoch gesagt, dass es keinen Platz für eine Frau auf einem Segelschiff gäbe, das Kap Hoorn umrunden würde. So war es für sie aussichtslos, legal an Bord der HERZOGIN CECILIE zu kommen. Als die HERZOGIN CECILIE am nächsten Tag von der Pier in Port Lincoln auf ihren Ankerplatz verholen sollte, versuchte sie, als Mann verkleidet doch noch an Bord der HERZOGIN CECILIE zu gelangen. Sie wurde aber schon auf der Gangway vom Ersten Offizier abgefangen, weil ein an der Pier angelnder Junge erkannt hatte, dass sie eine Frau war. So war ihr erster Versuch gescheitert, an Bord der HERZOGIN CECILIE zu gelangen. Sie musste umkehren, und die HERZOGIN CECILIE verholte zu ihrem Ankerplatz.

Jeanne Day versteckte sich am Abend und während der Nacht am Strand, in der Nähe der Fischerboote von Port Lincoln, ehe es ihr schließlich gelang, sich an Bord eines der Fischerboote zu verstecken, denn sie wusste, dass die Fischer nahe an der HERZOGIN CECILIE vorbeifuhren, um frühmorgens zu ihren Fanggründen zu fahren. Als der Fischer dann hinaus fuhr, gab sie sich zu erkennen und spielte einen finnischen Seemann, der es volltrunken nicht mehr zurück an Bord der HERZOGIN CECILIE geschafft hatte. Der Trick gelang, und der Fischer brachte sie an die Gangway der HERZOGIN CECILIE. Diesmal war niemand an Deck, und so konnte sich Jeanne Day im Laderaum zwischen den Hohlräumen der Weizensäcke verstecken, wo sie einschlief. Als sie wieder wach wurde, lag das Schiff immer noch vor Anker, so dass sie sich noch nicht zu erkennen geben konnte, denn sie wäre sofort zurück an Land gebracht worden. Also blieb sie so lange im Laderaum, bis sie sicher sein konnte, dass die HERZOGIN CECILIE weit genug auf See war, um nicht zurückgeschickt zu werden. Es muss ein sehr ungemütlicher Ort gewesen sein, in Dunkelheit, den staubigen Geruch des Getreides in der Nase, und die anwesenden Ratten in Sicht- oder zumindest Hörweite machten es nicht angenehmer.

Im Logbuch wurde festgehalten, dass einen Tag nach dem Auslaufen ein Fremder an Bord bemerkt wurde. Wegen des böigen Windes war es nicht möglich, Jeanne Day wieder an Land zu setzen, und keinem Dampfer konnte signalisiert werden, sie mitzunehmen. So blieb nichts anderes übrig, als sie an Bord zu behalten. Jeanne hatte ihr Ziel erreicht und segelte zurück nach Europa. Sie nahm an Bord nicht lange eine Sonderstellung ein und wurde als Stewardess eingesetzt, eine Arbeit, die sie gut erfüllte, denn sie hielt die Quartiere achtern so sauber, wie sie seit langem nicht mehr gewesen waren. Auch begann sie, Englisch zu unterrichten, um die Fremdsprachenkenntnisse der Besatzung zu verbessern. Und so war sie bald ein vollwertiges Mitglied der Besatzung.

Bei der Ankunft der HERZOGIN CECILIE in England erregte die Anwesenheit einer blinden Passagierin bei der Presse große Beachtung. Der Ansturm der Reporter, als die HERZOGIN CECILIE ihren Löschhafen ereichte, war außerordentlich. Als man in Cardiff festmachte, kamen die Gesundheitsbehörde und die Polizei an Bord, da davon ausgegangen wurde, dass die Frau schanghait worden wäre. So musste sie selbst den Sachverhalt aufklären. Zwei Ärztinnen wollten sich Jeanne Day ansehen, und als sie wieder an Deck kamen, wunderten sie sich, dass Jeanne drei Monate als einzige Frau unter dreißig Männern gelebt und keiner sie angerührt hatte. Mit ihrer ungewöhnlichen Reise auf der HERZOGIN CECILIE hat Jeanne Day sicherlich zu deren Ruhm beigetragen.[21]

Eine weitere Frau, über die ich hier kurz berichten will, ist Betty Jacobsen. Betty wurde in Norwegen geboren, ihr Vater war Kapitän auf seinem eigenen Schiff, und so verbrachte sie die ersten fünf Jahre ihres Lebens zusammen mit ihrem Bruder und ihrer Mutter an Bord des familieneigenen Schiffes. Danach zog die Familie nach Brooklyn in New York, wo Betty ihre norwegische Muttersprache verlernte. Im Alter von 17 Jahren schloss sie die High School ab und begann eine Arbeit als Stenographin. Durch eine schicksalhafte Begegnung mit dem Schriftsteller und Seemann Alan Villiers, dessen Manuskript seines Buches »Grain Race« sie bearbeitete, wurde in ihr das Interesse geweckt, selbst einmal auf einem der letzten Weizensegler zu segeln. Eines Tages im Büro fragte sie ihn halb scherzhaft, ob es nicht auch für sie möglich wäre mitzufahren. Er antwortete ihr: »Warum eigentlich nicht.« Aber sie musste erst noch ihre Eltern von ihrem Vorhaben überzeugen. Als sie das Thema bei ihnen ansprach, waren beide nicht begeistert von der Idee ihrer Tochter.

Zwei Monate später erhielt Alan Villiers, der zu diesem Zeitpunkt noch Anteilseigner an der PARMA war, einen Brief von Kapitän Ruben de Cloux, der unmittelbar von dem Auslaufen aus Kopenhagen abgeschickt worden war. In einem Satz erwähnte er, dass seine Tochter Ruby mit ihm an Bord sei. Betty sah ihre Chancen steigen, die Erlaubnis ihrer Eltern für die Fahrt doch noch zu bekommen, denn warum sollte sie, wenn eine weitere Frau an Bord war, die auch noch in ihrem Alter war, dann nicht mitfahren können. Aber es dauerte Wochen, ihre Eltern von ihrem Vorhaben zu überzeugen. Nur weil Kapitän de Cloux angekündigt hatte, eventuell um das Kap der Guten Hoffnung zurückzusegeln, willigten ihre Eltern schließlich ein. Betty Jacobsen verließ New York zusammen mit Alan Villiers und einem anderen jungen Amerikaner, der wie Betty als Apprentice auf der PARMA segeln wollte, und erreichte am 28. Februar 1933 via

Panamakanal und die Südseeinseln Australien. An Bord der PARMA stellte sie sich Kapitän de Cloux vor, der ihr antwortete: *All right, you can be an apprentice then. But no women will ever be a sailor.* So musterte sie an und musste wie jeder Apprentice ihre 50 £ bezahlen, um mitfahren zu dürfen.

Über diese Reise an Bord der PARMA hat Betty Jacobsen ihr Buch »A Girl Before the Mast« geschrieben, in dem sie fast täglich das Leben an Bord der PARMA auf ihrer Heimreise nach England beschreibt. Die Heimreise ging dann doch um Kap Hoorn, so wie sie es sich immer gewünscht hatte. Sehr viel wird in ihrem Buch von den anderen Besatzungsmitgliedern berichtet, die behaupteten, dass Frauen an Bord Unglück brächten oder zumindest ein schnelles Fortkommen behinderten. Aber diese Vorurteile sollten durch die Heimreise der PARMA in diesem Jahr entkräftet werden, denn mit 83 Tagen auf See war es die schnellste Heimreise eines Weizenseglers in den 1920er und 1930er Jahren.

Betty wurde verboten, bei schwerem Wetter auf dem Hauptdeck zu arbeiten, und sie musste auf dem Poopdeck bleiben. Ihr Kommentar im Buch war nur: *Es ist nicht gefährlicher für mich, als es für die männlichen Besatzungsmitglieder ist, sich dort aufzuhalten.* In den Passatregionen wurde Betty zum »Tagelöhner« und musste somit keine Wache gehen. Sie wurde vielfach dem Segelmacher zugeteilt und verbrachte viel Zeit mit der Reparatur der Segel. Bis zum Löschhafen Hull blieb Betty an Bord, und als im Zielhafen Journalisten an Bord der PARMA kamen, gaben Betty und Ruby vor, kein Englisch sprechen zu können. Vom Löschhafen Hull kehrte Betty Jacobsen nach Brooklyn zurück und schrieb ihr Buch, das 1934 in New York erschienen ist.

Schnelle Reisen

Die Weizenfahrt unter Segeln von Australien nach Europa gab es natürlich auch schon vor dem Ersten Weltkrieg, nicht jedoch die so genannten Weizenrennen, das Wetteifern der Segler um die schnellste Reise. Je weniger Segelschiffe auf den Weltmeeren unterwegs waren, desto mehr wurde in der Öffentlichkeit über ihre Reisen berichtet. Die »Grain Races«, die Rennen der Veteranen unter Segeln, genossen eine große öffentliche Aufmerksamkeit und Bewunderung. Diese Rennen sind heute ebenso Teil der Schifffahrtsgeschichte wie die Rennen der berühmten englischen Wollklipper der zweiten Hälfte des 19. Jahrhunderts, an denen die Öffentlichkeit ebenfalls regen Anteil nahm, z.B. an den Reisen der CUTTY SARK.

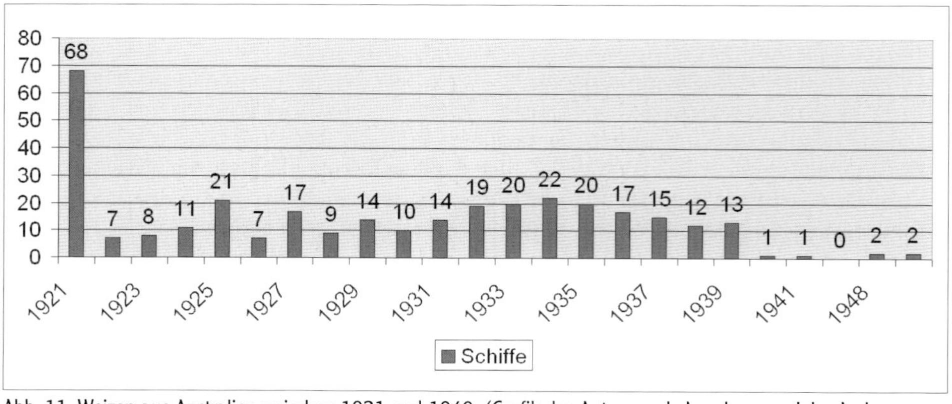

Abb. 11 Weizen aus Australien zwischen 1921 und 1949. (Grafik des Autors nach Angaben aus John Anderson: The Grain Race. Falkirk o.J.)

Die Periode der Weizenrennen und das öffentliche Interesse daran dauerten von 1928 bis 1939. Die schnellsten Heimreisen der Weizensegler in den Jahren 1921 bis 1949 sind hier aufgeführt:[22]

Jahr	Schiff	Reisedauer	Ausgehend	Ankommend
1921	Marlborough Hill	91 Tage	Port Lincoln	Queenstown
1922	Milverton	90 Tage	Melbourne	London
1923	Beatrice	88 Tage	Melbourne	London
1924	Greif	110 Tage	Port Lincoln	Falmouth
1925	Beatrice	102 Tage	Adelaide	Falmouth
1926	L'Avenir	110 Tage	Geelong	Falmouth
1927	Herzogin Cecilie	98 Tage	Port Lincoln	Queenstown
1928	Herzogin Cecilie	96 Tage	Port Lincoln	Falmouth
1929	Archibald Russell	93 Tage	Melbourne	Queenstown
1930	Pommern	105 Tage	Wallaroo	Falmouth
1931	Herzogin Cecilie	93 Tage	Wallaroo	Falmouth
1932	Parma	103 Tage	Port Broughton	Falmouth
	Pamir	103 Tage	Wallaroo	Queenstown
1933	Parma	83 Tage	Port Victoria	Falmouth
1934	Passat	107 Tage	Wallaroo	Lizard
1935	Priwall	91 Tage	Port Victoria	Queenstown
1936	Herzogin Cecilie	86 Tage	Port Lincoln	Falmouth
1937	Pommern	94 Tage	Port Victoria	Falmouth
1938	Passat	98 Tage	Port Victoria	Falmouth
1939	Moshulu	91 Tage	Port Victoria	Queenstown
1948	Viking	139 Tage	Port Victoria	Falmouth
1949	Passat	110 Tage	Port Victoria	Falmouth

Die schnellen Heimreisen der mit einer Hilfsmaschine ausgerüsteten Viermastbark Magdalene Vinnen, die später in Kommodore Johnson umbenannt wurde, sowie der Fünfmastbark København sind in obiger Liste nicht enthalten, da sie das Bild über die Windjammer ohne Hilfsmaschine verfälschen würden:

Abb. 12 Die Abraham Rydberg in Ballast. (Foto: Sammlung Dr. Jürgen Meyer)

Jahr	Schiff	Reisedauer	Ausgehend	Ankommend
1924	KØBENHAVN	90 Tage	Port Germein	Bordeaux
1931	MAGDALENE VINNEN	89 Tage	Port Victoria	Lizard
1934	MAGDALENE VINNEN	91 Tage	Port Victoria	Plymouth

Das Ende

Nach dem Ende des Zweiten Weltkrieges waren nur noch wenige der 13 Windjammer, die noch 1939 Weizen aus Australien geholt hatten, einsatzbereit. Die deutschen Viermastbarken PADUA und KOMMODORE JOHNSON waren als Reparationsleistung an die UdSSR übergeben, die schwedische ABRAHAM RYDBERG 1944 zum Motorschiff umgebaut worden und segelte nicht mehr.[23]

Von den Schiffen Gustaf Eriksons waren PAMIR und LAWHILL immer noch beschlagnahmt und segelten unter den Flaggen Neuseelands und Südafrikas. Schon während des Krieges hatte Erikson die OLIVEBANK durch eine deutsche Seemine in der Nordsee verloren, überdies wurden KILLORAN und PENANG von einem Hilfskreuzer bzw. einem U-Boot versenkt. Die Bark WINTERHUDE wurde 1944 an die Deutsche Marine verkauft und als Depotschiff genutzt. Auch die MOSHULU stand nicht mehr zur Verfügung: Sie war 1940 bei der Rückkehr aus Buenos Aires nach Norwegen von der Deutschen Marine beschlagnahmt, abgetakelt und als Truppenunterkunft genutzt worden. Ihre an Land gegebenen Masten und Rahen gingen durch Kriegseinwirkung verloren. Die ARCHIBALD RUSSELL lag abgetakelt in Hull und wurde, als Finnland auf deutscher Seite in den Zweiten Weltkrieg eintrat, beschlagnahmt.

So standen Gustaf Erikson nur noch die Viermastbarken VIKING, PASSAT und POMMERN zur Verfügung. Alle drei Schiffe hatten es noch vor Kriegsausbruch in den Heimathafen Mariehamn geschafft. Da an der POMMERN aber umfangreiche Reparaturen nötig waren, stand auch sie für eine weitere Reise nicht mehr zu Verfügung. Es blieben Gustaf Erikson nur noch die PASSAT und die VIKING für eine erneute Reise nach Australien. Aber erst 1947 gelang es beiden Schiffen wieder, nach Australien zu segeln, um Weizen zu holen. Nach ihrer Rückkehr wurde die VIKING in Antwerpen aufgelegt und ging auf keine weitere Reise. Sie wurde nach Göteborg verkauft, um dort als stationäres Schulschiff genutzt zu werden. Nur die PASSAT kehrte 1948 noch einmal nach Australien zurück und traf dort auf die PAMIR, die Gustaf Erikson kurz zuvor zurückerhalten hatte. Beide Schiffe luden zum letzten Mal Weizen in Australien und segelten 1949 um Kap Hoorn zurück nach Europa. Nach der Rückkehr wurden beide Schiffe als Getreidespeicher in Penarth aufgelegt. Die Heuern, der Wechsel zum Drei-Wachen-System und gestiegene Versicherungssummen hatten die nur gering angestiegenen Frachtraten so sehr geschmälert, dass es unmöglich war, die Segler weiter profitabel in Fahrt zu halten.[24] Sie wurden vom Lübecker Reeder Schliewen aufgekauft und zu Segelschulschiffen umgebaut.

Eine Renaissance der Weizenfahrten wurde zwar, als PAMIR und PASSAT auf ihre erste Ausreise nach Brasilien gingen, in Erwägung gezogen, und es gab Überlegungen, sie wieder nach Australien segeln zu lassen, um Weizen zu holen, aber es kam zu keiner weiteren Weizenfahrt. Damit war die PAMIR der letzte Weizensegler, der 1949 mit einer Ladung Weizen aus Australien Kap Hoorn umrundete.[25]

Literatur:

Adam 1998: Frank Adam: Herrscherin der Meere. Die britische Flotte zur Zeit Nelsons. Hamburg.
Allen 1980: Oliver E. Allen: Die Windjammer. Amsterdam.
Anderson o.J.: John Anderson: The Grain Race. Falkirk.
Anderson 1948: John Anderson: Last Survivors in Sail. London.
Apollonio 2000: Spencer Apollonio: The Last of the Cape Horners. Firsthand Accounts from the Final Days of the Commercial Tall Ships. Washington D.C.
Brustat-Naval 1987: Fritz Brustat-Naval: Die Kap-Hoorn-Saga. Auf Segelschiffen am Ende der Welt. Frankfurt/M., Berlin.
Brustat-Naval 1988: Fritz Brustat-Naval: Windjammer auf großer Fahrt. Die Welt der Segelschiffe, wie sie wirklich war. Frankfurt/M., Berlin.
Burmester 1976: Heinz Burmester: Segelschulschiffe rund Kap Horn. Die abenteuerlichen Lebenswege der Viermastbarken HERZOGIN CECILIE, HERZOGIN SOPHIE CHARLOTTE und L'AVENIR/ADMIRAL KARPFANGER. Oldenburg, Hamburg.
Burmester 1978: Heinz Burmester: Mit der PAMIR um Kap Horn. Die letzte Epoche der deutschen Frachtsegler. 2. Aufl. Oldenburg, Hamburg.
Burmester 1981: Heinz Burmester: Drei schnelle Frachtsegler und ihre Zeit. Hamburg 1981.
Colton 1954: J. Ferrell Colton: Windjammers Significant. An Account of the Finest Deepwater Square-Rigged Sailing Vessels ever constructed. Flagstaff (Ariz.).
Churchouse 1978: Jack Churchouse: The PAMIR under the New Zealand Ensign. Wellington.
Davidsson 1976: Jan Davidsson: BEATRICE. Världens sista stora järnseglare, ex ROUTENBURN, ex SVITHIOD, 1881-1932. Malmö.
Davidsson 1995: Jan Davidsson: VIKING. Göteborg.
Derby 1970: W.L.A. Derby: The Tall Ships Pass. The Story of the Last Years of Deepwater Square-Rigged Sail. 2nd edition. Newton Abbot.
Domitzlaff 1960: Hans Domitzlaff: Die Viermastbark PASSAT. Der Lebensroman eines Tiefwasserseglers. Bielefeld, Berlin.
Domitzlaff 1998: Hans Domitzlaff: Das große Buch der PASSAT. 2. Aufl. Hamburg.
Dummer 2001: Karl-Otto Dummer: Viermastbark PAMIR. Die Geschichte eines legendären P-Liners, geschildert von einem Überlebenden des Untergangs. Hamburg.
Edwards 1996: Kenneth Edwards, Roderick Anderson, Richard Cookson: The Four-Masted Barque LAWHILL. Anatomy of the Ship. London.
Eriksson 1958: Pamela Eriksson: The Duchess. The Live and Death of the HERZOGIN CECILIE. London.
Furrer 1984: Hans Jörg Furrer: Die Vier- und Fünfmast-Rahsegler der Welt. Herford.
Gerdau 1978: Kurt Gerdau: Viermastbark PADUA. Ein ruhmreiches Schiff. Herford.
Gerdau 1991: Kurt Gerdau: PASSAT. Legende eines Windjammers. Herford.
Gibbs 1969: Jim Gibbs: Pacific Square-Riggers. Pictorial History of the Great Windships of Yesteryear. Seattle.
Grabler 1987: Heino Grabler: »... grüßt Euch unsere Viermastbark«. Mit der PAMIR 1952 nach Rio de Janeiro. Hamburg.
Greenhill 1970: Basil Greenhill and Ann Giffard: Women under Sail. Letters and Journals concerning eight Women Travelling or Working in Sailing Vessels between 1829 and 1949. Newton Abbot.
Greenhill 1986: Basil Greenhill and John Hackmann: The Grain Races. The Baltic Background. London.
Greenhill 1993: Basil Greenhill und John Hackman: HERZOGIN CECILIE. Lebensgeschichte einer Viermastbark. Hamburg.
Greve 1995: Uwe Greve: Viermastbark KOMMODORE JOHNSON. Geschichte eines Motorseglers. (= Schiffe, Menschen, Schicksale, H. 18). Berlin.
Greve 1997: Uwe Greve und Otto Mielke: Segelschulschiff ADMIRAL KARPFANGER. Reise ohne Wiederkehr. (= Schiffe, Menschen, Schicksale, H. 49). Berlin.
Greve 2001: Uwe Greve und Otto Mielke: Segelschulschiff HERZOGIN CECILIE. Ein typisches deutsches Seglerschicksal des 20. Jahrhunderts. (= Schiffe, Menschen, Schicksale, H. 88). Kiel.
Grobecker 1982: Kurt Grobecker: PASSAT. Das abenteuerliche Leben eines Windjammers. Lübeck.
Grönstrand 1978: Lars Grönstrand: Åländska skeppsporträtt i ord och bild. Mariehamn.
Grönstrand 1981: Lars Grönstrand: The Finnish Deep-Water Sailers. Pori.
Heinrich 1976: Rhoda Heinrich: Wide Sails and Wheat Stacks. A History of Port Victoria and the Hundred of Wauraltee. Port Victoria.
Jacobsen 1934: Betty Jacobsen: A Girl Before the Mast. New York.
Jebens 1977: Helmut Jebens: PASSAT im Novembersturm. Bilder von der letzten großen Fahrt. 4. Aufl. Herford.
Kåhre 1978: Georg Kåhre: The Last Tall ships. Gustaf Erikson and the Åland Sailing Fleets 1872-1947. London.
Kühner 2002: Hanne Kühner (Hrsg.): PASSAT. Botschafterin des Friedens. Lübeck.
Leffler 1986: Wilhelm Leffler: Schiffsjunge auf einem Getreidesegler. München.
Lubbock 1963: Basil Lubbock: The Last of the Windjammers. Volume I. Glasgow.
Lubbock 1970: Basil Lubbock: The Last of the Windjammers. Volume II. Glasgow.
Meyer 1974: Jürgen Meyer: Hamburgs Segelschiffe 1795-1945. 2. Aufl. Norderstedt.
Muncaster 1935: Claude Muncaster: Rolling round the Horn. London.
Newby 1986: Eric Newby: Hölle vor dem Mast. Windjammer ohne Romantik. Bielefeld.
Newby 1999: Eric Newby: Learning the Ropes. An Apprentice in the Last of the Windjammers. London.
Örjans 2002: Jerker Örjans und Håkan Skogsjö: Viermastbark POMMERN. Mariehamn.
Pearse 1934: Ronald Pearse: The Last of a Glorious Era. The Story of the Sailing Ships of the Last Generation and the Passing One. London.

Prager 1979: Hans Georg Prager: F. Laeisz. Vom Frachtsegler zum Kühlschiff, Containerschiff und Bulk Carrier. 2. Aufl. Herford.
Rogge-Ballehr 1987: Elisabeth Rogge-Ballehr: Schule der See. Viermastbark HERZOGIN CECILIE. Biographie eines berühmten Ausbildungsschiffes und Frachtseglers. Gräfelfing.
Rothe 1995: Claus Rothe: Das Segelschulschiff KRUSENSTERN. Vom Hamburger P-Liner PADUA zum russischen Segelschulschiff. Berlin.
Sheridan 1935: Richard Sheridan: Heavenly Hell. The Experiences of an Apprentice in a Four-Mast Barque (1933-1934). London.
Simonsen 1991: Gerhard Simonsen: Reise ohne Wiederkehr. Die Geschichte des deutschen Segelschulschiffes ADMIRAL KARPFANGER. (= Schiff und Zeit Spezial, H. 3). Herford.
Stark 2003: William F. Stark: Das letzte Mal ums Horn. Das Ende einer Legende, erzählt von einem, der dabei war. Hamburg.
Svensson 1988: Björn O. Svensson: POMMERN. From Ocean Carrier to Museum Ship. Mariehamn.
Thesleff 1951: Holger Thesleff: Farewell Windjammer. An Account of the last Circ umnavigation of the Globe by a Sailing Ship and the last Grain Race from Australia to England. London, New York.
Underhill 1956: Harold A. Underhill: Sail Training and Cadet Ships. Glasgow.
Villiers 1929: Alan Villiers: Falmouth for Orders. The Story of the Last Clipper Ship Race around Cape Horn. New York.
Villiers 1933a: Alan Villiers: The Sea in Ships. The Story of a Sailing Ship's Voyage round Cape Horn. New York.
Villiers 1933b: Alan Villiers: Voyage of the PARMA. The great Grain Race of 1932. London.
Villiers 1953: Alan Villiers: Rund Kap Horn. Die letzte Fahrt der GRACE HARWAR. Wiesbaden.
Villiers 1988: Alan Villiers: Kap Hoorn. Hamburg.
Wiese 1997: Eigel Wiese: PAMIR. Die Lebensgeschichte eines Segelschiffes. Hamburg.
Willner 1991: Horst Willner: PAMIR. Ihr Untergang und die Irrtümer des Seeamtes. Herford.
Windjammers 1998: The Last Windjammers. CD-ROM. Helsinki.

Anmerkungen:

1 Burmester 1976, S. 142.
2 Derby 1970, S. 68.
3 Anderson o.J., S. 2.
4 Heinrich 1976, S. 112.
5 Derby 1970, S. 74.
6 Rogge-Ballehr 1987, S. 229.
7 Davidsson 1976, S 120.
8 Edwards 1996, S. 37.
9 Villiers 1933a, S. 4.
10 Derby 1970, S. 146.
11 Allen 1980, S. 153.
12 Derby 1970, S. 137.
13 Burmester 1976, S. 116.
14 Derby 1970, S. 132.
15 Kåhre 1978, S. 141.
16 Adam 1998, S. 233.
17 Örjans 2002, S. 85.
18 Windjammers 1998.
19 Ebd.
20 Greenhill 1970, S. 151.
21 Villiers 1929, S. 49.
22 Allen 1980, S. 156.
23 Underhill 1956, S. 108.
24 Greenhill 1986, S. 7.
25 Kühner 2002, S. 3; Grabler 1987, S. 106.

Anschrift des Verfassers:
Andreas Gondesen
Westerholzer Weg 26
D-24975 Ausackerwesterholz

The Last Wheat Vessels, 1921-1949

Summary

The years between the two World Wars witnessed the last chapter in the history of large freight-carrying sailing ships. The last remaining cargo requiring transport by sailing ships was Australian grain destined for Europe. At the beginning of each year – and in high summer in the Antipodes – the last grain ships loaded their cargoes in the primitive harbours of Spencer Gulf in South Australia and transported the wheat around Cape Horn, usually to England.

Although several of them were referred to as "ports," the harbours in Spencer Gulf were little more than villages situated on the coast. The harbours plied by the grain ships were mostly located on the east coast of Spencer Gulf; only the order port of Port Lincoln lay on the west one. Modern harbour installations, as in Europe, did not yet exist there during the 1920s and 30s. The windjammers sometimes had to anchor at shipyards, where they were loaded using small schooners or ketches. In other harbours the windjammers had wooden loading piers at their disposal, but because of the large difference in the tides, these piers were likewise very long. Only at the end of these loading piers was the water deep enough for safe loading. Only two ships could be loaded at a time: The others had to wait at shipyards until a loading space became vacant.

After they had been fully loaded the windjammers from Spencer Gulf usually went back to Europe around Cape Horn to an order port, either Queenstown (today Cobh) in Ireland or Falmouth in England. There they were informed as to which port of discharge they should sail on to.

The market in England was favourable: Stocks from the last harvest were almost used up, and in May or June the Australian grain was very welcome for bridging the period until the next harvest. The voyages of the last large sailing ships in commercial use were described in detail by the English press, soon resulting in the term »Grain Racer« - applied to the ships that continually attracted attention because of their fast voyages.

The development of the freight rates in the 1920s and 30s were of great importance to the operation of the last cargo sailing ships. To improve the income situation, additional opportunities were provided for taking apprentices on board who then had to pay for their training. At that time it was still compulsory in many nations to provide proof of time spent at sea in order to qualify for nautical school. During the 1930s the grain ships still provided an opportunity to do these sea-hours. As a result, the ship owners always had a ready supply of cheap crew members. Wealthy passengers were also offered the opportunity of booking round trips or short voyages aboard the last freight-carrying sailing ships. This supplementary income greatly improved the economic situation.

The outbreak of World War II initially put an end to the grain shipping from Australia. Of the thirteen windjammers that had returned to Europe from Australia with grain in 1939, only very few were still operational. Some were lost through war damage, while others were unable to sail back to Australia because of their poor condition. Even though attempts were made to fetch grain from Australia after the war with the few ships that were still operational, such transports were no longer profitable. The grain voyages from Australia using freight-carrying sailing ships finally ended in 1949, with the four-masters PAMIR and PASSAT.

Les derniers grands voiliers à blé 1921-1949

Résumé

C'est au cours des années l'entre-deux-guerres du XXe siècle que le dernier chapitre des grands voiliers de fret a connu son ultime heure de gloire. Le transport du blé australien vers l'Europe était la dernière cargaison encore concevable pour les voiliers au long cours. Au début de chaque année, qui correspondait à l'été sur l'hémisphère sud du globe, les derniers voiliers à blé chargeaient dans les ports primitifs du golfe de Spencer, au sud de l'Australie, et rapportaient leur cargaison de blé en Angleterre, après avoir contourné le cap Horn.

Les ports du golfe de Spencer, bien que portant très souvent l'appellation de «ports», n'étaient cependant que des villages côtiers. Les ports de chargement, dans lesquels les voiliers à grain faisaient escale, étaient situés en majeure partie sur la côte orientale du golfe de Spencer, seul celui de Port Lincoln se trouvait sur la côte occidentale. Dans les années 20 et 30, des installations portuaires modernes comme en Europe n'y existaient pas. Les grands voiliers devaient jeter l'ancre en rade et étaient chargés par des petites goélettes ou des ketchs. Dans d'autres ports, des débarcadères en bois se trouvaient à disposition des voiliers; ceux-ci, en raison des grandes différences entre les marées, étaient très longs, car c'était seulement à leur extrémité que la profondeur d'eau était suffisante pour pouvoir charger en toute sécurité. Seuls deux navires pouvaient être chargés simultanément, les autres devaient attendre leur tour jusqu'à ce qu'une place soit libérée.

Après le chargement, les voiliers au long cours sortaient du golfe de Spencer, contournaient le cap Horn et faisaient route vers les ports d'Europe, soit vers Queenstown (aujourd'hui Cobh) en Irlande, soit vers Falmouth en Angleterre. Là, ils apprenaient vers quelle destination finale ils devaient faire route pour rompre charge.

En Angleterre, le marché leur était favorable, les réserves de la dernière récolte étant presque épuisées, et en mai ou juin, dans l'attente de la nouvelle récolte, le blé australien était extrêmement bienvenu. La presse anglaise couvrait en détail les voyages des derniers grands voiliers employés dans la marine marchande, et c'est ainsi que le terme de «*grain racer*» vit le jour, désignant le voilier qui attirait l'attention par une traversée rapide dans la «course du grain».

L'augmentation des taux de fret dans les années 20 et 30 du XXe siècle revêtait une grande importance dans l'exploitation des grands voiliers de commerce. Afin d'améliorer les revenus, furent en outre embarqués des «*apprentices*» (apprentis mousses), qui devaient alors acquitter le prix de leur formation. À cette époque, il était encore obligatoire dans de nombreux pays de justifier son temps de navigation afin de pouvoir être admis à l'école de la marine et dans les années 30, seuls les grands voiliers à grain en offraient encore l'opportunité.

Pour les armateurs, cela signifiait que des membres d'équipage à bon marché étaient ainsi toujours disponibles. De surcroît, il fut proposé à des passagers aisés d'effectuer des circuits ou de courtes croisières. Ces revenus supplémentaires améliorèrent la situation économique de façon décisive.

Le début de la Seconde Guerre mondiale mit fin une première fois à la course du blé australien. Des 13 grands voiliers qui rentrèrent encore en Europe avec du blé d'Australie en 1939, seuls quelques-uns étaient encore utilisables. Certains furent perdus du fait de la guerre, d'autres, en raison de leur état, ne pouvaient plus reprendre la route vers l'Australie. On tenta pourtant, à la fin de la guerre, de retourner chercher du blé en Australie avec les derniers voiliers restants qui étaient encore aptes à prendre la mer, mais les conditions générales ayant changé, ceux-ci n'étaient plus compétitifs. C'est en 1949, avec les quatre-mâts barques PAMIR et PASSAT, que la course du blé australien prit définitivement fin.

SONJA SAWITZKI

Die Erschießung von acht »Meuterern« an Bord des Auswandererseglers GERMANIA 1824

Bemerkungen zur offiziellen Dokumentation

Bei dem vorliegenden Text handelt es sich um eine Analyse einer Gerichtsverhandlung aus dem Jahre 1824, die an Bord des Schiffes GERMANIA unter Kapitän Hans Voss im Atlantischen Ozean stattfand.[1] In diesem Jahr brach die GERMANIA von Hamburg aus mit Passagieren an Bord zu einer Reise in Richtung Südamerika auf. Am 9. Mai 1824 legte das Schiff in Hamburg ab und machte sich zunächst einmal in Richtung Glückstadt auf den Weg, von wo es am 3. Juni 1824 in Richtung Brasilien abfuhr.[2] Die GERMANIA war eine 125 CL große Fregatte, die 1782 in Altona erbaut worden war.[3] 1823/24 wurde sie dann unter Kapitän Voss in der Südamerikafahrt eingesetzt.[4]

Die Reise der GERMANIA nach Brasilien war ein Auswanderertransport, der nicht problemlos verlaufen zu sein scheint. Schon der Aufbruch des Schiffes wurde aufgrund der schlechten Wetterverhältnisse jeden Tag hinausgeschoben, und so lag man nach Verlassen des Hamburger Hafens noch einen Monat vor Glückstadt und wartete auf günstige Bedingungen. Einen Monat nach der Abreise von Glückstadt gab es auf dem Schiff schließlich Hinweise auf eine Meuterei.

Das vorliegende Dokument ist das Zeugnis von Verhören und der Verurteilung von acht Männern durch eine an Bord gehaltene Gerichtsverhandlung, die am 4. Juli 1824 unter Vorsitz des Kapitäns des Schiffes, Hans Voss, begann. Als erster wurde der Angeklagte Georg Christian Heinsohn von dem an Bord anwesenden Polizeimeister Heinrici vernommen, der die Verhandlung führte:

Verhandelt an Bord der Germania, den 4. Juli 1824.
[?] *die Commission unter Vorsitz des Herrn Capitains Hans Voss sich versammelt hatte:*

Erschien der als Zeuge angenommene Georg Christian Heinsohn, und gibt auf die gegen ihn angebrachten Beschuldigungen – Theil an der Verschwörung, gegen das Leben der Schiffsoberhäupter gehabt zu haben – folgendes zu Protocoll:

»Den Tag, als der vormalige Polizeimeister Rasch, von dem Herrn Lieutnant von Kiesewetter abgesetzt wurde, weil er sich so ungezogen gegen denselben betragen hatte, sagte Rasch des Abends auf der Wache zu mir: Höre einmal, wenn es zur Revolution kommt, so wollen wir das Schiff nehmen, die Vorgesetzten über Bord schmeißen, willst du das Schiff führen? Ich habe Ja gesagt, und habe das Schiff nach Bilbao in einen spanischen Hafen führen wollen. Er Rasch wolle die Schiffsmannschaft zwingen: sie sollten ihn schon dahin führen. Er Inculpat hätte dagegen Rasch versprochen, er wolle das Schiff schon regieren denn jetz wären sie an der französischen Bucht. Inculpat gestand noch, daß ihm Rasch gesagt: daß der Wachtmeister Heinrici

und der Obersteuermann die ersten sein sollten, welche über Bord geworfen werden müßten, er hätte dieses genehmigt. Noch müße Inculpat gestehen, daß der Plan schon von ihnen auf der Rhede bey Glückstadt gemacht sei, das Schiff in Brand zu stecken, die Jolle abzuschneiden, und so zu entfliehen, es hätte sich aber damals keine Gelegenheit gefunden, sie hätten also jetz lieber mit der Ermordung der Vorgesetzten zu Werke gehen wollen; damit sie das Schiff für sich behalten können.« Weiter wußte er nichts.

Vorgelesen und genehmigt
in fidem
Heinrici Wachtmeister
im Beysein der Wohllöblichen Commission

Hier ging es also um eine Meuterei, die – laut Dokument – von mehreren Personen geplant und auf dem Weg nach Brasilien ausgeführt werden sollte. Bevor wir jedoch im Folgenden den Text einer näheren Betrachtung unterziehen, sollen zunächst ein paar Fragen näher erläutert werden, um eine historische Einordnung vornehmen zu können: Was waren die näheren Umstände dieser Schiffsreise nach Südamerika, wodurch wurde die Meuterei auf der GERMANIA ausgelöst und wer waren die Beteiligten? Um diese Fragen zu beantworten, sollen im Folgenden zunächst einmal die historischen Umstände in Deutschland sowie in Brasilien näher beleuchtet werden, um dann auf einzelne Aspekte dieser bemerkenswerten Geschichte eingehen zu können.

Die deutsche Auswanderung nach Brasilien seit dem frühen 19. Jahrhundert wurde von Bernecker und Fischer in fünf Phasen unterteilt. Die erste und hier relevante Phase wurde ausgelöst durch die Hungerkrise von 1816/17, die einen Auswandererschub nach Brasilien zur Folge hatte, der 1825 seinen Höhepunkt erreichte. Mit 30% der Gesamtauswanderung war Brasilien eines der wichtigsten Zielländer der deutschen Auswanderung.[5]

Nach Brasiliens Unabhängigkeitserklärung von 1822, erlassen durch Dom Pedro, den Sohn des portugiesischen Königs Johann VI., begann die planmäßige Besiedlung größerer Landstrecken durch überseeische Einwanderer.[6] Die Beweggründe Brasiliens für die Besiedlung des Landes waren vielschichtig:

1. war der wichtigste Wirtschaftszweig des Landes der Kaffeeanbau, der aber durch die Abschaffung der Sklaverei bedroht war. Diese Lücke sollten die Einwanderer durch Lohnarbeit und den Aufbau von Plantagen schließen. Man erhoffte sich die Herausbildung einer Schicht kleiner und mittlerer Landbesitzer, die ein Gegengewicht zum Einfluss der Großgrundbesitzer bilden würden;
2. wollte man durch die Einwanderung eine »Europäisierung« des Landes erreichen, da man davon überzeugt war, dass die Entwicklung des Landes nur so vorangehen könne. Man suchte das *sittliche Niveau* der Einwohner *anzuheben*, indem man *zivilisierte* Einwanderer ins Land brachte[7];
3. sollten die Einwanderungskolonien die Grenzen des Reiches gegenüber Argentinien, Paraguay und Uruguay absichern[8];
4. wollte man sich durch diese neuen Siedlungen Gebiete erschließen, indem man den Urwald roden ließ und das Land bebaubar machte[9];
5. brauchte man Soldaten, die einerseits dem Schutz des Kaisers dienen sollten und sich außerdem an den Grenzkämpfen, z.B. um Uruguay, beteiligten.[10]

Die frühe deutsche Einwanderung nach Brasilien erfolgte organisiert und durch Mittelsmänner, die als Werber in Deutschland die Menschen motivieren sollten und die Abreise der Auswanderergruppen organisierten. Da vor der Unabhängigkeit Brasiliens das Bestreben der portugiesischen Krone darin bestand, Fremde aus ihrem amerikanischen Herrschaftsgebiet herauszuhalten, mussten die Werber in Deutschland die veränderten Voraussetzungen des Landes propagieren, wie zum Beispiel die Aufhebung der katholischen Konfessionsbindung. Aber auch die große Entfernung, die lange Dauer der Reise und der hohe Kostenaufwand, der damals doppelt so hoch lag wie bei einer Reise in die USA, veranlasste Kaiser Dom Pedro zur Beauftragung von Werbern in seinem Namen.[11]

Einer der wichtigsten Werber für Brasilien in Deutschland war in diesem Zusammenhang Major Georg Anton Schäffer[12], der uns auch in dem vorliegenden Gerichtsdokument begegnen wird und dessen Wirken uns einen weiteren Einblick in die näheren Umstände der Meuterei auf der GERMANIA geben kann.

1814 kam der aus dem Unterfränkischen stammende Schäffer nach Brasilien und fand bald Eingang am königlichen Hofe. Nach der Unabhängigkeitserklärung Dom Pedros beauftragte ihn das kaiserliche Paar[13] 1822 zur Anwerbung von Menschen aus dem Deutschen Bund. Schon im Mai 1823 konnte Schäffer die ersten 300 Kolonisten und Soldaten nach Rio de Janeiro senden, deren Zahl bis 1830 auf über 5000 anstieg. Schäffers Methoden schienen dabei aber einigen Anstoß zu erregen, da er die Menschen mit falschen Versprechungen nach Brasilien lockte und neben den Kolonisten zugleich Söldner für die brasilianische Armee anwarb. In Hamburg konnte er aber zunächst frei wirken, wie Wätjen betont.[14]

Die Menschen, die Schäffer für Brasilien anwarb, waren unterschiedlichster Herkunft: Bauern, Handwerker, Geschäftsleute, aber auch Gefängnisinsassen[15] und Armenhäusler. *Auf die Qualität der Emigranten legten Schäffer und seine Leute weniger Wert als auf die Quantität, sie nahmen alles, was sie bekommen konnten.*[16] Diese Menschen fanden sich in den Verschiffungshäfen in Bremen und Hamburg ein, wo sie gewöhnlich in den Vorstadtgastwirtschaften untergebracht wurden. Hermann Wätjen schildert in seiner Arbeit die Situation der Bremer Brasilienauswanderer, die derjenigen der Hamburger wohl sehr nahe kommen dürfte. Die ankommenden Auswanderer mussten, um Einlass in ein Quartier zu bekommen, vom brasilianischen Geschäftsträger unterzeichnete Einreisescheine und Pässe vorzeigen. Es wurden dann zwei Gruppen gebildet: Wer sich die Überfahrt leisten konnte, wurde auf die Liste der Kolonisten gesetzt, wer kein Geld hatte, verpflichtete sich, in die brasilianische Armee einzutreten. Der Bremer Senat musste mit scharfen Maßregeln gegen diese zusammengewürfelten Menschenansammlungen vorgehen. Das Tragen von Waffen und Werfen von Steinen wurde ebenso verboten wie Ausflüge, und es wurde eine spezielle Sperrstunde für Auswanderer eingeführt.[17] Da die brasilianischen Rekruten mit dem städtischen Militär in Reibereien gerieten, wurde wegen vorangegangener Gewalttaten, Belästigungen und erpresster Anwerbungen der Ausnahmezustand verhängt.[18]

Die schwierige Situation der Auswanderer verbesserte sich meist auch an Bord der Schiffe nicht, denn auf den überfüllten Schiffen, die, wie unser Beispiel zeigt, manchmal bis zu drei Monate unterwegs waren und Nahrungsengpässe – vor allem bei der Versorgung mit Trinkwasser – zu überstehen hatten, konnte die Reise zur Qual werden.[19]

In Rio de Janeiro angekommen, wurden die Soldaten und Söldner sofort in die Kasernen der Fremdenbataillone geführt, während die Familien in leer stehenden, aus Stein gebauten Magazinen untergebracht wurden, von wo aus aber noch die waffenfähigen jungen Männer zum brasilianischen Militärdienst gepresst wurden.[20]

An Bord der GERMANIA befanden sich 24 von insgesamt 36 Sträflingen, die von der Freien und Hansestadt Hamburg am 23. März 1824 beziehungsweise am 9. Mai desselben Jahres nach Brasilien geschickt wurden.[21] Neben der Versorgung mit Kleidung, Gesangbüchern, Bibeln und anderen nützlichen oder erbaulichen Gaben wurde ihnen erlaubt, ihre Ersparnisse mitzunehmen.[22] Die Gefängnisbehörden bemerkten zu den Transporten:

Unter den nach Brasilien gegangenen Gefangenen ist keiner, der eine infamierende Strafe, d.h. Staupbesen oder Brandmark erhalten oder unter Büttels Händen gewesen wäre. Am Pfahl haben einige gestanden, besonders vom ersten Transport, welcher überhaupt die schlimmsten Individuen enthält.[23]

In Anbetracht dieser Umstände wollen wir nun unseren Blick wieder auf den Text lenken, der mit dem Beginn der Gerichtsverhandlung an Bord der GERMANIA am 4. Juli 1824 den ersten von acht Angeklagten zu Wort kommen lässt.[24] Georg Christian Heinsohn gestand der Kommission, die sich aus Kapitän H. Voss, Polizeimeister Heinrici, dem von Schäffer eingesetzten Leutnant von Kiesewetter, dem Obersteuermann F. Helmholtz, einem Doktor J.D. Hillebrandt und einem Herrn J.W. Weimann zusammensetzte, dass er Teil einer Verschwörung gewesen sei, die durch den ehemaligen Polizeimeister Johann Carl Rasch angestiftet wurde.[25] Dieser war während der Reise von Leutnant von Kiesewetter seines Amtes enthoben worden und hegte nun seine eigenen Pläne mit dem Schiff und den Befehlshabern.[26] Da dieser Plan nur mit Hilfe anderer zu bewerkstelligen war, zog er angeblich mehrere Männer an Bord des Schiffes in sein Vertrauen, die sich auch zur Meuterei bereit und ebenso zum Mord an Obersteuermann Helmholtz und Polizeimeister Heinrici willig erklärten.

Dass die Meuterei in erster Linie nicht unternommen werden sollte, um Kapital aus dem erbeuteten Schiff und den darauf transportierten Waren schlagen zu können, sondern zuvorderst von den Männern geplant wurde, um sich aus der für sie unglücklichen Situation an Bord des Schiffes und der ungewissen Zukunft in Brasilien zu befreien, zeigen die weiteren Ausführungen des Angeklagten. Er gestand der Kommission schon in Glückstadt, also einen Monat zuvor in dem Hafen der dänischen Garnisonstadt, den Versuch, mit Hilfe einer Jolle vom Schiff zu fliehen und die GERMANIA in Brand zu stecken. Hier ging es also vor allem um das Entkommen von Bord des Schiffes und nicht darum, sich dasselbe anzueignen und aus dem Motiv der persönlichen Bereicherung heraus die Vorgesetzten zu überwältigen und zu töten.

Der nächste Angeklagte, Friedrich Daniel Gerhard Rieck, ein 28-jähriger Hamburger Arbeiter, der wegen Totschlags zu vier Jahren Zuchthaus verurteilt worden war und sich bereit erklärt hatte, für die Erlassung seiner Haftstrafe und die Erlaubnis, nach Brasilien zu gehen, *die Stadt und das Gebiet für immer* zu räumen[27], äußerte sich wie folgt:

Der Inculpat Friederich Daniel Gerhard Rieck gab zu Protocoll:

»Es ist allerdings eine Verschwörung unter uns gewesen, um uns zu Eigentümern dieses Schiffes zu machen, wenn wir vors erste den Obersteuermann Helmholtz, den Wachtmeister Heinrici und die übrigen Herrn Officiere, über Bord geworfen haben würden. Rasch hat alsdann das Commando führen wollen, und uns in einen spanischen Hafen zu bringen, was wir da gesollt haben, weiß ich nicht, doch bin ich bey diesem Plan mit einverstanden gewesen. Der Abend, als der Oberjäger Fritze auf Wache war, sollte der Plan schon ausgeführt werden, wurde aber verschoben, weil der Wachtmeister Heinrici und der Obersteuermann Helmholtz auf der Wache waren. Den Abend als die Sache hat vor sich gehen sollen, bin ich noch nicht wach gewesen, weil die Verschwörung zu früh entdeckt worden ist. Die Mitschuldigen welche die Mordthat mit haben begehen wollen, sind folgende:

1. *Rasch*
2. *Fritze*
3. *Theuerkopf*
4. *Schoppe*
5. *Mumme*
6. *Heinsohn*
7. *Losacker, und*
8. *ich selbst*

Bey Gelingung unseres Planes haben wir auf mehrere Hülfe gerechnet. Weiter weiß ich nichts zu sagen, die schon gefesselten sind nebst mir alle schuldig, dieß ist mein Bekenntnis.

Noch habe ich anzuführen, daß ich eines Abends darauf ausging, den Wachtmeister Heinrici und den Obersteuermann Helmholtz zu ermorden, und wollte ich dießerhalb den auf Posten stehenden Mann, weil er mich abhalten wollte, über den Mittelmast zu gehen, niederstechen. Rasch hatte mich vorher betrunken gemacht, und mich zu der That aufgefordert. Ja betrunkenen Muthes hätte ich dieses gethan, allein es ist verhindert, der Tag war der 16. Juny, Abends. Noch habe ich zu dem Jäger Harders gesagt, ich hätte zwar meine [?] verkauft, wollte aber dieselbe mir schon wieder zueignen, ehe wir den halben Weg nach Rio gemacht hätten. Auch bemerke ich, daß wir bey Glückstadt daß Schiff schon haben in Brand stecken wollen, und mit der Jolle davonfahren. Weiter kann ich nichts sagen.«

Vorgelesen und genehmigt
in fidem
Heinrici Wachtmeister
im Beisein der Wohllöblichen Commission

Dieses weitere Geständnis lässt darauf schließen, dass einige der Personen, die sich an der Meuterei beteiligen wollten, als Soldaten auf dem Schiff registriert waren. Die Rangbezeichnungen »Jäger« und »Oberjäger« legen dies ebenso nahe wie die Erwähnung dieses Vorfalls bei Sudhaus.[28] Diese Soldaten hatten sich wahrscheinlich bei Major von Schäffer verpflichtet, nach Ankunft in Rio de Janeiro in die brasilianische Armee einzutreten. Warum die Männer ihren Entschluss änderten und warum dies schon in Glückstadt geschah, können wir anhand des Dokumentes leider nicht mehr klären. Ein Brief, der aus Glückstadt von Bord des Schiffes von einem der beteiligten Häftlinge geschrieben wurde, erwähnt diesen Vorfall nicht mit einem Wort, sondern gibt, ganz im Gegenteil, eine positive Beschreibung über die Verhältnisse einiger Strafgefangener an Bord der GERMANIA:

Rasch ist Wachtmeister, Mahler [?] Unteroffizier [?], meine Wenigkeit auch Unteroffizier, Kluckau und Losacker Gefreite etc; übrigens haben wir heute noch das Lob bey einer Streitigkeit eingeärntet, daß wir die beste Mannschaft an Bord wären.[29]

Von den acht Angeklagten auf der GERMANIA finden wir fünf auf der Gefangenenliste, so dass wir hier einen Fluchtversuch vor den Behörden in Hamburg sowie dem Militärdienst in Brasilien annehmen können. Die übrigen Angeklagten schienen aber ebenso um jeden Preis von Bord des Schiffes kommen zu wollen, obwohl sie ja scheinbar freiwillig diese Reise angetreten hatten. Die Beschreibung einer ähnlichen Seereise von Hamburg legt nahe, dass die Soldaten über die genaueren Umstände ihres Schicksals erst bei Abreise an Bord des Schiffes informiert wurden, wo ihnen keine Möglichkeit mehr blieb, sich anders zu entscheiden.[30]

Nach dem ersten Versuch in Glückstadt, das Schiff in Brand zu setzen, war auch der zweite Anlauf, sich aus der Situation an Bord des Schiffes zu befreien, fehlgeschlagen. Rieck wollte zwei Wochen nach der Abfahrt des Schiffes aus Glückstadt, angestiftet durch Rasch und ermutigt durch Alkoholkonsum, die beiden Kommandierenden Helmholtz und Heinrici töten, was jedoch – wohl nicht zuletzt durch den Alkoholgenuss – scheiterte.

Dass es bei dieser Verhandlung den Anklägern nicht in erster Linie darum ging, der Wahrheit auf die Spur zu kommen, zeigt uns unter anderem die Erwähnung der anderen Gefesselten. Wir können wohl davon ausgehen, dass alle beschuldigten Männer diese Geständnisse nur unter Gewaltandrohung und Folter ablegten.[31] Das hier besprochene Dokument diente den Anklägern vor allem als Beweis, dass die Meuterer eine formalrechtliche Vorgehensweise an Bord des Schiffes erfuhren. Somit kann dieses Dokument heute weniger als Beweisaufnahme gelesen werden, um dem Sachverhalt auf die Spur zu kommen, denn als Beleg, wie man sich zu dieser Zeit an Bord der Auswandererschiffe nach Südamerika verhielt, wenn Menschen ihren Entschluss überdacht hatten oder sich dagegen wehren wollten, den Dienst für die brasilianische Krone zu leisten, zu dem sie in vielen Fällen gepresst wurden.

Die weiteren Angeklagten gestanden die Tat ebenso bereitwillig wie ihre Vorgänger:

Der Inculpat Losacker sagt aus:
»Zur Verschwörung gehören ich, Rasch, Theuerkopf, Fritze, Schoppe, Heinsohn und Rieck so wie auch Mumme. Grönland, Winning und Sess – könne er auch nicht [?], *doch wären dieselben keine Vertrauten von ihm gewesen.« Weiter wollte er nichts gestehen.*
Vorgelesen und genehmigt
in fidem
Heinrici Wachtmeister
im Beisein der Wohllöblichen Commission

Der Inculpat Theuerkopf sagt aus:
»Ich genehmige das, was Losacker ausgesagt hat, nachdem mir dessen Geständnis vorgelesen worden ist. Ich gehöre mit zur Verschwörung. Rasch hat gesagt, er wolle uns nach Spanien führen, das Schiff nehmen, die Vorgesetzten ermorden, dann wären wir freie Männer. Weiter weiß ich nichts zu sagen. Noch bemerke ich, daß wir bey Glückstadt das Schiff haben in Brand stekken wollen, dann die Jolle abschneiden, und damit entfliehen.«
Vorgelesen und genehmigt
in fidem
Heinrici Wachtmeister
im Beisein der Wohllöblichen Commission

Der Inculpat Mumme sagt aus:
»Rasch hat mich gefragt, wäre es [?] *und käme* [?], *würde ich ihm doch wohl beistehen. Weiter weiß ich nichts.«* [?] *gestanden: »Ich gehöre mit zu den Rebellen, und habe bey Glückstadt mit entfliehen wollen.«*
Vorgelesen und genehmigt
in fidem
Heinrici Wachtmeister
im Beisein der Wohllöblichen Commission

Der Inculpat Fritze sagt aus:
»Ich gehöre zwar mit zu den Consorten des Rasch, aber seinen Plan habe ich nicht genau gekannt, doch würde ich denselben aus allen Kräften vertheidigt haben. In den Plan bey Glückstadt bin ich einverstanden gewesen. Weiter sag ich nichts.«
Vorgelesen und genehmigt
in fidem
Heinrici Wachtmeister
im Beisein der Wohllöblichen Commission

Auch diese vier Angeklagten gaben einhellig zu Protokoll, dass sie das Schiff gewaltsam hatten übernehmen wollen. Die Angeklagten Mumme und Fritze schienen jedoch nur als helfende Unterstützung in die Ausführung der Meuterei eingeplant gewesen zu sein. Alle Angeklagten – bis auf Losacker – gaben aber einstimmig zu Protokoll, dass sie das Schiff schon in Glückstadt in Brand stecken und dann verlassen wollten.[32] Jedem der Angeklagten wurden die Aussagen der anderen vorgelesen, worauf dann das eigene Geständnis verlangt wurde.

Als nächster wurde der Anführer der Meuterer, Karl Rasch, der Kommission vorgeführt und verhört. Er gab Folgendes zu Protokoll:

Der Anführer der Rebellen Carl Rasch wurde nunmehr vernommen, und nachdem ihm alles vorstehende vorgelesen und er zum Geständnis ermahnt worden war, sagte er:

»Ich erkenne alles obengesagte für wahr, und habe das Schicksal, welches nun über mich verhängt wird, verdient. Noch bekenne ich, daß ich die Frau des Colonisten Böhls – gleich im Anfang bey Hamburg genothzügtigt habe. Weiter bekenne ich nun nichts und erwarte mein Schicksal.«

Die Frau des Colonisten Böhls bestätigte die von ihm gemachte Aussage.

Vorgelesen und genehmigt
in fidem
Heinrici Wachtmeister
im Beisein der Wohllöblichen Commission

Bei der Vernehmung des Hauptverdächtigen Karl Rasch, der sich selbst als schuldig bezeichnete für die geplante Meuterei, kam es zu einem weiterführenden Geständnis über eine Vergewaltigung. Dass er sich gedrungen fühlte, die bereits in Hamburg begangene Vergewaltigung der Frau Böhls noch zur Sprache zu bringen, verwundert beim Lesen des Dokuments, wenn man sich vor Augen führt, dass der unter Gewaltandrohung und Folter vernommene Rasch, anstatt etwas zu seiner Verteidigung vorzubringen, auch noch eine weitere Straftat gesteht. Über die Beweggründe und näheren Umstände dieses Geständnisses können wir nur Mutmaßungen anstellen. Die Herabwürdigung des Ehemannes könnte ein Beweggrund Raschs gewesen sein, diese Tat noch öffentlich machen zu wollen. Andererseits wurde die Hervorhebung seiner Stellung als Rebellenführer durch Betonung seines kriminellen Charakters durch dieses zusätzliche und besonders verwerfliche Vergehen bestätigt und unterstützte in diesem Sinne die Anklageführung.

Von den acht Angeklagten fehlte jetzt nur noch Schoppe[33], der sich – ohne Nennung von Gründen – an dem Verhördurchgang nicht beteiligt hatte. Er wurde erst am Abend vernommen, was man wie folgt dokumentierte:

Der Inculpat Schoppe bestätigte des Abends noch sein Verbrechen, indem er eingestand:

»Ich gehöre mit zu den Rebellen, und bedaure blos, daß unser Plan nicht zu Stande gekommen ist.« Weiter war von diesem frechen Bösewicht nichts zu erlangen.

Vorgelesen und genehmigt
in fidem
Heinrici Wachtmeister
im Beysein der Wohllöblichen Commission

Schoppe gestand die Tat ebenso wie seine Vorgänger. Er ließ es sich aber nicht nehmen, sein Bedauern darüber auszusprechen, dass ihnen die Meuterei nicht geglückt sei.

Nun folgte das Urteil, das diesen acht Männern von der Kommission ausgesprochen wurde:

Nachdem diese Geständniße von den Rebellen niedergeschrieben waren, wurden sie jeder mit 50 Peitschenhiebe bestraft, und in das für sie zubereitete Gefängnis gebunden geführt, um der Regierung überliefert zu werden. Da sie aber bei dem Sturm in der Nacht vom 4ten zum 5ten July, wieder versucht sich los zu machen, und ihren Plan danach durchzuführen, so wurde von der Commission und Mannschaft folgendes Todes-Urtheil gesprochen.

Urtheil der Commission
des
Schiffes Germania
Unter Vorsitz des Capitains, Herrn Hans Voss

Nachdem vorstehende Verhöre geschlossen sind, worin die Täter der Revolte ihr Sündenbekenntnis abgelegt haben, und nachdem wir das Urtheil sämmtlicher Mannschaft in Erwägung gezogen, ebenso den Articel 9 der von dem Herrn Major von Schaeffer, uns übergebenen Instruction in Betracht genommen – stimmen wir die Commission, die sämmtliche Mannschaft, und der Articel 9 des Reglements – sämmtlich für den Tod der Rebellen, indem bey ihrem längeren Leben keine Sicherheit für das Personal des Schiffes Germania, vorhanden ist. Nach reichlicher Überlegung des ganzen Personals ist ihnen der Tod des Erschießens zuerkannt, nachdem vorher frei gesprochen wurden:
Winning, Grönland und Sass
welche keinen Antheil gehabt haben.

Von Rechts Wegen
Schiff Germania, den 5ten July 1824:
8:40 Minuten Breite 19:12 Minuten Länge Vormittags 11 Uhr
Die Commission
Hans Voss, Capitain
Franz Helmholtz, Ober-Steuermann
von Kiesewetter, Lieutnant
J.D. Hillebrandt, Doktor
Jo. F.J. Heinrici, Wachtmeister
J.W. Weinmann

Wir fassen den zeitlichen Ablauf nun noch einmal zusammen: Erst wurden die Geständnisse niedergeschrieben, dann wurden die Gefangenen mit 50 Peitschenhieben gestraft und in einem dafür präparierten Raum gefangen genommen, um sie nach Landung des Schiffes in Rio de Janeiro der Regierung zu übergeben. Daraufhin versuchten die Gefangenen in der Nacht freizukommen, da ein Sturm die Schiffsbesatzung beschäftigte, wofür von der Kommission und der Mannschaft das Todesurteil über sie verhängt wurde.

Der zeitliche Ablauf über die Entstehung des vorliegenden Dokuments wird dann im folgenden Absatz deutlich: Nach Abschluss der Verhöre wurde am Tag darauf das Todesurteil verhängt, in Abstimmung mit § 9 der Bestimmungen des von Major von Schäffer übergebenen Reglements und unter Einbeziehung der Mannschaft. Das Dokument wurde erst an diesem Tag aufgesetzt, nachdem der Schluss der Verhandlung schon geklärt war. Den Beschuldigten wurde ihr Schicksal eröffnet und sie hatten noch Gelegenheit, sich dazu zu äußern:

Es wurden nach Verlesung des Urtheils die Arrestaten befragt, ob sie mit dieser Sentenz zufrieden wären, worauf sie mit Ja antworteten, doch bekannte Theuerkopf noch: er, Rasch und Momme hätten bey Glückstadt dem Juden Meyer 15 Drittel Silbergeld und eine Louisdior durch Aufbruch aus seinem Koffer im Raum, entwendet. Und sich dafür Spirituosen aus Glückstadt bringen lassen. Die Commission beschloss, aus dem Nachlass der Rebellen den Juden Meyer zu befriedigen und verfügte deren Erschießen.

Hier folgte also ein weiteres Geständnis, das über den Tatbestand der Meuterei hinausging. Warum Theuerkopf[34] den Diebstahl an Meyer gestand, ist nicht nachvollziehbar, zumal der

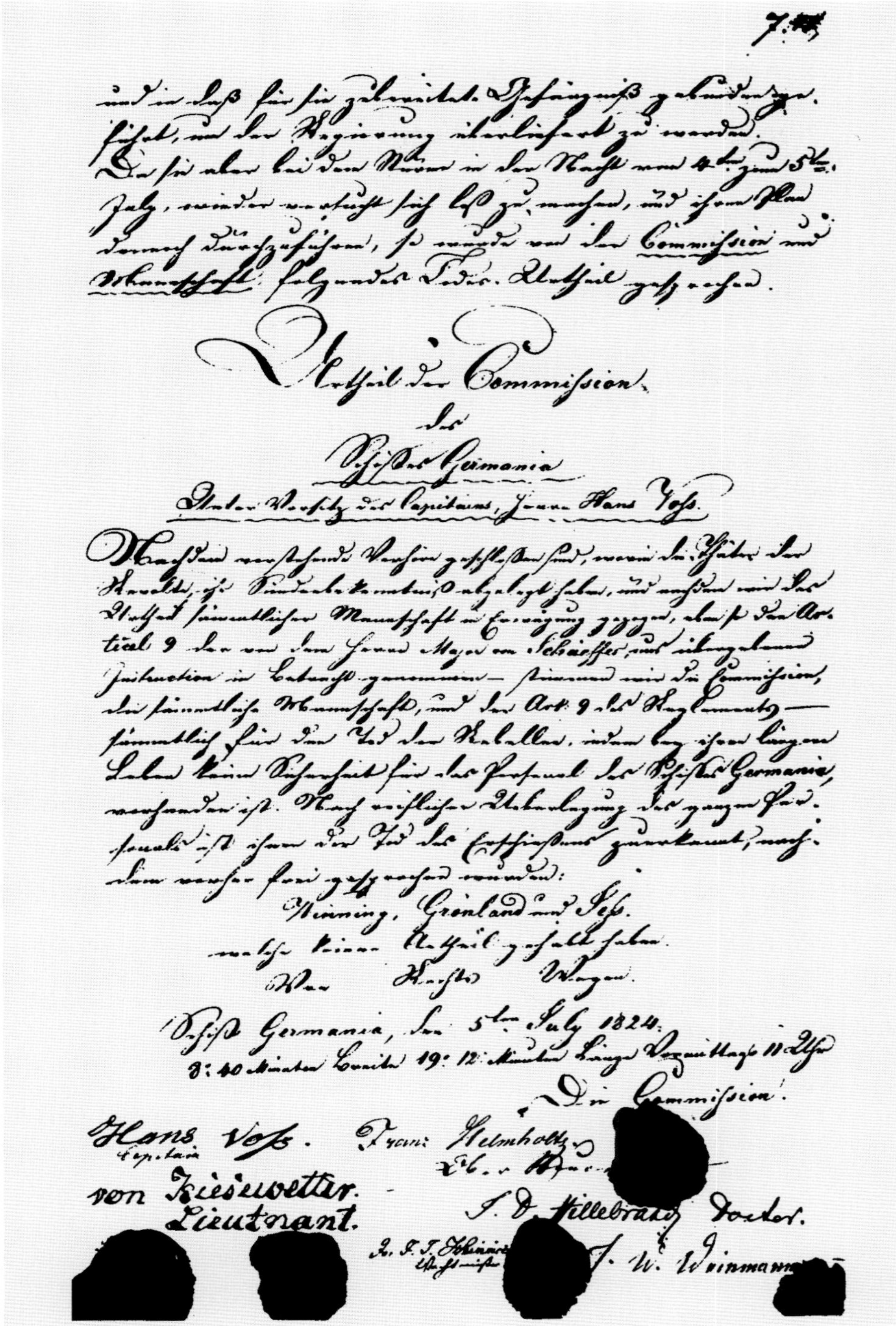

7.

und in daß für sie zubereitete Schiffsgefängniß gebunden zu führen, um der Regierung überliefert zu werden. Da sie aber bei dem Wacht in der Nacht vom 4ten zum 5ten Juli, wieder versucht sich los zu machen, und ihren Plan darnach durchzuführen, so wurde von der Commission und Mannschaft folgendes Todes-Urtheil gesprochen.

Urtheil der Commission

des

Schiffes Germania

Unter Vorsitz des Capitains, Herrn Hans Voß.

Nachdem vorstehende Verhöre geschlossen sind, worin die Thäter der Revolte ihr [illegible] abgelegt haben, und nachdem mit der Ansicht sämmtlicher Mannschaft in Erwägung gezogen, daß der Artical 9 der von dem Herrn Major von Schäffer mitgegebenen Instruction in Betracht genommen — stimmend mit der Commission, die sämmtliche Mannschaft, und der Art. 9 des Reglements — sämmtlich für den Tod der Rebellen, indem bey ihrem längern Leben keine Sicherheit für das Personal des Schiffes Germania vorhanden ist. Nach reiflicher Ueberlegung des ganzen Personals ist ihnen der Tod des Erschießens zuerkannt, nachdem vorher frei gesprochen wurden:

Winning, Grönland und [illegible]

welche keinen Antheil gehabt haben.

Von Rechts Wegen.

Schiff Germania, den 5ten July 1824.

8° 40 Minuten Breite 19° 12 Minuten Länge Vormittags 11 Uhr

Die Commission.

Hans Voß. Capitain — Franz Helmholtz [illegible]

von Kiesewetter. Lieutnant. — J. D. Hillebrand Doctor.

[illegible] — J. W. Weinmann

Auszug aus dem Verhandlungsprotokoll mit dem von der Kommission am 5. Juli 1824 an Bord der GERMANIA verhängten Todesurteil.

Bestohlene sich nicht zu Wort meldete, geschweige denn in Glückstadt den Diebstahl angezeigt hatte. Was durch den Beschluss jedoch möglich wurde, war die Verwendung des Nachlasses der zum Tode verurteilten Männer durch die Kommission.[35]

Das Dokument gibt nun weiter Aufschluss über die Ausführung des Urteils:

Es wurden demnach nach aufgezogener Flagge erschossen:

1. *Fritze, Carl Wilh. Eduard – erschoßen von Wachtmeister Heinrici*
2. *Losacker, Johann Friedrich – erschoßen von Steuermann Wilkens*
3. *Schoppe, Johann Christian – erschoßen von Oberjäger Bischoff*
4. *Theuerkopf, Joh. Christian Ludwig – erschoßen von Oberjäger Stock*
5. *Heinsohn, Christian – erschoßen von Zimmermann Petersen*
6. *Rieck, Friedrich Daniel Gerhard – erschoßen von Obersteuermann Helmholtz*
7. *Mumme, Hermann Wilhelm – erschoßen von Zimmermann Petersen*
8. *Rasch, Johann Carl, als Haupt der Rebellen von Wachtmeister Heinrici durchs Herz geschoßen.*

Nach beendigter Execution und nachdem die Leichnahme über Bord geworfen waren, stimmte die Mannschaft das Lied »Nun danket Alle Gott« an, und wurde der Schöpfer gebeten, kein ähnliches Unglück wieder über uns kommen zu lassen. Und so wurde dieses Unglück am Schlusse durch Gottes Hülfe abgewandt.

Das Urteil wurde von dem Polizeimeister Heinrici, der auch die vorangehenden Verhandlungen dokumentiert hatte, durch Mitglieder der Schiffsmannschaft ebenso wie durch mitreisende Soldaten vollstreckt. Nachdem die Leichname über Bord geworfen waren, wurde von der Schiffsmannschaft gebetet und gesungen. Als Nachsatz zu der Verhandlung und der Vollstreckung des Urteils wurde am Schluss noch ein Mann lobend erwähnt:

Bey dem Unwetter und Sturm der Nacht vom 4ten zum 5ten July, hatten die Rebellen den Versuch gemacht, ihre Banden zu lösen, um bei dieser Gelegenheit, über die Schiffsbesatzung herzufallen, und ihren verruchten Plan dennoch durchzuführen. Durch die Wachsamkeit des Gefreiten Elfers wurde es verhindert, und die Bösewichter wieder fest gebunden.

Ein anderer wurde als besonders liederliches Subjekt gekennzeichnet:

Als Schoppe erschossen werden sollte, sagte er zum Oberjäger Bischoff, welcher den Schuss thun sollte:

»Schieß zu Verräther, ich habe schon noch andere Gänge gegangen, als diesen«, und dabey, lachte er als ein Bösewicht, und ließ sich auch die Augen nicht verbinden.

Schoppe, der ja schon vorher als »frecher Bösewicht« bezeichnet worden war, da er die Tat weder bereute noch sich zu weiteren Erklärungen bewegen ließ, sah dem Todesschuss und dem ausführenden Organ mit Fassung ins Auge, nachdem er Zeuge der Hinrichtung von Fritze und Losacker geworden war. Das Dokument schließt mit dem Nachsatz:

Das der von Herrn Major von Schaeffer zum Commandanten ernannte Lieutnant von Kiesewetter, seiner Pflicht und Schuldigkeit bey diesen gefährlichen Umständen sowohl, wie auch früher, auf das gründlichste und ehrenvollste nachgekommen ist, bescheiniget mit Recht.

Die Commission
unter Vorsitz des Herrn Capitains Voss

Mit der Beglaubigung der rechtmäßigen Verurteilung und der Bescheinigung, dass sich der Agent Schäffers keines Fehlverhaltens schuldig gemacht hatte, war dieser Fall aus Sicht des Polizeimeisters Heinrici und der Kommission abgeschlossen dokumentiert.

Da die Ereignisse aus der Sicht eines mitreisenden Passagiers eine erheblich andere Darstellung erfuhren, müssen wir an der Glaubwürdigkeit dieses Dokumentes stark zweifeln. Johann Diedrich Holtermann reiste als Passagier mit an Bord der GERMANIA und berichtete am 20. November 1825 in einem Brief über die Vorkommnisse an Bord:

Die etwa ein Viertel der gesamten Passagierzahl einnehmenden Sträflinge aus Hamburg taten sich bald durch ihre Gewalttätigkeiten, gesteigerten Alkoholkonsum und Prahlereien untereinander hervor, worauf Kapitän Voss die alkoholischen Getränke konfiszieren ließ. Dem mittlerweile degradierten Karl Rasch gelang es, sich bei den Passagieren beliebt zu machen und zugleich mit zwei Offizieren – gemeint sind hier wohl Leutnant von Kiesewetter und Polizeiwachtmeister Heinrici – in Streit zu geraten. Einige Passagiere verließen die GERMANIA aufgrund der angespannten Lage daraufhin, da ein zufällig vorbeikommendes Schiff sich bereit erklärte, sie an Bord zu nehmen. Die Zurückgebliebenen bildeten nun scheinbar zwei Parteien: Karl Rasch und seine Anhänger auf der einen Seite, auf der anderen der Kapitän samt der Offiziere, zu denen nach Holtermann aber auch das Kommissionsmitglied, der *Hurenwirt Weimann aus Wandsbeck*, gehörte sowie der Agent Schäffers, Leutnant von Kiesewetter. Die Lage spitzte sich zu, als laut wurde, dass Rasch den Kapitän zwingen wolle, nach Lissabon abzudrehen, anstatt nach Brasilien weiter zu segeln. Diesem Angriff trat Kapitän Voss mit der Verhaftung und Erschießung der oben genannten acht Männer entgegen. Von der Festnahme der angeblichen Meuterer berichtete Holtermann:

Rasch sah dem Leutnant frei ins Auge. Dieser hieb ihm dafür mit seinem Hirschfänger den Arm ab. [...] Alle erhielten einige Kolbenstöße.[36]

Rasch, so will es scheinen, war nicht dazu zu bringen, sich unter die Autorität der Offiziere zu stellen. Sein Blick, der sich nicht vor dem Leutnant senkte, war Symbol für seinen Stolz und die Verweigerung der Unterordnung, so dass diese Geste Grund genug war, ihn tätlich anzugreifen. Nach der Verabreichung von 60 Hieben und einer Nacht ohne Wasser und Brot wurden die acht Beschuldigten zum Tode verurteilt. Holtermann berichtete weiter, dass der Kapitän den Schießbefehl gab:

»Schießt sie alle nieder.« Die anderen halfen, und so wurden alle 8 erschossen, Rasch zuletzt. Einer musste des anderen Tod sehen.[37]

Evans betont, wie ungewöhnlich und risikoreich das Erschießen der Gefangenen der Reihe nach war, da man Gefahr lief, dass die Verurteilten die Nerven verloren. Dass der verurteilte Schoppe als einziger und nach seinem freien Willen die Erschießungen der anderen mit ansehen musste, wird durch die Beschreibungen Holtermanns ebenso infrage gestellt wie die ganze in dem offiziellen Protokoll dokumentierte Vorgehensweise während des Verfahrens. Die in Holtermanns Bericht geschilderte brutale Vorgehensweise der Schiffsführung auf der GERMANIA steht in einem deutlichen Gegensatz zu den Aufzeichnungen des Wachtmeisters Heinrici.

Klarer wird dem Leser also, dass den Feststellungen in dem offiziellen Dokument nicht unbedingt Glauben geschenkt werden sollte und man bei der Betrachtung eines solchen Vorfalles gut daran tut, sich nicht nur auf offizielle Darstellungen zu beschränken, da eben auch diese Dokumente immer mit einer bestimmten Zielsetzung verfasst wurden, hier also der Bestätigung der Rechtmäßigkeit und ordnungsgemäßen Ausführung einer Seeverhandlung und der daraus resultierenden Erschießung von acht Menschen.

Dass die Vorfälle auf der GERMANIA weitere Konsequenzen in Brasilien wie in Deutschland nach sich gezogen haben müssen, kann hier nur vermutet werden. Das Schicksal der beteiligten Personen, hier besonders des Kapitäns und der Offiziere, bleibt vorerst im Dunkeln. Das Vollschiff GERMANIA kehrte – nach Kresse[38] – 1825 nach Hamburg zurück, wo es 16 Monate auflag; danach verliert sich seine Spur.

Anmerkungen:

1 Nach freundlicher Mitteilung von Herrn Peter Fölser aus Hamburg befindet sich das Verhandlungsprotokoll »Acta betreffend die Verschwörung gegen die Vorgesetzten des Schiffes GERMANIA, so wie der Rebellen Hinrichtung durch Feuergewehr« im Staatsarchiv Hamburg. Dank der Hinweise und Mithilfe der Herren Dr. Boye Meyer-Friese und Ulf Bollmann konnte als Standort des Dokumentes die Signatur 1825 Nr. 114 im Bestand 331-2 Polizeibehörde – Kriminalwesen des Staatsarchivs ermittelt werden. Allen Genannten sei an dieser Stelle herzlich für ihre Bemühungen gedankt.

2 Erwähnt finden wir diesen Vorfall bei Fritz Sudhaus: Deutschland und die Auswanderung nach Brasilien im 19. Jahrhundert. Hamburg 1940, S. 33; Walter Kresse: Die Fahrtgebiete der Hamburger Handelsflotte 1824-1888. Hamburg 1972, S. 78; Richard J. Evans: Szenen aus der deutschen Unterwelt. Verbrechen und Strafe 1800-1914. Hamburg 1997, S. 83-86, sowie bei Herbert Karting: Von Altona nach Übersee. Band I: Schiffbaumeister Ernst Dreyer und Altonas Segelschiffahrt im 19. Jahrhundert. Bremen 1999, S. 85.

3 Nach Karting (wie Anm. 2, S. 86) handelt es sich bei der GERMANIA um ein Schiff der Reederei P.H.T. Richters.

4 Walter Kresse bemerkt dazu, dass sie wahrscheinlich im Jahre 1823/24 von van der Smissen, Altona, gekauft wurde. Siehe hierzu Walter Kresse: Seeschiffsverzeichnis der Hamburger Reedereien: 1824-1888. Teil 2: Reeder »L« bis »Z«. Hamburg 1969, S. 136.

5 Vgl. Walther L. Bernecker/Thomas Fischer: Deutsche in Lateinamerika. In: Klaus J. Bade (Hrsg.): Deutsche im Ausland – Fremde in Deutschland. Migration in Geschichte und Gegenwart. München 1992, S. 197-214, hier S. 199.

6 Siehe hierzu auch Hermann Wätjen: Die deutsche Auswanderung nach Brasilien in den Jahren 1820-1870. In: Weltwirtschaftliches Archiv, 19. Band, 1923, S. 595-609, hier S. 597.

7 Walter L. Bernecker/Horst Pietschmann/Rüdiger Zoller: Eine kleine Geschichte Brasiliens. Frankfurt 2000, S. 188.

8 Vgl. Hartmut Fröschle: Die Deutschen in Lateinamerika. Schicksal und Leistung. Tübingen, Basel 1979, S. 185.

9 Vgl. Bernecker/Pietschmann/ Zoller (wie Anm. 7), S. 188.

10 Siehe hierzu Wätjen (wie Anm. 6), S. 601, und Fröschle (wie Anm. 8), S. 176.

11 Siehe hierzu Gerhard Brunn: Die Bedeutung von Einwanderung und Kolonisation im brasilianischen Kaiserreich (1818-1889). In: Jahrbuch für Geschichte von Staat, Wirtschaft und Gesellschaft Lateinamerikas 9, 1972, S. 287-317, hier S. 289.

12 Der Titel Schäffers variiert in der dafür herangezogenen Literatur. Hier wird der Titel Major nach Hermann Wätjen (wie Anm. 6) verwendet, da er sich auch so in dem Dokument wiederfinden lässt.

13 Dom Pedro war mit der Österreicherin Leopoldine verheiratet, womit eine Verbindung zwischen Schäffers und ihrer Heimat gegeben war, die das Anwerben von Menschen aus Deutschland nahe legte. Gerhard Brunn nennt ihn einen *persönlichen Vertrauten* der Kaiserin; siehe hierzu Brunn (wie Anm. 11), S. 292.

14 Fritz Sudhaus (wie Anm. 2, S. 28-32) legt dar, wie die einzelnen deutschen Staaten, z.B. Baden, Württemberg, Bayern und Preußen, sich zu Schäffers Werbetätigkeit verhielten. Nach Rolf Engelsing verbot der Hamburger Senat 1823 die Anwerbungen Schäffers, da man das Einströmen von Armen und Vagabunden befürchtete. Nachdem Schäffer daraufhin nach Altona auswich, zog er es 1826 vor, nach Bremen zu gehen, da man ihm dort freie Hand ließ; vgl. Rolf Engelsing: Bremen als Auswandererhafen 1683-1880. Bremen 1961, S. 21.

15 Gerhard Brunn (wie Anm. 11, S. 293) gibt an, dass besonders in Mecklenburg die Gelegenheit der Werbung Schäffers genutzt wurde, um die Zuchthäuser zu leeren.

16 Wätjen (wie Anm. 6), S. 598.

17 Rolf Engelsing (wie Anm. 14, S. 22) führt aus, dass 1828 der Andrang aus Süd- und Mitteldeutschland so enorm war, dass bei einem Anmarsch von 3000 mittellosen Württembergern, die durch Schäffers Versprechungen angelockt wurden, die Stadt die Zufahrtswege von Minden, Osnabrück und Münster abriegelte. Hermann Wätjen (wie Anm. 6, S. 600) zählt für den August 1828 710 Personen, meist aus Preußen und Coburg, die in den Auswandererherbergen in Bremens Neustadt untergebracht waren.

18 Vgl. Engelsing (wie Anm. 14), S. 23.

19 Eine Beschreibung einer solchen Reise von Hamburg nach Brasilien mit dem Schiff GEORG FRIEDRICH, die zeitgleich mit der hier behandelten liegt, ist abgedruckt in Karting (wie Anm. 2), S. 82-85. Diese Reise scheint problemloser verlaufen zu sein als das hier zu behandelnde Ereignis. Jedoch gewinnt man in dem Bericht von Bord der GEORG FRIEDRICH einen Eindruck von den Lebensumständen der Menschen an Bord und hört von Todesfällen unter den Auswanderern.

20 Vgl. Wätjen (wie Anm. 6), S. 601.

21 Im Staatsarchiv Hamburg befindet sich eine Liste von Gefangenen, die einerseits an Bord des Schiffes ANNA LOUISE unter Kapitän J.H. Knaack und andererseits mit der GERMANIA unter Kapitän H. Voss nach Rio de Janeiro gebracht

werden sollten. Neben den Angaben zu Namen, Berufen, Herkunftsorten und den Vergehen der Häftlinge erfährt man hier Näheres über die Vermögensverhältnisse der Gefangenen. In: Staatsarchiv Hamburg Gefängnisverwaltung A 41: Ausrüstung der nach Rio de Janeiro abgegangenen Gefangenen.

22 Siehe hierzu Richard J. Evans (wie Anm. 2), S. 84.

23 Staatsarchiv Hamburg, Gefängnisverwaltung A 41: Bericht über die nach Brasilien gegangenen Gefangenen, vom verwaltenden Vorsteher der Gefängnisse. Zitiert nach Richard J. Evans (wie Anm. 2), S. 84. – Aufgefunden wurde dieses Dokument in dem hier nach Evans zitierten Konvolut leider nicht, jedoch befand sich dort die Abschrift eines Senatsprotokolls, in dem festgehalten wurde, dass *von den Gefangenen, die bis 1825 inclusive in den Strafanstalten sind, denjenigen nach Brasilien verstattet werde, die 1. freiwillig diesen Wunsch dem Provisor zu erkennen geben und ad protocollum sich darüber specialiter vernehmen lassen, 2. in so fern sie angeloben, die Stadt und das Gebiet zu meiden; jedoch, 3. dass alle Unwindige davon ausgeschlossen sind.* In: Staatsarchiv Hamburg, Gefängnisverwaltung A 41: Extractus. Protocolli Senatus Hamburgensis, Lunae d. 12. Aprilis 1824.

24 Heinsohns Name befindet sich nicht auf der Liste der Gefangenen, so dass davon ausgegangen werden muss, dass er als Passagier oder Mannschaftsmitglied die Reise unternahm.

25 Johann Carl Rasch war zu diesem Zeitpunkt 28 Jahre alt und zu sechs Jahren Zuchthaus wegen Verleumdung und Desertion verurteilt worden. Er kam aus Leipzig und war als Ulane im Militärdienst. Nach: Staatsarchiv Hamburg, Gefängnisverwaltung A 41: Ausrüstung der nach Rio de Janeiro abgegangenen Gefangenen.

26 Wie bei Evans ebenso zitiert, wurden einige der Sträflinge wegen guten Betragens an Bord zu Unteroffizieren ernannt und *einer, Rasch, zum Wachmeister*. Einige der Sträflinge waren desertierte Soldaten, so dass diese Beförderungen sie in ihren alten Status erheben konnten. Staatsarchiv Hamburg, Gefängnisverwaltung A 41: Bericht über die nach Brasilien gegangenen Gefangenen, vom verwaltenden Vorsteher der Gefängnisse. Zitiert nach Richard J. Evans (wie Anm. 2), S. 84.

27 Staatsarchiv Hamburg, Gefängnisverwaltung A 41: Extractus. Protocolli Senatus Hamburgensis, Lunae d. 26 Aprilis 1824. – Die Angaben zur Person befinden sich in: Staatsarchiv Hamburg, Gefängnisverwaltung A 41: Ausrüstung der nach Rio de Janeiro abgegangenen Gefangenen.

28 Der Vorfall auf der GERMANIA, in den auch zwei preußische Soldaten verwickelt waren, veranlasste den damaligen preußischen Konsul in Rio de Janeiro, Wilhelm von Theremin, zu sofortigem Einschreiten, so dass die Tätigkeiten Schäffers in Hamburg und Berlin aufmerksam beaufsichtigt wurden. Siehe hierzu Fritz Sudhaus (wie Anm. 2), S. 33.

29 Staatsarchiv Hamburg, Gefängnisverwaltung A 41: E. Fritze an den Kaufmann Hr. G. Lorenz Meyer zu Hamburg, an Bord des Schiffes GERMANIA, den 21. May 1824.

30 In Blankenese vor Anker erst kam der Agent an Bord des Schiffes GEORG FRIEDRICH, um *die Mannschaft zu inspiciren, dann wurden alle jungen Leute zum Militärdienst aufgezeichnet … – Hierauf wurde das Schiffs-Reglement vorgelesen und bekannt gemacht, wie die Leute sich während der Reise gegen ihre Vorgesetzten zu verhalten hätten.* Aus: P.H. Schumacher: Beschreibungen meiner Reise von Hamburg nach Brasilien im Juni 1824 nebst Nachrichten über Brasilien bis zum Sommer 1825 und über die Auswanderer bis dahin. Braunschweig 1826. Zitiert nach: Herbert Karting (wie Anm. 2), S. 82. – Auch Richard J. Evans berichtet über die Passagiere an Bord der GEORG FRIEDRICH. Unter ihnen befanden sich 76 Männer, 23 Frauen und 33 Kinder aus dem Landarbeitshaus in Güstrow. Auch an Bord dieses Schiffes scheint die Disziplinierung streng gehandhabt worden zu sein. So berichtete einer der Deportierten, dass eine Frau für einen Diebstahl, den sie noch nicht einmal gestehen wollte, 500 Streiche bekommen habe; vgl. Evans (wie Anm. 2), S. 79f.

31 Laut Walter Kresse sollen die Rädelsführer der Meuterei zwei Tage hintereinander 60 Hiebe mit einem Teertau von 75 cm Länge und 3 cm Dicke erhalten haben, um die Geständnisse zu erzwingen. Siehe hierzu Kresse (wie Anm. 2), S. 78.

32 Carl Wilh. Eduard Fritze war ebenso wie Johann Friedrich Losacker zu diesem Zeitpunkt 26 Jahre alt und kam aus Hamburg. Beide waren zuletzt als Soldaten tätig und zu zwei Jahren Zuchthaus wegen Desertion verurteilt worden. In: Staatsarchiv Hamburg, Gefängnisverwaltung A 41: Ausrüstung der nach Rio de Janeiro abgegangenen Gefangenen. – Der Name Hermann Wilhelm Mumme befindet sich nicht auf der Gefangenenliste, so dass er ebenso wie Heinsohn als Mannschaftsmitglied oder Passagier betrachtet werden muss.

33 Johann Christian Schoppes Name findet sich nicht auf der Liste der Gefangenen.

34 Joh. Christian Ludwig Theuerkopf war zu diesem Zeitpunkt 26 Jahre alt und wegen Diebstahls zu fünf Jahren Zuchthaus verurteilt worden. Sein Beruf wurde als *unbestimmt* angegeben. In: Staatsarchiv Hamburg, Gefängnisverwaltung A 41: Ausrüstung der nach Rio de Janeiro abgegangenen Gefangenen.

35 Die Liste der Strafgefangenen vermerkte z.B. als Guthaben Raschs und Theuerkopfs bei der Abreise 120 bzw. 15 Piaster. In: Staatsarchiv Hamburg, Gefängnisverwaltung A 41: Ausrüstung der nach Rio de Janeiro abgegangenen Gefangenen.

36 Staatsarchiv Hamburg, Gefängnisverwaltung A 41: Holtermann, Brief vom 20. November 1825. Dieses Dokument war leider zum Zeitpunkt der Recherchen zu diesem Aufsatz im Staatsarchiv Hamburg nicht auffindbar und muss hier ebenso wie vorangegangene Dokumente nach Richard J. Evans (wie Anm. 2, hier S. 85) zitiert werden.

37 Ebd.

38 Walter Kresse (wie Anm. 2), S. 136

Anschrift der Verfasserin:
Sonja Sawitzki, M.A.
Vagtstraße 1
D-28203 Bremen

The Shooting of Eight "Mutineers" on Board the Emigration Sailing Ship GERMANIA in 1824: Remarks on the Official Documentation

Summary

The frigate GERMANIA set sail from Hamburg for Brazil in 1824. During the voyage, eight men were accused of mutiny and sentenced to death. Some of the passengers on the ship, which was under the command of Captain Hans Voss, were inmates of a prison in Hamburg whose voyage to Rio de Janeiro was the equivalent of a remission – only on condition, however, that they never return to the Hamburg region again.

Apart from these prisoners there were emigrants on the ship, attracted by the promotional activities of the Brazilian agent Major Georg Anton Schäffer, who in 1822 had been commissioned by the Brazilian royal household to recruit people to come and settle in the country. Settlement of the country – which became independent that same year – was important to the Brazilian king Dom Pedro, son of the Portuguese king Juan VI, for several different reasons. One of his objectives was to have the immigrants chop down sections of jungle to create plantations, as well as to serve as soldiers in order to protect the royal family and fight in border conflicts. Major Georg Anton Schäffer, whose recruitment methods were notorious, had to move from Hamburg to Altona and then on to Bremen, because people feared an influx of vagabonds and paupers. German emigration to Brazil, largely caused by famines of the previous years, reached its high point of 30 percent in 1825. Those who decided to emigrate to Brazil were of differing origin: they included not only farmers, businessmen and tradesmen but also paupers and convicts.

The negotiation transcript written on board the ship and other documents helping to reconstruct what took place on board the GERMANIA throw light on the events leading up to the execution of the eight accused mutineers, five of whom had boarded the vessel as convicts from Hamburg. The attempts to prevent them from arriving in Brazil began in Glückstadt, where the ship was supposed to be set on fire to this end. On the high seas, following an attempt to rebel against senior crew members, the death sentences were imposed and members of the ship's crew carried them out.

The contents of the official negotiation transcript are doubtful, however, since the accused were forced to confess under torture and the main reason for the transcript was to make the plaintiffs' behaviour more officially acceptable. A letter received from a passenger who was also on board the GERMANIA, in which the brutality of the negotiators becomes clear, serves as a basis for a change of opinion with regard to the negotiation transcript.

L'exécution de huit «mutins» à bord du voilier d'émigrants GERMANIA en 1824. Remarques sur la documentation officielle

Résumé

Sur la frégate GERMANIA partie de Hambourg en 1824, qui se trouvait en route vers le Brésil, la condamnation à mort de huit hommes accusés de mutinerie eut lieu durant la traversée. Les passagers du navire, placé sous le commandement du capitaine Hans Voss, étaient entre autres des prisonniers du pénitencier de Hambourg, qui se voyaient octroyer une remise de peine à condition de ne plus jamais remettre le pied sur le territoire de la ville et de partir pour Rio de Janeiro.

Outre ces prisonniers se trouvaient à bord des émigrants, animés par les promesses de l'agent brésilien, le major Georg Anton Schäffer, qui avait reçu de la maison royale brésilienne la mission de recruter des gens susceptibles de s'installer au Brésil. Le peuplement du pays, qui avait obtenu son indépendance la même année, tenait particulièrement à cœur à Dom Pedro, le fils du roi du Portugal, Jean VI, pour différentes raisons. Les émigrants devaient, entre autres, déboiser la forêt tropicale afin de rendre le pays cultivable et servir en tant que soldats à la protection du roi et des frontières. Le major Georg Anton Schäffer, dont la mauvaise réputation quant à ses méthodes de recrutement n'était plus à faire, dut tout d'abord passer de Hambourg à Altona, puis à Brême, car il était à redouter qu'une marée de pauvres hères et de vagabonds n'inonde le pays. L'émigration des Allemands vers le Brésil atteint un point culminant de 30% en 1825, dû entre autres aux famines catastrophiques des années précédentes. Ceux qui se décidaient à émigrer vers le Brésil provenaient de différentes origines: ainsi, des paysans, des hommes d'affaires et des artisans embarquaient aux côtés d'indigents sortis des asiles et de prisonniers.

Grâce au compte-rendu de l'audience qui a été établi à bord du navire et à d'autres documents qui servirent à reconstruire les évènements qui s'étaient déroulés sur le GERMANIA, les étapes qui menèrent à l'exécution de huit accusés de mutinerie, dont cinq étaient des prisonniers originaires de Hambourg, seront analysées. Les tentatives visant à empêcher le navire d'atteindre le Brésil commencèrent déjà sur l'Elbe à Glückstadt, où le navire aurait dû être incendié. En haute mer, après une tentative de rébellion contre les supérieurs à bord du navire, la condamnation à mort fut prononcée et exécutée par les membres d'équipage.

L'exactitude du protocole officiel du jugement doit toutefois être remise en question, car les accusés furent soumis à la torture afin d'obtenir d'eux des aveux et celui-ci fut en premier lieu établi afin de témoigner auprès des plaignants d'une façon de procéder formelle et légale. La lettre d'un des passagers à bord du GERMANIA, qui a été conservée et dans laquelle la brutalité de celui qui menait l'audience apparaît clairement, sert de base à la révision des premières impressions suscitées par le compte-rendu.

BODO HERZOG

Korvettenkapitän Karl Thurmann

Ein kaum bekannter elitärer Stolperstein in der Geschichte der U-Boot-Waffe unter dem Hakenkreuz

Was hat den Verfasser der vorliegenden Studie veranlasst, sich mit diesem so gut wie unbekannt gebliebenen Marineoffizier und U-Boot-Kommandanten zu beschäftigen und über den nüchternen Rahmen rein militärischer Fakten Material über ihn zusammenzutragen? Auslöser war Bildmaterial, das mir von Korvettenkapitän a.D. Dr. jur. Herbert Sohler, der zusammen mit Karl Thurmann 1928 in die Marine eintrat und derselben Ausbildungsgruppe angehörte, freundlicherweise zur Verfügung gestellt wurde. Thurmann war ihm später, 1941/42, als Kommandant von U 553 unterstellt, denn Sohler führte ab 1940 als Chef die 7. U-Flottille, die als »Stier-Flottille« bekannt war und zu der auch U 553 gehörte. Auf den Fotografien entdeckte ich einen U-Boot-Kommandanten in einer völlig unmilitärischen Aufmachung! Wenn hierbei nicht das verliehene Ritterkreuz des Eisernen Kreuzes[1] zu sehen gewesen wäre, träte uns auf diesem Bild ein »halber Zivilist« beim Abschreiten einer angetretenen Marine-Ehrenkompanie entgegen! Mein Staunen und meine Verwunderung darüber begleiten mich bis zum heutigen Tage. Ergänzend kamen persönliche Beobachtungen meines Freundes Lothar-Günther Buchheim, Verfasser des Weltbestsellers »Das Boot«, sowie mit ihm geführte Gespräche hinzu.

Auf einer der Fotografien, auf denen Karl Thurmann anlässlich des feierlichen Verleihungsvorganges der erwähnten Auszeichnung abgelichtet ist, war hinsichtlich der militärischen Uniformordnung eigentlich alles unkorrekt – mit Ausnahme seiner grüßenden Hand. So trägt Thurmann noch seine schweren Seestiefel und seine U-Boot-Lederhose mit »halbem Schlag«, die Teilkleiderstück eines so genannten »U-Boot-Päckchens« war. Darüber trug er keine weiße Kommandanten-Mütze, sondern ein Bordkäppi, das auch als »Schiffchen« bezeichnet wurde, mit kaum erkennbarer Offizierslitze. Thurmanns Freund und Kamerad, der Kapitänleutnant Hartenstein, pflegte dagegen sowohl beim Aus- als auch beim Einlaufen seines Bootes stets eine blütenweiße Kommandantenmütze zu tragen. Und schließlich fehlt das vorschriftsmäßige Uniformjackett. Stattdessen hat Karl Thurmann einen Isländerpullover an, der ebenfalls zur normalen Bordausrüstung zählte. Diese Fotos und die Erzählungen Buchheims über diesen Offizier machten mich mehr als neugierig. Verstärkt wurde diese Neugier noch durch den Roman »Das Boot«, in den der reale Karl Thurmann durch die Schilderung des fiktiven Kapitänleutnants Trumann eingegangen ist, filmisch eindrucksvoll umgesetzt von Regisseur Wolfgang Petersen. In den meisten Fachbüchern und Standardwerken über den U-Boot-Krieg 1939/45 sucht man U 553 in Verbindung mit dem Namen seines Kommandanten allerdings vergebens. Umso wichtiger erschien es mir, mehr über Karl Thurmann in Erfahrung zu bringen.

Abb. 1 Nach der Rückkehr von seinem neunten Einsatz, der U 553 in den Nord- und Westatlantik sowie in die Karibik führte, erhielt Kommandant Karl Thurmann (dritter von links) am 17. September 1942 das am 24. August 1942 verliehene Ritterkreuz des Eisernen Kreuzes aus der Hand seines einstigen Crewkameraden Kapitänleutnant Herbert Sohler (rechts daneben), zu diesem Zeitpunkt Chef der 7. U-Boot-Flottille. Hier in St. Nazaire präsentierte der Kommandant von U 553 seinen eigenen Stil. (Foto: Korvettenkapitän a.D. Dr. jur. Herbert Sohler/Archiv Herzog)

Karl Thurmann wurde am 4. September 1909 in Mülheim an der Ruhr geboren. Seine Eltern waren der Postinspektor Emil Thurmann, geboren am 2. November 1873 in Wiesbaden, gestorben am 30. September 1929 in Elberfeld, und Elsa Schellenberg, geboren am 8. Februar 1879 in Wiesbaden, in Wuppertal-Elberfeld noch bis 1942 nachweisbar. Die Familie wohnte 1910 in Mülheim in der Goethestraße 10, zuletzt allerdings, als der Vater bereits Postrat war, in der Kampstraße 49. 1924 wurde Emil Thurmann Oberpostdirektor und erhielt die Stelle als Amtsleiter in Elberfeld, heute ein Stadtteil von Wuppertal, die er bis zu seinem Tode innehatte. Im Juli 1924 zog die Familie daher nach Elberfeld. Emil Thurmann setzte sich während seiner kurzen Amtszeit für die beiden Postneubauten an der Blücherbrücke sowie am Döppersberg ein. Er war darüber hinaus als so genannter »Protektor« im Männer-Gesang-Verein »Reichspost-Elberfeld« aktiv. Als Major der Reserve a.D. war er Angehöriger des »Regimentsverbandes ehemaliger 17er Elberfeld«.

An dem von Oberstudiendirektor Professor Hermann Zembrod geleiteten Städtischen Realgymnasium in Elberfeld bestand Karl Thurmann Ostern 1928 das Abitur. Sein Berufswunsch war es, eine Karriere als Seeoffizier anzustreben. Am 1. April 1928 trat Karl Thurmann in die damalige Reichsmarine ein. Während seiner Ausbildung gehörte er zur »Crew-28«, aus der in der Folge weitere bekannte U-Boot-Offiziere hervorgegangen sind. Erwähnt seien hier unter anderem Walter Flachsenberg (1908-1994), Eitel-Friedrich Kentrat (1906-1974), Hans Meckel (1910-1995), Hans-Joachim Rahmlow (1909-1967), der als Kommandant von U 570 nach einem Angriff durch die britische Luftwaffe südlich von Island kapitulierte, Herbert Sohler (1908-1991), später als Verbandsführer der 7. U-Boot-Flottille zeitweilig der Vorgesetzte von Thurmann, sowie Hannes Weingaertner (1908-1944), ein gebürtiger Österreicher.

Abb. 2 Kapitänleutnant Werner Hartenstein galt als Gentleman unter den U-Boot-Kommandanten. Das Foto entstand nicht an einem Auslauftag, sondern am 17. März 1942 in Lorient, nach der Rückkehr von einem längeren Einsatz in der Karibik. Bevor er 1928 gemeinsam mit Karl Thurmann Kadett der damaligen Reichsmarine wurde, studierte Hartenstein Jura und war Mitglied des Elite-Corps »Hasso Borussia«. Bei den auf dem Foto sichtbaren Narben am linken Unterkiefer handelt es sich um »Schmisse« und nicht um Kriegsverletzungen. (Foto: Archiv Herzog)

Karl Thurmann war sehr eng mit seinem Crewkameraden Werner Hartenstein (1908-1943) befreundet, der als Kommandant von U 156 an der Versenkung des britischen Truppentransporters LACONIA beteiligt war.[2] Hartenstein fiel als Kommandant von U 156 am 8. März 1943, als sein Boot bei einem Angriff durch Amerikaner östlich der Karibikinsel Barbados versenkt wurde. Er wird nachfolgend noch Erwähnung finden.

An der Beerdigung seines Vaters im Jahre 1929 konnte der angehende Seeoffizier Karl Thurmann nicht teilnehmen, da er sich zu diesem Zeitpunkt an Bord des Schul- und Ausbildungskreuzers EMDEN befand. Die EMDEN war vom 5. Dezember 1928 bis zum 13. Dezember 1929 auf ihrer zweiten größeren Reise unterwegs, die vom Mittelmeer aus durch den Suez-Kanal in den Pazifik führte, über Indonesien, Australien, die Westküste der Vereinigten Staaten und Mittelamerika. Von dort aus ging es über den Panamakanal zurück in den Atlantik. Damaliger Kommandant der EMDEN war Fregattenkapitän Lothar von Arnauld de la Perière, der erfolgreichste U-Boot-Kommandant der Seekriegsgeschichte.[3]

Die Laufbahn des Seekadetten Thurmann verlief normal: Am 1. Januar 1930 wurde er Fähnrich zur See, am 1. April 1932 Oberfähnrich, am 1. Oktober desselben Jahres Leutnant zur See und zwei Jahre später, am 1. September 1934, Oberleutnant zur See. Am 1. Juni 1937 wurde Thurmann schließlich zum Kapitänleutnant befördert. In diesen Jahren sind folgende Bordkommandos von Thurmann erwähnenswert: 1930 fuhr er auf dem Vermessungsschiff METEOR unter dem Kommandanten W. Bender; 1931 und 1933 war er erneut auf der EMDEN, unter den Kommandanten Robert Witthöft-Emden und Werner Grassmann. 1931 erhielt Thurmann ein Kommando auf dem zur damaligen Zeit modernsten Schiff der Reichsmarine, dem berühmten Panzerschiff DEUTSCHLAND, das auch international große Beachtung fand. Kommandant war zu diesem Zeitpunkt Hermann von Fischel. 1936 kehrte Karl Thurmann auf den Kreuzer KÖLN unter dem Kommando von Otto Backenköhler zurück. Die Einsätze wurden von einigen Landkommandos beziehungsweise speziellen Ausbildungskursen unterbrochen, unter anderem Artillerie- und Sperrfeuerlehrgängen. Diese fanden in der Marineschule in Flensburg, in Kiel, in Wilhelmshaven und in Swinemünde statt. Nachweisbar ist ferner Thurmanns Teilnahme an einer »NS-Schulung« im bayerischen Bad Tölz. Es könnte vermutet werden, dass er hier unter Umständen weltanschauliche »Nachhilfe« erhielt.

Als Kommandanten-Schüler, so genannter »Konfirmand«, nahm Karl Thurmann vom 26. Oktober bis zum 3. Dezember 1940 an der letzten Operation von U 29 im Nordatlantik unter dem Kommandanten Otto Schuhart teil. Dieser versenkte kurz nach Ausbruch des Zweiten Weltkrieges, am 17. September 1939, im Seegebiet vor Irland den britischen Flugzeugträger COURAGEOUS. Der zukünftige U-Boot-Kommandant Thurmann hatte somit einen guten Lehrmeister.

Am 23. Dezember 1940 konnte Kapitänleutnant Thurmann auf der Werft Blohm & Voss in Hamburg U 553 übernehmen, ein Typ-VII-C-Boot mit der Baunummer 529, auf dem er später fallen sollte.[4] Der erste Einsatzhafen von U 553 war Kiel. Es folgten ein Kurzaufenthalt in Bergen im April 1941 sowie Einsätze von St. Nazaire und La Pallice aus, die im Zusammenhang mit der 7. und 3. U-Boot-Flottille durchgeführt wurden. Die nachfolgende Tabelle ermöglicht einen Überblick über alle elf Operationen von U 553:

1.	13.04.1941	Kiel	Auslaufen
	17.04.1941	Bergen	Einlaufen
2.	19.04.1941	Bergen	Auslaufen, Kurs Nordatlantik
	02.05.1941	St. Nazaire	Einlaufen
3.	07.06.1941	St. Nazaire	Auslaufen, Kurs Nordatlantik
	19.07.1941	St. Nazaire	Einlaufen
4.	07.08.1941	St. Nazaire	Auslaufen, Kurs Nordatlantik, südwestlich Island und Nordkanal, Irische See
	16.09.1941	St. Nazaire	Einlaufen
5.	07.10.1941	St. Nazaire	Auslaufen, Kurs Nordatlantik, südöstlich Kap Farewell
	22.10.1941	St. Nazaire	Einlaufen
6.	01.01.1942	St. Nazaire	Auslaufen, Kurs Westatlantik und Neufundland, südlich Nova Scotia
	03.02.1942	St. Nazaire	Einlaufen (Zur gleichen Zeit ist auch U 156 unter Kapitänleutnant Werner Hartenstein in See.)
7.	24.02.1942	St. Nazaire	Auslaufen, Kurs Nordatlantik, Hebriden und Färöer
	01.04.1942	St. Nazaire	Einlaufen (U 156, Kommandant Hartenstein, ebenfalls in See.)
8.	19.04.1942	St. Nazaire	Auslaufen, Westatlantik, Ostküste der USA[5]
	24.06.1942	St. Nazaire	Einlaufen (U 156, Kommandant Hartenstein, ebenfalls in See.)
9.	19.07.1942	St. Nazaire	Auslaufen, Kurs Nordatlantik, Westatlantik, Karibik
	17.09.1942	St. Nazaire	Einlaufen, Karl Thurmann erhält am 24. August 1942 das Ritterkreuz (U 156, Kommandant Hartenstein, ebenfalls in See.)
10.	23.11.1942	La Pallice	Auslaufen, Kurs Nordatlantik, westlich Irland
	18.12.1942	La Pallice	Einlaufen
11.	16.01.1943	La Pallice	Auslaufen, Kurs mittlerer Atlantik, Treffen mit U 465 am 20. Januar
Seit	20.01.1943		verschollen

Abb. 3 Am 12. Juni 1941 griff Kapitänleutnant Thurmann im Marinequadrat BD 9813 nördlich der Azoren den norwegischen Tanker RANELLA (bereedert von Erling Hansens, Heimathafen Kristiansand) an. Der Angriff von U 553 begann um 15.05 Uhr. Um 16.35 Uhr wurden ein Torpedo-Fangschuss abgegeben und ab 17.06 Uhr ca. 100 Schuss mit 8,8-cm-Artilleriegranaten. (Foto: Lothar-Günther Buchheim/Archiv Herzog)

U 553 operierte während seines Kriegseinsatzes als so genanntes »Gruppen-U-Boot« in den U-Boot-Linien »Bosemüller«, »Draufgänger«, »Kurfürst«, »Landsknecht«, »Panzer«, »Pirat«, »Wolf« und »York«.[6] Karl Thurmann stand nachweisbar mit U 553 an folgenden Geleitzügen: HX 217 (mit Kurs Halifax und New York nach England), OG 64 (mit Kurs England nach Gibraltar), ON 52 und ON 115 (mit Kurs England und USA), SC 48 (mit Kurs auf Australien [Sydney] und England), TAW 13 (mit Kurs auf die Karibik [Trinidad, Aruba] und die USA).[7] Der Operationsraum von U 553 erstreckte sich von der Karibik bis zur Küste Nordamerikas und umfasste den gesamten Nordatlantik, bis zu den Faröern und Neufundland. Die längste Unternehmung mit diesem technisch bereits als veraltet geltenden Unterseeboot dauerte 67 Tage.

Korvettenkapitän Karl Thurmann meldete während seiner Einsätze insgesamt 18 Handelsschiffe mit zusammen 105 609 BRT als versenkt und drei Handelsschiffe mit insgesamt 16 000 Tonnen als torpediert. Von diesen Angaben konnten die Versenkung von 13 Handelsschiffen mit zusammen 64 612 BRT und die Torpedierung von zwei Handelsschiffen mit zusammen 15 273 BRT nachgewiesen werden.[8]

Uns liegt die seltene Aussage eines Betroffenen vor, der als Besatzungsmitglied über das Schicksal eines von U 553 versenkten Schiffes berichtet, die nachfolgend wiedergegeben werden soll. Karl Thurmann kam mit zwölf anderen Booten (U 73, U 77, U 101, U 109, U 208, U 374, U 432, U 502, U 558, U 568, U 573 und U 751) gegen den Konvoi SC 48 (Sydney – England) zum Einsatz. Der vom Geleitzug-Kommodore Elliot geführte Verband bestand zunächst aus 52 Handelsschiffen und wurde unter anderem von den Korvetten BADDECK, GLADIOLUS, MIMOSE und WETASKIWIN sichernd begleitet. U 553 versenkte am 15. Oktober 1941 um 08.15 Uhr im Marinequadrat[9] AK 9222 auf 53° 36′ N 29° 57′ W das von Thurmann auf 6000 BRT geschätzte britische Motorschiff SILVERCEDAR, Baujahr 1924, das tatsächlich mit 4354 BRT vermessen war und von der Londoner Reederei Silver Line betrieben wurde (Unterscheidungssignal [US] GKFP). Der ehemalige Vollmatrose des Schiffes, W. Hughes, erinnerte sich im Jahre 1975 gegenüber John Costello und Terry Hughes:

Das Rettungsboot an Steuerbord war durch die Explosion weggeflogen. Ich konnte die Schreie von zwei Burschen hören, die in ihrer Kabine auf dem Bootsdeck eingeschlossen waren, weil ihre Kabinentür klemmte – ich hatte meine mit einem Haken als Vorsichtsmaßnahme halb offen gehalten. In diesem Augenblick brach das Schiff in zwei Hälften. Ich wurde immer tiefer unter Wasser gezogen, aber schließlich kam ich an die Oberfläche, und es war wundervoll, Luft zu schnappen und zu erkennen, daß ich noch lebte. Ringsum herrschte eine von den Flammen hervorgerufene Tageshelle, und überall waren Artillerieschüsse und Explosionen zu hören. Ich erinnerte mich in diesem Augenblick an die vergangenen Jahre. Ich hatte Angst, daß ich sterben müßte und meine Mutter nicht wiedersehen würde, und obwohl ich nicht religiös eingestellt bin, betete ich zu Gott, mich zu retten. Ich schlug gegen die Schiffsseite. In diesem Augenblick muß jemand in die Schiffsschraube gezogen worden sein, denn ich konnte Schreie und das Dreschen hören, als sie aus dem Wasser kamen.[10]

Der Verfasser des vorliegenden Aufsatzes bemüht sich seit längerer Zeit, den wenigen Hinweisen auf Karl Thurmann nachzugehen. Ein Verwandter Thurmanns äußerte einmal: *Er* [Thurmann] *war in der Familie als ein sehr heiterer Mensch bekannt. Nachdem er gefallen war, hieß es, dass er eventuell durch seinen persönlichen Lebensstil umgekommen sei. Gerüchteweise fiel hierbei das Wort KZ!*

Es ist bemerkenswert, dass der Name Karl Thurmanns nur in ganz wenigen Abhandlungen und Publikationen über den U-Bootkrieg auftaucht.[11] Auch in den umstrittenen Memoiren des ehemaligen BdU Großadmiral Karl Dönitz sucht man den Namen Thurmann vergebens.[12]

Der ehemalige Marine-Propaganda-Kompanie-Mann (Mannschaftsdienstgrad) und Kunsthistoriker Dr. phil. Harald Busch (1904-1983) überlieferte uns eine bezeichnende Episode, die ein Zusammentreffen der Freunde Karl Thurmann und Werner Hartenstein schildert. Der 19 Monate ältere, in Plauen im Vogtland als Sohn eines Fabrikanten geborene Werner Hartenstein, ehemaliger Jurastudent und Mitglied einer »schlagenden Verbindung«, war zu diesem Zeitpunkt gerade mit seinem großen Typ-IX-C-Boot (U 156), das später noch in die Seekriegsgeschichte eingehen sollte, am 17. März 1942 nach Lorient/Bretagne zurückgekehrt. Fast genau drei Monate zuvor, am 19. Januar 1942, war er ausgelaufen und hatte im Westatlantik und in der Karibik, vor Aruba und Martinique operiert.

Hartenstein und Thurmann verkörperten merkwürdige Gegensätze: Wie der bekannte Kommandant des Zweiten Weltkrieges, Kapitänleutnant und Korvettenkapitän Otto Kretschmer (1912-1998), duldete Hartenstein keine »vergammelt« aussehende Besatzung bei der Rückkehr seines Bootes. Die Uniformen hatten sauber zu sein, es durften keine Bärte getragen werden, usw. Aus diesem Grunde sind Fotografien von U 156 oft sehr schwierig zu datieren. Am 1. April 1942 kehrte Karl Thurmann in seinem für ihn typischen »Räuberzivil« von einer 37-tägigen Operation im Nordatlantik in den Stützpunkt St. Nazaire zurück. Zwischen dem 1. und 19. April 1942 ereignete sich die von Harald Busch nachfolgend überlieferte Begebenheit in Paris:

Die Rue de Liège hat ihre Geschichten. Ich denke an Karlchen Thurmann und Hartenstein, die hier zechten und den geliehenen Wagen mitsamt dem Admiral vergaßen. Beide waren von erfolgreicher Fahrt zurückgekommen und hatten dem Befehlshaber Bericht erstattet. Dieser

Abb. 4 Kapitänleutnant Karl Thurmann im September 1942 (St. Nazaire). Rein äußerlich gab es keine Unterschiede zu seiner Besatzung. Thurmann trug wie Kapitänleutnant Heinrich Lehmann-Willenbrock, der Lothar-Günther Buchheim als Vorlage für die Figur des »Alten« in seinem Roman »Das Boot« diente, eine Lederpelzweste. (Foto: Archiv Herzog)

war sehr angetan und wollte seiner Anerkennung sichtbaren Ausdruck verleihen. »Womit kann ich Ihnen eine Freude machen?« – »Herr Admiral, wir würden uns gern einmal Paris ansehen und möchten Sie um einen Wagen bitten.« – Bei der prekären Treibstofflage in dieser Phase des Krieges war das schon etwas Außergewöhnliches.

Der Admiral gab ihnen seinen eigenen Wagen und seinen Fahrer. Das war in den Vormittagsstunden. Spätnachmittags forderte er den Wagen an, um einen Besuch beim Wehrmachtbefehlshaber Frankreich zu machen. Der Wagen war nicht da. Er rief seinen Flaggleutnant an, wo der Wagen wäre. »Herr Admiral haben doch den Wagen den beiden U-Boot-Kommandanten heute morgen zur Verfügung gestellt.« Das wäre ihm nicht unbekannt, aber er würde 4 Stunden für ausreichend halten, um Paris kennenzulernen.

Die beiden Kommandanten waren anderer Meinung. Der Admiral mußte in einem alten Opel seinen Besuch machen und gab Anweisung, die Kommandanten sollten sich sofort bei ihm melden, wenn sie zurück seien.

Die halbe Nacht verging, es war gegen Morgen. Der Admiral pflegte oft bis in den frühen Tag hinein zu arbeiten. Thurmann und Hartenstein hatten das Schwergewicht ihres Kennenlernens auf Paris bei Nacht gelegt. In der Rue de Liège trafen sie andere Kommandanten und Jagdflieger vom Kanal. Es wurde ein munteres Zechgelage. Sie vergaßen Zeit und Stunde.

Gegen 4 Uhr morgens rollten sie zurück. Der Flaggleutnant machte ihnen die Hölle heiß, sie hätten sich zu melden. Der Befehlshaber sei erbost darüber, daß sie die Fahrt über Gebühr ausgedehnt hätten. Karlchen Thurmann brach zusammen ob der Schwere der Anklage. Der Flaggleutnant, der die Situation dahingehend übersah, daß wohl jetzt nicht der richtige Augenblick zur Meldung war, versuchte nun, die Angelegenheit zu bagatellisieren. Jedoch ohne Erfolg. Hartenstein straffte sich. »Wenn mein Befehlshaber mich ruft, bin ich zur Stelle!«

Mit leichter Schlagseite ging er durch die Halle, legte seinen Dolch um, setzte die Mütze zurecht und klopfte an. »Kptlt. Hartenstein meldet sich gehorsamst zur Stelle.« Es mochte nun sein, daß der Admiral zu dieser Stunde ungern gestört war, daß die etwas verlorenen Augen des Kommandanten in merkwürdigem Kontrast zu dem Ernst seiner Arbeit standen, vielleicht aber machte es ihm auch Spaß, den Mann herauszufordern. Er wies den Kommandanten in scharfem Ton zurecht, sprach vom kleinen Finger, den man gegeben hätte, und der ganzen Hand, die genommen worden wäre. Hartenstein hörte sich das alles in Haltung an und antwortete, sich in diesem Moment seines Freundes vergangener Schulzeiten, des alten Herrn Börries Freiherr von Münchhausen, erinnernd: »Auf manche Flagge legt ich schwörend schon die Hand in diesem bitterbösen Krieg, schon manchem Admiral hab ich gedient« – sprach's, machte eine zackige Kehrtwendung und verschwand.

Der Admiral selbst gab die Geschichte wohlgelaunt und schmunzelnd am nächsten Morgen beim Frühstück zum besten. [...][13]

Soweit Dr. Busch, ein Bruder des bekannten Korvettenkapitäns Fritz-Otto Busch.

Mit Teilen seiner Besatzung besuchte Karl Thurmann 1942 seine Geburtsstadt Mülheim/Ruhr. Am 24. August 1942 wurde Thurmann schließlich das Ritterkreuz des Eisernen Kreuzes verliehen. Diese hohe Auszeichnung erhielt er nach seinem relativ langen neunten Einsatz, vom 19. Juli 1942 bis zum 17. September 1942, in St. Nazaire aus der Hand seines ehemaligen Crewkameraden, Kapitänleutnant Herbert Sohler. Sein auf dem bereits erwähnten Foto festgehaltener, ungezwungen wirkender Auftritt vor der angetretenen Ehrenformation ist ein einmaliges Charakterzeugnis dieses souveränen und unangepassten U-Boot-Kommandanten.

Bevor wir uns der achten, der Sankt-Lorenz-Strom-Operation (19. April bis 24. Juni 1942) zuwenden, sollen hier noch einige wichtige, ergänzende Hinweise zur Persönlichkeit Karl Thurmanns gestattet sein, die wir Lothar-Günther Buchheim verdanken, der Thurmann persönlich kannte und ihn als »wahnwitzigen Trumann« in seinem Weltbestseller »Das Boot« verewigte. Der Regisseur Wolfgang Petersen, der den Roman später filmisch umsetzte, vereinigte die beiden fiktiven Buchheim-Kommandanten Thomsen und Trumann in der Figur des Kommandanten Thomsen, hervorragend dargestellt vom Schauspieler Otto Sander:

[...] *Trumann ist wie immer stockbetrunken. Sein igelborstiges schwarzes Haar ist mit Zigarettenasche beschneit. Drei, vier Zigarettenstummel haben sich im Haarpelz verfangen. Einer qualmt noch. Trumann kann jeden Augenblick in Flammen aufgehen. Das Ritterkreuz trägt er achtern: »Kieler Kragen – eiserner Kieler Kragen« nennt er diesen Aufputz.* [...]

Abb. 5-6 Diese beiden sehr seltenen Aufnahmen wurden an Bord von U 553 nach der Ankunft in St. Nazaire im September 1942 gemacht. Sie zeigen Karl Thurmann mit einigen Besatzungsmitgliedern. Vermutlich handelt es sich um Propagandabilder. Deutlich ist das Bootswappen, eine Schildkröte, an den Mützen zu erkennen. Auf dem ersten Bild studiert Thurmann, leidenschaftlicher Pfeifenraucher, die Münchner Illustrierte Presse. Auf dem zweiten Foto erkennt man auf dem »Wintergarten« das 2-cm-Flak-Geschütz sowie das MG-34 mit dem aufmontierten Luftzielvisier (links). (Fotos: Archiv Herzog)

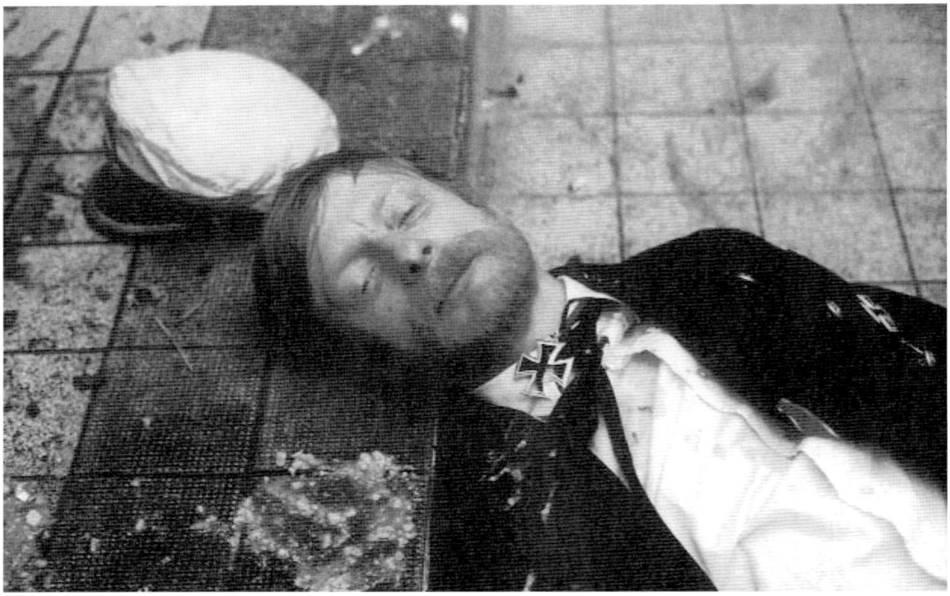

Abb. 7 Die literarisch-filmische Thurmann-Umsetzung nach dem Roman »Das Boot« von Lothar-Günther Buchheim in der Verfilmung von Wolfgang Petersen: Ausschnitt aus der Bar-Royale-Szene – ein gelungenes, eindringliches Kabinettstück von Otto Sander (Jahrgang 1941) in der Rolle des Kapitänleutnants Trumann/Thomsen = Thurmann. (Foto: Lothar-Günther Buchheim / Archiv Herzog)

Trumanns Boot ist als »das Trommelfeuerboot« bekannt. Seit seiner fünften Reise blieb er von legendärem Pech verfolgt: Länger als eine Woche war er kaum mehr in See. »Auf Kniescheiben und Brustwarzen zurückkriechen«, wie er es nennt, ist für ihn schon zur Routine geworden. Immer wurde er schon auf dem Anmarsch ins Operationsgebiet erwischt: von Fliegern gebombt, mit Wasserbomben beharkt. Es gab stets Ausfälle noch und noch, gebrochene Abgasleitungen, abgerissene Verdichter – aber keine Erfolgschance mehr für Trumann und seine Besatzung. Jeder in der Flottille wundert sich im stillen, wie er und seine Leute die dauernden Nackenschläge bei absoluter Erfolglosigkeit überhaupt noch aushalten [...]

An anderer Stelle legt Buchheim Trumann/Thurmann die folgenden Worte in den Mund: [...] *»Unser herrlicher, wertgeschätzter, abstinenter und unbeweibter Führer, der in glorreicher Karriere vom Malerlehrling zum größten Schlachtenlenker aller Zeiten ... stimmts etwa nicht?«*

Trumann weidet sich in seinem Suff ein paar Sekunden lang an der eigenen Ergriffenheit, ehe er weiterdeklamiert: »Also, der große Flottensachverständige, der unübertroffene Seestratege, dem es gefallen hat, in seinem unermeßlichen Ratschluß ... wie gehtsn weiter?«

Trumann richtet einen fragenden Blick in die Runde, rülpst von tief unten hoch, und legt wieder los: »Der große Flottenführer, der diesem englischen Bettnässer, diesem zigarrequalmenden Syphilitiker ... hihihi, was hat er noch gedichtet? –, also dem Arschloch von Churchill mal gezeigt hat, wo Dingsbums den Most holt!«

Trumann läßt sich erschöpft in den Sessel fallen und bläst mir seinen Cognacatem mitten ins Gesicht. In der miesen Beleuchtung sieht er grün aus. »... Ritter weihen – den neuen Ritter weihen!« stottert er heraus. »Der Scheißgröfaz und der Scheißchurchill!« [...]

Und weiter heißt es: [...] *Jetzt läufts richtig, jetzt hat Böhler das Stichwort gegeben für das brennende, aber tabuisierte Thema: den Feind vernichten oder nur seine Schiffe? Auch die Seeleute killen oder nur die Dampfer versenken?*

Abb. 8 Adolf Hitler verleiht am 18. Oktober 1939 in der Berliner Reichskanzlei an Kapitänleutnant Günther Prien, Kommandant von U 47, das erste Ritterkreuz des Eisernen Kreuzes. (Foto: Archiv Herzog)

»Das ist hüben wie drüben«, beharrt Saemisch. Aber da mischt sich Trumann ein. Der Agitator Trumann fühlt sich jetzt angesprochen. Ein heißes Thema, um das sich alle herumdrücken – nur der alte Trumann nicht. Jetzt wirds spannend. Gleich wird Klartext geredet werden.

»Mal bissel systematisch«, kommandiert er. »Der BdU hat befohlen: den Gegner vernichten – in ungebrochenem Kampfgeist, mit entschlossener Härte, unerbittlichem Einsatz und so weiter – der ganze Quatsch. Der BdU hat aber keinen Ton davon gesagt, daß Leute, die im Wasser treiben, angegriffen werden sollen – oder?«

So wach ist er also noch, das Ledergesicht Trumann, um erst mal den Provokateur zu spielen. Thomsen steigt auch sofort ein: »Nee, hat er natürlich nicht. Er hat bloß un-miß-ver-ständ-lich deutlich gemacht, daß gerade Verluste von Besatzungen den Gegner besonders schwer treffen würden.« [...]

Jetzt bläst Trumann erst richtig ins Feuerchen: »Es gibt ja einen, der die Probleme auf seine Art gelöst hat und auch noch damit angibt: den Leuten kein Haar krümmen, aber die Rettungsboote zerschießen. Wenn die Wetterlage so ist, daß die Piepels im Bach bestimmt bald draufgehen, um so besser – dann ist ja die Sache geregelt! Die Konventionen sind beachtet ... stimmt doch? Und der BdU kann sich verstanden fühlen!« [...]

Trumann schaltet sich wieder ein: »Ich will mal sagen, wie die Sache in Wirklichkeit aussieht ...«

»Ja?«

»Wenn man nen Kerl treiben sieht, stellt man sich vor, das könnte man selber sein. So isses doch. Mit nem ganzen Dampfer kann sich aber keiner identifizieren. Der greift nicht ans Gemüt. Aber der einzelne Mann – der schon! Und gleich sieht die Sache anders aus. Da wirds ungemütlich. Und weil ungemütlich nicht schön ist, wird eben ein Ethos zurechtgebastelt – und huschhusch is alles wieder in Butter!«[14]

Soweit Lothar-Günther Buchheim.

Beschäftigen wir uns nunmehr mit der achten Unternehmung von U 553. Thurmann drang – das muss an dieser Stelle ausdrücklich betont werden – auf eigene Faust (!) zur Erkundung in den Sankt-Lorenz-Golf ein, leichtsinnigerweise sogar zum Teil aufgetaucht mitten im Strom. Dass der Kommandant die deutsche Admiralitätskarte D-446 (Sankt-Lorenz-Golf) an Bord hatte oder gar das britische Seehandbuch Nr. 2067, darf an dieser Stelle bezweifelt werden. Der bekannte amerikanische U-Boot-Historiker Clay Blair verglich diese tollkühne U 553-Aktion mit *Priens Eindringen in Scapa Flow.*[15]

Am 3. Mai stand Thurmann südlich der Newfoundland Banks in den Marinequadraten BC und BB und bewegte sich in einigen etwas näher bezeichneten Seegebieten, die hier nachfolgend in alphabetischer Reihenfolge aufgezählt werden sollen: Burin Peninsula/Newfoundland – Cabot Strait (BB 51/BB 55), Cape North und Cape Ray/Newfoundland (BB 51), Cap Chat – Cap de la Madeleine – Cape des Rosiers/Halbinsel Gaspé (BB 18), Gaspé-Passage – Cape Race, 46° 30′ N 53° 00′ W, SO Newfoundland (BB 66), Cape Ray/Cabot-Street (BB 51), Flint Island – Cape Percé – Gut of Canso (BB 81), Cape Canso, 45° 18′ N 61° 00′ W, nördlich und südlich der Newfoundland Banks – Orphan Bank – Pointe à la Frégate – Rocher aux Oiseaux/Bird Rocks – Sable Island, SW Florida/USA, 43° 30′ N 65° 40′ W, Scatarie Island/Cape Breton – St. Paul Island/NO Cape North (BB 54), South Point auf der Insel Anticosti, Heath Point (BB 14 und BB 19) und Southwest Point (somit navigatorisch recht anspruchsvolle Gebiete).

U 553 stand am 12. Mai 1942 südwestlich der Insel Anticosti im Mündungsgebiet des Sankt-Lorenz-Stromes im Marinequadrat BB 1458, zehn Seemeilen nördlich vom Pointe à la Frégate/Rivière-la-Madeleine. Um 05.52 Uhr erfolgte der Angriff auf einen Dampfer von etwa 5000 BRT mit einem Überwasser-Torpedoschuss. Die genaue Position war 49° 19′ N 64° 51′ W. Es handelte sich um den britischen Dampfer NICOYA der Reederei Elders & Fyffes Ltd. mit Sitz in London und Liverpool. Die 1929 gebaute NICOYA hatte tatsächlich 5364 BRT. Ihr Unterscheidungssignal lautete GSVY. Der Dampfer hatte kurz zuvor Montreal verlassen und war auf dem Weg nach England. Nach einem Fangschuss um 06.11 Uhr sank die NICOYA schließlich. 60 Überlebende landeten in Cloridorme/L'Anse à Valleau.

Noch am selben Morgen, um 08.28 Uhr, griff Thurmann im Marinequadrat BB 1476, westlich von Anticosti, auf der Position 49° 32′ N 65° 19′ W einen weiteren Dampfer an. U 553 war rein zufällig auf die LETO gestoßen, ein niederländisches Schiff von 4712 BRT, ebenfalls Baujahr 1929. Die LETO stand im Besitz der Reederei Zeevaart/Hudig & Veder aus Rotterdam und war unter der Führung von Kapitän E.H. van der Veen gleichfalls von Montreal aus in Richtung England unterwegs. U 553 feuerte auf 1200 m Entfernung einen Torpedo ab, der den Dampfer mittschiffs traf. Die LETO, Unterscheidungssignal PFOM, ging ca. 17 Seemeilen nördlich von Kap Magdalena unter. Es waren zwölf Tote zu beklagen. 41 Überlebende erreichten Pointe au Père.

U 553 funkte am 14. Mai, rund zwölf Seemeilen nördlich von Rivière à Claude, einen FT-Bericht mit Einzelheiten über die Lage: *Sehr, sehr aufmerksame Luftüberwachung* […], sowie am 16. Mai einen zusätzlichen Ergänzungs-FT. Die Abwehr hatte das U-Boot entdeckt, aus der Luft angegriffen und schwer beschädigt. Der BdU Dönitz beglückwünschte den Kommandanten. Selbstverständlich meldete der Bericht des Oberkommandos der Wehrmacht (OKW) vom 22. Mai 1942 diese Ereignisse folgendermaßen: [...] *Ein weiteres Unterseeboot drang durch den St.-Lorenz-Golf in den St.-Lorenz-Strom ein und versenkte dort trotz Überwachung durch zahlreiche See- und Luftstreitkräfte drei Schiffe mit 14 000 BRT.* [...] *Bei den Erfolgen deutscher Unterseeboote in amerikanischen Gewässern haben sich die Boote unter Führung der Kapitänleutnante Thurmann, Würdemann* [U 506] *und Folkers* [U 125] *besonders ausgezeichnet.* [...]

Die NS-Propaganda stellte die Thurmann-Unternehmung geradezu überschwänglich als besondere Ruhmestat heraus. Über die Aktivitäten des Kommandanten auf der achten Operation von U 553 im Mai 1942 berichtete außerdem fast die gesamte kanadische Presse im Mai und Juni des Jahres, unter anderem die Zeitungen Halifax Herald, Le Devoir, Montreal Daily Star, Ottawa Evening Star und Vancouver Star. Ferner fanden die Bewegungen des deutschen Unterseebootes in den amtlichen kanadischen Akten ihren Niederschlag.[16]

Bereits auf dem Rückmarsch konnte U 553 noch einen weiteren Erfolg verbuchen: Am 2. Juni 1942, um 07.18 Uhr, stieß Thurmann ca. 440 km südlich von Cape Sable, südöstlich von New York, im Marinequadrat CB 1895 erneut auf einen Einzelfahrer. Hierbei handelte es sich um das britische Motorschiff MATTAWIN, Baujahr 1923, 6919 BRT, Unterscheidungssignal GBDF, der Reederei Elder Dempster in Liverpool. Nach der Versenkung wurden auf U 553 allmählich Treibstoff und Lebensmittel äußerst knapp. Darüber hinaus wurde U 553 durch den Angriff

Abb. 9 Blick auf das Vorschiff – eine sehr eindrucksvolle Aufnahme von U 553 aus dem Jahre 1942. Das Rohr der 8,8-cm-Bordkanone und der Turm sind noch eben sichtbar. Links im Vordergrund ist ein Wach-Offizier (WO) zu sehen. Unmittelbar hinter dem Kreiselkompass (vorne) erkennen wir den Obersteuermann, rechts ist die »Ausguck-Brücke« mit Glas zu sehen, daneben die Öffnung für den Funkpeilrahmen, ganz rechts im Bild (mit Bordmütze) der Kommandant, Kapitänleutnant Thurmann, in der für ihn charakteristischen Lederweste. Sein linker Arm liegt auf der U-Boot-Ziel-Optik (UZO), in diesem Fall ohne das aufgesetzte Nachtglas zur Schiffspeilungsmessung. Die hier ermittelten Werte wurden automatisch an den Torpedo-Vorhalterechner übertragen. (Foto: Archiv Herzog)

einer »Catalina«[17] an den Dieselmotoren beschädigt. Kommandant Thurmann, der ab dem 5. Mai durch den BdU Dönitz für den Golf von Maine (BA 95 bis BA 99) einschließlich des Gebiets nordwestlich von Sable Island (BB 84 bis BB 89) »freie Jagd« erhalten hatte, konnte dennoch zufrieden sein.

Zur BdU-Bewertung dieser bemerkenswerten achten Operation entnehmen wir dem Kriegstagebuch von U 553: *Gut und zäh durchgeführte Unternehmung. Der Entschluß des Kommandanten, in den St.-Lawrence-Strom einzudringen, wird hervorgehoben. Er ist mit dem Erfolg von 3 Schiffen belohnt worden.*[18]

Während der nachfolgenden neunten Unternehmung wurde Thurmann per Funktelegramm davon unterrichtet, dass ihm am 24. August 1942 das Ritterkreuz des Eisernen Kreuzes verliehen worden war. Die überlieferten Fotos, die anlässlich der persönlichen Überreichung dieser Auszeichnung durch den Chef der 7. U-Flottille, Sohler, am 17. September in St. Nazaire, unmittelbar nach dem Festmachen von U 553 aufgenommen wurden, erzählen in ihrer Eindringlichkeit mehr über Thurmanns Persönlichkeit als interne marineamtliche Führungsbeurteilungen. Mit dieser Auszeichnung wurde Thurmann in der breiten Öffentlichkeit für kurze Zeit bekannt. So erschienen Hinweise in der Marine-Rundschau, in der National-Zeitung, im Völkischen Beobachter und in der Berliner Illustrierten Zeitung.[19] In den »MOH-Nachrichten aus Luv und Lee«, Ausgabe Nr. 9 vom 15. September 1942, erschien ein Bericht, in dem auch Thurmanns bisherige Erfolge aufgelistet waren.[20]

Im Zusammenhang mit der sehr schlechten Bildüberlieferung muss noch nachgetragen werden, dass der Marine-PK-Mann Krämer in St. Nazaire nach der Rückkehr von U 553 von dessen sechster Unternehmung am 3. Februar 1942 eine kleine Fotoserie für die Nachwelt festhalten konnte.

Am 30. November bzw. 1. Dezember 1942 wechselte U 553 von der bisherigen 7. U-Flottille in St. Nazaire zur 3. U-Flottille, die ihren Standort in La Pallice hatte und seit Juni 1942 unter dem Kommando von Korvettenkapitäns Richard Zapp (1904-1994) stand, der als problematisch galt.[21]

Zur letzten Unternehmung verließ Thurmann mit seinem Boot am 16. Januar 1943 La Pallice mit dem Operationsziel Mittelatlantik. Am gleichen Tage lief auch sein Freund Werner Hartenstein aus Lorient zu seiner letzten Fahrt aus. Beide führten die von ihnen auch in Dienst gestellten Unterseeboote bis zu ihrem Ende.

Im Marinequadrat BE 6113 fand am 20. Januar 1943 etwa auf 48° N 15° W gegen 19.00 Uhr noch ein zuvor geplantes Treffen mit U 465 unter Kapitänleutnant Heinz Wolf statt, bei dem ein nautisches Seehandbuch an U 465 übergeben wurde.

Eine letzte Meldung von U 553 erfolgte am Tage zuvor, um 09.40 Uhr vormittags, in der es hieß, dass das Sehrohr an mehreren Stellen unklar sei und sich das Boot daher in das Marinequadrat BE 10 begeben würde, um das Sehrohr zu reparieren. Ab dem 28. Januar 1943 galt das U-Boot offiziell als vermisst, mitsamt seiner 47 Köpfe zählenden Besatzung.

Werner Hartenstein überlebte seinen Freund um 48 Tage. Östlich von Barbados wurde U 156 am 8. März 1943 versenkt. Es gab keine Überlebenden. Noch im Todesjahr der beiden Kommandanten, ab Juni 1943, stellte der Marine-PK-Mann Buchheim anlässlich der so genannten »Großen Deutschen Kunstausstellung«, die im Haus der Kunst in München von 1938 bis 1944 jährlich veranstaltet wurde, unter der laufenden Nummer 96 im Saal Nr. 29 eine Pastellzeichnung mit dem Titel: »Ritterkreuzträger Kapitänleutnant Thurmann« aus.

Abschließend sei hier noch angemerkt, dass in der Westdeutschen Allgemeinen Zeitung (WAZ) am 18. März 2003 ein kurzer Artikel erschien mit dem Hinweis auf einen Findling in einem Waldstück in der Nähe des norwegischen Hafens Narvik, der die Inschrift »Karl-Thurmann-Platz« trug. Da U 553 sich auf dem von Kiel angetretenen Verlegungsmarsch nach Frankreich im April 1941, soweit bekannt ist, nur wenige Stunden in Bergen aufhielt, um Ausrüstung zu ergänzen, wird über diese Inschrift immer noch gerätselt.

Anhang: Ergebnisse der Feindfahrten von U 553

atum	Uhrzeit	Quadrat/Position	Geleitzug	Angriff	Fahrzeug	BRT	Baujahr	US	Heimathafen
2.06.41	0115	BD 9389 Nordatlantik		Torpedo (versenkt)	brit. D. Susan Maersk	2355	1923	GMXN	Belfast/ Aalborg
2.06.41	1505-1706	BD 9814 43° 39′ N 28° ..′ W	OG 64	Torp./Art. (versenkt)	norw. DT. Ranella	5590	1912	IDQV	Arendal
5.10.41	0815	AK 9222 53° 36′ N 29° 57′ W	SC 48	Torpedo (versenkt)	brit. M. Silvercedar	4354	1924	GKFP	London
5.10.41	0823	AK 9222 53° 34′ N 30° 10′ W	SC 48	Torpedo (versenkt)	norw. D. Ila	1583	1939	IKEH	Oslo
7.10.41	0007	AL 1922 56° 10′ N 24° 30′ W	SC 48	Torpedo (versenkt)	panam. D. Bold Venture	3222	1920	?	Panama
5.01.42	2317	BC 8524 44° 50′ N 46° 50′ W	ON 52	Torpedo (torped.)	brit. MT. Diala	8106	1938	GJGX	London
2.01.42	2243	CB 3141 42° 30′ N 59° 54′ W		Torpedo (versenkt)	norw. MT. Inneröy	8260	1936	IJHS	Oslo
2.05.42	0552/0611	BB 1458 49° 19′ N 64° 51′ W		Torpedo (versenkt)	brit. D. Nicoya	5364	1929	GSVY	Glasgow
2.05.42	0828	BB 1476 49° 32′ N 65° 19′ W		Torpedo (versenkt)	nied. D. Leto	4712	1929	PFOM	Rotterdam
2.06.42	0718/0730	CB 1895 40° 14′ N 66° 01′ W		Torpedo (versenkt)	brit. M. Mattawin	6919	1923	GBDF	Liverpool
3.08.42	0401	BC 5771 45° 52′ N 47° 13′ W	ON 115	Torpedo (torped.)	belg. D. Belgian Soldier	7167	1941	?	Antwerpen
8.08.42	0559	DN 7472 19° 41′ N 76° 50′ W	TAW 13	Torpedo (beschäd.)*	brit. M. Empire Bede	6959	1942	?	Glasgow
8.08.42	0913	DM 9691 19° 41′ N 76° 50′ W	TAW 13	Torpedo (versenkt)	schwed. M. Blankaholm**	2845	1930	SHVN	Göteborg
8.08.42	0913	DM 9691 19° 41′ N 76° 50′ W	TAW 13	Torpedo (versenkt)	amerik. D. John Hancock	7176	1941	?	Portland
9.12.42	0910	AK 3510 59° 02′ N 30° 45′ W	HX 217	Torpedo (versenkt)	brit. M. Charles L.D.	5273	1933	VRVQ	Liverpool

HX = Konvoi Halifax/New York – UK
OG = Konvoi UK – Gibraltar
ON = Konoi UK – USA
SC = Konvoi Sydney – UK
TAW = Konvoi Trinidad – Aruba – Key West (USA)

US = Schiffsunterscheidungssignal

* Später von Korvette Pimpernel versenkt.
** Vgl. ergänzend Terje Fredh: Utanför spärren. Del 1: Atlantkonvojerna. Lysekil 1981, S. 74.

Erfolge:

13 Handelsschiffe mit zusammen	64 612 BRT versenkt.
2 Einheiten mit zusammen	15 273 BRT beschädigt (Torpedierungen).
Versenkungen aus Geleitzügen (Konvois):	8 Einheiten mit zusammen 37 002 BRT.
Versenkungen von Einzelfahrern:	5 Einheiten mit zusammen 27 610 BRT.

U 553 führte insgesamt 11 Operationen/Unternehmungen durch. Frontseetage hierbei: 351 (volle Tageszählung).
OWG (Operationswirkungsgrad) versenkte Tagestonnage: 184,08 BRT.
OWG Versenkungen plus Beschädigungen = 79 885 BRT: 227,59 BRT.

Anmerkungen:

1 Hierzu u.a. Bodo Herzog: Ritterkreuz und U-Boot-Waffe. Bemerkungen zur Verleihungspraxis. In: DSA 10, 1987, S. 245–260.

2 Werner Hartenstein ging mit seinem U 156 in die Geschichte des U-Boot-Krieges ein: Am 12. September 1942 versenkte er den 19 695 BRT großen britischen Truppentransporter LACONIA vor der westafrikanischen Küste. Als Hartenstein feststellen musste, dass sich auf dem Schiff neben 268 Soldaten auch 80 Zivilisten, darunter Frauen und Kinder, sowie 1800 italienische Kriegsgefangene unter Bewachung von 160 polnischen Soldaten befanden, leitete er umgehend eine Rettungsaktion ein. An dieser beteiligten sich unter anderem zwei weitere deutsche und ein italienisches U-Boot sowie französische Kriegsschiffe der Vichy-Regierung. Obwohl der Rettungskonvoi deutlich als solcher gekennzeichnet war, wurde er am 16. September von einem amerikanischen Kampfbomber beschossen, so dass die Aktion abgebrochen werden musste. Als Folge davon erließ Admiral Dönitz als Oberbefehlshaber der deutschen Kriegsmarine den so genannten »Laconia-Befehl«, der für die Zukunft jegliche Hilfeleistung auf See untersagte. – Vgl. dazu unter anderem: IMT-Bände (Der Prozess gegen die Hauptkriegsverbrecher vor dem Internationalen Militärgerichtshof Nürnberg, 14. November 1945 - 1. Oktober 1946. Nürnberg 1949) I, V, XIII, XVIII, XIX, XXII – Dönitz-12, 18 bis 22 – D-446 und D-630; Stern Nr. 34, 25.8.1963; Sunday Express, 4.8.1963; Kristall Nrn. 15-16 und 21, 1956; Bodo Herzog und Günter Schomaekers: Ritter der Tiefe – Graue Wölfe. Die erfolgreichsten U-Boot-Kommandanten der Welt des Ersten und Zweiten Weltkrieges. München 1965, S. 375-391 mit Quellen.

3 Lothar von Arnauld de la Perière (1886-1941) war 1903 in die Marine eingetreten, diente im Ersten Weltkrieg auf U-Booten und kam 1941, im Rang eines Vizeadmirals stehend, bei einem Flugzeugabsturz ums Leben. Die Familie Thurmann scheint dem Marineoffizier auch persönlich verbunden gewesen zu sein. So finden sich in der Todesanzeige neben dem Namen der Witwe auch die Namen Karl Thurmann, Seekadett Kreuzer EMDEN, Postamtmann Karl Thurmann, Professor Studienrat Paul Thurmann sowie Anna Thurmann.

4 Zur Dienstzeit (Kriegstagebuch = KTB) vgl. PG-Nr. 30.590 in der US National Archives and Records Administration in Washington.

5 Sankt-Lorenz-Strom/-Golf – ?: Deutsche Wochenschau Nr. 620/31 – Zensur: 22.7.1942; SD-Band 11; Heinz Boberach (Hrsg.): Meldungen aus dem Reich. Die geheimen Lageberichte des Sicherheitsdienstes der SS 1938-1945. Herrsching 1984 (S. 4021: Nr. 404/30.7.1942); OKW (Oberkommando der Wehrmacht), Bericht: 22.5.1942.

6 Im Zusammenhang mit allen erwähnten Unternehmungen sind nachfolgend wichtig: Jürgen Rohwer und Gerhard Hümmelchen: Chronology of the War at Sea 1939-1945. London 2005, sowie Kenneth Wynn: U-Boat Operations of the Second World War. Vol. 2: Career Histories, U 511-UIT 25. London 1998, S. 30f.

7 Die Briten versahen ihre Geleitzüge mit Abkürzungen und Nummern. Die Abkürzungen gingen dabei von den Start- und Zielpunkten der jeweiligen Geleitzüge aus, z.B.: OG: England – Gibraltar, HX: Halifax – England, ON: England – Halifax.

8 Zur Überprüfung dieser Angaben ist das zuverlässige Standardwerk von Jürgen Rohwer: Axis Submarine Successes of World War Two. German, Italian, and Submarine Successes, 1939-1945. London, Annapolis 1999 notwendig. Mit einem gewissen Vorbehalt sind indes die Ausführungen von Rainer Busch und Hans-Joachim Röll: Der U-Boot-Krieg 1939-1945. Bd. 3: Deutsche U-Boot-Erfolge von September 1939 bis Mai 1945. Hamburg 2001 zu betrachten. Vgl. dazu die Kritik des Verfassers in: Das Historisch-Politische Buch, Nr. 2, 2002, S. 207. – Die jeweiligen Bewertungen der einzelnen Operationen durch den BdU (Befehlshaber der Unterseeboote) können dem Kriegstagebuch von U 553 entnommen werden. Neben den bereits erwähnten Konvoi-Kontakten kam Thurmann noch bei einigen weiteren Geleitzügen zum Einsatz: OB 336, SL 84, OG 14 und OG 73, ON 24, ONS 23 und TC 14.

9 Marinequadrat/Marinequadratkarten: Hier wurden die Angriffspositionen des U-Boots festgehalten. Diese gingen als (geheime) verschlüsselte Funkmeldungen (FT) an die U-Bootleitstellen.

10 Zitat aus: John Costello und Terry Hughes: Atlantikschlacht. Der Krieg zur See 1939-1945. Bergisch-Gladbach 1978.

11 Auswahl dazu: Clay Blair, Lothar-Günther Buchheim, Harald Busch, Wolfgang Frank, Michael L. Hadley, Bodo Herzog und Gaylod T. M. Kelshall.

12 Karl Dönitz (1891-1980): 1910 Eintritt in die Marine, seit 1939 Befehlshaber der Unterseeboote (BdU), ab 1943 Großadmiral und Oberbefehlshaber der deutschen Kriegsmarine im Zweiten Weltkrieg. Als Kriegsverbrecher in Nürnberg zu zehn Jahren Haft verurteilt. Veröffentlichte nach seiner Entlassung Memoiren.

13 Zitiert nach: Harald Busch: So war der U-Boot-Krieg. Bielefeld 1952, S. 361f.

14 Lothar-Günther Buchheim: Das Boot. 5. Piper-Taschenbuchausgabe München 2003, S. 15, 21, 24f.

15 Kapitänleutnant Günther Prien versenkte mit seinem Boot U 47 am 13./14. Oktober 1939 im Flottenstützpunkt Scapa Flow auf den Orkney-Inseln das britische Schlachtschiff ROYAL OAK. Da der britische Flottenstützpunkt als navigatorisch anspruchsvoll galt, wurde Priens Einsatz als taktische Meisterleistung gefeiert, für die er am 18. Oktober 1939 von Adolf Hitler persönlich mit dem Ritterkreuz ausgezeichnet wurde.

16 Aktenbestand im jetzigen Directorate of History/Department of National Defence in Ottawa (1650-239/16 B: Band 1 – NS 1000-5-13: Band 11 [...] Commanding Officer Atlantic Coast).

17 Amerikanische Bezeichnung für ein Wasserflugzeug der amerikanischen und kanadischen Marine, das vor allem während des Zweiten Weltkriegs als Aufklärer und als Bomber eingesetzt wurde.

18 Vgl. hierzu ergänzend (u.a.) die NS-Tageszeitung Völkischer Beobachter Nrn. 144-145, 24.-25.5.1942). – Im Gebiet des St. Lawrence-Stromes operierten 1942 ferner: U 43, U 132, U 165, U 213, U 517 und U 518; 1944: U 541, U 802, U 1221 und U 1223 sowie 1945 noch U 1231.

19 Marine-Rundschau Nr. 10, 1942, und Nrn. 1-2, 1944; National-Zeitung Nr. 231, 25.8.1942; Völkischer Beobachter Nrn. 238-239, 26.-27.8.1942; Berliner Illustrierte Zeitung Nr. 41, 15.10.1942.
20 MOH = Marine-Offizier-Hilfe. Die Vereinigung wurde 1918 gegründet.
21 Exfreikorpskämpfer. Charakterisierung bei Buchheim (wie Anm. 14).

Danksagung:
Für ergänzende hilfreiche Hinweise habe ich zu danken: Pfarrer Wolf-Dieter Balling, Prof. Dr. h.c. Lothar-Günther Buchheim, Lillian Crott Berthung, Großadmiral a.D. Karl Dönitz, Fregattenkapitän d.R. Jürgen Eckhard, Peter Elsner (Stadtarchiv Wuppertal), Flottillen-Admiral a.D. Dr. Walter Flachsenberg, Johannes Fricke (Stadtarchiv Mülheim-Ruhr), Korvettenkapitän a.D. Eitel-Friedrich Kentrat, Flottillen-Admiral a.D. Otto Kretschmer, Fregattenkapitän a.D./Kapitän Heinrich Lehmann-Willenbrock, Kapitän zur See a.D. Hans Meckel, Botschafter a.D. Burkard Freiherr von Müllenheim-Rechberg, Dr. phil. Eugen Mündler (ehem. »Das Reich«), Fregattenkapitän Paul Schmalenbach, Kapitän zur See Otto Schuhart, Korvettenkapitän a.D. Dr. jur. Herbert Sohler und Prof. Dr. Horst A. Wessel.
Für die Durchsicht des Manuskriptes schulde ich der Schifffahrtshistorikerin Dr. Christine Keitsch Dank.

Anschrift des Verfassers:
Bodo Herzog
Waghalsstraße 2
D-46117 Oberhausen

Corvette Captain Karl Thurmann: A Scarcely-Known Elitist Stumbling-Block in the History of Nazi Submarine Warfare

Summary

Corvette captain Karl Thurmann (4th September 1909 – 28th January 1943) is one of the less well-known submarine commanders of World War II. His name does not often appear in scientific and popular treatises about submarine warfare. It was existing photographs that prompted the author to investigate further. Here not only Thurmann's career but also his missions as the commander of U 553, a submarine of the type VII C, are investigated. Herzog also emphasizes the personal relationship between Thurmann and his friend Werner Hartenstein, who was likewise a submarine commander and famed for the so-called »LACONIA Affair.« Herzog focuses, however, on the characterization of Karl Thurmann and the verdict imposed on him by the author Lothar-Günther Buchheim, who got to know Thurmann during his career as a war correspondent, in the form of the fictitious Lieutenant Commander Trumann in his novel »Das Boot,« portraying him as a self-opinionated, unconventional individual. The article is a careful attempt to portray the real Thurmann – who is assumed to have died in the Atlantic on 28th January 1943 along with his entire crew of the U-553 – in what amounts to a balancing act between fact and fiction.

Le capitaine de corvette Karl Thurmann. Un anti-conformiste à peine connu dans l'histoire des sous-marins sous la croix gammée

Résumé

Le capitaine de corvette Karl Thurmann (4 septembre 1909 – 28 janvier 1943) fait partie des commandants de sous-marins peu connus de la Seconde Guerre mondiale. Son nom apparaît rarement dans les écrits sur la guerre sous-marine, qu'ils soient scientifiques ou de vulgarisation scientifique. Du matériel photographique qui a été préservé a poussé l'auteur de l'article à retracer sa vie et sa carrière. Seront présentées non seulement la carrière de Thurmann et ses interventions en tant que commandant d'un U553, un navire de type VII C, mais bien plus encore, la relation amicale liant Thurmann à Werner Hartenstein, également commandant de sous-marin et devenu célèbre grâce à l'affaire dite «LACONIA». Cependant, c'est autour du jugement porté sur Karl Thurmann, porteur de la Croix de chevalier de la Croix de fer, et de la description qu'en a fait l'auteur Lothar-Günther Buchheim, que s'établit la recherche. Ce dernier eut l'occasion de le connaître personnellement au cours de sa mission en tant que correspondant de guerre (*PK-Mann*, envoyé de la Compagnie de Propagande) et le décrit, sous les traits du lieutenant capitaine Trumann dans son roman *«Das Boot» (Le Bateau)*, comme étant non-conformiste. Entre fiction et faits, l'article se veut être une tentative afin de retracer précautionneusement la personnalité réelle de Thurmann, qui tomba dans l'Atlantique le 28 janvier 1943 à bord du U 553 avec l'équipage au complet.

REINHARD A. KRAUSE UND JÖRN THIEDE

Alfred Wegener, Geowissenschaftler aus Leidenschaft

Eine Reflexion anlässlich des 125. Geburtstages des Schöpfers der Kontinentalverschiebungstheorie[1]

Die Westküsten traten eines Tages zusammen
und erklärten, sie seien keine Westküsten,
weder Ostküsten noch Westküsten –
»dass sie nicht wüssten!« (Christian Morgenstern)[2]

Vorbemerkung zur Quellenlage und zu Wegeners Texten

Alfred Wegener (1880-1930) hat ein aktives Leben geführt, wovon nicht nur vier Grönlandexpeditionen und zwei Atlantikreisen zeugen, sondern auch seine publizistische Produktivität. Neben über 150 Fachartikeln hat er zwei Bücher als Koautor und fünf Bücher[3] als alleiniger Autor verfasst. Darunter ist ein populäres Werk: »Mit Motorboot und Hundeschlitten in Grönland«, die Schilderung seiner Westgrönland-Expedition von 1929, die er gemeinsam mit Johannes Georgi (1888-1972), Fritz Loewe (1895-1974) und Ernst Sorge (1899-1946) durchgeführt hat, die alle auch ein Kapitel zu dem Buch beigetragen haben (Wegener 1930). Ein weiteres populäres Buch erschien posthum 1961 (s.u.).[4]

In den Jahren 1912-13 hatten Johan P. Koch (1870-1928), Wegener, Vigfús Sigurðsson (1875-1950) und Lars Larsen (1886-1978) nach einer Überwinterung im Randgebiet des ostgrönländischen Inlandeises (auf etwa 76,7° N 22,5° W) eine Grönlandquerung durchgeführt. Bei dieser äußerst gefährlichen und ereignisreichen Reise mussten 1200 km zurückgelegt werden. Die bekannte Schilderung der Querungsexpedition 1912/13 »Durch die weiße Wüste« ist die Wegenersche Übersetzung[5] des dänischen Originals »Gennem den hvide Ørken« aus der Feder von J.P. Koch (Koch 1913). Es existiert ein weiteres Tagebuch zu dieser Reise (Sigurðsson 1948).[6]

Wegener wird in den Tagebüchern seiner Kollegen in einer Mischung aus Respekt und Zuneigung geschildert. Das trifft auch zu für den Bericht zur Mylius-Erichsen-Expedition von 1906-1908 (Friis 1910). Wegener hat diese geographiehistorisch bedeutende Nordost-Grönland-Expedition, die in der Literatur auch als »Danmark-Expedition« bezeichnet wird, als Physiker und Meteorologe mitgemacht und dabei den Einstieg in die Polarforschung gefunden. Nicht nur, dass er zweimal überwinterte, er profilierte sich auch als ausdauernder, zäher Reisender. Unter zum Teil extremen Bedingungen war er 90 Tage mit Hundeschlitten und 43 Tage mit Handschlitten unterwegs, wobei 1500 km bzw. 500 km zurückgelegt wurden (Ventegodt 1997, S. 409).

Wegener hat sowohl während der Mylius-Erichsen-Expedition 1906/08 als auch während der

Querungsexpedition 1912/13 Tagebuch geführt. Ersteres ist ein bedeutendes Dokument. Er reflektiert hier wissenschaftliche Ideen genauso wie Polarforschungspläne (z.B. eine Antarktisreise), und nicht zuletzt gibt er einen Einblick in die inneren, insbesondere sozialen Verhältnisse der laufenden Kampagne, um daraus Folgerungen für künftige Unternehmen zu ziehen.[7] Das Tagebuch 1912/13 hat seine Witwe 1961 unter dem zutreffenden Titel »Tagebuch eines Abenteuers« herausgegeben (Wegener 1961). Else Wegener (1892-1992) hat stets wörtlich korrekt aus den Aufzeichnungen ihres Mannes zitiert, diese aber nicht vollständig wiedergegeben. Durch diese Selektion hat sie durchaus Tendenzen gesetzt. Wir haben diesen Sachverhalt betreffs des oben zitierten Tagebuchs registriert.[8] In anderen Zusammenhängen hat Georgi bereits darauf hingewiesen (z.B. Georgi 1960, S. 101 und an vielen anderen Stellen des zit. Heftes, überwiegend ab S. 61). Allerdings liegt ausreichend autographisches Material vor (u.a. auch die Tagebücher von 1930), so dass auf »bereinigte« gedruckte Texte nicht zurückgegriffen werden muss, um sich ein Bild von Alfred Wegeners Charakter machen zu können.

Eine Anmerkung zu Wegeners wissenschaftlichen Texten: diese lesen sich ausgesprochen gut – selbst in Textstellen, in denen er viel zitiert und exzerpiert, ist noch eine starke Authentizität zu spüren. Man lernt Wegener auch durch seine wissenschaftlichen Publikationen kennen und schätzen. Sein bekanntes Buch »Die Entstehung der Kontinente und Ozeane« ist wieder leicht zugänglich, seit das Alfred-Wegener-Institut für Polar- und Meeresforschung (AWI) 2005 eine Studienausgabe der ersten und vierten Auflage ermöglicht hat (Wegener 2005).

Wegener war humorvoll, witzig, dabei selbstkritisch und verfügte über eine erstaunliche Portion Verständnis für andere Menschen. Dieses entnimmt man vielen Stellen seiner Briefe und Tagebücher. Dass er dabei ehrgeizig und diszipliniert war, ist angesichts seiner Leistungen nahe liegend. Wenn Georgi ihn geradezu liebevoll als Dozent in Marburg schildert (Georgi 1960, S. 9), hat man keinen Zweifel an dem Bericht von Hans Benndorf, wenn dieser meint, Wegener sei ein Idol der Grazer Studenten gewesen, und diese wären ohne weiteres zu handgreiflichen Argumenten übergegangen, hätte jemand an der Kontinentaldriftthese Zweifel geäußert.[9]

Kritik an Wegener findet sich in den anlässlich der Deutschen Grönland-Expedition geführten Tagebüchern von Loewe und Sorge aus dem Jahre 1930, auch in Georgi 1960.[10] Diese tendiert zu der Auffassung, Wegener täte zu wenig für die Organisation der Expedition, setze zuviel auf Einzelabsprachen.

Diese Kritik kommentierend, ist voranzustellen, dass Wegener ein absoluter Experte in Sachen Grönlandforschung und Grönlandlogistik war. Bei den Dänen und bei den Grönländern gleichermaßen beliebt, erwies er sich als Organisator, der alle Probleme löste. Allerdings waren die Unternehmungen, in denen er in unmittelbarer Verantwortung gestanden hatte, 1912/13 und 1929, jeweils Expeditionen, bei denen er mit drei fähigen Mitstreitern unterwegs war, d.h. die Kommunikation zwischen den Beteiligten stellte kein großes Problem dar. Eine Expedition des Umfanges von 1930, bestehend aus rund 20 Personen und vielen Helfern, hatte Wegener noch nie geleitet.

Tatsächlich wurde Wegener mit einer weiteren Situation konfrontiert, die er in dieser Form nicht kannte. Eine vertrackte Eissituation wurde vorgefunden. Etwa 36 km vor dem Ziel, dem Kamarujuk-Gletscher, der schrägen »Ebene«, über die das Expeditionsmaterial zum Inlandeis transportiert werden sollte, kam das Expeditionsschiff GUSTAV HOLM mit rund 100 t Ausrüstung im Meereis fest. Das allein wäre noch nicht schlimm gewesen. Für große Schlitten war gesorgt, und 25 starke Islandponys waren vorhanden, um eine Entladung mit anschließendem Transport über das Eis durchführen zu können. Vigfús, der isländische Pferdeexperte, mit dem zusammen Wegener auf der Querungsexpedition 1912/13 die abenteuerlichsten Situationen gemeistert hatte, war mit von der Partie. Man war also bestens vorbereitet. Aber kaum war die erste Ladung, die Motorschlitten[11], am Fuße des Kamarujuk angekommen, als sich das Meereis im inneren Teil des Fjordes als zu schwach für weitere Transporte erwies.[12] Man schaffte es, die Ladung bis zu der Siedlung Uvkusigsat zu bringen (weniger als 30% der Strecke zum Kamarujuk), wo man sechs Wochen lang warten musste. Dass die Nerven blank lagen, und das nicht nur bei Wegener, lässt sich leicht vorstellen und auch aus den Aufzeichnungen ableiten.

Für Wegener war es nichts Ungewöhnliches, dass unvorhersehbare Ereignisse eintraten. Es war geradezu sein Beruf, die sich daraus ergebenden Gefahren zu beherrschen und zu entschärfen. Oft genug hatte er mit dem Rücken zur Wand gestanden – und der Tod war manchmal nicht weit entfernt gewesen. Hier war die Situation aber eine andere. Von einer Gefahr für ihn und seine Mitstreiter konnte gar keine Rede sein. Der Sommer begann, es gab Schiffsverbindungen mit Europa, in der Nähe lag die größere Siedlung Umanak, wo es medizinische Versorgung, Proviant und technisches Material gab. Man stand im Telegrammaustausch mit der Heimat. Wegener brauchte sich also um das Überleben seiner Leute und seiner Expedition keine Sorgen zu machen.

Tatsächlich waren seine Sorgen auch anderer Art. Er fürchtete ein Scheitern der Expedition: *Wir treiben in eine immer unangenehmere Zwangslage hinein – die Krise dauert also an oder sie greift um sich, wenn man so will –, ich bin immer noch in etwas verzweifelter Stimmung* (Wegener 1930 in Wegener, E. 1932, S. 54, 56). Aber tatsächlich konnte die Expedition gar nicht scheitern. Alles war vorhanden. Die Frage war nur, ob es gelingen würde, die im Zentrum Grönlands geplante Station Eismitte für den Winter 1930/31 in Betrieb zu nehmen. Ein Misslingen dieses Unternehmens hätte zwar einen wichtigen Programmpunkt betroffen, aber nicht das Ganze wertlos gemacht. Man hätte die Errichtung der Station auch in das folgende Jahr verschieben können – womit man dann z.B. in zeitliche Nähe des Zweiten Internationalen Polarjahres (1932/33) gekommen wäre. Sicher ist, dass sich Wegener der Notgemeinschaft der Deutschen Wissenschaft (NG) verpflichtet fühlte. Er wusste, dass die Finanzierung der Expedition ein Kraftakt gewesen war, und musste eine weitere Verschlechterung der wirtschaftlichen Umstände vermuten (vgl. hierzu auch die Einführung in Wegener, E. 1932, S. 18).[13]

Sooft man die Geschehnisse der Monate August bis Oktober 1930 auch aus unterschiedlichen Perspektiven betrachtet, man findet nichts, was als gravierender Fehler angesehen werden könnte. Wegeners Analysen waren von bestechender Klarheit. Dass er selbst die aufgrund der rapiden Wetterverschlechterung gefahrvolle letzte Reise nach Eismitte leiten wollte, gereicht ihm zur Ehre. Auch dass Wegener diese auf Gedeih und Verderb durchziehen wollte, war kein Fehler. Er und seine Begleiter Loewe und Rasmus Villumsen (1909-1930) mussten, durch die Ereignisse geleitet, ihrer Reise objektiv den Charakter einer Hilfsexpedition zulegen, auch wenn sie bald erkannten, dass sie keine materielle Hilfe würden leisten können. Tragischerweise sind Villumsen und Wegener, von der Station Eismitte heimreisend, Mitte November 1930 ums Leben gekommen.[14]

Wegener war ein leidenschaftlicher Forscher und Wissenschaftler. Das lassen z.B. einige Sätze erahnen, die er an seinen Kollegen Georgi richtete (22. Januar 1930; in Georgi 1960, S. 99): *... Was auch geschieht, die Sache darf nicht darunter leiden! Sie ist unser Heiligtum, sie bindet uns zusammen; sie muß hochgehalten werden unter allen Umständen, auch mit den größten Opfern. Das ist, wenn Sie so wollen, meine Expeditionsreligion, und sie ist erprobt. Sie gewährt in erster Linie Expeditionen ohne Nachgeschmack!*

Bezeichnend auch: *Wir brauchen auf unserer Expedition die Suggestion, daß unsere Arbeit sowohl nach ihrer wissenschaftlichen Qualität wie in reisetechnischer Hinsicht eine Rekordleistung ersten Ranges ist ...* (Georgi 1933, S. 25).[15] Oder wenn er in seinem letzten Brief – Kilometer 151, den 6. Oktober 1930 – an Karl Weiken (1895-1983) schreibt (Wegener, E. 1932, S. 151): *Lassen Sie und Ihre Kameraden sich nicht in der Verfolgung der wissenschaftlichen Aufgaben beirren.*

Abb. 1 Alfred Wegener am Ruder der DANMARK, 1908. (Foto: J.P. Koch, Arktisk Institut Kopenhagen)

Familiärer Hintergrund, Jugend

Man fragt sich unwillkürlich: Wie verlief die Sozialisation einer so herausragenden Persönlichkeit? Wegener, 1880 in Berlin geboren, gehört zur ersten Generation der Deutschen, denen das »Vereinigungssyndrom« nicht mehr in den Kleidern hängt. Als er um die Jahrhundertwende in sein Erwachsenenalter eintritt, ist das zweite deutsche Kaiserreich fest etabliert. Alles das, was die vorangegangene Generation noch mehr oder weniger unmittelbar prägte, die gärenden und revolutionären 1830er und 1840er Jahre, die reaktionäre Phase der 1850er und frühen 1860er, die viele Deutsche außer Landes trieb, die Kriege 1864 und 1866 und endlich die (Er-)Lösung 1871, ist für ihn Geschichte. Er kann sich als Bürger einer großen und stolzen Nation fühlen.

Das Fin de Siècle war, im Ganzen betrachtet, durchaus nicht von einem ausgeglichenen homogenen Zeitgeist geprägt, wie häufig suggeriert wird. Es war vielmehr eine Zeit politischer, sozialer und kultureller Umwälzungen. Die Landflucht, das extreme Anwachsen der Städte mit seinen sozialen Problemen und dem damit verbundenen Regelungs- und Regulierungsbedarf waren außerordentlich. Die weltpolitische Situation war alles andere als stabil.

Offenbar haben die angedeuteten Zeitströmungen wenig Einfluss auf die Sozialisation Wegeners gehabt. Zwanglos scheint er seine persönliche Freiheit und sein Wirkungsfeld zu finden. Dieses ist ganz offensichtlich eine Folge des elterlichen Vorbildes und Wirkens. 1886 erwarben diese das 80 km nördlich von Berlin gelegene ehemalige Direktorenhaus der Zechliner Hütte.[16]

Abb. 2 Alfred Wegener beim Zusammenbau eines meteorologischen Drachens während der Danmark-Expedition 1906-1908. (Foto: Arktisk Institut Kopenhagen)

Hier, fern des Großstadtbetriebes, in einer wunderschönen Seenlandschaft, verbrachten die Wegeners die Ferien, und aus den Brüdern Kurt und Alfred wurden vorübergehend echte Naturburschen.

Es setzt nicht in Erstaunen, dass Wegener die Schule mit Bravour meisterte, wobei er nicht das Gymnasium besuchte, an dem sein Vater unterrichtete. Zwischen Vater und Sohn Wegener muss es ein ganz herzliches Verhältnis gegeben haben. Überliefert ist, dass der alte Herr, ein ausgewiesener Altsprachler, zunächst immer entsetzt war ob der wagemutigen Aktionen seines Sohnes.

Wegener folgte nicht dem Vorbild seiner Vorfahren, die vorwiegend Theologen waren. Er widmete sich zunächst der Physik und der Astronomie. Einer der beiden Doktorväter Wegeners, der Astronom Wilhelm Foerster (1832-1921, Wegener schreibt auf dem Titel seiner Dissertation Förster!), war seinerzeit eine über Deutschlands Grenzen hinaus bekannte Persönlichkeit; nicht nur als Wissenschaftler, als deutscher »Zeit-Papst«[17], Präsident des Internationalen Komitees für Maße und Gewichte u.ä., sondern auch als Unterstützer von Volksbildungsinitiativen, z.B. der »Urania« (Volkssternwarte), und als Aktivist der Gesellschaft für ethische Kultur. Foerster, der auch durch seine philosophischen und humanistisch-anthroposophischen Schriften von sich reden machte, war also, bei aller Vorsicht, ein hochpolitischer Mensch.[18] Wie tief seine Bekanntschaft mit Wegener war, konnten wir nicht ermitteln. Sie dürfte aber nicht oberflächlich gewesen sein, denn mindestens vier Semester war er bei ihm eingeschrieben (Studienbuchauszug in Wutzke 1997, S. 20). Nur soviel sei vorweggenommen: Wegener selbst hat sich politisch-weltanschaulich nicht geäußert. Auch seine Briefe, soweit bekannt, sind weitgehend frei von diesbezüglichen Aussagen.[19]

Wissenschaftlicher Werdegang

Wegeners Studien an der Universität zeigen zunächst ein breites Interessenspektrum.[20] Er fokussiert sich dann auf die Astronomie und promoviert in diesem Fach mit einem diffizilen wissenschaftshistorischen Thema (Wegener 1905,1).[21] Seine Dissertation trägt den Titel »Die Alphonsinischen Tafeln für den Gebrauch des modernen Rechners«. Sie besteht aus zwei Teilen – aus der Umrechnung der Tafeln (Tabellen) und aus der Anleitung zum Gebrauch derselben. Wegener demonstriert den Gebrauch an Beispielen, d.h. auch, er übersetzt, vergleicht und interpretiert die alten Texte, für die seine altsprachliche Ausbildung offenbar hinreichend war (rund 40 Druckseiten mit Zeichnungen). Die Umrechnung ist wesentlich die Umstellung von Sexagesimal auf Dezimal (18 Druckseiten).

Über den Sinn der Arbeit lässt sich Wegener nur ganz kurz aus: *Angesichts der immer noch unterschätzten Verbreitung, welche die Alfonsinischen Tafeln während reichlich 250 Jahren in Europa besessen haben,* erläutert er, *ist es sicherlich für mancherlei geschichtliche Untersuchung von Wert, auch heute noch nach ihnen Planetenörter rechnen zu können* (Wegener 1905,1, S. 6). An welche Art Untersuchung er hier dachte, bleibt unerwähnt. Auch vermisst man Angaben zur Einschätzung der Genauigkeit der mit diesen Tabellen berechneten Planetenorte, ferner wozu und von wem sie seinerzeit genutzt wurden. Ob diese Arbeit je verwendet wurde, ist nicht bekannt. Es scheint, dass hier ein akademisches Interesse der Professoren Foerster und Julius Bauschinger (1860-1934) befriedigt wurde. Bauschinger plante zu dem Zeitpunkt gerade eine Neuberechnung der Logarithmen von trigonometrischen Tafeln. Foerster beschäftigte sich mit Astronomiegeschichte und verfolgte hierbei die Verbindung von Astronomie und Philosophie (Foerster 1911, z.B. S. 307-310). Um es klar herauszustellen: Unter dem Einfluss der Astronomen Bauschinger und Foerster (deren Arbeitsgebiet die Astrometrie war) hat Wegener sich im Rahmen seiner Dissertation von der aktuellen astronomischen Forschung entfernt, sich insbesondere nicht um die damals moderne Astrophysik gekümmert, sondern sich mit Astronomiegeschichte befasst und dazu zwei weitere Publikationen vorgelegt.[22]

Wie Wegener von der historisch-philosophischen Schiene wieder auf das Gleis der aktuellen Wissenschaft gelangt ist, bleibt spekulativ. Wahrscheinlich sieht man hier den Einfluss seines Bruders, der eine Anstellung am Aeronautischen Observatorium in Lindenberg bei Berlin angenommen hatte. Hier fand auch Wegener eine Anstellung, mit der Konsequenz, dass er sich nie wieder mit astronomischen oder wissenschaftshistorischen Themen befassen sollte.[23] Das Gelernte konnte er allerdings gut verwenden. Er beschäftigte sich in der Folge noch intensiv mit dem, was im Angelsächsischen als nautische Astronomie, im Deutschen meist als astronomische Navigation bezeichnet wird.

Als Wegener seinerzeit in das Königlich Preußische Aeronautische Observatorium eintrat, war dieses unbestritten eine der modernsten Institutionen Deutschlands. Wie der Name der Einrichtung andeutet, war es die vordringliche Aufgabe, Beobachtungen aus frei fliegenden bemannten Ballons zu machen. Dass das eine abenteuerliche Angelegenheit war, muss kaum betont werden. Wegener machte dann auch umgehend die Erfahrung mehrtägiger Flüge – ein Grund mehr, die Ortsbestimmung im Ballon zu verbessern, und sei es nur, um zu verhindern, dass sich die Luftschiffer z.B. bei schlechter Bodensicht Meeresgebiete als Landungsstellen aussuchten. Wegener benutzte einen Libellenquadranten und ermittelte Standorte per Höhengleichen, ein Verfahren, das damals auch in die nautische Praxis zunehmend Eingang fand.[24]

Aber nicht nur das Fliegen im Freiballon lernte Wegener hier, auch das Ausbringen von an einem Draht in Serie fliegenden Forschungs-Großdrachen wurde praktiziert[25], genauso wie die Verwendung von Fesselballons, die mit Hilfe von Seilwinden aufstiegen und niedergeholt wurden, und nicht zuletzt die optische Verfolgung von unbemannten Freiballons (Pilotballons). Alle oben geschilderten Verfahren verfolgten ein Ziel: die Darstellung meteorologischer Parameter als Funktion der Höhe über dem Erdboden. Für Drachen- und Fesselballons wurden selbst registrierende Instrumente verwendet; gemessen wurden Druck, Temperatur, Feuchte und Windrichtung (vgl. z.B. Köppen 1906, S. 652). Pilotballons zur Ermittlung der Höhenwinde wurden mit Hilfe spezieller Theodolite optisch verfolgt und eingemessen (Wegener 1922,1). Zu allen diesen Verfahren hat Wegener Beiträge geliefert.

Am 19. Juli 1905, Wegener hatte seine Arbeit in Lindenberg am 1. April aufgenommen, erlebte er einen Blitzeinschlag in den von ihm gestarteten Forschungsdrachen. Darüber hat er einen Bericht verfasst (Wegener 1905,2), in dem es u.a. heißt: *Wie sich später zeigte, war der in der Luft befindliche Draht in seiner ganzen Länge von 6520 m zu Rauch verbrannt.* Vielfach kolportiert und international beachtet wurde der Weltrekord-Freiballonflug vom 5.-7. April 1906, den er zusammen mit seinem Bruder durchführte.

Es war auch durchaus im Sinne des eingeschlagenen Weges, dass Wegener sich 1906 um eine Teilnahme an der dänischen Ostgrönlandexpedition (1906-1908) unter Mylius Erichsen (1872-1907) bewarb. Er wurde eingestellt und vertrat das Fach Physik und speziell die Meteorologie, wobei er mit den oben angedeuteten Methoden die Vertikalschichtung der Atmosphäre registrierte. Diese Expedition, für die Wegener von der dänischen Krone hoch dekoriert wurde[26], liefert den Schlüssel zum Verständnis für Wegeners weitere Entwicklung. Seine Messergebnisse nutzte er für eine Habilitationsschrift (Wegener 1909), deren Kern die Protokolle der 99 Drachen- und 26 Fesselballonaufstiege bilden (Wegener 1909, S. 23-49). Die Arbeit ist nicht zuletzt wissenschaftshistorisch interessant, weil sie viele Einzelheiten zu dem Leistungsumfang der Methoden und Informationen über die praktischen Probleme liefert.

Abb. 3 Gustav Thostrup (links) und Alfred Wegener nach Beendigung der Schlittenreise, auf der sie 1907 knapp 81° N erreichten. (Foto: Arktisk Institut Kopenhagen)

Die Querungsexpedition von 1912/13 – offizieller Name: Den danske Ekspedition til Dronning Louises Land og tværsover Nordgrønlands Inlandis 1912-13 (Die dänische Expedition nach Königin-Louise-Land und quer über das Inlandeis Nordgrönlands 1912-13) – stellt einen Sonderfall in Wegeners wissenschaftlicher Biographie dar. Die Querung Grönlands war bereits von Mylius Erichsen für die Expedition 1906-08 geplant und wurde nach dessen Tod damals ausführlich zwischen Koch und Wegener diskutiert (Koch & Wegener 1930, S. 11, auch Wegener, E. 1960, S. 7-9, oder Wegeners Tagebücher 1906-08). Im Frühjahr 1911, anlässlich eines Besuches von Koch in Marburg, wurde die Expedition beschlossen, die, wie einleitend schon angedeutet, die Teilnehmer mehrfach in Extremsituationen brachte. Die wissenschaftliche Aufarbeitung der Aktion wurde durch verschiedene Hindernisse immer wieder verzögert und musste letztlich von Wegener allein geleistet werden. Erst 1928 konnte er die 676 Seiten umfassende Publikation zum Abschluss bringen (Koch & Wegener 1930).

Wie oben angedeutet, hat Wegener sich zunächst kompromisslos der Meteorologie verschrieben, wobei es nicht richtig wäre zu sagen, der angewandten Meteorologie. Er bemühte sich stets darum, die theoretischen Grundlagen seiner Forschungen zu erweitern. In diesem Zusammenhang sei beispielhaft seine »Thermodynamik der Atmosphäre« erwähnt (Wegener 1911).[27] Richtig ist, dass die klassische Meteorologie starke praktische Bezüge hatte. Diese Aussage gilt zwar auch für die heutige Zeit, allerdings ist nicht nur ihr theoretischer Hintergrund verbessert worden, ganz wesentlich hat sich auch die synoptische Situation geändert.[28]

Für die Seeschifffahrt, für den Schiffsführer sind meteorologische Kenntnisse und Erfahrungen stets von größter Wichtigkeit gewesen – im Wesentlichen aber in Bezug auf kurzfristig zu treffende Entscheidungen –, z.B. welche Windänderungen angesichts einer Wolkenformation zu erwarten sind. Durch die Arbeiten von Matthew F. Maury (1806-1873) wurden die gesammelten Erfahrungen erstmals systematisiert, interpretiert und der seemännischen Praxis zugänglich gemacht. Bei der Planung der Reise konnten so ab den 1850er Jahren die mit größter Wahrscheinlichkeit anzutreffenden großräumigen Wind- und Strömungsmuster berücksichtigt werden. Eine mittelbare Entscheidungshilfe bei der Kurswahl durch die Meteorologie wurde mit der allgemeinen Einführung der Funkentelegraphie möglich (ab ca. 1905). Jetzt konnten von den meteorologischen Instituten erstellte Wetterberichte an Bord empfangen werden.[29] Die von Experten durchgeführte Optimierung der Kurse aufgrund der zu erwartenden meteorologischen und ozeanographischen Bedingungen (Routenberatung) ist derzeit in Luft- und Schifffahrt ein übliches Verfahren.

Reedereien unterstützten die meteorologische Forschung. Davon konnte auch Alfred Wegener auf zwei Atlantikreisen profitieren, bei denen auch die Interessen einer sich entwickelnden transatlantischen Luftfahrt (zunächst mit Luftschiffen) eine unmittelbare Rolle spielten. Die Zielstellung lautete vereinfacht: Wie verhalten sich die Winde als Funktion der Höhe über dem Nordatlantik? Dieser Frage wurde mit Hilfe von Pilotballonaufstiegen nachgegangen, die, mit Wasserstoff gefüllt, vom fahrenden Schiff gestartet wurden.

Wegener machte seine erste Messreise 1909/10 nach Südamerika auf der TÜBINGEN des Norddeutschen Lloyd. Auftraggeber war die Internationale Kommission für wissenschaftliche Luftfahrt. Ergebnisse dieser Reise wurden nicht veröffentlicht (einige Angaben bei Wegener 1922,1, S. 10). In Verfolgung dieser Idee machte er zusammen mit Erich Kuhlbrodt (1891-1972) eine weitere Reise: Mit der SACHSENWALD der HAPAG ging es im Frühjahr 1922 in die Karibik. Die Messungen litten unter schlechten Wetterbedingungen. Dennoch war Wegener grundsätzlich zufrieden, da sich seine methodischen Verbesserungen bewährt hatten (zu den Einzelheiten vgl. Wegener 1922,1).

In der Vorbereitungsphase der Mylius-Erichsen-Expedition (1906) hatte Wegener sich an den Pionier der modernen Meteorologie, Wladimir Köppen (1846-1940), gewandt. Köppen war

Abteilungsleiter Meteorologie am Reichsinstitut Deutsche Seewarte in Hamburg und u.a. Experte für sehr hohe Drachenaufstiege mit selbst registrierenden Instrumenten (»Hamburger Drachen«; siehe z.B. Köppen 1906, S. 648, und Köppen 1901), hatte aber auch ein Renommee als Klimatologe (zu Köppen siehe Wegener, E. 1955).

Ab 1910/11 beschäftigte Wegener der Gedanke der Kontinentalverschiebung. Dass er dieses Thema mit einer großen Energie anging, ist nicht zu übersehen (Wegener 1912). Dieser Umstand ist ganz erstaunlich, denn aufgrund der Menge der Publikationen zu den Problemen der Atmosphäre aus den Jahren 1909-11 kann man sich schwer vorstellen, dass er sich gleichzeitig in ein für ihn neues Gebiet eingearbeitet hat. Seinen ersten Vortrag zum Thema Kontinentalverschiebung hielt Wegener am 6. Januar 1912 in Frankfurt (Wegener 1929, S. 1). Die Veröffentlichung dazu erschien, als er sich schon zum zweiten Mal in Ostgrönland aufhielt. Wegener argumentierte zunächst überwiegend und sehr überzeugend geophysikalisch. Seine geologischen Ausführungen waren weniger zwingend. Dass Wegener, zwar als hervorragender Meteorologe und Geophysiker bekannt, sich diesem im Kern geologisch-paläontologischem Thema widmete, ließ Widerstand in der Fachwelt erwarten. Wegener focht das nicht an. Er bemühte sich schlicht um eine stetige Verbesserung der Datenbasis zur Stützung seiner Hypothese.

Zusätzlich zu seiner Arbeit »Die Entstehung der Kontinente und Ozeane« (erste Ausgabe 1915; es folgten drei erweiterte und umgearbeitete Ausgaben)[30], verfasste er zusammen mit Köppen »Die Klimate der geologischen Vorzeit« (Köppen & Wegener 1924). In diesem Buch kombiniert er seine Verschiebungstheorie mit der Vorstellung einer Polwanderung und kann so systematisch die Entwicklung der Erdoberfläche bis ins Karbon rekonstruieren und mit wesentlichen geologischen Beobachtungen in Einklang bringen. Für die Erklärung der quartären Vereisungen griffen die beiden Wissenschaftler auf die von Milutin Milankovitch (1879-1958) berechneten Strahlungskurven als Folge der Variation der Erdbahndaten zurück.

Auf die Unterschiede der Wegenerschen Vorstellung, die sich in einigen Punkten von der heutigen Lehrmeinung der Plattentektonik, die sich in Form von »Seafloor Spreading and Subduction« manifestiert, kann hier nur flüchtig eingegangen werden. Nach heutiger Erkenntnis quillt im Bereich der Mittelatlantischen Schwellen permanent neuer Meeresboden auf, und alter Boden wird an den Kontinentalrändern abgesenkt (subduziert). Während für kontinentale Schollenteile ein Alter von mehreren Milliarden Jahren nachgewiesen wurde, liegt das maximale Alter der Meeresböden bei 180 Millionen Jahren – Meeresboden wird also laufend neu gebildet und vernichtet, während sich das Alter der Kontinentkerne in der Größenordnung des Erdalters bewegt.

Nach Wegeners Vorstellung driften die Kontinente (*Sialschollen*) in einer die ganze Erde bedeckenden spezifisch schwereren Kruste (*Sima*), die auch den Boden der Meere ausmacht. D.h. die *Sial*-Kontinente treiben über das im Prinzip unveränderliche *Sima* wie Eisschollen auf dem Wasser. Mit dem Hinweis auf fundamentale physikalische Prinzipien lehnte Wegener die »Landbrückentheorie« ab, der zufolge es inzwischen versunkene Verbindungen zwischen den Kontinenten gegeben hatte. Diese Annahme war notwendig geworden, um paläontologische Befunde deuten zu können. Nach Wegeners Auffassung haben sich die Kontinente durch Zerbrechen und Verdriften aus einem Urkontinent gebildet, wodurch nicht nur paläontologische, sondern auch geologische Tatsachen eine zwanglose Erklärung fanden. Für Wegener war es zweifelsfrei, dass sich die Teile der äußeren Erdkruste im Wesentlichen in einem isostatischen Zustand (Schwimmgleichgewicht) befinden müssen. Das setzte natürlich einen Meeresboden von großer Gleichförmigkeit voraus – nach einer isostatischen Adaption sollten keine erheblichen Faltungen im *Sima* möglich sein, hingegen isostatisch ausgeglichene Faltungen im *Sial* aufgrund der spröderen Materialeigenschaften existieren können.

Abb. 4 Alfred Wegener in der Überwinterungshütte »Borg« am Rande des Inlandeises an der Ostküste Grönlands, 1912/13. (Foto: Arktisk Institut Kopenhagen)

Eine großflächige Gleichförmigkeit des Meeresbodens war um 1912 durchaus noch eine gängige Vorstellung, aber schon mit dem Beginn der systematischen Lotungen, im Zusammenhang mit der Verlegung von Seekabeln ab Mitte des 19. Jahrhunderts, war man auf Besonderheiten gestoßen, die durch die zunehmenden marinen Forschungsaktivitäten gestützt wurden. Alexander Supan (1847-1920) hat auf verschiedenen Karten um die Jahrhundertwende die Atlantische Schwelle eingeführt (Supan 1899, Supan 1903). Auf der von Wegener zitierten Karte von Max Groll (Groll 1912) ist durch die Verwendung neuester Daten der Eindruck einer Schwelle zwar etwas verwischt[31], aber doch eindeutig. Wegener hat dem Rechnung getragen. In Wegener 1912, S. 306 heißt es: ... *Diese scheinen es auch nahezulegen, die mittelatlantische Bodenschwelle als diejenige Zone zu betrachten, in welcher bei der noch immer fortschreitenden Erweiterung des Atlantischen Ozeans der Boden desselben fortwährend aufreißt und frischem, relativ flüssigem und hoch temperiertem Sima aus der Tiefe Platz macht.* Dieses ist schlicht die Beschreibung des Seafloor Spreading.

In seinen Buchausgaben zur Kontinentaldrift hat Wegener den Gedanken, dass Meeresboden im Bereich der Atlantischen Schwelle permanent neu gebildet wird, nicht mehr explizit vertreten. Vielmehr sagt er nun: *Nach meinem Dafürhalten handelt es sich bei dieser Schwelle jedenfalls um Abfallprodukte bei der Trennung der Schollen* (Wegener 1929, S. 82). Diese Interpretation erzeugt allerdings erhebliche neue Verlegenheiten, weil sie im Widerspruch zu der Übereinstimmung der Küstenlinien steht.[32] Andererseits darf nicht übersehen werden, dass er weiterhin die Atlantische Schwelle für das Spreizungszentrum des Atlantiks hält. Dieses geht implizit aus Wegener 1929, S. 152 hervor: *Bezogen auf Afrika wanderten Amerika und die mit-*

telatlantische Bodenschwelle nach Westen, und zwar ersteres etwa doppelt so schnell wie letzteres; bezogen auf die mittelatlantische Bodenschwelle wanderte Amerika nach Westen und Afrika etwa gleich schnell nach Osten; und bezogen auf Amerika wanderten sowohl die mittelatlantische Schwelle wie Afrika beide nach Osten, letzteres doppelt so schnell wie ersteres.[33]

Auch der folgende Text ist seltsam inkonsistent mit anderen Teilen des Buches (Wegener 1929, S. 216): *Wenn das Sima wirklich ein zähflüssiger Körper ist, so wäre es merkwürdig, wenn sich seine Fähigkeit zu strömen nur im Ausweichen vor den triftenden Sialschollen äußerte, und nicht auch Strömungen selbständigeren Charakters aufträten.* Im Anschluss hieran spricht er dann aber nur von lokalen Phänomenen. Angemerkt sei noch, dass sich Wegener auch zur Subduktion äußert (Wegener 1929, S. 219).

Zwar übergeht Wegener kommentarlos Widersprüche in seinem Werk, aber das hält ihn nicht davon ab, sich in anderen Punkten sehr kritisch zu eigenen Ausführungen zu äußern. Insbesondere plagt ihn der Umstand, dass er keine hinreichende Ursache für die Verschiebung angeben kann. Auch heute ist dieses Problem nicht abschließend gelöst. Mit großer Bereitwilligkeit hat Wegener die *Vorstellung von Konvektionsströmungen im Sima* aufgegriffen (Wegener 1929, S. 184; dort auch Literaturangaben) und ihre Bedeutung für die Kontinentalverschiebungstheorie erörtert.

In seiner Hamburger Schaffensperiode (1919-1924) an der Seewarte, die überlagert war von seinen klimatischen und geologisch-paläontologischen Ambitionen, hat sich Wegener, seinem beruflichen Auftrag entsprechend[34], mit der Physik der unteren Atmosphäre befasst, die zunehmend unter den Ansprüchen der beginnenden interkontinentalen Luftfahrt stand. Die Meteorologie machte in dieser Zeit wichtige Entwicklungsschritte. Über seine Mexikoreise 1922 zusammen mit Kuhlbrodt wurde schon oben berichtet.

Abb. 5 Alfred Wegener (links) und Johan P. Koch nach der Durchquerung Grönlands, 1913. (Foto: Arktisk Institut Kopenhagen)

Wegeners Leben in Hamburg fiel in eine wirtschaftlich und politisch schwierige Epoche.[35] Er verfolgte die Idee, in Erweiterung der Drachenstation, die Köppen seinerzeit gegründet hatte und die nach einem Brand 1913 wieder aufgebaut worden war, eine moderne meteorologische Versuchsanstalt zu etablieren. Die Planungen waren bereits genehmigt, als wegen der Inflation das Geld zur Realisierung derselben nicht mehr hinreichend war (Georgi 1960, S. 10; auch Wegener, E. 1960, S. 166, oder Benndorf 1931).[36]

Als Wegener 1924 nach längeren Verhandlungen eine ordentliche Professur für Meteorologie und Geophysik an der Universität in Graz annahm, bedeutete dieses für ihn in verschiedener Hinsicht eine Verbesserung seiner Situation. Er bearbeitete in Graz seine bevorzugten Themen: Verschiebungstheorie, Akustik, Optik und Thermodynamik der Atmosphäre, dynamische Meteorologie. Auch das Thema Tromben (Wind- und Wasserhosen) griff er wieder auf, wobei hier die Kooperation mit seinem Kollegen Johannes Letzmann (1885-1971) ausschlaggebend war.[37] Meteorologische Fragestellungen bildeten auch den Schwerpunkt der Kampagne »Deutsche Grönlandexpedition Alfred Wegener 1929, 1930/31«.[38] Es war geplant, mit der Hilfe von drei Beobachtungsstationen gewissermaßen einen ersten »meteorologisch-aerologischen Schnitt« bei etwa 71° N quer über das grönländische Inlandeis zu legen. Das bedeutete als Geräteträger Drachen und Fesselballons und zur Höhenwindregistrierung die Benutzung von Pilotballons.

Bezüglich des Aufwands standen die geophysikalischen und glaziologischen Arbeiten den meteorologischen nicht nach. Im wahrsten Sinne des Wortes waren die geophysikalischen Arbeiten brisant. Mit Hilfe von Sprengungen wurden Druckwellen im Eis ausgelöst und über Laufzeitregistrierungen die Dicke des Eisschildes ermittelt. Mit gemessenen 2700 m bei Eismitte kam man den modernen Werten, die um 3000 m liegen, recht nahe.[39] Die Ergebnisse der Sprengseismik wurden als ein bedeutender wissenschaftlicher Erfolg angesehen. Die seismischen Messungen wurden ergänzt durch die Aufnahme von geodätischen und gravimetrischen Daten.

Aus logistischen Gründen war es unumgänglich, den Schwerpunkt der Arbeiten an die Westküste zu legen. Von hier musste auch die Einrichtung der Zentralstation erfolgen. Die Ostküste ist, nicht zuletzt wegen des Eis führenden Ostgrönlandstromes, schwerer zu erreichen und praktisch unbesiedelt. Sie wird daher auch heute noch nur sporadisch von Transportschiffen angelaufen. Dass allerdings die Eissituation auch an der Westküste ihre Tücken hat, wurde oben dargelegt.

Zusammenfassend ist zu der Expedition von 1930/31 zu bemerken, dass es sich um eine moderne, konsequent multidisziplinär konzipierte Polarexpedition handelte, die in diesem Sinne Vorbild bis in die heutige Zeit ist. Das Konzept der Expedition ist im Winter 1928/29 in einer »Denkschrift über eine Inlandeisexpedition nach Grönland« von Wegener dargestellt worden (Wegener 1928, Georgi 1933, ab 5. Auflage S. 230-254, und Georgi 1960, S. 45-61).[40] Es bestand ein für die damaligen Verhältnisse ehrgeiziges Ziel: Mitten auf dem grönländischen Inlandeis, 400 km vom Randgebirge entfernt, sollte ein Überwinterungshaus, ausreichend für drei Personen plus Proviant und umfangreichem meteorologischen und geophysikalischen Instrumentarium einschließlich einer Gaserzeugungsanlage und Funkgeräten, etabliert werden. Im perfekten Falle hätten gut 10 t Material herausgeschafft werden müssen (Wegeners überschlägige Kalkulation von 1928; nach Georgi 1933, S. 255 wären 7,7 t hinreichend gewesen, wobei für die Überwinterung 6379 kg benötigt wurden).

Der mit den Verhältnissen in Grönland weniger vertraute Leser muss sich fünf wesentliche Fakten vergegenwärtigen:

a) Reisen ist nur möglich, solange ausreichende Teile des Meeres zugefroren sind – das ist die Stunde der Hundeschlitten – oder im Sommer mit Hilfe von Schiffen und Booten. Zu Fuß kann man in Ufernähe oder in Tälern im Allgemeinen keine größeren Distanzen zurücklegen.
b) Der Aufstieg auf das Inlandeis, der, historisch gesehen, von den Grönländern nie durchgeführt wurde, kann nur durch Täler erfolgen, die ausnahmslos durch Gletscher ausgefüllt

sind, wobei rund 1000 m Höhendifferenz zu überwinden sind. Es gilt also, einen der wenigen geeigneten Aufstiegsgletscher zu finden.

c) Die Randzone des Inlandeises (60-100 km Breite) unterscheidet sich wesentlich vom Inlandeis selbst. Hier findet man nicht nur Steigungen um 1% (max. bis 3%; siehe z.B. Georgi 1960, S. 38), sondern auch Spalten, Bäche und andere, mehr oder weniger versteckte und dadurch gefährliche Hindernisse.

d) Für die Transportleistung auf ebenen Flächen, sei es auf dem Inland- oder auf dem Meereis, ist die Abstimmung zwischen der Schneeauflage und den Kufen der Schlitten ein ganz wesentlicher Faktor. Kritisch wird die Situation, wenn z.B. Menschen oder Zugtiere benutzt werden und diese im Untergrund einsinken.

e) Die zentralen Teile des Inlandeises sind zwar vergleichsweise eben und gut befahrbar, aber hier herrschen, bei einer Höhe von über 3000 m, Temperaturen, die auch im Sommer meist tiefer als -30° C sind. Der Luftdruck ist mit Werten um 700 hPa schon erheblich erniedrigt und vermindert die Leistungsfähigkeit von Mensch, Hund und Verbrennungsmotoren.

Speziell die letztgenannte Randbedingung veranlasste Wegener, den Einsatz von Flugzeugen nicht einzuplanen. Die Akquirierung entsprechend leistungsstarker Maschinen hätte den finanziellen Rahmen der Expedition überdehnt. Stattdessen setzte er auf die Verwendung von propellergetriebenen Schlitten. Diese Propellerschlitten waren aber grundsätzlich nicht für den Einsatz im Randgebiet geeignet. Es war daher geplant, die Ausrüstungsgegenstände für die Station Eismitte die ersten 100 km mit Hilfe von Traktoren zu ziehen. Erst von hier aus sollten dann die schnellen Propellerschlitten zum Einsatz kommen. Georgi erinnert sich (Georgi 1960, S. 38), dass dieses Verfahren zwischen den an der Vorplanung Beteiligten Konsens war. Ihm ist es noch 1960 unbegreiflich, wie es dazu kommen konnte, dass dieser Punkt nicht wie geplant verwirklicht wurde. Stattdessen wurden Islandponys dazu ausersehen, die Lasten durch die Randzone zu ziehen. Die Ponys waren aber bereits als wesentliches Glied der Gletscher-Transportkette im Einsatz. Im Klartext: Es klaffte eine Lücke im Transportsystem nach Eismitte, die insbesondere durch die sechswöchige Verzögerung aufgrund der Eislage durch keinen noch so enthusiastischen Einsatz kompensiert werden konnte. Dieser Umstand, im Zusammenwirken mit einem Wettereinbruch, war ursächlich dafür, dass die Überwinterung in Eismitte nicht in angemessener Form durchgeführt werden konnte.

Fazit, Reflexionen

Seinerzeit fand die legendäre zweite deutsche Nordpolarexpedition nach Ostgrönland (1869/70) unter Karl Koldewey (1837-1908) trotz der unstrittigen Erfolge und vieler Bemühungen keine Fortsetzung. Auch die Tripelsimultan-Messkampagne »Deutsche Grönlandexpedition Alfred Wegener« ereilte dieses Schicksal. In beiden Fällen waren die Gründe ähnlich trivial – es konnte keine Finanzierung zustande gebracht werden.[41] Die Bemühungen der Bremer Polarforschungsenthusiasten, allen voran Moritz Lindeman (1823-1908), wurden erst 30 Jahre später durch die Arbeiten der Ludvig Mylius-Erichsen Expedition weitergeführt, an denen Wegener einen wesentlichen Anteil hatte. Dessen Grönlandforschungen aus den Jahren 1930/31, die man zwanglos in einen Beitrag zum Zweiten Internationalen Polarjahr hätte überführen können, wurden 1948 von Paul-Emile Victor (1907-1995) aufgegriffen.[42] Victor hat es dann verstanden, die französischen Expeditionen zu internationalisieren, so dass sich auch deutsche Wissenschaftler wieder an der Grönlandforschung beteiligen konnten.[43]

Wegeners internationaler Ruhm war die Folge seiner, wie er sie gerne nannte, *Verschiebungstheorie.* Man sollte aber daran erinnern, dass der Begriff »Theorie« hier sehr frei gebraucht wird. Es handelt sich eben nicht um ein Gebilde wie z.B. Maxwells Theorie, die, zwar einge-

Abb. 6 Von links: Hugo Hergesell, unbekannt, Kurt Wegener, Alfred Wegener. Das Foto (Ausschnitt) entstand 1921 anlässlich einer Tagung am Aeronautischen Observatorium in Lindenberg bei Berlin. (Foto: Archiv AWI)

schränkt durch eine Serie von Randbedingungen, dann aber innerhalb dieses Rahmens beobachterunabhängige, reproduzierbare Ergebnisse liefert. Auch bei einer freieren Interpretation des Begriffes »Theorie« müsste man von einer solchen erwarten, dass sie ein in sich geschlossenes Erklärungsmuster liefert. Das aber hat Wegener nicht geliefert – *für die Verschiebungstheorie ist der Newton noch nicht gekommen,* so Wegener selbst (Wegener 1929, S. 172). »Verschiebungshypothese« wäre jedenfalls ein besserer Ausdruck gewesen.

Zu konstatieren ist, dass die *Verschiebungstheorie* die Entwicklung der Geowissenschaften im letzten Jahrhundert erheblich beeinflusste. Diese Feststellung widerspricht nicht der Tatsache, dass sie bis weit in die 1950er Jahre von etablierten Fachleuten nicht anerkannt wurde. Dem gegenüber stand eine schweigende Leserschaft (Kertz 1980), die Wegeners Ansichten mit Be-

Abb. 7 Von links: Johannes Georgi, Alfred Wegener, Fritz Loewe, Ernst Sorge. Das Bild entstand 1929 auf der Ausreise zur Vorexpedition an die Westküste Grönlands. (Foto: Archiv AWI)

Abb. 8 Alfred Wegener mit Kapitän Vestmar auf der GUSTAV HOLM, 1930. (Foto: Archiv AWI)

geisterung aufnahm, da sie viele ihrer fachlichen Probleme lösten. Zu diesem Personenkreis gehörten Geophysiker, Geologen, Geodäten, Paläontologen, Tier- und Pflanzengeographen, Paläoklimatologen sowie Vertreter entfernterer Gebiete, wie Astronomen, Meteorologen, Mineralogen, Chemiker und nicht zuletzt viele Personen, die in Fragen der Naturwissenschaft als Laien galten.

Wegener war felsenfest davon überzeugt, dass eine Kontinentaldrift stattgefunden hatte und diese wahrscheinlich andauerte. Kritik konnte ihn nicht erschüttern. Unterstützung bekam er von seinem Bruder Kurt (1878-1964) und Schwiegervater Köppen. Von elf Artikeln, die in den Jahren 1917-1942 zur Kontinentaldrift in Petermann's Geographischen Mitteilungen (PGM) erschienen, waren vier ablehnend und sieben zustimmend, letztere stammten allerdings bis auf einen alle von Köppen (drei Beiträge) und Kurt Wegener (Demhardt 2005). Auch in dem südafrikanischen Geologen Alexander L. du Toit (1878-1948) fand Wegener einen aktiven und fachlich kompetenten Unterstützer.

Angesicht der Tatsache, dass die Erstveröffentlichungen 1912[44] in PGM und in der Fachzeitschrift Geologische Rundschau mit dem identischen Titel »Die Entstehung der Kontinente« erschienen sind, dürfte es unzweifelhaft sein, dass der Titel »Die Entstehung der Kontinente und Ozeane« von Wegener selbst stammt und nicht, wie häufig üblich, vom Verlag eingeführt wurde. Aus Wegeners Sicht dürfte der Titel so zu verstehen sein, dass das Buch feststellt, dass die Form und die Verteilung der heutigen Kontinente als Folge einer Fragmentierung aus einem Urkontinent entstanden. Als Unbefangener könnte man sich unter dem Titel allerdings etwas Umfassenderes vorstellen – etwa eine Wegenersche Fassung der Genesis. Das wiederum könnte zu hämischer Kritik Anlass gegeben haben (vgl. z.B. den Text des Geologen Max Semper [1870-1952] in Wegener 2005, S. 21).

Jedoch ist zu bedenken, dass die Kritiker keineswegs in einer besseren Situation waren. Allein aus der Tatsache, dass Wegener weder Ursache noch Mechanismus einer Kontinentaldrift angeben konnte, folgt natürlich nicht, dass sie nicht stattgefunden hat. Tatsächlich geht es ja auch bei der »Landbrückentheorie« bzw. beim »Fixismus« keineswegs um beweisbare Modelle. Dorn 1989 hat darauf hingewiesen, dass es sich bei den ganzen Widerständen gegen die Driftthese letztlich darum handelte, dass bestimmte Paradigmen nicht aufgegeben wurden.[45]

Soweit wir feststellen konnten, hat Wegener nach seinen beiden Einführungsvorträgen von 1912 die Verschiebungstheorie nur ein einziges Mal auf einer Tagung erläutert und verteidigt, und zwar auf der Fachsitzung der Gesellschaft für Erdkunde zu Berlin am 21. Februar 1921. An Wegeners Vortrag anschließend referierten Franz Koszmat (1877-1938), Friedrich Penck (1858-1945) und Wilhelm Schweydar (1877-1959). Die beiden ersteren geologisch-paläontologisch und geographisch ausgerichteten Sprecher argumentierten tendenziell gegen die Verschiebungstheorie, während der Geophysiker Schweydar eher zustimmende Argumente diskutierte (ZGEB 1921, S. 89-143). In der Zeitschrift »Die Naturwissenschaften«, Heft 18, 1921, S. 219 hat Otto Baschin (1865-1933) über diese Tagung berichtet: *Die Darlegungen des Vortragenden (A. Wegener) wirkten auf die überaus zahlreich erschienenen Zuhörer außerordentlich überzeugend, und der kunstvolle Aufbau einer Theorie, die mit einem Schlage eine ganze Reihe von Rätseln der Erdgeschichte in höchst einfacher und origineller Weise zu erklären gestattet, fand allgemeinen Beifall.*[46]

Es soll nicht unterschlagen werden, dass die britische Wissenschaftszeitschrift »Nature« das Forum schlechthin für die Kontinentaldriftdebatte war. Hier sei nur hervorgehoben der Jahrgang 1923, in der sich eine Fülle von interessanten Beiträgen findet. In der Ausgabe vom 6. Januar 1923 heißt es: *On Monday, September 11, the meeting room of the Geological Section of the British Association was the theatre of a lively but inconclusive discussion on the Wegener hypothesis of the origin of the continents ...*

1926 wurde von der American Association of Petroleum Geologists in New York ein Symposium abgehalten unter dem Motto: *The origin and movement of land masses both inter-continental and intra-continental, as proposed by Alfred Wegener.* Wegener hat für den Symposiumsband einen Beitrag geliefert: »Two notes concerning my theory of continental drift« (Waterschoot 1928, S. 97-103). Tatsache ist, dass Wegeners These in den USA so gut wie keine Unterstützung fand.[47] Es war daher nicht untypisch, dass die amerikanische Wissenschaftlerin Marvin noch 1966 glaubte, die Driftthese sei eine längst begrabene geologische Chimäre. Durch satellitengeodätische Messungen eines Besseren belehrt, hat sie dann ihr profundes Buch zur Rezeption der Wegenerschen Ideen geschrieben (Marvin 1973).[48] Bereits 1971 war in den USA ein populäres Buch zur Geschichte der Verschiebungstheorie erschienen, das durchaus eine Würdigung Wegeners darstellt (Anderson 1971/74).

Tatsächlich waren es überwiegend amerikanische Wissenschaftler, die die Wegenersche Verschiebungstheorie im Gewand der Plattentektonik als neues Paradigma durchsetzten. Es scheint heutige Lehrmeinung zu sein, dass der eigentliche Durchbruch Harry H. Hess (1906-1969) zu verdanken ist. Es ist ein Kuriosum, dass dieser selbst seine bahnbrechende Arbeit »Geschichte der Ozeanbecken« (»History of Ocean Basins«; Hess 1962) als »Geopoesie«[49] klassifiziert, hatten doch verschiedene Kritiker versucht, Wegeners Schriften mit ähnlichen Begriffen zu kennzeichnen mit dem Ziel, seine Arbeit dadurch abzuqualifizieren (zu den Befunden, die den Paradigmenwechsel einleiteten, vgl. Anm. 50).

Dass sich die bahnbrechende Arbeit von Hess ausschließlich auf den Ozean bezieht, hat in mehrfacher Hinsicht tiefere Bedeutung. Die Driftthese wurde, salopp ausgedrückt, auf dem Meeresboden verifiziert. Entscheidend wurden meereskundliche Expeditionen, von denen die Deutsche Atlantische Expedition der METEOR (1925-1927), bei der nicht weniger als 13 Schnitte über den Südatlantik gelegt wurden, eine echte Vorreiterrolle innehatte.[51] Aufwendige und technisch anspruchvolle Meeresforschungskampagnen konnten im Rahmen des Zweiten Internationalen Polarjahres 1932-33 und besonders während des Geophysikalischen Jahres 1957-58 durchgeführt werden.

Dass Wegener sich politisch und weltanschaulich nicht geäußert und betätigt hat, fand schon Erwähnung. In diesem Punkte unterscheidet er sich von einem anderen großen Polarwissenschaftler, zu dem man sonst viele Gemeinsamkeiten konstatieren kann, dem 19 Jahre älteren Fridtjof Nansen (1861-1930). Nansen nutzte seinen Bekanntheitsgrad – und sogar seine wissenschaftlichen Publikationen – zur Stützung politischer Ansichten. Eine Beschäftigung mit dem Wissenschaftler Nansen bedeutet gleichzeitig eine Beschäftigung mit Geschichte, Philosophie und Politik. Anders bei Wegener: Seine politische Betätigung (zu der sein Militärdienst wohl kaum zu rechnen ist) erschöpft sich darin, dass er nach dem Krieg einem Soldatenrat angehörte. Seine Biographie wird strukturiert durch die Folge der Expeditionen, an denen er teilnahm und die er leitete, ferner durch die Themen und den Umfang seiner Schriften und dem sich darin spiegelnden Fortschritt von Wissenschaft und Technik.

Wegener hat sein Talent und seine Energie darauf gerichtet, wissenschaftliche Problemstellungen zu bearbeiten. Dabei hat er stets Lehrmeinungen geprüft und hinterfragt. Er verkörpert den Typ des selbstständig und positiv denkenden Menschen. Naturverbunden erprobt er sowohl seine körperlichen als auch geistigen Kräfte und beweist dabei Realitätssinn und eine außerordentliche Stabilität. Seine Hinwendung zur Natur und zur Naturwissenschaft scheint durch Idealismus geprägt. Und das Angenehme, das uns Wegeners Vorbild vermittelt, ist das Unaufdringliche, die Selbstverständlichkeit, mit der Wegener diesen Idealismus verkörpert und lebt. Wir erkennen, wie erfolgreich er dabei war, als Lernender, als Lehrer, als Denkender und Schaffender. Wegeners Vorbild vermittelt uns den Eindruck, dass Wissenschaft lebendig, spannend und wichtig ist.

Abb. 9 Alfred Wegener und Rasmus Villumsen am 1. November 1930 vor der Abreise von der Station Eismitte zur 400 km entfernten Weststation, die sie nicht erreichten. (Foto: J. Georgi, Archiv AWI)

Aus wissenschaftstheoretischem Blickwinkel stellt Wegener einen Wissenschaftlertypus dar, der nicht häufig anzutreffen ist. Er ist ein komplementär Denkender, der zwanglos den deduktiven und den induktiven Wissenschaftsansatz miteinander verbinden kann. Wegener war als Wissenschaftler fruchtbar und originell, glaubte an einen wissenschaftlichen Fortschritt. Ohne das Detail zu scheuen, war er stets an der Synthese umfassender Probleme interessiert, aber – und das ist wichtig zu verstehen, um ihm gerecht zu werden – nicht nur im Sinne des darstellenden Wissenschaftlers, sondern selbst messend und probierend. Dabei zu sein und zu agieren, eigene Anschauungen zu gewinnen, das war ihm wichtig.

Wegeners Einfluss auf die moderne Polarforschung ist von Fritz Loewe beschrieben worden. In einem zehnseitigen Artikel (Loewe 1972), der gleichzeitig als eine Betrachtung zum damaligen Stand der Polarforschung gelten kann, zeigt Loewe auf, dass Wegeners Arbeiten und Gedanken als Teil der modernen Polarforschung gültig sind. Wir können uns ohne Einschränkungen mit dem Namenspatron unserer Institution identifizieren.

Anmerkungen:

1 H. v. Ficker bezeichnete Alfred Wegener als *Wikinger der Wissenschaft* (in der Meteorologischen Zeitschrift 1931, auch in Georgi 1956, S. 5, auch in Wegener, E. 1960, S. 258). Von Georgi stammt der Ausdruck: *Wegener, der Soldat der großen Ideen* (Georgi 1933, S. 23). Andere Formulierungen sind: *Galilei der Geographie* (Naturwissenschaftliche Rundschau 11, 1980) oder *Reformator der Geowissenschaften* (Kertz 1980). Eine besonders einprägsame Formulierung fand Friedrich Schmidt-Ott (1860-1956), der Wegener den *Ödipus der erdphysikalischen Forschung* nannte (Naturwissenschaften, Heft 5/6/7, 1933, S. 111). Der verschiedentlich angestellte Vergleich zwischen Wegener und Kopernikus wird diskutiert in Dorn 1989, S. 49.

2 Alfred Wegener war nach Aussage seiner Ehefrau Else Wegener, geb. Köppen (1892-1992), ein Bewunderer von Christian Morgenstern (Wegener, E. 1960, S. 151). Das Zitat stammt aus Morgenstern 2005, S. 61: »Die Westküsten«, erste Strophe.

3 Zählt man die vier Auflagen seines bekanntesten Werkes »Die Entstehung der Kontinente und Ozeane« einzeln, wofür es gute Gründe gibt, müsste es heißen: acht Bücher.

4 Die vollständigste Bibliographie zu Alfred Wegener liefert Wutzke 1998, S. 129-142. – Eine erste Bibliographie findet man in Benndorf 1931, S. 369-377. Diese ist nachgedruckt worden, z.B. in Vogel 1980, S. 371-381, auszugsweise in Schwarzbach 1989, S. 130-133.

5 Die Übersetzung hat Else Wegener gefertigt und diese dann mit der Hilfe ihres Mannes überarbeitet; vgl. Wegener, E. 1960, S. 137. Auf der Seite 155 findet man etwas zu den Umständen der Drucklegung.

6 Eine Übersetzung ins Deutsche hat stattgefunden. Eine Veröffentlichung ist vorgesehen.

7 Das Tagebuch ist in Auszügen in Wegener, E. 1960 abgedruckt. Unseres Erachtens zutreffend, hat Johannes Georgi die Auswahl kritisiert (Georgi 1960, z.B. S. 19). Wir danken dem Archiv des Deutschen Museums, München, für die Überlassung einer Kopie.

8 Das Tagebuch ist im Besitz des Archivs des Deutschen Museums in München.

9 Vollständig in Benndorf 1931, S. 355. Das Zitat ist auch abgedruckt in Wutzke 1997, S. 152, ebenso in Georgi 1960, S. 10.

10 Georgis Kritik bezieht sich auf den, seiner Meinung nach, viel zu spät eingeleiteten Ausbau des sog. Moränenweges, der statt des Weges durch den Gletscherbruch eine leichtere und sicherere Transporttrasse zum Inlandeis darstellte. Sorge hatte diesen Weg bereits im Juni vorgeschlagen (Georgi 1960, S. 79).

11 Die Motorschlitten wurden von Hundegespannen gezogen.

12 Der Fjord zum Kamarujuk-Gletscher ist ein Nebenarm des Pferdlerfiup (damals als Ingerit Fjord bezeichnet). Dass das Eis in der Nähe des Kamarujuk schon so »schlecht« war, hingegen es draußen noch fest lag, dürfte damit zu erklären sein, dass sich hier im Inneren des Fjordes schon starke Einflüsse von terrestrischem Schmelzwasser bemerkbar machten. – Entladungen über das Meereis werden auch heute noch, z.B. an der deutschen Neumayer Station in der Antarktis, praktiziert, wenn es dem Versorgungsschiff nicht gelingt, bis zur Schelfeiskante vorzudringen.

13 Frau Wegener deutet hier an, dass ihrem Mann auch das Alter zu schaffen gemacht hätte.

14 Die Frage der Schuld an Villumsens und Wegeners Tod ist nicht hinter vorgehaltener Hand, sondern Jahre nach der Expedition sogar in Gerichtsverhandlungen erörtert worden. Dazu einige Anmerkungen:

Wegener versuchte zunächst, die durch die Eissituation verursachte sechswöchige Verzögerung bei dem Transport des Expeditionsmaterials auf das Inlandeis durch gesteigerte Arbeitsleistung wieder gut zu machen. Das konnte nur bis zu einem gewissen Grad gelingen. Dass er dabei viel zu lange zögerte, den viel produktiveren Moränenweg auszubauen und zu nutzen, war nach Sorge (Tagebuch, S. 69) *ein schwerer Fehler* (diese Kritik auch in Georgi 1960, S. 79). Die Konzentration auf die unerprobten Propellerschlitten hat viele Kräfte gebunden. Hellsichtig erkannte Wegener schon um den 4. September, dass die Schlitten nicht das leisten würden, was man erwartete, und ordnete eine Schlittenreise an. Es war jedoch ein Fehler, nicht dem Vorschlag Weikens zu folgen und mit einer kleinen Gruppe sofort aufzubrechen und zunächst nur zur Überwinterung notwendige Dinge nach Eismitte zu fahren. Stattdessen brach Wegener mit 15 Schlitten erst am 23. September auf. Diese Hundeschlittenreise wurde ein Fiasko. Wegener, Loewe und Villumsen erreichten am 30. Oktober ohne Nutzlast Kilometer 400, Eismitte, und trafen Sorge und Georgi an, die sich inzwischen auf eine Überwinterung eingestellt hatten. Loewe wegen erfrorener Zehen zurücklassend, begaben sich Villumsen und Wegener mit 17 Hunden auf die Heimreise. Wegeners Leiche wurde später bei Kilometer 189,5 gefunden, Villumsen blieb vermisst.

Unter dem Aspekt, vorrangig eine Überwinterung in Eismitte sicherzustellen, war es falsch, dass Sorge bei der dritten Schlittenreise, Aufbruch am 29. August, rund 250 kg »Seismik« mitnahm, die er nur einsetzen konnte, wenn rechtzeitig Sprengstoff mit den Motorschlitten nach Eismitte gekommen wäre. Viel wichtiger wäre die Mitnahme einer Funkanlage gewesen. D.h. der Ernst der Lage wurde noch nicht erkannt, auch von Wegener nicht, der über die Ladung der Hundeschlittenreise informiert war. Wegener hat zu diesem Zeitpunkt noch gehofft, die Motorschlitten würden ihren Zweck erfüllen. Dass diese dann, bereit zum Vorstoß nach Eismitte, ihre Position bei Kilometer 200 am 23. September offensichtlich wegen Proviantmangels aufgeben mussten (Wegener E. 1932, S. 76, Artikel von Schif), ist jedenfalls auch kein Ruhmesblatt der Logistik gewesen.

Tatsächlich ging es für Wegener, Loewe und Villumsen ab Kilometer 151, als die letzten Grönländer die Weiterfahrt verweigerten, nur noch darum, Eismitte zu erreichen. Der Grund dafür war ein Brief von Georgi und Sorge, den die heimreisende dritte Expedition mitgebracht hatte. Darin kündigten die beiden an, sie würden die Station per Handschlitten verlassen, wenn bis zum 20. Oktober nicht weiterer Brennstoff gebracht würde. Wegener hielt eine solche Reise für Selbstmord und wollte diese verhindern.

Georgi konnte seinen Anteil an dem Desaster nie annehmen. Die Gegenpartei hingegen stellte sich blind für die Verkettung der Ereignisse, die zu der Situation geführt hatte und die zu einem guten Teil Wegener selbst zu verantworten hatte.
Über die Köpfe aller Expeditionsmitglieder hinweg wurde von der NG als neuer Leiter Kurt Wegener eingesetzt. Dieser wird insbesondere in den Tagebüchern von Loewe und Sorge massiv in Frage gestellt. Hier wird auch der Hass auf Georgi beschrieben, dem Kurt Wegener offenbar bei jeder Gelegenheit freien Lauf ließ. Glücklicherweise haben sich die beiden in Grönland nicht zu Gesicht bekommen. Als Georgi am 18. August heimreisend Kilometer 62 passierte, verpasste man sich (Tagebuch Sorge, S. 358). Am 2. September verließen Sorge und Georgi Umanak mit dem Ziel Europa.

15 Dieses Zitat ist Teil eines Briefes an Georgi vom 17. Dezember 1928, in dem Wegener eine exemplarische Erläuterung zu den psychologischen Voraussetzungen für Polarexpeditionen gibt. Andere Äußerungen Wegeners zu diesem Thema sind nicht bekannt. Es verdient Beachtung, dass Wegener sich Georgi gegenüber derart ausführlich und deutlich geäußert hat.

16 Das Dorf Zechlinerhütte am Schlabornsee liegt rund 6 Kilometer nördlich der Stadt Rheinsberg. Das Direktorenhaus ist noch erhalten. Es beherbergt aber nicht mehr die seinerzeit durch den Pfarrer Hans Faruhn (1923-1998) aufgebaute Sammlung (Wegener-Gedenkstätte). Diese befindet sich derzeit in dem ehemaligen Schulhaus des Dorfes.

17 U.a. geht auf ihn die Einführung elektrischer Uhren zurück, die zentral von der Sternwarte kontrolliert wurden.

18 Foersters Aktivitäten lagen zeitweise doch erheblich außerhalb dessen, was sich damals ein normaler deutscher Professor leistete. Sein Sohn Friedrich Wilhelm, dem er große Bewunderung zollte, musste tatsächlich wegen Majestätsbeleidigung einige Monate Festungshaft absitzen – Heinrich Mann lässt grüßen! Tatsächlich ist es sehr aufschlussreich, sich die entsprechenden Passagen einmal anzusehen (Foerster 1911, S. 237).

19 Else Wegener hat Briefe ihres Mannes aus dem Krieg veröffentlicht. Darin zeigt sich Wegener interessiert an der psychologischen Situation, unter der er und seine Kameraden standen: *Ich bin nicht so empfänglich für Massensuggestion wie die meisten anderen Menschen ...*, aber er muss zugeben: ... *die Schlacht hat mich wirklich ganz gefangengenommen, ich war dabei »Feuer und Flamme«*. Zuvor hatte er berichtet: *Einem Franzosen, der, ohne verwundet zu sein, in etwas ungeschickter Weise um sein Leben bat, aber sein Seitengewehr nicht hergeben wollte, in der Meinung, man wolle ihn damit erstechen, konnte ich das Leben retten. ... Unsere Leute waren vor Aufregung in blinder Wut, ich mußte sie mehrmals davon abhalten, auf unsere eigenen Truppen zu schießen* (Wegener, E. 1960, S. 143-145). – Aus Georgi 1960, S. 11, lässt sich ableiten, dass Wegener pazifistischen Ideen anhing.

20 Wegeners Studienbücher sind erhalten, Auszüge bei Wutzke 1997, S. 15-19 (Nachweise siehe Wutzke 1998, S. 10-13). Hier kann man nachlesen, dass Wegener sich vom Beginn seiner Studien an mit Physik und Astronomie befasste, aber im vierten Semester, das er zusammen mit seinem Bruder in Innsbruck verbrachte, auch Botanik, Geologie, und Mineralogie studierte.

21 Diese Arbeit, »Die Alfonsinischen Tafeln für den Gebrauch eines modernen Rechners«, der die Widmung *Meinen Eltern* vorangestellt ist, ist eine wissenschaftshistorische Arbeit. Bei den Tafeln handelt es sich um früheste Ephemeriden, die auf das Jahr 1252 zurückgehen sollen. – Der zweite Referent der Arbeit war Julius Bauschinger (1860-1934), damals Direktor des von Wilhelm Foerster gegründeten *astronomischen Recheninstitutes* in Berlin (Foerster 1911, S. 76).

22 Der Titel »Ueber die Entwicklung der kosmischen Vorstellung in der Philosophie« (Wegener 1906,1) ist eine interessante Abhandlung, die allerdings nur durch gelegentliche Quellenangaben gestützt wird, in der aber, diesem Mangel zum Trotz, gelegentlich griechisch zitiert wird, ohne Übersetzungen zu liefern. Diese Arbeit darf dem Einfluss Foersters zugeschrieben werden, der sich mit diesem Themenkreis auch beschäftigte. – Eine außergewöhnliche Arbeit ist Wegener 1905,3: »Die Astronomischen Werke Alfons X«. Dieser 56 Druckseiten umfassende wissenschaftshistorische Artikel mit bibliographischem Schwerpunkt demonstriert, wie tief Wegener in die Materie eingedrungen ist, die seiner Dissertation (Wegener 1905,1) zugrunde lag.

23 Wegeners Forschungen zu Aufschlagkratern und Meteoren (z.B. Wegener 1921) rechnen wir nicht der Astronomie zu.

24 Wegener spricht von der Sumner Methode (Wegener 1906,2 S. 15). Besser wäre es, von der Methode nach St. Hillaire zu sprechen.

25 Mit diesen Geräteträgern wurden gelegentlich Höhen von über 4000 m erreicht. Rekordhöhen von über 9000 m sind dokumentiert.

26 Er bekam 1908 die Verdienstmedaille in Silber und 1913 das Ritterkreuz des Danebrog-Ordens.

27 Es handelt sich um eine klar gegliederte Publikation mit Lehrbuchcharakter. Der 30-jährige Wissenschaftler entwickelt und beschreibt hier den damaligen Wissenstand und dokumentiert dabei seine Kenntnisse und Fähigkeiten als theoretischer Meteorologe. Besonders interessierte er sich für die hohe Atmosphäre (vgl. hierzu z.B. den Übersichtsartikel Wegener 1910,1). Die von ihm postulierte Geocoroniumsphäre ist aber nicht bestätigt worden. – Nicht zuletzt empfahl Wegener sich mit dieser Arbeit für eine Universitätsprofessur.

28 Es besteht ein extremer Unterschied zwischen den damaligen und heutigen Datenmengen, die für Wetteranalysen und Vorhersagen genutzt werden. Weltweit vernetzte Messstationen in Verbindung mit erheblichen Satellitenkapazitäten machen kleinräumige Vorhersagen längerfristig mit großer Zuverlässigkeit möglich, während es damals noch um sehr elementare Probleme ging. Man bedenke, dass die Frontentheorie erst zu Beginn der 1920er Jahre von V. Bjerknes (1862-1951) eingeführt wurde (vgl. hierzu Bjerknes 1927). – Wegener war mit Bjerknes befreundet. Else

Wegener hatte noch vor ihrer Heirat, 1912, auf Vermittlung ihres Vaters Wladimir Köppen (Wegener, E. 1955, S. 104) fast ein Jahr in Norwegen bei der Familie Bjerknes gelebt. 1932 hat sie die von V. Bjerknes verfasste Biographie seines Vaters C.A. Bjerknes ins Deutsche übersetzt (Bjerknes 1933).

29 Das Übermitteln kompletter Wetterkarten mit Faxgeräten war ab 1955 möglich.

30 Neben den sieben deutschen Auflagen (die Auflagen fünf bis sieben sind Nachdrucke der vierten Auflage) und einem Nachdruck der ersten und vierten Auflage in einem Band (Vogel 1980), gibt es insgesamt 13 Auflagen in Form von Übersetzungen der dritten (1922) und vierten (1929) Auflage. Die zweite Auflage erschien 1920. – Ein weiterer Nachdruck der ersten und vierten Auflage erschien 2005. Diese Ausgabe des Alfred-Wegener-Instiuts weist einige Besonderheiten auf: Als Vorlage für die erste Auflage diente Wegeners persönliches Exemplar, in das auf eingeschossenen Seiten diverse handschriftliche Notizen eingefügt sind, offenbar mit dem Ziel, diese bei einer zweiten Auflage zu nutzen. Ferner werden ausführliche Register geboten und ein alphabetisch geordnetes Literaturverzeichnis. Eine Einführung von Krause, Schönharting, Thiede liefert zusätzliche Erläuterungen. Ferner sei hingewiesen auf Krause & Thiede 2005.

31 Der Begriff »Mittelatlantische Schwelle« wird in der Kartendarstellung von Max Groll nicht verwendet. Im Begleittext zu der Karte wird bevorzugt der Ausdruck »Mittelatlantischer Rücken« benutzt. – Bezüglich der »Gleichförmigkeit des Meeresbodens« und der Struktur der Schwelle resp. des Rückens heißt es in Groll 1912, S. 46: ... *Schon bei Ascension ergibt sich zweifelsfrei aus den dichter gestellten Lotungen, daß der Rücken tiefe Quereinschnitte aufweist, z.B. im SW. Von da nordwärts bis zur Romanche-Tiefe ist durch zahlreiche Lotungen ein vielfacher Wechsel unterseeischer Höhen und Tiefen nachgewiesen worden.*

32 Zu dieser Frage vgl. Wegener 1929, S. 196, weiteres S. 39, 212. – Anzumerken wäre in diesem Zusammenhang auch, dass der Gedanke, die mittelatlantische Bodenschwelle bestünde aus Trümmern der Bruchstelle, ursprünglich von F.B. Taylor (1860-1939) stammt und von Wegener zunächst ziemlich schroff abgelehnt wurde (Wegener 1912, S. 185).

33 Etwas befremdlich ist der Umstand, dass Wegener hier in der Vergangenheit formuliert. Will er damit die Widersprüche zu anderen Teilen des Textes aufheben?

34 Wegener war ab April 1919 an der Seewarte als Leiter der meteorologischen Abteilung beschäftigt (Wegener, E. 1960, S. 160; Kopie der Bestallungsurkunde im Zentrum für Archivalien zur Meeres- und Polarforschung, ZAP, am Alfred-Wegener-Institut in Bremerhaven). Er wurde außerdem außerordentlicher Professor an der im Mai 1919 gegründeten Universität in Hamburg.

35 Über die privaten Umstände der Zeit in Hamburg gibt es in Wegener, E. 1955 und Wegener, E. 1960 an verschiedenen Stellen eindrucksvolle Schilderungen. Hier findet man auch den Wegenerschen *Reisebericht* (auf S. 167): *Auf hoher See, Hipp! Hipp! Hurra! Wir fahren nach Amerika!* ... Nachdem ein Sturm überstanden ist, kann man den Pilotballon steigen lassen: *Das weitere ist gar nicht schwer: Man guckt von unten hinterher Und rechnet dann im Kämmerlein, wie wohl der Wind mag oben sein ...*

36 Benndorf zitiert sehr ausführlich aus einer Gedächtnisrede von E. Kuhlbrodt, an deren inhaltlicher Authentizität zu zweifeln kein Grund besteht.

37 Wegener und Letzmann hatten sich 1918 in Dorpat (Tartu, Jurjew), Estland, kennen gelernt, wo Wegener als Dozent eingesetzt war, und waren seitdem in Kontakt geblieben.

38 Zu den drei Wurzeln der Entstehung dieser Kampagne vgl. Georgi 1960, S. 12, sowie Georgi 1933, S. 28 und 230, wo das 1928er Programm der Expedition, die Wegenersche *Denkschrift*, abgedruckt ist. Georgi war von Beginn an Wegeners Vertrauter in Sachen Expeditionsplanung. Sein Plan war eine der drei Wurzeln.

39 Zu diesem Wert für die Mächtigkeit des Eisschildes an der Station Eismitte vgl. Wegener, E. 1932, S. 227 (2500 m-2700 m). Den Wert rund 2700 m findet man auch in dem Tagebuch von Sorge unter dem 6. August 1931 (S. 343), wo ein Telegrammtext abgedruckt ist, der die erfolgreiche Eisdickenmessung bei Eismitte meldet. Schon etwas unsicherer heißt es in Sorge 1932, S. 141: *Die vorläufige der Registrierungen führte zu der großen Eisdicke von 2500-2700 m.*

In Wegener, K. 1933-1940, Bd. 2 (Seismik), S.159 taucht plötzlich nur noch der Wert 1900 m für die Eisdicke bei Eismitte auf. Wir haben nicht geprüft, wodurch diese Diskrepanz zustande kommt. Da die Seismogramme hier abgedruckt sind, ließe sich das Ergebnis möglicherweise überprüfen. In Georgi 1960, S. 47 liest man unter Messung der Dicke des Inlandeises keine definitiven Werte! Gleich zu Beginn des Abschnittes heißt es: ... *so dass die größte Mächtigkeit im zentralen Teil (Grönlands) über 2000 m betragen dürfte.* Georgi redet hier über verschiedene Messverfahren und über grundsätzliche Probleme der Messungen. Das ganze ist keine objektive Beurteilung der seismischen Arbeiten Sorges. Was ihn dazu bewogen hat, eine derart ignorante Stellungnahme zu beziehen, konnten wir nicht erkennen. Aus dem Dargelegten scheint hervorzugehen, dass Sorges Messungen innerhalb der Expeditionsmannschaft angefochten wurden.

Von seinem Bestseller »Im Eis vergraben« (Georgi 1933), erschien 1955 unter dem gleichen Titel eine erweiterte und umgearbeitete Ausgabe (Georgi 1955). Hier heißt es (S. 297) zu den Eisdickenmessungen: ... *die noch bis 1900 Meter Tiefe keine deutliche Reflexion zeigten, also auf eine Eismächtigkeit von mehr als 2000 Meter schließen ließen – die inzwischen 1950 ja sogar zu etwas über 3000 Meter festgestellt worden ist.*

40 Die von der NG herausgegebene Druckfassung Wegener 1928 hat uns nicht vorgelegen. Es ist ein Verdienst von Johannes Georgi, den Expeditionsplan erneut publiziert zu haben.

41 Bezüglich der Wegenerschen Expeditionen sei daran erinnert, dass das Unglück am Donnerstag, dem 24. Oktober 1929, in New York seinen Lauf nahm. Das zu diesem Zeitpunkt gute Funktionieren der deutschen Wirtschaft war

ganz wesentlich durch amerikanische Investitionen gestützt. Deutschland war ein Hauptgläubiger der USA. Es war die Rückforderung der Kredite als Folge des Börsenzusammenbruches in den USA, die die deutsche Volkswirtschaft nicht verkraften konnte und sie stärker als alle anderen Volkswirtschaften in Europa in den Sog der amerikanischen Wirtschaftskatastrophe geraten ließ.

42 Der deutsche Beitrag zum Zweiten Internationalen Polarjahr wird insbesondere von Georgi immer wieder thematisiert. Georgi gilt als derjenige, der den Anstoß zu diesem Polarjahr gegeben hat. In Georgi 1960, S. 43 ist ein ausführlicher Brief abgedruckt, den Wegener am 10. Dezember 1928 an den *Geschäftsführer der Internationalen Gesellschaft zur Erforschung der Arktis mit Luftfahrzeugen (Aeroarctic)* geschrieben hat. Dem Titel gemäß, wäre das Georg Wegener (1863-1939), 1928 geschäftsführender Vizepräsident. Der Brief scheint aber der Thematik wegen – Wegener bittet davon abzusehen, seine Expedition mit Flugzeugen zu besuchen – eher an den Generalsekretär Walther Bruns (1889-1955) gegangen sein. Wie dem auch sei, hier weiß Wegener zu berichten, dass der Direktor des dänischen Meteorologischen Instituts, Prof. Dan la Cour (1876-1942), vorgeschlagen hat, die Deutschen möchten im zweiten Internationalen Polarjahr Station beziehen in *Danmarkshavn* (nördl. Koldewey Insel) und im *Scoresbysund.*

43 EGIG I,II, *Expédition Glaciologique Internationale au Groenland,* Hauptkampagne 1959/60 (in Verlängerung des Geophysikalischen Jahres), Wiederholungskampagne 1967/68. Seine sowohl wissenschaftliche als auch emotionale Verbundenheit mit Wegener hat Paul-Emile Victor zum Ausdruck gebracht (Victor 1970).

44 Die Veröffentlichung in der Geologischen Rundschau ist eine gekürzte Fassung der PGM-Version.

45 Was beinhaltet »Die Entstehung der Kontinente und Ozeane«? Wegener hat eine Vision, die er im Übrigen, wie er später feststellt, mit einer Reihe von Vorgängern und Zeitgenossen teilt: Die Kontinente des heutigen Globus haben dereinst einen zusammenhängenden Superkontinent gebildet (*Pangäa;* Wegener 1922,2, S. 131). Speziell der parallele Verlauf von Südamerikas Ost- und Afrikas Westküste legte diese Vermutung nahe. Soweit war er sich schon mit Humboldt einig. Wegener stellte sich die Frage: Lässt sich diese Vision beweisen? Gibt es Argumente für die Richtigkeit dieser Vorstellung?

Wegeners Buch ist deswegen ein revolutionäres Werk, weil es zunächst mit elementaren physikalischen Argumente die alten Vorstellungen von versunkenen Landbrücken und einer schrumpfenden Erdoberfläche u.ä. zurückweist – Wegener greift die herrschenden Paradigmen frontal an, zerstört die lieb gewonnenen Märchen. Ein weiterer entscheidender Schritt ist seine akribische Zusammenstellung von Argumenten aus vielen Wissensgebieten, die für eine Kontinentaldrift sprechen könnten. Das sind Argumente, die natürlich nicht zur Stützung der Kontinentaldrifttheorie erfunden wurden, sondern in der Regel völlig unabhängig voneinander davor existierten und erst durch Wegener nutzbar gemacht wurden. Wegeners Leistung besteht zunächst in der Auswahl, Prüfung und Ergänzung der Argumente, die eine Stützung der Hypothese erlauben.

Nicht zu unterschätzen ist: Wegener verwendet viel Sorgfalt auf die Rekonstruktion des Urkontinents. Aus dem rekonstruierten Bewegungsverlauf der Kontinentbruchstücke kann er jedoch nicht definitiv auf die Kräfte schließen, die der Bewegung zugrunde lagen, und nicht die Ursachen der Kräfte angeben. Daher steht auch jede Vorhersage über zukünftige Bewegungen auf tönernen Füßen. Kurz formuliert: Aus der Rekonstruktion der Kontinentaldrift kann Wegener, trotz vieler Bemühungen, keinen eindeutigen Mechanismus ableiten. Das ist die Schwachstelle seiner »Theorie«.

Obige Skizze dürfte die Ausgangslage im Zusammenhang mit dem Erscheinen seines Buches von 1915 treffen. Die Situation änderte sich bei den folgenden Auflagen, nicht nur weil jetzt eine Wechselwirkung zwischen Wegener und allen anderen Geowissenschaftlern bestand, sondern weil sich die Experten auch untereinander fragen mussten, inwieweit ihre Ergebnisse mit dieser »unerhörten Theorie« kompatibel waren.

46 Solche Berichte stützen eindrucksvoll die oben zitierte Bemerkung von Walter Kertz, wenn er von der den Wegenerschen Ideen zustimmenden schweigenden Mehrheit spricht, der sich hier einmal die seltene Gelegenheit bot, laut applaudieren zu können.

47 Eine Diskussion der einzelnen Beiträge, die in Waterschoot 1928 präsentiert werden, bietet Marvin 1973, S. 88-95. Auf dieser Tagung waren auch W.A.J.M. van Waterschoot van der Gracht (1873-1943) aus Holland und Frank B. Taylor anwesend, beide tendenzielle Befürworter der Verschiebungstheorie, wobei sich Taylor ziemlich weit von den Wegenerschen Argumenten entfernte. Zu Wegener über Taylor vgl. Wegener 1929, S. 3f.

48 Das Zitat ist, frei übersetzt, dem Vorwort in Marvin 1973 (keine Seitenzahl) entnommen.

49 Angesichts der eminenten geologischen und geophysikalischen Kenntnisse, die in seine »Poesie« eingeflossen sind, ist dieses ein doch zu bescheidener Begriff.

50 Wegener war sich darüber im Klaren, dass es nur einen harten Beweis seiner Verschiebungsthese geben konnte: Den unmittelbaren Nachweis der relativen Verschiebung der Kontinente gegeneinander. Wegener war der Auffassung, dieser geodätische Nachweis sei erbracht (z.B. Wegener 1929, S. 29 und Anhang, S. 220). Zwischen Grönland und Europa postulierte er eine jährliche Abstandsveränderung von 32 m, zwischen Amerika und Europa eine solche um 1 m. Im Anhang, der während des Druckes hinzugefügt wurde, schrumpft letztere auf 32 cm ± 8 cm. Erst seit kürzester Zeit lässt sich die Bewegung direkt nachweisen und zeigt, dass auch der letzte Wert rund eine Größenordnung zu hoch gegriffen war. Die Beweiskraft, die Wegener den geodätischen Messungen beilegte, wurde seinerzeit durch neuere Untersuchungen nicht bestätigt, was die Idee von der Kontinentaldrift diskreditierte (z.B. Tollner 1942). Eine Wiederbelebung der Kontinentaldrift begann sich gegen Ende der 1950er Jahre abzuzeichnen, als britische Geologen feststellten, dass die durch paläomagnetische Messungen gestützten sog. Polwanderungskurven auf

verschiedenen Kontinenten zu gleichen Zeiten keine einheitliche Pollage zuließen. Das konnte nur einen Grund haben, eine relative Bewegung der Kontinente zueinander (Runcorn 1962, Runcorn 1981).
Unter der Akzeptanz einer geomagnetischen Feldumkehr ließen sich die bis dahin nicht schlüssig erklärten, parallel zum Mittelozeanischen Rücken verlaufenden geomagnetischen Anomalien ähnlich interpretieren (Vine & Matthews 1963). Akzeptierte man die Rolle der Mittelozeanischen Rücken als Spreizungszentren (Hess 1962), konnte man mit diesem Ansatz eine neue, unabhängige Komponente ins Spiel bringen. Diese bestand darin, dass man Umpolungsereignisse des geomagnetischen Feldes, die zeitlich zu lokalisieren waren, mit dem Streifenmuster der geomagnetischen Anomalien kombinierte. Daraus folgten Spreizungsgeschwindigkeiten und damit auch die maximalen Alter der Meeresböden. Letztere ließen sich durch neue, verfeinerte Methoden der Altersbestimmung von Gesteinen überprüfen.
Weitere Stützen der Idee, die bald unter dem Namen »Seafloor Spreading and Subduction« firmierte, ergaben die großartigen bathymetrischen Kampagnen, Wärmestrommessungen, chemische und physikalische Analysen des Meeresbodens, nicht zuletzt ermöglicht durch die großen internationalen Bohrkampagnen mit den Schiffen Glomar Challenger und Joides Resolution. Sogar die uralte Idee der Ähnlichkeit des Verlaufes der Küsten (Schelfränder) von Amerika und Afrika/Europa erlebte eine Wiederbelebung. Mit Hilfe von rechnergestützten Modellen ergaben sich phantastische Übereinstimmungen. Der Triumph des Nachweises der Wegenerschen Vorstellung sind allerdings die geodätischen Messungen, die uns in neuerer Zeit für alle Teile der Erde mit Driftdaten versorgen.

51 Vgl. hierzu die parallel zu dieser Ausgabe des DSA erscheinende Arbeit von Reinhard Hoheisel-Huxmann: Die Deutsche Atlantische Expedition 1925-1927. Planung und Verlauf. (= Deutsches Schiffahrtsarchiv 28, 2005; Beiheft). Hamburg 2006.

Literatur:

Anderson 1971/74: Alan H. Anderson: The drifting Continents. New York 1971. Benutzt wurde die Übersetzung: Die Drift der Kontinente. Alfred Wegeners Theorie im Licht neuer Forschungen. Wiesbaden 1974, 192 S.

Benndorf 1931: Hans Benndorf: Alfred Wegener. In: Gerlands Beiträge zur Geophysik, Leipzig 1931, S. 337-377.

Bjerknes 1927: Vilhelm Bjerknes: Die Polarfronttheorie. In: PGM 191, Intern. Studiengesellschaft zur Erforschung der Arktis mit dem Luftschiff (Aeroarctic), Verhandlungen der ersten ordentlichen Versammlung in Berlin, 9.-13. Nov. 1926, Gotha 1927, S. 53-60 und Tafel IV.

Bjerknes 1933: Vilhelm Bjerknes: C.A. Bjerknes. Sein Leben und seine Arbeit. Berlin 1933, 218 S.

Demhardt 2005: Imre Josef Demhardt: Alfred Wegener: The Theory on Continental Drift and its Discussion in »Petermanns Geographische Mitteilungen« (1912-1942). In: Polarforschung, Jg. 2005 (im Druck).

Dorn 1989: Matthias Dorn: Von Alfred Wegeners Verschiebungstheorie zur Theorie der Plattentektonik. Die Struktur einer wissenschaftlichen Revolution in den Geowissenschaften. In: Die Geowissenschaften, 7. Jg. 1989, Nr. 2, S. 44-49 und S. 61-70.

Foerster 1911: Wilhelm Foerster: Lebenserinnerungen und Lebenshoffnungen. Berlin 1911, 351 S.

Friis 1910: Achton Friis: Im Gröndlandeis mit Mylius-Erichsen. Die Danmark-Expedition 1906-1908. Leipzig 1910, 630 S.

Georgi 1933: Johannes Georgi: Im Eis vergraben. Erlebnisse auf Station »Eismitte« der letzten Grönland-Expedition Alfred Wegeners. München 1933. Es wurde die 5. vermehrte Auflage, München [1940], 260 S., benutzt.

Georgi 1955: Johannes Georgi: Im Eis vergraben. Erlebnisse auf Station »Eismitte« der letzten Grönland-Expedition Alfred Wegeners 1930-1931. Neuausgabe Leipzig 1955, 335 S.

Georgi 1956: Johannes Georgi: Zu Alfred Wegeners 75. Geburtstag. In: Polarforschung, Bd. 4, 1956 (ersch. 1958), S. 2-6.

Georgi 1960: Johannes Georgi: Alfred Wegener zum 80. Geburtstag. (= Polarforschung, 2. Beiheft). Holzminden 1960, 104 S.

Groll 1912: Max Groll: Tiefenkarte der Ozeane mit Erläuterungen. (= Veröffentlichungen des Instituts für Meereskunde). Berlin 1912, 91 S.

Hess 1962: Harry H. Hess: History of Ocean Basins. In: A.E. Engel et al. (ed.): Petrologic Studies. A Volume to honor A.F. Buddington. New York 1962, S. 599-620. Wir haben benutzt die deutsche Übersetzung in: Reinhard Schönenberg (Hrsg.): Die Entstehung der Kontinente und Ozeane in heutiger Sicht. Darmstadt 1975, S. 30-54.

Kertz 1980: Walter Kertz: Wegeners »Kontinentverschiebungen« zu seiner Zeit und heute. In: Geologische Rundschau, Bd. 70, 1981, Heft 1, S. 15-32.

Koch 1913: Johan Peter Koch. Gennem den hvide Ørken. Den danske Forskningsrejse tværsover Nordgrønland 1912-13. København 1913, 286 S.

Koch & Wegener 1930: Johan Peter Koch und Alfred Wegener: Wissenschaftliche Ergebnisse der dänischen Expedition nach Dronning Louises-Land und quer über das Inlandeis von Nordgrönland 1912-13 unter der Leitung von Hauptmann J.P. Koch. Abteilung I, S. 1-404, Abteilung II, S. 405-676. Sonderdruck der Meddelelser om Grønland LXXV. København 1930.

Köppen 1901: Wladimir Koeppen: Bericht über die Erforschung der freien Atmosphäre mit Hülfe von Drachen. In: Archiv der deutschen Seewarte 1901, S. 1-106.

Köppen 1906: Wladimir Koeppen: Drachenaufstiege zu meteorologischen Zwecken. In: Georg v. Neumayer (Hrsg.): Anleitung zu wissenschaftlichen Beobachtungen auf Reisen, Berlin o.J., S. 641-658.

Köppen & Wegener 1924: Wladimir Köppen und Alfred Wegener: Die Klimate der geologischen Vorzeit. Berlin 1924, 256 S., 1 Tafel; 1940 erschienen Ergänzungen und Berichtigungen, 38 S.

Krause & Thiede 2005: Reinhard A. Krause und Jörn Thiede (Hrsg.): Alfred Wegener – Kontinentalverschiebungen. Originalnotizen und Literaturauszüge. (= Berichte zur Polar- und Meeresforschung 516). Bremerhaven 2005, 420 S.
Loewe 1972: Fritz Loewe: Alfred Wegener und die moderne Polarforschung. In: Polarforschung 42, 1972, Nr. 1, S. 1-10; auch in englischer Sprache erschienen als Contribution No. 227 from the Institute of Polar Studies, Ohio State University.
Marvin 1973: Ursula B. Marvin: Continental Drift. The Evolution of a Concept. Washington 1973, 239 S.
Morgenstern 2005: Christian Morgenstern: Die Galgenlieder. Frankfurt a.M. 2005, 320 S.
PGM: Geographische Fachzeitschrift: Dr. A. Petermann's Mitteilungen aus Justus Perthes' Geographischer Anstalt; Gründungstitel gültig von 1855 bis 1878: Mittheilungen aus Justus Perthes' Geographischer Anstalt über wichtige neue Erforschungen auf dem Gesamtgebiete der Geographie von Dr. A. Petermann.
Runcorn 1962: S. Keith Runcorn: Palaeomagnetic Evidence for Continental Drift and its Geophysical Cause. In: S.K. Runcorn (ed.): Continental Drift. (= International Geophysics Series, Bd. 3). New York, London 1962, S. 1-40.
Runcorn 1981: Keith Runcorn: Wegener's Theory: The Role of Geophysics in its Eclipse and Triumph. In: Geologische Rundschau, Bd. 70, 1981, Heft 2, S. 784-793.
Schwarzbach 1989: Martin Schwarzbach: Alfred Wegener und die Drift der Kontinente. Stuttgart 1989, 164 S.
Sigurðsson 1948: Vigfús Sigurðsson: Um þvert Grænland með kapt. J.P. Koch 1912-1913. Reykjavík 1948, 243 S.
Sorge 1932: Ernst Sorge: Glaziologische Untersuchungen in Station Eismitte. In: Zeitschrift der Gesellschaft f. Erdkunde zu Berlin, Selbstverlag 1932, S. 138-141.
Supan 1899: Alexander Supan: PGM 1899, Tafel 12.
Supan 1903: Alexander Supan: Grundzüge der physischen Erdkunde. Leipzig 1903, Tafel 1.
Tollner 1942: Hanns Tollner: Zur Frage der Kontinentalverschiebungen Alfred Wegeners. In: Mitteilungen der Geographischen Gesellschaft Wien 1942, Heft 1/2, S. 54-58.
Ventegodt 1997: Ole Ventegodt: Den sidste brik. København 1997, 428 S.
Victor 1970: Paul-Emile Victor: Wegener. In: Polarforschung, 40. Jg. 1970, Heft 1/2, S.1f.
Vine & Matthews 1963: Fred J. Vine und Drummond Matthews: Magnetic Anomalies over oceanic ridges. In: Nature 199, 1963.
Vogel 1980: Andreas Vogel: Alfred Wegeners Theorie der Kontinentaldrift aus heutiger Sicht. Nachwort des Nachdruckes der ersten und vierten Auflage von: Die Entstehung der Kontinente und Ozeane, Braunschweig 1980, 381 S.
Waterschoot 1928: W.A.J.M. van Waterschoot van der Gracht (ed.): Theory of Continental Drift. London 1928, 240 S.
Wegener 1905,1: Alfred Wegener: Die Alfonsinischen Tafeln für den Gebrauch eines modernen Rechners. Inaugural-Dissertation zur Erlangung der Doktorwürde. Berlin 1905, 65 S.
Wegener 1905,2: Alfred Wegener: Blitzschlag in einen Drachenaufstieg am königlichen Aeronautischen Observatorium Lindenberg. In: Das Wetter, 22. Jg. 1905, S. 165-167.
Wegener 1905,3: Alfred Wegener: Die astronomischen Werke Alfons X. In: Bibliotheca Mathematica, III. Folge, VI, Leipzig 1905, S. 129-185.
Wegener 1906,1: Alfred Wegener: Ueber die Entwicklung der kosmischen Vorstellung in der Philosophie. In: Mathematisch-Naturwissenschaftliche Blätter, Nr. 4, 1906, S. 61-64, und Nr. 5, S. 78-82.
Wegener 1906,2: Alfred Wegener: Bericht über Versuche zur astronomischen Ortsbestimmung im benannten Freiballon. In: Ergebnisse der Arbeiten des königlich Preußischen Aeronautischen Observatoriums bei Lindenberg, 1, 1905/06, S. 120-123; auch abgedruckt in: Illustrierte Aeronautische Mitteilungen 10, 1906, S. 116-121.
Wegener 1909: Alfred Wegener: Drachen und Fesselballonaufstiege; Sonderdruck aus Meddelelser om Grønland XLII. Danmark-Ekspedition til Grønlands Nordøstkyst 1906-1908, Bind II, Nr. 1, København 1909, 75 S.
Wegener 1910,1: Alfred Wegener: Das Profil der Atmosphäre. In: Umschau, 14. Jg., Frankfurt a.M. 1910, S. 403-408.
Wegener 1910,2: Alfred Wegener: Über eine neue fundamentale Schichtgrenze der Erdatmosphäre. In: Beiträge zur Physik der freien Atmosphäre, 3. Jg., Leipzig 1910, S. 225-232.
Wegener 1911: Alfred Wegener: Die Thermodynamik der Atmosphäre. Leipzig 1911, 331 S.
Wegener 1912: Alfred Wegener: Die Entstehung der Kontinente. In: PGM, 58. Jg. 1912, 1. Halbband, S. 185-195, 253-256, 305-308.
Wegener 1921: Alfred Wegener: Die Entstehung der Mondkrater. (= Sammlung Vieweg, Tagesfragen aus den Gebieten der Naturwissenschaften und der Technik, Heft 55). Braunschweig 1921, 48 S.
Wegener 1922,1: Alfred Wegener und Erich Kuhlbrodt: Pilotballonaufstiege auf einer Fahrt nach Mexiko März bis Juni 1922. Aus dem Archiv der Deutschen Seewarte 40. Jg. 1922, Nr. 4, Hamburg 1922, 46 S.
Wegener 1922,2: Alfred Wegener: Die Entstehung der Kontinente und Ozeane. 3., gänzlich umgearb. Aufl. (= Sammlung Vieweg, Einzeldarstellungen aus der Naturwissenschaft und der Technik, Bd. 66). Braunschweig 1922, 144 S.
Wegener 1928: Alfred Wegener: Denkschrift über eine Inlandeisexpedition nach Grönland. (= Deutsche Forschung Heft 2). Berlin 1928 (zitiert nach Georgi 1933).
Wegener 1929: Alfred Wegener: Die Entstehung der Kontinente und Ozeane. 4., umgearb. Aufl. (= Sammlung Vieweg, Einzeldarstellungen aus der Naturwissenschaft und der Technik, Bd. 66). Braunschweig 1929, 231 S.
Wegener 1930: Alfred Wegener: Mit Motorboot und Schlitten in Grönland. Mit Beiträgen von Johannes Georgi, Fritz Loewe und Ernst Sorge. Bielefeld, Leipzig 1930, 192 S.
Wegener 1961: Alfred Wegener: Tagebuch eines Abenteuers. Wiesbaden 1961, 157 S.

Wegener 2005: Alfred Wegener: Die Entstehung der Kontinente und Ozeane. Nachdruck der ersten und vierten Auflage. Die erste Auflage ist mit handschriftlichen Anmerkungen des Autors versehen. Berlin, Stuttgart 2005, 481 S.
Wegener, E. 1932: Else Wegener (Hrsg.): Alfred Wegeners letzte Grönlandfahrt. Die Erlebnisse der deutschen Grönlandexpedition 1930/31, geschildert von seinen Reisegefährten und nach Tagebüchern des Forschers unter Mitwirkung von Dr. Fritz Loewe. Leipzig 1932, 304 S.
Wegener, E. 1955: Else Wegener: Wladimir Köppen. Stuttgart 1955, 195 S.
Wegener, E. 1960: Else Wegener: Alfred Wegener. Tagebücher, Briefe, Erinnerungen. Wiesbaden 1960, 262 S.
Wegener, K. 1933-1940: Kurt Wegener (Hrsg.): Wissenschaftliche Ergebnisse der Deutschen Grönland-Expedition Alfred Wegener 1929 und 1930/1931. Leipzig 1933-1940, 6 Bände.
Wutzke 1997: Ulrich Wutzke: Durch die weiße Wüste. Leben und Leistungen des Grönlandforschers und Entdeckers der Kontinentaldrift Alfred Wegener. Gotha 1997, 240 S.
Wutzke 1998: Ulrich Wutzke: Alfred Wegener. Kommentiertes Verzeichnis der schriftlichen Dokumente seines Lebens und Wirkens. (= Berichte zur Polarforschung 288). Bremerhaven 1998, 144 S.
ZGEB: Zeitschrift der Gesellschaft für Erdkunde zu Berlin.

Anschrift der Verfasser:
Dr. Reinhard A. Krause
Prof. Dr. Jörn Thiede
Alfred-Wegener-Institut für Polar- und Meeresforschung
in der Helmholtz-Gemeinschaft
D-27570 Bremerhaven

Alfred Wegener, Devoted Earth Scientist: A Reflection on the Occasion of the 125th Birthday of the Creator of the Continental Drift Theory

Summary

Alfred Wegener (1880-1930) was born in Berlin and grew up there. During his youth, however, he also spent a lot of time in the countryside near his family's summer house in the Brandenburg Marches. He loved the challenges posed by sports and adventure, and was very close to his parents, brothers and sisters.

Wegener did not study theology, a tradition in the family, but spent an increasing amount of time researching subjects relating primarily to physics. As his Ph.D. supervisor he chose the astronomer Wilhelm Foerster (1832-1921), who was very famous at that time and had also gained quite a reputation for his philosophical and humanist-anthroposophical writings. Wegener's dissertation was on a subject from the history of astronomy. He wrote two more extensive scientific papers on that subject before changing the direction of his research entirely.

Probably inspired by his brother Kurt (1878-1964), he began to study aerology, and was accepted into the Royal Prussian Aeronautic Observatory. Gathering data on the overall height of the troposphere was a technological challenge at that time and a prerequisite for making new scientific discoveries. Automatic instruments were used to measure pressure, temperature, humidity and wind direction. The instruments were carried by captive balloons, kites, pilot balloons and manned free balloons. Wegener went on two Atlantic voyages. His special objective was registering the wind at great heights above sea level. This data were important for transoceanic air traffic – in its infancy with Zeppelins at that stage – as well as for the development of theoretical meteorology, which primarily assisted shipping by supplying weather maps and weather forecasts.

Wegener's interest in Greenland (he never referred to himself as a polar researcher but as a Greenland researcher) was closely connected with his meteorological research. He applied to join the Danish expedition to the north coast of Greenland (1906-1908) as a physicist and meteorologist. During this trip, Wegener gained experience of travelling and surviving in Arctic regions. He used the data he gathered for a professorial dissertation and additionally wrote a monograph on thermodynamics of the atmosphere.

In 1912/13 he took part in a Greenland crossing over one thousand kilometres long – a journey that earned him a high award from the Danish crown as well as a certain amount of fame in Germany. Wounded twice on the front during World War I, he was employed as a trainer in navigation and meteorology in many parts of Europe from 1915 onwards.

Earlier, in 1912, he had already published a paper in which he postulated the existence of continental drift and had used fundamental arguments to refute the prevailing academic opinion that large geological formations were the result of contractions of the earth's crust. His work on this subject, "The Origin of Continents and Oceans," met with great interest and by 1922 was already in its third edition. Although the experts objected greatly to Wegener's theories, this did not prevent him from backing them up with even more well-founded arguments. Nevertheless, during his lifetime he was unable to initiate any real paradigmatic shift in the earth sciences. The latter would have to wait until in the 1960s when, ironically, it was brought about by scientists from the camp of his greatest opponents.

The drift theory had indeed been verified on the seabed. Several oceanographic expeditions were decisive, including the pioneering "German Atlantic Expedition" of the survey vessel METEOR (1925-1927), during which echo-sounding was used to establish thirteen sections across the South Atlantic. Expensive and technologically sophisticated oceanographic campaigns were also carried out as part of the Second International Polar Year 1932-33 and especially during the Geophysical Year 1957-58.

From 1928 onwards, Wegener began planning a Greenland expedition for which he gained financial support from the "Notgemeinschaft der Deutschen Wissenschaft" (an association founded in Berlin in 1920 with the backing of the German universities, technical colleges, and learned societies, in order to mitigate the negative effects on science and learning brought about by post-war economic difficulties in Germany). The scientific research focused on three areas: 1. meteorology and aerology along the coasts and in the centre of Greenland; 2. measurement of the thickness of the Greenland ice-shield; 3. gravimetrical, glaciological, geodata-gathering work.

After a successful preliminary expedition to Western Greenland (1929), which he had undertaken with Johannes Georgi (1888-1972), Fritz Loewe (1895-1974) and Ernst Sorge (1899-1946), Wegener's main expedition began in 1930. All the participants were aware that setting up a station in the middle of the central ice sheet, four hundred kilometres from the coast and three thousand metres above sea-level, would be a huge logistical challenge. A serious problem arose when the ascent glacier – the steep access route that had to be conquered in order to reach the inner ice-sheet, around a thousand metres high at this point – turned out to be inaccessible. The pack-ice barrier blocking access to the glacier only loosened up after a six-week delay.

Despite a great deal of hardship, and after the innovative airscrew-driven sled had become stuck in fresh snow, there was a supply deficit at the station "Eismitte," now occupied by Georgi and Sorge. Wegener wanted to remedy the supply situation by making a fourth dog-sled journey, led by himself. Extreme conditions meant that only Wegener, Loewe and Rasmus Villumsen (1909-1930) reached their objective, and their payload was insignificant. Since the others had settled into the firn snow to spend the winter there, and there were enough provisions even though fuel was low, they decided that the winter could be survived. Wegener wanted to travel back with Villumsen. Loewe had to stay at the centre of the ice sheet because he had serious frostbite on his feet and could no longer travel. Wegener and Villumsen both died on the way back – but the extensive multidisciplinary scientific programme of the expedition was largely carried out.

Wegener's influence on modern polar research has been described by Loewe. He shows that Wegener's works and ideas are still valid today as part of modern polar research.

Alfred Wegener, géophysicien par passion. Une réflexion à l'occasion du 125e anniversaire de l'auteur de la théorie de la dérive des continents

Résumé

Alfred Wegener (1880-1930) est né et a grandi à Berlin. Il a cependant passé beaucoup de temps dans la nature durant sa jeunesse, près de la maison d'été de la famille, dans la Marche de Brandebourg. Il aimait les exploits sportifs et les aventures. Il entretenait de chaleureux rapports avec ses parents et ses frères et sœurs.

Wegener n'a pas suivi d'études de théologie, comme c'était la tradition dans la famille, mais la majeure partie du temps, il s'adonna aux matières touchant à la physique. Il choisira comme patron de sa thèse l'astronome alors très connu Wilhelm Foerster (1832-1921), qui fit aussi parler de lui en raison de ses écrits philosophiques et humanistes-anthroposophiques. La thèse de Wegener portait sur un thème de l'histoire de l'astronomie. Il écrira encore deux autres dissertations historico-scientifiques importantes, avant de se détourner totalement de ce courant de recherches.

Probablement inspiré par son frère Kurt (1878-1964), il commencera à s'intéresser à l'aérologie et sera admis au Königlich Preußisches Aeronautisches Observatorium (Observatoire royal d'aéronautique de Prusse). L'obtention de données sur la hauteur totale de la troposphère était à l'époque un défi technique et la condition préalable pour pouvoir pénétrer un domaine scientifique inconnu. À l'aide d'instruments automatiques, la pression, la température, l'humidité de l'air et la direction du vent furent enregistrées. Les porteurs d'instruments étaient des ballons captifs, des cerfs-volants, des ballons-pilotes et des montgolfières avec équipage. Wegener avait lui-même effectué deux fois la traversée de l'Atlantique. Son but particulier était d'enregistrer les vents à des altitudes élevées au-dessus du niveau de la mer. Ces données étaient importantes, autant pour la navigation aérienne transocéanique en plein essor, tout d'abord pour les zeppelins, mais aussi pour le développement de la météorologie théorique, dont profitait en premier lieu la navigation, entre autres sous forme de cartes et de prévisions météorologiques.

L'intérêt de Wegener pour le Groenland – il ne s'est lui-même jamais désigné comme étant un chercheur polaire, mais bien un chercheur sur le Groenland – était étroitement lié aux problèmes que lui posait la météorologie. Il se présentera pour participer à une expédition danoise sur la côte nord-est du Groenland en tant que physicien et météorologiste. C'est au cours de cette campagne (1906-1908) que Wegener acquerra ses connaissances sur les voyages et la survie dans les régions arctiques. Il se servira des données récoltées alors pour son agrégation, et il écrivit une monographie sur la thermodynamique de l'atmosphère.

Au cours des années 1912/1913, il prendra part à une traversée du Groenland sur plus de 1000 km, un voyage qui lui vaudra entre autres une importante décoration de la couronne danoise ainsi qu'une certaine notoriété en Allemagne. Deux fois blessé sur le front, il sera envoyé à partir de 1915 dans de lointaines contrées d'Europe comme instructeur en navigation et météorologie.

Dès 1912, il avait fait paraître un essai dans lequel il postulait la dérive des continents, réfutant par l'absurde avec de simples arguments la théorie de l'enseignement alors dominante, qui énonçait que les grosses formations géologiques étaient dues à la contraction du globe. Sa publication sur ce sujet, *«Die Entstehung der Kontinente und Ozeane» (La genèse des continents et des océans)*, éveillera un grand intérêt et parut en 1922 pour la troisième fois déjà, en édition augmentée. Cependant, les thèses de Wegener rencontrèrent d'importantes réserves de la part du monde scientifique, ce qui ne l'empêchera pas de les soutenir par des arguments toujours plus concluants. Néanmoins, il ne put de son vivant contribuer à un changement des paradigmes dans les géosciences. C'est seulement dans les années 60 qu'apparurent les scientifiques – justement en provenance des écoles de ses plus grands adversaires – qui y réussirent.

Effectivement, la thèse de la dérive sera vérifiée au fond de la mer. Des expéditions d'exploration maritime furent décisives, parmi lesquelles la «*Deutsche Atlantische Expedition*» (Expédition allemande de l'Atlantique) du METEOR (1925-1927), au cours de laquelle pas moins de 13 coupures au-dessous de l'Atlantique sud furent relevées, qui joua un véritable rôle de pionnier. Des campagnes de recherche océanographiques importantes et de haut niveau sur le plan technique purent être menées dans le cadre de la Deuxième Année Polaire Internationale en 1932-1933, et particulièrement au cours de l'Année Géophysique Internationale 1957-1958.

À partir de 1928, Wegener s'attaqua aux préparatifs d'une expédition au Groenland, pour laquelle il put gagner l'assurance du financement grâce à la «*Notgemeinschaft der Deutschen Wissenschaft*» (Communauté de secours de la science allemande). Cette expédition se basait sur trois piliers scientifiques: 1. la météorologie, l'aérologie au bord et au centre du Groenland; 2. la mesure de l'épaisseur de la calotte glaciaire groenlandaise; 3. des travaux gravimétriques, glaciologiques et géodésiques.

Après une expédition préliminaire au Groenland ouest (1929), couronnée de succès, qu'il avait entreprise avec Johannes Georgi (1888-1972), Fritz Loewe (1895-1974) et Ernst Sorge (1899-1946), l'expédition principale fut lancée en 1930. Pour tous les participants, il était clair que l'installation d'une station au cœur de la glace continentale, à 400 km du bord et à 3000 m au-dessus du niveau de la mer, représentait un défi massif posé à la logistique. De ne pas pouvoir emprunter le glacier prévu pour la montée créa un problème sérieux, le niveau incliné qu'il fallait emprunter pour accéder à la glace ferme se situant ici à environ 1000 m d'altitude. C'est seulement au bout de six semaines que la barrière de la banquise qui bloquait le passage se relâcha.

Malgré de gros efforts et aussi parce que les nouveaux traîneaux prévus pour les transports rapides, munis d'une hélice, restèrent coincés dans la poudreuse, se produisit un déficit de l'approvisionnement de la station *Eismitte*, occupée entre-temps par Georgi et Sorge. Wegener voulut la compenser par un quatrième voyage en traîneau à chiens, dont il prendra la direction personnellement. En raison de conditions extrêmes, seuls Wegener et Rasmus Villumsen (1909-1930) atteindront leur but, toutefois sans trop de charge utile. Comme les candidats à l'hivernage s'étaient entre-temps enfouis dans le névé, disposant de provisions suffisantes, quoique de peu de combustible, il fut décidé que l'hivernage pouvait avoir lieu. Wegener voulait repartir avec Villumsen, Loewe devant rester à la station, n'étant pas en mesure de faire le voyage en raison de graves engelures aux pieds. Wegener et Villumsen ont trouvé la mort sur le chemin du retour. Le vaste programme scientifique multidisciplinaire de l'expédition fut cependant mené à bien.

L'influence de Wegener sur la recherche polaire moderne a été décrite par Loewe. Elle montre que les travaux et les idées de Wegener faisant partie de la recherche polaire moderne sont encore valables aujourd'hui.

WOLFGANG RUDOLPH

Fischerdörfer, Hafenstädte und »Kaiserbäder«

Neuzeitliche maritime Urbanisierung im Ostseeraum

Gegen Ende des ersten Jahrtausends unserer Zeitrechnung waren die Strandsiedlungen im Ostseeraum relativ einfach gegliedert: Obenan standen die damals neuartigen Hafenstädte, die gemäß gesetzlich fundierter Rechtsverleihungen von Seiten der regierenden Landesfürsten in der Kommunalverwaltung und Gerichtsbarkeit, in ihren Marktrechten sowie bezüglich der Erlaubnis zur Kooperation in überregionalen Interessenverbänden – wie der Hanse – privilegiert worden waren; in einem Fall (Lübeck 1226) sogar mit dem Status der »Reichsunmittelbarkeit«. Alle anderen Siedlungsplätze an den baltischen Stränden rangierten als Dörfer. Lediglich einige bedeutendere davon konnten im Laufe der Zeit den Status von »Marktflecken« erlangen. Diese mittelalterlichen Strukturen beherrschten dann – allen technischen und ökonomischen Entwicklungen zum Trotz – nahezu unverändert die folgenden Jahrhunderte, bis etwa 1650.

Aus der Zeit kurz zuvor datieren die ersten Anstöße zu etwas Neuem, das obendrein aus einer anderen Himmelsrichtung kam: War früher die Stadtgründung und die Privilegierung dieser Kommunen von der südlichen Küste des Ostseeraumes ausgegangen, so begann die zweite Periode im Norden – genauer in Schweden – 1619 mit der Gründung der Hafenstadt Göteborg durch König Gustav II. Adolf. Danach folgte 1680 die Verlegung der schwedischen Orlogsbasis von Stockholm in das (nahezu) eisfreie Karlskrona in Blekinge.

Pillau und Swinemünde

Die Herrscher über Russland und über Brandenburg/Preußen zogen den Wasa-Königen eilends nach: der eine 1703 mit der Gründung von St. Petersburg, der andere mit der Verleihung der Stadtrechte an seine Marinebasis Pillau (vor Königsberg). Beide gingen seinerzeit mit großem Elan an die Schaffung neuer bzw. an den Weiterbau vorhandener Häfen, von denen Pillau der ältere war. Die Arbeiten dort hatten bereits 1625 begonnen, als der Brandenburger Kurfürst (als Lehnsherr des Territoriums des ehemaligen Deutschritterordens) am »Seetief«, der Pregelmündung, eine Schanze erbauen ließ, neben der sich schon bald »Fischer und Marketender« wohnhaft niederließen, so dass ein Straßen- und Kirchenbau notwendig wurde. 1660 folgte eine Schule. 20 Jahre später erbaute der brandenburgische Flottenchef eine Schiffswerft nebst Reeperbahn und Ankerschmiede an derselben Stelle. 1701 wurde Pillau in den Status eines Marktfleckens erhoben. Zur Zeit der 1725 ausgesprochenen Stadtrechtsverleihung gab es an dem jungen Hafenplatz bereits zwölf Kneipen, zwei »Gewürzläden«, drei Fleischer, drei Schuster und sieben Schneider sowie eine Apotheke, ein Postamt und ein Zollhaus.

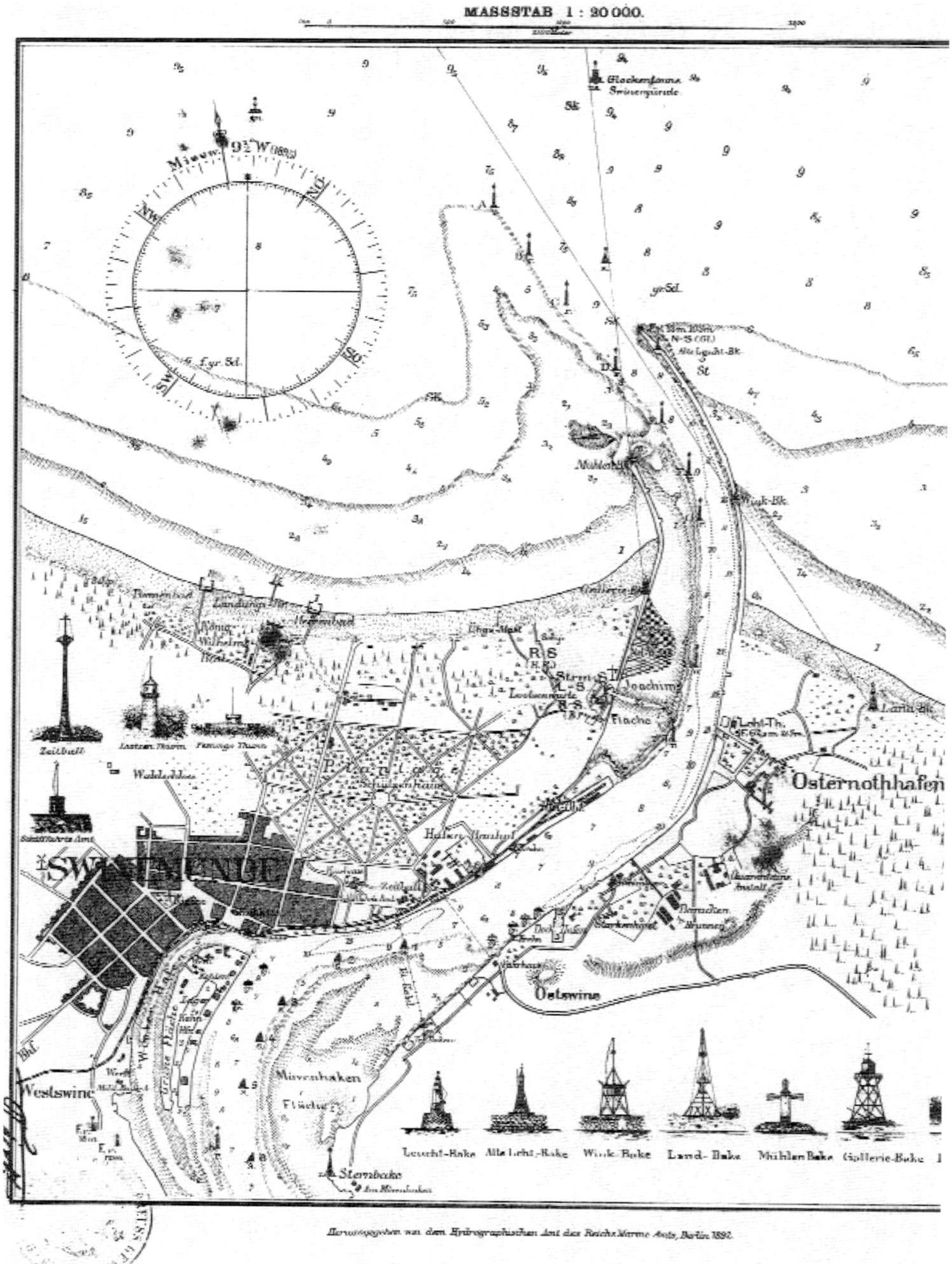

Abb. 1 Hafenplan von Swinemünde, herausgegeben vom Hydrographischen Amt des Reichs-Marine Amts, Berlin 1892. (Bildarchiv Staatsbibliothek zu Berlin, Preußischer Kulturbesitz – Kartenabteilung)

Den Aktivitäten an der Pregelmündung folgte nicht lange danach der Hafenbau an der Swine, jener ständig versandenden mittleren Mündung des Oderstromes, die bislang – als ein durch sumpfige Lagunen mäanderndes träges Gewässer – für schifffahrtsuntauglich betrachtet worden war. Der Preußenkönig Friedrich Wilhelm I. hatte, kaum dass der Friedensvertrag mit Schweden unterzeichnet war, im Jahre 1720 der Stettiner Provinzialregierung befohlen, *sich ganz genau zu informieren und pflichtgemäß zu berichten, ob es wirklich unmöglich ist, die Fahrt von Stettin durch die Swiene gehen zu lassen.* 1730 begann dann das Festigen der Flussmündung durch Pfahlwerke und versenkte Steinkisten. Der Sohn des Monarchen, König Friedrich II., setzte diese Regulierungsarbeiten konsequent fort und verpflichtete die Swiner Fischer zum Lotsendienst. Aber er leistete noch mehr für den pommerschen Schifffahrtsbetrieb: Im gleichen Jahre 1743 ließ er von allen Kirchenkanzeln seines Landes das Angebot verkünden, sich abgabenfrei in der von ihm geplanten Hafenstadt »Schwiene Münde« anzusiedeln. 1748 standen dort bereits sieben Häuser landwärts des eben gerammten Bollwerks. Im Jahr darauf begann man in der entstehenden Gemeinde mit dem Schulunterricht. 1750 verlieh die Provinzialregierung der neuen Ansiedlung aus nunmehr 46 Familien das Marktrecht, bestellte einen Bürgermeister und genehmigte dem »Flecken« das erste Swinemünder Wappen. 1764 wurden die (ein paar hundert Meter weiter seewärts gelegenen) Fischer-, Fährmanns- und Lotsenkaten von West-Swine eingemeindet, und 1765 erhielt der neue Hafenort die »Immediat-Stadtrechte«. Im gleichen Jahr eröffnete ein Schiffbaumeister die erste Swinemünder Werft, und rasch folgten ein Postamt, eine Apotheke und ein neues Schulhaus. 1772 ließ sich in der jungen Stadt der erste (studierte) Arzt nieder, und 1788 begann man mit dem Bau der (1792 eingeweihten) Stadtkirche.

Die meisten Swinemünder Neubürger waren Schiffer, Matrosen, Handwerker und Kaufleute – sowie mehr als 20 Gastwirte »ersten und zweiten Ranges«. In der nun bereits 2500 Einwohner zählenden Gemeinde waren um 1800 insgesamt 106 Schiffsfahrzeuge registriert, als größtes das (für 300 Lasten Tragfähigkeit vermessene) Vollschiff PRÄSIDENT VON INGERSLEBEN. Dessen Reeder, der Kaufmann Krause, galt seinerzeit als Preußens bedeutendster Schifffahrtsunternehmer. Er war, wie eine Reihe anderer Berufskollegen ebenfalls, zugleich auch Vizekonsul. 1810 wurde in Swinemünde das erste ausländische Konsulat eröffnet. 30 Jahre später gab es dort acht solcher diplomatischen Vertretungen: von Großbritannien und den USA bis Russland, Italien, Schweden und Dänemark. Sie waren als Mediatoren für die maritime Kulturvermittlung von erheblicher Bedeutung.[1]

Bei Betrachtung der jüngeren Geschichte der beiden eben vorgestellten preußischen Hafenstadt-Gründungen stößt man auf eine Menge Gemeinsamkeiten. Dabei lag Pillau bei der Einführung von Neuerungen mitunter an vorderer Stelle – ein andermal dann Swinemünde. Dafür hier einige Beispiele:

	Pillau	**Swinemünde**
Neuer Leuchtturm	1816	1823/1859
Eisenbahnanschluss	1865	1876
Verbesserte Schifffahrtswege ins Hinterland	1891/1901 »Seekanal«	1875/1880 »Kaiserfahrt«
Stahlschiffbau	1889 Schichau-Filiale	1919 Pommernwerft
Kommunal-Novationen:		
Elektrifizierung	1923	1885
Wasserwerk		1910
Telefonnetz		1894
anderweitige Schifffahrtsförderung	1920 »Seedienst Ostpreußen« 1936 »Seebahnhof«	1890 »Dampfschiff-Ges.« 1911 Funkstation
Marinebasis	1922	1920

Abb. 2 Der alte Pulverturm von 1686 und ein moderner Silo dahinter – Symbole der historischen Entwicklung von Frederikshavn. (Foto: Archiv Dr. Rudolph)

Die nahezu gleichartigen tragischen Schicksale beider Städte kurz vor und nach dem Kriegsende von 1945 dürften bekannt sein, weshalb auf deren Darstellung hier nicht eingegangen wird.

Frederikshavn

Als drittes Beispiel für die frühe neuzeitliche Entwicklung von Hafenstädten als Resultat der lang dauernden Vormachtskämpfe im Ostseeraum sei hier noch die Historie von Frederikshavn abgehandelt, deren Verlauf im 19. und 20. Jahrhundert erhebliche Abweichungen gegenüber dem Verlauf in Pillau und Swinemünde erkennen lässt.

Wo im nördlichen Jütland ein bewaldeter Moränenrücken von etwa 90 m Höhe den Kern dieser Halbinsel bildet und dann abrupt in die Sandheiden und Dünen eines angeschwemmten bogenförmigen Hakens übergeht, welcher schließlich in der Landspitze von Skagen endet, hat die Natur eine schützende Bucht von beachtlichem Ausmaß geschaffen, hervorragend geeignet als sicherer Ankerplatz für Schiffe, die vor ihrem Kurswechsel zum Atlantik einen Sturm abwettern wollen. Ebenso gut geeignet war diese Bucht aber auch für die Schaffung eines befestigten Marinestützpunktes zur Sicherung der Seeverbindungen zwischen Dänemark und Norwegen. Die Dänenkönige hatten den strategischen Wert gerade dieses Platzes zeitig erkannt und dort 1627 eine Schanze bauen lassen. Im nächsten größeren, dem Nordischen Krieg, spielte dieses »Werk« eine wichtige Rolle für die Sicherung der Seetransporte zwischen Jütland und dem Oslofjord, nachdem das Inselreich bereits im Frieden von Roskilde (1658) seine einstige »Gegenüberküste« (nämlich Bohuslän, Schonen und Blekinge) an Schweden verloren hatte.

Die sich um den 1686 erbauten Pulverturm gebildete Fischersiedlung Fladstrand zählte ein Jahrhundert später 60 Häuser (einschließlich Poststation und Zollhaus) mit etwa 450 Einwohnern. 16 Segler und zahlreiche Fischerboote nannten das Dorf, das zu jener Zeit bereits über Kirche, Schule und Schmiede verfügte, ihren Heimathafen. 1805 wurde in Fladstrand mit Bauarbeiten für ein einfaches Bollwerk begonnen. Das Ergebnis lockte rasch weitere Seefahrer, Fischer

Abb. 3 Ein moderner Schiffspropeller von beachtlichem Ausmaß weist den Weg in das Frederikshavner Motorenwerk von ALPHA B&W – MAN. (Foto: Archiv Dr. Rudolph)

und Gewerbetreibende zur Ansiedlung. Berichtet wird vom Getreideumschlag nach Norwegen, auch von ertragreicher Strandfischerei mit Waden sowie von Transporten mit lebendem Fisch gen Süden, bis in preußische Häfen. 1818 verlieh der dänische König Frederik VI. dem Ort (von damals 600 Einwohnern) den Namen Frederikshavn sowie das Stadtrecht. 1830 begann dann der Bau einer moderneren Hafenanlage, die später in kurzen Abständen immer wieder erweitert wurde. 1843 siedelte sich in der Stadt als erster Industriebetrieb eine Eisengießerei an. Ab 1852 betrieben die Frederikshavner eine tägliche Dampferlinie nach Kopenhagen, 1878 folgte der Liniendienst nach Göteborg.

Bereits 1870 hatte der Schiffbauer Buhl hier eine Werft gegründet, die durch den Bau von außerordentlich seetüchtigen Fischkuttern bald über Dänemarks Grenzen hinaus bekannt wurde. Frederikshavns landseitiger Verkehr nach Süden konnte ab 1871 über die neu erbaute Eisenbahnlinie in Richtung Aarhus/Fredericia abgewickelt werden. 1883 kam es dann zur Gründung der Maschinenfabrik Houmøller, deren Versuche mit neuartigen Bootsantrieben binnen kurzem zur Konstruktion der (später europaweit) berühmten Viertakt-Glühkopfmotoren vom Typ ALPHA (1898) führten. Die Firma ging zum Bau großer Schiffsmaschinen über und genießt noch heute mit ihrer B&W-ALPHA-Produktion einen hervorragenden Ruf.

Mit der Entwicklung von Hafen und maritimer Industrie ging der kommunaltechnische Fortschritt Hand in Hand: 1877 erbaute man ein großes Krankenhaus, 1884 dann das Wasserwerk, 1900 ein Elektrizitätswerk, 1910 die Gasanstalt. Schon 1853 war in Frederikshavn eine Zeitung erschienen, deren lokale Berichterstattung seither ein chronistisches Material von hoher Qualität geliefert hat. 1883 wurde über den Telefonanschluss geschrieben, 1892 von der Weihe der neuen Kirche, 1894 vom Neubau des Gymnasiums, 1898 über die Eröffnung einer Navigationsschule, 1912 von der neuen Stadtbibliothek, 1921 über den Bau der modernen Feuerwache, 1960 von der Aufnahme des Dienstes der großen Autofähren nach Göteborg. Ob Kino-Eröffnung (1906) oder der Beginn der Produktion im Eiswerk und in der Fischerkonservenfabrik (1938/39), von der Seenotrettungsstation (1951) oder von der Eröffnung des städtischen Museums (1950), stets liefert dieser Datenfundus alle Fakten, die für Frederikshavns weitere Entwicklung zum modernen Fährterminal und zum weithin bekannten Industriestandort von Bedeutung waren.

Råå

Nicht alle Hafenstadtgründungen der Neuzeit wurzelten im Umfeld der Kriegsmarinen. Selbstverständlich gibt es auch solche, die auf der Nutzung eines uralten maritimen Gewerbebetriebes basieren. Sassnitz auf Rügen – bereits im letzten Band des DSA ausführlich dargestellt – gehört dazu, und im Süden Schwedens gibt es einen interessanten Hafenplatz, dessen Geschichte sowohl Parallelen zur Entwicklung von Sassnitz als auch – nach einer plötzlichen »Kehrtwendung« – einen gänzlich anderen Ablauf aufweist.

Knapp fünf Kilometer südlich des uralten Stadtkerns von Helsingborg mündet in weiten Mäanderbögen das Flüsschen Råå in den Öresund, und genau an jener Stelle standen bereits im 18. Jahrhundert ein paar Katen von Fischern, die mit Strandwaden und Stellnetzen arbeiteten, aber auch mit Segelbooten auf Fahrt gingen. Ihre Fänge setzten sie weit südlich ab: in Landskrona, Malmö sowie – in immer größerem Ausmaß – auf dem Markt von Kopenhagen. Das zahlte sich aus, und die Ansiedlung Råå wuchs rasch: 1833 zählte man bereits 650 Einwohner und 67 dort beheimatete Fischerboote, außerdem zwei Frachtsegler. Das Dorf besaß eine Schule, ein Zollhaus und – selbstredend – eine stark frequentierte Hafenkneipe.

Abb. 4 Das alte Hafenviertel von Råå wird noch immer von Straßennamen geschmückt, die auf frühere Bewohner verweisen. (Foto: Archiv Dr. Rudolph)

Die Einwohnerschaft wuchs stetig weiter: 1850 zählte man 800 Fischer und Schiffsmannschaften. Damals unternahm die Gemeinde die ersten Schritte, um die Flussmündung durch zwei Molen zu befestigen und landeinwärts eine bescheidene Kaianlage zu errichten. Die Anzahl der in Råå beheimateten Frachtsegler stieg 1864 auf 22 Schiffe, für deren Ausrüstung seit 1865 ein mit Waren wohl versehener Shipchandler Sorge trug, der auch alle Landtransporte zu der im gleichen Jahr eröffneten nahen Bahnstation Raus erledigte. Außer dem Kaufmann wirkten auch ein Hafenschmied und mehrere Segelmacher für die Råå-Flotte.

Von 1877 bis 1879 wurde der neue Hafen durch Molen-Leuchtfeuer, feste Bollwerke und gepflasterte Straßen besser ausgestattet. Just in jenen 70er-Jahren erschlossen die Råå-Fischer eine neue attraktive Einnahmequelle: den Fang von Kattegat-Fisch (rund um die Insel Anholt) und dessen Lebendtransport mittels Quatzen in die südliche Ostsee, bis Lübeck, Rostock und Stralsund. 1877 tat sich das örtliche Fischervolk zu einer Genossenschaft zusammen. Etwa zur gleichen Zeit weiteten die ortsansässigen Frachtschiffer ihre Segeltörns auf alle Ostseehäfen aus und steuerten danach auch die Nordseeplätze, später sogar das Mittelmeer und die nordamerikanische Westküste an. 1881 waren im Dorf bereits 51 Barken, Briggs, Schoner und Galeassen beheimatet. Die Blüte der maritimen Gewerbe veranlasste die Provinzialregierung von Schonen, das 2000-Einwohner-Dorf in den Rang eines Marktfleckens zu erheben.

Der Aufwärtstrend dieser Urbanisierung hielt an: 1891 erbaute man eine dampfbetriebene Vorortbahn, die Råå nun mit der großen Schwester Helsingborg verband und dem Ort unter anderem auch Badegäste zuführte. 1901 gründete ein Schiffbaumeister den Werftplatz an der Rååmündung, und ab 1902 motorisierten die Fischer ihre Kutter und Quatzen.

Barg dieser Aufschwung ein erkennbares Risiko? Wohl zeigte die Anzahl der hölzernen

Segelfrachter bereits eine leichte Rückgang-Tendenz – von 45 (1890) auf 35 (1910) Fahrzeuge –, jedoch vermerkte die Chronik noch immer lokale Erfolge: die Gründung einer Bank ebenso wie die Ansiedlung eines ersten Industriewerkes, der Kupferhütte, die sogar über eine eigene Hafenbahn und Krananlagen verfügte. 1905 wurde der Marktflecken elektrifiziert, und danach kam es zum Bau eines örtlichen Wasserwerkes. Der Anschluss an das schwedische Reichs-Telefonnetz folgte.

Doch merkwürdig: Im Gemeinderat von Råå meinte man, dass die Kommune wohl besser unter die Fittiche der unmittelbar angrenzenden Großstadt gehöre. 1917 wurde die Eingemeindung nach Helsingborg beantragt, die dann auch bald danach erfolgte. In den 20er-Jahren schrumpfte Råås Frachterflotte langsam, doch unaufhaltbar. 1925 waren im ehemaligen Marktflecken 23 Schoner und Galeassen beheimatet, 1955 dann nur eben noch drei. 1961 wurde der letzte Motorsegler verkauft. Seine Betriebsamkeit konnte der Hafenplatz jedoch in leicht verändertem Gewand, gekennzeichnet durch den Bau einer großflächigen Segler-Marina (1968), bis heute erhalten.

Mariehamn

Auf der åländischen Hauptinsel lag an der Wurzel einer von Nord nach Süd verlaufenden Landzunge das winzige Fischerdorf Övernäs. Wohl niemand würde heutzutage diesen Ortsnamen noch kennen, wäre nicht im Jahre 1861 von Finnlands damaligem Souverän, dem russischen Zaren Alexander II., die Anordnung ergangen, auf der Flur von Övernäs eine Hafenstadt zu gründen. Der Kaiser verlieh ihr den Namen seiner Gattin: Mariehamn. Dieser heutzutage meist so verkürzt angeführte Hinweis auf den Erlass des Monarchen sowie auf die Kaiserin als Namenspatronin könnte zu schwerwiegender Täuschung über die Motivation sowie über die historischen Hintergründe des Geschehens führen. Bei Mariehamn handelte es sich nicht mehr – wie einst bei den Hafengründungen von Göteborg, Karlskrona, Pillau und Swinemünde – um die Realisierung von Ideen der jeweiligen Souveräne, sondern um deren formale Zustimmung zu einem Begehren des Bürgertums, welches damals freilich noch der hochherrschaftlichen Gründergestik bedurfte, einschließlich der Namensverleihung als Gunsterweis. Eigentliche Initiativen zur Gründung einer Hafenstadt auf Åland hatte es bereits 1543 gegeben, und danach wieder in den Jahren 1771 und 1808, als diese Inselgruppe noch der Krone Schwedens unterstand. Zum Schmunzeln war dabei die Bemerkung eines dieser Initiatoren vor dem schwedischen Reichstag von 1771: Man sollte eine solche Stadt aufbauen, um die auf den Meeren segelnden Insulaner stärker an die Heimatscholle zu binden und von ihrer Unruhe stiftenden und unmoralischen Lebensweise abzubringen … Ab 1838 kämpften dann die auf Åland ansässigen Kaufleute und Handwerker unter Federführung des Probstes Frans Petter von Knorring im regionalen Landtag mit immer wirksameren Attacken um die erwünschte Zustimmung des Zaren, die dieser schließlich 1859 erteilte und 1861 in Kraft setzen ließ.

Mariehamn wäre wahrscheinlich kaum weltweit bekannt geworden, wenn sich nicht einige Schiffskapitäne, die von anderen Inseln des Åland-Archipels in die junge Stadt gezogen waren, nach 1880 zu europaweit wirkenden Reedern emporgearbeitet hätten, und wenn nicht einer davon – nämlich Gustaf Erikson, der seine Großseglerflotte ab 1913 aufgebaut hat – sogar internationalen Ruf erworben hätte.

Bei Mariehamn hat man es mit einer Hafenstadt besonderer Art zu tun. Ihr fehlen – vom Anbeginn und bis heute – eine Menge der ansonsten für jene Plätze signifikanten Kennzeichen: Es gab keine Hafenbahn und bis 1925 keine betonierten Kaimauern; man findet dort bis heute keine imponierenden Krane, keine Silos und Speicher, keine Kohlenbunker und (vor 1959) keine Tanklager, auch keinerlei hafentypische Industrieanlagen. Mancher frühere Besucher dürfte die

Abb. 5 »Der Rudergänger« (Mannen vid ratten): Denkmal für die auf See gebliebenen Åländer von Emil Cedercreutz, 1936. (Foto: Ålands Museum, Mariehamn)

Stadt mit ihren breiten, schnurgeraden Lindenalleen und mit den Holzhäusern im »Russenstil«, mit der Vielzahl von Konsulatsschildern und Reedereiemblemen als idyllisch angesehen haben, zumal früher über die meisten Stunden der Tage hinweg kaum ein Schiff im Westfjord zu sehen war. Die Großsegler, an deren Heck der Stadtname Mariehamn als Heimathafen stand, überwinterten nur selten im Ort, etwa dort, wo heute die stählerne Viermastbark POMMERN liegt und – als Geschenk der Familie Erikson – an die Zeit der »Weizenregatten« zwischen Australien und Europa, aber auch an die Seemanns-Albträume der Kap-Hoorn-Umsegelungen erinnert.

Ein wenig veränderte sich dieses Hafenbild, nachdem 1959 die Viking-Reederei die Terminals ihrer Autofährdienste zwischen Stockholm, Åland und Åbo/Turku bzw. Helsinki eröffnete und der Fischereihafen (1965) sowie das Öltanklager in Betrieb genommen wurden. Für Vergleiche dürfte es jedoch nicht uninteressant sein, einige Eckdaten der Mariehamner Stadtentwicklung – im Hinblick auf das Verhältnis zwischen hafentypischen und allgemein kommunalen Novationen – vergleichend gegenüberzustellen:

1861 erste Landungsbrücke
1863 erster Schiffseigner wird Bürger
1867 Umzug der Navigationsschule nach Mariehamn
1895 Bau eines Packhauses
1897 erstes Industriewerk
1908 Dampfertourendienst Stockholm – Åbo/Turku
1913 Erikson gründet seine Reederei
1947 Funkstation erbaut
1954 Seefahrtsmuseum eröffnet
1959 Vikinglinie startet Fährbetrieb; Betonkai auf 600 m verlängert
1965 Fischereihafen eröffnet
1980 Erweiterung des Fährterminals

1866 Postagentur, erster Arzt
1871 erstes Konsulat
1876 Telegraf, erste Bank

1887 Telefon (örtlich)
1891 Zeitung »Åland«
1900 1000 Einwohner

1909 städtisches E-Werk
1915 Kanalisation
1927 Bau der Kirche
1938 Industrieviertel eröffnet
1950 Wasserwerk
1958 neues Kraftwerk
2005 11 000 Einwohner

Hirtshals

Streng genommen liegt die hier behandelte Hafenstadt-Neugründung bereits am Strand der Nordsee. Doch der Verlauf ihrer Entstehungsgeschichte ist so interessant, dass diese kleine

Unkorrektheit nicht stören sollte. Nur 40 Kilometer westlich von Skagen entfernt, bildet ein unterseeisches Steinriff eine erhebliche Gefahr für Schiffe, die Jütlands Nordspitze umsegeln. Andererseits bot genau jenes Steinfeld den Ankerliegern einen gewissen Schutz gegen die Brandung. Als warnendes Seezeichen ließ der dänische Staat daher 1860/61 dort den Leuchtturm Lilleheden erbauen. Da die Seenotfälle dadurch jedoch nicht nachließen, entschloss sich die Regierung 1875 zum Bau einer 120 m langen Mole aus Steinkisten, die Schutz für landende Kleinfahrzeuge bieten konnte. Zweimal wurde dieses Packwerk noch verlängert. Nun schien die Sachlage einen erfolgreicheren Verlauf zu nehmen: beiderseits der Molenwurzel siedelten sich die ersten Fischer an. Ab 1902 begannen sie dort auch mit der Motorisierung ihrer Kutter. Es schien, als sollten sich die guten Erfahrungen der 1870er-Jahre beim Neubau des Hafens und der Stadt Esbjerg – an Jütlands Westküste – wiederholen. Dänemarks Wasserstraßenverwaltung beschloss also, in Lilleheden unter Einbezug der bislang errichteten Bauwerke einen größeren Hafen für die immer zahlreicher werdende Kutterflotte sowie für eine geplante Fährverbindung nach Norwegen zu schaffen.

Mit der Leitung des (1917 beschlossenen) Unternehmens wurde der auf den Hafenbau spezialisierte Ingenieur Jørgen Fibiger (1867–1936) beauftragt, der dort dann eine Meisterleistung vollbrachte. Landseitig an den Hafen anschließend sollte eine Stadt entstehen, für deren Planung man 1919 eigens einen Architekten-Wettbewerb ausschrieb. Beide Unternehmen machten Forschritte: 1920 erhielten die Lilleheder bereits Anschluss an das Überland-Elektrizitätsnetz und 1928 die erwünschte Eisenbahnverbindung gen Süden. 1930 konnte der Hafen, der von nun an Hirtshals hieß, in seiner ersten Ausbaustufe feierlich eröffnet werden. Er bot genügend Platz für die (von anfänglich elf Booten) auf 81 seegängige Kutter angewachsene Flotte. Für deren Fänge stand auch gleich eine große Auktionshalle zur Verfügung, und rasch folgten eine Fischkonservenfabrik, eine Eisfabrik, ein Unternehmen für die Fertigung von Fischkisten und von

Abb. 6 Terminal der Norwegenfähren am Ende der »Europa-Autobahn« im Hafen von Hirtshals. (Foto: Archiv Dr. Rudolph)

Schleppnetzen, eine Werft samt Dock sowie große Tanklager. Auch eine Fischereifachschule wurde gegründet. Landseitig baute man, der Hafenentwicklung, nicht aber dem Architektenplan folgend, Wohnhäuser und Geschäftsstraßen, richtete eine Stadtbibliothek ein und gab eine lokale Zeitung heraus. 1937 konnte der regelmäßige Fährbetrieb zum norwegischen Christiansand eröffnet werden. 1940 wohnten bereits 3000 Einwohner in Hirtshals, das man damals als eine der größten Gemeinden Dänemarks, die kein Stadtrecht besitzen, bezeichnete. An imponierenden öffentlichen Bauten zierten sie das Seemannsheim, das Gymnasium, die Schwedische Seemannskirche, das Wasserwerk.

Wenn auch mit Verspätung, nämlich erst 1970, erhielt Hirtshals dann den Status einer Stadt, die nun bereits 9000 Einwohner zählte. Der Hafen wurde, ebenso wie die öffentlichen Einrichtungen, bis vor kurzem laufend ausgebaut. Seine Wahrzeichen sind heute der Terminal der Norwegenfähre am Schlusspunkt der Trans-Europa-Autobahn sowie die geschmackvoll gestaltete breite Freitreppe zwischen dem »Oberland« der Hotels und der Geschäfte sowie den Kutterliegeplätzen und Werkstätten des Hafens. Auch der Bau des neuen Rathauses und des modernen Meeresmuseums prägen die Eigenart dieser Hafenentwicklung.

Gdynia

Nach Ende des Ersten Weltkrieges hatten die Siegermächte die Neugründung mehrerer Staaten in Ost- und Südosteuropa sanktioniert, die sämtlich auch Meeresanrainer waren. In allen diesen Ländern, ebenso wie in den beiden Ostsee-Territorien, die der Hoheit des Völkerbundes unterstellt worden waren (die Freie Stadt Danzig und das Memelgebiet), fanden sich alte, in Jahrhunderten gewachsene und entsprechend leistungsfähige Hafenstädte. Eine Ausnahme bildete Polen. Zwar gab es dort am kaschubischen Küstensaum das Städtchen Puck (deutsch: Putzig), in dessen Hafen kleine Küstensegler bequem festmachen konnten – von fremden Besuchern spöttisch kommentiert: direkt an der Mauer der prächtigen mittelalterlichen Kirche. Doch dieser idyllisch anmutende Hafen war, als Becken von knapp 100 x 100 m Bollwerkslänge, für einen modernen industriellen Güterumschlag zu winzig, zumal er auch den Liegeplatz für die beiden Schiffe der neuen polnischen Marine abzugeben hatte. Die Situation war eindeutig: Polen brauchte einen Seehafen, der der Größe des Landes und seiner Wirtschaftskapazität entsprach.

Drei Männer verfolgten dieses Projekt mit aller Leidenschaft: der Wirtschaftsminister Eugen Kwiatkowski, sein technischer Berater Ingenieur Wenda sowie, als ortskundiger Spezialist, der Kapitän zur See Josef von Unruh, ehemals kaiserlich deutscher Uboot-Kommandant und später Oberkommandierender der polnischen Marine. Als passionierter Segler kannte er das zur Debatte stehende Gewässer, die Helabucht, auf das Beste. Er wies die Hydrotechniker auf die ideale Stelle beim Fischerdorf Gdynia (Gdingen) hin, wo der von Steilufern flankierte Mündungstrichter einer eiszeitlichen Schmelzwasserrinne bereits in 1000 m Entfernung vom Strand an die 10-m-Tiefenlinie heranführte.

Im September 1922 beschloss das polnische Parlament den Bau eines Überseehafens zu realisieren, und zwar in internationaler Kooperation mit dem Bankhaus Morgan, der dänischen Tiefbaufirma Højgaard & Schultz, der belgischen Baggerreederei Ackermanns & van Haaren sowie dem deutschen Kranbauspezialisten DEMAG. Im Herbst 1924 begannen die Bauarbeiten am Strand und im Eisenbahnnetz. 1926 konnte an einem der neuen Kais der erste Frachter gelöscht werden und die Marine bezog ihr Gelände in Oxhöft. 1928 nahm die Werft den Betrieb auf, zuvor bereits die neue Staatsreederei »Polska Zegluga Morska« und danach das niederländisch-polnische Hochseefischerei-Kombinat. Aus dem 500-»Seelen«-Dorf Gdynia war längst eine blühende Kommune geworden, der 1926 das Stadtrecht verliehen wurde. Der Hafenkomplex

Abb. 7 Der Hafen von Gdynia auf einer undatierten polnischen Postkarte. (Archiv Dr. Rudolph)

nahm, mit fast 12 000 m Kailänge und 170 km Hafenbahngleisen, eine Fläche von nahezu 400 ha ein. Der Zollfreibezirk, die Küstenfunkstelle, eine Seefahrtschule, der Jachthafen und ein Fischereiforschungsinstitut komplettierten das Objekt. Internationale Beachtung fand schließlich 1933 die Fertigstellung der durchgehenden »Kohlenmagistrale«, der Eisenbahnstrecke zwischen dem oberschlesischen Gruben- und Hüttenzentrum Kattowitz und den Verladebrücken an der Helabucht.

An der Ostsee, nahe der Weichselmündung, wurde aber seinerzeit nicht nur ein Hafen von Großformat geschaffen, sondern auch die dazu gehörende Stadt – aus dem Nichts heraus – gebaut: europäisch-avantgardistisch im Stil der neuen Sachlichkeit des Bauhaus-Kreises. Der Hafenbahnhof, das Meeresmuseum, das Gerichtsgebäude, die Markthalle und das Haus der Fischer haben alle Kriegswirren überstanden und zeugen noch heute von der kulturellen Atmosphäre jener Jahre. Mit Gdynia hat Polen maritime Kulturgeschichte geschrieben.

Władysławowo

Polens Überseehafen war Realität geworden, doch dem Land fehlte es noch immer an einer entsprechenden Basis für die Hochseefischerei. Die Verhandlungen der Regierung mit einem französischen Bankenkonsortium sowie mit der bewährten dänischen Baufirma Højgaard & Schultz gingen weiter: Zwischen dem (bereits seit 1284 erwähnten) kaschubischen Fischerdorf Wiela

Abb. 8 Władysławowos Wahrzeichen: das Rathaus (vorher »Haus der Fischer«). (Foto: Archiv Dr. Rudolph)

weś (unter preußisch-deutscher Landeshoheit Großendorf genannt) und der 1920 angelegten Villenkolonie Hallerowo wurde die Errichtung eines modernen Fischereihafens an der Wurzel der Halbinsel Hela beschlossen. 1935 begannen die Bauarbeiten, und im Mai 1938 wurde dieser Hafen-Neubau, den zwei mächtige Molen schützen, für den Fischereibetrieb freigegeben.

Der im Jahr darauf beginnende Zweite Weltkrieg bereitete dem weiteren Ausbau zunächst ein Ende. Zeitgleich mit der Gründung zweier lokaler Reedereibetriebe – der Kuttergenossenschaft GRYF und dem Fischereikombinat SZKUNER für Fang und Verarbeitung – kam es erst 1955 zu der einst geplanten Vollendung. Die staatliche Hafenverwaltung konnte auf das Vorhandensein einer Reparaturwerft mit fünf Slipanlagen sowie auf die Fertigstellung einer Kühl-Lagerhalle, einer Eisfabrik und einer örtlichen Funkstation hinweisen. Bei der Infrastruktur hatte man auf das Zusammenspiel von Bahn und Straße gesetzt. Für die kulturellen Belange sorgte man im 1957 fertig gestellten »Dom Rybacki« (Haus der Fischer), dessen die Stadt überragender Turm zur weithin sichtbaren Ansteuerungsmarke des Ortes wurde. 1960 vereinigten sich die Gemeinden Władysławowo (zuvor Wielka Wieś) und Hallerowo, und 1963 wurde dem Ort das Stadtrecht verliehen.[2]

Ein anderer Weg zu neuen Seestädten

Im ersten Viertel des 19. Jahrhunderts finden sich die frühesten Anzeichen dafür, dass Stranddörfer der Ostseeküsten auch ohne den Seehandel mittels eigener Fahrzeugflotten, aber auch ohne die Erhebung zur Marinebasis zu deutlich sichtbarer Urbanität gelangen konnten: nämlich als Seebadeplätze für »herrschaftliche« Kurgäste. Zwischen Holstein und Ostpreußen kamen die dazu nötigen Anstöße aus dem hanseatischen Kaufmannsbürgertum und aus Kreisen des nordostdeutschen Landadels, aber auch aus der Beamtenschaft der weiter binnen gelegenen Residenzstädte und von Gelehrten der Universitäten – von Kiel bis Königsberg. Sie zielten auf solche idyllischen Strandplätze wie den »Heiligen Damm« beim mecklenburgischen Doberan (1793), auf Travemünde vor Lübeck (1802) und Zoppot bei Danzig (1823), aber auch auf kleine und kleinste Fischerdörfchen der Inseln Rügen (1819 Lauterbach bei Putbus) und Usedom (Heringsdorf 1824).

Rechte Seite Abb. 9 Kartographische Darstellung Zoppots als aufstrebender Badeort, 1877. (Archiv Dr. Rudolph)

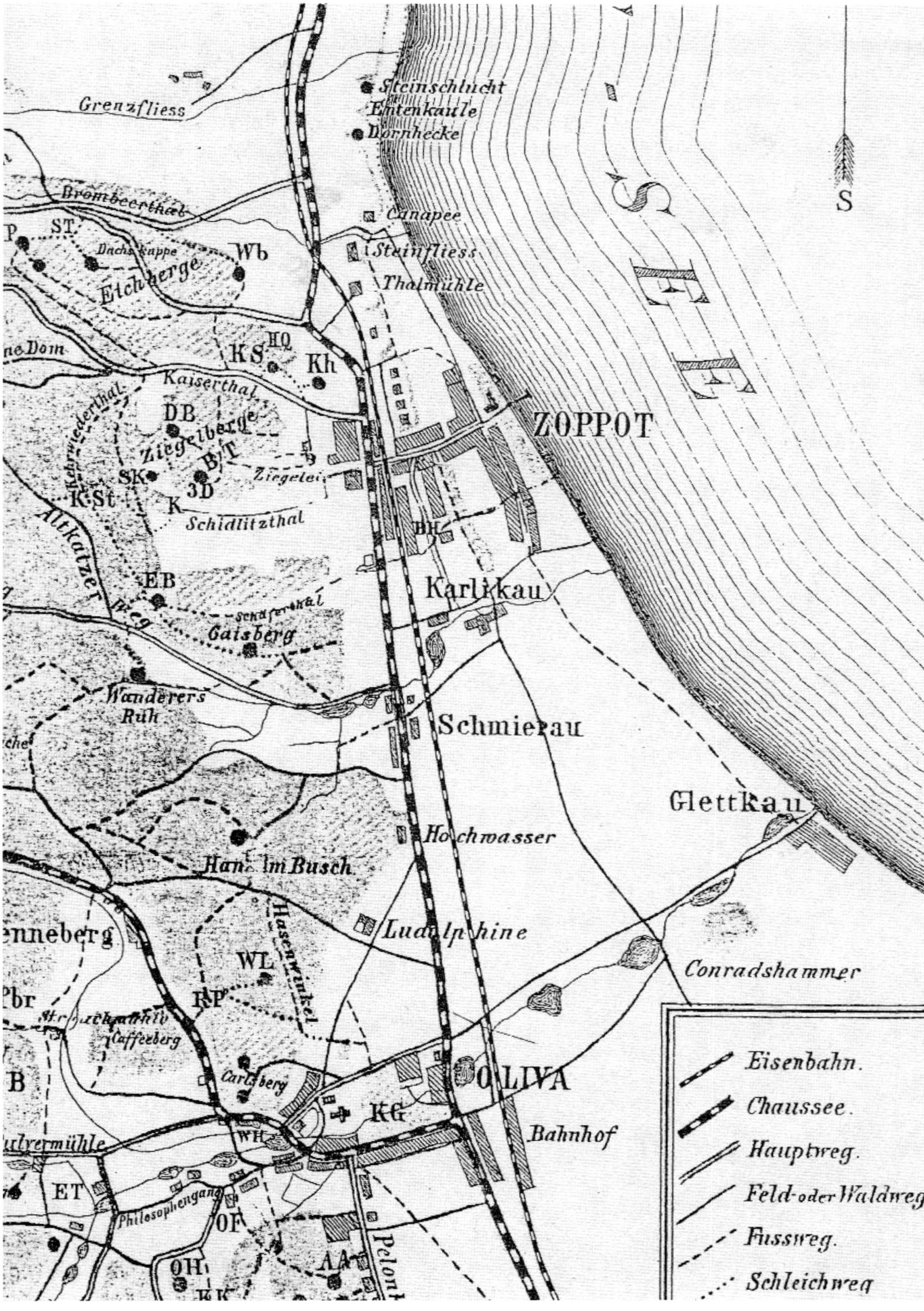
Grenzfliess
Steinschlucht
Entenkaule
Dornhecke
Brombeerthal
Canapee
Steinfliess
Thalmühle
Eichberge
Wb
KS
Kh
Kaiserthal
DB
Ziegelberge
ZOPPOT
Ziegelei
Schidlitzthal
Altkatzer Weg
EB
Karlikau
Schäferthal
Gaisberg
Wanderers Ruh
Schmierau
Glettkau
Hochwasser
Hasenwinkel
WL
Conradshammer
Caffeeberg
Carlsberg
OLIVA
KG
Bahnhof
ET
Philosophengang
OF
OH
AA
S
Eisenbahn.
Chaussee.
Hauptweg.
Feld- oder Waldweg
Fussweg.
Schleichweg

Als Vorbilder im allerweitesten Sinne dürften bekannte Kurorte im Binnenland gedient haben, aber auch das damals in Mode gekommene Seebaden an den britischen Stränden. Während die älteren Kur- und Badeorte seit langem berühmt und auch einigermaßen bequem zugänglich waren, musste für die Stranddörfer erst einmal die notwendige Verkehrsinfrastruktur geschaffen werden: in erster Linie in Gestalt gepflasterter Landstraßen, später von Eisenbahn-Nebenstrecken sowie von Landebrücken für Passagierdampfer, von Poststationen und Telegrafenlinien. Danach kam der Bau von Hotels, Pensionsvillen, Kirchen und Schulen. In einer späteren Etappe folgten Wasserwerke, Gasanstalten und örtliche Elektrizitätswerke sowie der Anschluss an die Telefonnetze.

Dieser Entwicklungsgang entsprach noch demjenigen, der auch für die Seehandels-Hafenstädte von Relevanz war. Im Falle der Kurbäder verlief die weitere Lokalhistorie dann auf anderen Gleisen. Die Gemeindeväter favorisierten die Einrichtung von Sanatorien, Arztpraxen und Apotheken, aber auch von »höheren« Privatschulen, sogar für Mädchen. Großer Wert wurde auf die Anlage gepflegter Uferpromenaden, auf einen nicht zu knapp bemessenen Kurpark sowie auf den Bau von Musikpavillons gelegt. Eine Art Krönung dieser Unternehmungen erwartete man in der Verleihung von Stadtrechten. 1905 leitete der Chronist von Zoppot seine hervorragende Ortsgeschichte mit dem stolz klingenden Satz ein: *Unsere Stadt hat sich aus einer einfachen Dorfgemeinde, ohne den Sitz staatlicher Behörden, ohne eine andere Kommunikation zu besitzen als die seit altersher bestehende Heerstraße, nur aus sich selbst heraus zu einem blühenden Gemeinwesen emporgeschwungen, sodaß wir erstaunt nach den Vorbedingungen zu einer derartigen Entwicklung fragen.* Schultz' Chronik ist so detailliert angelegt, dass sie hier – in Kurzfassung – für die Darstellung dieses typischen Weges die wichtigsten Daten liefern soll:

1820 kamen die ersten Badegäste in das Fischerdorf Zoppot;
1824 Fertigstellung der Chaussee nach Danzig, Einrichtung einer Poststation, Bau des ersten Kurhauses;
1832 Eröffnung einer Konditorei;
1836 Gründung einer Gemeindeschule;
1843 Erweiterung des Kurhauses;
1868 Weihe der katholischen Schule;
1870 Bau der Eisenbahn nach Stettin und Danzig;
1872 Verlegung von Wasserleitung, Pflasterung der Straßen;
1880 Neubau des Kurhotels;
1885 Inbetriebnahme der Gasanstalt;
1890 Neubau des Postamtes;
1897 Betriebsbeginn im Elektrizitätswerk, Anlage des Tennisplatzes;
1898 Eröffnung der Pferderennbahn;
1899 Installierung von Telefon;
1901 Weihe der evangelischen Kirche;
1902 Verleihung des Stadtrechtes;
1904 Neue Seebrücke von 650 m Länge.

Die Einwohnerzahl Zoppots hatte sich ab 1860 bis zur Stadtgründung von 1000 auf 11 300 erhöht (1939: 31 000).

Diesem Muster entsprechend verlief die urbane Entwicklung aller großen Kurbäder an den Ostseestränden.[3] Gelegentlich wird der eine oder andere Ablauf reizvoll verziert durch kleine lokale Besonderheiten: in Heiligendamm war beispielsweise das Jahrhundertjubiläum der (seit 1822 stattfindenden) Galopprennen ein derartiges Ereignis. Auf Rügen gehört dazu die Ankündigung aus dem Sommer 1905, dass Badegäste von Binz und Sellin fortan die Aufführungen des Fürstlichen Schauspielhauses in Putbus per Theater-Sonderzug der Kleinbahn erreichen könnten.

Literatur:
Burkhardt, R.: Geschichte des Hafens und der Stadt Swinemünde. Bd. 1-2. Swinemünde 1920/21 u. 1931.
Dreijer, M.: Mariehamns stads historia. Mariehamn 1962.
Haberland, K.: Geschichte der Stadt Pillau. Pillau 1913.
Ders.: Pillau einst und jetzt. Pillau 1925.
Ders.: Die Seestadt Pillau. Pillau 1936.
Hansen, B.: Frederikshavn i stilstand og fremgang. Frederikshavn 1968.
Kåhre, G.: Under Gustav Eriksons flagga. Mariehamn 1948.
Lassen, H.: Byplanlægning i Hirtshals. Hirtshals 1999.
Olsen, H.: Hvordan havnen i Hirtshals blev til. In: Vendsyssel Årbog, 1955, S. 7-24.
Perborn, H.: Om gamle Råå. Råå 1991.
Remmer, Ch.: Mariehamns stads historie 1961-86. Mariehamn 1999.
Richter, E.: Heringsdorf – Innenansichten. Rostock 1991.
Rudolph, W.: Die Hafenstadt. Eine maritime Kulturgeschichte. Leipzig 1980.
Schultz, F.: Chronik der Stadt Zoppot. Danzig 1905.
Sjöblom, W.: Mariehamns stads historia. Bd. 1-2. Mariehamn 1911 u. 1934.

Anmerkungen:
1 Möglicherweise förderten solche Konsulatskontakte den Einsatz des ersten in Deutschland verwendeten Dampfbaggers. Das mit einer 10-PS-Maschine angetriebene Gerät wurde in London bei Barradone erbaut und ab November 1817 (mit britischer Mannschaft) in Swinemünde verwendet.
2 1938 benannte man Wielka Wieś in Władysławowo um, zu Ehren des Polenkönigs Władysław IV., der 1635 dort eine Schanze erbauen ließ und mit Arbeiten zu einem Durchstich der Halbinsel Hela begann. Die Villenkolonie Hallerowo wurde nach dem General Haller benannt, der durch die von ihm im Februar 1920 zelebrierte »Hochzeit Polens mit dem Meer« berühmt wurde. Die Stadt Władysławowo zählt derzeit rund 15 000 Einwohner.
3 Zum Vergleich einige Daten des »Kaiserbades« Heringsdorf auf Usedom: 1820 Namensgebung; 1848 Kirchweihe; 1872 Chausseebau; 1873 Kurhotel »Atlantic«; 1893 Bau der Seebrücke (500 m lang); 1894 Eisenbahnanschluss.

Anschrift des Verfassers:
Dr. Wolfgang Rudolph
Hermsdorfer Straße 107
D-16552 Schildow

Fishing Villages, Harbour Towns and "Imperial Spas": Modern Maritime Urbanization in the Baltic

Summary

An extraordinarily important component of modern change in maritime culture in the Baltic region was the urbanization of fishing villages into harbour towns and large seaside resorts. This urbanization was initially evident from around 1700, and has continued into the present.

To illustrate this process the author gives us eight municipal histories: those of Frederikshavn and Hirtshals in Denmark, Råå in Sweden, Pillau and Swinemünde in Germany, Mariehamn in Finland, and Gdynia and Władysławowo in Poland. To show the development of the seaside resorts, the history of Zoppot is described. Different aspects of this urbanization are considered, such as the geographical situation, the land-traffic connections, the phases of harbour construction including (in certain cases) the establishment of naval bases, the foundation of local maritime industries (shipbuilding, engine construction, the establishment of ice factories and cooling halls, fisheries and fuel depots), and also specific local developments of other kinds (consulates, sailing schools, ferries, radio stations and maritime museums). A large amount of as yet unpublished source material has also been included.

Villages de pêcheurs, villes portuaires et «*Kaiserbäder*» (stations balnéaires impériales). Le développement urbain maritime des Temps modernes dans la région de la mer Baltique

Résumé

Reconnaissable depuis environ 1700 et continuant jusqu'à nos jours, le développement urbain qui fit évoluer les villages de pêcheurs en villes portuaires ainsi qu'en grandes stations balnéaires est un élément extrêmement important de la transformation culturelle maritime de la région de la mer Baltique.

À titre d'exemples, l'auteur se penche sur les historiques de huit villes: ceux de Fredrikshavn et Hirtshals au Danemark, de Råå en Suède, Pillau et Swinemünde en Allemagne, Mariehamn en Finlande, ainsi que de Władysławowo et Gdynia en Pologne. Le développement des stations balnéaires sera examiné à travers l'histoire de Sopot. Les différentes caractéristiques de cette transformation urbaine seront observées sous tous leurs aspects, comme par exemple celui de la situation géographique, des liaisons à l'intérieur des terres, des périodes de construction des ports, y compris de l'éventuelle installation d'une base de la Marine, plus loin, de la création d'industries maritimes locales (construction navale, fabrication de moteurs, production de glace/halles réfrigérées, traitement du poisson, dépôts de carburant), mais également celui des développements locaux spécifiques d'un autre genre (consulats, écoles de marine, bacs, stations radio, musées maritimes). Le matériel fourni par des sources jusqu'à présent inédites contribue largement à ce travail.

LARS U. SCHOLL

»Die Natur muss durch das Herz hindurch, um zur Kunst zu werden«

Zum 50. Todestag des Marinemalers Cornelius Wagner (1870-1956)

Im August 1956 verstarb in Söcking am Starnberger See der Marinemaler Cornelius Wagner. Obwohl dieser Maler[1] in der Kaiser- und Zwischenkriegszeit zu den produktivsten und künstlerisch bedeutendsten Vertretern seiner Zunft gehörte und obwohl er eine langjährige akademische Ausbildung erhalten hatte, ist ihm die Anerkennung durch die Kunst- und Schifffahrtshistoriker weitgehend versagt geblieben.[2] Die Gründe hierfür sind vielschichtig. Ihnen soll im Folgenden nachgegangen werden in dem Bemühen, erste Antworten zu finden. Dazu ist es erforderlich, sich einen Überblick über Leben und Werk des Künstlers zu verschaffen, dessen Gesamtœuvre noch nie systematisch bearbeitet worden ist. Die Galerie Paffrath in Düsseldorf hat mit zwei Ausstellungen wichtige Vorarbeiten geleistet, indem sie einen größeren Bestand an Werken von Wagner ausgestellt und kleine, aber außerordentlich wertvolle Kataloge veröffentlicht hat.

Aus Anlass des 30. Todestages Cornelius Wagners wurde im Herbst/Winter 1986/87 eine große Ausstellung zum Werk des Malers im Deutschen Schiffahrtsmuseum in Bremerhaven präsentiert[3], die von der Bereitschaft Marianne Pelzers, der Tochter des Künstlers, profitierte, den gesamten Nachlass des Vaters zur Verfügung zu stellen. Sie hatte Cornelius Wagner in den letzten Monaten seines Lebens in ihr Haus aufgenommen und sich rührend um ihn gekümmert. So konnten vor allem Studien und Skizzen ausgestellt werden, die noch nie in der Öffentlichkeit gezeigt worden waren. In diesem Zusammenhang sind zwei Dinge zu bedauern. Zum Ersten kam es wegen einer zu kurzfristigen Planung nicht zu einer Erstellung eines Kataloges. Das hatte u.a. seine Ursache in der sehr späten Entscheidung der Familie, den vollständigen Nachlass nach Bremerhaven zu geben. Eine Verschiebung der Ausstellung hätte sich angeboten, aber nun sollte es plötzlich schnell gehen, da man sich entschlossen hatte, Arbeiten in größerem Stil zu veräußern. Zum Zweiten konnte sich der damals verantwortliche Direktor Gert Schlechtriem nicht dazu durchringen, den Gesamtnachlass zu erwerben, weil dadurch zu viele Anschaffungsmittel für mehrere Jahre gebunden worden wären. So war es dann leider nicht möglich, den Bestand im DSM zusammenzuhalten und der Forschung in Zukunft den ungehinderten Zugang zu sichern. Allerdings erwarb das DSM eine größere Anzahl von Studien, Skizzen, Bleistiftzeichnungen und Skizzenbüchern, so dass sich mit 33 Arbeiten und sieben Skizzenbüchern höchstwahrscheinlich die größte zusammenhängende Sammlung an Arbeiten von Cornelius Wagner in öffentlichem Besitz in Bremerhaven befindet. Der Bestand wird im Anhang aufgelistet und erstmals publiziert.

Bei den Recherchen zu diesem Beitrag tauchte ein Ordner auf, der vor 20 Jahren angelegt worden war. Er enthielt einige Briefe, die sich mit den Vorbereitungen zur Ausstellung befassten. Aufgrund dieser Unterlagen war es möglich, die Zahl der damals gezeigten Gemälde, Gouachen, Aquarelle und Graphiken annähernd zu bestimmen. Da einige handschriftliche Korrekturen vorgenommen worden waren, der Zeitpunkt jedoch, an dem die Anmerkungen gemacht wurden, nicht mehr feststellbar ist, gibt es einen kleinen Unsicherheitsfaktor. Man kann jedoch mit Bestimmtheit sagen, dass rund 200 Arbeiten im DSM ausgestellt waren.

Was ich jedoch nicht wusste – vielleicht ist es mir auch entfallen –, weil ich stets das originale »Logbuch« vor meinem geistigen Auge sehe, war die Tatsache, dass offensichtlich eine maschinenschriftliche Version des »Logbuches« existierte, die zur Ausstellungsvorbereitung nach Bremerhaven gegeben worden war. Fast möchte ich meinen, dass ich sie nie gesehen habe. Wie dem auch sei, so ergab sich aus dem Brief von Frau Pelzer, dass diese Kopie einer Carmen Rodriguez Palomina Wagner nach Santiago in Chile geschickt werden sollte, die das Manuskript ins Spanische übersetzen wollte.[4] Die Chefärztin eines Krankenhauses in der chilenischen Hauptstadt war eine Nachfahrin von Alex Wagner, dem 1892 nach Kanada ausgewanderten älteren Bruder Cornelius Wagners. In der Annahme, dass dies auch geschehen war, habe ich nicht nach dieser Kopie gefahndet. Das Original hatte ich 1980 in Söcking während eines Besuches bei der Familie Pelzer mehrere Stunden studieren können. Mir war klar, dass das Original oder die Kopie von unschätzbarem Wert für die Forschung sein würde. Denn bei dem »Logbuch« handelt es sich um die Autobiographie von Cornelius Wagner, die er in erster Linie für seine Kinder und Enkelkinder niedergeschrieben hatte. Sie reichte bis in die frühen 1950er Jahre.

Erste Überlegungen in den frühen 1980er Jahren in Richtung einer wissenschaftlichen Monographie, die sich auf diese Aufzeichnungen hätten stützen können, blieben vage. Die Zeit war einfach noch nicht reif dafür, uns diese Quelle erster Güte mit nach Bremerhaven zu geben. Das löste zwar eine gewisse Enttäuschung aus, denn in einem Katalog der Galerie Paffrath in Düsseldorf war bereits ausführlich daraus zitiert worden. Doch es blieb nichts anderes übrig, als sich zu gedulden, was nicht allzu schwer fiel, weil die Vorbereitungen zu der großen Claus-Bergen-Ausstellung im Vordergrund standen, die 1982 im DSM gezeigt wurde.[5]

Da 1986 die Auswertung für eine Publikation ohnehin nicht mehr möglich war, hofften wir auf zukünftige Zeiten. Leider schliefen die Kontakte zu Frau Pelzer nach Ende der Ausstellung und nach der Rückgabe der nicht verkauften Gemälde allmählich ein und rissen nach der Pensionierung von Gert Schlechtriem im Jahre 1992 gänzlich ab. Somit war die Frage nach dem Verbleib des »Logbuches« zunächst nicht zu beantworten, denn die Nachforschungen in Söcking ergaben, dass das Ehepaar Pelzer nicht mehr in der Kempterstraße wohnte. Ob die zweite Tochter von Cornelius Wagner, Frau E.J. Hupkes-Wagner, noch in Amsterdam lebte, war ebenfalls nicht bekannt, so dass nicht klar war, ob sich das »Logbuch« in den Niederlanden finden lassen würde.[6]

Einem besonders glücklichen Zufall war es nun zu verdanken, dass ein Leitz-Ordner auftauchte, von dessen Existenz niemand etwas ahnte und über dessen Inhalt folglich niemand Bescheid wusste. Unbeachtet hatte er seit mehr als einem Jahrzehnt in einem Umzugskarton gelagert, der letzte Reste des Nachlasses von Gert Schlechtriem enthielt. Der Rücken des Ordners, den ich nur deshalb in die Hand nahm, weil ich gerade an einem Aufsatz über den Künstler arbeitete, trug eine Kopie der Unterschrift von Cornelius Wagner. Zu meiner großen Überraschung enthielt der Ordner die Maschinenabschrift des »Logbuches«. Eine intensive Auswertung war für diesen Beitrag nicht mehr möglich. Sie muss auf die nahe Zukunft verschoben werden.

Mit meinen Aufsatz setze ich meine seit 25 Jahren betriebene wissenschaftliche Bearbeitung der Museumsbestände fort, um die Ergebnisse in Monographien, Aufsätzen und Ausstellungen zu publizieren. Mit diesem Aufsatz werden zwei Ziele verfolgt. Zum einen soll im Jahr seines 50. Todestages das Werk eines der großen deutschen Marinemaler gewürdigt und damit begonnen werden, das Leben und Werk von Cornelius Wagner zu erforschen. Zum anderen gilt es, Korrekturen und Ergänzungen zur Vorfassung auf der Basis neuerer Recherchen vorzunehmen.

Abb. 1 Cornelius Wagner. Bildnis von Richard Vogts aus dem Jahr 1934. Titelblatt des Ausstellungskatalogs »Cornelius Wagner 1870-1956« der Galerie G. Paffrath, Düsseldorf 1975.

I. Herkunft

Cornelius Wagner war ein bedeutender Marinemaler, dessen Gemälde von hoher künstlerischer Qualität sind. Sein nationales und internationales Renommee hat ihm dennoch nicht die wissenschaftliche Aufmerksamkeit und Beachtung durch die Kunsthistoriker eingebracht, die ihm zukommen müsste. Lediglich in Düsseldorf und in seiner niederrheinischen Heimat fand und findet Wagner die ihm gebührende Beachtung durch die Galeristen Körs und Paffrath, durch das Düsseldorfer Kunstmuseum und das Haniel-Museum sowie durch die Herausgeber des Wittlaer Heimatbuches oder durch die Nachfahren des Malerfreundes Wilhelm Degode.[7] So widmete der Düsseldorfer Kunstverein für die Rheinlande und Westfalen im April 1959 dem kurz zuvor verstorbenen Künstler eine große Gedächtnisausstellung, auf der über einhundert Ölgemälde, Ölstudien, Aquarelle, Gouachen und Zeichnungen gezeigt wurden und die einen weithin beachteten ersten Überblick über das Œuvre bot.[8] Auf die bereits erwähnte Ausstellung in Bremerhaven im Jahre 1986/87 folgte dann 1995 im Düsseldorfer Stadtmuseum eine kleine Ausstellung, die der Düsseldorfer Malerfamilie galt. Denn nicht nur Cornelius Wagner, sondern auch sein Vater Carl Wagner (1839-1923) und seine Schwester Julietta (1868-1937) waren anerkannte

Künstler. Die älteste Schwester Zarouhy (getauft Luise) war ebenfalls Malerin. Sie heiratete 1895 den Maler Ludwig Heupel-Siegen (1864-1945), der zeitweise Professor an der Kunstakademie in Düsseldorf war.[9] Der eineinhalb Jahre ältere Bruder Alex wanderte – wie bereits erwähnt – 1892 nach Kanada aus.

Carl Wagner stammte aus Karlsruhe, wo er 1854 bis 1864 an der dortigen Kunstakademie vornehmlich bei Ludwig (Louis) Des Coudres studierte, unter dessen Einfluss er sich anfänglich mit historischen Motiven und mit Genreszenen befasste. Des Coudres war 1855 von Düsseldorf an die Kunstakademie in Karlsruhe berufen worden.[10] Bald wandte sich Carl Wagner Szenen aus dem Deutsch-Französischen Krieg 1870/71 zu. Später schuf er zahlreiche bürgerliche Porträts und repräsentative Herrscherbildnisse für öffentliche Gebäude, die *wegen ihrer sorgfältigen malerischen Durchbildung und vornehmen Auffassung* gerühmt wurden.[11] Es folgten Aufenthalte in Paris, Konstantinopel und Dresden, wo die Kinder Julietta und Cornelius geboren wurden. 1873 verzogen Carl Wagner und seine Frau Julia, geb. Monsée, mit ihren vier Kindern nach Düsseldorf. Von 1873 bis zu seinem Tode im Jahre 1923 war Carl Wagner Mitglied des Künstlervereins Malkasten.[12] Zur Sammlung des Düsseldorfer Stadtmuseums gehören ein Selbstbildnis und Porträts von Julietta und Cornelius Wagner sowie eine Bleistiftzeichnung Carl Wagners von seinem Sohn Cornelius.

Der Umzug der Familie Wagner nach Düsseldorf fiel in die Zeit, in der sich an der dortigen Malerschule gerade eine Ablösung der bisher vorherrschenden Kunstrichtungen vollzog. Einige der Professoren, die den Ruhm der Schule begründet hatten, waren ausgeschieden oder hatten, wie der bereits genannte Lehrer von Carl Wagner, Ludwig Des Coudres, neue Aufgaben an anderen Akademien übernommen. Die Landschaftsmaler Johann Wilhelm Schirmer und Hans Gude waren 1854 resp. 1863 nach Karlsruhe gewechselt. In Gudes Nachfolge hatte Oswald Achenbach von 1863 bis 1873 die Landschaftsklasse an der Düsseldorfer Akademie geleitet.

Ihm folgte der von der livländischen Insel Ösel stammende Eugen Dücker (1841-1916), der seit 1864 in Düsseldorf lebte.[13] Der an der Kunstakademie in St. Petersburg ausgebildete Dücker übernahm zunächst 1872 für zwei Jahre provisorisch die Landschafts- und Marinemalerklasse, bis er offiziell Oswald Achenbach im Amt folgte. Theilmann schreibt dazu, dass es fast den Eindruck erwecke, als sei Achenbachs nachlassende Popularität einer der Gründe für das freiwillige Ausscheiden als Akademieprofessor gewesen[14], denn Presseberichten zufolge habe der Einfluss Oswald Achenbachs ersichtlich demjenigen Dückers zu weichen begonnen. Dies erkläre sich aus einem allgemeinen Stilwandel. *Die über Generationen von nahezu allen Landschaftlern uneingeschränkt akzeptierte Vorbildlichkeit der italienischen Natur*, so fährt Theilmann fort, *wurde plötzlich in Zweifel gezogen, und Oswald Achenbach galt letzten Endes als der einzige Fortsetzer des nachitalienischen Schirmer am Niederrhein.*

In Düsseldorf hatte man die vorimpressionistischen Entwicklungen in Frankreich wahrgenommen, was sich in der Malweise und Themenauswahl niederschlug. Diese neuen Strömungen hatte Dücker auf Studienreisen nach Westeuropa und Frankreich kennen gelernt und sich ihnen zugewandt. So machte es durchaus Sinn, dass man einen Lehrer mit Achenbachs Nachfolge beauftragte, der den zeitgenössischen Entwicklungen offen gegenüberstand. Der malende Chronist der Düsseldorfer Malerschule Friedrich Schaarschmidt notierte 1902: *Wie mit einem Schlag verschwanden aus den akademischen Ateliers die überlieferten Wald- und Wiesenbilder, wie sie mit Anwendungen von viel Gemüt als alte Erbschaft immer weiter gemalt worden wären. Die See, die ja durch die Achenbachs und die Norweger der Düsseldorfer Kunst vertraut geworden war, wurde in einer ganz neuen Weise, nicht in ihrer dramatischen Bewegung, sondern in der Ruhe, im Sonnenglanz, in melancholischen Sonnenuntergängen und schimmernden Morgenstimmungen aufs eingehendste studiert und mit einer ebenso virtuosen wie sorgfältigen Technik gemalt.*[15]

Schaarschmidt meinte sogar, dass Dückers Wirken am Rhein geradezu Epoche machend war, eine Bemerkung, die 1914 in einem Artikel des Künstlerlexikons Thieme-Becker wörtlich übernommen wurde.[16] Während seiner mehr als vier Jahrzehnte, bis zu seinem Tode 1916 dauernden Lehrtätigkeit erzielte Dücker eine ähnlich weit reichende und nachhaltige Wirkung, wie Schirmer sie zwischen 1830 und 1854 gehabt hatte. Dücker griff thematisch die durch Andreas Achenbach in Düsseldorf zur Blüte gebrachte Marinemalerei auf, distanzierte sich jedoch vom *Drama der wild bewegten, in Aufruhr geratenen See* seines berühmten Zeitgenossen.[17] Er bevorzugte die stillen Strand- und Buchtenlandschaften der Ostsee. *Selbst wenn er sich den brandungsreichsten Küsten der Nordsee zuwandte, verzichtete er bewusst auf die Inszenierung dramatischer Seestürme, wie sie Andreas Achenbach bis in sein hohes Alter effektvoll und publikumswirksam auf großen Leinwänden sich austoben ließ.*[18]

In ihrem Beitrag für das »Lexikon der Düsseldorfer Malerschule« zählt Mechthild Potthoff zahlreiche bedeutende Schüler von Dücker auf, darunter Max Clarenbach, Olof Jernberg, Friedrich Kallmorgen, Eugen Kampf, Helmut Leisegang und Walter Ophey. Der Name Cornelius Wagner fehlt jedoch erstaunlicherweise.[19] Vermutlich fand er keine Erwähnung, weil Wagner kein Akademielehrer war. Auch Theilmann verweist nicht auf Cornelius Wagner. Heinrich Appel dagegen nennt aus der großen Zahl von 82 eingetragenen Dücker-Schülern, die einen *Namen von gutem Klang* haben und die *bis heute in Düsseldorf nicht vergessen sind,* auch Cornelius Wagner[20], von dem sich zwei Ölporträts erhalten haben, gemalt von Werner Schramm und Richard Vogts, dessen Gemälde von 1935 auf der Titelseite des Katalogs wiedergegeben ist, den die Galerie G. Paffrath 1975 herausgegeben hat.[21]

II. Kindheit und Ausbildung am Rhein

Den ersten Zeichenunterricht erhielt Cornelius Wagner von seinem Vater, ebenso wie seine Schwester Julietta, die sich anschließend in Berlin und München weiterbildete, ehe sie später in Düsseldorf tätig wurde.[22] Weniges ist über Cornelius' Kindheit bekannt. Er selbst schreibt: *So weit ich zurückdenken kann, haben das Wasser und die auf ihm fahrenden Schiffe stets den tiefsten Eindruck auf mich gemacht. Meine Kindheit verlebte ich am Rhein, auf dessen breitem Lauf die großen Schleppzüge berg- und talwärts fuhren und zu jener Zeit noch manches hölzerne Segelschiff trieb. Mit kindlicher Hand zeichnete ich Dampfer über Dampfer auf den ungedruckten Seiten der väterlichen Bibliothek. Schiffe aus Papier, Schiffe aus Holz waren das Ergebnis meiner großen Leidenschaft zum Wasser und allem, was mit ihm zusammenhing.*

Sein Vater schärfte ihm als Schüler ein, *dass noch so starkes Talent nur vereint mit Durchhaltewillen über alle Enttäuschungen hinweg zum Ziel führen* könne.[23] Nach seiner Konfirmation zu Ostern 1887 trat Cornelius Wagner in die Elementarklasse der Düsseldorfer Kunstakademie ein und studierte insgesamt neun Jahre bis zum Studienjahr 1895/96 bei den Professoren Heinrich Lauenstein, Hugo Crola, Adolf Schill und Peter Janssen. Schließlich nahm ihn Eugen Dücker in den Jahren 1892 bis 1894 als Meisterschüler an. Wagner betrat jeden Morgen um 8 Uhr die Klasse und arbeitete nachmittags von 14 bis 17 Uhr. Anschließend ging er in den Sicherheitshafen unterhalb der Akademie und paddelte mit seinem Kajak auf dem Rhein, im Winter lief er gerne Schlittschuh. 1889, als er in den Antikensaal gewechselt war, erhielt er seinen ersten bezahlten Auftrag. Er sollte ein Meerbild mit einem Totenkranz malen von einer Stelle, an der eine Frau ertrunken war. Bereits zu dieser Zeit gab er einzelnen Schülerinnen, im folgenden Jahr 1890 ganzen Klassen im nahe gelegenen (Wuppertal-)Elberfeld und Barmen Privatunterricht im Zeichnen und Aquarellieren.

Die vier Jahre Zeichnenlernen, zuerst an Gipsköpfen, darauf monatelang täglich eine lebensgroße Antike und dann erst ebenso große Aktzeichnungen nach dem Leben, an denen wir zuerst 4–5 Tage, später ebenso viele Wochen arbeiten mussten – diese Arbeit ließ auch erkennen, dass ich wenig Begabung hatte, die Form zeichnerisch auszudrücken. Ich konnte nur mit viel Aufwand aller Energie den Leistungen meiner Kollegen beibleiben. Immerhin wurde ich durch die Vorlage der letzten Antike zu meiner Freude in den Aktsaal versetzt und erfuhr hinterher, dass Direktor Janssen meinem Vater erzählt hatte, wie besonders der außergewöhnliche Schönheitssinn von der Konferenz hervorgehoben wurde, welcher in der in knapp 2 Stunden hingehauenen Antike – Antonius – zum Ausdruck kam. »Was tut denn der mit seinem Schönheitssinn bei den verrosteten Schiffen und dreckigen Fischerbooten«, hieß es.

III. England und die Fischerdörfer Whitby und Polperro

Wagner verbrachte bereits als Kind einige Monate in England. Im Sommer 1874 reiste er mit seiner Mutter und den Geschwistern nach Hastings, während sein Vater auf Geschäftsreisen war. Diesem ersten Besuch in England sollten noch viele Reisen folgen Im April 1883 fuhr er mit seiner 17-jährigen Schwester Zarouhy zu dem Pastorenehepaar Hill nach Cornwall, dessen Tochter im Austausch zu Malstudien nach Düsseldorf kam und im Elternhaus Wagner in Pension lebte.

Das Pfarrhaus lag in der kleinen Siedlung St. Winnow in der Nähe von Lostwithiel. St. Winnow liegt an dem Fluss Fowey, der in dem Hafenort gleichen Namens rund 25 Seemeilen westlich von Plymouth ins Meer mündet.

In seinem »Logbuch« schreibt Cornelius Wagner: *Mit zwölf Jahren kam ich aus Gesundheitsgründen zu einem Pfarrer in Cornwall in England in Pension. Das Haus, in dem ich wohnte, lag an einer Flussmündung, und ich konnte die großen Atemzüge des Meeres beobachten, wie die Flut die Schiffe hinauf trieb oder die Ebbe die Schlickbänke freilegte. Stundenlang konnte ich den Naturvorgängen folgen, ich sah in die Wasserkringel der steigenden Flut, nahm den Salz- und Jodgeruch des Schlicks in mich auf, vernahm den klagenden Ruf der Möwen und das eigenartige Geräusch der platzenden Tangblätter. Was ich dort mit der ganzen Hingabe meines kindlichen Gemüts erlebte, fand in unbeholfenen Zeichnungen und mit Wasserfarbe gemalten Bildchen Ausdruck. Man hätte sie als lyrisch bezeichnen können, doch reizte es mich zugleich, Briggs unter vollen Segeln oder untergehende Schiffe in haushohen Wellen darzustellen.*

Diese Monate meiner Kindheit in England haben die entscheidenden und tiefsten Eindrücke meines ganzen Lebens gebracht und sind für meine Entwicklung in der Malerei entscheidend geworden. Sie sind durch spätere große Seereisen nach Westindien und Südamerika nicht überboten worden. Dort in St. Winnow wurde er gern Corny genannt, ein Kosename, der sich auch in einem der Skizzenbücher findet und den Wagner in seinem »Logbuch« benutzt.

Seine Begegnungen mit England und Cornwall machen begreiflich, *dass mir die Meisterwerke des Marinemalers Andreas Achenbach einen tiefen und nachhaltigen Eindruck machten. Mein Ziel war das seine, und so begann ich, als ich herangewachsen war, mein Studium auf der Düsseldorfer Kunstakademie unter der bewährten Leitung von Professor Eugen Dücker.*

Studienreisen führten ihn nach Italien, nach Westindien und Südamerika, nach Holland, Belgien und immer wieder nach Schottland und England. Dort suchte er immer wieder die Fischerdörfer Whitby an der Nordostküste Yorkshires und Polperro in Cornwall auf. Beide Orte sind für ihre pittoreske Lage berühmt.

Mit seinem Freund Robert Böninger[24] begab er sich 1890 auf seiner erste richtige Studienreise, nachdem er bereits fünfmal in England gewesen war. Mit dem Schiff ging es den Rhein hinunter, und am *übernächsten Tag waren wir in dem englischen Fischerdorf Whitby, welches damals einen berühmten Studienplatz für Künstler bedeutete. Das Städtchen erhebt sich zu beiden Seiten des Hafens auf steilen Ufern, ist mit roten Ziegeln gedeckt, und auf dem Eastcliff führt eine 200-stufige Treppe zwischen den malerischen Fischerhütten auf den Hügel zu einer uralten Kir-*

che, hinter welcher sich die Ruine einer einst mächtigen Abtei erhebt. – Unten im Hafen entwickelte sich schon bei Tagesgrauen, wenn die Fischerboote zu Hunderten von ihrem nächtlichen Fang heimkehren, ein überaus malerisches Bild. […]

Whitby war früher der Heimathafen der Walfischfänger, welche hier überwinterten und ihre Boote instand setzten. Noch heute sieht man ganze Gartenzäune von den Knochen der Beute hergestellt, und auf den Viehweiden erheben sich die mächtigen Kieferknochen der Riesenfische in hohen Bogen und dienen dem Zweck, dass die Kühe sich daran scheuern und kratzen können. Wir wohnten ebenso schön wie unpraktisch oben auf dem Kliff bei der Haushälterin des Kaplans, dicht neben der Abtei. […] Aber es war romantisch dort oben und das war entscheidend. Intensiv haben wir dort gearbeitet, und so kehrte ich von dieser ersten Studienreise nach 2 Monaten mit beinahe 50 Studien zurück. Die Bleistiftstudie eines offenen Ruderbootes aus dem Nachlass, datiert Whitby 4.8.90, befindet sich ebenso wie ein Skizzenbuch aus dem Jahre 1897 im DSM.

1891 trat Wagner der Künstlergruppe »Laetitia« bei und war von 1898-1919 und 1924-1956 auch Mitglied des »Sonderbundes« sowie des »Künstlervereins Malkasten«.[25] Nachdem er aus dem Präsidium der »Laetitia« ausgeschieden war, begann er sich in Stillleben mit der Ölmalerei zu befassen. Darüber schreibt er: *Wie wenig Ahnung ich von dieser Technik, wie überhaupt von dem Aufbau eines positiven Könnens zu damaliger Zeit hatte, geht daraus hervor, dass ich nach Polperro in Cornwall fuhr, um hochinteressante Motive zu malen, für die ich mich begeisterte, anstatt einfach im Düsseldorfer Hafen alte hölzerne Bootshäuser mit Wasserspiegelung und einer Luft darüber zeichnerisch, koloristisch und technisch zu ochsen. Ich studierte also an Symphonien statt an Tonleitern und Etüden das Handwerk.*[26]

Wagner beschreibt, wie schwer ihm das Erlernen der Ölmalerei in Dückers Malerklasse fiel. Als er bereits die Meisterklasse und die Akademie verlassen hatte, gestand Dücker ihm, dass er unter allen seinen Schülern keinen gehabt habe, der eine ähnliche Unerfahrenheit in der Ölmaltechnik an den Tag gelegt habe wie Wagner. Cornelius Wagner schob dies darauf, dass er bisher eben nur *in Aquarell und Tempera gemalt* hatte. Später ist seine Maltechnik als vortrefflich bezeichnet worden. Wagner führt das neben dem Einfluss Dückers vornehmlich auch auf seinen Vater zurück, der darauf bestand, *dass ich nicht nur als Marinemaler studiere, sondern alles lerne, was es zu lernen gäbe.*

Den Fischer- und Hafenort Polperro, der nicht weit von Fowey liegt und dessen Fischerboote die Kennung »FOW« haben, wird Wagner vermutlich bereits als Kind kennen gelernt haben, als er in St. Winnow war. Über Polperro liest man in Arthur Mees berühmter Beschreibung der Grafschaften Englands: *It is the artist's paradise, as quaint a place as England has, huddled together in a little crevice of our most romantic coast.*[27] Heute ist der Ort im Sommer voller Touristen, die vom Bus- und PKW-Parkplatz etwa zehn Minuten entlang des Flüsschens Pol gehen müssen, um zum Hafen zu gelangen. An der Hauptstraße reihen sich Souvenirläden und Cafés aneinander. Einst lebte man dort vom Schmuggel und vom Sardinenfang. Seit die Touristenscharen jedoch in den Ort einfallen, hat er viel von seinem Charme verloren. Das war zur Zeit von Königin Victoria noch anders, als englische Maler das Örtchen entdeckten. Polperro hat neben Wagner auch andere deutsche Maler fasziniert. Der Marinemaler Claus Bergen ist mehrfach dort gewesen.[28] Seine Gemälde aus diesem engen Fischerdorf, von denen das DSM eines besitzt, sind auch heute gelegentlich im Handel. Später vor dem Zweiten Weltkrieg hat es schließlich auch Oskar Kokoschka dorthin verschlagen. Sein berühmtes Gemälde »Polperro« aus dem Jahre 1939 gehört zum Bestand der Londoner Tate Gallery.[29] Die englischen Maler John Robertson Reid und Jack Merriott haben zwischen 1900 und 1920 resp. zwischen 1930 und 1950 lange Zeit in Polperro gearbeitet.[30]

Im Jahre 1894 war Wagner wieder in Whitby. Von dort reiste er weiter nach Schottland, *wo ich mich zum ersten Mal mit großer Leidenschaft der Landschaft widmete.* Er ließ sich für zwei Monate in dem kleinen Ort Killin nieder, wo ihm die harte Landschaft viele Motive bot. *Ich kam*

mit Studien nach Hause, die eine vollständige Umwälzung meiner Entwicklung im koloristischen Sinn zeitigten. – Nie hatte ich vorher ein Bild gleich vor der Natur malen können, denn das ist bei der Seemalerei ausgeschlossen. Insgesamt blieb er vier Monate in Schottland, um nur *Landschaft zu malen, die stillhaltende Natur Ton für Ton zu studieren, was bei dem in ständiger Bewegung befindlichen Wasser nicht möglich ist.*

IV. Die Studienreisen des Meisterschülers

Inzwischen war Wagner in der Akademie in die Meisterklasse seines Lehrers Eugen Dücker aufgestiegen. Zwar hatte er sich in der Art, wie er die Natur erlebte, in einen *ausgesprochenen Gegensatz* zu seinem Lehrer begeben, doch bewahrte er sich seine uneingeschränkte Bewunderung für Dücker, dessen feine Kunst und dessen unermessliches positives Wissen und Urteilsfähigkeit auf künstlerischen Gebiet: *Keinem meiner Lehrer schulde ich größeren Dank.* Ihm verdankte Wagner auch den Rat, die Ostseeküste aufzusuchen und sich mit der grellen Klarheit ihrer Landschaft auseinander zu setzen.

Auf seinen zahlreichen Studienreisen wurde ihm klar, dass weder Italien noch der Süden allgemein ihn zu künstlerischer Betätigung reizten, sondern dass er sich immer nach Norden gezogen fühlte, vor allem nach England. Über zwanzig Mal besuchte er die grüne Insel, auf der er *eine vollkommene Freiheit im Aufsuchen meiner Motive an der Küste* erleben durfte.

Es war bereits seit langem sein Wunsch, eine größere Seereise zu machen, *um das Meer zu studieren.* Im November 1896 schiffte er sich in Bremerhaven auf dem Frachtdampfer AUSTRALIA der Hamburg-Amerika Linie ein, der nach Westindien in See ging. Nach acht Tagen in Antwerpen, wo er alle Galerien und Kirchen besichtigte, erreichte man rund vier Wochen später Puerto Rico mit seiner tropischen Vegetation. Die nächsten Häfen waren Santiago und Havanna auf Cuba, dann ging es den Mississippi nach New Orleans hinauf und über Newport News wieder nach Europa zurück. Wagners klarfarbige Studien fanden den Beifall im Lehrerkollegium der Akademie.

Im Dezember 1898 beschloss er, nach Italien zu reisen, um den Geselligkeiten eines ganzen Winters aus dem Wege zu gehen und seine Gesundheit zu pflegen. In dem Hotel Beau Site, in das er sich bei Nervi einquartierte, traf er den zehn Jahre jüngeren Max Clarenbach, der ebenfalls Schüler Eugen Dückers war. Gemeinsam streiften sie durch die Gegend und machten Ausflüge nach Quinto, Ocarto, Genua und Compoli. Wagner bewunderte Clarenbachs *eigenartige Naturanschauung, welche in der Bewertung koloristischer Valeurs Außergewöhnliches bedeutete. Da mein eigenes Talent auf ganz anderem Gebiet liegt, so waren mir seine Bemerkungen über die Landschaften, welche wir durchwanderten, sehr anregend.* Erst im Juli 1899 kehrte Wagner aus Italien zurück, unter dessen Sonne er Linderung für seinen Rheumatismus suchte, der 1894 in Schottland ausgebrochen war.

V. Die »Landung des Großen Kurfürsten auf Rügen«

Das Geld für diese lange Reise hatte sich Wagner durch eine Skizze verdient. Auf Wunsch von Kaiser Wilhelm II. hatte das Kultusministerium in Berlin einen Wettbewerb ausgeschrieben. Die Aufgabe lautete, die Landung des Großen Kurfürsten auf Rügen in einer vier Meter großen Marine zu verherrlichen. Jeder Teilnehmer sollte für seine Skizze 500 Mark erhalten. Zu seiner großen Überraschung erhielt Wagner am Vorabend seiner Italienreise eine telegraphische Nach-

Links Abb. 2 Doppelseite aus dem Skizzenbuch Cornelius Wagners, Whitby 1897. (Deutsches Schiffahrtsmuseum)

richt, die er im ersten Augenblick als einen Reisebüroentscheid angesehen hatte, dass er die Konkurrenz gewonnen habe. Er hatte nie zu träumen gewagt, dass er eine Chance gegen den Marinemaler Hans Bohrdt haben würde, der als enger Freund Kaiser Wilhelms II. *alle Staatsaufträge auf dem Gebiet der Marinemalerei erhielt.* Wenn das auch übertrieben war, so hatte Wagner schon Recht, dass Bohrdt neben Carl Saltzmann und Willy Stöwer zu den engsten Malerfreunden des Kaisers gehörte und besondere Förderung seines kaiserlichen Gönners erhielt.[31]

Nach seiner Rückkehr aus Italien musste Wagner im August 1899 nach Rügen aufbrechen, um vor Ort Studien für das Staatsgemälde zu machen. Einige Skizzen befinden sich in einem Skizzenbuch, das aus dem Nachlass des Malers stammt.[32] Eine Woche malte er in Stralsund, um anschließend über Kopenhagen heimzukehren. Die Ostsee gefiel ihm jedoch nicht, weil sie *die Reize von Ebbe und Flut entbehrt, welche mir die liebsten Motive bietet. Auch fehlt der Seetang, Jod und Salzgeruch. Sie ist sehr lieblich und die Ufer lieblich, aber sie ist keine Schwester der gewaltigen See.*

Im September des folgenden Jahres fuhr Wagner von Düsseldorf nach Stettin. In dem Saal, an dessen Hauptwand sein Gemälde »Landung des Großen Kurfürsten auf Rügen« hing, gab die Provinz Pommern ein Bankett für das Kaiserpaar, zu dem auch der Künstler eingeladen worden war. Im Sommer 1901 wurde das Gemälde im Ehrensaal der Großen Berliner Kunstausstellung gezeigt. Aus den Zeitungen erfuhr Wagner, dass der Kaiser besonderes Interesse an dem Gemälde gezeigt hatte. Bald danach erreichte ihn die Bitte eines Vertreters des Kultusministeriums, er möge ihn besuchen. Bei dieser Gelegenheit wurde ihm mitgeteilt, dass der Kaiser den Großen Kurfürsten auf dem Bild bedeutend größer wünsche. *Das war nun das Unangebrachteste, was sich erdenken ließ.*

Auf seine ihm eigene Art löste Wagner das Problem. Sechs Monate später fuhr zum zweiten Male nach Stettin und setzte sich eine Woche lang täglich mehrere Stunden mit einem Buch vor sein Bild im Ständehaus. In dieser Zeit wurde er sich darüber klar, dass er unmöglich die gewünschte Veränderung vornehmen konnte, ohne sein Gemälde zu verderben. Er firnisste das Bild nach einigen Tagen und präsentierte es dem Oberpräsidenten, der es mit einer Lobeshymne auf das Kunsturteil des Kaisers abnahm. Bereits zwei Tage später erreichte Wagner ein Schreiben, in dem es hieß, Seine Majestät habe sich beifällig über das Bild geäußert und sei überzeugt, *dass die Veränderung dem Gemälde sehr gut getan habe.* Spöttisch kommentiert Wagner dies als typisch für den Kaiser, freute sich jedoch darüber, dass er für die »Veränderung« und für den reizenden Aufenthalt in Stettin noch einmal der Regierung 500 Mark in Rechnung stellen konnte. Eine Aquarell-Vorstudie zu diesem Gemälde besitzt das DSM in Bremerhaven. Wo sich das Original befindet oder was aus ihm geworden ist, muss momentan offen bleiben.

Auf der Studienreise nach Argentinien im Herbst des Jahres 1904 *waren die Eindrücke der See wieder tief und doch anders wie bei der Westindienfahrt: wundervolle Sonnentage im Passat, eigenartige Windstillen jenseits des Äquators. Täglich malte ich an Deck, aber es war anders wie damals auf dem Wege zu den Antillen. Ganz anders. Das Meer erfüllte mich nur stundenweise beim Malen, es war beinahe nicht mehr die Hauptsache – dann zogen mich die Gedanken wieder zu der in der Heimat, sie fehlte mir überall.*

VI. Die deutsche Nordseeküste

Als Wagner 1904 seine erste Studienreise an die deutsche Küste unternahm, war er enttäuscht. Er kannte die Küste kaum und hatte auch nicht ihre Eigenart erkannt, so dass er sich wieder England zuwandte. *England hat mich in seinem Bann,* sagte er von sich. Er hatte sogar mit dem Gedanken gespielt, sich dauerhaft in England niederzulassen. Geplagt von seiner Krankheit und einer künstlerischen Stagnation – er spricht von Erfolglosigkeit –, wollte er sich vom Elternhaus lösen und sein *eigenes Nest* bauen. Am 23. Februar 1905 heiratete er Else, geb. Schleicher, und begab sich mit Malutensilien auf die Hochzeitsreise nach Cornwall. Über sechs Monate wohnte das junge Paar in dem Schmugglernest Polperro. Erst nach neun Monaten kehrten die Wagners nach Deutschland zurück und ließen sich in Düsseldorf-Kaiserswerth nieder. In seinem Atelier traf er sich mit seinen Freunden, den Malern Heinrich Petersen-Flensburg, Gregor von Bochmann d.J. und Wilhelm Degode. Degode wohnte ebenfalls in Kaiserswerth und teilte neben der Malerei mit Cornelius Wagner auch ein Interesse an der Photographie. Im Nachlass des 1931 verstorbenen Degode befanden sich auch Gemälde von Cornelius Wagner.[33]

Im Januar 1906 traf ihn ein herber Schlag. Die Tuberkulose brach bei dem seit Jahren mit seiner Gesundheit kämpfenden Cornelius Wagner aus. Vier Wochen nach der Krise lag er in Arosa viele Stunden im Liegestuhl in der frischen Luft. Erst im September 1906 konnte er nach Kaiserswerth zurückkehren, aber die Gesundheit setzte ihm nun viele Grenzen. Immer wieder musste er in den nächsten Jahren zur Kur nach Arosa. Einen ermutigenden Erfolg hatte er erst 1908 mit einem Polperro-Gemälde, das in der Großen Düsseldorfer, der Großen Berliner und der Internationalen Münchener Ausstellung gezeigt wurde. Von Arosa aus hatte er telegraphisch veranlasst, dass das Bild der Orts-Jury in München zugestellt wurde. Von dort ging es zur Royal Academy nach London. Einladungen, das Gemälde auch in Liverpool und Glasgow zu zeigen, empfand er als große Auszeichnung. Das Gemälde ging in den Besitz der Städtischen Galerie in Oldham über.

Im Jahre 1911 machte sich Wagner nach Cuxhaven auf, um sich *in die Natur der deutschen Nordseeküste einzumalen.* Cuxhaven war der einzige Platz *mit Schlick und offener See, daher fuhr ich im August hin und verbrachte den Sommer auf Sylt.* Sein Lehrer Dücker und dessen Freund Carl Irmer hatten die Insel als erste für die Kunst erschlossen.[34] Im Gegensatz zu anderen Dücker-Schülern wie Andreas Dirks oder Franz Korwan fiel es Wagner nicht leicht, sich mit der Insel und ihren Bewohnern anzufreunden: *Es war mir schwer genug, mich in die unwirsche Natur und die herben Menschen einzuleben. Es hat sich dann auch später gezeigt, dass ich in dieser Umgebung etwas arg in die koloristische Kraftmeyerei hineingeraten bin, welche meiner Malerei nicht gerade gut getan hat, aber allerdings in die moderne Zielrichtung der Kunst passte.* Das Gemälde »Tjalk vor dem Wind« löste er koloristisch, *wie es mir die klarfarbige Atmosphäre der Insel Sylt eingab. Es ist die gesättigte Mittagshitze in Form und Farbe ausgedrückt.*[35]

In Cuxhaven wurde ihm das Einleben deshalb erschwert, weil er am ersten Tag, an dem er im Hafen malte, von der Polizei verhaftet wurde, die ihn verdächtigte, ein Spion zu sein. Mit dem Hinweis auf seine Möglichkeiten, über die nächst höhere Dienststelle eine Beschwerde zu lancieren, ließ sich der Polizist bluffen, und man ließ ihn die nächsten fünf Wochen in Ruhe im Nordsee-Hotel wohnen und vor Ort malen. Diese Angst vor Spionen in den Jahren vor dem Ersten Weltkrieg wurde in England wie in Deutschland durch Romane wie »Das Rätsel der Sandbank« von Erskine Childers geschürt[36], die das Phänomen der »Krieg-vor-dem-Krieg-Phobie« heraufbeschworen.[37]

Auf der Kunstausstellung im Mai 1959 wurden ein Ölbild »Brandung auf Sylt« aus dem Jahre 1911 und zwei Ölgemälde von Cuxhaven, »Schlickstudie mit Ewer« sowie »Vor Cuxhaven«, beide ebenfalls aus dem Jahre 1911, gezeigt. 1975 kam ein weiteres Ölgemälde »Cuxhaven« – Wagner hatte sich im August 1913 als Kunstmaler in der Pension Junge einquartiert – in der Galerie Paffrath zur Ausstellung.[38] Obgleich er sich kritisch über seine Malerei auf Sylt äußert und der Besuch in Cuxhaven nicht sehr tiefe Spuren in Wagners Werk hinterlassen zu haben scheint[39], sagt er dennoch, dass er sich mit ganzer Hingabe in die deutsche Küstenlandschaft eingearbeitet und in diesen Jahren die stärkste Arbeitskraft eingesetzt habe, was in seinem Gemälde »Hamburger Hafen« und anderen Bildern, die in der Großen Düsseldorfer Ausstellung Deutscher Kunst gezeigt wurden, zum Ausdruck gekommen sei.

VII. Der Hamburger Hafen

Hamburg mit dem großen Überseehafen hatte es ihm besonders angetan. Wagner berichtet davon, dass er im Mai 1914 einen *3 m großen Hamburger Hafen, für den ich vor 10 Jahren die erste Skizze* gemacht, in nur sechs Tagen malte. Er musste sich beeilen, sollte das Bild doch in der Großen Industrie- und Kunstausstellung 1915 gezeigt werden, die bereits im Aufbau war. Nach dem Krieg kam das Gemälde, vollständig übermalt, 1922 in die Große Düsseldorfer Kunstschau und wurde während der Inflationszeit für 280 Milliarden Mark verkauft.

Im Gemälde »Hamburger Hafen« hat Wagner auszudrücken versucht, *was ich beim Erleben eines solchen Seehafens empfinde, womit ich nicht sagen will, dass sie mich ganz ausgesprochen* [sic!] *oder befriedigt hatte.* Der Präsident der Großen Kunstausstellung 1923 hatte Wagners Verkaufentscheidung kritisiert, denn das Gemälde habe in den fünf Monaten der Ausstellung mehr Interesse erregt als alle der anderen dort befindlichen 2000 Bilder. Sehr positiv hatte sich auch der Marinemaler Leopold Graf Kalckreuth geäußert. Das Gemälde sei, was das große Getriebe des Weltverkehrs betrifft, und gerade das hatte sich Wagner vorgenommen darzustellen, die beste Darstellung des Hamburger Hafens, die er kenne. Er lobte besonders das Wasser auf dem Bild, es sei nicht zu übertreffen, es sei meisterhaft.

Wagners Hoffnung, dass das Gemälde eines Tages im Hamburger Rathaus hängen würde, erfüllte sich nicht. Es war in der Hochzeit der Inflation für ihn wichtig, dass ein Krefelder Industrieller das Gemälde kaufte, als Wagner – aller Mittel entblößt – durch einen Atelierdiebstahl kaum noch Bilder zu verkaufen hatte. Das Gemälde hatte die Ausmaße 160 x 318 cm und war von dem Zuckerfabrikanten P. Schwengers in Uerdingen erworben worden. Es wurde 1926 in dem von Graf Luckner herausgegebenen Band »Die See« abgebildet.[40] Dort ist auch abgedruckt, was Wagner zu dem Gemälde zu sagen hatte: *Ich habe in dem Gemälde versucht, den gewaltigen Weltverkehr Hamburgs und die große Energie, die ihn kennzeichnet, durch ein dramatisches Problem zu lösen, indem ich die starren Linien der Schiffe gegen die aufgelösten Formen der Rauchfahnen zur Wirkung brachte und diese starren Linien in der Zeichnung des Wassers ausklingen ließ, bzw. die beiden Gegensätze zeichnerisch, wie koloristisch verband. Es war dies umso schwerer, da ich die Energie nur durch eine starke Bewegung ausdrücken konnte, wie es durch den im Mittelgrund dahinjagenden Schlepper geschehen ist, eine starke Bewegung aber leicht den dramatischen Aufbau stört. Der jagende Schlepper soll aber durch den Gegensatz seiner schnellen Bewegung zugleich die erhabene Ruhe erhöhen, mit welcher der große Dampfer rechts dahinter langsam stromabwärts zieht. Dieser Ozeanriese ist mit voller Absicht in Rauch gehüllt, um ihn umso riesenhafter erscheinen zu lassen.*[41]

Cornelius Wagner hat mehrfach große Gemälde vom Hamburger Hafen gemalt. Ein ähnliches Motiv, allerdings wesentlich kleiner in den Ausmaßen (101 x 151 cm), ist im Besitz des DSM.[42] Zu dieser Ausführung existiert eine Skizze, deren Verbleib momentan nicht geklärt ist. Darüber schrieb Marianne Peltzer 1981 aus Tirol an Gert Schlechtriem: *So, wie ich die Ausführung der hier abgebildeten Skizze in Erinnerung habe – Ihre Aufnahme habe ich leider nicht hier –, liegt der Kompositions-Schwerpunkt der Skizze bei »Potosi« und »Pennsilvania«, während er in der Ausführung zugunsten des allgemeinen Hafenlebens etwas von den beiden großen Schiffen abgezogen ist durch die stärkere Motivierung an der linken Seite und unteren Bildseite und veränderten Anordnung der Lotsendampfer auf der rechten. Den Titel »Hamburger Hafen« verdient sonst die Ausführung eigentlich mehr. Von der Harmonie der Komposition her gesehen, geben mein Mann und ich der Skizze den Vorzug.*[43]

1912 malte Wagner den Schnelldampfer VATERLAND der Hamburg-Amerika Linie im Bau auf der Werft von Blohm & Voss.[44] Eine Studie, die 1975 in der Galerie Paffrath ausgestellt war, trägt den Titel »Hamburg 1930«. Auf den Großen Deutschen Kunstausstellungen im Haus der

Deutschen Kunst in München in den Jahren 1938 und 1940 war Wagner jeweils mit einem Ölgemälde vertreten, das in den Katalogen als »Hamburger Hafen« verzeichnet ist. Leider sind die Gemälde nicht im Bildteil wiedergegeben, so dass man nichts Näheres über die Ausführung weiß.[45] Für das Verkehrsministerium in Berlin schuf Wagner eine monumentale Ansicht des Hamburger Hafens.

VIII. Lyriker und Dramatiker

Die Zeit vor dem Ersten Weltkrieg hat Cornelius Wagner geformt. Das Wasser, die Schifffahrt und die Küstenlandschaften wurden zum beherrschenden Thema Wagners, der vor der Natur skizzierte und im Atelier seine Bildideen in spätimpressionistisch breiter, lockerer und flächiger Malerei sowie mit hellem Kolorit verwirklichte. Bereits in der Schaffensperiode vor dem Ersten Weltkrieg finden sich alle für sein Œuvre charakteristischen Bildthemen vom großen Hafengemälde über die Fischerboote und -häfen bis hin zur niederrheinischen Flussidylle.

Die Blütezeit des deutschen Impressionismus gab dem Maler alle jene Mittel in die Hand, die er brauchte, um sich auszudrücken. Wagner ist Lyriker und Dramatiker zugleich, niemals wird dieser Grundzug seines Wesens vom Realismus, dessen er sich als Kind bedient, überwuchert, sondern er bedient sich seiner mit der Noblesse, die wir an den besten Vertretern dieser Generation schätzen. So beschreibt ihn sein Schwiegersohn Werner Peltzer im Jahre 1959 anlässlich einer großen Retrospektive in der Düsseldorfer Kunsthalle.[46]

Der Niederrhein mit seiner Wasser- und Stromlandschaft bot Wagner eine unerschöpfliche Motivwelt direkt vor der Haustür. Nach 1920 hat er nur noch zwei Studienreisen nach England unternommen. Sonst beschäftigte er sich vorwiegend mit der Darstellung der niederrheinischen Landschaft und Schifffahrt sowie der Nordseehäfen, und zwar vornehmlich des Hamburger Hafens. Er erhielt Aufträge von Reedereien und von der rheinischen Großindustrie.

IX. Das Duisburger Bahnhofsbild von 1939

1938 wurde aus Gründen, die nichts mit *Kunst oder Kunstpolitik* zu tun hatten, die Übermalung eines Wandbildes in der Eingangshalle des Duisburger Hauptbahnhofs betrieben.[47] Ein neues Gemälde sollte das Wandbild eines Künstlers ersetzen, der im Jahre 1937 aus der Preußischen Akademie der Künste ausgestoßen und dessen Werk als »entartet« eingestuft worden war. Die Auftragsvergabe an Cornelius Wagner und die Entscheidung über die Art der Übermalung war ohne Rücksprache mit der Reichsbahn getroffen worden. Das im Zweiten Weltkrieg zerstörte Wandbild »Radschlepper im Hafen« wurde von Georg Hacker[48], der sich als monumentaler Wandmaler einen Namen gemacht hatte, nach Wagners Entwurf ausgeführt. Als die Bahnhofshalle nach dem Krieg über Jahre ohne Dach dastand, zerstörten Regen und Frost das nicht als Fresko in den Putz gemalte, sondern in Temperatechnik ausgeführte Bild. Das darunter liegende, als Fresko hergestellte Gemälde von Ludwig Gies war nicht entfernt, sondern nur übermalt worden. Stadtbaudirektor Siegfried von Tiling hatte verhindert, dass das Werk völlig entfernt wurde.

Die Auseinandersetzung um die Zerstörung des Giesschen Bahnhofsbildes in den Jahren 1938/39 wurde heftig geführt. In einem Schreiben vom 6. Januar 1939 distanzierten sich von Tiling und Museumsdirektor Herbert Griebitzsch entschieden von dem Vorhaben, das Giessche Gemälde nach einem Entwurf von Cornelius Wagner übermalen zu lassen: *Nachdem die Unterzeichneten den Maler und den Entwurf kennen gelernt hatten, sehen sie die [...] zum Ausdruck gebrachten Bedenken in vollem Umfang bestätigt. Es zeigte sich deutlich, dass der Künstler*

Abb. 3 Studie »Fischerboot« (Whitby 1890). Bleistift, 27,2 x 36,6 cm. (Deutsches Schiffahrtsmuseum)

besonders im Entwurf nicht von der Wand, geschweige denn vom Raum ausgegangen ist. […] Daraus ergaben sich eine Reihe Schwierigkeiten, denen der Künstler in keiner Weise gewachsen erschien. Cornelius Wagner, wie sein Mitarbeiter Professor Hacker, der die Durchführung übernehmen soll, zeigten in allen grundsätzlichen Fragen der Wandmalerei eine bemerkenswerte Unsicherheit. Der vorliegende Entwurf von Wagner verlangt nach einem breiten Goldrahmen und passt dann über jedes Sofa, eignet sich aber deshalb keineswegs als Gemälde für die wichtigste Wand eines großen und bedeutenden Raumes, auf dessen architektonische Form es keinerlei Rücksicht nimmt. [...] Das Mindeste was im vorliegenden Falle zu sagen wäre ist, dass das Ergebnis die verhältnismäßig hohen Kosten nicht lohnen wird, vielmehr eine Verschlechterung des jetzigen Zustandes zu erwarten ist.

Bereits am 28. Dezember 1938 hatte von Tiling in einem Schreiben die mangelnde Verbindung des Wagnerschen Entwurfs mit der Architektur der Bahnhofshalle kritisiert: *Bei allem Naturalismus in der Darstellung von Schiffen und bestimmten Industrieanlagen fehlt dem Entwurf von Cornelius Wagner jede Beziehung zu dem architektonischen Raum der Bahnhofshalle, so dass die Wirkung des Bildes im günstigsten Falle eine von diesem Raum unabhängige sein wird, dessen Wirkung es steigern und mit dem es eine künstlerische Einheit bilden sollte.*

In einem früheren Memorandum hatte von Tiling am 8. Dezember 1938 eindeutig Stellung gegen Wagner bezogen, obwohl ihm klar war, dass die Entscheidung für Wagner bereits gefallen war: *Da es sich bei der vorliegenden Aufgabe um eine Wandmalerei und damit zugleich um*

Abb. 4 Studie »Fürst Bismarck« (undatiert). Aquarell, Deckweiß gehöht, 53 x 49 cm. (Deutsches Schiffahrtsmuseum)

eine Frage der Architektur handelt, halte ich mich für verpflichtet, von der Ausführung durch Cornelius Wagner abzuraten und, wenn die Malerei erneuert werden soll, einen wirklich befähigten und erfahrenen Wandmaler zu beauftragen oder einen Wettbewerb auszuschreiben.

Die Übermalung des Gemäldes ging nicht von der Stadtverwaltung aus, sondern von einer *Stiftung gewisser Industriewerke, die deutlich dargestellt sein wollten.* Wagner glaubte, dass es sich um die DEMAG handelte, aber es kamen wohl auch die drei anderen dargestellten Hüttenwerke – Vulkan, Kupferhütte und Niederrheinische Hütte – hinzu, die in jenen Jahren zum Thyssen-Konzern gehörten. Der Raddampfer im Vordergrund war ein Schlepper der Reederei Harpen. Zwei Entwürfe, die Haniel-Dampfer zeigten, wurden verworfen, weil in ihnen die *Schwerindustrie beinah gleichwertig mit der Schifffahrt* zur Geltung kam, wie Wagner schrieb.

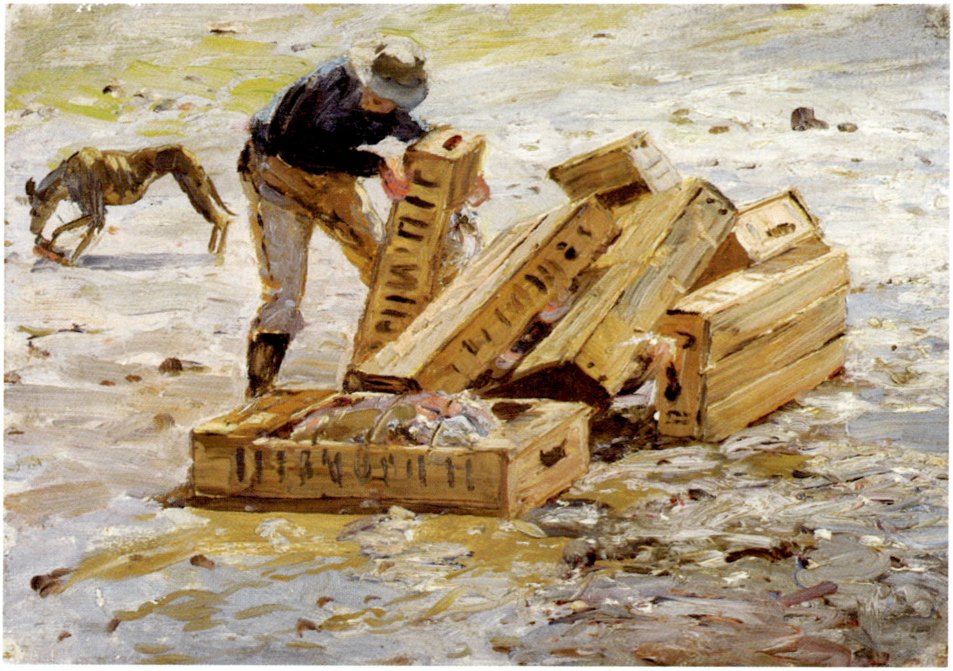

Abb. 5 Studie »Polperro« (1905). Öl auf Hartfaser, 25 x 33,5 cm. (Deutsches Schiffahrtsmuseum)

Abb. 6 »Polperro« (1905). Öl auf Holz, 31,5 x 44 cm. (Deutsches Schiffahrtsmuseum)

Abb. 7 Studie »Kohlenhafen St. Pauli« (1901). Öl auf Leinwand, 46,5 x 68 cm. (Deutsches Schiffahrtsmuseum)

Abb. 8 »Schnelldampfer Vaterland im Bau« (1912). Aquarell, 57 x 76 cm. (Deutsches Schiffahrtsmuseum)

Abb. 9 »Der Hamburger Hafen in seiner Blütezeit« (undatiert). Öl auf Leinwand, 101 x 151 cm. (Deutsches Schiffahrtsmuseum)

Abb. 10 Ansicht des Hamburger Hafens. Ölgemälde von Cornelius Wagner, unsigniert und undatiert. Möglicherweise handelt es sich hierbei um die 1981 von Marianne Peltzer beschriebene Skizze zu der oben (Abb. 9) wiedergegebenen Darstellung des Hamburger Hafens. (Reproduktion im Besitz des DSM; Verbleib des Originals unbekannt)

Wagners Verhalten gegenüber seinem Kollegen Gies, dessen Gemälde er in Schreiben an die Stadtverwaltung stets als *Wandfläche* bezeichnete, gereicht ihm nicht zur Ehre. Er hat sich für die Kunstpropaganda einspannen lassen, indem er seine *Kunst als absolut volksgebunden* bezeichnet. *Alles soll gleich auf den ersten Blick verständlich sein.* Georg Holländer spricht davon, dass diese *Ästhetik der Einfältigkeit* [...] *das Kulturprogramm eines Regimes spiegelt, dem Kunst ein Mittel zum politischen Zweck war, und das nichts mehr fürchtete als jenes Unterscheidungsvermögen, jene Fähigkeit, sich ein eigenes Bild zu machen.* [...] Wagners Bild war das Produkt einer *ideologisch begründeten Reinigungsaktion* auf Kosten des Malerkollegen Ludwig Gies. Holländer stellt jedoch mit Recht fest, dass das Bild von Cornelius Wagner nicht deshalb zu einem *Nazibild* wird, *weil es für eine solche Kunstpropaganda vortrefflich geeignet war.* Er fährt fort: *Wagners Bild war Ersatz für ein nicht als werbend, dazu als »falsch« empfundenes Bild, dessen Wert als Kunstwerk überhaupt nicht in Betracht gezogen wurde.*

Die Datierung des Auftrages, die Bahnhofshalle auszumalen, wird übrigens sowohl von Werner Peltzer im Katalog zur Ausstellung im Kunstverein als auch von Paul Kurtz in seinem Artikel in den »Düsseldorfer Heimatblättern ›Das Tor‹« fälschlicherweise mit 1935, dem Jahr, in dem Gies das dann 1939 von Wagner übermalte Wandgemälde schuf, angegeben.

X. Der Eklat

Wagner hat nach Auskunft seiner Entnazifizierungsakte in den Jahren 1936 bis 1944 gut verdient. Das Kriegsjahr 1943 war der absolute Höhepunkt mit stolzen knapp 25 000 Mark, ein mehr als außergewöhnlicher Betrag. Wenngleich er in dem Verfahren als *politisch unbedenklich* eingestuft wurde, so ist zu konstatieren, dass sich Wagner dem Kunstgeschmack der NS-Zeit so anpasste, dass er erkleckliche Einkünfte erzielen konnte.

Als im Jahre 1951 in der Duisburger Herbstaustellung auch Bilder von Cornelius Wagner ausgestellt werden sollten, kam es zu einem Eklat. Der Hagener Maler Emil Schumacher, Mitbegründer der Gruppe »Junger Westen«, sagte unter energischem Protest seine Teilnahme ab: *Ich* [...] *erhalte von meinem Freund Grochowiak einen Brief über die Duisburger Ausstellung, die nach seinen Angaben auch Maler wie Gerwin und Wagner zeigt. Wie Sie wissen werden, waren diese Bannerträger des dritten Reiches und damals unduldsam ihren anders denkenden Kollegen gegenüber. Ich selbst habe viel Böses von Leuten dieser Art erfahren. Bitte verstehen Sie meinen Standpunkt, wenn ich unter diesen Umständen meine Teilnahme an der Ausstellung absage.*

XI. Ausstellungsbeteiligungen und Sammlungen

Ab 1900 war Wagner auf zahlreichen großen Ausstellungen in Deutschland und gelegentlich auch im Ausland vertreten. 1935 nahm er an der Ausstellung »Seefahrt und Kunst« in Berlin teil, 1942 war er mit dem Ölgemälde »Deutscher Strand« und der Steinzeichnung »Kohlenschlepper« auf der Großen Deutschen Kunstausstellung in München vertreten, 1943 wurde das Gemälde »Elbemündung bei Elbe I« in der Ausstellung »Das Meer« in Berlin und München gezeigt.

Zahlreiche Museen im In- und Ausland erwarben seine Gemälde. Das Düsseldorfer Stadtmuseum dürfte vermutlich den größten zusammenhängenden Bestand an Arbeiten von Cornelius Wagner besitzen, die motivisch in den Düsseldorfer Raum und an den Niederrhein gehören. Nach einer Auflistung von 2003 sind dort 31 Gemälde, Zeichnungen, Aquarelle etc. verzeichnet.[49]

Das Deutsche Schiffahrtsmuseum in Bremerhaven konnte aus dem Nachlass rund zwei Dutzend Tusch-, Aquarell- oder Bleistiftzeichnungen sowie sieben Skizzenbücher erwerben. Dem schifffahrtsgeschichtlichen Sammlungsschwerpunkt gemäß handelt es sich u.a. um Studien aus der Binnenschifffahrt, z.B. von dem Dampfer FRANZ HANIEL (Nr. 22, 1928), den Schleppern FRANZ HANIEL I (Nr. 21, 1927) und FRANZ HANIEL VI (Nr. 18, 1928), von einem Radschlepper bei Hochfeld (Nr. 26, 1923), einem Hanielschlepper vor Kaub (Nr. 15, 1930), dem Dampfer M. STINNES (Nr. 13 und 17, 1931), dem Ruhrorter Hafen (Nr. 19, 1926) oder dem Rhein bei Köln (Nr. 20, 1911).[50]

Das Haniel-Museum in Duisburg-Ruhrort beherbergt ein Dutzend Gemälde vom Niederrhein, vorrangig Schlepper der Haniel-Reederei darstellend. Auch im Museum der Deutschen Binnenschifffahrt hängen einige von Wagners Arbeiten, ebenso im Düsseldorfer Kunstmuseum, im Künstlerverein Malkasten in Düsseldorf und im Kölner Stadtmuseum. Des Weiteren nennt Wagner das Rheinmuseum in Koblenz, die Realschule in Gernsbach, das Duisburger Rathaus. Der Verbleib der 117 Arbeiten und fünf Skizzenbücher, die 1959 in der Düsseldorfer Kunsthalle gezeigt wurden, konnte für diesen Aufsatz ebenso wenig recherchiert werden wie derjenige eines überwiegenden Teils der 65 Werke, die 1975 in der Galerie Paffrath ausgestellt waren.

Die Galerie Paffrath hat sich sehr um die Verbreitung des Œuvres von Cornelius Wagner verdient gemacht. In dem Jubiläumskatalog zum 125-jährigen Bestehen ist ein Ölgemälde mit dem Titel »Kohlentor am Rheinufer« wiedergegeben, das auch dem Artikel im »Düsseldorfer Malerlexikon« beigegeben ist. Stromaufwärts verschwimmen die Gebäude der Rheinfront im Sonnendunst. Im Hintergrund ist die Schiffsbrücke geöffnet, um Dampfschiffe passieren zu lassen, im Vordergrund sind ein Raddampfer, der den Anleger gerade verlassen hat, sowie das dahinter liegende Kohlentor zu sehen.[51]

Gemälde von Cornelius Wagner kommen relativ selten in den Handel. So sind in den letzten zehn Jahren in der Galerie an der Börse von Wilhelm Körs sieben Arbeiten angeboten worden: »Bewegte See«, »Stromleben vor der Homberger Brücke« aus dem Jahre 1940, »Wintertag am Rhein« von 1921, »Herbstmorgen bei Kaiserswerth«, »Stromleben vor Duisburg-Homberg«, »Aalfischer bei Langst« sowie eine »Rheinlandschaft bei Kaub«.[52] Körs besitzt noch weitere Gemälde von Wagner. Auf dem soeben herausgegebenen Buch »Düsseldorf aus der Sicht seiner Maler« ist das großformatige Gemälde »Stromleben vor der Düsseldorfer Altstadt« aus dem Jahre 1927 abgebildet. Dazu schreibt Bettina Baumgärtel: *Der Rhein rollt breit und majestätisch an St. Lambertus und den Häusern der Altstadt vorbei. Man muss schon genau hinschauen, doch dann erkennt man ihn: den alten Drehkran auf der vorspringenden Bastion rechts. Rheinauf, rheinab bildeten diese Kräne ein Charakteristikum der Städte am Fluss. Zusammen mit den Raddampfern und Schleppkähnen boten diese Bauten den Fluss- und Silhouettenmalern eine willkommenen Staffage.*[53]

Im National Maritime Museum in Greenwich war bis vor kurzem das Gemälde »ATLAS I, schwimmender Kohlenheber auf der Themse« in der ständigen Ausstellung zu sehen. Was aus dem in der Royal Academy in London ausgestellten Polperro-Gemälde geworden ist, das die Städtische Galerie von Oldham erwarb, ist unbekannt. Zur Sammlung Schmacke, die jetzt im Westfälischen Industriemuseum in Dortmund beheimatet ist, gehört das Ölgemälde »Frühling im Ruhrgebiet« aus dem Jahre 1932.[54]

XII. Drei Schaffensphasen

Werner Peltzer teilt Wagners reiches, bis ins hohe Alter nicht versiegendes Schaffen in drei Phasen ein.[55] In der ersten Periode ist er noch von Dücker und den mit ihm an der Düsseldorfer Akademie ausgebildeten Gregor von Bochmann[56] und Hugo Mühlig[57] beeinflusst: *Reiches Detail, liebevolle Hingabe an die Sache, mit überraschender Verve hingeschleudeter Farbauftrag und artikuliertes Hell-Dunkel sind ihre Hauptmerkmale. Zum Teil tauchen noch dunkle und erdfarbene Töne in der Palette auf, die später eingeschränkt werden.* Wagners frühe Studien in Großbritannien,

Holland und Belgien zählt Peltzer zu der besonders geglückten Schaffenszeit des Künstlers, *die silbergraue Atmosphäre gerade dieser Länder wird zum entscheidenden farbigen Problem seines Lebens.* In jenen Jahren hat sich bereits die ganze Bandbreite seiner Bildthemen herauskristallisiert. Da ist einerseits das *großformatige Hafenbild mit seiner energiegeladenen Spannung, das intime niederrheinische Flussidyll, die Schlickbilder mit Fischerbooten, die Fischerflotten und -häfen, alles wird damals angegriffen und in der Folgezeit endlos variiert und vervollkommnet.*

Die zweite Schaffensphase umfasst die Zwischenkriegszeit. Die Leuchtkraft der Farben nimmt zu, die Komposition gewinnt an Stärke, der Raum wird weiter und die Handschrift breit. Trotz der Gesundheitsprobleme, seit 1906 muss Wagner seine Arbeit häufiger wegen Krankheit unterbrechen, malt er große Bilder der deutschen Nordseehäfen und der Rhein- und Ruhrindustrie. Er baut seine Reputation als bedeutender Künstler kontinuierlich aus. Im DSM sind aus jener Zeit eine Wachsstiftzeichnung »Radschlepper auf dem Rhein bei Hochfeld« (Nr. 12, 1929) sowie ein Ölgemälde mit dem Verlegenheitstitel »Rheinische Industrie« (Nr. 23, undatiert) – gezeigt wird der Rhein mit viel Schiffsverkehr vor einer Industriekulisse – ausgestellt.

Die dritte Periode *trägt die typischen Merkmale eines großzügigen Altersstils: Beschränkung in der Farbe, im Hell-Dunkel, im Thema.* Weiterhin bearbeitet Wagner alte Motive, konzentriert sich jedoch zunehmend auf die Darstellung seiner näheren niederrheinischen Umgebung als einer Quelle, aus der er schöpft. *Er hält Zwiesprache mit dem Fluss, mit seinen wechselvollen Stimmungen in Luft und Wasser.* Noch in hohem Alter fährt er verschiedentlich an die Küstenorte Hollands, die er von früher her kennt, und *nimmt Abschied von dem ewig unruhevollen Element, das ihm immer als Spiegel seiner selbst und als Inbegriff des Lebens erschienen war.*

Außer Wilhelm Hambüchen (1869-1939), der ein Jahr älter war als er, hat Wagner keine Schüler gehabt. Hambüchen teilte Wagners Vorliebe für Marine-, Strand- und Hafenbilder von der Nordseeküste. Mehrfach suchte er auf Studienreisen nach Belgien den kleinen Ort Nieuwpoort auf, an dem sich nicht nur Wagner, sondern auch andere Düsseldorfer Landschaftsmaler verschiedentlich aufhielten.[58]

XIII. Wagner über seine Kunst

Cornelius Wagner hat einige Bemerkungen zu seiner Kunst aufgeschrieben. Seine Devise lautete: *Die Natur muss durch das Herz hindurch, um zum Kunstwerk zu werden.*[59] Die Kunst ist der Ausdruck eines starken inneren Erlebens. Sie geht aus dem gründlichen Studium der Natur hervor. Für den Maler ist und bleibt das Erleben das Wesentliche, das auch durch die beste Photographie nicht ersetzt werden kann. Wagner ist jedoch kein Naturalist, da er die Natur nicht wiedergibt, wie er sie sieht, sondern wie er sie erlebt. Wenn er in den Hamburger Hafen fährt, dann erlebt er diesen, *weil jedes Motiv mich in verschiedener Richtung beeindruckt.* In keinem anderen Hafen der Welt hat Wagner soviel Geschäftigkeit erlebt: *Ein Toben, ein Jagen, eine Energie, wie sie nur kühnster Unternehmergeist vermag, jeden Augenblick auf einen einstürmend, und doch ist diese gewaltige Begegnung unter die Gesetze menschlicher Vernunft und Ordnung gestellt. Mit einem Sturm solcher Eindrücke komme ich nach Hause, unfähig auch nur zu zeichnen.* [...] *Dafür erhebt sich, meist erst in der Nacht, das gewaltige Nacherleben, in dem sich die fliegenden Gedanken zur Extase verdichten, in dem in einem inneren Erleben das Kunstwerk entsteht.* [...] *Ist es nach wiederholten Anregungen geglückt, das Erleben in einer großzügigen künstlerischen Idee zusammenzufassen, kann die Skizze entstehen,* [...] *die ein Resultat menschlichen Geistes ist.*

Danach muss der Entwurf zeichnerisch, malerisch, technisch, perspektivisch und koloristisch bearbeitet werden, damit ein Gemälde entstehen kann. Dieselbe Rastlosigkeit, die Wagner in Hamburg erlebte, zog ihn auch am Niederrhein in den Bann. Die *lyrische Poesie* der Rhein-

Abb. 11 Studie »Ruhrorter Hafen mit Rheinbrücke und Schleppzügen« (1926). Lasierte Sepiazeichnung, 50 x 64,5 cm. (Deutsches Schiffahrtsmuseum)

Abb. 12 »Fischdampfer auf der Helling« (1921). Öl auf Leinwand, 76,5 x 117 cm. (Deutsches Schiffahrtsmuseum)

Abb. 13 »Radschlepper vor Hochfeld« (1923). Wachsstift, 39,5 x 67 cm. (Deutsches Schiffahrtsmuseum)

Abb. 14 »Radschlepper bei Hochfeld« (1929). Aquarell, 36 x 59,4 cm. (Deutsches Schiffahrtsmuseum)

schifffahrt könne nur der kennenlernen, der an einer stillen Stelle seiner Ufer leben darf. Haben der Hamburger Hafen und die niederrheinische Flusslandschaft Wagner am meisten beeinflusst, so erwähnt er auch, dass der Maler Hans Thoma mit seiner großen und schlichten Lebens- und Kunstanschauung nachhaltiger auf ihn gewirkt habe als irgendein anderer Mensch. Thoma habe gesagt, dass ein Bild niemals das erreichen könne, was seinem Schöpfer vorschwebe. Daraus zog Wagner für sich die Maxime, dass das schönste Erleben im Kunstschaffen nicht das vollendete Bild sei, *sondern immer die Lust an der schaffenden Arbeit, der sieghafte Glaube, die Sehnsucht endlich zu erfüllen.*

Abb. 15 Studie »Flieger« (1926). Öl auf Karton, 32,8 x 44,7 cm. (Deutsches Schiffahrtsmuseum)

Abb. 16 »Feuerschiff Elbe 4 auf dem Slip in Cuxhaven« (1926). Öl auf Pappe, 33,5 x 46,5 cm. (Deutsches Schiffahrtsmuseum)

Abb. 17 »Fischkutter« (1921). Öl auf Pappe, 46 x 33 cm. (Deutsches Schiffahrtsmuseum)

Abb. 18 »Fischerboot am Niederrhein« (1928). Öl auf Karton, 31,3 x 45 cm. (Deutsches Schiffahrtsmuseum)

Anhang

Skizzenbücher von Cornelius Wagner im Bestand des DSM

1
Skizzenbuch: Corny Wagner
Schottland 1898, Rügen, Borkum
Bleistift, Tusche
31,5 x 25 cm
Inv.-Nr.: I/4427/88

2
Skizzenbuch: Nachlass Cornelius Wagner
Whitby
Bleistift, Tusche, Aquarell, 1897
16 x 10 cm
Inv.-Nr.: I/4428/88

3
Skizzenbuch: Nachlass Cornelius Wagner
Bleistift, Tusche, 1904
20,7 x 16 cm
Inv.-Nr.: I/4429/88

4
Skizzenbuch: Nachlass Cornelius Wagner
England, Niederrhein, Schloss Ritzebüttel
Bleistift, Tusche, Aquarell, 1906
15,5 x 10 cm
Inv.-Nr.: I/4430/88

5
Skizzenblock: Nachlass Cornelius Wagner
Niederrhein, Nieuwport
Bleistift, Aquarell, 1924/1927/1928/1929
18,3 x 25 cm
Inv.-Nr.: I/4431/88

6
Skizzenbuch: Nachlass Cornelius Wagner
Italien, Großer Kurfürst auf Rügen
Bleistift, Tusche, Aquarell, 1899/1900
24,8 x 32,5 cm
Inv.-Nr.: I/4432/88

7
Skizzenbuch: Nachlass Cornelius Wagner
England, Whitby, Niederrhein
Bleistift, 1902
25 x 32,5 cm
Inv.-Nr.: I/4433/88

Studien und Gemälde von Cornelius Wagner im Bestand des DSM

1
Studie »Flieger«
Öl auf Karton: 32,8 x 44,7 cm
Sign. unten links, 1926
Inv.-Nr.: I/4627/88

2
Studie »Fürst Bismarck«
Aquarell, Deckweiß gehöht: 53 x 49 cm
Sign. unten rechts, nicht datiert
Inv.-Nr.: I/4628/88

3
»Fischerboot am Niederrhein«
Öl auf Karton: 31,3 x 45 cm
Ohne Sign., 1928
Inv.-Nr.: I/4629/88

4
Studie »Polperro«
Öl auf Hartfaser: 25 x 33,5 cm
Sign. unten rechts, 1905
Inv.-Nr.: I/4630/88

5
Studie »Veere«
Öl auf Pappe: 23,5 x 32,5cm
Sign. unten rechts, 1927
Inv.-Nr.: I/4631/88

6
»Altes Fischerboot«
Bleistift: 38 x 26,7 cm
Sign. unten rechts, 1889
Inv.-Nr.: I/4632/88

7
»Werft Flensburg«
Aquarell: 22,5 x 32,2 cm
Sign. unten rechts, 1898
Inv.-Nr.: I/4633/88

8
Studie »Boot«
Öl auf Karton: 31,5 x 44 cm
Ohne Sign., 1904
Inv.-Nr.: I/4634/88

9
»Finkenwerder. Segelstudie«
Öl auf Pappe: 46 x 33 cm
Sign. unten rechts, 1912
Inv.-Nr.: I/4635/88

10
»Polperro«
Öl auf Holz: 31,5 x 44 cm
Ohne Sign., 1905
Inv.-Nr.: I/4636/88

11
»Fischdampfer auf der Helling«
Öl auf Leinwand: 76,5 x 117 cm
Sign. unten rechts, 1921
Inv.-Nr.: I/4637/88

12
»Radschlepper bei Hochfeld«
Aquarell: 36 x 59,4 cm
Ohne Sign., 1929
Inv.-Nr.: I/4638/88

13
Dampferstudie »M. Stinnes«
Aquarell: 31,7 x 45,5 cm
Sign. unten rechts, 1931
Inv.-Nr.: I/4639/88

14a
Studie »Heck eines Dreimasters«
Aquarell: 34,7 x 38,2 cm
Sign. unten rechts, 1898
Inv.-Nr.: I/4640/88

14b
Studie »Einmastiger Plattbodensegler«
Aquarell: 34,7 x 38,2 cm
Ohne Sign., nicht datiert
Inv.-Nr.: I/4640/88

15
»Der Rhein bei Kaub«
Öl auf Papier: 32 x 45 cm
Sign. unten links, 1930
Inv.-Nr.: I/4641/88

16a
Studie »Fischerboot« (Whitby)
Bleistift: 27,2 x 36,6 cm
Sign. unten rechts, 1890
Inv.-Nr.: I/4642/88

16b
Studie »Segler in englischem Hafen«
(Whitby?)
Aquarell: 27,2 x 36,6 cm
Ohne Sign., nicht datiert
Inv.-Nr.: I/4642/88

17
Dampferstudie »M. Stinnes«
Aquarell: 30,8 x 44,2 cm
Sign. unten links, 1931
Inv.-Nr.: I/4643/88

18
»Franz Haniel VI«
Aquarell: 31,4 x 46 cm
Sign. unten links, 1928
Inv.-Nr.: I/4644/88

19
Studie »Ruhrorter Hafen mit Rheinbrücke und Schleppzügen«
Lasierte Sepiazeichnung: 50 x 64,5 cm
Sign. unten rechts, 1926
Inv.-Nr.: I/4645/88

20
»Jubiläumsfest bei Köln«
Lasierte Tuschzeichnung: 45,5 x 62 cm
Sign. unten rechts, 1911
Inv.-Nr.: I/4646/88

21
Studie »Franz Haniel I«
Aquarell: 50 x 55
Sign. unten rechts, 1927
Inv.-Nr.: I/4647/88

22
Studie »Dampfer Franz Haniel«
Aquarell: 31,2 x 45,3 cm
Sign. unten rechts, 1928
Inv.-Nr.: I/4648/88

23
»Rheinische Industrie«
Öl auf Leinwand: 76,5 x 115,5 cm
Sign. unten links, nicht datiert
Inv.-Nr.: I/4649/88

24
Studie »Kohlenhafen St. Pauli«
Öl auf Leinwand: 46,5 x 68 cm
Sign. unten rechts, 1901
Inv.-Nr.: I/4650/88

25
»Fischkutter«
Öl auf Pappe: 46 x 33 cm
Sign. unten links, 1921
Inv.-Nr.: I/4651/88

26
»Radschlepper vor Hochfeld«
Wachsstift: 39,5 x 67 cm
Sign. unten links, 1923
Inv.-Nr.: I/6360/93

27
Studie »Großer Kurfürst«
Aquarell: 75,5 x 115,5 cm
Sign. unten links, 1898
Inv.-Nr.: I/4409/88

28
»Der Hamburger Hafen in seiner Blütezeit«
Öl auf Leinwand: 101 x 151 cm
Sign. unten rechts, nicht datiert
Inv.-Nr.: I/3526/85

29
»Schnelldampfer Vaterland im Bau«
Aquarell: 57 x 76 cm
Unbezeichnet, 1912
Inv.-Nr.: I/3180/84

30
»Feuerschiff Elbe 4 auf dem Slip in Cuxhaven«
Öl auf Pappe: 33,5 x 46,5 cm
Sign. unten links, 1926
Inv.-Nr.: I/2059/80

31
»Rheinische Treidelschifffahrt«
Studie aus dem Erftkanal
Öl auf Pappe: 32,6 x 35,5 cm
Sign. unten rechts, nicht datiert
Inv.-Nr.: I/2058/80

Anmerkungen:

1 Eine kürzere Vorfassung dieses Beitrages erschien 2005. Vgl. Lars U. Scholl: Wasser, Schifffahrt, Küstenlandschaften. Zum 50. Todestag des Marinemalers Cornelius Wagner (1870-1956). In: Heimat-Jahrbuch Wittlaer, Bd. 27, 2006, S. 150-173.
2 Vgl. Lars U. Scholl: Wagner, Cornelius. In: Kunstmuseum Düsseldorf und Galerie Paffrath (Hrsg.): Lexikon der Düsseldorfer Malerschule, Bd. 3. München 1998, S. 388ff.
3 Die Sonderausstellung trug den Titel »Der Marinemaler Cornelius Wagner« und wurde vom 11. November 1986 bis zum 8. Februar 1987 im Deutschen Schiffahrtsmuseum gezeigt.
4 DSM: Korrespondenz zwischen Marianne Peltzer und Gert Schlechtriem, 28. Februar 1987.
5 Vgl. Lars U. Scholl: Claus Bergen 1885-1964. Marinemalerei in Deutschland im 20. Jahrhundert. Bremerhaven 1982.
6 Mittlerweile habe ich von dem Düsseldorfer Galeristen Wilhelm Körs erfahren, dass die Enkelin von Cornelius Wagner und Tochter des Ehepaars Peltzer im Besitz des Originals ist. Leider war es nicht möglich, mit ihr vor der Abgabe dieses Aufsatzes Kontakt herzustellen. Dies wird im Zuge der weiteren Recherche nachzuholen sein.
7 Ich danke der Familie Degode für die gewährte Unterstützung, nachdem sie meinen Beitrag im »Heimat-Jahrbuch« (vgl. Anm. 1) gelesen hat.
8 Ausstellungs-Katalog: Cornelius Wagner, 2. April bis 3. Mai 1959, Kunstverein für die Rheinlande und Westfalen. Düsseldorf, Kunsthalle Grabbeplatz. – Siehe auch den kleinen Beitrag von Paul Kurtz: Cornelius Wagner. Ein fast vergessener Düsseldorfer Maler (1870-1956). In: Düsseldorfer Heimatblätter »Das Tor« 25, Heft 7, 1959, S. 122-124.
9 Carsten Roth: Heupel-Siegen, Ludwig. In: Lexikon der Düsseldorfer Malerschule, Bd. 2. München 1998, S. 101f.
10 Dorothee Neukirchen: Des Coudres, Ludwig. In: Lexikon der Düsseldorfer Malerschule, Bd. 1. München 1997, S. 277f.
11 Carsten Roth: Wagner, Carl. In: Lexikon der Düsseldorfer Malerschule, Bd. 3. München 1998, S. 387f.
12 Zum Künstlerverein siehe Sabine Schroyen und Hans-Werner Langbrandtner (Bearb.): Quellen zur Geschichte des Künstlervereins Malkasten. Ein Zentrum bürgerlicher Kunst und Kultur in Düsseldorf seit 1848. Köln 1992.
13 Vgl. Carsten Roth: Dücker, Eugen. In: Saur – Allgemeines Künstler Lexikon. Die Bildenden Künstler aller Zeiten und Völker, Bd. 30. München 2001, S. 270f.
14 Rudolf Theilmann: Schirmer und die Düsseldorfer Landschaftsmalerei. In: Wend von Kalnein (Hrsg.): Die Düsseldorfer Malerschule. Düsseldorf 1979, S. 130-144, hier S. 144. – Vgl. auch Mechthild Potthoff: Oswald Achenbach. Sein künstlerisches Wirken in der Hochzeit des Bürgertums. Studien zu Leben und Werk. Köln, Berlin 1995.
15 Friedrich Schaarschmidt: Zur Geschichte der Düsseldorfer Kunst im XIX. Jahrhundert. Düsseldorf 1902, S. 216.
16 Dücker, Eugène Gustav. In: Ulrich Thieme und Hans Becker: Allgemeines Lexikon der Bildenden Künstler von der Antike bis zur Gegenwart. 37 Bde. Leipzig 1907-1950 (Nachdruck München 1972), Bd. 10, 1913, S. 52f.
17 Theilmann (wie Anm. 14), S. 141.
18 Heinrich Appel: Düsseldorfer Landschaftsmalerei im 19. Jahrhundert. In: Eduard Trier (Hrsg.): Zweihundert Jahre Kunstakademie Düsseldorf. Düsseldorf 1973, S. 85-100, hier S. 98.
19 Mechthild Potthoff: Dücker, Eugène (Eugen). In: Lexikon der Düsseldorfer Malerschule, Bd. 1. München 1997, S. 293-298.
20 Appel (wie Anm. 18), S. 100.
21 Galerie G. Paffrath (Hrsg.): Cornelius Wagner 1870-1956. Düsseldorf 1975.
22 Carsten Roth: Wagner, Julietta. In: Lexikon der Düsseldorfer Malerschule, Bd. 3. München 1998, S. 390ff.
23 Soweit nicht anders angegeben, sind alle Zitate dem Ausstellungskatalog der Galerie G. Paffrath (wie Anm. 21) entnommen, der anlässlich einer 65 Gemälde umfassenden Ausstellung erschien. Die im Katalog wiedergegebenen Zitate stammen aus dem »Logbuch«, Cornelius Wagners bis in die frühen 1950er Jahre reichender Autobiographie.
24 Andreas Schroyen: Böninger, Robert Gerhard. In: Lexikon der Düsseldorfer Malerschule, Bd. 1. München 1997, S. 170.
25 Magdalena M. Moeller: Der Sonderbund. Seine Voraussetzungen und Anfänge in Düsseldorf. Köln 1984. – Wagner war auch Mitglied des Kaiserswerther Kanu-Vereins und von 1927 bis 1933 dessen Vorsitzender. Im Dezember 1933 wurde er in dieser Funktion durch den neuen »Vereinsführer« Bachmann abgelöst. Vgl. Mitteilungen des Kaiserswerther Kanu-Vereins e.V. 1927 sowie Kaiserswerther Nachrichten vom 20. Dezember 1933.
26 Zitiert aus dem »Logbuch« (vgl. Anm. 23), S. 49.
27 Arthur Mee: The King's England: Cornwall. London 1967, S. 130f.
28 Siehe Scholl: Claus Bergen (wie Anm. 5). Das Gemälde ist auf S. 189 abgebildet.
29 Fritz Schmalenbach: Oskar Kokoschka. Königstein i.T. 1967, S. 73.
30 Charles Hemming: British Painters of the Coast and Sea. A History and Gazetteer. London 1988, S. 163.
31 Lars U. Scholl: Hans Bohrdt. Marinemaler des Kaisers. Hamburg 1995.
32 DSM, Inv.-Nr. I/4409/88.
33 Anke Degode: Ginstergold, Wilhelm Degode. Landschaftsmaler und Photograph. Düsseldorf 2001, S. 52 und 66 mit Photo von Wagner mit Palette vor einem großen Niederrheingemälde.
34 Ulrich Schulte-Wülwer: Sylt in der Malerei. Heide 1996, S. 8; ders.: Künstlerinsel Sylt. Heide 2005, S. 14 und 94-99.
35 Felix Graf von Luckner u.a. (Hrsg.): Die See. Dreiundfünfzig Gemälde deutscher Maler von der Nord- und Ostsee und ihren Küsten in originalgetreuen Farbdrucken. Köln 1926. – Siehe auch die dort wiedergegebenen farbigen Reproduktionen der Gemälde »Abendsonne« (Taf. 13) und »Tjalk vor dem Winde« (Taf. 19).
36 Erskine Childers: Das Rätsel der Sandbank. Zürich 1975 u.ö.
37 Vgl. dazu Lars U. Scholl: London unter den Hohenzollern. Saki und die Kriegsantizipation vor 1914. In: Thomas

Stamm-Kuhlmann u.a. (Hrsg.): Geschichtsbilder. Festschrift für Michael Salewski zum 65. Geburtstag. Stuttgart 2003, S. 223-242.
38 Vgl. Peter Bussler: Historisches Lexikon der bildenden Künstler für Cuxhaven und Umgebung. Bremerhaven 2004, S. 208f.
39 Im Arbeitszimmer von Prof. Dr. med. Dr. h.c. em. Hans Schadewaldt im Institut für Geschichte der Medizin an der Heinrich-Heine-Universität in Düsseldorf hängt ein 120 x 300 cm großes Gemälde, das die Unterelbe bei Cuxhaven zeigt. Das Bild stammt aus einer Kaiserswerther Gaststätte und soll der Überlieferung nach von britischen Soldaten mit Bajonett-Stichen beschädigt worden sein. Prof. Schadewaldt hat das Gemälde restaurieren lassen (freundliche Mitteilung von Prof. Schadewaldt; Herr Degode hatte mich auf diese Arbeit von Wagner aufmerksam gemacht).
40 Luckner (wie Anm. 35), Taf. 26.
41 Ebd., S. 27.
42 Boye Meyer-Friese: Marinemalerei in Deutschland im 19. Jahrhundert. Oldenburg 1981, farbige Abb. auf S. 116. – Das Gemälde wurde erstmals 2002 in Berlin gezeigt. Vgl. Sabine Beneke und Hans Ottomeyer (Hrsg.): Die zweite Schöpfung. Bilder der industriellen Welt vom 18. Jahrhundert bis in die Gegenwart. Berlin 2002, S. 230.
43 DSM: Brief aus Fiss in Tirol vom 22. Februar 1981.
44 Katalog art maritim '90: Marinemaler aus Deutschland des 19. und 20. Jahrhunderts. Hamburg 1990, farbige Abb. auf S. 60.
45 Katalog: Große Deutsche Kunstausstellung 1938. München 1938, S. 93, sowie Katalog: Große Deutsche Kunstausstellung 1940. München 1940, Ergänzungsteil, S. 18.
46 Ausstellungs-Katalog: Cornelius Wagner. Kunstverein für die Rheinlande und Westfalen. Düsseldorf, Kunsthalle Grabbeplatz, 2. April bis 3. Mai 1959.
47 Hierzu und im Folgenden Georg Holländer: Die technische Landschaft. Duisburger Hafen- und Industriebilder 1910 bis 1960. In: Dirk Appelbaum (Red.): Hafen-Zeit. Der Lebensraum Rhein-Ruhr Hafen Duisburg im Focus von Wirtschaft, Geschichte und Kultur. Tübingen 1991, S. 165-197.
48 Sabine Schroyen: Hacker, Georg. In: Lexikon der Düsseldorfer Malerschule, Bd. 2. München 1998, S. 32f.
49 Die Auflistung von Frau Dr. Baumeister stammt vom 14. Oktober 2003.
50 Vgl. die am Schluss angehängte Übersicht über Studien und Gemälde Wagners im Bestand des DSM.
51 125 Jahre Galerie G. Paffrath 1867–1992. Sonderausstellung »Düsseldorf. Stadt und Land auf alten Gemälden«. Düsseldorf 1992, S. 78f.
52 Vgl. Wilhelm Körs – Galerie an der Börse: Verkaufskataloge Nr. 35, 42, 49, 54 und den Katalog der Sonderverkaufsausstellung vom Dezember 2004.
53 Wilhelm Körs (Hrsg.): Düsseldorf aus der Sicht seiner Maler. Düsseldorf 2006, S. 81.
54 Ernst Schmacke (Hrsg.): Industriebilder. Gemälde einer Epoche. Münster 1994, S. 118.
55 Alle Zitate sind dem in Anm. 21 angegebenen Katalog entnommen.
56 Siehe Ausstellungskatalog: Der Maler Gregor von Bochmann. Katalog zur Ausstellung Düsseldorf, Galerie an der Börse, 3. bis 17. August 2002. Düsseldorf 2002.
57 Vgl. die ausgezeichnete Monographie von Angelika Baeumert und Wilhelm Körs: Hugo Mühlig 1854-1929. Leben und Werk. Düsseldorf 1997.
58 Margot Klütsch: Hambüchen, Wilhelm. In: Lexikon der Düsseldorfer Malerschule, Bd. 2. München 1998, S. 41f.
59 Galerie G. Paffrath (wie Anm. 21).

Anschrift des Verfassers:
Prof. Dr. Lars U. Scholl
Deutsches Schiffahrtsmuseum
D-27568 Bremerhaven

“Nature must go through the heart in order to become art.” In Commemoration of the Maritime Painter Cornelius Wagner (1870-1956) on the Fiftieth Anniversary of his Death

Summary

Cornelius Wagner, one of twentieth-century Germany's most important marine painters, died fifty years ago. Unfortunately, his life and work have been neglected by research to the very present. In 1986/87, on the occasion of the thirtieth anniversary of the painter's death, the German Maritime Museum devoted itself to his oeuvre by presenting an exhibition of the estate. The project did not succeed in eliminating the inadequate state of the research. The museum was able, however, to acquire so many pictures that it can meanwhile call the largest publicly owned collection of the painter's works its own. The monographic study of marine painting in Germany has been a focus of the museum's research programme for many years. Within that framework, the first attempt has now been made to carry out an investigation of this artist and his oeuvre on the basis of the museum's own holdings.

Wagner was from an artistic family which settled in Düsseldorf in 1873, and it was at the art academy of that town that he received his training. He had become acquainted with the sea already as a child, and as a painter was lured to it again and again his whole life long. He took study trips to England, Scotland, Belgium and Holland and travelled to the Caribbean and South America. In 1906 he settled in Kaiserswerth near Düsseldorf, where he would remain until his death. The lives of the fisherfolk in Polperro and Whitby, the hustle and bustle of the Hamburg harbour, the Lower Rhenish landscape in the vicinity of Düsseldorf – these were the themes with which Wagner distinguished himself. The oeuvre of this academically trained artist was informed by the conviction that not the finished product but the process of executing a painting was the most wonderful aspect of artistic work.

«La nature doit traverser le cœur de part en part afin de se transformer en art.» En commémoration du 50e anniversaire de la mort du peintre de marine Cornelius Wagner (1870-1956)

Résumé

Il y a cinquante ans mourait Cornelius Wagner, l'un des plus importants peintres allemands de marine du XXe siècle. Il est regrettable que jusqu'à présent, ni sa vie ni son œuvre n'aient suscité l'intérêt de la recherche. Le Musée allemand de la Marine (DSM) s'était déjà penché en 1986–1987 sur cet œuvre à travers une exposition posthume, à l'occasion du 30ème anniversaire de la mort de Wagner, sans oser toutefois à l'époque remplir cette lacune. Néanmoins, de nombreuses œuvres ont pu être acquises, si bien que le DSM peut se vanter d'avoir actuellement en sa possession le plus grand fonds public d'œuvres du peintre. Dans le cadre de la monographie sur la peinture de marine en Allemagne, qui fait partie depuis des années du programme de recherche du DSM, une tentative pour retracer la vie et la carrière de l'artiste est entreprise ici pour la première fois – à partir du fonds du musée.

Wagner était originaire d'une famille d'artistes qui s'installa en 1873 à Düsseldorf; il suivit une formation à l'académie des Beaux-Arts de la ville. C'est enfant déjà qu'il découvrit la mer, qui allait l'attirer sa vie durant en tant que peintre. Il fit des voyages d'études en Angleterre, Écosse, Belgique et Hollande, puis dans les Caraïbes et en Amérique du Sud. En 1960, il s'installa définitivement à Kaiserswerth, près de Düsseldorf, où il vécut presque jusqu'à sa mort. Outre la vie des pêcheurs à Polperro et Whitby et l'activité du port de Hambourg, ce sont les paysages du Bas-Rhin aux alentours de Düsseldorf qui ont inspiré son œuvre. La création de cet artiste à la formation académique était marquée par l'idée que ce n'est pas le tableau fini en soi qui représente la plus belle expérience de la création artistique, mais bien le travail sur celui-ci.

DETLEV ELLMERS

Seeschiffe im Binnenland als Zeichen der Kaufleute

Um 1500 oder wenige Jahre danach[1] errichtete der »Kopman«, die Korporation der Fernkaufleute, in Hameln in prominenter Lage an einer Ecke des Marktplatzes (heute Bäckerstr. 58) ein Gildehaus in der ortsüblichen niedersächsischen Fachwerkbauweise (Abb. 1).[2] In dieser war bei dem damals gängigen spätgotischen Geschossbau das untere Geschossgefüge sehr viel höher als das obere. Seine langen Ständer umfassten nämlich zwei Geschosse, das Erdgeschoss mit dem breiten Mitteleingang, der auf die hohe Diele und zu den daneben eingebauten Geschäfts- und anderen Arbeitsräumen führte, und das Zwischengeschoss mit niedrigen Schlafkammern. Auf dem Rähm, das die Reihe der hohen Ständer an ihren Kopfenden zusammenband, ruhte das vorkragende obere Stockwerk mit dem Gildesaal, dessen Schwelle von waagerecht profilierten Knaggen abgestützt wurde.[3] Darüber erhob sich ebenso vorkragend die Giebelfront mit drei Speichergeschossen.

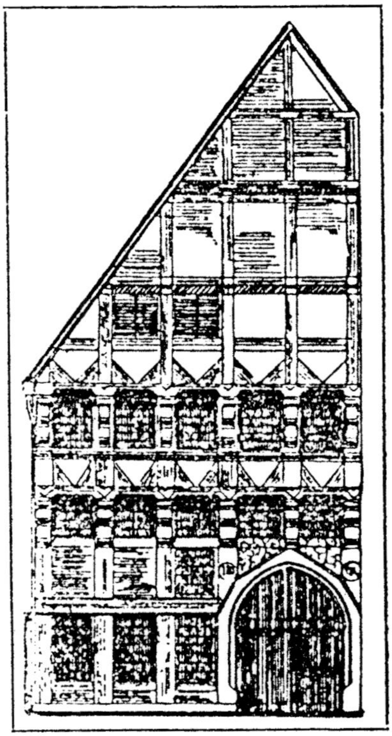

Abb. 1 Teilansicht des Gildehauses des Hamelner Kopmans von ca. 1500 (nach Neukirch).

Zu der von ihnen als angemessen erachteten Repräsentation hoben die Kaufleute ihr Haus durch aufwändige Holzschnitzereien an der Fassade von den anderen Fachwerkhäusern ab. Sie hielten sich dabei an Regeln, die sich bereits im 15. Jahrhundert zur Kenzeichnung der Gemeinschaftshäuser von Kaufmannsvereinigungen herausgebildet hatten. Wie am Fachwerkhaus des Hildesheimer Krameramtes von 1482 ablesbar ist (Abb. 2)[4], war das Feld über dem Eingang die wichtigste Stelle für besondere Ausgestaltung. Inhaltlich gehörte das Zeichen der Korporation, hier die für den Detailverkauf der Krämer typische Schalenwaage, genauso zum festen Bestand der Fassadengestaltung wie ein auf den Handel passender Spruch, der beim Krameramt lautete: *weget. recht. un. gelike. so. wertet. gi. salich. un. rike.* (»Wiegt richtig und gleich, so werdet ihr selig und reich«). Darin wird mit Bezug auf den christlichen

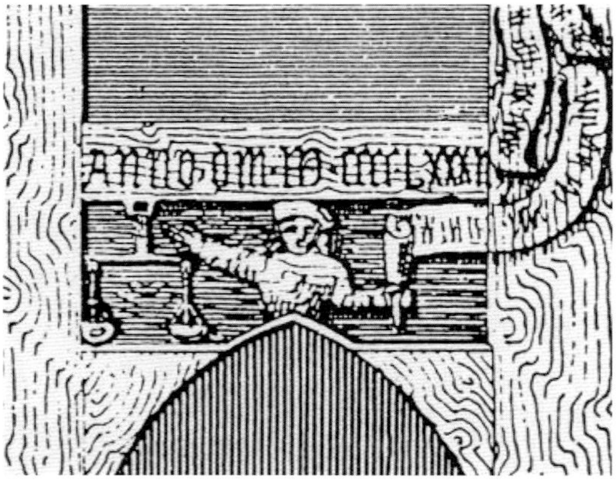

Abb. 2 Relief über dem Eingang des Hildesheimer Krameramtshauses von 1482 (nach Lachner).

Glauben die Redlichkeit des Kaufmanns besonders herausgestellt, auf die er deshalb so bedacht war, weil ihm kein Kredit gewährt wurde, wenn daran zu zweifeln war: Die Krämer standen mit ihrer ewigen Seligkeit dafür ein, dass sie ihre Geschäftspartner nicht übervorteilen wollten. Auch heute noch kann der Handel auf das Vertrauen der Kunden nicht verzichten. Deshalb preist er ihnen z.B. im Werbefernsehen Produkte an, auf die sie »voll vertrauen können«. Nur ist heute die Überzeugungskraft des Werbefachmanns an die Stelle der religiösen Verbindlichkeit getreten.

Die genannten Vorgaben gewährten noch genug Spielraum für individuelle Gestaltung. So ließ der Hamelner Kopman über dem reich profilierten Spitzbogenportal flaches spätgotisches Rankenwerk ins Holz schnitzen (Abb. 3)[5], für das in Hameln kein Gegenstück überliefert ist. Gut vergleichbare Pflanzenranken finden sich an einem 1491 erbauten Fachwerkhaus in Hildesheim[6], was die frühe Datierung des Hamelner Hauses zusätzlich bestätigt. Mitten über dessen

Abb. 3 Gildehaus des Hamelner Kopmans, Fassadenausschnitt mit den geschnitzten Reliefs (nach Ortwein/Scheffers).

Portal wurde das Relief eines nach links blickenden Hirsches in die Fußstützen und den unteren Teil des zugehörigen Ständers des Obergeschosses geschnitzt. Das war das individuelle Zeichen dieses Hauses. Jedes bedeutendere Haus hatte in den Städten des späten Mittelalters und der Frühen Neuzeit ein anderes Bild als Hauszeichen. Daran orientierten sich z.B. Träger oder Boten, die nicht lesen konnten, um Waren oder Briefe korrekt abzuliefern. Als ganz ähnliches

Abb. 4 Die beiden Schiffsreliefs vom Gildehaus des Hamelner Kopmans: a. mediterrane Galeere, b. portugiesisches Nao. Höhe 70 cm. (Foto: DSM)

Abb. 5 Marine mit Hafenkastell. Ölgemälde auf Leinwand von Pieter van de Velde, Antwerpen um 1685. Höhe 47 cm. (DSM)

Hauszeichen wurde ein stehender, nach rechts blickender Hirsch in Öl auf eine Kupfertafel über dem Portal eines Kaufmannshauses in Lübeck gemalt.[7] In Magdeburg trug das Haus »Zum grünen Hirsch« ein entsprechendes Steinrelief als Hauszeichen.[8]

An dem Hamelner Haus wurden weiter links vom Hirsch als Zeichen des Kopmans zwei Schiffsreliefs in gleicher Weise in die unteren Zonen der nächsten beiden Ständer mit ihren Fußstützen geschnitzt, die nach dem Abbruch des Hauses in den Kunsthandel gelangten, aus dem sie das Deutsche Schiffahrtsmuseum 1973 erwarb.[9] Alle drei Reliefs bildeten den nach außen sichtbaren Schmuck des dahinter liegenden Gildesaals. Die dargestellten Schiffe sind keineswegs Phantasieprodukte, sondern sehr präzise gekennzeichnete Typen (Abb. 4), deren Fahrgebiete genau bestimmbar sind und keinesfalls bis zur Oberweser bei Hameln reichten. Neben dem Hirsch sieht man eine mit drei Lateinersegeln ausgestattete, geruderte Galeere, wie sie seit dem späten 13. Jahrhundert regelmäßig von Genua und anderen italienischen Häfen bis nach Flandern fuhren.[10] Das andere Relief zeigt ein dreimastiges Nao mit geschwellten Segeln und einem Beiboot im Schlepp. Genau diesen Schiffstyp mit Marssegeln an Fock- und Großmast und der Unterblinde am Bugspriet entwickelten die Portugiesen für ihre Entdeckungsfahrten und setzten ihn weiterhin auch zum Handel mit ihren neuen Niederlassungen in Indien und Brasilien ein. Dabei trugen alle Segel große Kreuze, genau wie auf dem Hamelner Relief.[11] In der europäischen Fahrt fuhren diese Schiffe ebenfalls bis zu den flandrischen Häfen.[12] Diese Schifffahrtsverbindungen hatten mehrere Jahrhunderte lang Bestand. Das Deutsche Schifffahrtsmuseum besitzt ein von Pieter van de Velde um 1685 in Antwerpen gemaltes Seestück, das sowohl eine mediterrane Galeere als auch einen westeuropäischen Dreimaster, den Nachfolger des Nao, vor einer flandrischen Hafenstaffage zeigt (Abb. 5).[13]

Wie kamen die Hamelner Kaufleute dazu, als ihr Zeichen die Darstellung fremder Schiffe an der Außenfront ihres Gildesaals anzubringen, obwohl sie doch weder mit der Galeere ins Mittelmeer noch mit dem Nao zu den überseeischen Niederlassungen der Portugiesen fuhren?

Als wichtigste Hamelner Fernhändler erwarben die Gewandschneider die von ihnen weiter zu verkaufenden Tuche in den flandrischen Tuchmacherstädten, wobei sie die transportierenden Pferdefuhrwerke nur für die wichtigsten Geschäftsabschlüsse selber begleiteten, den laufenden Handel aber schriftlich abwickelten. Mit den zumeist im späten Mittelalter festgelegten Zeichen präsentierten die städtischen Gilden und Zünfte ihre jeweils spezifische Tätigkeit üblicherweise durch Wiedergabe eines typischen Produktionsmittels, wie der Waage bei den Krämern (Abb. 2), oder eines Produktes, wie des Fisches bei den Fischern. Dementsprechend bestand das Zeichen der Gewandschneider aus Elle und Tuchmesser, den beiden Geräten, mit denen unter allen Fernhändlern nur sie allein zugleich auch zum Detailverkauf ihrer Ware berechtigt waren.[14]

Offensichtlich gehörten dem Hamelner Kopman jedoch noch weitere Fernhändler mit anderem Warensortiment an, so dass für diesen Zusammenschluss ein anderes, eigenes Zeichen gefunden werden musste. Eine bestimmte Ware konnte dafür ebenso wenig genommen werden wie das für den Kopman arbeitende Transportmittel, denn die Fuhrleute hatten bereits das Pferdefuhrwerk als ihr Zeichen in Anspruch genommen[15] und die Schiffer das Binnenschiff.[16] Das Problem wurde auf einfache und zugleich überzeugende Weise gelöst: Der Hamelner Kopman präsentierte sich in seinem Zeichen mit zwei Seeschiffen, und zwar mit solchen, die nicht im nächstgelegenen Seehafen (Bremen) anzutreffen waren, sondern in den entferntesten, zu denen Hamelner Kaufleute regelmäßige Verbindungen unterhielten, den flandrischen Häfen. Und von den dort einlaufenden Schiffen wurden wieder die Typen ausgewählt, die möglichst weite Reisen hinter sich hatten, nämlich aus dem Mittelmeer und von den überseeischen Niederlassungen Portugals. Es sollten also möglichst weit reichende Handelsverbindungen demonstriert werden. Deshalb wurde so großer Wert darauf gelegt, die fremden Schiffe so genau wie möglich als solche zu kennzeichnen, was die Wiedergabe des jeweils aktuellen Schiffstyps einschließt. Um auch die letzten Zweifel auszuräumen, brachte der Hamelner Kopman unter den Schiffen noch den erklärenden Spruch an: *Kopmans Hand Reckt von Land to Land.*[17]

Mit dem Seeschiff im Binnenland präsentierte sich also der Fernkaufmann als derjenige, der über so weit reichende Verbindungen verfügte, dass er in der Lage war, Waren aus den entferntesten Ländern zu besorgen. Freilich war das für ihn selbst mit großem Risiko verbunden, auf das der Hamelner Kopman vorsorglich ebenfalls mit einem daneben eingeschnitzten Spruch hinwies: *Kopmans God Hat Ebbe und Flot.* Diese beiden Sprüche dürfen aber nicht als rein profane Äußerung missverstanden werden, sind sie doch dadurch in einen christlich-religiösen Beziehungsrahmen gesetzt, dass zwischen ihnen beiderseits über dem Eingang zwei weitere, durch kreisförmige Umrahmung medaillonartig herausgehobene Inschriften stehen, nämlich links das Christusmonogram *IHS* und rechts der ausgeschriebene Name *Maria.*[18] Diese Anrufung Jesu und Mariae ist analog zum Spruch am Hildesheimer Krameramtshaus als Garantie für die Solidität des Hamelner Kopmans zu verstehen, und zwar nicht etwa als dessen bloß individuelle Zutat. Sie entsprach vielmehr dem weit verbreiteten Brauch der Kaufleute, im 15. Jahrhundert ihre Handelsbriefe, mit denen sie bei ihren Geschäftspartnern in fernen Städten Waren bestellten, mit der Anrufung: *Jesus Maria* zu beginnen. Im 16. Jahrhundert traten dann andere Eingangsformeln, wie *Laus deo* oder *Im Namen Gottes geladen!* an die Stelle, bedeuteten aber dieselbe Festlegung auf eine dem christlichen Glauben gemäße Geschäftsführung.[19]

Lange Inschriften waren um 1500 auch an anderen Fachwerkhäusern in Hameln üblich. Aber mit dem aufwändigen Pflanzenornament über dem Eingang und den figürlichen Reliefs an der Außenfront des Gildesaals gestaltete der Kopman sein Haus sehr viel prächtiger als alle anderen gleichzeitigen Gebäude der Stadt und brachte darin seine überragende Bedeutung für die Stadt deutlich sichtbar zum Ausdruck. Wie groß der Abstand war, zeigt der Vergleich mit dem 1505 im gleichen Fachwerkstil gebauten Haus Bäckerstraße 21, an dem außer langen Inschriften lediglich ein Ledermesser als Zeichen der Schuster in einen der Ständer des Untergeschosses geschnitzt ist.[20]

Auch in anderen Binnenstädten stellte der örtliche Zusammenschluss von Kaufleuten seine weit reichenden Handelsbeziehungen durch die Darstellung von Seeschiffen heraus, und zwar nicht nur wie in Hameln an der Außenfront seines Gildehauses, sondern auch auf Gerät für den repräsentativen Gebrauch in diesem Haus. Das Corning Museum of Glass in den USA besitzt einen äußerst qualitätvoll gearbeiteten Glaspokal von ca. 1750/60, den gemäß Inschrift und Bildprogramm die Tuchhändler von Hirschberg in Schlesien (heute Helena Gora) in Auftrag gegeben hatten. Seine Hauptschauseite zeigt unter der Überschrift »Floreat Comercium« einen am ehesten niederländischen Seehafen mit verschiedenen Schiffstypen und dem Umschlag von Fässern und Ballen (Abb. 16). Auf den übrigen Darstellungen kann man die Produktionsschritte des Hirschberger Leinens von der Bestellung des Ackers bis zum fertigen Tuch und zu dessen Transport mit fünfspännigem Lastwagen bis zum Hafen verfolgen.[21] Aus diesem Pokal wurde bei den Zusammenkünften der Hirschberger Tuchhändler in ihrem Gildehaus getrunken.

Die beiden Hamelner Reliefs gehören zu den ältesten erhaltenen Schiffsdarstellungen, die von Kaufleuten im Binnenland als das ihre Tätigkeit kennzeichnende Zeichen verwendet wurden. Vorher war das Seeschiff nur in den Seehafenstädten bereits seit dem frühen 13. Jahrhundert auf zahlreichen Stadtsiegeln das deren Seehandel herausstellende Zeichen.[22] Damit blieben diese Städte im Rahmen dessen, was auch für die Zeichen der Gilden und Zünfte galt: Auch sie wählten ihr wichtigstes Produktionsmittel zur Kennzeichnung ihres Handels. Zweifellos ließen sich Kaufleute des Binnenlandes davon anregen, ihre weit reichenden Handelsverbindungen ausnahmsweise nicht durch eigene Fahrzeuge oder Handelswaren, sondern durch fremde Seeschiffe als ihr Gildezeichen herauszustreichen. Wann und wo sie das erstmals taten, lässt die bruchstückhafte Überlieferung nicht erkennen. Ob man frühe Schiffsminiaturen in Kirchen des Binnenlandes, wie das »Goldene Schiff«, einen vergoldeten Tafelaufsatz in Schiffsform, von ca. 1200 in der Marienkirche von Uelzen[23] bereits als ständische Repräsentation[24] von Kaufleuten werten darf, ist noch nicht sicher zu entscheiden. Das hölzerne Kogge-Modell von ca. 1400 in der damaligen Wallfahrtskirche Unser Lieben Frauen von Chemnitz-Ebersdorf[25] war jedenfalls kein Zeichen des Kaufmannsstandes, sondern ebenso eine Votivgabe wie die silbernen, hölzernen oder aus Wachs geformten Schiffsminiaturen in anderen Wallfahrtskirchen.[26]

Was sich an und in den Gildehäusern als Repräsentation eingespielt hatte, übernahmen die Kaufleute der Binnenstädte auch für ihre privaten Häuser. Sicher als Objekt kaufmännischer Repräsentation lässt sich erst der kurz vor 1503 für die Nürnberger Patrizierfamilie Schlüsselfelder angefertigte Tafelaufsatz aus vergoldetem Silber erweisen, der eine große dreimastige Karacke mit Bewaffnung nachbildet. Das Deck mit Aufbauten, Masten und Mannschaftsfiguren lässt sich abnehmen, so dass der Kaufmann den Festgästen in seinem Haus in dem Schiffsrumpf einen besonders feierlichen Trank kredenzen konnte.[27] Wenn im etwa gleichen Zeitraum der Hamelner Kopman einen verwandten Schiffstyp als sein Zeichen an seinem Gildehaus darstellte, folgte er also einem weiter verbreiteten Trend der Zeit, gemäß dem dieses Zeichen im Binnenland sowohl im privaten Kaufmannshaushalt als auch im öffentlichen Raum an der Außenfront eines Gildehauses allgemein verstanden wurde. Damit sind zugleich die beiden Stellen genannt, an denen der Kaufmann in der Folgezeit mit dem Seeschiff im Binnenland seinen weit reichenden Handel demonstrierte.

Nach diesem Vorbild präsentierten in der Folgezeit einige Kaufleute ihre weiten Handelsverbindungen ebenfalls durch das Relief eines Seeschiffes in verschiedenen Städten des Binnenlandes an der Straßenfront ihres privaten Wohnhauses. Wenige Beispiele mögen als Belege genügen. In der ca. 60 km westlich von Hameln gelegenen Hansestadt Bielefeld zierte ein Kaufmann den Giebel seines 1532 erbauten prächtigen Renaissancehauses mit dem steinernen Relief eines dreimastigen Holks.[28] Die aufwändige Steinfassade konnte er sich leisten, weil er durch seinen Handel reich geworden war. In Bautzens Reichenstraße, in der die wohlhabenden Kaufleute wohnten, tragen gleich drei Kaufmannshäuser steinerne Schiffsreliefs, Nr. 4 aus der Barockzeit, Nr. 25 aus dem Rokoko und Nr. 5 aus dem 19. Jahrhundert. In Löbau/Lausitz steht an bevorzugter Stelle am Altmarkt neben dem Rathaus das Haus »Goldenes Schiff« mit einem entsprechenden Seeschiffsrelief von 1721, erbaut von einem Faktor, der Lausitzer Webwaren nach Übersee verhandelte. Das Relief eines mit Kanonen bestückten Dreimasters des 18. Jahrhunderts steht in Bad Schandau über dem Eingang eines so repräsentativen Kaufmannshauses, dass es von 1846 bis 1938 sogar als Rathaus dienen konnte.[29] Von dem Haus eines Weinhändlers in Schönebeck/Elbe stammt das holzgeschnitzte Relief eines mit Kanonen bestückten Dreimasters aus dem 18. Jahrhundert mit dem Spruch: *Das schnelle Schiff bringt feinen Wein; trinkt Freunde, daß wir fröhlich sein.*[30]

Auch auf andere Weise wurde der Kaufmann im Binnenland durch ein Seeschiff gekennzeichnet. Im öffentlichen Raum waren es nicht nur die Häuser der Lebenden, sondern auch die Grabmäler der Toten, auf denen Seeschiffsdarstellungen auf weit reichende Handelsverbindungen hinweisen konnten, so z.B. in Hannoversch Münden zwei Grabsteine von Kaufleuten.[31] Dazu passt, dass auch Totentänze den Kaufmann durch ein oder mehrere Seeschiffe kennzeichnen, die Waren in einen Hafen bringen, so die weit verbreitete Holzschnittfolge von Hans Holbein, die 1538 in Lyon erstmals gedruckt wurde, oder der Füssener Totentanz von 1602 in der dortigen Anna-Kapelle.[32] Daraus entwickelte sich eine ikonographische Tradition, gemäß der noch in der Wiener Lithographie-Serie »Der Mensch und sein Beruf« von 1835-1841 der Kaufmann durch ein Segelschiff charakterisiert wird, das von Stürmen und Piraten bedroht ist.[33]

In den Seehäfen dagegen kennzeichneten nicht die Kaufleute, sondern die Schiffer die Häuser ihrer Korporationen mit dem Bild eines Seeschiffes. Das früheste erhaltene Beispiel ist das 1531 aus Haustein erbaute Gildehaus der Freien Schiffer von Gent, über dessen Eingang das Steinrelief eines Schiffes eingefügt ist, wie es zur Fahrt in die baltischen Länder verwendet wurde.[34] Vier Jahre später baute die Schiffergesellschaft von Lübeck ihr Backsteinhaus mit einem auf die in Lübeck übliche Kupfertafel gemalten Dreimaster über dem Portal. Steinreliefs von Dreimastern sind erhalten oder nachgewiesen am Portal des Seglerhauses in Stettin (Anf. 17. Jh.)[35], am Portal des Hauses Seefahrt (1663/64) in Bremen (Abb. 6)[36] und am Haus der Schiffergesellschaft in Rostock (18. Jh.).[37] Selbst das Seeschiff auf Grabmälern hat Vorbilder bei den Schiffern der Seehäfen. So wurde schon 1482 das steinerne Epitaph eines Stralsunder Schiffers mit einem dreimastigen Segelschiff geschmückt.[38]

Genau wie in vielen Flusshäfen die Binnenschiffer ihr regional übliches Binnenschiff als ihr Logo verwendeten[39], hatten also die Schiffer in den Seehäfen von Flandern bis zum Baltikum das dreimastige Seeschiff als ihr Logo durchgesetzt. Als einzige Ausnahme zeigt in der Seehafenstadt Bremen nicht nur das Haus Seefahrt der Schiffer (Abb. 6), sondern auch der Schütting, das Gildehaus des Koopman tho Bremen, ein großes Segelschiffsrelief im Giebel von 1594, fügt aber zur Vermeidung jeder Verwechselung zugleich auch darunter als rechtsverbindliches Logo des Koopmans den gekrönten Doppeladler mit dem Bremer Schlüssel im Brustschild hinzu. Das Schiff allein reichte eben auch in dieser Seehafenstadt zur Kennzeichnung der Kaufmannsgilde nicht aus.[40]

Dagegen hob sich im Binnenland der Kaufmann allein durch das Bild eines Seeschiffes eindeutig vom Binnenschiffs-Logo der Binnenschiffer ab, konnte also damit eindrucksvoll seine weit reichenden Handelsverbindungen demonstrativ herausstellen und tat das nicht nur an der Außenfront seines Hauses, sondern auch im Innern, wie schon oben am Beispiel des schiffs-

Abb. 6 Portal des Hauses Seefahrt der Schiffer in Bremen von 1663/64. Lithographie aus dem Seefahrtsbuch der Freien Hansestadt Bremen, um 1850.

förmigen Tafelaufsatzes der Nürnberger Patrizierfamilie Schlüsselfelder gezeigt wurde. Statt eines nur bei Festmahlen benutzten Tafelaufsatzes ließ der Nürnberger Großkaufmann Martin Peller ständig in einem hohen, repräsentativen Raum seines berühmten Renaissancehauses von 1603 ein großes hölzernes Schiffsmodell aufhängen, das einen mit Kanonen bestücken Dreimaster mit Lübecker Flagge und Wappen wiedergibt. Damit führte Peller all seinen Besuchern und Kunden auch ohne Worte anschaulich seine über Lübeck laufenden Verbindungen zum Ostseehandel vor Augen.[41] Große Hängemodelle von Seeschiffen des 16./17. Jahrhunderts sind sonst nur im Küstengebiet in Kirchen[42] und Häusern der Kaufmanns- oder Schifferkorporationen[43] nachgewiesen. Im Hause eines binnenländischen Kaufmanns sind sie bis jetzt an keiner anderen Stelle bekannt geworden. Demnach hat der ehrgeizige Martin Peller anscheinend eine einzigartige Form der Selbstdarstellung gewählt, um mit seinen Handelsverbindungen zugleich seinen sozialen Rang herauszustreichen. Karl-Heinz Haupt, ehemaliger Modellbauer des Deutschen Schiffahrtsmuseums, hat das Modell der Renaissance-Zeit nachgebaut (Abb. 7)[44], damit diese Zusammenhänge in dessen Ausstellung dem Publikum gezeigt werden können.

Für die weitere Darstellung eines Lübecker Seeschiffes im Binnenland kennen wir sogar den Anlass. Die Bielefelder Kaufmanns- und Ratsherrenfamilie Schöning war im 17. Jahrhundert in dem über Lübeck laufenden Fernhandel mit Stockfisch und Hering aus Skandinavien engagiert. 1678 schickte Johann Schöning seinen 21-jährigen Sohn Jürgen Hinrich auf Handlungsreise nach Skandinavien. Die Lübecker Fleute DER ROTE PRINZ, die ihn über die Ostsee bringen sollte, geriet in schweren Sturm, kam aber schließlich mit Schäden davon. Aus Dankbarkeit für seine Rettung stiftete der Sohn der Nikolai-Kirche seiner Heimatstadt einen großen Kronleuchter aus Messing mit der in die Kugel eingravierten Inschrift: *Jürgen Henrich Schöning hat diese Krone zu Gottes Ehren und der Kirchen Zierrath in grosser Wassergefahr verehret 1678.* Eine Plakette zeigt in farbiger Darstellung das dreimastige Schiff mit der Lübecker Flagge über der nochma-

Abb. 7 Nachbau des Schiffsmodells aus dem Haus des Nürnberger Kaufmanns Martin Peller (1603). Höhe 110 cm. (Foto: E. Laska, DSM)

ligen Namensinschrift *Jürgen Hinrich Schöning.*[45] Damit machte er die Dankesgabe zugleich zu einem anschaulichen Beleg für die Leistungsfähigkeit und Reichweite seines Handelshauses, wobei wir hier einmal genau wissen, dass der inschriftlich genannte Kaufmannssohn selber zu Handelszwecken auf dem dargestellten Schiff gefahren ist.

Ließen sich die bisher behandelten Seeschiffsdarstellungen im Binnenland durch Standort, Inschrift oder Wappen mit Kaufmannsgruppen oder individuellen Kaufleuten einer Handelsstadt in Verbindung bringen, so fehlen diesbezügliche Hinweise an einem aufwändig gestalteten, vergoldeten Silberhumpen (Abb. 8), den der Augsburger Goldschmiedemeister Johann P.

Abb. 8 Teilvergoldeter Silberhumpen, Augsburg um 1700. Höhe 21 cm. (Foto: E. Laska, DSM)

Drentwett um 1700 anfertigte und mit bildlichen Hinweisen auf die Mittelmeerschifffahrt versah.[46] Augsburg hatte sich im Laufe des 17. Jahrhunderts zum Zentrum der barocken Goldschmiedekunst in Deutschland entwickelt und die älteren Zentren wie Lübeck oder Nürnberg überflügelt. Bereits 1615 arbeiteten 185 Goldschmiede in Augsburg. Geschäftstüchtige Kunsthändler und große Silberhandlungen vermittelten die Aufträge und vertrieben die fertigen Produkte in viele Teile der Welt.[47] Sehr begehrt waren Becher und Humpen mit Kugelfüßen. Von diesen waren die Becher die bescheidenste Form des kostbaren silbernen Trinkgeräts[48], die sich dementsprechend auch bei wohlhabenden Handwerksmeistern belegen lassen.[49] Beide Gefäßformen wurden in unterschiedlichen Größen von relativ einfacher bis besonders aufwändiger Ausführung in hervorragender künstlerischer Qualität zu Tausenden angefertigt und traten als repräsentative Trinkgefäße an die Stelle von Pokalen.[50] Auf einigen Humpen belegen Wappen, seltener Inschriften deren Beliebtheit bei der bürgerlichen Oberschicht der Kaufleute.[51] Bei dem verbreitetsten Gestaltungsschema gravierte der Goldschmied drei ovale oder runde Medaillons in der einfachsten Ausführung auf die glatte Wand des Korpus, in der nächsten Steigerungsstufe füllte er die Flächen zwischen ihnen mit gravierten Pflanzenranken, Blüten oder Früchten.[52] Noch prächtiger war der Gesamteindruck, wenn er das Rankenwerk und die Medaillons in plastischer Treibarbeit gestaltete und durch Teilvergoldung auch farbige Akzente setzte. In den Medaillons wurden am häufigsten die Köpfe römischer Imperatoren dargestellt, was die Bürger freier Reichsstädte anscheinend besonders schätzten.[53] In Lübeck sind biblische Szenen überliefert[54], in anderen Städten Jagdszenen sowie festliche Momente im Leben der Oberschicht.[55] Griechische Götter kamen ebenfalls vor, waren aber meist als Allegorien auf menschliche Tätigkeiten gemeint, so standen etwa Merkur und Minerva auf einem Augsburger Kugelfußbecher von ca. 1700 für Handel und Handwerk.[56]

Innerhalb dieser Gruppe gehört der Humpen des Deutschen Schiffahrtsmuseums zur obersten Qualitätsstufe. Er hat nicht mehr die gestreckten Proportionen des 17. Jahrhunderts, sondern eine im barocken Sinn kraftvolle Form, deren Durchmesser ebenso groß ist wie die Höhe des Korpus. Der geschweifte Henkel mit seinem Rankenornament und der blattförmige Deckelheber sind plastisch aus Silber gegossen. Zwischen den getriebenen Medaillons und auf dem Deckel sind Frucht- und Blütenbuketts und Akanthusranken plastisch herausgetrieben und durch Vergoldung des Untergrunds besonders hervorgehoben. Einzigartig und ohne Parallele sind die jeweils von einem Spruch eingerahmten Medaillons, deren wichtigstes (gegenüber dem Henkel) ein Seestück zeigt (Abb. 9), auf dem ein steinerner Leuchtturm mit brennender Laterne die Einfahrt zu einem Hafen kennzeichnet, von dessen wehrhafter Befestigung links die Ecke einer gemauerten Bastion zu sehen ist.

Häfen sind auf Trinkgefäßen und anderen Gegenständen der Kaufleute häufiger dargestellt.[57] Auf dem kabbeligen Meer fahren drei Schiffe nach links, von denen die beiden ersten je ein im Mittelmeer übliches Lateinersegel tragen, das letzte deren drei. Über dieser Szene scheint der Vollmond durch die Wolken. Wie im Barock allgemein beliebt, hat auch dieses Bild zwei verschiedene Bedeutungsebenen. Die erste ist die reale Darstellung einer mediterranen Hafeneinfahrt, die dem Betrachter mitteilt, dass der deutschsprachige Eigentümer des Humpens (Handels-) Verbindungen zum Mittelmeer unterhält. Die zweite Bedeutungsebene wird durch den Spruch erschlossen, der das Bild des Leuchtturms als Gleichnis für eine christliche Lebensführung unter dem Zuspruch Gottes auslegt mit den Worten: *Mein Licht beleücht den Weg das man recht schiffen mög.* Damit erfüllt dieses Medaillon in typisch barocker Art genau die formalen Vorgaben, die oben bereits für die spätgotischen Schiffsreliefs von Hameln herausgearbeitet wurden: Das Bild steht an bedeutsamer Stelle, kennzeichnet eindeutig durch die Schiffstypen die Region, zu deren Häfen die Handelsbeziehung dargestellt werden soll, und im beigefügten Spruch bekennt sich der Eigentümer zum christlichen Glauben als Grundlage für seine Seriosität und Vertrauenswürdigkeit auch im Handel.

Abb. 9 Medaillon des Augsburger Humpens mit mediterraner Hafenszene. (Foto: E. Laska, DSM)

Dass damit in der Tat der christliche Glaube, und zwar als katholisches Bekenntnis, herausgestellt werden sollte, zeigt das linke Medaillon, auf dem ein Altar mit einem an vier Ketten schwenkbaren Weihrauchgefäß in einer teilweise schroffen Gebirgslandschaft zu sehen ist (Abb. 10). Wieder deutet der Spruch auf den religiösen Bezug: *Das heilig Feür verzehrt was seine Glvt ernehrt,* während die reale Ebene zugleich bildlich mitteilt, dass der Weg zum Mittelmeer über ein Gebirge führt. Aus der Sicht des Augsburger Goldschmiedes sind damit die Alpen gemeint, denn nur über sie kam man vom deutschen Binnenland zum Mittelmeer. Von deutschen Seehäfen aus segelte man um die Zeit zu Schiff ins Mittelmeer.[58] Der dargestellte mediterrane Hafen ist deshalb am ehesten an Italiens Küste zu suchen.[59]

Dass der Besteller aus dem deutschen Binnenland dabei seine Beziehung nicht nur zu einem mediterranen Hafen, sondern Seefahrt über das Mittelmeer hinweg zeigen wollte, unterstrich er noch einmal mit dem rechten Medaillon, das ähnlich wie der Hamelner Spruch: *Kopmans Got Hat Ebbe und Flot,* die Gefahren anspricht, denen der Handel übers Meer ausgesetzt ist, und zwar wieder in der barockenen Weise mit den zwei Bedeutungsebenen. Das Bild zeigt ein

Abb. 10 Medaillon des Augsburger Humpens mit Altar in einer Gebirgslandschaft. (Foto: E. Laska, DSM)

delphinartiges Seewesen in aufgewühlter See vor einem spärlich bewachsenem Küstenstrich mit einem Baumstumpf (Abb. 11), und der Spruch erklärt, weshalb die Seefahrt trotz aller durch ein solches »Monster« veranschaulichten Gefahren nicht bodenloser Leichtsinn war, sondern unternommen wurde im Vertrauen auf Gottes Zuspruch mit den Worten: *Es ist kein Ungeheur dem icn nicht wehr und steur.* Dabei hat sich ein Schreibfehler eingeschlichen; richtig müsste es *ich* statt *icn* heißen.

Insgesamt zeigt der Vergleich mit dem Gildehaus des Hamelner Kopmans, dass der Augsburger Humpen trotz des Zeitunterschiedes von zweihundert Jahren in allen relevanten Punkten nach dem gleichen Verhaltensmuster anspruchsvoller kaufmännischer Repräsentation gestaltet wurde. Berücksichtigt man weiter die hohe Qualität der Goldschmiedearbeit und die Wertschätzung des Humpens als repräsentativste Gefäßform der Zeit um 1700 gerade bei der kaufmännischen Oberschicht, so lässt sich auch ohne Wappen oder Namensinschrift mit großer methodischer Sicherheit ein Kaufmann erschließen, der mit diesem Humpen auf repräsentative Weise die Reichweite seines Handels demonstrieren wollte. Sein Wohnsitz lässt sich wegen der weit-

Abb. 11 Medaillon des Augsburger Humpens mit Meeresungeheuer. (Foto: E. Laska, DSM)

räumigen Verbreitung Augsburger Goldschmiedearbeiten nur durch die Sprüche auf das deutsche Sprachgebiet und durch das Gebirgsbild auf das Binnenland nördlich der Alpen eingrenzen und darin am ehesten auf eine unbekannte Stadt mit zumindest einem katholischen Bevölkerungsanteil in Süddeutschland, der Schweiz oder Österreich mit engen Handelsbeziehungen nach Italien.

Seit ca. 1680 konnten die Hütten des Riesengebirges böhmisches und schlesisches Kreideglas bei großer Klarheit und Durchsichtigkeit dickwandig genug herstellen, um den tiefen Schliff und Schnitt zuzulassen, der die Oberfläche der Glaswandung lichtbrechend auflöste. Als billiges Rohprodukt verließ das noch unbearbeitete Gefäß die Glashütte, um unter den Händen des Glasschneiders zum hochwertigen Kunstwerk zu werden und zusätzlich zu den Pokalen der Goldschmiede mit neuen, eigenen Reizen zur Prachtentfaltung festlicher Tafeln beizutragen.[60] Diese Voraussetzungen erfüllt aufs Beste ein gläserner Walzenkrug des Deutschen Schiffahrtsmuseums, der um die Mitte des 18. Jahrhunderts in Schlesien gefertigt wurde.[61] Mit einer von Rokoko-Ornament umgebenen Schiffsszene in Mattschnitt, den seitlich anschließenden Zonen mit geblänkten Kugeln, den Facetten am Fuß und der Vergoldung des Lippenrandes ist das gesamte Repertoire zeitgenössischer Glaskunst aufgeboten, um der an sich einfachen Gefäßform das reiche Formenspiel einer plastisch bewegten Oberfläche zu geben (Abb. 12).[62] Der Besitzer ist deshalb in gehobenen Gesellschaftsschichten zu suchen.

Inhaltlich wurden die Gefahren der Seefahrt dargestellt, aber nicht wie auf dem Humpen von ca. 1700 durch ein phantastisches Seeungeheuer, sondern als realistische Schifffahrtsszene: Man sieht einen Dreimaster mit wild flatternden Segeln; eine entsprechend aufgewühlte See vermochte der Glasschleifer allerdings nicht überzeugend darzustellen. Auch hat er im Gegensatz zu den bisher behandelten Gegenständen keinen real existierenden Schiffstyp der Zeit wiedergegeben, denn zu dem dargestellten Geschützdeck, das nur die großen Handelsschiffe der Über-

Abb. 12 Gläserner Walzenkrug aus Schlesien um 1750. Höhe 14 cm. (Foto: E. Laska, DSM)

seefahrt sowie Konvoischiffe hatten, hätte er eine Takelage nicht nur mit Großsegeln, sondern mindestens noch mit Marssegeln zeigen müssen (vgl. Abb. 4b und 5). Offenbar konnte er seinen Auftraggeber mit einem nicht mehr an der Realität ausgerichteten, sondern der Tradition entnommenen bloßen Bildtopos eines wehrhaften Seeschiffes zufriedenstellen. Wie im Barock behält er aber die zwei Bedeutungsebenen des Schiffsbildes bei: Einerseits zeigt er real ein großes Handelsschiff im Sturm, andererseits deutet er mit dem darüber stehenden Spruch im zeitgenössischen Versmaß des Alexandriners dieses Schiff als Symbol für den Lebensweg des Auftraggebers: *Mein Schiff der Redlichkeit stößt allendhalben an / weil es nicht nach dem Wind der Falschheit Schiffen kann.* Damit wird die für den Kaufmann so entscheidende Vertrauenswürdigkeit immer noch zentral zum Ausdruck gebracht, so dass dieser aufwändig gestaltete Krug sicher ebenfalls für einen Kaufmann angefertigt wurde.[63]

Dennoch sind die großen Unterschiede zu dem nur ein halbes Jahrhundert älteren Silberhumpen nicht zu übersehen. Wo der Humpen die Vertrauenswürdigkeit nur indirekt durch den Hinweis auf den christlichen Glauben andeutet, spricht die Inschrift des Glaskruges die Redlichkeit des Kaufmanns direkt aus und beteuert zusätzlich, dass keine Falschheit im Spiel ist, verzichtet aber auf die Berufung auf den christlichen Glauben als Maßstab, auf den sich jeder Kunde berufen kann. Stattdessen wird als Prüfstein für den Wahrheitsgehalt der Aussage der Blick auf das Geschäftsleben des Kaufmanns angeboten mit der etwas larmoyanten Wendung, dass sein Lebensschiff überall anstößt. Unverkennbar macht sich in der Wendung zum Diesseitigen und zu rational nachprüfbaren Aussagen der Einfluss der Aufklärung bemerkbar, von dem auf dem Humpen von ca. 1700 noch nichts zu spüren war. Zugleich erstarrt das Schiffsbild zum bloßen Topos. Daran wird erstmals ein Trend sichtbar, der in der Folgezeit zu fortschreitender inhaltlicher Entleerung der einst so lebensvollen Selbstdarstellung der Kaufleute durch Bildzeichen führen wird.

Leider fehlt auch auf dem Glaskrug jeder Hinweis auf Person und Wohnort des Kaufmanns, so dass schwer zu entscheiden ist, ob er im Binnenland wohnte oder in einem Seehafen. Vielleicht hilft die Beobachtung weiter, dass sich die Kaufleute in den Seehäfen, wenn sie überhaupt ein Seeschiff in ihre Repräsentation einbezogen, durch unterscheidende Zusätze vom Seeschiffs-Logo der Schiffer eindeutig abzuheben suchten, z.B. durch den Namen des von ihnen bereederten Schiffes[64], durch Inschriften wie *Floreat Lübeca, Floreat Commercium*[65], durch Hafenszenen und die Figur Merkurs[66] oder durch bildliche oder schriftliche Hinweise auf den Walfang.[67] Da entsprechende Zusätze auf dem Glaskrug fehlen und das Schiff fehlerhaft dargestellt ist, ein kaufmännischer Auftraggeber aber durch die Redlichkeitsinschrift feststeht, spricht die Wahrscheinlichkeit für dessen Wohnsitz im Binnenland.

Als letztes Objekt aus der Sammlung des Deutschen Schiffahrtsmuseums ist für das hier zu behandelnde Thema eine bemalte Takelure von 1851 anzuführen, die laut Inschrift der Firma F. Wolff und Sohn mit Sitzen in Karlsruhe und Vienne gehörte (Abb. 13).[68] Dieses für ein Binnenschiff des Oberrheins angefertigte, mit einer Handkurbel zu betätigende Nebelhorn ist allseits bunt bemalt, oben und unten umlaufend mit einer beschnitzten und bemalten Zierleiste versehen und trägt unter der Schallöffnung das aus Gelbguss gefertigte Relief eines Dreimasters unter vollen Segeln und mit geschlossenen Stückpforten. Seeschiffe des dargestellten Typs mit hohen Kastellen waren um 1850 schon mehr als ein Jahrhundert nicht mehr in Fahrt. Weshalb dieses durch seine plastische Gestaltung dominante Schmuckelement dennoch in das Bildprogramm aufgenommen wurde, geht aus der Firmengeschichte hervor. Gottlob Friedrich Wolff (1803-1864) war Hoftheaterfriseur in Karlsruhe, betrieb aber zugleich einen so ausgedehnten Handel mit Parfümerie- und Feinseifenwaren, dass er dafür ein eigenes Binnenschiff zur Fahrt auf Rhein und Rhein-Rhône-Kanal bis Vienne anschaffte, das er 1851 mit der Takelure ausrüstete. Seinen Sohn Friedrich Wolff (1833-1920) hatte er schon mit 18 Jahren zum Teilhaber gemacht und mit der Wahrnehmung der Firmeninteressen in Frankreich (Vienne) betraut. Der Sohn erwies sich als rühriger Unternehmer und begnügte sich nicht mit der bloß vermittelnden Handelstätigkeit, sondern ging zur eigenen Herstellung über und gründete 1857 zusammen mit seinem Vater in Karlsruhe die Parfümerie- und Feinseifenfabrik Wolff & Sohn, die vor allem durch ihr Produkt »Kaloderma« bekannt geworden ist. Das stark expandierende Unternehmen nutzte für seinen Vertrieb das sich seit seiner Gründung immer mehr ausbreitende Eisenbahnnetz, so dass das Binnenschiff mit der Takelure nicht mehr benötigt wurde.

Mit deren Bildprogramm zeigte der »Newcomer« auf dem Markt sein Profil noch vor dem Einstieg in die Produktion: Auf seine spezifischen Handelswaren wies er in der bereits seit Jahrzehnten eingeführten Biedermeierart durch überall dargestellte Gebinde duftender Blumen und eine Flora auf der Hauptschauseite hin (Abb. 14). Zugleich griff er auf das inzwischen zu einer griffigen Bildformel erstarrte alte Schiffszeichen der Kaufleute des Binnenlands zurück und bezog es so in die Komposition ein, dass es als einziges plastisches Element besonders ins Auge fiel, um sich damit an die Gruppe der traditionsreichen Unternehmen des weit reichenden Fernhandels anzuschließen. Auf den das Schiffszeichen erläuternden Spruch, wie er noch im 18. Jahrhundert üblich war, verzichtete er völlig, stellte aber deutlich Namen und Sitze des Handelsunternehmens heraus, was wiederum in den vorigen Jahrhunderten nicht für nötig erachtet wurde.

Abb. 13 Bemalte Takelure der Firma F. Wolff & Sohn, Karlsruhe 1851. Höhe 36,5 cm. (Foto: E. Laska, DSM)

Abb. 14 Flora in einer Blumenschaukel auf der Schauseite derTakelure. (Foto: E. Laska, DSM)

Daran wird erstmals ein Verhaltensmuster erkennbar, mit dem sich viele neue Handelsfirmen besonders häufig seit der Gründerzeit auch in Seehafenstädten selbst darstellten, ohne noch auf eine Unterscheidung zum Zunftzeichen der Schiffer Wert zu legen. Eine Bremer Kontormappe des frühen 20. Jahrhunderts sei dafür als Beispiel gezeigt (Abb. 15).[69] Die mit der Einführung der Gewerbefreiheit spätestens 1868 verbundene Auflösung der Gilden und Zünfte ließ auch das Bewusstsein für die feinen Unterschiede ihrer Zeichen erlöschen. Als man sich um 1900 im öffentlichen Raum wieder mit Bildern zeitgenössischer Schiffe präsentierte, wurde damit nicht mehr eine gesellschaftliche Gruppe charakterisiert, sondern der nationale Stolz auf Spitzenleistungen der eigenen Industrie demonstriert.[70]

Die wenigen Objekte des Deutschen Schiffahrtsmuseums vermitteln durch ihre Verschiedenartigkeit, aufwändige Gestaltung und zeitliche Streuung ein repräsentatives Bild von der Entwicklung kaufmännischer Repräsentation durch Bilder von Seeschiffen im Binnenland. Mit ihnen wollte der betreffende Kaufmann jeweils sich selbst anschaulich als Angehörigen jener bürgerlichen Oberschicht darstellen, die durch ihre weit reichenden Handelsverbindungen der Allgemeinheit wichtige Dienste leistete. Deshalb legte der Kaufmann großen Wert darauf, das Fahrgebiet des dargestellten Schiffes möglichst genau zu kennzeichnen. Die Objekte des Deutschen Schiffahrtsmuseums zeigen Handelsverbindungen von Hameln über flandrische Häfen bis ins Mittelmeer und zu Portugals Übersee-Stationen (Abb. 4), von Nürnberg über Lübeck in die Ostsee (Abb. 7) und von Süddeutschland über die Alpen zur Mittelmeerschifffahrt (Abb. 9). Die Seeschiffsdarstellungen wurden nach dem allgemein gültigen Verhaltensmuster auf zweierlei Weise angebracht: Einerseits setzten die Kaufleute damit an Hausfassaden von ca. 1500 bis zum späten 19. Jahrhundert ihre Akzente im öffentlichen Raum wichtiger Straßen und Plätze. Das Deutsche Schiffahrtsmuseum besitzt mit den beiden Hamelner Seeschiffsreliefs von ca. 1500 (Abb. 4) die ältesten erhaltenen Belege für diesen Fassadenschmuck. Andererseits statteten die Kaufleute des Binnenlandes in ihren privaten Räumen während des gleichen Zeitraums

Abb. 15 Lederne Kontormappe eines Bremer Kaufmanns, frühes 20. Jahrhundert. 39,5 x 30 x 2,5 cm. (Foto: E. Laska, DSM)

besonders prächtige Trinkgefäße entsprechend aus, um damit an festlicher Tafel ihre Gäste zu beeindrucken (Abb. 8-12). Daneben ließen manche Kaufleute ihrer Phantasie aber auch freieren Lauf und befriedigten ihren Ehrgeiz zur Selbstdarstellung durch jeweils – zumindest im Binnenland – einzigartige Gegenstände, so Martin Peller 1603 in Nürnberg durch ein großes Schiffsmodell (Abb. 7) oder Friedrich Wolff 1851 in Karlsruhe durch eine aufwändig bemalte Takelure (Abb. 13).

Auch wenn die vorgestellten Gegenstände von so unterschiedlichen Handwerkern wie Schnitzern, Goldschmieden, Glasschneidern und Malern gestaltet wurden, zeichnet sich an ihnen klar der Stilwandel von der Spätgotik über Barock und Rokoko bis zum Biedermeier ab. Ebenso deutlich spiegeln die Inschriften den Wandel der Geisteshaltung, wobei die Kaufleute bis zum Rokoko einschließlich großen Wert darauf legten, ihre Redlichkeit als Voraussetzung ihrer Kreditwürdigkeit zum Ausdruck zu bringen: In der Spätgotik erläuterten die Sprüche die reale Bedeutung der Bilder in einprägsamen Formeln und drückten zugleich die religiöse Bindung der Kaufleute aus. Im Barock sprachen sie zusätzlich zu der realen Bildaussage noch eine zweite Bedeutungsebene an, in der das Bild zum Gleichnis für religiös zu bewältigende Lebenssituationen wurde. Im Rokoko wurden die beiden Bildebenen zwar beibehalten, blieben aber unter dem Einfluss der Aufklärung im Diesseitigen. Damit verloren aber die Sprüche ihre bisherige verbindliche Funktion, so dass unser Beispiel aus dem Biedermeier ganz darauf verzichten konnte. Mit der Auflösung der Gilden und Zünfte bis 1868 verloren auch die Bildzeichen ihre Verbindlichkeit.

Abb. 16 Hauptschauseite des gemäß Inschrift und Bildprogramm von den Tuchhändlern von Hirschberg in Schlesien in Auftrag gegebenen Glaspokals von ca. 1750/1760. (Collection of The Corning Museum of Glass, Corning, NY, USA; gift of the Ruth Bryan Strauss Memorial Foundation)

Anmerkungen:

1 Da die Inschriften kein Baujahr angeben, wird das Haus nach der Entwicklung des Hamelner Fachwerkbaus auf ca. 1500 datiert: August Ortwein u. August Scheffers: Hameln. Deutsche Renaissance. Eine Sammlung von Gegenständen der Architectur, Decoration und Kunstgewerbe in Original-Aufnahmen. Leipzig, Wien, Berlin um 1870, Bl. 10. – W. Rothert: Aus alter Zeit in Hameln. Hameln 1871, S. 25. – Albert Neukirch: Hamelner Renaissance. Vom Schicksal einer niedersächsischen Stadtkultur. Hameln 1950, S. 31 mit Abb. S. 33. – Genau die gleichen Details des Fachwerkbaus und seiner Zierelemente hat in Hameln das laut Inschrift 1505 erbaute Fachwerkhaus in derselben Bäckerstr. Nr. 21: Heinrich Spanuth: Baudenkmäler und historische Stätten in Hameln. Ein Führer durch die Rattenfängerstadt. 5. Aufl. 1976, S. 29. – Datierung ins frühe 16. Jh.: Detlev Ellmers: Das Schiff als Zeichen in Mittelalter und Früher Neuzeit. Bürgerliche Selbstdarstellung im Flußgebiet der Weser. In: DSA 19, 1996, S. 221-252, hier S. 230.

2 A. Neukirch 1950 (wie Anm. 1), Abb. S. 33.

3 Wilhelm Hansen u. Herbert Kraft: Fachwerk im Weserraum. Hameln 1980, S. 96-98.

4 Karl Lachner: Die Holzarchitektur Hildesheims. Hildesheim 1882, S. 37-39 mit Tafel X, Haus Eckemeckerstraße Nr. 1254.

5 A. Ortwein / A. Scheffers um 1870 (wie Anm. 1), Tafel 10.

6 K. Lachner 1882 (wie Anm. 4), S. 40-42 mit Tafel XI.

7 Hartwig Beseler (Hrsg.): Kunst-Topographie Schleswig-Holstein. Neumünster 1969, S. 145 mit Abb. S. 144 (= Lübeck, Mengstraße 25).

8 Günter Hammerschmidt: Häuser mit Hauszeichen in der ehemaligen Altstadt von Magdeburg. Magdeburg 2004, S. 130.

9 Deutsches Schiffahrtsmuseum, Inv. Nr. I/575a-b/73. Im Kunsthandel war die Herkunft der Reliefs nicht mehr bekannt; erst 1977 konnte das Haus, zu dem die Teile einst gehörten, von Gert Schlechtriem (DSM) identifiziert werden mit Unterstützung durch Ernst Spanuth, Hameln, dem auch an dieser Stelle für seine Hilfe gedankt sei. – Das Hirschrelief, die Oberzone des Portals und einige Knaggen gelangten in das Museum Hameln: Heinrich Spanuth: Ein verlorener Renaissancebau. Das »Koopmanshus« an der Bäckerstraße in Hameln. In: Die Weser-Zeitung vom 8.5.1954.

10 Richard W. Unger: The Ship in the Medieval Economy 600-1600. London, Montreal 1980, S. 176f. – Hermann Kellenbenz: Aufstieg und Krise des Hafens von Antwerpen (bis 1650). In: Heinz Stoob (Hrsg.): See- und Flußhäfen vom Hochmittelalter bis zur Industrialisierung. Köln, Wien 1986, S. 141-159, hier S. 159f.
11 Meine eigene Typenzuweisung, D. Ellmers 1996 (wie Anm. 1), muss ich korrigieren: es ist keine Galeone, sondern deren Vorläufer, das kleinere Nao. Vgl. Alfred Dudszus u. Ernest Henriot: Das Schiffstypenlexikon. Berlin u. Hamburg 1983, S. 188 mit Abb. S. 209.
12 H. Kellenbenz 1986 (wie Anm. 10), S. 150-152.
13 Deutsches Schiffahrtsmuseum, Inv. Nr. I/7254/95. – Ekhart Berckenhagen: Pieter van de Velde vor dem Hintergrund flämischer Marinemalerei des 15. bis 18. Jahrhunderts. In: DSA 18, 1995, S. 187-206, hier S. 187f. mit Abb. 1.
14 Detlev Ellmers: Hansische Selbstdarstellung im Siegelbild. In: Rolf Hammel-Kiesow u. Michael Hundt (Hrsg.): Das Gedächtnis der Hansestadt Lübeck. Festschrift für Antjekathrin Graßmann zum 65. Geburtstag. Lübeck 2005, S. 413-425, hier S. 423.
15 Leopold Schmidt: Zunftzeichen. Zeugnisse alter Handwerkskunst. München 1979, Kat. Nr. 44. – In Hamelns Nachbarschaft: Rainer Pape: Das Städtische Museum Herford. Ein Führer durch die Sammlungen. Herford 1976, S. 56.
16 D. Ellmers 1996 (wie Anm. 1), Abb. 4b; 22; 27; 28 u. 33.
17 A. Ortwein / A. Scheffers um 1870 (wie Anm. 1), Bl. 10.
18 Ebd. – W. Rothert 1871 (wie Anm. 1), S. 26
19 Georg Steinhausen: Kaufleute und Handelsherren in alten Zeiten. Leipzig 1899, S. 62.
20 Wilhelm Brockmann u. Fritz Seifert: Hamelner Bilderbogen. Hameln 1969, Abb. 40, zweiter Ständer von links.
21 Den Hinweis auf diesen Pokal und die Erlaubnis zur Abbildung der Schauseite verdanke ich Herrn Dr. Dedo von Kerssenbrock-Krosigk vom Corning Museum of Glass, Corning, USA.
22 Herbert Ewe: Schiffe auf Siegeln. Bielefeld, Berlin 1972. – D. Ellmers 2005 (wie Anm. 14), S. 416-419.
23 Detlev Ellmers: Wie realistisch ist das Goldene Schiff? Schiffbaugeschichtliche Anmerkungen zu einem Tafelaufsatz. In: Hans-Jürgen Vogtherr (Hrsg.): Das Goldene Schiff von Uelzen. Vergangenheit und Gegenwart eines Wahrzeichens. Uelzen 1995, S. 27-41.
24 Konrad Köstlin: Schiffsschenkungen in protestantischen Kirchen. Von ständischer Repräsentation zum Symbol lokaler Identität. In: DSA 11, 1988, S. 291-302.
25 Wallfahrtskirche: Georg Piltz: Kunstführer durch die DDR. Leipzig, Jena, Berlin 1972, S. 458. – Wolfgang Steusloff: Das Ebersdorfer Koggenmodell von 1400. In: DSA 6, 1983, S. 189-207.
26 Detlev Ellmers: Alltag auf Koggen – nach Bildern, Funden und Texten. In: Gabriele Hoffmann u. Uwe Schnall (Hrsg.): Die Kogge. Sternstunde der deutschen Schiffsarchäologie. (= Schriften des DSM 60). Hamburg 2003, S. 162-193, hier S. 184.
27 Schätze und Meilensteine deutscher Geschichte aus dem Germanischen Nationalmuseum in Nürnberg. Nürnberg 1997, S. 64f.
28 Kurt Gerdau: Hansestadt im Seewind: Bielefeld. Leopoldshöhe 1997, S. 12-14.
29 Eva-Ursula Petereit: Bad Schandau. Die Stadt und ihre Geschichte. Berlin 1993, S. 5f. mit Abb.
30 Kreismuseum Schönebeck/Elbe.
31 Auf dem Stein von Christoph Lütkemann (1669-1733) in der St. Blasius-Kirche und auf einem weiteren Stein vom Friedhof am oberen Tor, aufgestellt am Aussichtsturm auf der Tilly-Schanze.
32 Reinhold Böhm: Der Füssener Totentanz und die Lechtaler Totentänze in Breitenwang, Elbigenalp und Elmen. Füssen 1984, S. 20.
33 Gerd Betz: Glückliches Biedermeier. Braunschweig 1964, Taf. 4.
34 Gent und ihre Schönheiten. Brüssel 1983, S. 21.
35 Wolfgang Rudolph: Das Schiff als Zeichen. Bürgerliche Selbstdarstellung in Hafenorten. (= Schriften des DSM 24). Hamburg 1987, Abb. 32 (Lübeck); Abb. 50 (Stettin); Abb. 33 (Bremen).
36 Lithographie aus den Bremer Seefahrtsbüchern des 19. Jh. Archiv des Deutschen Schiffahrtsmuseums.
37 Heinrich Rahden: Die Schiffe der Rostocker Handelsflotte. Rostock 1941, Abb. ohne Paginierung.
38 W. Rudolph 1987 (wie Anm. 35), Abb. 68.
39 Vgl. D. Ellmers 1996 (wie Anm. 1), Abb. 4b; 22; 27; 28 u. 33.
40 Ebd., S. 234f.
41 Germanisches Nationalmuseum Nürnberg. Führer durch die Sammlungen. München 1977, S. 116. – Werner Jaeger: Das Peller-Modell von 1603. Rostock, Bielefeld, Berlin 1973.
42 Von West nach Ost: J. M. G. van der Poel: Scheepsmodellen in Nederlandse kerken. Enkhuizen 1987. – Hans Szymanski: Schiffsmodelle in niedersächsischen Kirchen. Göttingen 1966. – Anngret Pods u. Wermund Bendtsen: »Votivschiffe« im Königreich Dänemark und in den ehemaligen Herzogtümern Schleswig und Holstein. Rendsburg 1988. – Wolfgang Steusloff: Votivschiffe. Schiffsmodelle in Kirchen zwischen Wismarbucht und Oderhaff. Rostock 1981.
43 Hartmut Müller: Die Schiffsmodelle der oberen Rathaushalle. Ein historischer Exkurs. In: Bankhaus Neelmeyer, Bremen, Jahresbericht 1993, S. 3-17 (die Modelle hingen bis 1811 im Schütting, dem Haus der Kaufmannschaft). – Gustav Lindtke: Die Schiffergesellschaft zu Lübeck, Lübeck 1977, S. 60-64.
44 Deutsches Schiffahrtsmuseum, Inv. Nr. I/3554/85.

45 K. Gerdau 1997 (wie Anm. 28), S. 21-23.
46 Mit Hilfe der Waldemar-Koch-Stiftung, Bremen, der auch an dieser Stelle herzlich gedankt sei, konnte das Deutsche Schiffahrtsmuseum diese einzigartige Goldschmiedearbeit 2001 im Münchener Kunsthandel erwerben. Inv. Nr. I/9357B/01.
47 Günter Schade: Deutsche Goldschmiedekunst. Leipzig 1974, S. 174.
48 Bettina Zöller-Stock: Silberne Pracht und tiefere Bedeutung. Willkomm-Pokale, Humpen und Becher im St. Annen-Museum. In: Gerhard Gerkens und Antjekathrin Graßmann (Hrsg.): Lust und Last des Trinkens in Lübeck. Lübeck 1996, S. 108-117, hier S. 114.
49 Dagmar Thormann: Zunftzinn und Zunftsilber im Germanischen Nationalmuseum. Nürnberg 1991, S. 148-150.
50 G. Schade 1974 (wie Anm. 47), S. 199f.
51 Max Hasse: Lübecker Silber 1450-1800. Lübeck 1965, Kat. Nr. 139. – B. Zöller-Stock 1996 (wie Anm. 48) S. 110 und 114.
52 Goldschmiedekunst von der Renaissance bis zum Klassizismus aus einer Lübecker Privatsammlung. (= Kulturstiftung der Länder – Patrimonia 204). Lübeck 2001, Kat. Nr. 7; 9; 24.
53 D. Thormann 1991 (wie Anm. 49), S. 148-150.
54 Goldschmiedekunst 2001 (wie Anm. 52), Abb. 3 und Kat. Nr. 24.
55 Werner Piechocki: Die Halloren. Geschichte und Tradition der »Salzwirkerbruderschaft im Thale zu Halle«. Leipzig 1981, Abb. 74-78.
56 Kestner-Museum, Hannover, Inv. Nr. 1957,82.
57 Z.B. auf einem gläsernen Deckelpokal von 1750/60 mit der Inschrift Floreat Commercium: Christian L. Küster: Glas im Altonaer Museum. In: Altonaer Museum Jahrbuch 1973, S. 9-68, hier S. 11. – Häfen von Hamburg und Amsterdam mit Neptun und Merkur auf einer Tabakdose (um 1760) des Deutschen Schiffahrtsmuseums, Inv. Nr. I/9003/00. Vgl. auch Anm. 21 und 66.
58 Walther Vogel: Beiträge zur Statistik der deutschen Seeschiffahrt im 17. und 18. Jahrhundert. In: Hansische Geschichtsblätter 33, 1928, S. 110-152.
59 Vgl. dazu Uta Lindgren: Alpenübergänge von Bayern nach Italien 1500-1800. Landkarten – Straßen – Verkehr. München 1986.
60 Fritz Kämpfer: Becher, Humpen, Pokale. Leipzig 1977, S. 120f.
61 Das Altonaer Museum besitzt einen in allen Details des Glasschnitts ähnlich gestalteten schlesischen Glaspokal der Mitte des 18. Jh., der in gleicher Schrift einen Spruch ebenfalls im Versmaß des Alexandriners trägt (Inv. Nr. 1967/677). C. L. Küster 1973 (wie Anm. 57), S. 11.
62 Deutsches Schiffahrtsmuseum, Inv. Nr. I/8665/99, Höhe 14 cm. Den Erwerb aus dem Münchener Kunsthandel ermöglichte eine großzügige Spende von Dr. Henning Hübner, Bremerhaven, dem wir auch an dieser Stelle herzlich danken.
63 Dass in der Tat steilwandige Glaskrüge dieser Größenordnung für Kaufleute angefertigt wurden, geht aus der Inschrift Floreat Commercium eines solchen 16,4 cm hohen Kruges von 1753 mit Lübecker Stadtansicht hervor. Max Hasse: Lübeck Sankt Annen-Museum. Bilder und Hausgerät. Lübeck 1969, Kat. Nr. 447.
64 Detlev Ellmers: Ein Silberbecher und Stapellauffeiern der Frühen Neuzeit. In: DSA 26, 2003, S. 261-272, hier Abb. 1 und 4.
65 M. Hasse 1969 (wie Anm. 63), Kat. Nr. 440.
66 Gisela Haase: Glas – um 1700 bis um 1800 aus den Beständen des Museums für Kunsthandwerk Dresden. Dresden 1984, Kat. Nr. 85 mit Verweis auf weitere Literatur.
67 Glaspokal des Deutschen Schiffahrsmuseums aus der Sammlung Bruns, Inv. Nr. I/989/00/21
68 Deutsches Schiffahrtsmuseum, Inv. Nr. I/8524/98, erworben 1998 von einem niederländischen Vorbesitzer mit Hilfe der Waldemar-Koch-Stiftung, der dafür auch an dieser Stelle unser Dank gebührt. – Detlev Ellmers u. Uwe Schnall: Eine verzierte Takelure aus dem Jahr 1851. In: DSA 24, 2001, S. 477-487.
69 Deutsches Schiffahrtsmuseum, Inv. Nr. I/6180/93, erworben 1993 im Bremer Kunsthandel.
70 So in Bremerhaven an der alten Geestebrücke von 1904 mit dem Relief des Schnelldampfers Kaiser Wilhelm II, zu der Zeit Träger des Blauen Bandes.

Anschrift des Verfassers:
Prof. Dr. Detlev Ellmers
Oldenburger Straße 24
D-27568 Bremerhaven

Sea-Going Vessels Used Inland as Merchant Symbols

Summary

The variety, elaborate design and differing time periods of the few objects in the German Maritime Museum provide a good idea of the development of merchant representation by means of pictures of sea-going ships inland. With them, the merchant in question wanted to portray himself as a member of the wealthy classes that did society an important service with their far-reaching trade connections. This is why the merchant placed high importance on marking the regions plied by the ship depicted as accurately as possible. The exhibits in the German Maritime Museum show trade connections from Hamelin via Flemish harbours as far as the Mediterranean and Portugal's bases overseas (fig. 4), from Nuremberg via Lübeck to the Baltic (fig. 7) and from South Germany via the Alps to Mediterranean shipping (fig. 9).

In accordance with the generally accepted behaviour of that time, the pictures of ships were applied in two ways. Firstly, the merchants used such depictions on house facades from ca. 1500 until the late nineteenth century in order to make their mark in public spaces, on important streets and squares. The German Maritime Museum possesses the oldest surviving proof of this facade ornamentation in the shape of the two reliefs of sea-going ships from Hamelin, dating from ca. 1500 (fig. 4). Secondly, during the same period the inland merchants decorated their private chambers with especially fine drinking vessels in order to impress their guests at banquets (figs. 8-12).

At the same time, merchants gave free rein to their imagination and sometimes satisfied their self-representation ambitions (inland at least) with very unusual objects: One such was Martin Peller in Nuremberg in 1603, with his large model ship (fig. 7), or Friedrich Wolff in Karlsruhe in 1851, with his elaborately painted rigging (fig. 13).

Even though the objects presented were designed and created by craftsmen as varied as woodcarvers, goldsmiths, glass-cutters and painters, they clearly reveal the stylistic development from Late Gothic to the Biedermeier style via Baroque and Rococo. The inscriptions reveal attitudes just as clearly: The merchants up to the Rococo era, for instance, attached great importance to eloquence as being a prerequisite for expressing creditworthiness. During the Late Gothic era the inscriptions conveyed the actual importance of the pictures in easy-to-remember formulae, simultaneously expressing the religious affiliations of the merchants in question. In the Baroque era the picture's actual message was accompanied by a second level of significance in which the picture became a parable for life situations that could only be overcome by religion. In the Rococo period these two levels were retained but remained under the secular influence of the Enlightenment. In the process, however, the inscriptions lost their previously binding function, so that the example shown from the Biedermeier period could dispense with such an inscription entirely. By 1868, when the guilds had been dissolved, the pictorial symbols also lost their significance.

Les représentations de navires à l'intérieur des terres, à titre d'enseignes des marchands

Résumé

Par leur hétérogénéité, leur exécution virtuose et leur dissémination à travers les époques, les quelques objets d'art du Deutsches Schiffahrtsmuseum transmettent une image évocatrice du développement auquel fut sujette la représentation des marchands, et ceci grâce à des navires à l'intérieur du pays. Grâce à eux, le marchand concerné voulait rendre manifeste son appartenance à cette couche supérieure de la bourgeoisie qui, par ses relations de commerce très étendues, rendait à la collectivité de grands services. C'est pourquoi le marchand tenait énormément à une désignation la plus précise possible des régions traversées par le navire représenté. Les objets d'art du Deutsches Schiffahrtsmuseum témoignent des relations commerciales allant de Hameln aux ports de la Flandre, jusqu'à la Méditerranée et les stations d'outre-mer du Portugal (ill. 4), de Nuremberg à Lubeck sur la Baltique (ill. 7) et de l'Allemagne du Sud à travers les Alpes jusqu'à la navigation en Méditerranée (ill. 9).

Les représentations de navires furent exposées de deux façons, selon un schéma de conduite usuel, l'une publique, l'autre privée. D'un côté, les marchands, à partir d'environ 1500 jusqu'à la fin du XIXe siècle, apposaient ainsi leur griffe, les projettant de cette manière sur l'espace public de rues et places importantes. Le Deutsches Schiffahrtsmuseum possède les plus anciens témoignages de cette décoration de façades, il s'agit des deux reliefs de Hameln, datant d'environ 1500 (ill. 4). D'autre part, au cours de la même époque, les marchands de l'intérieur du pays faisaient décorer de magnifiques récipients à boire pour leur sphère privée, afin d'impressionner leurs hôtes au cours de banquets (ill. 8-12).

À côté de cela, certains marchands laissaient libre cours à leur fantaisie et donnaient satisfaction à leur besoin de paraître, grâce à des objets uniques, tout du moins à l'intérieur du pays, comme par ex. Martin Peller en 1603 à Nuremberg, grâce à un grand modèle de navire (ill. 7), ou Friedrich Wolff en 1851 à Karlsruhe, grâce à une corne de brume richement peinte (ill. 13). Même si les objets présentés ont été réalisés par des artisans aussi différents que des sculpteurs sur bois, des orfèvres, des graveurs sur verre et des peintres, ils font clairement preuve du changement de style, allant de la fin du gothique jusqu'à l'époque baroque, en passant par le rococo et le style Biedermeyer. Tout aussi clairement, les inscriptions reflètent le changement des mentalités, les marchands jusqu'à la fin du rococo tenant particulièrement à exprimer leur honnêteté comme garantie de leur crédibilité: durant la fin du gothique, les inscriptions expliquaient par des formules marquantes la réelle signification des images et exprimaient en même temps l'engagement religieux des marchands. À l'époque baroque, elles évoquaient de surcroît un autre niveau de signification dans lequel l'image équivalait à une situation de la vie qu'il fallait surmonter avec l'aide de la religion. À l'époque rococo, les deux niveaux furent conservés, restant toutefois, sous l'influence des Lumières, dans l'ici-bas. Les inscriptions perdirent ainsi leur fonction contractuelle, si bien que l'exemple cité de l'époque Bidermeyer put totalement y renoncer. À la dissolution des guildes et des corporations jusqu'en 1868, les signes iconographiques perdirent également leur signification contractuelle.

HAGEN ALLMELING

Das Journal der Hamburger Galiot MARY ANN 1834/35

1. Einleitung

Das Deutsche Schiffahrtsmuseum ist im Besitz des Logbuches eines Hamburger Segelschiffes aus den Jahren 1834-1835. Hierbei handelt es sich um die zu der Zeit unter Hamburger Flagge fahrende MARY ANN der Reederei Wachsmuth & Krogmann, die im Berichtszeitraum des Logbuches zwei Reisen ins Mittelmeer und eine nach New York unternahm.

Die Transkription dieses einzigartigen Dokumentes der zivilen Seefahrt aus der ersten Hälfte des 19. Jahrhunderts, die von mir im Herbst 2005 durchgeführt wurde, war mehr als nur das bloße Übertragen von Buchstaben in eine heute lesbare Schrift. Diese Eintragungen, beginnend am 3. August 1834 und endend am 9. September 1835, sind für mich auch ein gutes Jahr gelebte und erlebte Geschichte der Besatzung der MARY ANN und ein Beispiel dafür, wie in jener Zeit Seehandel betrieben und an Bord gelebt und gearbeitet wurde. Angeregt und unterstützt durch interessante Gespräche mit Frau Ursula Feldkamp und Herrn Rüdiger Bahr, beide Deutsches Schiffahrtsmuseum (DSM), wurden weitere Recherchen nach Hintergrundinformationen durchgeführt, die zum Teil Interessantes zutage brachten, weitere Fragen aufwarfen und zu spannenden Gesprächen unter anderem mit Herrn Horst Menzel, Hamburg, Herrn Dr. Albrecht Sauer, DSM, Herrn Prof. Dr. Peter Mesenburg, Universität Essen, und Herrn Dr. Günther Oestmann, Deutsches Museum, München, führten, die weitere Klarheiten brachten, aber natürlich ebenfalls neue Fragen entstehen ließen. Viele werden nie beantwortet werden, da die Hauptprotagonisten, Kapitän Jessen und die Besatzung der MARY ANN, sie aus verständlichen Gründen nicht mehr beantworten können.

2. Das Journal

Das Logbuch, als »Journal« bezeichnet, ist 335 mm hoch, 270 mm breit und 21 mm dick. Der Einband besteht aus ca. 1 mm starker Pappe, die außen braun-schwarz marmoriert ist. Der hintere Einband ist schon stark abgegriffen, die Marmorierung ist zu mehr als der Hälfte nicht mehr vorhanden. Der Rücken besteht aus dünnem, schwarz gefärbtem Leder, das an mehreren Stellen schon braun durchschimmert. Auf dem vorderen Einband ist ein ovales, an den Enden spitz zulaufendes Schild aus grauem Papier mit den Abmessungen 130 mm x 80 mm aufgeklebt. Darauf sind mit Tinte in lateinischer Schreibschrift der Name MARY ANN, darunter die Jahreszahlen *1834* und *1835*, oberhalb des Namens mit Bleistift die Ziffer 312 eingetragen worden.

Zwischen den Deckeln befinden sich 84+14 Blätter, also 168+28 Seiten, die in Fadenheftung gebunden sind. Die ersten 168 Seiten haben dieselben Abmessungen wie der Einband und sind von blass-beiger Färbung. Im Anschluss sind noch einmal 28 Seiten von blass-türkiser Farbe mit den Abmessung 335 mm x 210 mm eingebunden.

Das Journal wurde im Hochformat geführt. Die Eintragungen sind mit Tinte gemacht worden, dem Schriftbild nach von mindestens zwei verschiedenen Personen, wahrscheinlich vom Kapitän und vom Steuermann. Die Tinte ist umbrafarbig und unterschiedlich stark verblichen, zum Teil sehr verschmiert, ebenfalls »zieren« viele Tintenkleckse die Seiten.

Auf der ersten Seite befinden sich rechts oben in lateinischer Schreibschrift der Name *Wilh. Bekstein,* darunter in deutscher die Bezeichnung *Schiffsmakler* und wiederum darunter, ebenfalls in lateinischer Schreibschrift, *in Hamburg.*

Die einzelnen Seiten bzw. auf See Doppelseiten sind in lateinischer Schreibschrift überschrieben mit *Journal an Bord des Hamburger Galiot Schiffs* MARY ANN geführt *durch Capt: H: Tho: Jessen, bestimmt von* (Abgangshafen) *nach* (Bestimmungshafen), *gehalten im* (augenblickliches Seegebiet), *Jahreszahl.* Dabei wurden verschiedene Schreibweisen für einzelne Begriffe gewählt: *Galiot, Galliot, Galiott; Galiot-Schiff,* mal getrennt mit oder ohne Trennungszeichen, mal zusammen geschrieben. Auch befindet sich das Journal mal an, ein anderes Mal auch am Bord, usw.

Die Eintragungen in den Häfen und auf den Revieren wurden über die ganze Breite einer Seite in deutscher Schreibschrift gehalten. Wochentage, Monatsnamen, Orts- und Personennamen, Windrichtungen sowie fremdsprachliche Begriffe wie z.B. *Equepage* (Besatzung) wurden allerdings in lateinischer Schrift ausgeführt.

Auf See ist für alle 24 Stunden eines Etmals eine Seite in tabellarischer Form gewählt worden, beginnend jeweils mit der Wache von 12.00-16.00 Uhr. Jede Tabelle hat neun Spalten und sieben Zeilen, unter der Kopfzeile eine Zeile pro Wache. Die einzelnen Wachen wurden, wiederum beginnend mit der Wache von 12.00-16.00 Uhr, wie folgt bezeichnet: *Nach:; Platv:, Platvt: oder Platvot:;*[1] *Erste; Hund:* oder *Hunde:; Tag* und schließlich *Vorm:.* Wochentag und Datum wurden sinnvoller Weise am Anfang der Zeile für die Wache von 00.00-04.00 Uhr eingetragen.

Die einzelnen in der Kopfzeile benannten Spalten stehen für: Tag und Datum, Glasen (wie viele Glasen wurde ein bestimmter Kurs gelaufen), Bezeichnung der Wache, Distanz, gesteuerten Kurs, Abdrift, behandelten (oder beschickten?) Kurs, Windrichtung sowie Begebenheiten. Diese Zeile wurde in lateinischer Schrift ausgefüllt. Für die einzelnen Bezeichnungen der Spalten wurden unterschiedliche Varianten gewählt: *Datum, Dato* oder *dato, Curs, Cours* oder *Course,* mal groß, mal klein geschrieben.

Im Anschluss an die Vormittagswache folgen außerhalb der Tabelle Berechnungen über den rechtweisenden Kurs, die abgefahrene Länge und Breite sowie Angaben über die Länge der Etmale und über die observierte Breite. Abschließend sind nach Verlassen des Hafens und Reviers die Seiten fortlaufend nummeriert.

Die Eintragungen in den ersten acht Spalten sind durchweg in lateinischer Schrift ausgeführt, die der Spalte *Begebenheiten* dagegen, mit den schon genannten Ausnahmen, in deutscher Schreibschrift gemacht worden. Reichte der Platz dieser Spalte nicht aus, wurde die ganze Zeile, in der ersten *(Tag & Dato)* oder zweiten Spalte *(Gl)* beginnend, für die Eintragungen genutzt. Ebenso wurde verfahren, wenn aufgrund von Windstille kein Steuer im Schiff war.

In gleicher Weise wurden Angaben über Kurs, Distanz und Position am Ende der Seite außerhalb der Tabelle notiert: Himmelsrichtungen, Greenwich sowie Observation sind in lateinischer, alle anderen Angaben in deutscher Schrift festgehalten.

Interessant sind auch die Schreibweisen von Ortsnamen. Manchmal entsteht der Eindruck, dass der phonetische Klang gewählt wurde, oft auch für ein und denselben Ort in verschiedener Schreibweise. Der unterschiedlichen Handschrift nach könnte es daran gelegen haben, dass

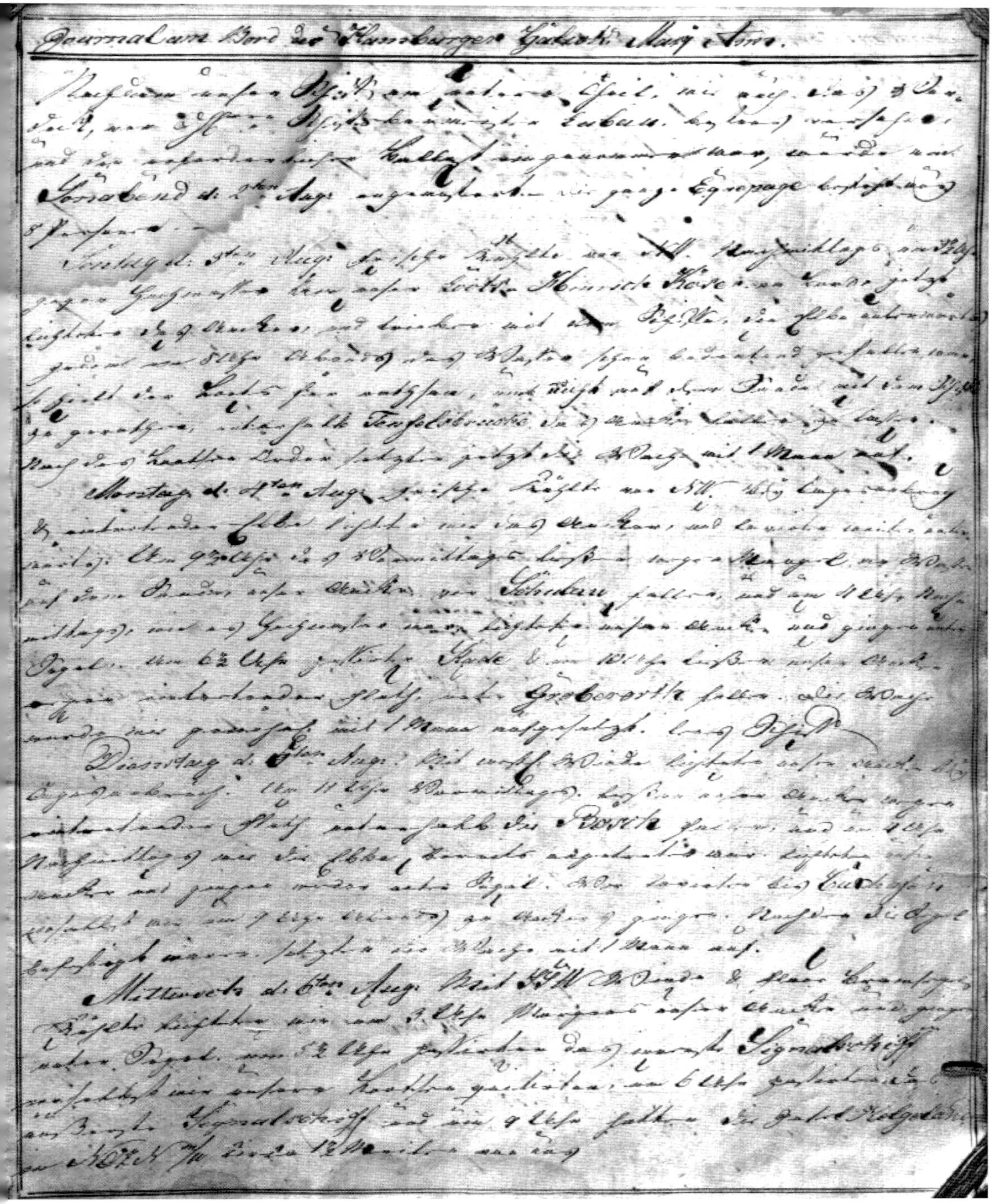

Abb. 1 Erste Seite der ersten im Journal dokumentierten Reise von Hamburg nach Malaga. Festgehalten sind die Anmusterung, das Auslaufen aus Hamburg am 3. August 1834 sowie der Beginn der Reise auf der Elbe bis zum Passieren von Helgoland. (Foto: Archiv DSM)

Schiffer und Steuermann verschiedener Ansicht über die Orthographie waren. Es wurden auch heute nicht mehr gebräuchliche Ortsnamen benutzt, wie z.B. *Hoofden* für die Straße von Dover. Ebenso sind viele Begriffe heute nicht mehr gebräuchlich, auch nicht in der Seemannssprache. Doch dazu mehr an anderer Stelle.

Wegen der im Journal erscheinenden Abweichungen der Schriftbilder einiger Buchstaben von dem ab 1914/15 und verbindlich ab 1924 an preußischen Schulen eingeführten Normalalphabet für die deutsche und lateinische Schrift (Sütterlinschrift) benutze ich hier den Begriff »deutsche Schrift«. Zitate aus dem Journal der MARY ANN in deutscher Schreibschrift sind in magerer kursiver, solche in lateinischer Schreibschrift in halbfetter kursiver Schreibung wiedergegeben.

3. Die wirtschaftliche Situation

Die mit der Schifffahrt beschäftigten Kräfte sahen sich durch das Ende der Napoleonischen Kriege um die Früchte ihrer Arbeit und ihres Risikos, welches sie besonders durch Napoleons Kontinentalblockade und den Kaperkrieg getragen hatten, gebracht. Um den eigenen Bedarf an kriegswichtigen Gütern zu decken und die Verluste an eigenem Schiffsraum durch See- und Kaperkrieg zu kompensieren, hatte Großbritannien seine sonst so geheiligte Navigationsakte stillschweigend gelockert. Nun, nach Kriegsende, wurde sie wieder streng gehandhabt. Ebenso gingen die anderen großen Kolonialmächte vor, die unter dem Druck des Krieges ihre Häfen und die ihrer Kolonien auch für Schiffe fremder Flaggen geöffnet hatten: sie schlossen sie wieder. Walter Ried[2] gibt ein beredtes Beispiel für die Schifffahrt nach 1815. Der Bestand der Handelsflotte betrug demnach:

	in Deutschland einschließlich Schleswig Holstein u. schwed. Pommern	*in Großbritannien*
1800	*570.000 tons*	*1.700.000 tons*
1825	*300.000 tons*	*2.400.000 tons*

Auf der einen Seite stand ein Verlust von 47,4% an Tonnage, auf der anderen ein Anstieg um 41,2% des Vorkriegsbestandes.

Durften während des Krieges z.B. Hamburger Schiffe durchaus Brotgetreide in englische Häfen bringen, obwohl in Hamburg kein Getreide zum Export angebaut wurde, so war es nach Kriegsende damit vorbei, denn nach den Beschlüssen des Wiener Kongresses durfte England jedes Mitglied des Deutschen Bundes als selbstständigen Staat behandeln, setzte sich der Deutsche Bund doch aus 35 souveränen Fürstenstaaten sowie vier ebenfalls souveränen freien Städten, nämlich Hamburg, Bremen, Lübeck und Frankfurt am Main, zusammen. Jeder Einzelstaat, und somit auch Hamburg, das de jure auch ein souveräner Staat war, musste also, wollte es Handel mit solchen Mächten treiben, die die eigenen Flotten protektionierten, bilaterale Verträge abschließen.[3] Folglich war es keinem Hamburger Schiff gestattet, Getreide aus Preußen in England anzulanden.[4]

Erst langsam vermochte sich die deutsche Schifffahrt, die nach dem Kriege zunächst nicht mehr existierte, unter diesen Bedingungen als nationale Küstenschifffahrt wieder zu erholen. Erst einmal mussten die traditionellen Fahrtgebiete zwischen St. Petersburg und Lissabon wieder aktiviert, neue Verbindungen geknüpft und neue Märkte, besonders in Übersee, erschlossen werden.[5]

Nach den vorliegenden Angaben bei Soetbeer[6] aus den Jahren 1836-1838 begann sich der Handel zwischen Hamburg und Spanien sowie dem Mittelmeer langsam wieder zu entwickeln. Der spanische Bürgerkrieg von 1834-1839 (1. Karlistenkrieg) wird zwar die Ausfuhr nach Spa-

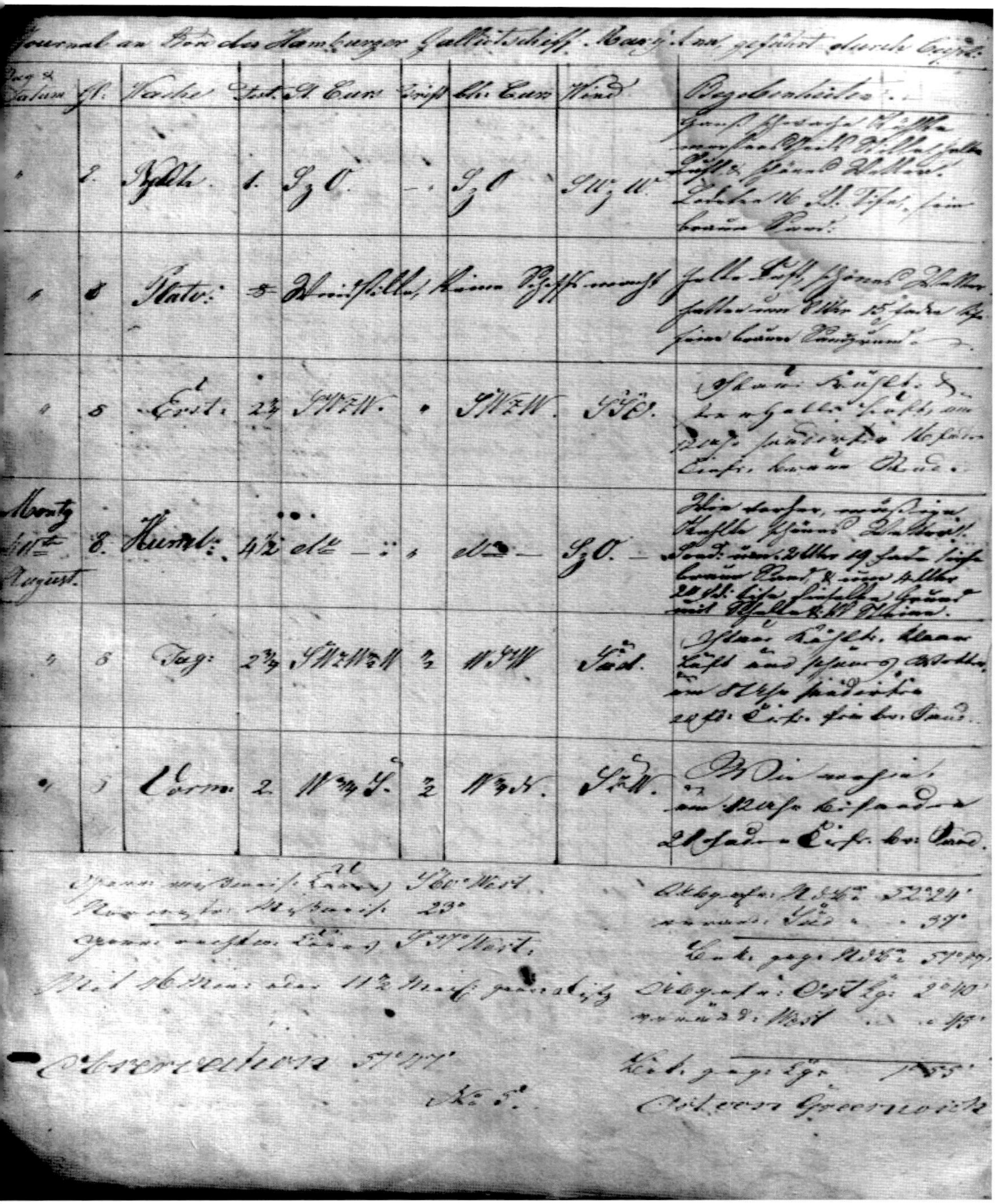

Abb. 2 Journalseite von Sonntag, den 10. August 1834, 12.00 Uhr, bis Montag, den 11. August, 12.00 Uhr. Die MARY ANN befindet sich zu diesem Zeitpunkt in der Nordsee auf Höhe der Themsemündung. Festgehalten sind ruhiges bis windstilles Wetter sowie das an anderem Ort noch erwähnte regelmäßige Loten, hier auf jeder Wache. (Foto: Archiv DSM)

nien nicht sehr gefördert haben, der Bedarf an spanischen Gütern wie Wein, Rosinen, Blei usw. war aber in den deutschen Teilstaaten durchaus vorhanden und wollte gedeckt werden. Erschwert wurde der Export deutscher Waren auf deutschen Schiffen nach Spanien durch die hohen Eingangszölle, die Soetbeer angibt: Wurde deutsche Butter auf einem spanischen Schiff eingeführt, so betrug der Einfuhrzoll pro Pfund 1,17 Real, wurde sie von einem ausländischen Schiff gelöscht, so betrug der Einfuhrzoll 2,17 Real pro Pfund.[7]

Lange Zeit war der Verkehr zwischen Hamburg und dem Mittelmeer, besonders mit Hamburger Schiffen, wegen der Seeräuberei (Hamburger Sklavenkasse), namentlich von algerischen Häfen aus, unbedeutend. Erst durch die Einnahme Algeriens durch Frankreich 1831 war die Piratengefahr gebannt und konnte sich langsam eine auch wirtschaftlich interessante Verbindung mit eigenen Schiffen von Hamburg aus ins Mittelmeer aufbauen.[8]

Während der uns betreffenden Zeit 1834/35 bestanden aber noch große Handelsbeschränkungen zwischen Hamburg und den einzelnen Mittelmeeranrainern, so dass sich aufgrund hoher Differenzzölle der Export von Hamburg nach Sizilien auf Hamburger Schiffen wirtschaftlich nicht lohnte. Dies wird denn auch der Grund dafür gewesen sein, warum die MARY ANN beide Ausreisen in Ballast machte. Erst durch bilaterale Verträge Hamburgs mit Österreich (1836), der Türkei und Griechenland (1839) verbesserte sich die Lage für die Hamburger Reeder etwas.[9]

4. Die Entwicklung der Galiot

Die MARY ANN wird in allen uns zur Verfügung stehenden Quellen, einschließlich des Journals, als Galiot bezeichnet. Lediglich Kresse[10] bezeichnet sie als Kuf(f?). Nach Höver stammt die Bezeichnung Galiot von der Galeote, einer kleineren, von den Italienern und Spaniern verwendeten Galeerenart. Nach Goedel sind die Namen dieser schlank und scharf gebauten Ruderfahrzeuge den griechischen Bezeichnungen für Haifisch = galeos und für Schwertfisch = galeotes entlehnt.[11]

Die Urmutter unseres nordeuropäischen Handelsseglers ist nach Höver ein im Jahre 1505 von der Schutterij, der Amsterdamer Landwehr, für den Wachdienst auf der Zuidersee gebautes Fahrzeug.[12] Die Amsterdamer hatten sich beim Bau dieses Schiffes vom Rat einiger spanischer Kaufleute leiten lassen. Nach Crone soll dieses Schiff einer Galeere ähnlich gesehen haben, aber mit Sicherheit wurde dieses Fahrzeug von den Amsterdamern den speziellen Bedingungen seines Einsatzgebietes, der Wattengewässer der Zuiderzee, angepasst. Wenn man davon ausgeht, dass die Galeote als kleinere Abart der Galeere ähnliche Linien wie diese hatte, und sich die Risse, besonders den Spantenriss der Furttenbach-Galeere von 1571 ansieht, erkennt man, dass sie auf rund zwei Drittel ihrer Länge mit einem vergleichsweise platten Boden ausgestattet war[13] – ein Umstand, der den Verhältnissen in den Wattengewässern der Zuiderzee sehr entgegen kam (man bedenke nur die Möglichkeit des Trockenfallens). Auch war die Galeere kein Schiff, welches mit einem besonders ausgeprägten Kiel versehen war. Das war bei ihrem »Hauptantrieb« auch nicht nötig, denn beim Rudern war kaum mit einem großen Versatz nach Lee zu rechnen.

Nach Menzel ist die eigentliche Galiot erst im 17. Jahrhundert entstanden und war ein kleines rundgattiges Schiff mit Seitenschwertern. Menzel beruft sich dabei auf Witsen, der aber nur eine einfache Abbildung der Galiot zeigt. Danach wurde sie auf der gleichen Werft wie der Bojer gebaut, womit er wahrscheinlich zum Ausdruck bringen wollte, dass sich Galiot und Bojer in Bauweise und Konstruktion ähnelten. Bei den Galioten ist allerdings der Fall des Vorstevens größer, die Bögen sind runder, außerdem sind sie bei gleicher Länge breiter als die Bojer. Die Galioten hatten damals nur ein schwach gepiektes Unterwasserschiff, was die Seitenschwerter erklärt.[14]

Wie diese Fahrzeuge, die wir uns als relativ dickbauchig und plump und somit auch relativ schwerfällig und langsam vorstellen müssen, an einen Namen kamen, der von so eleganten und schnellen Schwimmern wie Haien und Schwertfischen herrührt, muss unbeantwortet bleiben. Aufgrund seiner Eigenschaften war der Typus der Galiot denn auch schnell Veränderungen unterworfen, und ihr Konstruktionsentwurf trat recht bald in Wechselbeziehung zu verschiedenen, den jeweiligen Zwecken angepassten Schwesterschiffstypen. Neben den reinen Handelsfahrern gab es auch schlankere und höher geriggte so genannte »Hardlöper«, also Schnellläufer-Galioten, die – z.B. von der VOC – gern zur Nachrichtenübermittlung benutzt wurden und sogar mit den Konvois jener VOC bis nach Hinterindien gesegelt sein sollen. Aber auch in der Wattenfischerei sollen die Hardlöper Verwendung gefunden haben. Eine anonyme Zeichnung im Amsterdamer Schiffahrtsmuseum[15] zeigt eine Dreimastgaliot aus dem Jahre 1658. Es handelt sich um die ZUYLEN, die der Gouverneur von Batavia bauen ließ, um Kurierdienste zwischen den einzelnen Niederlassungen der VOC in Asien zu verrichten. Menzel beschreibt die ZUYLEN in seinem Buch ausgiebig und nennt auch die Abweichungen von den typischen Galioten der Zeit. So wies sie einige typische Merkmale der Fleute auf, wie den kleinen Spiegel und das Ruder, welches durch ein Hennegatt geführt und wahrscheinlich mit einem Kolderstock bewegt wurde. Die ZUYLEN wird auf dem Bild und in den Dokumenten der VOC allerdings ausdrücklich als Galiot bezeichnet.[16]

Ende des 17., Anfang des 18. Jahrhunderts setzten sich bei den Galioten im Bereich des Unterwasserschiffs einige Änderungen durch. Dadurch wurde der Einsatz von Seitenschwertern, die bei den Kuffen noch bis in das 19. Jahrhundert eine Selbstverständlichkeit waren, überflüssig. Die Galioten erhielten neben einem herausragenden Kiel und einem Totholz auch eine scharf ausgebildete Vor- und Achterpiek. Allerdings gibt es hier noch Klärungsbedarf. Höver[17] behaup-

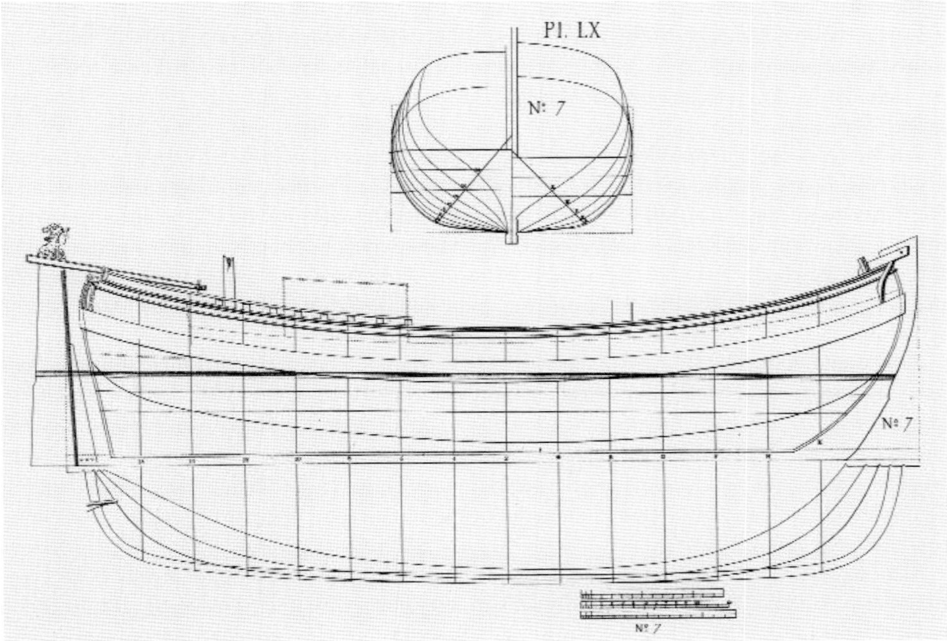

Abb. 3 Riss einer *Hardlöper-Galiot.* Gut zu erkennen ist der Luvklotz am unteren Vorsteven zur Vergrößerung des Lateralplanes. (Aus: Fredrik Henrik af Chapman: Architectura Navalis Mercatoria. Reprint der Ausgabe Stockholm 1768. Bielefeld 1984, Plan LX, Nr. 7)

tet, dass die Galioten nur eine Achterpiek besessen hätten, Menzel[18] schreibt von einer *scharf ausgebildeten Achter- und Vorpiek,* und im Journal der MARY ANN ist nur von einer Achterpiek die Rede. Mit dieser Piek ist hier nicht der Raum vor dem Kollisionsschott oder hinter dem Stopfbuchsenschott gemeint. Nach Röding bezeichnet Piek *Die unterste und hinterste Abtheilung oder Raum, im Schiff dicht am Hintersteven, woselbst es sowohl unten als am Hintersteven scharf oder schmal wird.*[19]

Der Plan einer Hardlöper-Galiot in Chapmans »Architectura Navalis Mercatoria«[20] lässt ebenfalls gut die Linien der Unterwasserform dieser Schiffe erkennen, die vorne relativ breit ansetzen und nach achtern in einem ziemlich spitzen Winkel auslaufen, also einen sehr stromlinienförmigen Körper bilden. Das verdrängte Wasser wurde also gut nach achtern abgeführt und wirkte positiv auf das Ruder. Allerdings besaß die Galiot einen hohen Völligkeitsgrad im Hauptspant und einen relativ geringen Tiefgang selbst in abgeladenem Zustand, eine Tatsache, die ihr in den Wattengewässern der Nordsee und in den damals oft »verwilderten« und von Sänden übersäten Revieren sehr von Vorteil gewesen ist, sich aber beim Kreuzen und bei am Wind liegenden Kursen als sehr nachteilig herausstellte, denn es fehlte den Galioten an Lateralfläche im Unterwasserschiff gegen seitlichen Versatz nach Lee. Als Ersatz für die Seitenschwerter bekamen viele Galioten ein Vorstevenholz, das oft noch durch eine Aufklotzung, den so genannten Luvklotz, verlängert wurde, um die Lateralfläche zu vergrößern.[21]

Über die Beschaffenheit des Unterwasserschiffes der Galioten erfährt man weder bei Höver noch bei Szymanski oder Wiechers etwas. Nach der einschlägigen Fachliteratur und nach Menzel[22] waren die Rümpfe der Seeschiffe im Unterwasserbereich gekupfert, die der Küstenfahrer oft mit Zinkblechen beschlagen. Laut Kapitän Axel Möller[23] lässt sich aus dem zweiten Journal der MARY ANN der Rückschluss ziehen, dass ihr Rumpf im unteren Bereich mit Kupferblech beschlagen war. Darüber trug das Schiff eine »Spiekerhaut«, also eine zweite zusätzlich aufgebrachte dünne Beplankung, die mit großköpfigen Kupfernägeln gehalten wurde.[24]

Das Verhältnis Länge zu Breite war bei den Galioten ziemlich gering, nach Höver[25] betrug es normalerweise mindestens 3:1 und überstieg selbst im äußersten Fall nie das Verhältnis 4,4:1. Im Falle der MARY ANN lag es – die Abmessungen in Kresses *Seeschiffsverzeichnis*[26] zugrunde gelegt – bei 3,7:1.

Ein weiteres besonderes Merkmal der Galiot war ebenso wie bei der Kuff das sogenannte *draai over Boord,* das Ruder, dessen Pinne oder Helmholz frei über dem Deck bewegt wurde. Die Pinne ragte sogar über die Reling, es gab also keinerlei Öffnung für Pinne oder Ruder. An ihrem Ende war in der Regel ein Scheibgatt mit meistens zwei Scheiben montiert, durch die eine Rudertalje geschoren wurde. Diese Talje hatte die Aufgabe, das Ruder »geschmeidiger« zu machen, also Seestöße abzufangen, damit die Pinne dem Rudergänger nicht aus der Hand gerissen wurde.[27]

Bereits zu Beginn des 18. Jahrhunderts wurden Galioten regelmäßig als Dreimaster mit Fregatt-Takelung gebaut und in der »Großen Fahrt« eingesetzt, sogar im Robbenschlag der Grönlandfahrt und im Walfang. Im 19. Jahrhundert kamen alle gebräuchlichen Riggs hinzu, je nach Fahrtgebiet vom Vollschiff bis zum Anderthalbmast-Rigg. Als Schiffe für die weltweite Fahrt wurden die großen Dreimastgalioten von Häfen in Frankreich, Belgien, den Niederlanden, Deutschland und Skandinavien aus eingesetzt und von diesen Häfen aus nicht nur bereedert, sondern auch dort gebaut.[28]

Man kann, wie Höver, mit Fug und Recht behaupten, dass die Galiot *eine meisterliche Leistung des Schiffbaus dar*(stellt)[29], wenn man sich zum einen ihre weite Verbreitung, zum anderen die Tatsache, dass sie sich in der Nord- und Ostsee bis in das vergangene Jahrhundert gehalten hat, vor Augen führt.

5. Die Mary Ann

5.1. Quellen zur Mary Ann

Die älteste uns bekannte Nachricht über die Mary Ann hat sich im Hamburger Staatsarchiv erhalten. Kapitän Heinz Burmester[30] zitiert eine Eintragung im *Documenten Protocol* der Hamburgischen Verwaltung vom 10. November 1828, die lautet:

Der ehrbare Johann Christian Bufe, Bürger und Schiffszimmermeister im Hamburgischen Amt Ritzebüttel, beeidigt, daß das Galiotschiff, Mary Ann *genannt, von ihm und seinen Leuten in diesem Jahr auf seinem zu Cuxhaven im Ritzebütteler Amt belegenen Schiffszimmerwerft oder Stapel für eigene Rechnung von Kiel auf neu erbaut worden, auch demnächst im hiesigen Hafen völlig verfertigt worden sey, so daß es jetzt, nach Hamburger Maaße gerechnet, 84 Fuß 8 Zoll* [24,25 m] *lang von der Vorderkante Vordersteven bis zur Hinterkante Hintersteven, 22 Fuß 9 Zoll breit über den Berghölzern* [Barghölzern], *9 Fuß 7½ Zoll* [2,75 m] *vom Kollschwien* [Kielschwein] *bis unterm nidrigsten Decksbalken geworden sey.*

Wenn man besagte Raumtiefe mit dem im Journal vom 27. September 1834 abgeladenen Tiefgang der Mary Ann vor dem Auslaufen aus Malaga vergleicht – vorne 9¼ Fuß und achtern 9½ Fuß –, bleibt die Frage, wie viel Freibord das Schiff noch hatte. Der Fuß hatte damals in Hamburg 12 Zoll à 2,3875 cm, war also 28,65 cm lang; zwei Fuß ergaben eine Elle.[31] Auf der zweiten im uns vorliegenden Journal dokumentierten Reise wurde die Mary Ann in Marseille sogar noch tiefer abgeladen, vorne und achtern um bis zu einen Fuß. Also lieber eine nasse Überfahrt riskieren, als auch nur ein Lot Fracht auf dem Kai stehen zu lassen?

Die Mary Ann war nach Kresse mit 51 Commerzlasten (CL) vermessen[32], die Hamburger Commerzlast als Gewichtseinheit zu 6000 Pfund.[33] Es handelt sich bei diesem Pfund nicht um das metrische zu 500 Gramm, sondern um das alte Pfund zu 32 Lot à 15,144 Gramm, also 484,609 Gramm.[34] Daraus ergibt sich eine Bruttotragfähigkeit von 148,29 metrischen Tonnen.

5.2. Die Beseglung

Wenden wir uns nun dem Wichtigsten der Mary Ann zu, der »Antriebsmaschine«, einer »Zweizylinder-Windmaschine«: Am 6. August wurde dazu im Journal vermerkt: … *und die Kragen an Masten, Pumpen &* [unleserlich] *befanden sich in bester Ordnung.* Das weist auf wenigstens zwei Masten hin. Natürlich werden an vielen Stellen die von der Mary Ann geführten Segel genannt, so dass sich daraus folgendes Bild für die Takelage ergibt: sie fuhr zwei Masten, von denen der Großmast mit Rah- und einem Gaffelsegel, der Besanmast dagegen nur mit einem Gaffel- und einem Gaffeltoppsegel getakelt war. Dazu kamen noch wenigstens drei Vorsegel.[35]

5.2.1. Vorsegel und Vorgeschirr

Für die Vorsegel gibt es, wie sollte es anders sein, mehrere Möglichkeiten. Entweder wurden sie an Stagen oder speziellen Klüverleitern oder aber fliegend gefahren. Im Falle der Stagen zeigen die schon erwähnten Darstellungen von ähnlichen Schiffen aus dieser Zeit das bereits genannte Vorstag, das Vorstengestag, das Vorbramstag und auch ein Vorroyalstag.[36] Aufgrund der Größe der Mary Ann und der Art des Riggs (am Großtopp mit Royal) neige ich zu der Annahme, dass die Vorsegel an Stagen gefahren wurden.

An ihren Stagen oder Leitern waren die Vorsegel, der Zeit entsprechend, entweder mit Stagreitern befestigt oder wurden mit einer losen Leine angereiht. Wurde ein Vorsegel, wahrscheinlich der Klüver (Menzel spricht auch vom Jager[37], der im Journal der Mary Ann aber nicht

Abb. 4 Galiot ELISE von 1830. Das Schiff führt, obwohl in Brake beheimatet, die Bremische Flagge. Gut zu erkennen ist das *draai over Boord*, die frei über das Achterdeck laufende Pinne. Das Setzen von Klüver und Jager mit Ausholerringen, das Steifsetzen des Fockstages mit einem Taljereep und das fliegende Pardun mit Mantel und Takel sind ebenfalls deutlich erkennbar, wie auch das Deckshaus und das über der Luke gelaschte Beiboot. (Foto: Focke-Museum, Bremen)

erwähnt wird), fliegend gefahren, wurde zum Setzen das Nockhorn oder der Kopf an Deck in das Fall eingepickt, der Hals in den Ausholerring, Fall und Ausholer durchgeholt und die Leeschot dichtgesetzt.

Im Journal wird zum ersten der *Klüber* oder *Klüver* genannt, am 25. Oktober 1834 wird auch von *die Klüvers* gesprochen. Ob mit letzteren der Klüver und die am 9. Februar 1835 erstmalig erwähnte Klüvock gemeint waren? Am 16. Januar 1835 wird erstmalig die *Stagvock* genannt. Beide, *Klüvock* und *Stagvock*, konnten laut Journal gereeft werden. Nach Ansicht Horst Menzels könnte damit ein und dasselbe Segel gemeint sein.[38] Das Aquarell der Galiot ELISE zeigt drei Vorsegel, das mittlere mit einem Reefband versehen. Die Stagfock ist festgemacht, so dass nicht erkennbar ist, ob sie ebenfalls mit Reefbändern ausgestattet war. Auf anderen Abbildungen von Galioten aus der gleichen Zeit ist dieses aber zweifelsohne der Fall.

Die Stagfock wurde am Vorstag gefahren, das auf der Mehrzahl der Abbildungen von Kuffen und Galioten aus der Zeit der MARY ANN mit einem Taljereep direkt am Vorsteven steif gesetzt wurde. Am unteren Ende des Vorstags wurde eine Juffer mit meistens fünf Löchern für das Reep eingebändselt, welches durch ebenfalls fünf Löcher am Vorsteven geführt wurde. Auf einigen

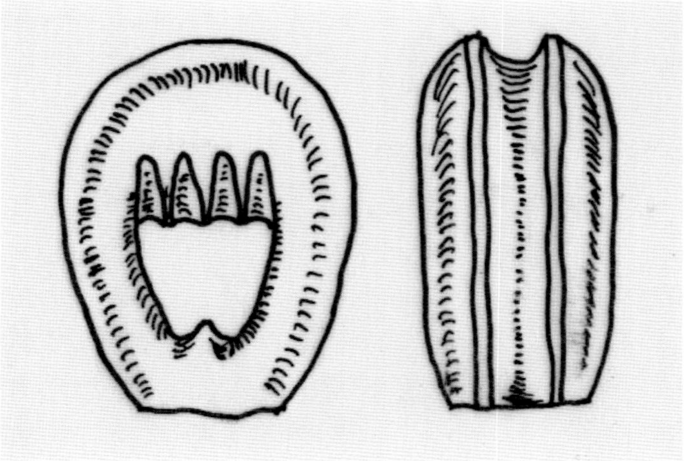

Abb. 5 Dodshoofd zum Steifsetzen mit einer Zurring. (Zeichnung: Hagen Allmeling)

dieser Darstellungen dagegen ist das Vorstag mit einer ganz normalen Zurring durch zwei in Augen eingespleißte Ringkauschen oder Dodshoofden steif gesetzt worden, eine am Ende des Vorstages, eine an einem Eisenband am oder über dem Bugspriet im Bereich des Vorstevens.

Das Bild der Galiot ELISE entspricht auch der Darstellung Horst Menzels[39], wonach nur Stagfock oder Rahfock gesetzt wurde, da die Schiffe nicht sehr hoch an den Wind gehen konnten. Auch das Aquarell der MATHILDE VON BREMEN und das Gemälde der ANNA AUGUSTE aus Bremen mit vier Vorsegeln zeigen das. Das Rahsegel hätte bei den relativ achterlich oder halb einfallenden Winden die Stagfock bekalmt. Dieser Praxis widerspricht allerdings das Journal der MARY ANN vom 17. Januar 1835. Während der Wache von 04.00-08.00 Uhr wurde die Stagfock, auf der Wache von 20.00-24.00 Uhr des gleichen Tages die Rahfock gesetzt, jedoch nirgends erwähnt, dass die Stagfock wieder festgemacht wurde, obwohl Veränderungen in der Segelführung sonst immer akribisch im Journal festgehalten wurden. Der Kurs lag zu dieser Zeit mit SW (225°) an, der Wind stand aus NzW (349°), kam also gut $2^1/_2$ Strich achterlicher als querab. Das Rahsegel hat also die Stagfock, sollte diese zu dieser Zeit noch gestanden haben, wahrscheinlich nicht so bekalmt, dass sie nutzlos gewesen wäre.

Die Darstellungen zeigen in allen Fällen für die Stagfock nur eine Schot, deren Fußblock mittschiffs zu liegen scheint. Ob er dort fest eingeschäkelt war oder auf einem Leuwagen lief? Beides ist möglich. Für die anderen Vorsegel sind die Luv- und die Leeschot sehr deutlich auf den Abbildungen zu erkennen.

In den meisten Fällen, in denen das Fockstag mit einem Taljereep steif gesetzt wurde, zeigen die Darstellungen ein seitlich neben dem Vorsteven liegendes Bugspriet. Nach Menzel[40] wurde es, wenn es neben dem Steven gefahren wurde, grundsätzlich auf der Steuerbordseite gefahren. Dies geschah aus einem ganz einfachen und praktischen Grund: es blieb auf der Backbordseite des Vorschiffes mehr Platz zum Arbeiten, besonders beim Bergen der Stagfock. Da die meisten Seeleute Rechtshänder waren, konnten sie natürlich auf der Backbordseite des Vorschiffes die Stagfock besser bedienen und haben sich folglich beim Bergen und Setzen derselben auch dort aufgehalten. Es gibt aber auch Darstellungen, die das Bugspriet auf dem Vorsteven liegend zeigen. In beiden Fällen wurde es jedoch mit einer Zurring am Vorsteven befestigt, binnenbords wurde das Ende des Bugspriets in der Regel an eine Beting gebolzt.

Im Journal der MARY ANN ist für Freitag, den 6. März 1835, folgende Eintragung zu lesen: *... machten einen neuen Strop um die Bugsprieth fürs Vock Stag & c:* Am nächsten Tag heißt es: *Zurrten die Bugsprieth, setzten das Vockstag an ...* Das Journal macht also wenigstens eine

Abb. 6 Anderthalbmastgaliot MATHILDE VON BREMEN. Man erkennt die drei Vorsegel, die auf der MARY ANN Stagfock, Klüfock und Klüver genannt wurden, die ersten beiden mit Reefbahnen versehen. (Foto: Focke-Museum, Bremen)

klare Aussage: Das Bugspriet war am Steven mit einer Zurring befestigt und das Fockstag wahrscheinlich ebenso mit einer Zurring anstelle eines Taljereeps.

Für Schiffe von der Größe der MARY ANN wurden Bugspriet und Klüverbaum in der Regel aus einem Stück gefertigt. Sie wurden in den Häfen entweder binnenbords geholt oder angetoppt. Wie die Verhältnisse im Falle der MARY ANN lagen, ist unklar. Am 6. August 1834 wurde jedenfalls laut Journal das Wasserstag angesetzt.[41]

5.2.2. Rahsegel

Wie schon zuvor erwähnt, war der Großmast sowohl rahgetakelt als auch mit einem Gaffelsegel, dem Großsegel, versehen; an den unteren drei Rahen wurden auch Leesegel gefahren. Im Journal werden aufsteigend als Rahsegel die *Vock,* das *Topsegel* (= Marssegel), das *Bramsegel* und das *Oberbramsegel* genannt. Vom 13. Februar 1835 an, auf der zweiten im Journal dokumentierten Ausreise, wird die Oberbram als *Reul,* also Royal, bezeichnet. Da mit dieser Reise auch eine neue Handschrift auftaucht, liegt die Vermutung nahe, dass sich ein neuer Steuer-

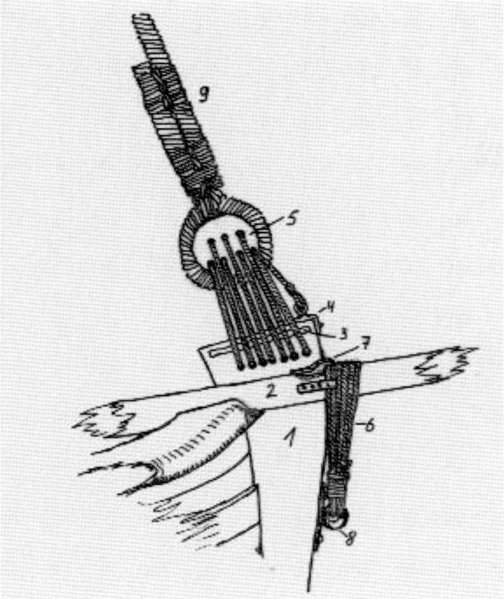

Abb. 7 Steifsetzen des Fockstages mit einem Taljereep: (1) Vorsteven; (2) Bugspriet; (3) Stevenbacken; (4) Auge für die feste Part des Reeps; (5) Juffer (mit wenigstens fünf, meistens sieben Bohrungen für das Reep); (6) Bugsprietzurring; (7) Zurringklampen; (8) Zurringauge; (9) Fockstag. (Zeichnung: Hagen Allmeling)

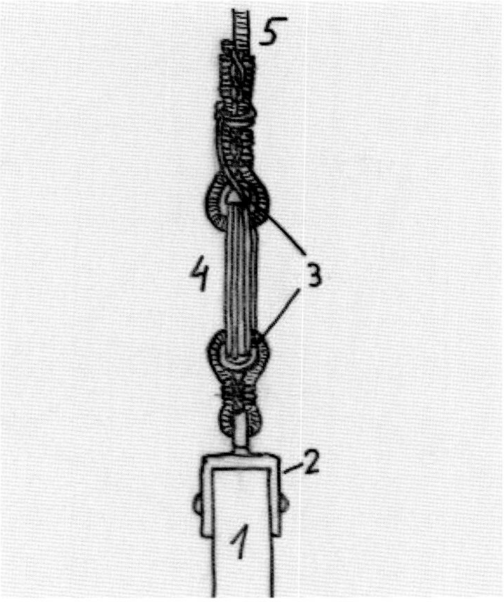

Abb. 8 Steifsetzen des Fockstages mit einer Zurring: (1) Vorsteven; (2) Stevenbeschlag mit Auge für die untere Kausch oder Dodshoofd; (3) Ringkauschen oder Dodshoofden; (4) Zurring; (5) Fockstag. (Zeichnung: Hagen Allmeling)

mann an Bord befand. Dieser hat wohl diesen neuen Begriff, den er auf den großen Fregattschiffen oder gar auf englischen Schiffen kennengelernt hatte, auf der MARY ANN eingeführt.

Als Leesegel werden im Journal *Unter-*, *Bram-* und *Oberleesegel* genannt, also Leesegel an der Fock-, der Mars- und der Bramrah. Interessant ist auf den meisten Abbildungen von Galioten mit ähnlichem Rigg, dass Leesegelspieren nur an der Fockrah gefahren wurden. An den oberen Rahen wurde die Leesegelrah einfach an das Ende der relativ langen Nock geheißt. Die Leelieken (bzw. Binnenlieken) des Leesegels wurden dann vor dem entsprechenden Rahsegel gefahren. Für das Bramleesegel wurden die Schot und die Hals über die Rah des Marsleesegels geführt, die des Marsleesegels über die Fockleesegelspiere.

Für das Rack der Fockrah gibt es auch in diesem Fall wieder verschiedene Möglichkeiten. Da aber einige Aussagen des Journals für eine bestimmte Variante sprechen, soll nur diese vorgestellt werden, zumal auch Horst Menzel ebenfalls der vorgestellten zugeneigt ist – Sicherheit gibt es natürlich nicht.

Im Journal wird für den 27. Oktober 1834 vermerkt, dass ein Reef in das Untersegel gebunden wurde. Die schon erwähnten Abbildungen zeigen bei Schiffen gleicher Art sehr oft, dass die Fock wenigstens ein Reefband besaß. Ebenso häufig ist deutlich die Gei zu erkennen, auf einigen Abbildungen auch Gordinge oder die Fockhals, auch die Beschlagzeisinge, alles deutliche Belege dafür, dass die Fock fest an der Rah angeschlagen war. Zusätzlich ist im Journal regelmäßig, bei starkem Wind auch mehrmals täglich, vermerkt, dass sie *sahen nach Scharfil* (nach Schamfielungen sahen).

Mit Blick auf die Größe und das Baujahr der MARY ANN bin ich mit Menzel[42] der Ansicht, dass die Fockrah ein ganz normales Taurack führte, wie es auch auf den großen Seeschiffen der

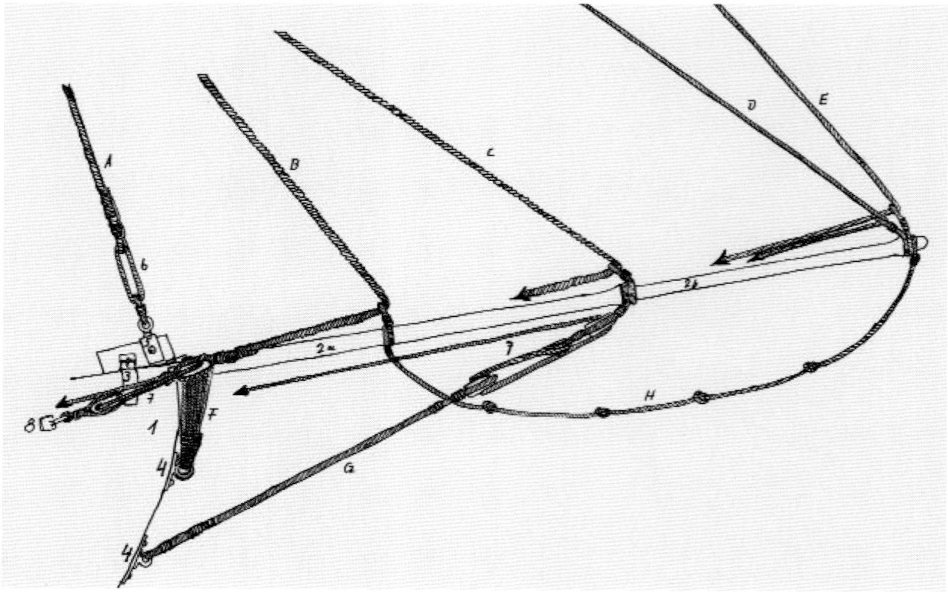

Abb. 9 Das vom Verfasser auf Basis der Angaben aus dem Journal rekonstruierte Vorgeschirr der MARY ANN: (A) Fockstag; (B) Klüverleiter (für die *Klüvock*); (C) Stengestag; (D) Bramstag; (E) Royalstag; (F) Bugsprietzurring; (G) Wasserstag; (H) Fußpeerd; (1) Vorsteven; (2a/2b) Bugspriet und Klüverbaum aus einem Stück; (3) Bugsprietbeschlag; (4) Augbolzen für Bugsprietzurring und Wasserstag; (5) Stevenbeschlag für die Fockstagzurring; (6) Fockstagzurring mit zwei Rundkauschen oder Dodshoofden; (7) Taljen zum Steifsetzen der Stage; (8) Augbolzen im Schanzkleid. (Zeichnung: Hagen Allmeling)

Zeit üblich war. Dabei hängt die Rah unterhalb der Mastbacken unter der Saling im Fall. Bei einem Schiff von der Größe der MARY ANN dürfte es sich wohl um ein einfaches Fall gehandelt haben. Dabei wurde der untere Fallblock in der Mitte der Rah angestroppt, der obere Fallblock hing in einem Hanger unter der Saling, der über die Flechting der Wanten gelegt wurde. Die Fallblöcke waren entweder zwei- oder dreischeibig.

Am Mast wurde die Rah durch das Taurack gehalten, welches aus einer oberen und einer unteren Part bestand. Beide Parten besaßen ein loses Ende, welches durch eine Leitkausch am Ende der gegensätzlichen Part geführt wurde. In dieses Ende wurde ein meist zweischeibiger Block eingebändselt, der nach oben führte und den unteren Block der Backbord- oder Steuerbord-Racktalje bildete. Der obere Block der Racktalje war an der jeweiligen Längssaling angeschlagen. Da Tauracks am Mast sehr schlecht rutschten, wurde in den meisten Fällen in der Mitte des Tauracks hinter dem Mast noch ein Niederholer angeschlagen, um das Fieren der Unterrah zu erleichtern.[43] Auf der Abbildung der Bremer Galiot LANDDROST VON MARSCHALK lässt sich ein solches Rack an der Fockrah deutlich erkennen.

Die Racks der drei oberen Rahen werden wahrscheinlich, der Zeit entsprechend, ebenfalls Tauracks gewesen sein, wobei hier ein gekledeter und oft auch mit einer Ledermanschette versehener Stropp um die Stenge geführt und an der Rah mit einer Zurring befestigt wurde.[44] Damit die Rah beim Segelsetzen und -bergen besser an der Stenge rutschte, wurde sie oft mit Fett gelabsalbt, eine sicherlich sehr unbeliebte Arbeit, die aber auch auf der MARY ANN, z.B. am 27. August 1834 in Malaga, ausgeführt wurde. Der Ausdruck »Stengenschmiere« für Margarine, in der Marine noch bis in die 80er Jahre des letzten Jahrhunderts geläufig, kommt wohl nicht von ungefähr!

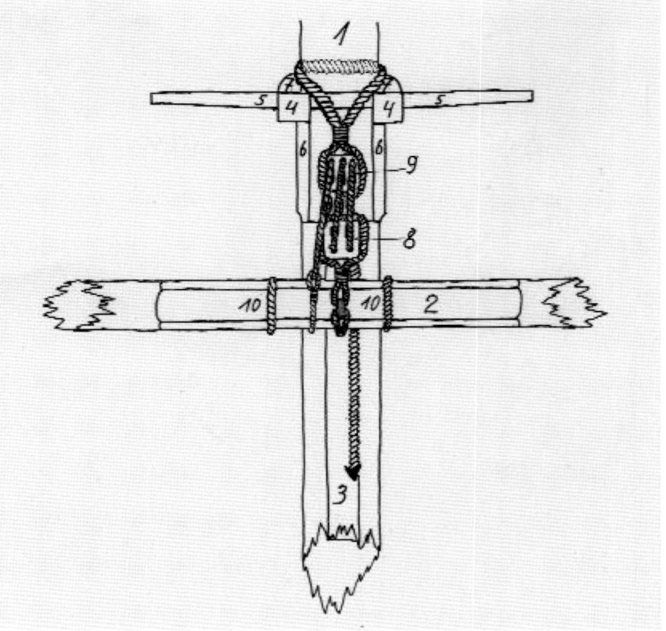

Abb. 10 Fall der Fockrah: (1) Topp des Großmastes; (2) Fockrah; (3) Schalung vor dem Großmast; (4) Längssalinge; (5) Quersaling; (6) Mastbacken; (7) Mastkälber; (8) unterer Fallblock; (9) oberer Fallblock; (10) Rack. Die Fallblöcke waren in Grummets eingestroppt, wobei der untere in zwei Grummets, einem kurzen für das obere Auge des Zurrings und einem längeren für das untere Auge, eingestroppt wurde. (Zeichnung: Hagen Allmeling)

Diese Art der Ausführung der Racks war – neben der geringen Lateralfläche im eingetauchten Unterwasserschiff der Galioten – der Grund dafür, dass die MARY ANN nicht sehr hoch an den Wind gehen konnte, da die Rahen zu dicht am Mast bzw. an der Stenge hingen. Ein Auf-das-Want-Brassen, wie bei den großen Rahseglern siebzig Jahre später, war auf der MARY ANN nicht möglich. Kapt. Jessen wird wahrscheinlich lieber die Rahsegel stehen und ziehen gelassen haben, um dadurch den einen oder anderen Knoten mehr zu laufen als mehr Höhe zu fahren.

Die Fallen der drei Oberrahen wurden wahrscheinlich mit einem Drehreep in der Mitte der Rah an dieser befestigt und entweder durch ein Scheibgatt in der Stenge (dies halte ich aus Gründen ihrer Stabilität für eher unwahrscheinlich) oder einen Block an Deck geführt worden sein, wo sie mit einer Talje dicht geholt wurden. Interessant ist in diesem Zusammenhang die Tatsache, dass auf einigen Darstellungen die Marsrah nicht oberhalb des Eselshauptes an der Stenge gefahren wurde, sondern am Stengefuß der langen Dopplung zwischen Saling und Eselshaupt. Menzel behauptet, dass diese Art, die Marsrah zu fahren, nicht ungewöhnlich gewesen sei.[45]

Um 1820 kamen auf den großen Rahseglern die Jackstage an den Rahen auf, erst aus Naturfaser, ab etwa 1830 auch aus Drahttauwerk.[46] An ihnen wurden zum einen die Segel angeschlagen, zum anderen wurden an den Augen, die der Führung der Jackstage dienten, die Springpeerde (Peerdstander) eingespleißt. Zusätzlich waren die Jackstage – besonders die doppelten Jackstage auf den großen stählernen Rahseglern in der Endphase der Segelschifffahrt – natürlich auch eine sehr willkommene Möglichkeit für Jan Maat, sich auf der Rah festzuhalten, besonders bei schwerem Wetter, wenn sein Schiff kurz davor war, einen »Kopfstand« zu machen. Allein: auf den Galioten waren die Jackstage eher die Ausnahme. Zur Zeit der MARY ANN, so Menzel, gab es sie überhaupt nicht.[47] Welch hartes Los dies für Hein Seemann bedeuten konnte, werden wir noch an anderer Stelle erfahren.

Ansonsten werden die Rahsegel genauso getakelt gewesen sein, wie auf allen anderen Rahseglern der Zeit üblich. Lediglich für die damals auf den großen Schiffen noch sehr oft

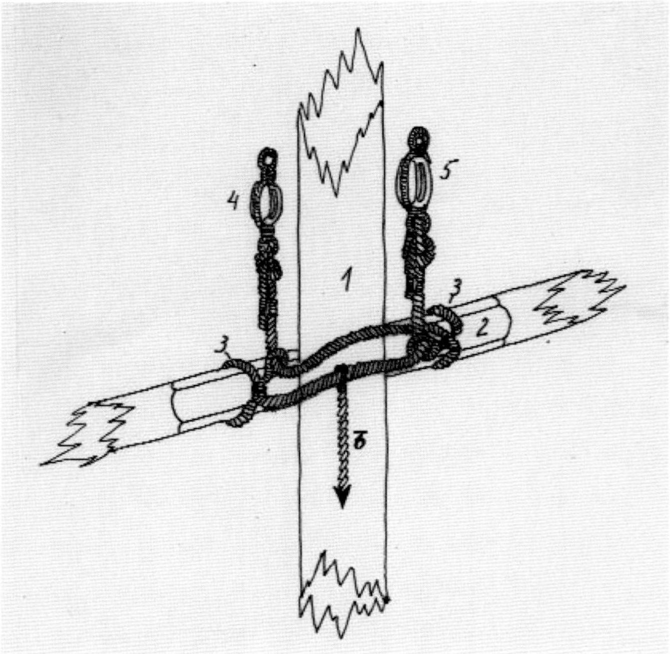

Abb. 11 Rack der Fockrah: (1) Großmast; (2) Fockrah; (3) Rackschlingen; (4) Rack, obere Part; (5) Rack, untere Part; (6) Rackniederholer. (Zeichnung Hagen Allmeling)

gebräuchlichen Bulins zum Vorholen des Luvlieks gab es keinerlei Anzeichen. Auch zeigen die Abbildungen aus der Zeit an den Rahen durchweg Fußpeerde und oft auch Nock- oder flämische Peerde, seltsamerweise aber ausnahmslos nur ein Springpeerd pro Seite, an der langen Unterrah ebenso wie an der kürzesten Oberrah.

5.2.3. Gaffelgroßsegel

Das letzte noch zu behandelnde Segel am Großmast ist das Großsegel, ein Gaffelsegel. Auf allen zur Verfügung stehenden Abbildungen aus der Zeit der MARY ANN wurde es zwischen Baum und Gaffel gefahren und war mit zwei bis drei Reefbändern versehen. Alle Darstellungen zeigen eine Gaffel mit Klau- und Piekfall. Gaffelsegel, die wie auf den großen Fregattschiffen oder Barken aufgegeit wurden, waren bei diesen relativ kleinen Schiffen wohl nicht üblich.

Die Klau des Baumes wird in der Regel auf einem Mastband als Auflieger gelegen haben und durch ein Rack aus einer Leine mit Klotjen gehalten worden sein. Der später sehr gebräuchliche Lümmelbeschlag kam erst rund zwanzig Jahre nach dem Bau der MARY ANN auf.[48] Die Gaffelklau hatte ebenfalls ein Rack aus einer Rackleine mit Klotjen.

Seit dem Ende des 18. Jahrhunderts hielt der Schnaumast Einzug in die Welt der Galioten. Die schon erwähnte Abbildung der LANDDROST VON MARSCHALK zeigt ihn ganz eindeutig am Großsegel. Er wurde unten auf der Klau des Großbaumes, oben zwischen den Längssalingen gelagert.[49] Erwähnt ist der Schnaumast im Journal der MARY ANN nicht, was natürlich nicht besagt, dass sie keinen hatte.

Das Kopf- oder Gaffelliek des Großsegels war fest an der Gaffel angeschlagen, entweder mit Beschlagzeisingen oder einer Reihleine. Das Fuß- oder Baumliek allerdings wurde immer lose gefahren. Das Schothorn konnte mit einer Streckertalje entsprechend der Segelstellung steif gesetzt oder gefiert werden. Interessant ist die Tatsache, dass fast alle Darstellungen zeigen, wie

Abb. 12 Galiot LANDDROST VON MARSCHALK aus Blumenthal, das damals zu Hannover gehörte. Die Flagge des Königreiches Hannover war der britischen sehr ähnlich. Sie unterschied sich lediglich durch das weiße Niedersachsenross in der Mitte des roten St.-Georg-Kreuzes. Allerdings handelt es sich hier um die Kriegsflagge. Gut zu erkennen ist der Schnaumast. Das Marssegel fährt mit seiner Rah an der langen Dopplung zwischen Saling und Eselshaupt, eine Variante, die laut Menzel nicht selten gewesen ist. Großsegel und Besansegel wurden an ihren Halshörnern aufgegeit, um die vor ihnen stehenden Segel nicht zu bekalmen. (Foto: Focke-Museum, Bremen)

das Halshorn am Mast aufgegeit werden konnte, wahrscheinlich, um bei achterlichen Winden die vor dem Großsegel stehenden Segel nicht zu bekalmen. Am Mast bzw. Schnaumast wurde das Mastliek des Großsegels entweder durch Ringe aus Holz oder Metall, durch ein laufendes Tau oder durch Tauschlingen, in beiden Fällen mit oder ohne Klotjes gehalten.

Die Dirk des Großbaumes wird auf allen Abbildungen an den Großmast geführt. Auf einigen sehr detaillierten Abbildungen wird die Gaffel ohne Geeren gezeigt.

5.2.4. Besan- und Besantoppsegel

Schlussendlich werden im Journal der MARY ANN der *Besahn* und ein Gaffeltoppsegel erwähnt. Für den Besan gilt das gleiche wie für das Großsegel, allerdings mit einer Ausnahme: Der Schnaumast wurde ausnahmslos am Großmast, nie am Besanmast gefahren.

Für das Gaffeltoppsegel gibt es im Journal keine Zuordnung zu einem Mast, aber dass es am Großmast gefahren wurde, schließe ich aus. Die Handhabung des Gaffeltoppsegels wäre doch bei den ebenfalls an der Großstenge geführten Rahsegeln sehr umständlich gewesen, so dass es sich mit Sicherheit um ein Besangaffeltoppsegel gehandelt hat; ob allerdings um ein fliegendes Toppsegel, welches an Deck an Fall, Hals und Schot angeschlagen und dann aufgeheißt wurde, oder um ein an der Besanstenge angeschlagenes, gibt das Journal ebenfalls nicht her.

5.2.5. Stehendes Gut

An stehendem Gut zeigen die schon genannten Abbildungen neben dem erwähnten Fockstag das Vorstengestag, das Bramvorstag (oder Klüverleiter?) und auch ein Vorroyalstag. Die Stagen und der Klüverleiter konnten auf dreierlei Art steif gesetzt werden: Entweder sie wurden mit Ausholerringen ausgeholt, durch Scheibgats im Bugspriet umgelenkt oder durch eiserne oder hölzerne Leitkauschen umgelenkt und in allen drei Fällen mit Taljen steif gesetzt. Wie dies auf der MARY ANN gehandhabt wurde, lässt sich dem Journal nicht genau entnehmen. Für den 20. November 1834 ist aber nach dem Auslaufen aus Hamburg im Journal notiert worden: *... wo wir die Both einsetzten, & Stagen & Parduns an setzten ...*; es kommt also nur die zweite oder dritte Variante in Betracht. Im Falle der festen Pardunen ist damit wahrscheinlich das Scheren der Taljereeps und bei den im Falle der fliegenden Pardunen das Einpicken von Mantel und Fußblock des Takels in Ringbolzen auf der Reling (der obere Abschluss des Schanzkleides, heute allgemein als Schandeckel bekannt) und anschließendes Steifsetzen des Takels gemeint.

In allen drei Fällen zeigen aber die Abbildungen, dass die Stagen oder Ausholer mit Taljen steif gesetzt wurden. Diese Taljen sind auf allen Abbildungen relativ kurz und führen abwechselnd nach Back- und Steuerbord. Ein Block der Talje ist in der Regel am Schanzkleid befestigt, die holende Part wird durch das Schanzkleid geführt – zumindest ist dies auf den meisten Abbildungen so dargestellt. Es ist daher wohl sehr wahrscheinlich, dass die umgelenkten Stagen beziehungsweise die Ausholer hier auch die Aufgabe von Klüvergeien übernommen haben, auch wenn einige Abbildungen einen Stampfstock zeigen. Ein Vorgeschirr wie auf den großen Seeschiffen der Zeit gibt keine der Abbildungen her. Allerdings wird am 6. August 1834 im Journal vermerkt, dass das Wasserstag angesetzt wird.[50]

Weiterhin werden an stehendem Gut am Großmast auf jeder Seite vier bis sechs Hoofdtaue, von denen in den meisten Fällen alle bis auf das letzte mit Webleinen zu Wanten ausgewebt sind, gefahren. Danach folgen ein bis zwei feste und in der Regel noch einmal genauso viele fliegende Pardunen, fliegende deshalb, um das Großsegel bei achterlichen Winden entsprechend offen fahren zu können. Die Hoofdtaue und die festen Pardunen wurden, der Zeit entsprechend, mit Taljereeps steif gesetzt, die fliegenden Pardunen waren auf den meisten Darstellungen mit Mantel und Takel ausgestattet.

Am Besanmast wurden zwei bis drei Hoofdtaue gefahren, die in den meisten Fällen nicht mit Webleinen versehen waren. Im Journal ist aber für den 24. März 1835, in Palermo liegend, vermerkt: *Weften beim besahns Wand*. Sollten die Besanwanten auf der MARY ANN mit Webleinen ausgestattet gewesen sein? Das wäre wiederum ein Hinweis darauf, dass das Toppsegel fest an der Besanstenge angeschlagen war. Wie am Großmast zeigen die meisten Darstellungen auch für den Besanmast ein bis zwei fliegende Pardunen, meistens mit Mantel und Takel versehen. Einige Abbildungen zeigen nur Hoofdtaue anstelle von Pardunen.

Außerdem führen alle Schiffe zwischen Besan- und Großmast noch einen oder zwei Stage. Schiffe mit einer festen Stenge zeigen die entsprechenden Abbildungen nur mit einem Genickstag, auf solchen mit einer losen Besanstenge wurde neben dem Genickstag auch noch ein Stengestag, der vom Besanstengetopp zum Eselshaupt des Großmastes führte, gefahren.

5.3. Decksausrüstung

Auch hinsichtlich der sonstigen Decksausrüstung der MARY ANN gibt das Journal nicht viel her. Wir wissen durch die Logbuchaufzeichnungen nur von mindestens zwei Luken, wenigstens zwei Pumpen, wahrscheinlich zwei Booten auf der ersten Reise, dagegen nur einem auf der zweiten Reise und außerdem von wenigstens zwei Ankern mit ihren Ketten und Trossen. Der Hinweis auf das Logis der Mannschaft ist nur zufällig durch eine Befehlsverweigerung eines Matrosen zustande gekommen.

5.3.1. Luken

Befassen wir uns zunächst mit den Luken. Aufgrund einer Eintragung vom 6. August 1834, also zu Beginn der ersten im Journal dokumentierten Reise, wissen wir, dass es wenigstens zwei seefest abzudichtende Luken und mindestens zwei Pumpen an Bord gab, denn unter diesem Datum heißt es im Journal u.a.: *Die Luken waren gehörig geschalckt.* Weder über ihre genaue Zahl, noch über die Dimension der Luken gibt es im Journal Auskünfte, ebenso wenig über ihre Form, ob sie glatte, spitzgiebelige oder runde Deckel hatten. Die meisten Risse von Galioten und Kuffen aus der Zeit der MARY ANN zeigen, falls mehr als eine Luke vorhanden war, eine größere zwischen Groß- und Besanmast und eine kleinere vor dem Großmast.[51] Bei der letzteren kann es sich auch um die bei Menzel erwähnte »Kistluke« gehandelt haben. Diese führte zu einem Raum vor dem Großmast, in dem Ausrüstung, Ersatzmaterial, Kohle, Holz für den Kombüsenherd usw. gelagert wurden. Durch die Kistluke konnte man auch in den Raum zu Kontrolle des Wasserstands gelangen.[52] Allerdings wird man so eine Luke selbst für die Seefahrt nicht mit einer Persenning verschalkt haben, muss der Raum doch fast täglich betreten werden können.

Eine Bemerkung zum Schalken: Alle Zeichnungen aus der Zeit der MARY ANN, ebenso alle Modelle und ihre Abbildungen, zeigen keinerlei Indizien über die Art und Weise der Abdichtung der Lukendeckel für die Seereise. Das trifft auch für die großen Seeschiffe der Zeit zu.[53] Aus der Eintragung vom 27. September 1834 ergibt sich nur, dass die Luken auf der MARY ANN vor dem Auslaufen aus Malaga mit doppelten Persenningen abgedichtet wurden. So steht es auch für den 11. Mai 1835 vor dem Auslaufen aus Licata an der Südküste Siziliens im Journal – *Schalkten die Luken mit doppelte Persenninge* – und ebenso am Freitag, dem 3. Juli 1835, vor dem Auslaufen aus Marseille.

Eine Möglichkeit, wie dieses geschehen sein könnte, gibt uns Menzel.[54] Er zitiert dort den Bericht eines niederländischen Kapitäns, der um 1870 auf einer kleinen Veendammer Galiot fuhr. Unter anderem beschrieb er dort das Laden von Kohle in Cardiff sowie das anschließende Verschalken der Luken: *Kein Wunder, daß die Luken gut gesichert wurden. Über alle Nähte kam ein Streifen Segeltuch, mit Teer festgeklebt; danach eine Lage Teer über den gesamten Lukendeckel, dann doppelte Persenninge mit Schalklatten, an allen vier Seiten festgespiekert; endlich noch ein paar Schloßbäume von vorn bis achtern darüber, und danach waren die Luken so dicht, das kein Tropfen Wasser hindurch kam.*

Spiekern bedeutet, etwas mit Spiekernägeln festzunageln. Es waren dies meist aus Kupfer gefertigte großköpfige Nägel, die einen lang gezogenen, pyramidenförmigen Schaft besaßen. Als Schlossbäume wurden lange Balken bezeichnet, die nach dem Verschalken entweder quer oder längs zur Schiffsrichtung über die Lukendeckel gelegt und gesichert wurden, um sie zusätzlich vor Seeschlag zu schützen.

Das Sichern der Schalklatten mit Spiekernägeln ist sicherlich eine Möglichkeit. Doch wie mögen die Lukensülle nach dem dritten Hafen ausgesehen haben? Die Schalklatten werden auch nicht lange instand geblieben sein. Im Journal der MARY ANN ist nichts über erneuerte Lukensülle vermerkt, trotzdem besteht die Möglichkeit, dass die zitierte Methode auf ihr angewendet wurde.

Bei Röding[55] heißt es unter den Stichworten *SCHALMEN, beschalmen, überschalmen oder schalken: Etwas mit Presenning oder getheertem Segeltuch gegen das Eindringen der Nässe verwahren, welches man dergestalt aufspikert, daß die Spiker nicht mit den Köpfen auf die Presenning selbst, sondern auf untergelegtes Holz zu liegen kommen. Besteht dies untergelegte Holz aus einzelnen kleinen Stücken, so heissen diese Knapen; sind es aber lange Leisten, welche die Presenning nach ihrer ganzen Länge andrücken, so heißen diese Leisten Schalmen oder Schalkleisten oder Presenningsleisten.*

Damit können wir als sicher annehmen, dass die geschilderte Methode zur Sicherung der Luken die damals auch auf der MARY ANN gängige war.

5.3.2. Pumpen

Über die Pumpen heißt es im Journal im Anschluss an die Eintragung des 6. August 1834 über die Lukenverschalkung: *Und die Kragen an Masten, Pumpen &* [unleserlich] *befinden sich in bester Ordnung.* Es werden also wenigstens zwei Pumpen an Bord gewesen sein. Diese Anzahl und Anordnung war sinnvoll, wenn, wie auf einigen Abbildungen zu erkennen, sich beide Pumpen achtern im Bereich des Besanmastes befanden, die eine vom Kiel etwas nach Backbord, die andere etwas nach Steuerbord versetzt.[56] Die Schiffe, und somit auch die MARY ANN, wurden, wie aus dem Journal hervorgeht, achterlastig – oder *steuerlastig,* wie es im Journal heißt – getrimmt. Sie lagen und gehorchten auch dem Ruder besser. Außerdem war auf diese Weise immer eine Pumpe die leewärtige, die somit im tiefsten Punkt der Bilge saugte, wenn das Schiff bei entsprechendem Wind nach Lee überlag, also »Lage schob«.

Zum Einsatz gekommen sind mit größter Wahrscheinlichkeit Holzpumpen, wovon es zwei Varianten gab. Bei beiden Modellen wird der Pumpenschaft ein aufgebohrter Baumstamm gewesen sein, in dem sich der von einem Gestänge auf und ab bewegende Kolben befand. Das Gestänge, so zeigen es die meisten zeitgenössischen Abbildungen, wurde von einem Schwengel bewegt, der an dem Pumpenzylinder an Deck gelagert war.

Im ersten Fall saß unten im Pumpenschaft ein (unteres) Saugventil, welches sich öffnete, wenn der Pumpenkolben nach oben bewegt wurde. Am Pumpenkolben selbst saß ein (oberes) Druckventil, welches sich öffnete, wenn sich der Pumpenkolben nach unten bewegte. Dabei wurde das (untere) Saugventil durch den Druckaufbau geschlossen, und durch das geöffnete Druckventil strömte das Wasser in den Pumpenschaft oberhalb des Kolbens. Wurde der Kolben wieder nach oben bewegt, schloss sich das (obere) Druckventil. Unterhalb des geschlossenen Ventils entstand ein Unterdruck, der das (untere) Saugventil öffnete und das Bilgenwasser ansaugte usw. Die Ventile bestanden auf Schiffen von der Größe der MARY ANN mit größter Wahrscheinlichkeit aus einfachen Holzklappen in einer Holzscheibe, die zur besseren Abdichtung mit einem weichen Lederlager versehen waren. Der Techniker erkennt eine selbst ansaugende Kolbenpumpe.[57]

Am zweiten Modell bestand der »Kolben« aus einer Holzscheibe, die im Durchmesser wesentlich kleiner als der Pumpenschaft und am Pumpengestänge befestigt war. An dieser Holzscheibe befand sich ein Ledersack oder -eimer, der als Saug- und Druckventil in einem diente. Der Pumpenschaft war unten durch eine Klappe, die sich nur nach oben hin öffnete, verschlossen. Der Ledersack wurde bei der Abwärtsbewegung des Pumpengestänges in das Bilgenwasser gedrückt und füllte sich. Bei der Aufwärtsbewegung »dichtete« das Wassergewicht im Ledersack diesen zum Pumpenschaft hin ab, so dass sich unter ihm ein Unterdruck bildete. Durch die untere Klappe, auch eine Art Saugventil, strömte neues Bilgenwasser in den Pumpenschaft.[58] Diese »Kolbenpumpe« war bis zu einem gewissen Grad auch selbst ansaugend, wenn sich Wasser im Ledersack befand, aber wohl nicht so effektiv wie das erste Modell. Auf einem Schiff der Größe der MARY ANN und in einem Fahrtgebiet, welches für ihre Verhältnisse als

»Große Fahrt« bezeichnet werden kann, halte ich es für wahrscheinlicher, dass sie Pumpen der ersten Variante an Bord hatte, auch wenn Horst Menzel[59] eher der zweiten Variante zugeneigt ist.

Im Journal werden oft Formulierungen erwähnt *wie lens bey die Pumpen, befanden lens oder Befanden lens bey die Pumpe*. Es wäre nun interessant zu erfahren, was diese Eintragungen bedeuteten: Wurde gepumpt, bis die Pumpe lenz schlug, oder war das Schiff lenz, so dass die Pumpe kein Wasser förderte? Ich denke, dass man bei der Häufigkeit der Eintragungen, ganz besonders bei einem Holzschiff, davon ausgehen kann, dass jedes Mal, bevor eine solche Eintragung erfolgte, gepumpt wurde, bis die Pumpe lenz schlug. Denn dass ein hölzerner Segler über mehrere Tage trocken ist, halte ich für sehr unwahrscheinlich, so gut er auch gebaut und kalfatert sein mag.

5.3.3. Boote

Am 23. August 1834, die MARY ANN war gerade von Hamburg kommend in Malaga eingelaufen, wurde für den frühen Abend im Journal vermerkt: *setzten Schloop u Booth aus*. Ob mit *Schloop* eine Schaluppe, ein größeres Beiboot, und mit Booth etwa eine Kapitänsgig gemeint waren? Nach Röding[60] ist dies durchaus wahrscheinlich. Unter dem 28. April 1834 und dem 3. Juli 1835 wird, in Palermo bzw. Marseille liegend, notiert, dass das *große Both* auf Deck gesetzt wurde; über das Aussetzen eines oder mehrerer Boote gibt es in beiden Fällen keinen Eintrag. Für den 11. Mai 1835 in *Alicata* (wahrscheinlich Licata an der Süd-Küste Siziliens westlich des Golfo di Gela) wurde festgehalten: *zurten die Both*. Der Artikel »die« lässt wieder auf zwei Boote schließen, kann aber ebenso die eigenwillige Auslegung der damals noch nicht geregelten Grammatik gewesen sein. Es ist aber auch für diesen Hafen nichts über das Aussetzen eines oder mehrerer Boote im Journal eingetragen. Es ist zwar für die erste im Journal dokumentierte Reise die Anzahl der Boote mit zwei als sicher anzunehmen, für die zweite Reise würde ich jedoch nur von einem Boot ausgehen.

Dafür sprechen die Eintragungen in einem weiteren Journal der MARY ANN, von dem wir aus einem Artikel Kapitän Axel Möllers[61] wissen. Dort ist unter dem 19. Oktober 1835 von einer *Schloop* und einen Tag später von einer *Schalup* die Rede. Am 24. November 1835 wird in diesem Journal noch einmal davon berichtet, dass im schweren Sturm die Backbordseite des *Großbootes* von einer schweren See zerschlagen wurde.[62] Also ist auch in den Auszügen dieses Artikels nur von einem Boot die Rede, denn man wird wohl davon ausgehen können, dass mit Schaluppe und Großboot ein und dasselbe Boot gemeint war. Die unterschiedliche Bezeichnung wird sich wahrscheinlich durch die Eintragung seitens unterschiedlicher Personen (Kapitän und Steuermann) erklären lassen, dokumentiert durch unterschiedliche Handschriften wie im vorliegenden Journal.[63]

Im Falle zweier mitgeführter Boote wurden diese, Darstellungen von Kuffen und Galioten aus der Zeit der MARY ANN folgend, ineinander gestellt und an Deck gelascht. Die schon mehrfach zitierte Abbildung der LANDDROST VON MARSCHALK zeigt allerdings ein kleines Boot, das an einer Leine geschleppt wird. Auch Horst Menzel weist darauf hin, dass es durchaus üblich gewesen sei, ein Beiboot im Schlepp zu haben.[64] Das halte ich aber für unwahrscheinlich, zumal die MARY ANN unterwegs oft mit schwerem Wetter zu kämpfen hatte, dem ein geschlepptes Boot sicherlich nicht lange standgehalten hätte, und im Journal ist von einem durch Sturm verloren gegangenen Boot nicht die Rede.

Wenn ein Boot auf Deck gesetzt wurde, dann wahrscheinlich, wie damals auf Schiffen von der Art der MARY ANN üblich, über oder auf der großen Luke zwischen Groß- und Besanmast in Bootsklampen und mit Zurrings an Decksaugen gelascht. Diese Bootsklampen befanden sich entweder, fest mit dem Deck verbolzt, vor und hinter der Luke oder wurden lose auf die geschlossene und geschalkte Luke gesetzt und mit Zurrings an Decksaugen gesichert.[65] Sie dienten so zusätzlich auch noch als Schlossbäume. Auch das innere Beiboot wurde so gesichert.

In dem schon zitierten Artikel im »Albatros« heißt es über den 19. Oktober 1835: *... sind drei hier angenommene Matrosen mit unserer Schloop, welche auf der Seite aufgeheißt war, weggelaufen, ...* Da das Original nicht vorliegt, würde ich die Eintragung so interpretieren, dass das Beiboot im Ladetakel an der Seite hing, um am nächsten Morgen in die Klampen gesetzt zu werden, Davits werden auf keiner Abbildung von Schiffen der Art und Größe der MARY ANN gezeigt. Als Ladebaum wird dabei der Großbaum gedient haben. Dazu wurden Schot- und Halshorn des Segels am Baum gelöst und die Gaffel auf die Seite gelegt, auf der der Baum nicht gebraucht wurde. Der Baum wurde angedirkt, die Bullentaljen wurden als Preventer angeschlagen und die Großschot wurde entweder selbst als Ladetakel genommen, oder es wurde ein besonderes Ladetakel angeschlagen. Diese Verfahrensweise sieht man auf vielen Abbildungen von Küstenseglern im Hafen. Wenn sie meistens auch aus späterer Zeit stammen, so glaube ich doch, dass man auch auf der MARY ANN auf diese Weise verfahren ist. Denn wie hätte sonst das Boot aus- und wieder an Deck gesetzt werden sollen? Mit »Manpower« alleine die Boote über das Schanzkleid zu wuchten, wäre wohl kaum möglich gewesen!

Auf den meisten Abbildungen scheint es, als säßen die Boote offen an Deck, also nicht mit einer Persenning als Spritzwasserschutz abgedeckt. Das mag daran liegen, dass die meisten Künstler die Schiffe nur unter Land oder im Hafen darstellten, als die Boote entweder noch nicht oder nicht mehr mit einer Persenning versehen waren.

Obwohl im Journal der MARY ANN das Abdecken der Boote nicht vermerkt wurde, denke ich, dass sie sehr wohl mit einer Persenning versehen wurden. Da diese Arbeit zum normalen Seeklarmachen gehörte, findet sie sich subsumiert in der Eintragung: *Zurten alles fest u in gehörigen Stande.*

5.3.4. Anker und Trossen

Des Weiteren war die MARY ANN mit wenigstens zwei Ankern ausgestattet. So wurde am 24. August 1834, nachdem das Schiff im Hafen von Malaga an seinen Liegeplatz zwischen zwei Bojen verholt hatte, im Journal vermerkt: *... und vertäutens daselbst hinten und vorne mit beide schwersten Ankers jedes* [unleserlich]*: 40 Gld: Kette.* Und bereits am 6. August 1834 heißt es auf der Ausreise nach Verlassen der Elbe, dass die *Ancker aufgesetzt* wurden, ebenso am 28. September: *Setzten die Ankers auf.* Am 22. Februar 1835 wird im Hafen von Palermo ein Plichtanker erwähnt, ebenso *unser Werg,* und am 8. April, gleichfalls in Palermo, noch einmal *unser schwerstes Werg.*

Galioten wie die MARY ANN, die mit ihrem flachen und zum Trockenfallen geeigneten Boden eigentlich reine Küsten- und Wattenfahrer waren, führten drei Anker[66], davon vorne zwei: den kleineren und etwas leichteren Taganker und den schwereren Plichtanker. Der Heckanker, der bei Wattenfahrern zum Trockenfallen benutzt wurde, damit bei auflaufend Wasser das Heck nicht weiter Richtung Land drehte, wurde nicht außenbords gefahren, sondern im Bereich des Achterschiffs in einem entsprechenden Lager, z.B. Achterkante Deckshaus, gelascht und bei Bedarf mit »Manpower« über das Schanzkleid gewuchtet.[67]

Es war damals nach Aussage von Horst Menzel üblich, dass an dem einen der beiden Buganker eine Kette, an dem anderen, wahrscheinlich dem leichteren Taganker, eine Trosse angeschlagen war. Dies deckt sich auch mit der Eintragung vom 23. August 1834, in der es heißt: *... setzten die Ancker ab & holten Tau & Kette aufs Verdeck.* Dies widerspricht jedoch der schon zitierten Eintragung vom 24. August, an dem die MARY ANN mit beiden Ankern zwischen zwei Bojen vertäut liegt, an jedem Anker eine Kette. Allerdings wurde am 2. Mai 1835 eingetragen: *Machten hinten unsere Kette los & holten sie ein.* Dies bedeutet aber meiner Ansicht nach nicht, dass es sich hier um den weiter oben beschriebenen Heckanker, ebenfalls mit einer Kette ausgerüstet, handelte. Ich denke vielmehr, dass hier einer der beiden Buganker gemeint war, dessen Kette, nachdem er gefallen war und das Schiff sich mit dem anderen Buganker nach voraus geholt hatte, geslipt und über das Heck geführt worden ist.

Die Ketten müssen wir uns ihrem Aussehen nach anders vorstellen als die Ankerketten späterer oder heutiger Zeit, denn Ketten mit Stegen kamen erst ab ca. 1840 in Gebrauch.[68] Um ein Verknoten der Kette zu verhindern, werden die einzelnen Kettenglieder im Verhältnis zu ihrer Stärke relativ lang und breit gewesen sein. Da die Galioten keinen Kettenkasten besaßen, sondern Kette und Ankertrosse während der Seereise wahrscheinlich in der Achterpiek gelagert wurden, werden sie vor dem Ankern längs des Decks gelegt worden sein.

Für die zweite im Journal dokumentierte Reise gibt es keinen direkten Hinweis darauf, was an den Ankern angeschlagen war. Es wird am 22. Februar 1835 und am 9. April 1835 vom *Werg*, welches ausgebracht wurde, gesprochen, am Tag zuvor vom *schwersten Werg*. In diesem Zusammenhang ist am 22. Februar von einer zerbrochenen *Pertline* die Rede, in den anderen beiden Fällen von einem *Kegeltau, Kepeltau, Regeltau* oder *Repeltau* (die betreffenden Stellen sind im Journal verwischt).

Nach Menzel könnte mit *Werg* durchaus die Einheit von Anker mit Trosse oder Kette gemeint sein.[69] Ich bin aber der Ansicht, dass Werg durchaus eine verballhornte Form von »Warp« sein könnte, zumal in allen drei Fällen mit dem *Werg* genau das geschieht, was im Allgemeinen als »Warpen« bezeichnet wird: Die MARY ANN wurde mit oder an dem *Werg* in eine andere Position gezogen, also gewarpt. Des Weiteren bestärkt mich die Bezeichnung *Pertline* in dieser Annahme. Röding[70] schreibt in seinem Wörterbuch unter dem Stichwort *PFERDELIEN: Ein Kabelgeschlagenes Tau, welches etwas dünner ist als das gewöhnliche Kabeltau, dessen man sich vorzüglich zur Festmachung des Schiffs, auch zum Werpen und mannigfaltigen Hülfe bey der Arbeit mit dem Ankergeräth bedient.* Diese Bezeichnung taucht auch als *Peertleine, Pferdline* oder *Pferdlein* in dem ebenfalls von mir transkribierten Tagebuch des Danziger Kapitäns Johann Georg Kinder (1763-1824) auf und wird dort in ihrem Gebrauch als Warpleine oder Treidelleine beschrieben.[71]

Die Bezeichnung *Kegel-, Kepel-, Regel-* oder *Repeltau* ist mir unerklärlich, zumal weder in dem Wörterbuch von Kluge noch bei Goedel oder Röding eine in diese Richtung gehende Bezeichnung oder Erklärung zu finden ist – oder sollte es tatsächlich *Kegeltau* heißen und damit das Bojenreep einer kegelförmigen Ankerboje bezeichnet gewesen sein? Es wird zwar nirgends eine Ankerboje erwähnt, aber das bedeutet natürlich nicht, dass sich keine an Bord der MARY ANN befunden hat, denn »Pött un Pann« werden auch nicht erwähnt und waren doch an Bord. Zudem wurde damals in sehr vielen Häfen vor Anker gelöscht und geladen.

5.3.5. Deckshaus, Logis und Kajüte

Weiterhin zeigen alle Abbildungen von Galioten aus der Zeit und in der Art der MARY ANN ein Deckshaus, das allgemein als *Roof*[72] bezeichnet wurde und in dem sich die Kombüse befand und der Steuermann sowie eventuell auch Koch und Zimmermann wohnten, so wahrscheinlich auch auf der MARY ANN. Dieses Deckshaus wird im Journal nicht erwähnt, obwohl es mit an Sicherheit grenzender Wahrscheinlichkeit auch auf der MARY ANN eines gab. Es befand sich zwischen der großen Luke und dem Besanmast. Auf einigen Abbildungen läuft der Besanmast auch durch das Deckshaus. Mit seinem Kombüsenherd war es für die Mannschaft auf etlichen Schiffen oft der einzige warme Platz an Bord. Allerdings zeigt nur die Abbildung der Bremer Galiot ANNA AUGUSTE einen sogar rauchenden Abzug, ebenso ist ein rechteckiger Rauchabzug auf dem Foto aus dem Amsterdamer Schiffahrtsmuseum zu erkennen. Sollte auf den anderen Schiffen die geöffnete Kombüsentür als Rauchabzug gedient haben?

Abb. 13 Galiot ANNA AUGUSTE aus Bremen. Erkennbar ist der sich auf dem Deckshaus befindende Rauchabzug, wahrscheinlich für die Kombüse. Der Rauch ist ein sicheres Zeichen dafür, dass der »Smeerdrak« seiner Profession nachgeht. Der Besanmast ist mit einer losen Stenge und einer Saling ausgestattet. Auf der ANNA AUGUSTE wurde also ein Gaffeltoppsegel am Besanmast gefahren, wahrscheinlich fliegend, da kein aufgetuchtes Segel am Mast zu sehen ist. Ebenfalls scheint die ANNA AUGUSTE einen Schnaumast zu fahren. (Foto: Focke-Museum, Bremen)

Nach Menzels Buch war nicht auf allen Galioten ein Ofen im Logis vorhanden[73], welches sich vorne unter dem Deck befand und den Abbildungen zufolge entweder durch ein Schiebe- oder Klappluk mit Niedergang erreicht wurde – bei schwerem Wetter wohl ein sehr ungemütlicher und nasser Ort. Über die Einrichtung sowie das Leben im Logis konnte aufgrund der vielen möglichen Quellen nicht viel in Erfahrung gebracht werden. In der mir zur Verfügung stehenden Literatur setzen die Beschreibungen des Mannschaftslogis und des Lebens im Logis erst mit dem Ende des 19. Jahrhunderts an. Da das alltägliche Leben den meisten Tagebuch- und Briefschreibern aus der Zeit zu banal war, haben sie es kaum festgehalten. Es muss also noch eine Menge Literatur durchgearbeitet werden, um zwischen den Zeilen etwas über dieses Thema zu erfahren.

Walter Ried[74] schreibt, dass in diesem Deckshaus die Besatzung wohnte. Dies war auf der MARY ANN mit Sicherheit nicht der Fall, denn für den 9. März 1835 wird im Journal vermerkt, dass ein Matrose nach durchzechter Nacht in Palermo dem Steuermann den Gehorsam verweigerte und nach unten ins Logis anstatt an die Arbeit ging.

Abb. 14 Foto vom Achterdeck eines Models einer Dreimastgaliot aus dem 18. Jahrhundert. Man erkennt deutlich die im Text beschriebene Anordnung der Pumpen beiderseits des Besanmastes sowie ihr Aussehen. Achterkante Deckshaus befindet sich das Kompasshäuschen, in dem sich auch Sanduhren befanden. Dass der Kompass vom Rudergänger nicht gesehen werden konnte, spielte keine Rolle. Er sollte keinen Kompasskurs steuern, sondern seinen Kurs nach dem Leeliek des obersten stehenden Rahsegels. Über das Hüttendeck läuft die Ruderpinne mit ihren Taljen. (Foto: Nationaal Scheepvaartmuseum, Antwerpen)

Der Schiffer wohnte natürlich – wie sollte es auch anders sein – achtern in der Kajüte, bei Menzel »Achterunter« genannt.[75] Sie befand sich unter dem oft etwas erhöhten Kajütdeck, über dem die Pinne lief, und wurde ebenfalls durch ein Klapp- oder Schiebeluk erreicht. Dieses Luk befand sich in den meisten Fällen auf der »vornehmeren« Steuerbordseite.[76] Da der Schiffer es in seiner Kajüte mit Sicherheit gemütlich und »kommod« haben wollte, ist davon auszugehen, dass sich dort auch ein Ofen befand. Anzeichen dafür habe ich aber auf keiner zeitgenössischen Abbildung gefunden. Da ein Rauchabzug während der Seereise der Ruderpinne im Wege gewesen wäre, ist der Ofen mit Sicherheit nur im Hafen benutzt, der Rauchabzug zum Seeklarmachen abgenommen und die Öffnung im Deck mit einer Persenning oder ähnlichem seefest abgedichtet worden.

5.3.6. Spill

Spills auf Schiffen von Größe und Art der Mary Ann waren grundsätzlich und ausnahmslos Bratspills. Die Abbildungen zeigen in der Mehrzahl der Fälle vieleckige anstelle runder Spilltrommeln und – sofern überhaupt vorhanden – Spillköpfe.[77] Die vieleckige Form verhinderte –

ähnlich den Rippen an einem Gangspill – das Abrutschen von Leinen und Trossen an der Spilltrommel. Sie waren auf der Seite, auf der sich der Anker mit angeschäkelter Kette befand, zusätzlich mit eisernen Rippen versehen, um einen vorzeitigen Verschleiß der Spilltrommel zu verhindern.[78] Die Spilltrommel musste mühsam und schweißtreibend mit Handspaken, die versetzt in auf der Spilltrommel angebrachte Öffnungen gesteckt wurden, gedreht werden.[79]

Über das Ruder ist schon im Abschnitt über die Entwicklung und die Besonderheiten der Galioten gesprochen worden, so dass hierzu an dieser Stelle nichts mehr gesagt werden muss.

5.3.7. Kompasshäuschen

Ein weiterer wichtiger Ausrüstungsgegenstand, der im Journal keine Erwähnung findet, ist der Kompass – und damit das Kompasshäuschen. Auch auf den einschlägigen Abbildungen, die hier schon mehrfach erwähnt wurden, ist kein Kompasshäuschen erkennbar. Lediglich auf dem Foto eines Modells einer Dreimastgaliot aus dem Niederländischen Schifffahrtsmuseum in Amsterdam steht Achterkante Deckshaus ein Kompasshäuschen. Aber es wird ein solches sicherlich auch auf der MARY ANN gegeben haben, denn trotz der uns abenteuerlich erscheinenden Navigation, mit der wir uns im nächsten Abschnitt noch genauer beschäftigen werden, ist ein Kompass an Bord gewesen, der an Deck gestanden haben muss. Allein die vielen Peilungen bei der Fahrt unter Land wären anders gar nicht möglich gewesen. Aus praktischen Gründen wird der Kompass im Bereich des Besanmastes gestanden haben, da sich Schiffer und Steuermann dort wahrscheinlich meistens aufhielten und so den Kurs für das Journal (und alles, was sich sonst noch auf und vor dem Schiff tat) am besten überwachen konnten. Der Rudergänger wird kaum nach dem Kompass, sondern nach dem Wind im Luv- oder Leeliek des obersten stehenden Rahsegels gesteuert haben.

6. Navigation auf der MARY ANN

Schon während des Transkribierens kam mir der Gedanke, die Reise der MARY ANN wenigstens im Gebiet der Deutschen Bucht oder dem Englischen Kanal auf einer Seekarte darzustellen. Im Journal ist nämlich nicht nur der Mittagsort eingetragen, sondern auch für jede Wache der gesteuerte Kurs, die jeweilige Windrichtung und die gelaufene Geschwindigkeit.

6.1. Seemeile oder Landmeile?

Die erste Frage ergab sich aus einer Eintragung, mit der Kapitän Jessen für alle 24 Stunden einer Journalseite das Etmal notierte. Er teilte jedes Mal die dort angegebenen Bogenminuten durch vier und nannte das Ergebnis *genaue Distanz*. Nun weiß jeder, dass eine Bogenminute der Entfernung von einer Seemeile entspricht. Wieso durch vier teilen? Die Lösung ergab sich, als die ersten Peilungen, die Kapitän Jessen in seinem Journal angab, in die Karte übertragen wurden. Die Entfernungen zu den gepeilten Objekten waren oft so gering, dass man dem zufällig an der entsprechenden Küste verweilenden Spaziergänger die Hand hätte schütteln können. Sie stimmten auch nicht mit den entsprechenden Angaben über die abgelaufene Distanz überein. Vervierfachte man aber die in der Peilung angegebene Distanz, so kam man der Sache schon wesentlich näher! Die Suche im Lexikon[80] unter dem Stichwort »Meile« brachte die Lösung: Kapitän Jessen gab als guter Hamburger Patriot alle Entfernungen und Distanzen in der Hamburger Landesmeile von 7,5325 km an! Sie entspricht der 4,067-fachen Länge einer Seemeile.

6.2. Die Wahl des »rechten Weges«

Auf beiden Ausreisen sowie auch auf der Heimreise von Malaga hielt sich Kapitän Jessen immer dicht unter der englischen Küste; sie war fast immer in Sichtweite. Dabei stellte ich, besonders für die zwei Ausreisen, fest, dass er im Kanal stellenweise für mich unerklärliche Kurse wählte. Er wollte mit seinem Schiff nach Westen durch den Kanal. Aber trotzdem wählte er häufiger nördliche oder östliche Kurse, anstatt – der Wind hätte es sehr wohl erlaubt – auf südwestlichen Kursen dem Ausgang des Kanals näher zu kommen. Die Erklärung von Dr. Albrecht Sauer[81] war überraschend einfach: Zunächst einmal werden die Karten, die Kapitän Jessen an Bord mitführte, auf englischen Karten beruht haben oder sogar englische Karten gewesen sein. Darauf deutet auch die Angabe der Länge als östlich oder westlich von Greenwich hin. Auf französischen Karten lief der Nullmeridian zu der Zeit noch durch Paris. Die Angaben in englischen Karten waren für die englische Küste mit Sicherheit genauer und detaillierter als für die französische Küste, und wahrscheinlich scheute Kapitän Jessen die französische Küste, besonders im Bereich der Kanalinseln und der Bretagne, wegen der dort auftretenden Strömungen. Bei Flut drängen gewaltige Wassermassen in den Kanal und werden gegen die französische Küste gedrückt. Dadurch entstehen besonders im erwähnten Bereich starke Strömungen. Kapitän Jessen wusste, wie schwer es ist, sich mit einer Galiot, so einem »Dwarsdriewer«, der nicht sonderlich hoch an den Wind gehen konnte, von Legerwall freizusegeln.[82] Doch wenn der Strom noch zusätzlich auf die Küste zu steht, ist dies aussichtslos. Schon darum hat er lieber darauf verzichtet, Westlänge gut zu machen und ist auf nördliche oder östliche Kurse gegangen, anstatt einen südwestlichen Kurs zu wählen, der ihn in die Nähe der gefürchteten französischen Küste gebracht hätte. Folglich kannte Kapitän Jessen sich deswegen an der englischen Küste besser aus als an der französischen und hat deswegen schon erstere bevorzugt. Er war möglicherweise auch schon vor den Reisen mit der MARY ANN oft nach England gefahren und kannte das Revier.[83]

Aber nicht nur im Kanal, auch im Mittelmeer hielt sich Kapitän Jessen immer dicht unter oder in Sicht der Küste; einzige Ausnahmen hiervon sind der lange Schlag von der Straße von Gibraltar nach Sizilien und später die Strecke von Licata zur Südostecke Sardiniens. Danach orientierte er sich längs der Küsten Sardiniens und Korsikas nordwärts ins Ligurische Meer, um sich westwärts Richtung Marseille zu bewegen. Auch nach dem Auslaufen aus Marseille verfuhr Kapitän Jessen nach dem gleichen Grundsatz, sich immer dicht unter Land zu halten. Am 8. Juli 1835 benutzte er für das Cabo de la Nao eine englische Bezeichnung: *Cap St: Anthony* – ein Indiz für den englischen Ursprung seiner Karten? Ein wesentlicher Grund für seine Kurswahl im Mittelmeer könnte auch gewesen sein, dass er nur eine Karte in einem relativ großen Maßstab an Bord hatte, sozusagen einen »Übersegler«. Um sich einigermaßen orientieren zu können, hätte er sich auf Vertonungen verlassen, die er einem Handbuch über das Mittelmeer entnehmen konnte.

Richtig frei von Land hat sich Kapitän Jessen nur auf dem Weg vom Westausgang des Kanals bis in den Eingang zum Mittelmeer gehalten. Zwischen der MARY ANN und der Küste lagen im Durchschnitt immer ein bis zwei Etmale. Dies war aber mit ziemlicher Wahrscheinlichkeit eine reine Vorsichtsmaßnahme, wusste Kapitän Jessen doch, dass er dort vorrangig mit westlichen Winden zu rechnen hatte. Und auf Legerwall wollte er nun ganz bestimmt nicht geraten.

6.3. Wind und Wetter

Da im Journal natürlich Windrichtung und -stärke angegeben wurden, habe ich auch diese Werte mit in die Karte übertragen. Dabei konnte ich feststellen, dass Kapitän Jessen mit der MARY ANN nie höher als $1^1/_2$ bis maximal 2 Strich an den Wind ging. Zwei Gründe dafür sind schon genannt worden: Zum einen sind es die Form des Rumpfes und die geringe Lateralfläche im Unterwasserschiff, die einer Kursstabilität beim Segeln mit raumen oder halben Winden entgegenstehen.[84] Im Journal ist oft ein Versatz nach Lee von bis zu 3 Strich eingetragen. Zum anderen sind die Racks der Rahen in ihrer Art nicht dafür geeignet, hart anzubrassen. Des Weiteren wäre es durchaus möglich, dass die MARY ANN immer leegieriger wurde, je höher man mit ihr an den Wind zu gehen versuchte. Der Winddruck auf die sich in ihrer Mehrzahl vor dem Segelschwerpunkt befindlichen Segel, also Vor- und Rahsegel, wirkte sich so unglücklich auf das Schiff aus, dass es immer von selbst abfiel und ständig gegengesteuert werden musste. Bliebe aber immer noch die Frage, warum die Rahsegel nicht einfach festgemacht und nur mit Gaffel- und Stagsegeln an den Wind gegangen wurde. Zogen diese alleine nicht genug? Ich habe keine Antwort darauf.

Kapitän Jessens erste Eintragung in der Spalte *Begebenheiten* betraf immer die Stärke des Windes. Er machte die Angaben darüber aber nicht nach der uns bekannten Beaufort-Skala, sondern in einer wohl seinem eigenen Empfinden und seiner eigenen Erfahrung entsprechenden Einteilung. Dabei sprach er nicht nur von Wind, sondern meistens von *Kühlte.* Zwar hatte der englische Admiral Sir Francis Beaufort seine heute immer noch, wenn auch in Teilen verändert gültige Beaufortskala schon 1806 aufgestellt[85], aber zu der Zeit, in der wir uns mit dem vorliegenden Journal befinden, war sie noch nicht einmal in Großbritannien Allgemeingut. Warum also sollte sie von Kapitän Jessen bei der Beurteilung des Windes benutzt worden sein?

Nach Röding[86] werden durch *das Wort Kühlte in der Seesprache die verschiedenen Grade oder Stärken des Windes* ausgedrückt. Die Stärken der einzelnen Kühlten unterteilt Röding nach der Entfernung, die ein Schiff in etwa während einer Wache zurücklegt. Dabei unterscheidet er zwischen *kleiner oder schlaffer Kühlte, labbere Kühlte* (3-4 Meilen), *frischer Kühlte* (6-7 Meilen) und *steifer Kühlte* (8 Meilen). Zusätzlich nennt Röding die *Bramsegelskühlte* und die *Marssegelskühlte.* Kapitän Jessen teilte die Kühlten aufsteigend in etwa wie folgt ein: *Ganz flaue Kühlte, flaue Kühlte, flaue unbeständige Kühlte, ganz schwache Kühlte, schwache Kühlte, mäßige Kühlte, flaue Bram- und Leesegelkühlte, Bram-, Royal- und Lesegelkühlte, Bram- und Leesegelkühlte, frische Bram- und Leesegelkühlte, Bramsegelkühlte, frische Bramsegelkühlte, steife, frische Kühlte* und *steife Kühlte.* Dazu kommen die *ungleiche Kühlte,* die *zunehmende Kühlte* und die *abnehmende Kühlte.* Schwachen Wind und Windstille bezeichnete Kapitän Jessen ebenfalls in dieser Art; er sprach dann von *Stille, Windstille* oder nannte sie *ganz flau und Windstill.* Aber auch die Bezeichnung *flaue Brise* findet sich im Journal.

Auch den Wind teilt er aufsteigend ein: *Schwacher umlaufender Wind, mäßiger Wind, frischer Wind, lebhafter Wind, zunehmender lebhafter Wind, starker Wind, hart zunehmender Wind sowie sehr lebhafter/starker Wind.* Den Wind gibt es als umlaufenden sowie zu- und abnehmenden. Die Bezeichnung *schweres Wetter* kommt mehrfach im Journal vor, das Wort »Orkan« dagegen nicht, obwohl es zur Zeit Kapitän Jessens bekannt war. Der stärkste Wind, den er angibt, ist ein *schwerer Sturm.* In dem schon erwähnten Tagebuch des Danziger Kapitäns J. G. Kinder zum Beispiel taucht die Bezeichnung Orkan für einen besonders schweren Sturm mehrfach auf.[87] Also kann man wohl davon ausgehen, dass Kapitän Jessen auf den im Journal dokumentierten Reisen keinen so schweren Sturm erleben musste.

Über das schwere Wetter hinaus teilte er es wie folgt ein: *Stürmische Witterung, stürmisches Wetter, zunehmendes stürmisches Wetter, anhaltendes stürmisches Wetter, verhaltender Sturm, anhaltender Sturm, starker Sturm* und schließlich *schwerer Sturm.* Abschließend seien noch die *Böhigte Luft* und *Böhigtes Wetter* genannt, nur um die Verwirrung komplett zu machen, denn diese Vielzahl von Bezeichnungen des Windes mit ihren sicherlich vielen Überschneidungen machen es nicht gerade einfach, das Wetter und den Wind in seiner Stärke so abzuschätzen, dass sich aus den Angaben in Hinsicht auf die Segelführung sichere Aussagen machen ließen. Auch lassen sich mit diesen Bezeichnungen keine Vergleiche ziehen zu anderen Segelschiffen, seien sie aus der gleichen oder einer späteren Zeit, was Geschwindigkeit, Etmale oder Reisedauer angeht.

6.4. Wissenschaft oder Erfahrung?

Beim Versuch, die auf den einzelnen Wachen gesteuerten Kurse und Entfernungen in die Karten zu übertragen, stimmte mein Schnittpunkt nie mit der von Kapitän Jessen angegebenen Position überein. Der gekoppelte Ort lag immer nordöstlich von dem im Journal angegebenen Mittagsort. Selbst bei Einbeziehung der unter dem tabellarischen Teil des Journals angegebenen Missweisung kam ich nicht auf den von Kapitän Jessen angegebenen Mittagsort.

Zur Navigation bis zur ersten Hälfte des 19. Jahrhunderts gibt es nur sehr wenige schriftliche Quellen über die tägliche Bordpraxis. Fast alle Quellen, die uns heute etwas über die Navigation des ausgehenden 18. und beginnenden 19. Jahrhunderts sagen, sind Lehrbücher und wissenschaftliche Abhandlungen zu navigatorischen Problemen. Beide wurden von Theoretikern, Mathematikern und Physikern, aber in der Regel nicht von Seeleuten verfasst. So könnte man durchaus zu der Erkenntnis kommen, dass das Mögliche auch das Alltägliche war.

Dem war aber überhaupt nicht so. Nicht alles, was die Wissenschaft über den Erdmagnetismus, die Astronomie oder die Gezeiten herausfand, gelangte auch zu den Praktikern an Bord.[88] Vieles konnte nicht zu den alten Schiffern durchdringen, weil sie bei ihrer Vorbildung gar nicht in der Lage waren, komplizierte theoretische Abhandlungen zu verstehen, hatten sie doch in ihren kleinen Dorfschulen nur etwas Rechnen und das Lesen der Bibel gelernt. Man bedenke: Als in Preußen durch Friedrich II. die allgemeine Schulpflicht eingeführt wurde, wurden die Dorfschulen mit ausgemusterten Unteroffizieren der Armee als Schulmeister bestückt.[89] Entsprechend war auch das Bildungsniveau der Schulabgänger. Nicht sehr viel anders wird es in den anderen Gebieten Deutschlands gewesen sein. Die Kinder wurden damals oft auf dem Hof oder in der Werkstatt der Eltern eingesetzt oder sogar auf andere Höfe oder Werkstätten gegeben.

So schrieb der Segelschiffkapitän Michael Külken (1819-1903) in seinen Lebenserinnerungen über seine Schulzeit: *Alle, so wie wir herangewachsen sind, mußten wir von 7 bis 8 Jahren an, alles im Hause, alle Arbeit mit verrichten, die Mädchen so gut wie die Jungen. Schule hatten wir sehr wenig.*[90] Jens Jacob Eschels (1757-1842) erwähnt in seiner »Lebensbeschreibung eines alten Seemannes«, dass er an Bord eines holländischen Westindienfahrers als Matrose fuhr. Dort unterrichtete er den Kapitän in der Steuermannskunst, *weil er nur selbst nothdürftig die Steuermannskunde gelernt.*[91] Eschels war zu diesem Zeitpunkt 20 Jahre alt und hatte aus eigenem Antrieb im Selbststudium die *Schatkamer*, ein niederländisches Navigations-Lehrbuch, durchgearbeitet. Und auch er hatte lediglich im Winter die Schule besucht, im Sommer fuhr er als Schiffsjunge zur See.[92]

Wichtig war für diese Schiffer die Erfahrung, die sie sich in langen Jahren auf See in den oft gleichen Fahrtgebieten angeeignet hatten. Sie konnten sehr gut auf die neuesten Forschungsergebnisse über die Gezeiten verzichten, um Hoch- und Niedrigwasser zu berechnen. Ihnen genügten Faustformeln und Hafentabellen, falls sie diese überhaupt benutzten. Aus Erfahrung wussten sie, wie in bestimmten Gebieten der Strom bei auf- oder ablaufend Wasser steht. Sie konnten oft schon an der Windsee erkennen, wie der Strom lief. Sie machten sich auch keine Gedanken über die neuesten wissenschaftlichen Erkenntnisse zur Ortsbestimmung auf See. Es hätte ihnen für die tägliche Praxis an Bord auch nichts geholfen. Denn wie hätten sie diese Verfahren anwenden sollen ohne die teuren Geräte, die sie dafür gebraucht hätten?[93]

Hauptsächlich die oben genannte Erfahrung, gepaart mit einigen Grundkenntnissen der Navigation, hat den Reedern jahrhundertelang genügt, den Schiffern ihre Schiffe und Ladung anzuvertrauen. Erst recht spät, zu Beginn des 19. Jahrhunderts, hat man in den deutschen Küstenstaaten in Verordnungen festgelegt, welche Kenntnisse und Fertigkeiten Steuermann und Schiffer besitzen mussten. Diese wurden auch geprüft, und Prüfungen 1793 in Emden, 1811 in Preußen, 1826 in Hamburg, 1827 in Lübeck und 1828 in Bremen vorgeschrieben.[94] In Preußen waren die Patente in sechs Stufen unterteilt, je drei für Steuerleute und für Schiffer nach Schiffsgröße und Fahrtgebiet. In Hamburg wurde man nach Ried für den Schulbesuch, der in beiden Fällen ein Jahr dauerte, nicht mehr vor dem 20. Lebensjahr zugelassen. Das Patent wurde, je nach Prüfungsergebnis, entweder für die Große oder für die europäische Fahrt erteilt. Vor dem Besuch der Schifferschule musste der angehende Schiffer zwei bis vier Jahre lang als Steuermann gefahren sein.[95]

Wir wissen von Kapitän Jessen nur, dass er von 1834 bis 1839 die MARY ANN als Kapitän führte. Gehen wir davon aus, dass er seine Prüfung in Hamburg machte, so wird er mit dem »Handbuch der Schiffahrtskunde« in Berührung gekommen sein, dessen vollständiger Titel lautete: »Handbuch der Schiffahrtskunde zum Gebrauch für Navigationsschulen auch zum Selbstunterricht angehender Steuerleute. Mit einer Vollständigen Sammlung der unentbehrlichsten Seemannstafeln nebst 15 Kupfern und zwey Seecharten. Verfaßt von der Hamburgischen Gesellschaft zur Verbreitung der Mathematischen Kenntnisse«[96] – ein Titel, der Programm war. Nach diesem Buch sollte alles gelehrt werden, was zur damaligen Zeit Stand der Wissenschaft war und zum Teil auch heute noch Gültigkeit besitzt. Angehende Hamburger Schiffer und Steuerleute wurden ab 1826 in der astronomischen Navigation unterwiesen sowie in den Berechnungen der Zeit der Kulmination und des Sonnenauf- und Unterganges, also der Amplitude, wie sie auf der MARY ANN während der Reise von Marseille nach New York häufig angestellt worden ist. Dieses Handbuch war Lehrbuch für die angehenden Hamburger Steuerleute und Schiffer, und so wird auch jeder ein Exemplar besessen und, da das Buch teuer war, nach bestandener Schifferprüfung auch behalten haben. Somit war der Schiffer mit allen nautischen und mathematischen Tafeln versehen, die er für seine navigatorischen Zwecke brauchte.

Doch auch hier stellt sich die Frage nach der Differenz zwischen Theorie und Praxis. Inwieweit haben die angehenden Steuerleute und Kapitäne nur für die Prüfung gelernt? Haben sie nach bestandener Prüfung wieder genauso gearbeitet, wie sie es von Bord her gewohnt waren und wie sie es sich von ihren Schiffern abgesehen hatten?[97] Inwieweit Kapitän Jessen die *Berichtigung der Höhenwinkel wegen Refraction oder die Berichtigung der Winkel wegen scheinbarer Größe der Halbmesser* überhaupt interessierten, muss dahingestellt bleiben. Er hatte mit den Instrumenten auszukommen, die ihm zur Verfügung standen, und nicht mit denen, die ihm theoretisch hätten zur Verfügung stehen können.

6.5. Zeitmessung auf der MARY ANN

Auf der MARY ANN hat es mit ziemlicher Sicherheit keinen Chronometer gegeben[98], denn diese von einem Dorfschreiner aus Yorkshire entwickelte und von James Cook in ihrer Ganggenauigkeit bestätigte Präzisionsuhr wird zu teuer gewesen sein.[99] Gestützt wird diese These auch durch die schon erwähnten Lebenserinnerungen des Segelschiffkapitäns Michael Külken. In den Jahren 1837/38 fuhr Külken ebenfalls auf einer Galiot, der JOHANNA CATHARINA aus Bremen, mit 47 CL in der Größe etwa mit der MARY ANN zu vergleichen. Er schreibt dort unter anderem über das Jahr 1838: *... Denn die Reise vorher hatte er* [der Kapitän] *mich schon gelehrt, dass ich mit Loggen und Steuern aufpassen konnte. Darum bekümmerte er sich nun auch gar nicht mehr, und nun auf dieser Reise, da wir immer schönes Wetter hatten, lehrte der Kapitän mich auch, dass ich des Mittags die Höhe der Sonne nehmen konnte und die Breite und die Länge auf der Logge berechnen konnte. Denn einen Chronometer hatten wir damals noch nicht.*[100]

Es gab also zum Messen der Zeit auf der MARY ANN wahrscheinlich nur die Sanduhr, die für diesen Zweck in den Größen für 4, 2 und 1/2 Stunden erhältlich war. Auf der MARY ANN wird eine 1/2-stündige Sanduhr in Gebrauch gewesen sein, denn alle Zeiten für Peilungen, Wenden und Halsen, Ankermanöver usw. wurden entweder mit vollen oder halben Stunden im Journal eingetragen.[101]

Nach Angabe von Walter Ried wurde zur Ermittlung der genauen Tageszeit seit dem 17. Jahr-

Abb. 15 Drei Sanduhren oder *Sandläufer*, wie sie Eschels in seinen Erinnerungen nennt. Uhren dieser Art dürften sich auch auf der MARY ANN befunden haben. Die Abmessungen der Uhren (H x Ø), von links nach rechts: 11,5 x 6,5 cm, 19,5 x 9,3 cm, 13,3 x 6,8 cm. (Foto: Archiv DSM).

hundert der Sonnenring benutzt, mit dem aus der Sonnenhöhe die Tageszeit recht gut berechnet werden konnte. Nachts wurde dazu mit dem Nocturlabium der Nordstern im Verhältnis zum Großen oder Kleinen Bären beobachtet.[102] Albrecht Sauer bemerkt dazu, es habe diese Geräte natürlich gegeben und sie mögen auch gelegentlich an Bord in Gebrauch gewesen sein, er kenne dafür aber keine deutsche Quelle.[103]

Kapitän Jessen wird als verlässlichsten Zeitmesser wahrscheinlich eine Sanduhr besessen haben, eventuell noch eine zweite in seiner Kajüte, um die andere kontrollieren zu können, und vermutlich auch eine Taschenuhr, die aber wegen Gangungenauigkeiten durch Temperaturschwankungen, Luftfeuchtigkeit und ähnlichem nur von untergeordnetem Wert gewesen sein kann. So ist es beim Fehlen eines Chronometers auch nicht weiter verwunderlich, dass sich Kapitän Jessen in den 58 Tagen vom Passieren Gibraltars bis zum Treffen mit dem amerikanischen Schiff ERIE bei der Längenberechnung um 10°38′ vertan hat.[104]

6.6. Oktant oder Sextant?

Bis vor kurzem bin ich davon ausgegangen, dass sich Kapitän Jessen eines Sextanten bediente. Da diese Geräte fast ausschließlich Eigentum der Schiffer waren und dazu sehr teuer, war es möglicherweise ein altes ererbtes Stück von Vater oder Großvater mit allen durch langen Gebrauch bedingte Fehlerquellen. So erklärte ich mir den oben schon erwähnten Fehler in der Längenberechnung durch einen mitgenommenen Limbus oder eine leicht verbogene Alhidade.

Abb. 16 Englischer zeitgenössischer Oktant, Material Ebenholz, Elfenbein und Messing, signiert: Crichton, London. Breite 26,5 cm, Länge der Alhidade 33 cm, Höhe bis zum Spiegel 8,7 cm, Materialstärke 1,8 cm. Ob es sich bei diesem Oktanten schon um einen *zierlicheren* handelt, wie Eschels die Oktanten jüngeren Datums in seinen Erinnerungen nennt? (Foto: Archiv DSM)

Wahrscheinlicher ist aber die Benutzung eines Oktanten. Einen Beleg dafür fand ich in der schon erwähnten Biographie von Jens Jacob Eschels.[105] Sein Großvater arbeitete als Webkammmacher auf Föhr. Da er aber damit seine Familie nicht ernähren konnte, fertigte er nebenbei auch *Compasse, Octanten, Sandläufer oder Stundengläser.* Als Anmerkung zu den Oktanten seines Großvaters bemerkt Eschels: *Mein alter Octant, welchen ich noch aufbewahre, ist einer von seiner ersten Arbeit. Jetzt 1831 sind die Octanten zierlicher, doch dieses mein alter ist eben so gut die Poolhöhe zu messen.*[106]

Der 1730 von dem Engländer John Hadley erfundene Spiegeloktantant bestand aus witterungsbeständigem Ebenholz. Aber Holz arbeitet – eine weitere Fehlerquelle verglichen mit einem Sextanten aus Metall, der präziser funktionierte. Dennoch wurden noch 1831 neue Oktanten hergestellt.[107] In dem oben erwähnten »Handbuch der Schiffahrtskunde« von 1819 wird der Gebrauch von Oktanten noch gelehrt. Der Sextant ist 1757 ebenfalls von einem Briten, Kapitän John Campbell, aus dem Oktanten entwickelt worden.[108]

6.7. Kompass

Das wichtigste Navigationsinstrument, das Kapitän Jessen nutzte, war wohl der Kompass. Zur Zeit der Mary Ann wird es ein Fluidkompass gewesen sein[109], der in einem Kompasshäuschen an Deck im Bereich des Besanmastes gestanden haben dürfte. Auch in Bezug auf den Kompass gab es eine große Kluft zwischen Theorie und Praxis an Bord. So ist zur damaligen Zeit die Deviation durchaus schon bekannt gewesen, ebenso, dass Kompassnord durch Eisenteile in der Nähe des Kompasses Veränderungen unterworfen sein kann. Das Wissen um die Deviation wird in der Navigation der MARY ANN aber keine Rolle gespielt haben. Die Möglichkeit des Kompensierens von Kompassen bestand schon in der ersten Hälfte des 19. Jahrhunderts, für ein Schiff wie die MARY ANN wird das aber ebenfalls ohne Belang gewesen sein. Auch war es zu der Zeit noch ungewöhnlich und sehr selten, dass ein Kompass mit Ausgleichsstücken reguliert wurde.[110]

Der Magnetismus wurde noch wenig beachtet; als Beispiel dafür zwei Anekdoten: Über James Cook wurde kolportiert, dass er im Kompasshäuschen seine Schlüssel deponierte, damit er sie immer in Reichweite hatte. Aus dem gleichen Grunde solle Admiral Nelson im Kompasshäuschen seine Pistolen gelagert haben.[111] Kompasse wurden noch nicht in speziellen Werkstätten, sondern nebenbei von Handwerkern, die etwas mit der Schifffahrt zu tun hatten, hergestellt, vielleicht auch von einem Webkammmacher.[112] Dabei wurde auf die Verzierung der Kompassrosen viel Wert gelegt. Für den damaligen Bordbetrieb waren diese Kompasse ausreichend, zeigten sie doch in etwa den magnetischen Nordpol an. Die Missweisung war bekannt, es gab dafür auch Tafeln, die seit Beginn des Jahrhunderts gedruckt und vertrieben wurden.[113] Sofern sie nicht durch Amplituden, wie weiter oben erwähnt, berechnet wurde, wird man auch auf der MARY ANN auf diese Tafeln zurückgegriffen haben[114], und so fand man seinen Weg auch ohne die Wissenschaft.[115] Dies ist mit Sicherheit auch ein Grund, warum es nahezu unmöglich war, die Kompasskurse der Wachen aus dem Journal in die Karte zu übertragen: Ohne Deviationstabelle und entsprechende Beschickung führten sie zu keinem Ziel. Einzig die Darstellung des gewählten Weges unter Berücksichtigung des Windes war möglich und hat in der Folge auch einige Ergebnisse gebracht.

6.8. Seekarten

Moderne Seekarten, die in ihrer Art und Darstellung den heutigen nahe kommen und auf genauen Vermessungen der entsprechenden Küsten- und Seegebiete beruhen, sind erst in den letzten beiden Jahrzehnten des 18. Jahrhunderts entstanden. Hier sind die Briten als aufstrebende Seemacht an erster Stelle zu nennen. Die von Kapitän Jessen benutzten Karten waren vermutlich entweder britische Karten oder sie beruhten auf Karten der britischen Admiralität.[116]

Die Seekarten, die ein Schiffer zur Zeit der MARY ANN benutzte, waren in der Regel sein Eigentum.[117] Und sie waren teuer. Seekarten wurden damals wie folgt hergestellt: Nach der kartographischen Aufnahme der entsprechenden Gebiete wurde die Zeichnung von Kupferstechern spiegelverkehrt in Kupfer gestochen. Diese Platten waren gleichzeitig die Druckstöcke und wurden im Tiefdruckverfahren vervielfältigt. Änderungen konnten bei diesem Verfahren relativ einfach in die Kupferplatte eingearbeitet werden, indem sie von der Rückseite her wieder ausgetrieben wurden und somit die Oberfläche geebnet wurde, in die dann die Änderung neu eingestochen werden konnte. Auf diese Weise konnte der Druckstock für ca. 5000 Drucke verwendet werden.[118]

Nun wird sich aber ein einfacher Handelsschiffskapitän nicht regelmäßig neue Karten gekauft haben. »Nachrichten für Seefahrer«, mit deren Hilfe er seine Karten regelmäßig selbst hätte berichtigen können, gab es noch nicht. Er wird sie solange wie möglich verwendet und die Berichtigungen vor Ort entweder nach eigener Anschauung oder nach den Karten anderer Kapitäne während der Liegezeit gemacht haben.[119]

Selbst wenn die Karten neueren Datums gewesen sein sollten, so ist nicht sicher, wie alt und überholt die zugrunde liegenden Daten waren, denn auch in der Küstenregion werden damals

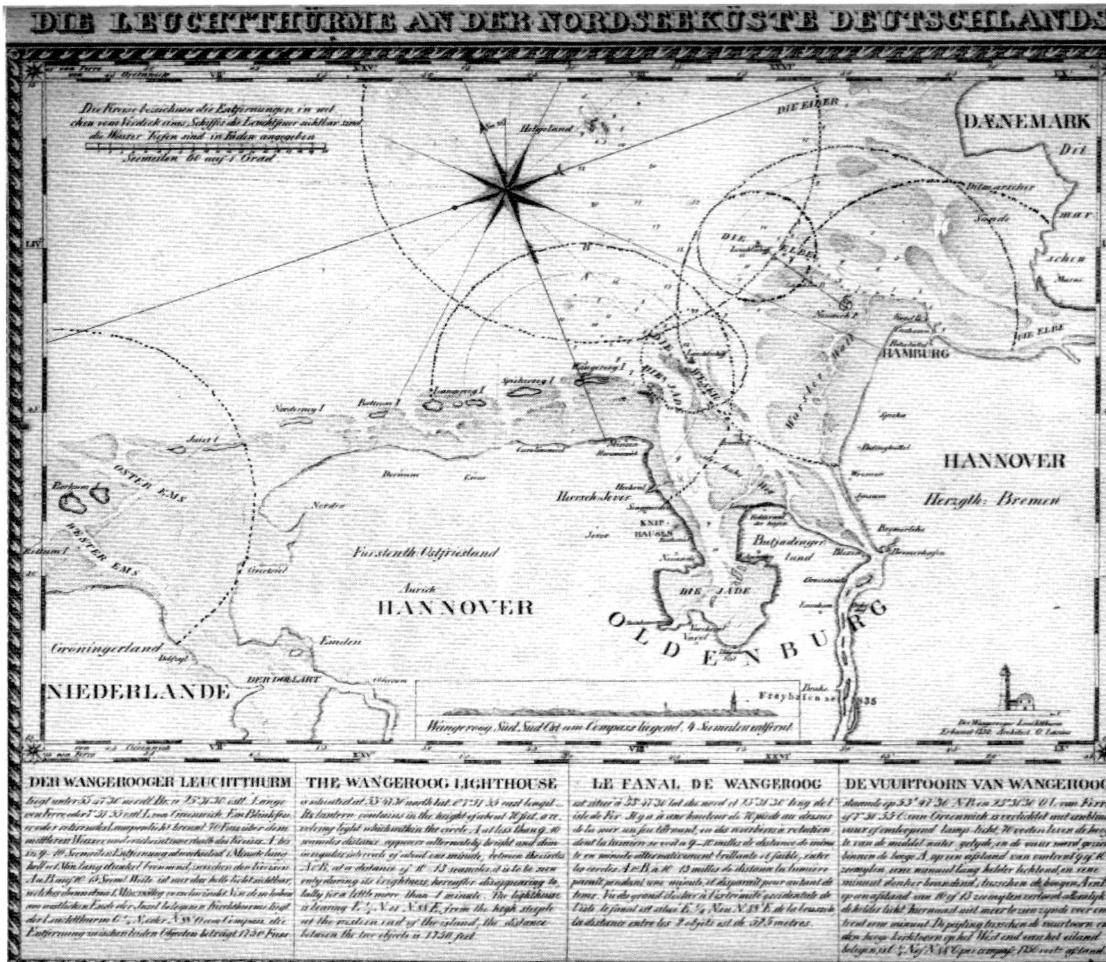

Abb. 17 Karte mit der Befeuerung der südlichen Nordsee aus dem Jahre 1830. Die Länge ist als Ost von Greenwich und als Ost von Ferro angegeben! Ebenso interessant ist die Vertonung der Insel Wangerooge: *Wangeroog, Süd Süd Ost am Compass liegend, 4 Seemeilen entfernt.* Die Missweisung ist ebenfalls in die Karte eingezeichnet, nicht aber die jährliche Änderung. (Juist, Küstenarchiv, aus: A. W. Lang: Geschichte des Seezeichenwesens. Bonn 1965)

in für heutige Verhältnisse nur sehr langen Zeitabständen die Daten überprüft und korrigiert worden sein, zumal das Aufnehmen der Daten vor 170 Jahren sehr viel aufwendiger als heute war: Die Küstenlinie musste von Hand eingepeilt, diese Peilungen dann beschickt werden. Jede Wassertiefe musste von Hand gelotet, jede Lotung wiederum eingepeilt werden. Bei der kartographischen Aufnahme der Regionen wurde mit dem Magnetkompass gearbeitet. Dieser war kompensiert, und Deviationstabellen werden mit herangezogen worden sein. Bei den Umrechnungen in rechtweisend Nord gab es aufgrund der vielen Daten und Peilungen sehr viele Möglichkeiten, Fehler in die Karte zu übertragen. Kapitän Jessen hat unter der Küste sehr oft loten lassen und die Lotspeise im Journal vermerkt – ein sicheres Indiz dafür, dass Erfahrungswerte über die Beschaffenheit des Grundes Kapitän Jessen zur Orientierung dienten.[120]

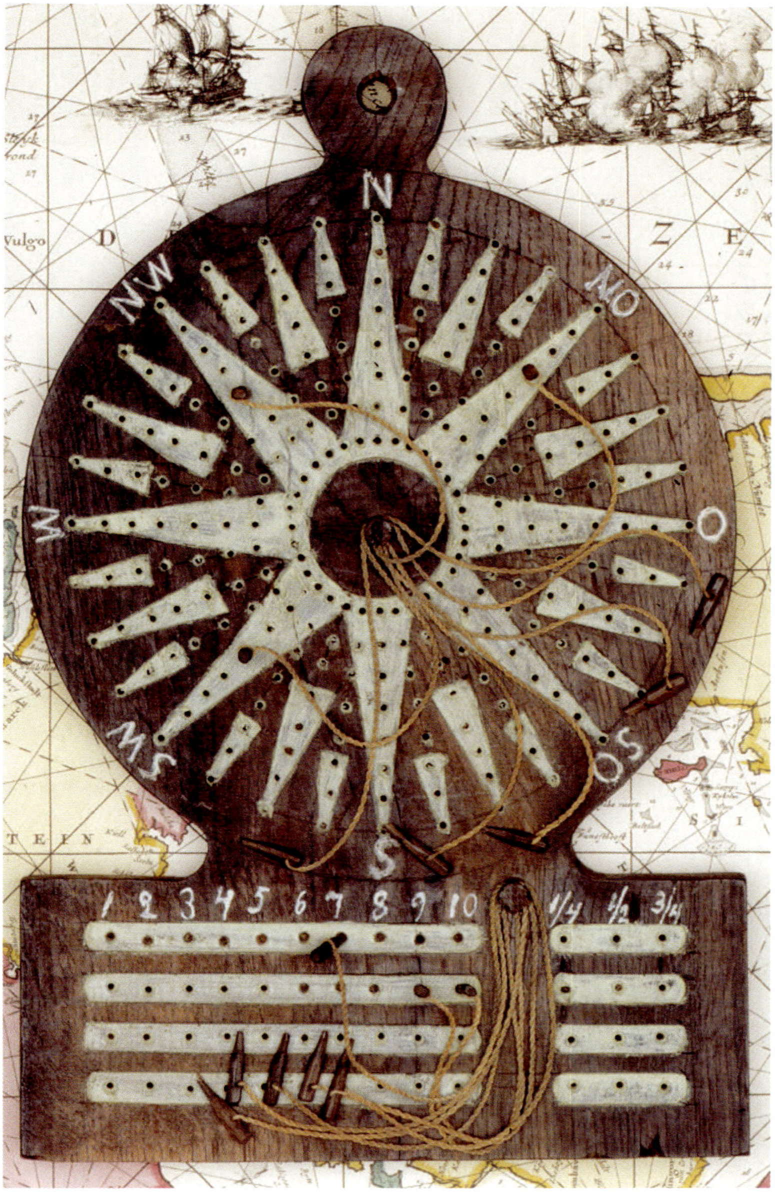

Abb. 18 Traversbord oder Pinnkompass. Auf ihm wurden halbstündlich die gesteuerten Kurse und stündlich die geloggten Geschwindigkeiten mit den Holzpinnchen eingesteckt, um nach Wachwechsel ins Journal eingetragen zu werden. Material Holz, Abmessungen: 35,6 x 23,3 cm, Materialstärke 2 cm. (Foto: Archiv DSM)

6.9. Barometer

Schließlich sei noch kurz das Barometer erwähnt. Die Wirkungsweise des Barometers war seit der Mitte des 17. Jahrhunderts bekannt. Im ausgehenden 18. Jahrhundert wurden die Barometer langsam in der Schifffahrt eingeführt.[121] Sie waren keine Navigationsinstrumente, aber halfen dem Schiffer – zusammen mit der Beobachtung der Wolken, des Himmels und des Windes –, Wetteränderungen frühzeitig zu erkennen und entsprechend zu handeln. Auf der MARY ANN gab es kein Barometer; die Barometerstände wären anderenfalls ins Journal eingetragen worden.

6.10. Koppelnavigation

Die Koppelnavigation spielte zur Zeit der MARY ANN eine wesentlich größere Rolle als in späterer Zeit.[122] Es lässt sich fast behaupten, dass die astronomische Navigation nur dazu diente, den gekoppelten Ort zu überprüfen. Um möglichst genaue Daten für das Koppeln zu erhalten, wurde das Traversbord verwendet, auf welchem mit bunten Pinnchen alle halbe Stunde der gesteuerte Kurs und die geloggte Geschwindigkeit gesteckt wurden. Diese Daten konnten bei Wachwechsel oder auch seltener in das Journal übertragen und am nächsten Mittag für das Koppelbesteck benutzt werden. Hierbei musste natürlich sehr genau und gewissenhaft gearbeitet werden, dennoch gab es viele Fehlerquellen durch Strom- und Windversatz. Besonders bei unsichtigem Wetter, wenn keine Gestirne beobachtet werden konnten, war diese Art der Navigation die einzig mögliche.[123]

7. Die Reederei Wachsmuth & Krogmann

Da der dritte Eigner der MARY ANN von 1831-1839 die Reederei Wachsmuth & Krogmann und die Galiot das erste Schiff dieser Reederei war, soll hier kurz die Geschichte des Unternehmens angerissen werden.[124]

Die Reederei hat als eine der ältesten und langlebigsten Hamburger Reedereien von 1831-1939 Schiffe unter ihrer Flagge, einem blauen »W&K« in einem weißen, rot umrandeten Feld fahren lassen. Als Gründer der Firma gilt der 1775 in Hechthausen an der Oste geborene Johann Christian Wachsmuth. Nachdem er sich in Hamburg niedergelassen hatte, eröffnete er 1796 einen Krämerladen, der sich bald zu einem Großhandel mit Lebensmitteln entwickelte. Nach seinem Tode 1820 hinterließ er den Großhandel seinem Bruder sowie dem Prokuristen Hermann Christian Tobias Krogmann. Dieser war ebenfalls kein Hamburger, sondern stammte aus Winsen/Luhe, wo sein Vater ein blühendes Holzgeschäft betrieb. Durch dessen Tod und Kriegseinwirkungen im Napoleonischen Krieg verarmt, trat der 17-jährige H.C. Krogmann in die Hanseatische Legion ein, einen Freiwilligenverband, der sich hauptsächlich aus Bewohnern der Hansestädte rekrutierte und unter englischer Führung gegen die Franzosen kämpfte. Nach Ende der Napoleonischen Kriege 1815 als Feldwebel entlassen, trat er als Kommis (Handlungsgehilfe) in die Firma von J.C. Wachsmuth ein. Nach dessen Tod heiratete er in zweiter Ehe die Tochter seines ehemaligen Chefs und wurde nach dem Ausscheiden C.L.O. Wachsmuths, dem Bruder des Firmengründers, im Jahre 1855 Alleininhaber. Trotz des Namens Wachsmuth & Krogmann hat seitdem nie wieder ein Wachsmuth der Firma angehört.

Krogmann war es auch, der in das Reedereigeschäft einstieg, allerdings nicht ausschließlich. Es wurde auch eine Werft in Oevelgönne unterhalb Altonas betrieben, ebenso ein Dampferdienst nach Harburg. Kurz vor Ausbruch des Ersten Weltkrieges wurde von Krogmann auf einem Gelände am Köhlbrand mit Hilfe des im Hamburger Hafen reichlich anfallenden Baggerguts das Badegelände Kattwyk eingerichtet, das sich bald zu einem beliebten Freibad entwickelte.

Als erstes Schiff kaufte Krogmann 1831 die MARY ANN. Doch dabei blieb es nicht. Zu der im Journal abgehandelten Zeit besaß die Firma außerdem die schon 1818 gebaute und 1832 gekaufte Brigg ELISE von 54 CL sowie 1835 den im gleichen Jahr erbauten Schoner HECTOR. Insgesamt besaß die Firma Wachsmuth & Krogmann bis zum Ende des Ersten Weltkrieges 33 Segelschiffe, von der Galiot bis zum Fregattschiff, Schoner, Briggs, Barken und Vollschiffe, aus Holz, aus Eisen und aus Stahl, zwischen den zwei Weltkriegen jedoch nur noch einige Dampfer, die nicht mehr unter der eigenen Flagge fuhren, sondern unter der von A. Bolten als Korrespondenzreeder. Wachsmuth & Krogmann besteht noch heute unter gleichem Namen als Im- und Exportgeschäft in Hamburg.

8. Die Reisen im Journal

8.1. Reise Hamburg – Malaga – Hamburg

Das Journal beginnt mit folgender Eintragung: *Nachdem unser Schiff am untern Theil wie auch das Verdeck von Herr Schiffbaumeister* ***Eubau*** *bestens versehen, und der erforderliche Ballast eingenommen war, wurde am* ***Sonabend, d: 2ten Aug:*** *angemustert. Die ganze* ***Equepage*** *besteht aus 8 Personen.*

Es wird hier für Besatzung das französische Wort »Equipage« benutzt, ebenso in der Hamburger Musterrolle – ein Überbleibsel aus der Zeit der französischen Besatzung? In der Musterrolle[125], die uns erhalten ist, werden wie üblich nur die vom Schiffer gemusterten sieben Männer aufgeführt. Ein Widerspruch besteht allerdings: nach Artikel 3 der »Conditiones« der Musterrolle wird die Equipage vom Capitain entlassen. Also dürfte der Schiffer genauso wie heute rein rechtlich nicht mit zur Besatzung gehören, obwohl auch heute auf jeder offiziellen Besatzungsliste der Kapitän eines Schiffes mit aufgeführt wird.

Wir unterschriebene Schiffs-Officiere und Matrosen

bekennen durch Unterzeichnung dieses, uns verhäuret zu haben auf folgende Conditiones:

1. *Verbinden wir uns zu fahren mit dem Schiffe genannt* MARY ANN, *worauf für Capitain commandiert Hans Thomas Jeßen, von dieser Stadt Hamburg nach Malaga und von dort zu allen Zeiten weiter zu segeln, so wie die Odres und Frachten fallen, und hiernächst wieder anhero nach dieser Stadt, oder wo unser destinierter Löschplatz seyn wird.*
2. *Geloben wir, auf Verlangen des Capitains, in 24 Stunden nach der Musterung an Bord zu seyn, dem Capitain, oder demjenigen, der durch Veränderung oder Sterbefall in seine Stelle kommen möchte, wie auch den Officieren zu gehorsam, und ihren Befehlen willig nachzukommen, uns jederzeit während der ganzen Reise nüchtern, ordentlich, friedfertig und wie ehrlichen Schiffs-Leuten gebühret, zu betragen, das Schiff selbst in Person zu laden, zu löschen, auch andere daran zu verrichtende Arbeit, und überhaupt alles, was zum Besten des Schiffes und der Ladung gereichen kann, unweigerlich zu thun, bei Verlust eines Monats Gage an den Wasser-Schout.*
3. *Bekennen wir von unseren bedungenen Monats-Geldern ein jeder zwey Monat allhier empfangen zu haben, und sollen diese Monats-Gelder vom Tage der Musterung an ihren Anfang nehmen, und wenn das Schiff auf der Rückreise hier im Hafen wieder zurückkömmt, und die Equipage vom Capitain entlassen wird, sich endigen.*
4. *Soll alle Nacht, so lange das Schiff hier vor der Stadt, oder zu Neumühlen liegt, die halbe Equipage, und darunter ein Ober-Officier, und wenn es nöthig ist, die ganze Equipage an Bord bleiben, auch soll des Abends nach 8 Uhr kein Feuer mehr in der Combus seyn, insgleichen kein Licht und keine Lampe brennen.*
5. *Soll niemand, er sey Officier oder Matrose, hier oder außerhalb des Landes ohne Erlaubnis des Capitains oder des ersten Officiers von Bord gehen, und noch viel weniger des Nachts am Lande bleiben, bey 6 Mark Strafe.*
6. *Soll niemand mehr Taback, als zu seinem eigenen Gebrauch, noch sonst contrebande Güter an Bord bringen. Sollte jemand dawider handeln, und Schiff und Gut darüber in Anspruch genommen werden, der soll mit schwerer, und nach Befinden, mit Leibes-Strafe belegt werden.*
7. *Soll Niemand außerhalb Landes einige Gelder von dem Capitain fordern, sondern so lange mit den auf die Hand empfangenen Monats-Geldern friedlich seyn, bis die Reise geendigt,*

Schiff und Gut wohlbehalten vor die Stadt angekommen, völlig gelöscht, und das Schiff gereinigt und an einem bequemen Platz festgemacht worden, bey 6 Mark Strafe.

8. *Soll Niemand außerhalb Landes seinen Abschied fordern, noch das Schiff treulos verlassen, bey Verlust seiner gesamten Gage und fernern Ahndung, wenn er ertappt wird.*
9. *Soll Niemand seine Kiste, oder was er sonst an Bord hat, an Land bringen, als nach vorher geschehener Visitation von dem Capitain und Steuermann, bey Strafe von 2 Monat Gage.*
10. *Sollen keine Jollenführer noch sonst jemand, der nichts am Schiff zu thun hat, ohne das Vorwissen des Capitains an Bord gelassen werden.*
11. *Verpflichten wir uns, Schiff und Gut gegen alle Gewalt und Anfälle der Feinde nach Vermögen zu beschirmen, bey einem zu befürchtenden Schiffbruch ohne Consens des Capitains das Schiff und überhaupt den Capitain in keiner Noth zu verlassen, wie ehrliebenden Officieren und Matrosen gebühret. Wer hierwider handelt, soll nicht allein sein Lohn verlieren, sondern nach aller Strenge gestraft werden. Da aber jemand bey Vertheidigung des Schiffs und Guts beschädigt oder verwundet würde, der soll auf Kosten desselben curiert, und, wenn er dadurch sein Brod zu verdienen untüchtig gemacht worden, in hiesigen Armen-Häusern auf sein Begehren Zeitlebens verpfleget werden.*
12. *Alles übrige, so hier nicht ausdrücklich benannt ist, soll nach dem Reglement des Wasser-Schouts, und nach der Verordnung für Schiffer und Schiffsvolk bestimmt, und die Uebertreter darnach und nach den hiesigen und gemeinen Rechten bestraft werden.*
13. *Die verordneten Strafen sollen, laut Eines Ehrwürdigen Raths allhier publizierten Reglements, an den Wasser-Schout Augustin Johann Meyer geliefert werden.*

Hamburg, Anno 1834, den 2ten August

Steuermann	*Peter Ehlers*	*von Hamburg*	*Vorschuß*	*96 Mark (für 2 Monate)*
Zimmermann	*H. Stelsen*	*von Fyn*		*66 Mark*
Koch	*E. Ocken*	*von Hamburg*		*42 Mark*
Matrose	*Hinrich Repeki*	*von Assel*		*48 Mark*
Matrose	*Lars Jensen*	*von Langeland*		*48 Mark*
Jungmann	*J.F. Kiesbüy*	*von Flensburg*		*36 Mark*
Junge	*Adolf Kopp*	*von Tondern*		*15 Mark*

In meiner Gegenwart
(gez.) Augustin Johann Meyer
Wasser-Schout

Diese Verordnung stammt aus dem Jahr 1766 und wurde 1786 leicht überarbeitet, war also bei der Anmusterung schon fast siebzig Jahre alt.[126] Wie sich unschwer erkennen lässt, hatte Jan Maat eigentlich nur Pflichten. Das einzige Recht, das ihm zuerkannte wurde, war ein Anspruch auf Versorgung im Armenhaus. Zu diesen Verordnungen passt die letzte Strophe eines sehr beliebten Soldatenliedes aus den letzten Jahren des 18. Jahrhunderts:

Und ist die Dienstzeit um, wo wende ich mich hin,
die Glieder sind zerschunden, die Gesundheit ist dahin.
Und endlich wird man sagen: Ein Vogel und kein Nest,
geh, Alter, nimm den Bettelstab, bist auch Soldat gewest!

Der Wasserschout hatte ähnliche Aufgaben wie heute die Seemannsämter. Der besagte Wasserschout Meyer hatte zwar 1833 versucht, die Musterrolle neu zu verfassen und der Zeit anzupassen, traf aber mit seinen Vorschlägen beim Hamburger Senat nur auf taube Ohren. Ebenso wurde im Jahre 1847 mit einem kleinen Pamphlet, betitelt *Gutachten eines practischen Seemannes über einen Entwurf zu einer neuen Muster=Rolle,* dieser der alten Musterrolle gegenübergestellt und kommentiert. Aber auch dieser Entwurf wurde abgelehnt.[127] Erst am 27. Dezember 1849, nach weiteren vorne schon angesprochenen Unruhen, wurde eine modernere Seemannsordnung für die Seeleute auf Hamburger Schiffen erlassen.[128]

Über die Einteilung der Besatzung in Wachen schweigt das Journal, aber aus den schon erwähnten Lebenserinnerungen M. Külkens erfahren wir etwas darüber[129]: *Von da an war mein alter Kapitän nun schön heraus und brauchte sich nun gar nicht mehr darum zu kümmern, denn der Steuermann mit 2 Mann hatte die eine Wache und ich und ein Leichtmatrose die andere Wache.*

Dass der Schiffer die eine und der Steuermann die andere Wache führte, lässt sich voraussetzen. Auf der MARY ANN wird die Einteilung der Wachen darum folgende gewesen sein: der Schiffer mit einem Matrosen und dem Jungen, der Steuermann mit dem anderen Matrosen und dem Jungmann. Zimmermann und Koch wären also »Tagelöhner« gewesen, gingen also keine Seewache. Beim Befehl »All Hands« mussten freilich auch sie ran.

Am 3. August, einem Sonntag, wird gegen 15.30 Uhr mit Hochwasser, nachdem der Lotse an Bord ist, der Anker gelichtet und die Reise beginnt. Im Journal steht darüber: *... jetzt lichten das Ancker und trieben mit dem Schiffe den Elbe unterwärts zudem um 8 Uhr Abends das Wasser schon bedeutend gefallen war, so hielt der Lootse für rathsam, um nicht auf dem Sande mit dem Schiff zu geraten, unterhalb* **Teufelsbrücke** *das Ancker fallen zu lassen ...*

Tags darauf wird bei Hellwerden und nordwestlichem Wind der Anker erneut gelichtet und sie lavieren (treiben) weiter mit dem Ebbstrom die Elbe seewärts hinunter, um gegen 09.30 Uhr vor Schulau erneut zu ankern. Nach Eintreten des Hochwassers um 16.00 Uhr gehen sie wieder ankerauf, und zum ersten Mal auf dieser Reise werden Segel gesetzt, bis sie um 22.00 Uhr wegen der eintretenden Flut unterhalb Stades erneut vor Anker gehen. Am nächsten Tag kämpft sich die MARY ANN bei westlichen Winden mit dem Ebbstrom weiter elbabwärts der See entgegen, bis sie um 21.00 Uhr unterhalb Cuxhavens wieder vor Anker geht.

Abb. 19 Feuerschiff JAKOB HEINRICH auf der Elbe, Steindruck von 1827. Es war das *Kl. Leucht Schiff* oder das *innerste signal Schiff.* (Staatsarchiv Hamburg)

Es herrscht ein schwacher südsüdwestlicher Wind, laut Journal eine *flaue Bramsegels Kühlte,* als am nächsten Morgen um 03.00 Uhr, es ist Mittwoch, der 6. August, der Anker gelichtet und die Segel gesetzt werden. Um 05.30 Uhr wird das *innerste* ***Signalschiff*** passiert und der Lotse geht von Bord. Eine halbe Stunde später liegt das äußere Signalschiff querab, und um 09.00 Uhr kommt Helgoland in Sicht.

Jetzt setzten [wir] *die Ancker auf, das Wasserstag an und räumten alle nicht gebrauchende Geräthschaft aus dem Wege. Die Luken waren gehörig geschalckt. Und die Kragen an Masten, Pumpen &* [unleserlich] *befinden sich der besten Ordnung. Wir peilten die Pumpen, und befanden nach Werfth: dichtes Schiff. Unser Schiff sackt Hinten 8 & Vorne 7½ Fuß tief, folglig ½ Fuß steuerlastig.*

Gott gebe uns eine glückliche Reise!

Die Reise beginnt mit schlechtem und unsichtigem Wetter, laut Journal während der ersten zwei Wachen mit Regen und schweren Gewitterböen, aber anschließend wird es handiger, und die MARY ANN zieht auf westlichen Kursen mit 4½ bis 5½ Knoten ihre Bahn. Aber schon vier Tage später hängt sie in einer Flaute fest.

Erst in der Nacht vom 10. auf den 11. August kommt wieder etwas Wind auf, so dass mit durchschnittlich 2 bis 2½ Knoten weiter auf westlichen Kursen der Kanal angesteuert werden kann. Am 12. August wird um 12.00 Uhr schließlich ***Dover Casteel*** in einer Entfernung von ca. 1½ Meilen in WNW gepeilt. Hierbei handelt es sich mit Sicherheit um die oben erwähnte Hamburger Landmeile. Dover Castle ist also ungefähr 6 Seemeilen entfernt.

Nun wird die nächsten Tage mit durchschnittlich 4 bis 5 Knoten der Kanal durchpflügt, immer dicht unter der englischen Küste. Jeder Windhauch wird genutzt. Wenn auf der einen Wache die Leesegel stören, werden sie weggenommen, nur um sie auf der nächsten Wache wieder beizusetzen, weil sie jetzt wieder ziehen könnten. So steht für den 14. August bei der Wache von 16.00-20.00 Uhr unter *Begebenheiten* notiert: *Gegen Abend Frische Kühlte Bewölkter Himmel machen die Leesegels ein.* Und für die folgende: *Frische Kühlte und Bewölkt Luft, machen die Leesegel an* ... Bei diesen Wachstärken lässt sich wohl davon ausgehen, dass das Segelsetzen jedes Mal ein Alle-Mann-Manöver ist. Denn selbst wenn Steuermann oder Schiffer für die Dauer des Leesegelsetzens das Ruder übernahmen, waren zwei Mann zum Händeln der Leesegel zu wenig: Fall, Niederholer, Hals und Schot wollten bedient werden, außerdem das schwere Tuch. Dazu steht zu dem Zeitpunkt eine hohe See aus West; in der Biskaya muss es mächtig geweht haben.

Sonnabend, den 16., und Sonntag, den 17. August, werden traumhafte Geschwindigkeiten von 6, 7, ja sogar 8½ Knoten erreicht. Der Wind kommt aus Nordost, Kurs liegt WSW an, also lässt man das Schiff laufen. So geht es bis in die Nacht vom 19. auf den 20. August. Der Wind, der langsam nördlicher gedreht hat, lässt nach, wird umlaufend und unbeständig. Die Segel werden aber nicht gesetzt, um dann stehen zu bleiben. Also: Bramleesegel wegnehmen, Bramleesegel wieder beisetzen, Leesegel auf der Leeseite setzen, alle Leesegel wieder wegnehmen, Oberbramsegel (Royal) festmachen, Oberbramsegel und Leesegel wieder beisetzen, Oberbram festmachen, Oberbram setzen usw.

Ein gemütliches Segeln ist das auf der MARY ANN nicht, jeder noch so kleine Windhauch wird genutzt, und Kapitän Jessen hat nach den gegebenen Möglichkeiten alles aus dem Schiff herausgeholt, hat die MARY ANN, so lässt sich sagen, nach Malaga »geknüppelt«.

Am 14. August wird als letzte Landmarke um 7 Uhr morgens ***Stand Poort,*** wahrscheinlich Start Point südlich von Torbay, Nordost zu Nord in ca. 4½ Meilen, also in 18 Seemeilen Entfernung, gepeilt. Die nächste Landmarke kommt am 22. August mittags um 12 Uhr in Sicht, als man ***Cap Spartel,*** also Ras Ashaqâr auf marokkanischer Seite am Eingang der Straße von Gibraltar, in Südwest zu Süd ca. 12 Seemeilen ab peilt. Bereits 24 Stunden später, am Sonn-

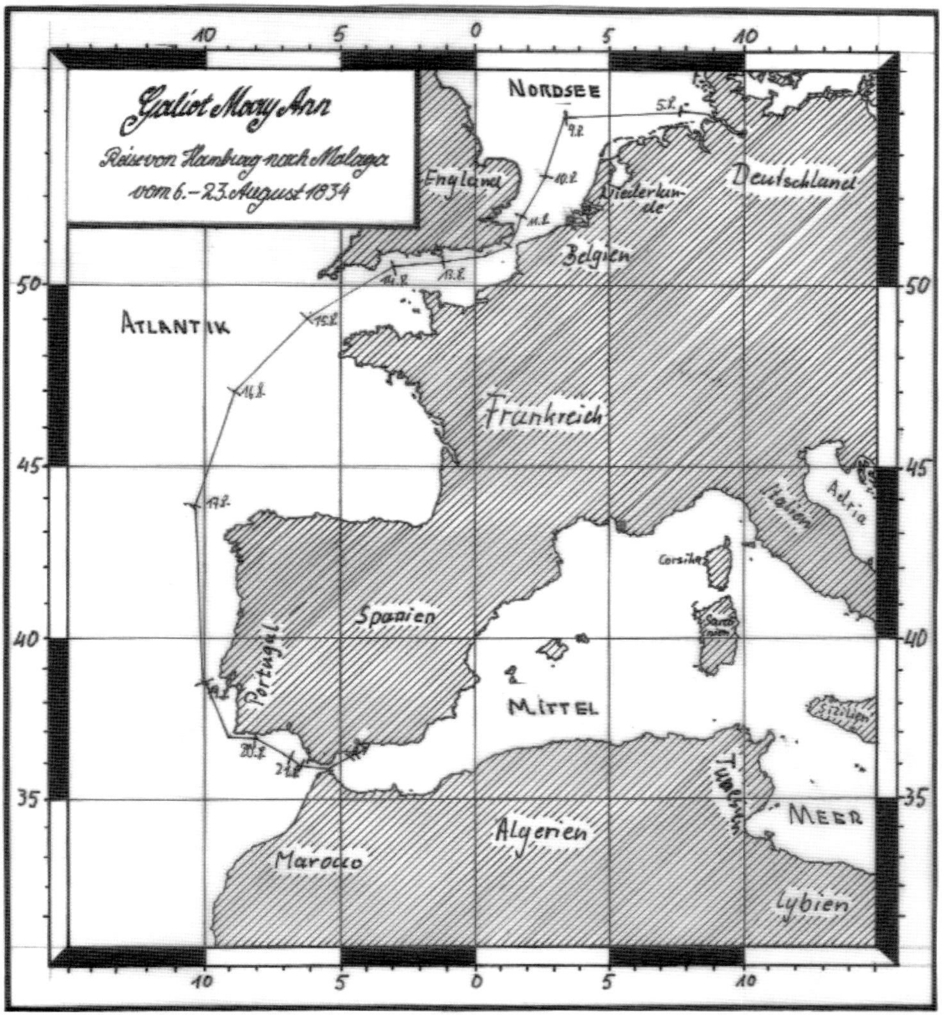

Abb. 20 Karte der Ausreise von Hamburg nach Malaga: Auslaufen Hamburg am Sonntag, dem 3. August 1834, um 15.30 Uhr, Ankern Malaga am 23. August 1834 um 18.00 Uhr. (Zeichnung: Hagen Allmeling)

abend, dem 23. August, wird um 12 Uhr mittags *Fangerole,* wahrscheinlich Fuengirola südwestlich von Malaga, dem Zielhafen der Mary Ann, in Nordost ca. 8 Seemeilen ab gepeilt und das Schiff für das Einlaufen klar gemacht. Die Anker werden *abgesetzt,* also klar zum Fallen gemacht, Ankerkette und -trosse aus der Piek geholt und an die Anker angeschlagen. Um 16 Uhr kommt der *leucht Thurm* von Malaga in Sicht, und um 18 Uhr rauschen endlich die Anker in den Grund, die Mary Ann hat endlich ihr Ziel erreicht. Drei Wochen von Hamburg nach Malaga: für ein Schiff wie die Mary Ann sicherlich eine gute und schnelle Reise; es bleibt aber noch zu sehen, in welchen Zeiten vergleichbare Schiffe dieser Zeit die Strecke absegelten.

Vor Anker liegend, werden die Segel festgemacht und die schon erwähnte *Schloop* und das Boot ausgesetzt; *verrichteten unsere nöthige Schiffsarbeit.* Das Schiff wird also für das Löschen des Ballastes und für das Laden vorbereitet. Weiter ist für den Rest des Tages im Journal festgehalten, dass gegen 19 Uhr *Platico* ist. Das spanische Wort Platica bedeutet Unterhaltung, religiöse Ansprache[130], also wird Kapitän Jessen wohl mit dem Hafenmeister gesprochen und seinen endgültigen Liegeplatz angewiesen bekommen haben. Der Lotse, der gegen 16 Uhr an Bord kommt, bestimmt einen Liegeplatz an der Boje. Die Ankerwache, ein Mann, zieht auf, und wahrscheinlich sind alle Augen sehnsüchtig auf Malagas Küste gerichtet.

Am nächsten Tag wird die MARY ANN an ihren endgültigen Liegeplatz verholt. Das Journal vermerkt dazu: *Verholten mit Hülfe des Lootzen das Schiff zwischen die Boje, und Vertäutens daselbst hinten und Vorn mit beide schwersten Ankers jedes* [unleserlich]: *40 Gld: Kette.* Wahrscheinlich wurden dafür im Hafen von Malaga etliche Ankerplätze fest abgeteilt und mit Bojen markiert, eine für den Bug-, die andere für den Heckanker. So wurde zum einen verhindert, dass die Schiffe vor Anker hin- und herschwoiten, zum anderen, dass die Schiffe Ketten und Trossen übereinander warfen. Ich habe selbst erlebt, wie unerfreulich es sein kann, wenn beim Ankeraufgehen die Anker der anderen gleich mit gelichtet werden! Auch wird auf diese Weise ein hindernisfreies Fahrwasser zum inneren Hafen ermöglicht.

An den folgenden Tagen werden die Segel abgeschlagen, es wird im Rigg gearbeitet, das Schiff gereinigt und dem Jungen wahrscheinlich die Arbeit des Stengeschmierens befohlen. Freitag, den 29., und Sonnabend, den 30. August, wird schließlich der Ballast gelöscht. Ihn einfach am Ankerplatz über Bord zu schaufeln, war sicherlich verboten. Darum ist zu vermuten, dass er im Raum in Körbe oder ähnliches geschaufelt und mit dem Großbaum als Ladebaum in der schon erwähnten Manier in die Schuten gehievt wurde. Woraus der Ballast bestand, ob aus Sand, Kies oder Schotter, und wie er gegen Übergehen gesichert wurde, ist aus dem Journal nicht zu ersehen. Am folgenden Sonntag wird lediglich Reinschiff gemacht, danach Sonntag gehalten. Für andere Sonntage heißt es häufig: ... *hielten Feyertag.* Ob Jan Maat endlich an Land und sich an frischem Obst laben darf? Bekam er »Liberty«, wie es in zeitgenössischen Quellen heißt? Verdient hätte er es allemal!

Die nächsten Tage ist die Besatzung damit beschäftigt, den Raum von Ballastresten zu befreien und zu reinigen. Am Freitag, dem 5. September, wird die Proviantkammer geschrubbt. An den folgenden Tagen werden verschiedene Arbeiten an Bord verrichtet. Es wird ein umfassendes und mehrere Tage dauerndes Großreinschiff gemacht, das Rigg überholt, gelabsalbt und gemalt, auch außenbords wird die MARY ANN einer Schönheitskur unterzogen. Und Donnerstag, den 11. September, wird nach genau einem Monat auf See zum ersten Mal seit Hamburg neues Frischwasser an Bord genommen.

Interessant für die Liegezeit in Malaga sind zwei Dinge: für jeden Tag sind akribisch Wind und Wetter aufgezeichnet. Zwar ist der Segelschiffsmann wie kein anderer von ihnen abhängig, aber im Hafen? Es wird wohl aus alter Gewohnheit geschehen sein. Weiter gibt es für die gesamte Liegezeit von 30 Tagen in Malaga im Journal keine Eintragung, dass neuer oder wenigstens frischer Proviant, also Obst und Gemüse, an Bord genommen wurde.

Womit die Proviantkammer der MARY ANN gefüllt war, ist nicht zu erfahren, denn eine Speiserolle gab es für Hamburger Schiffe 1834/35 noch nicht.[131] Es war lediglich vorgeschrieben, dass ausreichend Proviant für eine bestimmte Reise mitgenommen werden musste. Was »ausreichend« war, konnten Reeder und/oder Schiffer selbst bestimmen, auch die Art des mitgeführten Proviants bestimmten sie. Da es keine Kühlräume für den Proviant gab, war eine Konservierung nur durch Räuchern, Trocknen und Pökeln möglich. Und was man an frischem Proviant mitnehmen konnte, diktierten die Jahreszeit und das »Verfallsdatum« frischer Lebensmittel. Die Hamburger Seemannsordnung von 1854 schrieb als Tages- beziehungsweise Wochenration folgendes an Proviant für einen Mann vor[132]:

Pro Tag:
1 Pfund gesalzenes Rindfleisch oder $^{3}/_{4}$ Pfund [gesalzenes] *Schweinefleisch oder $^{1}/_{2}$ Pfund geräucherten Speck oder $^{3}/_{4}$ Pfund Fisch (Fisch jedoch nicht mehr als zweimal die Woche), $^{3}/_{4}$ Pfund Gemüse, getrocknete Erbsen, Bohnen, Grütze, Graupen und Mehl zur Sättigung; letzteres mindestens zweimal die Woche, 1 Gallone Wasser.*

Pro Woche:
7 Pfund hartes Weizenbrot [Schiffszwieback, »Beschütjes«],
1 Pfund Butter oder Schmalz oder Baumöl,
2 Lot Tee,
10 Lot Kaffe (wird kein Bier gegeben, dann 14 Lot Kaffee),
14 Lot Zucker,
$^{1}/_{4}$ Flasche Essig.

Zusätzlich sollte bei der Ausreise pro Mann $^{1}/_{4}$ Oxhoft, etwa 50 Liter, Bier mitgenommen werden. In den Häfen, in denen Proviant zu bekommen war, musste mindestens zweimal wöchentlich frisches Fleisch oder frischer Fisch auf die Back kommen. Wäre frisches Gemüse nicht wesentlich wichtiger gewesen?

Es ist anzunehmen, dass es sich auch bei diesen Angaben um das alte Pfund zu 32 Lot à 15,144 g, also 484,609 g handelte.[133] Die Gallone hatte ein Volumen von ca. $4^{1}/_{2}$ Litern. Diese Wasserration erscheint auf den ersten Blick ziemlich groß, aber das meiste Wasser wurde für das Kochen beansprucht, das gepökelte Fleisch musste vor der Zubereitung erst einmal gewässert werden.

Sicher ist diese Spreiserolle 20 Jahre jünger als das Journal der MARY ANN, aber bei ihrer Erstellung waren die erwähnten Erfahrungen auch bei der Verproviantierung der MARY ANN ausschlaggebend. So ist einigermaßen sicher, dass sie ähnlichen Proviant an Bord hatte und die täglichen Rationen ähnlich waren. Dabei orientierten sich diese und die nachfolgenden Speiserollen immer nur an der Untergrenze des unbedingt Erforderlichen. Jedem Reeder stand es natürlich frei, seine Mannschaft besser zu versorgen.

Auch verglichen mit der »Mittagsspeisekarte« des Seglers JOHANNA LOUISA von Stralsund aus dem Jahre 1835 lässt sich mit einiger Sicherheit behaupten, dass sich die Speisefolge auf der MARY ANN nicht sonderlich von der Verpflegung auf dem Stralsunder Schiff unterschied[134]:

Montag:	*$^{1}/_{2}$ Pfund Schweinefleisch**) und Grütze oder Graupen*
Dienstag:	*1 Pfund Rindfleisch*) und Erbsen*
Mittwoch:	*$^{1}/_{2}$ Pfund Schweinefleisch**) und Grütze oder Graupen*
Donnerstag:	*1 Pfund Rindfleisch*) und Erbsen*
Freitag:	*$^{1}/_{2}$ Pfund Schweinefleisch**) und Grütze oder Graupen*
Sonnabend:	*$^{1}/_{2}$ Pfund Schweinefleisch**) und Grütze oder Graupen*
Sonntag:	*1 Pfund Rindfleisch*) und Erbsen*

**) oder $^{3}/_{4}$ Pfund Schweinefleisch oder $^{1}/_{2}$ Pfund Speck*
***) Dem Schiffer steht es übrigens frei, drei Tage in der Woche statt Fleisch $^{1}/_{2}$ Pfund Stockfisch bei der Grütze zu geben.*

Die Mittags- und Abendmahlzeit waren identisch. An »Erbsentagen« gab es Grütze oder Graupen zum Frühstück, an »Grütze- oder Graupentagen« gab es Erbsen zum Frühstück.

Nun mag es in Malaga nicht so üppig mit frischem Proviant ausgesehen haben, denn Spanien war zu der Zeit vom Bürgerkrieg zerrissen. Aber Kapitän Jessen machte im Journal keinerlei Mitteilungen über Einschränkungen irgendwelcher Art durch Kriegseinwirkungen. Möglich ist, dass der Proviant und seine Verwaltung Sache des Steuermannes war, dass der Reeder, so kurz nach dem Beginn des Reedereigeschäftes, noch kein Geld für frischen Proviant gab.

Über seine Ausgaben für Proviant führte der Kapitän in einem gesonderten Abrechnungsheft Buch. Darin trug er auch die Kosten für Hafengebühren, Lotsgelder, Reparaturen und Neuanschaffungen ein. Im Journal hat Kapitän Jessen nur die im Hafen von der Besatzung verrichteten Arbeiten eingetragen, um dem Reeder Rechenschaft darüber abzugeben. Das Übernehmen von Frischwasser durch die Matrosen wurde deshalb im Journal vermerkt.

Der Schiffskoch war normalerweise ein Matrose, der seine Liebe zum Herd und seine Unlust zu harter Arbeit auf der Bramrah entdeckt hatte. Es genügte, wenn er angelernt war. Dies belegen auch Franz von Wahlde und Michael Külcken[135], der 1837 als Junge auf einer Bremer Galiot unter anderem deswegen angenommen wurde, weil er behauptete, dass er kochen könne, wenn es nur guten Proviant an Bord gäbe!

Am Montag, dem 22. September, beginnt die Besatzung, 175 Stück Blei an Bord zu nehmen. Über das Gewicht schweigt sich das Journal aus. Tags darauf wird nicht geladen, sondern noch einmal Wasser geholt und die Segel wieder angeschlagen. Für die nächsten drei Tage wird mit Hilfe eines Stauers weiter geladen. Freitag, den 26. September, kommt noch zusätzliche Hilfe an Bord.

Über die Art der weiteren Ladung erfahren wir nichts – erst später werden wir sehen, dass ein Teil der Ladung aus Rosinenkisten besteht –, doch kann man davon ausgehen, dass wenigstens ein Teil der Ladung auch aus Fässern mit spanischem Rotwein bestand. Die nächsten zwei Tage sollen hier als Journaleintragungen für sich selbst sprechen:

Sonabend d 27ten Sept. *Schwache Kühlte mehrstens Stille lichteten des Morg: früh den hinten Vertäute Anker, u wahren den Tag über beschäftigt mit Luken u Raum, hatten mehr Manschaft zu hülfe, holten Wasser & kriegten gegen 7 U Abens den letzten Rest der Ladung, an Bord, Setzten die Both ein un machten die Nacht über dass alles in segelfertigen Stande. Das Schiff lag nachdem alles an Bord wahr Vorn 9¹/₄ Fuß u Hinten gut 9¹/₂ Fuß Tif. Das Schiff* [unleserlich] *fest dicht und in guten Stande, die Luken Masten Dringen & c: mit doppelte Persenningen u Kragen wohl versehen, lüchteten wir*

Sontag d 28sten Sept. *Des Morgens ca. 3 Uhr die Anker, holten u Boksierten mit hülfe aus der Lage, gegen 5 Uhr schwache* ***Nördliche*** *Landbrise, setzten Segel und segelten in See, gegen 10 Uhr der Wind Stille, hatten kein Steuer im Schiff. Peylten des Mittags 12 Uhr den leucht Thurm von Malaga* ***NW*** *m/w ca. 1/2 Meile von uns. Setzten die Ankers auf Wasserstag an, und machten fast alles wie gebrauch gehörig fest. Befandden die Pumpe lens*
Das Schiff ist hier nach [unleserlich] *aufs Beste garniert*
und die Ladung von einen Beeidigten Stauern Bestens
gestaut worden
H. Tho. Jessen

In den nächsten Tagen schaukelt die MARY ANN bei widrigen Winden oder Flaute zwischen Malaga und Fuengirola herum. Am 1. Oktober kommt um 20 Uhr Malaga Feuer in NW1/2N ca. 16 Seemeilen ab wieder in Sicht. Die MARY ANN legt westliche Kurse an, so dass bereits um 8 Uhr morgens des folgenden Tages Gibraltar in Sicht kommt. Zum Mittag wird der Leuchtturm von Tarifa in WzN ca. 6 Seemeilen ab gepeilt – der Atlantik hat die MARY ANN wieder.

Nun geht es mit nordwestlichen Kursen bei südwestlichen Winden rund Spanien und Portugal mit viel Arbeit an den Segeln langsam Richtung Heimat. Mehrfach liegt das Schiff in einer Flaute. Kommt Wind auf, lässt Kapitän Jessen alles Tuch setzen, selbst nachts wird auf der MARY ANN nicht ein Quadratfuß Leinwand weggenommen. Die Geschwindigkeit beträgt meistens

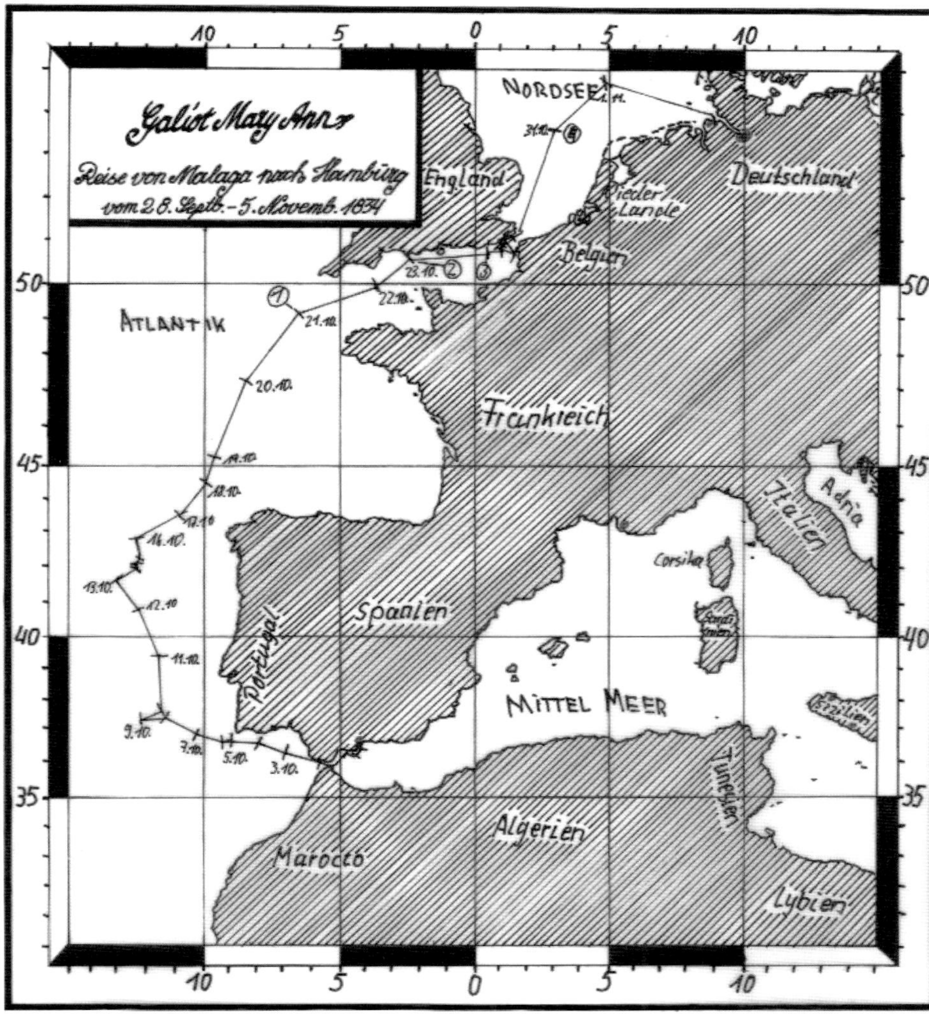

Abb. 21 Karte der Heimreise von Malaga nach Hamburg: Anker auf in Malaga am 28. September 1834, ankern vor Cuxhaven am 2. November 1834. (1) In einer heftigen Bö fliegt am 21. Oktober gegen 16.00 Uhr das Bramsegel weg, ein neues wird noch während der Wache von 20.00-24.00 Uhr untergeschlagen. (2) Am 23. Oktober wird in der Wache von 00.00-04.00 Uhr von einer schweren Sturzsee die Backbord-Reling weggeschlagen. (3) Nach Mitternacht am 24. Oktober wird von einer schweren Sturzsee die Kajüte geflutet. (4) Zwischen 16.00 und 20.00 Uhr wird am 31. Oktober durch eine schwere See das Backbord-Schanzkleid weggeschlagen. (Zeichnung: Hagen Allmeling)

zwischen 2 und – wenn es aufbrist – 5 Knoten. Das mag durchaus daran liegen, dass die MARY ANN tief abgeladen ist. Doch das bringt auch noch andere Probleme mit sich: Am 12. Oktober, einem Sonntag, stehen für die Wache von 04.00-08.00 Uhr als Begebenheiten im Journal vermerkt: *Steife Kühlte klaare Luft sahen nach Scharfielung. Die See lieg zieml hoch, u kam nicht wenig Seewasser aufs Verdeck.* Für die folgende Wache wird lapidar notiert: *Wie vorhin.* Die MARY ANN steht nun ca. 180 Seemeilen westlich von Porto. Das nasse Wetter dauert noch etwa acht weitere Stunden an, ehe es langsam wieder abflaut.

Mit einer durchschnittlichen Geschwindigkeit von 2-3 Knoten geht es auf nördlichen und östlichen Kursen unter ständigem Segelexerzieren weiter Richtung Biscaya. Doch am späten Abend des 14. Oktober brist es wieder heftig auf, das Schiff befindet sich jetzt auf der Höhe von Vigo, ca. 200 Seemeilen vom Land ab am Rande des Iberischen Beckens. Bei hohem Seegang kommt Wasser an Deck, bis am Abend des 17. Oktober der Wind nachlässt und nur noch von *flauer Kühlte* gesprochen wird; am nächsten Tag dann gar von *Windstille*.

Da dort durch das vorherige Wetter eine starke Altdünung gestanden haben muss, wird es auf der MARY ANN eine üble Schaukelei gegeben haben. Aber am Vormittag des 19. Oktober kommt der Wind zurück, und wieder werden alle Segel gesetzt, bis es in der Nacht wieder ungemütlich wird. Das Schiff läuft zwar wieder mit Nordostkurs bei südwestlichen Winden mit allem, was vertretbar ist, 6-7 Knoten, aber dafür steht auch am Montag, dem 20. Oktober, für die Zeit von 00.00-04.00 Uhr im Journal: *Steife Kühlte, sehr unbeständig mit starke Böhen und heftigen Regen, hoher Seegang, das Schiff arbeitet furchtbahr, befanden die Pumpe lens.*

Die MARY ANN befindet sich nun auf der Höhe von La Rochelle am westlichen Rand der Biskaya. Wieder werden je nach Wind Segel gesetzt und geborgen, ohne Rücksicht auf die Tageszeit. Der Schiffer will eine schnelle Reise machen, er knüppelt sein Schiff auf Biegen und Brechen. Am 21. Oktober gibt es folgende Eintragungen:

12.00-16.00 Uhr: *Lebhafter Wind & bewölkte Luft, mitunter Böhig, kriegte viel Seewasser über, Pumpten lens;*

16.00-20.00 Uhr: *Steife Kühlte mit starke Böhen, gegen 4 Uhr brach durch eine heftige Böh das Lik des Bramsegels, welches ehe wir es noch Bergen konnten gänßlich weg flog;*

20.00-24.00 Uhr: *Steife Kühlte, bewölkte Luft und hohe See, unser Schiff arbeitet heftig u nehm bedeutend Seewasser über;*

22. Oktober 1834, 00.00-04.00 Uhr: *Zunehmend an Wind mit starke Böhen & dick bewolkte Luft. Hatten das Verdeck beständig von Seewasser voll, banden wieder ein neues Bramsegel Unter die Rahe, setzten bey.*

Das Schiff arbeitet schwer, das Deck steht beständig unter Wasser, fortwährend waschen neue Seen über das Schanzkleid. Der Wind wird immer heftiger und ist sehr böig, die Nacht finster. Trotzdem schickt Kapitän Jessen seine Männer auf die Bramrah, ohne Jackstage, an denen sie sich hätten festhalten können, und lässt sie ein neues Segel anschlagen und setzen, mitten in der Nacht, todmüde, wahrscheinlich seit Tagen keinen trockenen Fetzen am Leibe, wegen des Wetters vielleicht auch seit Tagen schon ohne warme Mahlzeit. Doch sie müssen gehorchen. In dem später entstandenen Lied vom »Untofredenen Seemann«, heißt es passend:

Doch Lüd, blievt vergnögt, hoolt ju wavcker,
bald kaamt wie ook wedder an Land.
Denn geevt wie den näswiesen Racker
tom Affscheed noch eenmol de Hand!

Wie als Belohnung für diese üble Plackerei rauscht die MARY ANN nun mit bis zu 8 Knoten auf nordöstlichen Kursen dicht unter der englischen Küste durch den Kanal. So geht es weiter, und immer wieder wird im Journal vermerkt, dass die MARY ANN heftig arbeitet und sehr viel Wasser übernimmt, dass Takelage und Segel durch das heftige Arbeiten sehr in Mitleidenschaft gezogen werden.

Am 23. Oktober heißt es für die Zeit von 00.00-04.00 Uhr im Journal: *Wie vorhin und nicht geringer* [stürmischer Wind mit heftigen Böen] *bekamen verschiedene gefährliche Seestürzungen über, und wurden Back Bord Reeling dadurch abgeschlagen & gesplittert. Lens.* Um 14 Uhr kommt die Insel Weiht (Isle of Wight) in Sicht, eine Stunde später wird Dunrose in NNO$^1/_4$O ca. 8 Seemeilen ab gepeilt, die MARY ANN hält sich also wieder dicht unter der englischen Küste. Und für die Zeit von 16.00-20.00 Uhr des gleichen Tages ist notiert: *Wie vorhin* [starker Wind mit Böen, schwerer Seegang, das Deck ständig von Sturzseen überspült], *Bemerkte, dass durch das schwere arbeiten des Schiffs einen ansehnlichen Teil Rosinkisten haten im Schiff loß gearbeitet hatten, es war keine Möglichkeit, diese wieder fest zu kriegen.* Die nächsten Wache trägt ein: *Die See lief sehr und kamen mehrere Seestürzungen über auch kam eine Menge Wasser in die Kajüte hin unter ...*

Um Mitternacht des 24. Oktober wird Beachy Head passiert, am nächsten Tag mittags das Leuchtfeuer von Dungeness. Immer noch weht es sehr stark, aber es hat soweit abgeflaut, dass allmählich die verschiedenen Reefs *(Reffs)* »ausgeschüttet« und immer mehr Segel beigesetzt werden können. In der Nacht vom 26. zum 27. Oktober passiert das Schiff die Enge von Dover, und am frühen Morgen um 3 Uhr kommt South Foreland in Sicht. Nach weiteren vier Stunden wird das *leucht Schiff auf der Süd Spitze* gepeilt. Der Wind hat mittlerweile nördlich gedreht, es besteht die Gefahr, dass die MARY ANN an der belgischen Küste auf Legerwall kommt. Und so steht für die Wache von 08.00-12.00 Uhr im Journal: *Steife Kühlte & bewölkt Luft um durch der schweren Strom und Wind nicht zwischen die flämsche Land zu gerathen und Schiff & Ladung zu sichern, hatten wir außerordentliche Segel bey, wodurch sowohl die Segel wie Takelage bedeutend litt.* Man kann sich gut vorstellen, welche bangen Stunden Kapitän Jessen und seine Besatzung durchgestanden haben müssen, denn nichts ist schwerer, als sich mit einem Schiff solcher Bauart von Legerwall freizukreuzen!

Der Wind nimmt weiter zu, und für die Zeit von 16.00-20.00 Uhr steht im Journal: *Gegen Abend wehte es ein starker Sturm mit ganz dicke Luft u furchtbar hoher Seegang, wodurch das Schiff gänßlich von der Seite wegeschlagen wurde, und beständig Brecher über nahm, so sehen wir uns genöthigt, in kommender Nacht nicht zwischen die flamische Banken zu Treiben, die* [unleserlich, wahrscheinlich Kanal, also SW-Kurs!] *wieder ein zu Segeln, hilten also um Schiff und Ladung nicht in Gefahr zu setzen wie oben bemerkt um 5 U von dem Winde ab – die Pump: lens.*

Am 28. Oktober wird um 12 Uhr mittags South Foreland ein zweites Mal gepeilt in Nord zu Ost. Die nächsten Tage treibt die MARY ANN, mehr als dass sie segelt, westlich von Dover auf verschiedenen Kursen in der Enge herum. Erst am 30. Oktober wird Dover Castel erneut in NWzN gepeilt, laut Journal in einer Seemeile Abstand!

Kaum ist Dover passiert, nimmt der Wind zu, aber es weht aus dem richtigen Quadranten. So segelt das Schiff mit 7-8 Knoten auf nördlichen Kursen längs der belgischen und holländischen Küste Richtung Deutsche Bucht. Wieder müssen Segel festgemacht und Reefs eingesteckt werden, und wieder nimmt die MARY ANN sehr viel Wasser über. Am folgenden Tag wird für die Zeit von 16.00-20.00 Uhr im Journal notiert: *Starker Sturm, mit furchtbarer hoher Seegang meistens mit dem Winde liegend* [beigedreht], *wobey unsere B*[ack] *Bord Verschanßung gänßlich weggeschlagen wurde.* Ständig wird, selbst bei diesem extrem schlechten Wetter, gelotet; Kapitän Jessen braucht die Lotspeise, um sich zu orientieren.

Um 12 Uhr mittags des 1. November befindet sich das Schiff auf der Höhe von Vlieland, ca. 80 Seemeilen von der Küste ab, und nun geht es mit südöstlichem Kurs und 5-6 Knoten Richtung Elbe. Endlich, am 2. November 1834, fünf Wochen nach Ankeraufgehen in Malaga, morgens *um 08.30 Uhr bekamen einen* ***Admiralitäts Loodsen*** *in der Nähe der Flügeltonne an Bord.* Um 12.30 Uhr ist die Seereise zu Ende, der Anker fällt unterhalb Cuxhavens.

Als die MARY ANN um 15 Uhr die *Practise* [?] erhält, geht es wieder ankerauf und unter Segeln elbaufwärts, bis um 20 Uhr der Anker unterhalb der *Bösch* (Sandbank in der Elbmündung zwischen Freiburg und Brunsbüttel, heute nicht mehr vorhanden) wegen eintretender Ebbe noch einmal fallen muss. Am nächsten Morgen kommt um 5 Uhr ein Lotse an Bord, und mit einer *frischen Kühlte* aus Südwest geht die Galiot wieder unter Segel.

Die letzte Eintragung dieser Reise ist eine unleserliche Unterschrift mit dem Datum des 5. November 1834. Die MARY ANN wird an diesem Mittwoch, nach 37 Tagen von Malaga, endlich wieder in Hamburg angekommen sein.

8.2. Reise von Hamburg über Palermo, Licata und Marseille zur Ostküste der USA

Die Ruhezeit in Hamburg währt nur kurz, trotz nicht unerheblicher Reparaturen, denn nicht nur das Backbordschanzkleid, auch das Rigg war während der letzten Reise sehr in Mitleidenschaft gezogen worden. U.a. wird *eine neue Bogspanth,* wahrscheinlich ein Bugspant, eingesetzt. Bereits am 20. November, also nur fünfzehn Tage nach der Ankunft, geht es wieder auf die Reise.

Von der Besatzung dieser Reise, die, wie wir aus den Überschriften der einzelnen Seiten im Journal wissen, nach Palermo führen soll, kennen wir – bis auf Kapitän Jessen – nur zwei Namen: den des Matrosen Wilhelm Schmidt und des Jungmannes Mathias Osterhammf. Mit einiger Sicherheit kann behauptet werden, dass wenigstens der Steuermann neu an Bord ist. Dafür spricht zum einen, dass im Journal eine neue Handschrift erscheint, zum anderen, dass das Oberbramsegel nun als *Reul,* also Royal bezeichnet wird.

Obwohl die MARY ANN schon am 20. November 1834 Hamburg verlässt, dauert es bis zum 12. Januar 1835, bis sie abends um 20 Uhr Helgoland in OzN, 6 Seemeilen ab, peilt und somit endlich die offene See erreicht. Dazwischen liegen Tage voller Dramatik, so dass das Journal hier hauptsächlich selbst sprechen soll:

Nachdem das Schiff in gehörigen Stande gemacht, eine neue Bogspanth eingelegt und bestens befestigt, haben den zum segeln erforderlichen Ballast, nemlich 5 Schuten[136] *an Bord genommen & das Schiff gehörig bey die Marken beladen Vorne 8 u Hinten 8 1/2 Fuß Tief.*

Mittwoch d 19tenNovemb *ist die Equipage angemustert, nemlich 8 Mann.*

Donnerstag d 20st. Novbr *halten wir des Morgens früh mit hülfe des Lotzen* ***H. Köser*** *aus den Hafen und gingen nach dem die Tauen in die Ankers gebunden u an die Bog gesetzt, um 8* ^{U} *mit schwache Kühlte aus* ***NOsten*** *unter Segel, und segelten die Elbe hinunter, mussten aber weil die Ebbe zu viel verlaufen um 12 Uhr bey* ***Teufelsbrück*** *vor Anker wo wir die Both einsetzten, & Stagen & Parduns an setzten u die Nacht über unsere Waßerfäßer füllten.*

Drei Tage später, am Sonntag, dem 23. November, wird morgens um 10 Uhr Cuxhaven erreicht. Weil entweder gar kein Wind weht oder aber gegenan, bleibt die MARY ANN vor Cuxhaven vor Anker.

Am Montag, dem 1. Dezember, wird es stürmisch. Im Journal lesen wir: *des Morgens schwache Kühlte aus* ***Süd*** *gegen Mittag stark zunehmen*[d], *lichteten* [unleserlich] *den Anker und segelten im* ***Cuxhavener*** *Hafen, des Nachmittags starker Sturm aus* ***SSW a SWesten*** *mit ganz dick ver...* [stopfte?] *regnigte Luft.* Am nächsten Tag lässt der Wind zwar nach, er weht aber immer noch aus südwestlicher Richtung, also aus dem Kanal.

Drei Tage später, es ist der 4. Dezember, wird das schöne Wetter bei südwestlichen Winden zum Trocknen der Segel genutzt. Aber bis zum 18. Dezember bleibt es dabei: Der Wind kommt weiterhin gegenan, und seit zwei Wochen sitzt Kapitän Jessen nun in Cuxhaven fest.

Doch dann ist es endlich soweit: nachdem ein starker Nordoststurm sich abgeschwächt hat, versucht die MARY ANN, die offene See zu erreichen: *Wehte es noch sehr stark aus* ***NO a ONOsten*** *machten den* [unleserlich] *loß und holten nachdem das Schiff flot wurde, mit eine hülfs Schaluppe mit 4 Mann aus den Haven u Kahmen um 3 Uhr unter Segel und des Abens mit dunkel werden bey* ***Neuwerk*** *vor Anker, des Nachts der Wind mäßig aus* ***ONOsten*** *mit helle Luft.*

Aber schon am nächsten Tag kommt die Ernüchterung: *des morgens Frische Kühlte aus* ***W a NWest*** *lichteten mit Tag werden die Anker u segelten wieder auf bis* ***Cuxhaven*** *gegen Mittag der Wind Sch*[wach?] *aus* ***NOsten***, *gegen Abend der Wind stille, u bald nachher* ***Westlich***.

Die nächsten zwei Tage werden wieder schlimm; für den 22. Dezember steht im Journal: *Starker Wind aus* ***NNWesten***. *Mit dick bezogene Luft & heftige Böhen, holten das Plicht Tau aufs Verdeck u Verholten uns* [unleserlich]. *Des nachts fürchterlicher Sturm aus* ***NNWesten***, *geben*

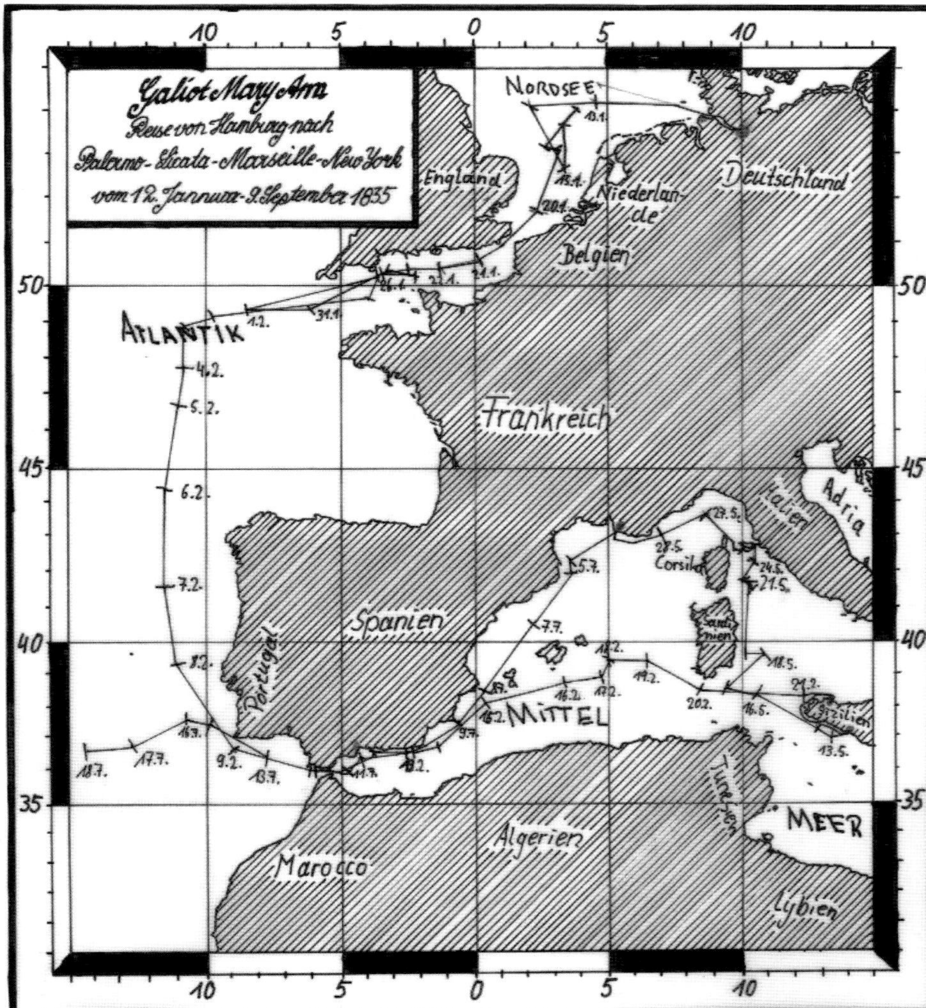

Abb. 22 Karte der zweiten im Journal dokumentierten Reise Hamburg – Mittelmeer – New York über Palermo, Licata, Marseille bis zum Passieren der Straße von Gibraltar. (Zeichnung: Hagen Allmeling)

die Anker die ganße Kette [unleserlich] *führ das Schiff ganß furchtbahr Arbeitet und beständig über den Bog* [stampften?]. Am 23. Dezember wird im Journal notiert: *Gegen 6 Uhr morgens der Wind etwas abnehmen, aber noch immer sehr Stürmische Luft, wenden mit der Ebbe um, zu* [unleserlich] *ein, & lichteten um 12 Uhr gegen die Fluth die Anker, u segelten für unse Sicherheit das Schiff die Elbe hinauf bis* ***Freyburg****, wo wir des Abens mit dunkel werden Ankerten.*

Kapitän Jessen ist verstimmt, und am nächsten Tag, Heiligabend, segelt er bei Tagesanbruch mit nordnordwestlichem Wind die Elbe noch weiter hinauf bis Glückstadt. Dort bleibt er mit der MARY ANN über die Feiertage bis zum 29. Dezember. An diesem Montag geht er bei südwestlichen Winden und gutem Wetter morgens um 8 Uhr ankerauf und kreuzt die Elbe hinunter, bis er abends um 6 Uhr bei Altenbruch erneut vor Anker geht. Bei Tagesanbruch lichtet Kapitän Jessen den Anker und segelt bei immer noch südwestlichen Winden elbabwärts bis Cuxhaven.

Doch dort ist wieder Schluss: Vom Jahreswechsel bis Freitag, den 9. Januar 1835, wechselt das stürmische Südwestwetter mit Flauten ab. An diesem Freitag heißt es im Journal: *des Morgens frische Kühlte aus* ***SSWesten****, gegen Mittag starker Wind aus* ***Awesten a WSW*** *mit ganß dick verstopfte regnigte Luft, geben die Anker cir 60 Fad: Boll* [?], *u machten das Plicht Tau fertig zum fallen des Nachts starker Sturm aus* ***Westen*** *gaben die Anker die ganße Kette Botto* [?]. Auch am nächsten Tag herrscht noch Sturm über Cuxhaven, doch gegen Abend flaut es ab und entwickelt sich zu einer *Frischen Kühlte,* allerdings wieder aus der falschen Richtung.

Aber am Montag, dem 12. Januar, 1835 geht es endlich los! Im Journal steht unter diesem Datum: *des Morgens schwache Kühlte aus* ***S.a S.Osten*** *lichteten gegen 8* ***Uhr*** *Morgens die Anker u gingen unter Segel, wahren cir 3* ***Uhr*** *bey das Kl. Leucht Schiff, wo der Lootze von Bord ging, u wir den* ***Curs NWzW*** *die Elbe aus Steuerten, gegen Abend mäßige Kühlte aus* ***Süd*** *Beobachteten um 8* ***Uhr*** *das Feuer von* ***Helgoland OzN*** $^m/_w$ *nach Muthmaßung* $1^1/_2$ *Ml. Entfernt* Also tatsächlich 6 nautische Meilen. 53 lange und nervenaufreibende Tage hat sich Kapitän Jessen in Cuxhaven und auf der Elbe herumtreiben müssen.

Gleich am ersten Tag werden Geschwindigkeiten von bis zu 9 Knoten geloggt. Zwar nimmt der Wind am 14. Januar ab, doch 4 Knoten zeigt die Logge immer noch. Aber der Wind hat es bald wieder in sich. Am 16. Januar heißt es für die Wache von 08.00-12.00 Uhr im Journal: *Es wehte ein starker Sturm mit ganß dik verstopfte regnigte Luft. Banden alle Refen in Topsegel gr Segel & Besahnsegel …* Und auf der anschließenden Wache: *Es weht noch wie vorher, ein starker Sturm mit ganß dik regnigte Luft, hoher Seegang, wurdurch das Schiff furchtbahr arbeitete, und viel Wasser über nahm, lagen bey* [beigedreht] *führs dicht gerefte Top & groß Segel …*

Am nächsten Morgen flaut der Wind etwas ab und es können mehr Segel beigesetzt werden, mit 3-4 Knoten geht es auf südwestlichen Kursen Richtung Kanal. Doch bereits am 19. Januar brist es wieder auf und wird stürmisch. Segel müssen festgemacht und Reefs eingesteckt werden. Das Schiff befindet sich im Bereich der Tiefen Rinne vor der Küste Norfolks und arbeitet sich auf südwestlichen Kursen mit bis zu 8 Knoten und viel Wasser an Deck durch die Hoofden.

Um 20 Uhr des 20. Januar wird South Foreland in WNW gepeilt, und bereits 14 Stunden später ist die MARY ANN durch die Enge von Dover. Beachy Head liegt ONO ca. 12 Seemeilen entfernt. Nun geht es mit durchschnittlich 3-4 Knoten auf nord- und südwestlichen Kursen, immer dicht unter der englischen Küste, durch den Kanal; gewohntes Terrain für Kapitän Jessen.

Start Point wird endlich am 26. Januar um 12 Uhr mittags in WzS, Abstand 20 Seemeilen, gepeilt, durch schwache und umlaufende Winde sowie den starken Strom kommt das Schiff aber nicht vom Fleck. So wird am 28. Januar um 12 Uhr mittags noch einmal Beachy Head, östlich von Start Point, in NNW$^1/_2$W gepeilt, die MARY ANN ist also wieder zurückgetrieben. Die nächsten Tage ändert sich nichts daran, erst am 30. Januar wird Start Point um 10.30 Uhr erneut südlich passiert, doch dafür nimmt nun auch der Wind wieder zu. Zwei Tage später heißt es im Journal wieder: *Anhaltender Sturm.* Aber mit nordwestlichen Kursen ist Kapitän Jessen die letzten Tage gut vorangekommen und segelt zügig aus dem Kanal heraus. Das Sturmtief zieht schnell durch, und bereits am nächsten Tag werden auf der Wache von 04.00-08.00 Uhr alle Reefs ausgeschüttet und die Vorsegel wieder beigesetzt. Während der nächsten Wache stehen alle Segel, und mit 5-6 Knoten segelt die MARY ANN durch die Biskaya.

In den nächsten Tagen nimmt der Wind weiter ab, zum Teil herrscht sogar Windstille, so dass keine Wache gegangen wird. Erst am 5. Februar kommt wieder Wind auf, und es geht mit 5-6 Knoten aus der Biskaya heraus in den Atlantik. Das Wetter ist durchweg gut, am 7. Februar befindet sich das Schiff des Mittags auf der Höhe von Porto etwa 120 Seemeilen vom Land ab. Abends und in der Nacht nimmt der Wind noch zu, es werden die Leesegel gesetzt, und die MARY ANN läuft mit bis zu 9 Knoten längs der portugiesischen Küste.

Kap Sao Vincente wird am 9. Februar mittags passiert und mit OSO-Kurs die Straße von Gibraltar angesteuert. Doch der Wind ist seit dem vorangegangenen Abend wieder stürmisch: Die Fock wird festgemacht, Großsegel, Besan, Stagfock und Klüver werden ebenfalls gereeft, die anderen Segel sind schon am Vorabend festgemacht worden. Schon am nächsten Tag ist die Straße von Gibraltar passiert, und es werden, da der Wind wieder handiger wird, die Reefs ausgeschüttet und mehr Segel gesetzt, nachmittags sogar die Leesegel. Die MARY ANN läuft nun auf Ostkurs mit westlichem Wind, ohne Großsegel und Besan, mit bis zu 8 Knoten »platt vor dem Laken« ins Mittelmeer.

Am 10. Februar wird um 15 Uhr Europe Point in NzO gepeilt, am 11. Februar steht die MARY ANN mittags schon bei Matril, ca. 45 Seemeilen östlich von Malaga. Doch das Wetter ist wieder schlecht, es ist stürmisch mit sehr schweren Böen. Während der Wache von 00.00-04.00 Uhr des 11. Februar ist das Großsegel in einer schweren Böe weggeflogen, am Vormittag wird ein neues angeschlagen. Für die folgende Wache steht im Journal vermerkt: *Stürmisch & Windstill mit aufziehende Luft u sehr hoher Seegang wodurch unser Schiff fast unglaubl: schwer arbeitete u sehr viel Wasser übernahm. lens.* Und für die nächste Wache: *Wie vorhin, Banden ein anderz groß. Unter und reeften die Seegel dicht, Takelage u Segel Litten außerordentl: u das Verdeck war fast Beständig mit Seewasser überschwemmt.* Ab Mittag ist es ganz windstill, nachmittags steht aber noch eine hohe Dünung, so dass die MARY ANN heftig arbeitet.

In der Nacht zum 12. Februar kommt wieder ein leichter Wind auf, und mit allen Segeln einschließlich der Leesegel geht es auf östlichem Kurs Richtung Sizilien. Am 13. Februar wird um 12 Uhr mittags Cabo de Gata, die südöstlichste Spitze Spaniens, in NO$^1/_4$O ca. 10 Seemeilen ab gepeilt. So geht es die nächsten Tage bei schönem Wetter und westlichen Winden unter allen Segeln mit durchschnittlich 3-4, manchmal sogar mit 7 Knoten Richtung Osten, bis am 21. Februar um 17 Uhr endlich Capo Gallo nordwestlich von Palermo in OSO mit einem Abstand von etwa 8 Seemeilen gepeilt wird. Der Wind nimmt nun stetig zu, und am 22. Februar steht für die Wache von 08.00-12.00 Uhr im Journal verzeichnet: *Schwerer Sturm & Bewölkte Luft, machten alle Segel fest Bloß lenzten for Topsegel & Klüvock, jedoch hatten die Untersegel gereft.*

Das Einlaufen in Palermo war unter diesen Wetterbedingungen mit einigen Schwierigkeiten verbunden. Kapitän Jessen hat für die vorher zitierte Wache ins Journal geschrieben: *Anhaltender Sturm u heftige Stoßwinde von den Klippen herunter, um 1$^1/_2$ Uhr, wie wir Bereits die Mündung des Hafens erreicht hatten, Bekamen wir einen Lootsen auf der Seite jetzt setzten die Untersegel bey. Der Sturm war umlaufend zudem unser Schiff die Wendung 2 Mal versagte, so mussten das Anker auf einer gefährlichen Stelle fallen lassen. Nachdem die Segel Befestigt waren, Brachten unser Werg* [Werp?] *aus, Es gelang uns dadurch, das Schiff weiter von Lande abzubringen. Jedoch zerbrach die Pertline dabey.*

Auf der nächsten Seite geht es gleich oben weiter: *Um nun mit dem heftigen Sturm unser Schiff for Strandung zu sichern, Bekamen ein schweres Anker & Kabeltau von Land welches der Hafenmeister seine Leute uns Brachten* [unleserlich] *ließen wir unser Plichtanker fallen, über Nacht abnehmend stürmisch. Der Wind* ***Nord & NNW*** *u hoher Seegang.*

An den folgenden Tagen heißt es im Journal:

Montag d: 23: *Nach wie vor wehte es heftig, um 9 Uhr kommen 3 Schiffs=Chaloupen mit Mannschaft & Trossen Machten* [unleserlich] *Leuchthurm u holten uns bestens in den Hafen* [eine Zeile unleserlich] *Hafen zu erreichen. Jetzt vertäuten das Schiff u der* ***Capt:*** *ging nach dem* ***Quarantainhause*** *um den Gesundheitspaß abzugeben.*

Dienstag d: 24. *Der Wind östl & gutes Wetter. Um 11 Uhr mußten uns mit der ganzen* ***Equepage*** *am* ***Quarantainhause*** *zeigen Das Schiff wurde gereinigt u unsere sonstige nothwendige Arbeiten verrichtet. Am Nachmittage Bekamen einen* ***Quarantainwächter*** *an Bord. Um 8 Uhr setzten die Wache mit 1 Mann auf.*

Mitwoch d: 25 Feb^r *Umlaufende Winde & gute Witterung. Trockneten Segel, reinigten das*

Schiff außen Bords u verrichteten sonstige nothwendige Schiffsarbeiten. lens Schiff.

Donnerstag. D: 26 Febr. *Wie vorhin. maleten das Schiff außen bords.*

Freitag d: 27 Febr, *Do – maleten außen Bords.*

Sonabend d: 28 Febr. *Frische Kühlte von* ***NO****. wir maleten außen Bords und verichteten sonstige nothwendige Schiffsarbeiten.*

Sontag d: 1ten März. *Der* ***Wind SW.*** *Feierten den Tag. Lens Schiff.*

Montag: d: 2ten März. *Schwache Kühlte aus* ***Süd a SW.*** *mit bezogene Luft. Des Vormittags wahren mit der ganßen* ***Equipage*** *nach dem* ***Quarantainhause*** *um uns von dem* ***Doctor*** *besichtigen zu lassen.*

Dienstag d 2ten März *Umlaufende Winde mit regnigte Witterung. füllten des Morgens Wasser, gegen 9 Uhr war der* ***Capt.*** *mit 2 Mann nach dem* ***Quarantainhaus****, erhielten jetzt* ***Plateso*** [den Liegeplatz angewiesen?], *machten die Tauen los & verholten das Schiff auf Order des Havenmeisters nach dem uns angewiesenen Platz mit hülfe einer Jolle mit 2 Mann.*

Aus einer späteren Journaleintragung vom 2. Mai ist herauszulesen, dass die MARY ANN auch an diesem Liegeplatz vorne und achtern, hier mit einer Kette, geankert hat. Interessant ist außerdem die Erwähnung der – wie wir es heute nennen würden – Hafengesundheitskontrolle. Weder für Malaga noch für Marseille ist darüber etwas erwähnt, ebenso wenig im Artikel Kapitän Möllers über die Ankunft in New York.

Die nächsten Tage lässt das Wetter sehr zu wünschen übrig. Die Witterung lässt eher an Hamburg denken. Es werden trotzdem die notwendigen Arbeiten verrichtet, und da die Segel nicht abgeschlagen wurden, wird jede Chance genutzt, sie zu trocknen.

Montag d 9ten März *Westlicher Wind mit Böhige Luft. Arbeiteten in Takelage wie vorige Tage. Hatte der Matrose* ***Wilh: Schmidt*** *Erlaubnis gekriegt ans Land zu gehen, jedoch mit der Warnung, keinen Unfug (wie in* ***Cuxhaven****) zu machen u wieder zur rechten Zeit an Bord zu seyn. Unser* ***Wilh:*** *kam erst um $1^1/_2$ Uhr des Nachts an Bord. Dessen Gesicht war nicht wenig ladiert, u die Nase hatte Bedeutend gelitten. (wahrschein. durch Schlägerey.) Er fing am häutigen Tage an, Händel mit dem Steuermann zu suchen. Zudem er von selbigen Beordert wurde eine Arbeit auf dem Verdecke zu verrichten aber stattdem hinunter ins* ***Logis*** *ging. $^1/_2$ Stunde war jetzt gut verflossen und* ***Wilh:*** *war noch nicht auf dem Verdecke. Da rief der Steuermann ihn auf, und fragte ihn, wenn er nicht arbeiten, könne er es nur sagen und alsdann unten bleiben. Dieses war ihm zuviel gesagt. Und schimpfte darauf furchtbar, sowohl auf mich, als den Steuermann. und dass er sich weder von mich noch den Steuermann etwas sagen ließ. Sehr traurig war es wenn unser* [unleserlich] *dises ungestraft lassen wollten. Zu der Zukunft* [Zeile unleserlich] *indem dieser schon den Steuermann mit Prügel drohte.*

Wegen einer verwischten Zeile wissen wird nicht, wie Kapitän Jessen die Verfehlung des Matrosen Wilhelm Schmidt sanktionierte. Kapitän Möller[137] berichtet anlässlich der Überfahrt von New York nach Rotterdam über die Arbeitsverweigerung des Matrosen Hans Jensen gegenüber dem Steuermann am 25. Oktober 1835, *worauf er eine Züchtigung mit einem Seile Bekam.* Rath[138] zitiert als einzigen Hinweis auf eine Strafandrohung den Artikel 2 der bereits wiedergegebenen Musterrolle.

Der Eintrag ins Journal war der erste Teil der Bestrafung. Er diente Kapitän Jessen später in Hamburg dazu, dem Wasserschout die Verfehlung von Wilhelm Schmidt anzuzeigen, damit er eine Monatsheuer als Strafe für die Gehorsams- und Arbeitsverweigerung einbehalten konnte. Welche Rechtsgrundlage Kapitän Jessen für die körperliche Züchtigung des Matrosen Hans Jensen herangezogen hat, ließ sich bislang nicht herausfinden. Lediglich im Artikel 6 der obigen Musterrolle wird eine *Leibes-Strafe* angedroht, aber nur für den Fall, dass ein Besatzungsmitglied das Schiff zum Schmuggeln benutzt und dem Schiff dadurch ein Schaden entsteht.

Die nächsten Tage und Wochen in Palermo verlaufen ruhig. Es werden die üblichen Arbeiten an Bord verrichtet, das Rigg wird überholt, gereinigt, gemalt, das Deck und die Stenge gelabsalbt und die Barghölzer geölt. Am 28. März werden die Segel abgeschlagen – Kapitän Jessen hat offenbar Schwierigkeiten, Ladung in Palermo zu bekommen, und richtet sich auf eine längere Liegezeit ein. Fast vier Wochen halten sie sich schon hier auf.

Mittw: d 8ten April *Starker Sturm aus* ***Osten*** *mit ganß dicke regnigte Luft, gegen Mittag gab unser Anker nach, brachten aber gleich unser schwerstes Werg mit das neue Kegeltau aus u Wunden das Schiff so viel wie möglich frei von die hinterste Lage.*

Ein Tag reiht sich an den anderen, es werden immer noch die üblichen Unterhaltungsarbeiten verrichtet, ohne dass Ladung übernommen wird.

Dienstag, den 21. April, werden die ersten Segel angeschlagen. An diesem Tag erfahren wir aus dem Journal zum ersten Mal vom Zimmermann: *wahr beschäftigt außen Bord zu Kalvatern.* Die restlichen Segel werden am 27. April angeschlagen, ebenfalls werden die Fässer mit Frischwasser aufgefüllt. Am darauf folgenden Tag werden das große Boot an Deck gesetzt sowie Pardunen und Stage angesetzt. Am 1. Mai ist das Schiff seeklar, die letzten Wasserfässer werden gefüllt.

Die Eintragung für den 2. Mai, einen Sonnabend, ist stellenweise unleserlich, doch lässt sich aus dem lesbaren Teil erkennen, dass Kapitän Jessen eine Ladung Schwefel von Alicata nach Marseille bekommen hat. Der Lotse kommt abends an Bord, will aber wegen Windstille nicht auslaufen. Deswegen wird erst am 3. Mai, einem Sonntag, um 4 Uhr der Anker gelichtet: *... & Lafierten aus den Haven, hatten eine Jolle mit 4 Mann zu Hülfe ...* Es kommt ein schwacher Wind aus südöstlicher Richtung auf, und die MARY ANN kann aus der Bucht kreuzen.

Mit Passieren des Kap Gallo um 2 Uhr nachmittags werden die Leesegel gesetzt und mit westlichen Kursen an der Küste Siziliens entlang gesegelt. Hinter Capo San Vito wird der Kurs südlicher abgesetzt und in der Nacht zum 5. Mai zwischen den Inseln Marettimo und Levanzo hindurch mit Südkurs weiter Sizilien umfahren. Am nächsten Tag hat Kapitän Jessen mittags ***Gergente***, wahrscheinlich Agrigento, im Nordosten und abends um 19 Uhr die Reede von Licata erreicht.

Gleich am nächsten Tag beginnt die Besatzung mit dem Löschen des Ballasts. Noch während Kapitän Jessen von Bord geht, wird schon mit dem Laden des Schwefels begonnen. Zur Verstärkung sind dazu vier Mann von Land an Bord gekommen. Starker Wind aus Nordwesten und hoher Seegang verhindern am folgenden Tag, dass Ladung an Bord genommen werden kann. Trotzdem wird der Ballast weiter gelöscht. Da der Schwefel ganz offensichtlich mit *Böthe* (Leichtern?) zur MARY ANN gebracht wird, diese wegen des Seeganges aber nicht ans Schiff kommen können, dürfte das für die Ballastleichter auch zugetroffen haben. Also muss der Ballast direkt am Ankerplatz einfach über die Seite geschaufelt worden sein.

Doch in den nächsten Tagen wird weiter geladen, selbst am 10. Mai, einem Sonntag, im katholischen Königreich beider Sizilien! Die vier Hilfskräfte von Land werden viel Geld gekostet haben. Am Abend des 11. Mai ist der Rest der Schwefelladung an Bord; leider ist nicht zu erfahren, in welcher Form der Schwefel an Bord gekommen ist, ob in Fässern, in Säcken oder gar als lose Ladung. Die Luken werden mit doppelten Persenningen geschalkt, das Boot an Deck gesetzt und das Schiff seeklar gemacht. Die MARY ANN liegt, wie Kapitän Jessen schreibt, *bey die Marken, Vorn 10 u Hinten 10 1/2 Fuß Tief.* Gegen 22 Uhr werden die Anker gelichtet, und mit schwachen nördlichen Winden segelt sich die MARY ANN von der Küste frei.

Warum Kapitän Jessen so lange in Palermo auf eine lohnende Fracht gewartet hat, ist aus dem Journal nicht ersichtlich. Auch aus der Literatur lassen sich keine Gründe dafür finden, weder bei Kresse noch bei Soetbeer, der allerdings darauf hinweist, dass Schiffe, die nicht unter einer *priveligierten* Flagge fuhren, bei der Wareneinfuhr nach Frankreich hohe Abgaben zu entrichten hatten. Allerdings beziehen sich diese Abgaben lediglich auf Waren, die aus dem Flaggenstaat des Schiffes nach Frankreich importiert wurden sowie auf Waren aus Frankreichs Kolonien.[139] Frankreich wollte die Schifffahrt unter der eigenen Flagge schützen.

War es für Kapitän Jessen zu dieser Jahreszeit generell schwer, eine Fracht auf Sizilien zu bekommen, da die Hauptausfuhrprodukte landwirtschaftliche Erzeugnisse waren, die noch nicht zur Verfügung standen?[140] Dass er von seinem Reeder direkt nach Sizilien bestimmt war, können wir als sicher annehmen, denn Palermo steht von Beginn der Reise an als Bestimmungshafen im Journal. Hat sich der weitere Verlauf der Reise aus dem Umstand ergeben, dass Kapitän Jessen keine andere Fracht bekommen konnte?

Ganze 75 Tage lag die MARY ANN in Palermo und Licata. Doch nun ist sie, tief abgeladen mit Schwefel, auf dem Weg nach Marseille. Der Wind ist sehr schwach bis still, weht meistens aus westlichen Richtungen. So kommt es, dass die MARY ANN um 12 Uhr mittags des 15. Mai die Isola di Pantelleria, auf halbem Wege zwischen Sizilien und Tunesien gelegen, in W$^{1}/_{2}$S peilt. Abends kommt etwas mehr Wind auf, weht auch einmal aus einer günstigeren Ecke, so dass die MARY ANN mit bis zu 6$^{1}/_{2}$ Knoten auf nordwestlichen Kursen Richtung Sardinien laufen kann. Doch am Nachmittag des folgenden Tages flaut es ab, und mit nur 1-2 Knoten läuft das Schiff auf nord- und südwestlichen sowie nordöstlichen Kursen in das Tyrrhenische Meer.

Immer in Sicht der Küste Sardiniens und Korsikas hangelt sich Kapitän Jessen durch das Tyrrhenische Meer nach Norden, um am 24. Mai abends um 20 Uhr die Inseln Montecristo und Giglio, südlich von Elba gelegen, in Sicht zu bekommen. An diesem Tag steht für die Zeit von 08.00-12.00 Uhr durch acht der neun Spalten folgende Eintragung: *Der Jungmann **Matthias Osterhammf** zeigt an, dass er in **Palermo** durch Beyschlaf eines fremden Mädchens venerisch geworden sey.* Dies ist die damals gängige Formulierung für das Zuziehen einer Geschlechtskrankheit. *Venerisch*[141] hat seinen Ursprung in Venus, der Göttin der Liebe.

Interessant sind die Therapievorschläge, die Dr. med. Heinrich Rohlfs in seiner *Gemeinfaßlichen Heilkunde für Schiffsoffiziere* aus dem Jahre 1856 gibt. Dort wird zum Behandeln von Bläschen, Pusteln und offenen Geschwüren Höllenstein, ein aus Silbernitrat $AgNO_3$ bestehendes Ätzmittel empfohlen. Bei ausbleibendem Erfolg sollten Sublimatpillen verabreicht werden. Sie bestehen aus Quecksilber-II-Chlorit, welches ebenfalls ätzend wirkt und sehr giftig ist. Des Weiteren wird als Abführmittel *Wundersalz,* also Glaubersalz empfohlen. Ebenso solle man mit Castoröl für einen *offenen Leib* sorgen und die betroffenen Körperteile in warmem Kamillentee baden. Es empfehle sich auch, dass der Erkrankte das Bett hüte, nicht schwer arbeite, sehr viel Wasser und Leinsamtee tränke und sich *nur halb satt* esse (Tripper); die Hungerdiät reiche schon alleine aus, dass die Krankheit abheile.[142]

Es ist durchaus möglich, dass die im Leitfaden erwähnten Therapieformen auch damals schon bekannt waren. Fraglich ist aber, ob Kapitän Jessen davon wusste und die erwähnten »Arzneien« an Bord hatte. Laut Rath gab es erst ab 1849 in der schon erwähnten Hamburger Seemannsordnung eine sehr allgemein gehaltene Bestimmung, wonach *sich der Kapitän mit einer für die Zahl der Mannschaft genügenden Quantität von Medizin* zu versehen hatte.[143] Zu der uns interessierenden Zeit wurden von einigen Apothekern in Hafenstädten Medizinkisten mit einer recht umfangreichen Anzahl von Medikamenten und einer Anweisung zu ihrem Gebrauch angeboten, evtl. auch mit einer Grundausstattung an medizinischem Besteck, was aber 1834/35 in Hamburg nicht vorgeschrieben war.[144] Aus dem Journal geht nicht hervor, ob und wie der Jungmann behandelt wurde, was ein Hinweis auf eine Medizinkiste an Bord der MARY ANN hätte sein können. Sicherlich wird Kapitän Jessen während seiner Fahrenszeit einige medizinische Grundkenntnisse erlangt haben, aber sie werden sich wohl hauptsächlich auf das im Bordbetrieb Übliche beschränkt haben: Quetschungen, Prellungen, Brüche, Erkältungskrankheiten und bei längeren Seereisen Mangelerkrankungen. Der Jungmann ist durch seine Erkrankung nicht als Hand ausgefallen, denn in Marseille wurde kein neuer Mann gemustert.

Abb. 23 Die Hafeneinfahrt von Marseille, wie sie sich wohl auch Kapitän Jessens Augen dargeboten hat. Kolorierter Kupferstich. (DSM)

Nach zwei Tagen hat sich die MARY ANN bei immer noch schwachen Winden weiter in Richtung Norden in das Ligurische Meer vorgearbeitet und segelt die nächsten Tage auf westlichen und nordwestlichen Kursen mit weiterhin 1-2 Knoten Richtung Marseille. Am 28. Mai brist es schließlich auf, und bei nordöstlichen Winden können endlich wieder alle verfügbaren Segel gesetzt und bis zu 6 Knoten geloggt werden. Mittags steht das Schiff etwa 30 Seemeilen südlich von Nizza mit einer hohen See. Nachmittags werden die Leesegel festgemacht, abends die Fock und das Royal, in der Nacht auch das Bramsegel, in das Großsegel wird ein Reef gebunden. Am Morgen des nächsten Tages lässt der Wind nach, so dass das Reef wieder ausgeschüttet und das Bramsegel wieder beigesetzt werden kann. Gegen 11 Uhr mittags am 29. Mai kommen das Leuchtfeuer von Plavier in Sicht und eine Stunde später der Lotse an Bord. Doch der Wind schläft nun ganz ein, obwohl die MARY ANN vor dem Hafen steht.

Wie sich das Einlaufen darstellt, lässt sich leider nicht ersehen, da die Eintragungen über das Einlaufen in Marseille bis auf einige Worte durch Verwaschen und Verschmieren völlig unleserlich geworden sind. Was sich entziffern lässt, ist das Ordern einer *Buksier Jolle*, dass auf Anordnung des Hafenmeisters an einen anderen Platz verholt werden muss und Ankerwache mit einem Mann gehalten wird.

Bis zum 10. Juni liegt die MARY ANN an ihrem Ankerplatz. Das Wetter ist durchwachsen mit viel Regen. Es werden die üblichen Arbeiten verrichtet und bei schönem Wetter die Segel getrocknet.

Am gleichen Tag noch macht die MARY ANN an der Kaje fest, um ihre Schwefelladung zu löschen, was aber erst am 13. Juni, einem Sonnabend, beginnt. Nach einer Woche ist vormittags der letzte Schwefel gelöscht, nachmittags der Raum gereinigt und abends das Schiff auf Anweisung des Hafenmeisters an die Nordseite des Hafens verholt. Mit Beginn der neuen Woche wird der Raum aufgeklart und zum Laden vorbereitet, *und machten des Nachmittags einen Anfang auf* ***Newjork*** *zu laden.* Die nächsten Tage herrscht stürmisches Wetter, trotzdem wird, wenn nicht geladen wird, außenbords gemalt.

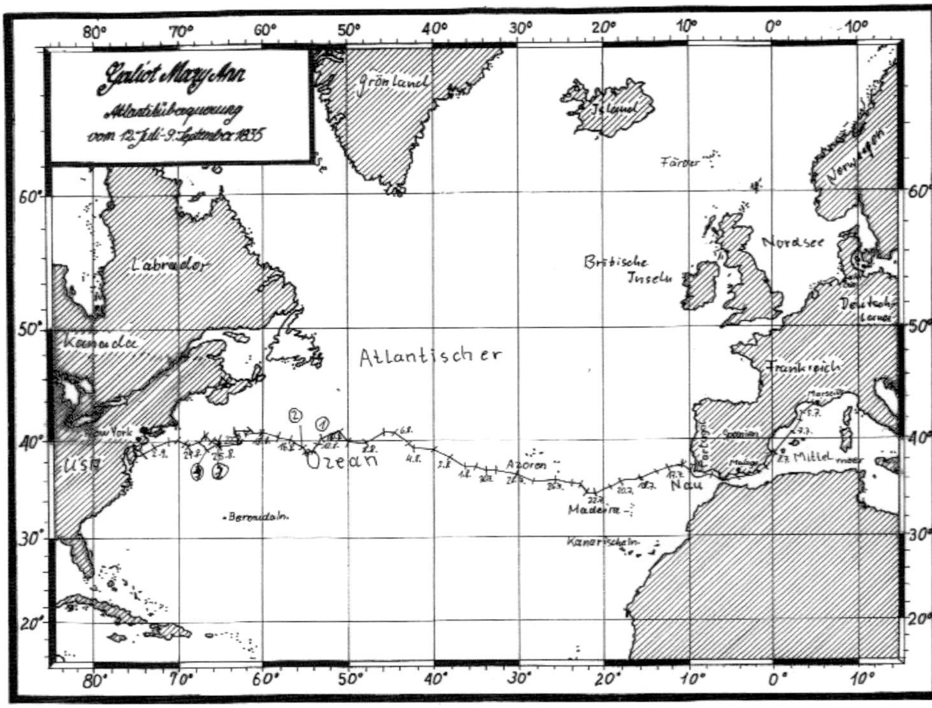

Abb. 24 Karte der Atlantiküberquerung der MARY ANN: (1) Treffen mit der englischen Bark MARY CATHRINA am 11. August 1835 gegen 16.00 Uhr. Das Schiff ist auf der Reise von Charleston nach Liverpool; (2) Treffen mit dem amerikanischen Schiff VESPER am 15. August 1835 um 15.00 Uhr. Heimathafen des Schiffes, bestimmt von Havanna nach Antwerpen, ist Newberry Port; (3) Treffen mit dem Schiff ERIE am 8. September 1835, 48 Stunden zuvor aus New Port ausgelaufen und bestimmt *nach Westen Inseln & Süd See*; Korrektur der Länge um 10°38' nach Osten; (4) Ende des Journals am 9. September. (Zeichnung: Hagen Allmeling)

Eine interessante Eintragung wird am Freitag, dem 26. Juni, gemacht: *Starker Wind aus Westen u schönes Wetter, Bunden die noch fehlenden leichten Segels unter die Rahn, zurrten die Wasserfässer & c:* Die Segel werden offenbar nicht abgeschlagen.

Die folgenden Tage werden weiter Stückgut oder verschiedene Güter sowie Schwefel in Fässern geladen. Die letzten zwei Tage in Marseille sollen noch einmal aus dem Journal zitiert werden:

Freytag d 3tenJuly *Westlicher Wind u schönes Wetter! gegen 10 Uhr Morgens kriegten die letzten noch an der Ladung fehlenden Fässer Schwefel über. Nachdem alles an Bord wahr lag das Schiff Hinten 10 u Vorn* $9^3/_4$ *Fuß tief, (die ganze an Bord befindliche Ladung ist bestens mit Holz unterschlagen u von einem beeydigten Stauer gestaut) Schalkten die Luken mit doppelte Persenninge, setzten das groß Both aufs Verdeck, Zurten alles fest u in gehörigen Stande. Befanden die Pumpe lens.*

Sonabend d 4ten *Des Morgens gegen 2 Uhr Kahm der Lotze an Bord, lüchteten jetzt die Anker, lösten die Segel trieben u Boksierten mit einer hülfs Jolle mit 6 Mann aus dem Haven gegen 7 Uhr ging der Lotze von Bord. wo wir unsern* ***Curs*** *setzten wie folgt. um 8 Uhr hatten die Insel* ***Tiboulen in SSO*** $^m/_w$ *ca. 1 Ml von uns, des Nachmittags mit* ***Südlichen*** *Winde u ganß dick von Nebel, Steuerten* ***WSW*** *3 Meil Dist: demnach u letzte Peylung, befanden wir uns des Mittags auf 43°9' NBr u 5°2'* ***Länge Ost v Greenwich***.

Die Liegezeit der MARY ANN in Marseille betrug knapp über einen Monat. Nachdem der Schwefel von Bord war, wurde schon am übernächsten Tag mit dem Laden begonnen; Kapitän Jessen hatte in Marseille offensichtlich mehr Glück, eine neue Fracht zu ergattern.

Damalige Kapitäne mussten nicht nur gute Seeleute, sondern ebenso auch gute und gewiefte Kaufleute sein, sich ihre Frachten selbst besorgen. Auch die Schiffer, die schon eine Art Linienschifffahrt betrieben, mussten kaufmännisches Geschick beweisen. Ein beredtes Beispiel dafür sind die Lebenserinnerungen des Kapitäns Johann Fokken aus Westeraccumersiel, der als Kapitän auf Bremer und Hamburger Segelschiffen in der zweiten Hälfte des 19. Jahrhunderts Edelhölzer aus Mexiko holte. Zwar bekam er für jede Reise auch Anweisungen der Eigner, aber für die Beschaffung der Ladung, den Preis und die Güte war er als Kapitän selbst verantwortlich. Hier waren seine kaufmännischen Fähigkeiten gefordert[145], denn die Briefpost war die einzige Möglichkeit der Kommunikation. Die optische Telegraphie war in Preußen und Frankreich ausschließlich dem Militär vorbehalten. Dieser Umstand erzwang größere Freiheiten der Kapitäne in Handelssachen.

Tief abgeladen mit Stückgut, darunter Fässer mit Schwefel, macht sich die MARY ANN auf die Reise nach New York. Doch der südöstliche Wind lässt erst einmal zu wünschen übrig, ist flau. Bei schönem Wetter auf südwestlichen Kursen segelt die Galiot mit 2-3 Knoten durch den Golf von Lion. Bereits am 5. Juli 12 Uhr mittags wird Cabo Creus in NWzW mit einem Abstand von 12 Seemeilen gepeilt. 24 Stunden später steht ***Cap: St: Sebastian*** westlich in einem Abstand von 18 Seemeilen; laut der angegebenen Position muss es sich um Cabo Bagur am nördlichen Ende der Costa Brava gehandelt haben. Erst 20 Seemeilen nach Süden sind gutgemacht.

Nach weiteren zwölf Stunden kann das Schiff mit bis zu 7 Knoten auf südwestlichem Kurs längs der spanischen Küste gehen. Aber mit dem Wind kommt auch der Seegang: Die MARY ANN arbeitet schwer und nimmt, so tief, wie sie abgeladen ist, sehr viel Wasser über. Und auch die Arbeit kommt mit dem Wind. Am 9. Juli lässt der Wind nach, mit durchschnittlich 3-4 Knoten geht es stetig weiter nach Südwesten, und am 10. Juli wird um 12 Uhr mittags Cabo de Gata OzN in ca. 16 Meilen Abstand gepeilt. Auf westlichem Kurs segelt das Schiff Richtung Straße von Gibraltar. Am nächsten Tag wird um 20 Uhr Fuengirola NOzN gepeilt, am darauf folgenden Tag mittags 12 Uhr Ras Ashaqâr in SW$^1/_2$S gepeilt. Bei Ostwind hat die MARY ANN die Straße von Gibraltar mit durchschnittlich 4-5 Knoten durcheilt und steht nun im Atlantik.

Die ersten Meilen werden bei frischen, dann flauen Winden aus Süd- und Nordost auf südwestlichen Kursen zurückgelegt. Kapitän Jessen nennt das Seegebiet *Spanische See und Nau.* Aber schon am nächsten Tag dreht der Wind über Ost erst auf Südwest, dann auf West. Kapitän Jessen geht auf nordnordwestliche Kurse bei durchschnittlich 2-3 Knoten, aber dafür ist das Wetter schön. Am 14. Juli wird um 20 Uhr Cabo de São Vicente in NO gepeilt.

Die nächsten Tage bleibt der Wind flau, es ist oft neblig und regnet. Trotzdem werden 4-5 Knoten erreicht. Am 18. Juli wird auf der Wache von 16.00-20.00 Uhr die erste Amplitude zur Kontrolle der Deviation, oder, wie es im Journal heißt, Missweisung, genommen und die nordwestliche Missweisung von 22° auf 25° korrigiert. Bereits am nächsten Tag wird zur selben Zeit eine neue Amplitude genommen – zur Kontrolle? Die Missweisung bleibt unverändert.

Am 21. Juli brist es morgens auf, und schwere Böen suchen die MARY ANN heim. Vormittags zerreißt beim Bergen der Klüver, und das Schiff steht ständig unter Wasser. Dafür läuft die MARY ANN aber auch bis zu 6 Knoten. Bereits in der folgenden Nacht flaut es wieder ab, es wird unbeständig, zum Teil sogar windstill. So zieht die MARY ANN wieder mit durchschnittlich 2-3, manchmal auch 4 Knoten bei nordöstlichen Winden auf nordwestlichen Kursen New York entgegen.

In diesem Zusammenhang soll darauf hingewiesen werden, dass sich die MARY ANN am 22. Juli mit 34°24′ Nord auf ihrer südlichsten Position dieser Reise befand, also viel zu weit nördlich, um in den Nordostpassat zu gelangen. Man mag sich wundern, warum Kapitän Jessen nicht zwei bis drei Tage weiter auf südlichen Kursen segelte, um den stetigen Nordostwind in die Segel zu kriegen und sich von ihm auf die andere Seite treiben zu lassen. Aber diese schönen Passat-Tage, wie sie aus der späteren Zeit der Großsegler bekannt sind, gab es zu jener Zeit noch nicht. Noch 20 Jahre später haben ihn die Seeleute eher zufällig genutzt. Es sollte noch bis 1854 dauern, ehe Matthew Fontaine Maury (1806-1873), ein wegen Seedienstuntauglichkeit ins Seekartendepot der US-Navy verbannter Leutnant, die Ergebnisse seiner Arbeit veröffentlichte. Er hatte in seinem Büro nicht nur Seekarten verwaltet, sondern alle ihm dort zur Verfügung stehenden Logbücher der US-Navy und bis 1854 mehr als eine Million Auskünfte über vorherrschende Winde und Meeresströmungen ausgewertet. Die Ergebnisse veröffentlichte er unter dem Titel »The Physical Geography of the Sea« zusammen mit seinen früheren »Wind and Current Charts of the North Atlantic«. Später folgten weitere und verbesserte Karten für alle Meere sowie seine »Sailing Directions to accompany the Wind and Current Charts«, die zum wichtigsten Führer für die Kapitäne der Segelschiffe wurden.[146]

Aber Kapitän Jessen standen wohl noch keine Informationen über die Passatwinde zur Verfügung, obwohl selbst Eschels schon von ihnen wusste: *Weil wir vor Kapern bange waren, so hatte unser Capitain von seinen Rhedern Ordre, nördlich nach den azorischen Inseln, und dann weit westlich von Madeira hin nach dem Ost-Passatwinde zu segeln.*[147] Deshalb versuchte Kapitän Jessen, auf der kürzesten Route über den Atlantik zu segeln, und führte die MARY ANN nach dem 22. Juli wieder stetig gen Norden, um sich ab 6. August bis zum Ende des Journals im Bereich von 39° bis 40° Nord zu halten.

Trotz der nordwestlichen Kurse liegt die Mittagsposition von Tag zu Tag weiter südlich, so dass die MARY ANN am 26. Juli um 12 Uhr mittags südlich außer Sicht der Azoren steht. Das liegt zum einen am Kanarenstrom, der ihn mit 6-12 Seemeilen pro Tag nach Süden versetzt, zum anderen daran, dass Kapitän Jessen die Fehlweisung des Kompasses außer Acht lässt.

An den folgenden Tagen weht der Wind etwas stärker und es werden bis zu $5^1/_2$ Knoten geloggt. Die Freude währt aber nicht lange, denn der nordöstliche Wind wird wieder flauer, unbeständig und dreht auf Südwest. Ein Nordwestkurs mit mehr als 3 Knoten ist nur selten möglich. Im Journal wird des Öfteren die Berechnung einer Amplitude zur Korrektur der Missweisung eingetragen, aber auch ohne diese Eintragungen wird die Missweisung verringert. So beträgt sie am 1. August noch 22°, am 2. August 19° und am 3. August nur noch 18°, ohne dass im Journal etwas von ihrer Korrektur vermerkt ist.

In der Nacht vom 2. auf den 3. August nimmt der südwestliche Wind wieder an Stärke zu, und es werden endlich wieder Geschwindigkeiten von 5-6 Knoten erreicht. Während der Wache von 16.00-20.00 Uhr begegnet die MARY ANN einer amerikanischen Bark: *Bramsegels = Kühlte & vermischte Luft um 6 Uhr parierte* [!] *uns ein* ***Americanisches Barck Schiff*** *genannt* ***Dianetha*** *von Boston kommend 28° 45 NdBr &* ***Lg:*** *4:40° 35'.*

Im Verlauf der nächsten Wache nimmt der Wind weiter zu, und das Bramsegel wird geborgen. Auch die folgenden Stunden weht es kräftig, dazu steht eine hohe See. Immer wieder wird nach *Scharfiel* gesehen. Aber schon am Vormittag des 4. August nimmt der Wind wieder ab, die Fahrt vermindert sich auf 2-3 Knoten, manchmal auch weniger. Der Kurs bleibt beständig nordwestlich, bis am 7. August in den frühen Morgenstunden der Wind wieder an Stärke zu nimmt und Bramsegel und Klüver festgemacht werden müssen. Auf der Wache von 12.00-16.00 Uhr wird im Journal vermerkt: *frische Kühlte vermischt Luft u sehr hoher See von Vorne wodurch unser Schiff heftig stampfte, und in Menge Wasser übernahm. lens Schiff befanden zu jederzeit.* Auf der folgenden Wache wird die Missweisung auf 23° Nordwest korrigiert. Sie war an den vorherigen Tagen – ohne Berechnungsvermerk – auf 15° Nordwest verringert worden. Hier wird Kapitän Jessen wahrscheinlich, da er den Sonnenauf- und/oder -untergang nicht beobachten konnte, keine Amplitude berechnet und sich der Tafeln aus dem »Handbuch der Schiffahrtskunde« bedient haben.[148]

Der Wind wird sehr unbeständig und wechselt ständig in Stärke und Richtung, so dass die Besatzung viel Arbeit mit den Segeln hat. Kapitän Jessen lässt, wie wir wissen, keinen Windhauch ungenutzt, will sich aber natürlich die wertvollen Segel nicht aus den Lieken wehen lassen. Dafür werden bei diesen Windstärken, Kapitän Jessen spricht von *starker Kühlte* oder *frischer Kühlte,* auch Geschwindigkeiten von bis zu 7 Knoten erreicht.

Mit diesen in Richtung und Stärke unbeständigen Winden geht es mit 2, 3, 4, manchmal auch 5 Knoten weiter gen Westen, die Kurse wechseln von Nord über NzW bis Südwest; manchmal kann auch ein direkter Westkurs gesteuert werden. Am 11. August wird wieder ein Schiff angetroffen, diesmal eine englische Bark. Diese Begegnung ist wohl nachträglich im Journal unter die Beschickung eingetragen worden: *Um 4 Uhr Nachmittags prieten* [preiten, also anrufen?] *das engl:* ***Barck Schiff. Mary Catharine Capt. Thomsohn*** *von Charlston nach* ***Liverpool bestimmt,*** *dessen geg:* ***Lg*** *war s:* [seiner?] *z:* [Zeit?] *52° 6'* ***West von Greenwich.*** Wie auch in späteren Zeiten gleichen die Kapitäne ihre Position, davon insbesondere die Länge, und die Chronometerstände ab.

Abb. 25 *Windstille hatten keine Schiffswacht.* Die MARY ANN mit allen Rah- und Vorsegeln in der Flaute liegend. (Zeichnung: Hagen Allmeling)

In den nächsten zwei Tagen geht es mit südwestlichen Kursen, meistens schwachen Winden und Geschwindigkeiten von 2-3 Knoten weiter. Am 13. und 14. August ist der Wind ganz flau, fast schon windstill. In den Vormittagsstunden des nächsten Tages brist es wieder soweit auf, dass die MARY ANN nun mit bis zu 3 Knoten segeln kann. Da der Wind in dieser Zeit ziemlich stetig aus der gleichen Richtung weht und sich auch in seiner Stärke nicht sonderlich ändert, bleiben alle verfügbaren Segel unverändert stehen.

Am 15. August gibt es ein weiteres Treffen mit einem Schiff: Um 15 Uhr wird die MARY ANN von dem in Newberry Port beheimateten amerikanischen Schiff VESPER, aus Havanna kommend und nach Antwerpen bestimmt, angerufen.

Am 17. August nimmt der Wind schließlich an Stärke zu, wird sehr böig, und es baut sich eine hohe See auf. Da auch dieser Wind aus der richtigen Richtung weht, geht es trotz einiger festgemachter Segel mit 3-4 Knoten weiter Richtung New York. Aber am folgenden Morgen ist dieses kurze Starkwind-Intermezzo vorbei, der Wind flaut ab, und am Nachmittag und Abend ist es ganz windstill; laut Journal wird keine Seewache gegangen.

In der Nacht zum 19. August nimmt der Wind wieder an Stärke zu, es werden 2-3 Knoten geloggt, und am 20. August werden morgens Klüver und Bramsegel festgemacht. Es steht eine hohe See aus West. Trotzdem kommt Kapitän Jessen mit 2½-3½ Knoten auf nordwestlichen Kursen weiter voran. Am 22. August frischt der Wind erneut auf, die See nimmt zu, und für die Wache von 16.00-20.00 Uhr steht im Journal: *Zunemend an Wind mit dicke Luft u starke Böhen. Klüver & Bramsegel fest. das Schiff arbeitet wie vorher sehr u nehm sehr viel Wasser über befanden die Pumpe lens.* Für die nächste Wache ist festgehalten: *Ungleiche Kühle, schwere Böhen & starkes Gewitter, machten die mehrsten Segel fest.* Für die erste Wache des 23. August: *Stürmisch Wetter dicke regnigte Luft u starkes Gewitter. gegen Morgen etwas abnehmend, setzten das gr: Segel u gerefte Topsegel wieder mit bey.*

Der Wind nimmt immer mehr an Stärke ab, und während der Wache von 20.00-24.00 Uhr notiert Kapitän Jessen im Journal: *Windstille und umlaufend, dicke regnigte Luft u starkes Blitzen das Schiff Schlengerte Durch der Hohen See furchtbar.* So beginnt auch der nächste Tag. Am Nachmittag nimmt der Wind wieder zu, so dass zwar Klüver und Bramsegel festgemacht werden müssen, aber trotzdem durchschnittlich 4-5 Knoten geloggt werden.

Für die Wache von 08.00-12.00 Uhr am 25. August heißt es im Journal: *Wie vorhin Banden das Tau ans Anker. lens.* Kapitän Jessen geht davon aus, dass er sich laut Journal auf einer Mittagsposition von 39°43′ Nord und 65°29′ West befindet. Demnach wäre er noch etwa 400 Seemeilen von der Küste entfernt. Warum macht er aber schon zwei Anker klar? Traut er seinen Positionen nicht? Wie im Kapitel über die Navigation beschrieben, beruhte sie damals u.a. auf Erfahrungen und Vermutungen. Auf der folgenden Wache wird ein neues Marssegel untergeschlagen. Das Journal gibt keine Auskunft über den Grund. Hatte das alte durch den Sturm und die Schlingerei in der Flaute zu sehr gelitten?

Flau geht es erst einmal weiter, bei nordwestlichen und südwestlichen Winden auf südwestlichen und nordwestlichen Kursen; in der Nacht vom 26. auf den 27. August aber werden südöstliche Kurse gelaufen! Der Wind ist an den folgenden Tagen, was seine Stärke angeht, sehr launisch, und so werden mal 3½ Knoten, dann wieder nur 1½ Knoten geloggt.

Am 1. September nachmittags baut sich eine hohe See aus Westen auf, die dem Schiff sehr zu schaffen macht, und in der Nacht vom 2. auf den 3. September nehmen Wind und Seegang wieder zu. Die leichten Segel, also wahrscheinlich Royal, Bramsegel und Klüver, werden festgemacht, ebenso der Besan. Für die Wache von 04.00-08.00 Uhr ist im Journal vermerkt: *Stürmisch Wetter und starke Böhen, hatten durch der hohen See das Verdeck beständig mit Stürzung bedekt u das Schiff arbeitet wie vorher fürchtbar. lens Schiff.*

Aber schon am Nachmittag des gleichen Tages nimmt der Wind soweit ab, dass auch wieder mehr Segel gesetzt werden können, und es geht mit den üblichen 2-3 Knoten auf westlichen oder südwestliche Kursen weiter auf die Küste zu, die die MARY ANN am 4. September nach der Mittagsposition von 38°17′ Nord und 75°23′ West doch schon längst in Sicht hätte haben müssen, denn auf dieser Position befände sich Jessen bereits auf den grünen Feldern von Salisbury. Ob sich Kapitän Jessen nun auch nicht mehr so sicher ist? Er lässt jedenfalls am Abend des gleichen Tages, immer noch bei Nordwestwind, auf einen nordöstlichen Kurs wenden, der bis 20 Uhr des 5. September beibehalten wird. Dann geht es mit südwestlichem Kurs weiter auf die Küste zu.

Ähnlich verfährt er auch am Abend des 6. September: Obwohl er mit dem südwestlichen Wind durchaus einen nordwestlichen Kurs hätte steuern können, der ihn weiter an die Küste gebracht hätte, lässt er mit Anbruch der Dunkelheit nach Südosten wenden, um am nächsten Morgen um 7 Uhr wieder auf einen nordwestlichen Kurs zu gehen.

Am Nachmittag des gleichen Tages, es ist der 7. September, nimmt der Wind wieder zu, im

Abb. 26 »This is the Hamburg Galiot MARY ANN, bound from Marseilles to New York! What is your longitude?!« Am 8. September trifft die MARY ANN auf das amerikanische Schiff ERIE. Kapitän Jessen muss dabei feststellen, dass er sich bei der Berechnung der Länge im Verlauf der Reise um über $10^1/_2°$ verrechnet hat und somit über 600 Seemeilen weiter östlich steht als angenommen. (Zeichnung: Hagen Allmeling)

Journal ist für die Wache von 12.00-16.00 Uhr zu lesen: *Starke Kühlte mit Böhen, u bezogen Luft. zunehmender Seegang Bramsegel fest.* Das Royal war schon festgemacht worden, oder wurde es gar nicht mehr gesetzt, weil die MARY ANN vermeintlich dicht unter Land war? Für die folgende Wache ist im Journal eingetragen: *Wie Vorhin u hohe See das Schiff arbeitete heftig u nehm viel Wasser über machten d. Klüver fest und banden 2 Refen im Besahn u Wendeten gegen Süden.*

Der neue Kurs ist wieder ein südöstlicher, und am Morgen des 8. September wird auf einen nordöstlichen Kurs gegangen, obwohl bei dem vorherrschenden Wind durchaus auch ein westlicher Kurs möglich gewesen wäre. Unter den Angaben über Position und »Beschickung« des Kurses ist auf der unteren Seite außerdem eingetragen: *Schiff **Erie Capt. A. W. Danner** nach Westen Inseln & Süd See Zufolge ewes* [?] *amerikan: **Captn**, welcher 48 Stunden von **New Port** in See gewesen.* Des Weiteren ist unter der von Kapitän Jessen errechneten Länge von 76°08′ West notiert: *wahre **Lg:** 65° 30′ **West von Greenwich**.* Kapitän Jessen hat sich also um gute $10^1/_2$ Grad bei der Länge vertan; über die Gründe ist im Abschnitt zur Navigation schon geschrieben worden. Er steht also immer noch etwa 2-3 Etmale von der Küste ab und lässt sofort wieder auf Westkurs gehen mit $1^1/_2$ bis $2^1/_4$ Knoten bis Mitternacht. Darauf dreht der Wind nordwestlich, weswegen am 9. September ab 0 Uhr ein südwestlicher Kurs gesteuert wird.

Mit der Mittagsposition für den 9. September und der Beschickung für den Kurs endet das Journal. Die MARY ANN befindet sich nach dieser Position auf 39°38′ Nord und 66°31′ West, also immer noch gut 650 Seemeilen von ihrem Ziel entfernt.

Am 4. Juli war die MARY ANN aus Marseille ausgelaufen. Acht Tage später, am 12. Juli, befand sie sich im Atlantik, und weitere 59 Tage später war sie fast an der Ostküste Nordamerikas angekommen. Es wäre interessant, die Reise der MARY ANN im Verhältnis zu anderen Atlantiküberquerungen zu sehen, besonders von Schiffen ihrer Art, doch diesbezüglich sind noch weitere Recherchen erforderlich.

Wir wissen aus dem schon mehrfach zitierten Artikel Kapitän Möllers, dass die MARY ANN nicht nur wohlbehalten in New York angekommen ist, sondern auch den Weg zurück in die »Alte Welt« gefunden hat. Es wäre wünschenswert, wenn das Kapitän Möller zur Verfügung stehende und vielleicht noch weitere vorhandene Journale ihren Weg ins Deutsche Schiffahrtsmuseum finden würden, damit die Geschichte der MARY ANN weiter geschrieben werden kann.

8.3. Bewertung der Reisen

Eine Bewertung der in dem uns vorliegenden Journal dokumentierten Reisen ist leider nur mit großen Einschränkungen in Hinblick auf die Reisedauer bzw. die erzielten Reisegeschwindigkeiten möglich. Für eine weiterführende Betrachtung der Reisen unter wirtschaftlichen Aspekten fehlen die entsprechenden Unterlagen.

Bei Kapitän Jessen können wir, nach allem, was wir aus dem uns vorliegenden Journal wissen, davon ausgehen, dass er durchaus Willens war, schnelle Reisen zu machen. Er hat auch nachts Segel beisetzen lassen, wenn der Wind es gestattete. Zudem hat er abends keine Segel weggenommen, sondern sie bis zum letzten Moment stehen lassen. Und auch die Besatzung scheint durchaus ihre Qualitäten gehabt zu haben, denn in dem uns vorliegenden Journal sind, bis auf die des Matrosen Wilhelm Schmidt, keine Eintragungen über Arbeits- oder Gehorsamsverweigerungen verzeichnet.

Die Auswertung der Reisen der MARY ANN beruht ausschließlich auf den Angaben im uns vorliegenden Journal über den Zeitraum von 403 Tagen. Dabei war die MARY ANN 181 Tage und 19 Stunden in See und hat eine Entfernung von 16 549 Seemeilen zurückgelegt, wobei diese Summe mit Skepsis zu betrachten ist, denn bei ihrer Berechnung konnte ich mich nur auf die Angaben der Spalte »Distanz« stützen. Zwar ist unter dem tabellarischen Teil des Journals auf den meisten Seiten noch einmal eine *genr: Distz* angegeben, sie ist in ihrer Summe aber meistens geringer als die der Spalte *Distz.*, wohl die Strecke zwischen den einzelnen Mittagsorten und nicht der tatsächlich zurückgelegte Weg.

Daraus und aus der Gesamtseedauer der MARY ANN ergibt sich rein rechnerisch eine Durchschnittsgeschwindigkeit von 3,79 Knoten. Da ein Vergleich mit anderen Schiffen der Zeit und möglichst gleicher Größe, Bauart und Takelage im Moment nicht möglich ist, sei hier noch folgendes gesagt: Um für die beiden im Journal festgehaltenen Ausreisen von Hamburg ins Mittelmeer eine Aussage machen zu können, wurde jeweils die Strecke von Helgoland bis Europe Point (Gibraltar) betrachtet. Auf der ersten Reise von Hamburg nach Malaga wurde auf dieser Strecke eine Distanz von 1717 Seemeilen in einer Zeit von 16 Tagen und 20 Stunden mit einer Durchschnittsgeschwindigkeit von 4,25 Knoten zurückgelegt, auf der Ausreise von Hamburg nach Palermo auf der gleichen Strecke eine Distanz von 2658 Seemeilen in einer Zeit von 29 Tagen und 11 Stunden. Dies ergibt eine Durchschnittsgeschwindigkeit von 3,76 Knoten. Auf der ersten Ausreise lag die MARY ANN vorne $7^1/_2$ und achtern 8 Fuß tief, auf der zweiten Ausreise

Abb. 27 *… hatten nur alle irgend mögl: dienende Segel bey …* Die MARY ANN mit allen dem Journal zu entnehmenden Segeln bei raumem Wind, lediglich die Vorsegel sind nicht zu sehen. (Zeichnung: Hagen Allmeling)

vorne und achtern jeweils $^1/_2$ Fuß tiefer. Der Geschwindigkeitsunterschied von einem halben Knoten mag durchaus auf den unterschiedlichen Tiefgängen beruhen, ist aber fast zu vernachlässigen, da er bei einer Länge von 1717 Seemeilen nur eine um weniger als drei Tage höhere Reisedauer bedeutet hätte. Die unterschiedliche Reisedauer ergibt sich durch die wetterbedingt 941 Seemeilen längere Strecke der zweiten Ausreise.

Auf der Rückreise von Malaga legte die MARY ANN bis Cuxhaven eine Distanz von 2646 Seemeilen in einer Zeit von 35 Tagen, 7 Stunden und 30 Minuten zurück, woraus sich eine Durchschnittsgeschwindigkeit von 3,12 Knoten ergibt. Der Tiefgang betrug beim Auslaufen von Malaga auf dieser Reise vorn $9^1/_4$ und achtern $9^1/_2$ Fuß, also gut $1^1/_2$ Fuß mehr als auf der Ausreise. Es ist davon auszugehen, dass die um gut einen Knoten geringere Geschwindigkeit auf der Heimreise mehr mit dem Tiefgang als mit ungünstigem Wetter zu tun hatte.

Ähnlich verhält es sich auch auf den tief abgeladenen Reisen von Licata nach Marseille und von Marseille nach New York. Auf der Reise von Licata nach Marseille wurde in einer Zeit von 18 Tagen und 14 Stunden eine Distanz von 941 Seemeilen mit einer Durchschnittsgeschwindigkeit von 2,11 Knoten zurückgelegt, der Tiefgang betrug vorn 10 Fuß und achtern $10^1/_2$ Fuß! Auf der Reise von Marseille nach New York wurde bis zum Ende des Journals in einer Zeit von 69 Tagen und 5 Stunden eine Distanz von 4946 Seemeilen mit einer Durchschnittsgeschwindigkeit von 2,08 Knoten zurückgelegt, der Tiefgang auf dieser Reise betrug vorn $9^3/_4$ Fuß und achtern 10 Fuß, lag also einen halben Fuß tiefer als auf der Heimreise von Malaga.

Wolfgang Walter hat für die Großsegler der zweiten Hälfte des 19. Jahrhunderts Berechnungen über ihre Geschwindigkeit durchgeführt. Vergleicht man die von der MARY ANN erzielten Geschwindigkeiten mit den von Walter genannten, die zugegebenermaßen auf einer anderen Route unter anderen Bedingungen erzielt wurden, nämlich auf der Ausreise von Europa zur Westküste Südamerikas 1850, mit ca. 3,75 Knoten und auf der Heimreise mit knapp 4,5 Knoten)[149], so erkennt man, dass die auch als langsam bekannte Galiot gar nicht so schlecht abgeschnitten hat.

Auf der MARY ANN wurden als Spitzengeschwindigkeit auf der Reise von Hamburg nach Malaga in der Nacht vom 16. auf den 17. August $8^1/_2$ Knoten geloggt. Am 13. Januar und am 8. Februar 1835, auf der Reise von Hamburg nach Palermo, wurden $8^1/_2$ Knoten und am 22. Februar sogar $9^1/_2$ Knoten geloggt. Wenn die Umstände entsprechend waren, konnte die MARY ANN also laufen.

9. Der Verbleib der MARY ANN

Ein Großteil der Lebensgeschichte des *Hamburger Galiot-Schiffs* MARY ANN ist uns von Walter Kresse[150] bekannt. Als ihre Geburtsurkunde können wir die von Kapitän Heinz Burmester zitierte Eintragung im *Documenten Protocol* sehen, die im Hamburger Staatsarchiv erhalten ist.

Aus Kresses oben angesprochenem Buch wissen wir, das die Firma J.C. Wachsmuth, ab 1841 Wachsmuth & Krogmann, als dritter Eigner die MARY ANN am 14. September 1831 von Jencquel in Hamburg gekauft hat. Erster Eigner war der Erbauer selbst, J.C. Bufe aus Cuxhaven, der die MARY ANN 1830 an Jencquel in Hamburg verkauft hatte.[151] Kapitän war der von Jencquel übernommene Helgoländer Heickens (bis 1834), ehe das Schiff bis zum Verkauf am 17. Oktober 1839 von Kapitän Jessen geführt wurde.[152]

Neuer Eigner der MARY ANN wurde die Reederei Iben. Sie ließ das Schiff bis zum Verkauf am 23. April 1844 unter Kapitän P. Janssen mehrere Reisen nach Rio Grande do Sul in Brasilien unternehmen.[153] Nach ihrem Verkauf an J.C. Pflugk in Hamburg wurde die MARY ANN in FRIEDRICH FRANZ umgetauft und von den Kapitänen P.B. Matzen (1844/45), J.T. Peters (1845/46) und A. Adam (1846-1853) geführt. Unter diesen Kapitänen machte sie Reisen nach Marseille, Tschesme in der Türkei, fuhr wieder nach Rio Grande do Sul, aber auch nach New Castle und schließlich in den Jahren 1850-53 nach Valparaiso und San Francisco.[154]

Am 14. Oktober 1853 wurde die FRIEDRICH FRANZ von A.L.F. Wortmann gekauft. Das Schiff wurde nun von den Kapitänen G.F. Kayser, J.F. Goercke, D. Stehen, T. Truelsen und H.C. Kühl geführt. Unter deren Kommandos machte sie unter anderem Reisen nach Santos, Maracaibo, Genua und Archangelsk, verkehrte aber auch häufig in europäischen Gewässern und unternahm viele Reisen nach England und Schottland. 1861 wurde die FRIEDRICH FRANZ an einen Eigner namens Heiligenstadt in Geestemünde verkauft[155], wo sich ihre Spur verliert.

10. Schlussbetrachtung

Es ist nicht viel, was wir über die MARY ANN wissen. Sie war ein geduldiger Lastesel, der seine Ladung viele Jahre über die Weltmeere trug und nicht durch herausragende Leistungen seinen Weg in die Geschichtsbücher fand. Nur durch zwei Journale, von denen eines noch dazu verschollen zu sein scheint, und durch den Eintrag in das Hamburger *Documenten Protocol* wissen wir von ihrer Existenz.

Was zur Zeit der MARY ANN Standard auf Seeschiffen war, wurde mit dem verglichen, was Kapitän Jessen in seinem Journal festgehalten hat – mit positivem wie negativem Ergebnis –, aber viele Fragen bleiben noch offen. Dazu gehören die nach dem Schiffbau auf kleinen Werften, wie der »Geburtswerft« Bufe in Cuxhaven, sowie nach weiteren Dokumenten, die den Lebensweg der MARY ANN erhellen würden. Zu diesen zählen z.B. Werftaufträge und -berichte, weitere Journale, Abrechnungsbücher, Musterprotokolle, Ladungslisten etc.

Von ganz besonderem Interesse wäre eine Klärung des Verbleibs des von Kapitän Axel Möller benutzten Journals. Ebenso gibt es auch zum Leben der Männer auf solch kleinen Schiffen, die trotzdem ihren Weg in die weite Welt fanden, noch viele Fragen: zu den Lebens- und Arbeitsumständen, zu den Bräuchen der Seeleute, ihren Riten, ihren Liedern ...

Eine weitere Frage, die zu beantworten lohnend wäre, ist die nach dem Leben des Kapitäns Jessen: Woher stammte er? Wie war sein Werdegang? Welche Tätigkeit übte er aus, nachdem er die MARY ANN abgegeben hatte? Für Nachricht und freundliche Hinweise, die zur Klärung all dieser Fragen beitragen könnten, wäre ich dankbar.

Literatur:

Burmester, Kapitän Heinz: Mehr von der Galiot MARY ANN. In: Der Albatros, Heft 1, 1981.

Chapman, Fredrik Henrik af: Architectura Navalis Mercatoria. Reprint der Ausgabe Stockholm 1768, Bielefeld 1984.

Eschels, Jens Jacob: Lebensbeschreibung eines alten Seemannes. Von ihm selbst und zunächst für seine Familie geschrieben. Herausgegeben von Albrecht Sauer. Hamburg 1995 (Neuauflage Hamburg 2006).

Feldkamp, Ursula (Hrsg.): Rund Kap Hoorn. Mit Frachtseglern zur Westküste Amerikas. Bremen 2003.

Fokken, Johann, und Wiechers, Karl-Heinz (Hrsg.): Aus der letzten großen Zeit der Segelschiffahrt. Bremen 1988.

Gutachten eines practischen Seemannes über einen Entwurf zu einer neuen Muster=Rolle. Hamburg 1847.

Hamburgische Gesellschaft zur Verbreitung der Mathematischen Kenntnisse: Handbuch der Schiffahrtskenntnisse. Hamburg 1819.

Höver, Otto: Von der Galiot zum Fünfmaster. Reprint der Ausgabe Bremen 1934. Norderstedt 1975.

Howard, Frank: Segel-Kriegsschiffe 1400-1860. München 1983.

Jochmann, Werner, und Loose, Hans Dieter: Hamburg. Geschichte einer Stadt und ihrer Bewohner. Band 1. Hamburg 1982.

Kinder, Johann Georg: Tagebuch 1777-1826. Dem DSM als Kopie zur Verfügung gestellt von Herrn Gottfried Kruse, Bielefeld.

Kresse, Walter: Seeschiffs-Verzeichnis der Hamburger Reedereien 1824-1888. Hamburg 1969.

Kresse, Walter: Die Fahrtgebiete der Hamburger Handelsflotte 1824-1888. Hamburg 1972.

Külken, Michael (Hrsg.): ... und löschten unsere Passagiere. Lebenserinnerungen des Segelschiffkapitäns Michael Külken (1819-1903). Bremen 1999.

MacGregor, David R.: Schnellsegler 1775-1875. Augsburg 1990.

Menzel, Horst: Smakken, Kuffen, Galioten. Drei fast vergessene Schiffstypen des 18. und 19. Jahrhunderts. (= Schriften des DSM, Bd. 47). Hamburg 1997.

Meyer, Jürgen: Hamburgs Segelschiffe 1795-1945. Hamburg 1999.

Möller, Axel: Mit einer Galiot über den Nordatlantik. In: Der Albatros, Heft 3, 1980.

Mondfeld, Wolfram zu, und Zimmermann, Werner: Die Furttenbach-Galeere. Herford 1985.

Müller, Helmut M.: Schlaglichter der Deutschen Geschichte. Mannheim 1986.

Rath, Jürgen: Schiffszwieback, Pökelfleisch und Koje. Hamburg 2004.

Ried, Walter: Deutsche Segelschiffahrt seit 1470. München 1974.

Rohlfs, Heinrich: Gemeinfaßliche Heilkunde für Schiffsoffiziere. Bremen 1856.

Sauer, Albrecht: Zur Praxis der Gezeitenrechnung in der Frühen Neuzeit: »... the nature of a number of men is to dislyke all things not done by themselves«. In: DSA 17, 1994, S. 93-150.

Soetbeer, Adolph: Ueber Hamburgs Handel. Erste Fortsetzung. Hamburg 1840.

Soetbeer, Adolph: Hamburgs Handel. Hamburg 1842.

Szymanski, Hans: Die Segelschiffe der deutschen Kleinschiffahrt. Lübeck 1929.

Szymanski, Hans: Deutsche Segelschiffe. Reprint der Ausgabe Berlin 1934. Norderstedt, Hamburg 1972.

Venohr, Wolfgang: Friedericus Rex. Friedrich der Große – Porträt einer Doppelnatur. Bergisch Gladbach 1985.

Wahlde, Franz von: Ausgebüxt. Bordtagebuch eines Schiffsjungen 1884-1886. Herausgegeben von Uwe Schnall. 2. Aufl. Hamburg 1999.

Whipple, A.B.C. (u.a.): Die Klipper. Die Seefahrer. (Time-Life-Reihe »Die Seefahrer«). Amsterdam 1981.

Wiechers, Karl-Heinz: ... und fuhren weit übers Meer. Zur Geschichte der ostfriesischen Segelschiffahrt. Band 1. Norden 1984.

Nachschlagewerke:
Bertelsmann Universallexikon in 20 Bänden. Gütersloh 1990.
Goedel, Gustav: Etymologisches Wörterbuch der deutschen Seemannssprache. Kiel und Leipzig 1902.
Grospietsch, Hans-Dieter; Häfner, Ansgar; Keller, Gert: Lexikon der Weltgeschichte. Stuttgart 1980.
Klimpert, Richard: Lexikon der Münzen, Maße, Gewichte, Zählarten und Zeitgrößen aller Länder der Erde. Reprint der Ausgabe Berlin 1896. Graz 1972.
Kluge, Friedrich: Seemannssprache. Wortgeschichtliches Handbuch deutscher Schifferausdrücke älterer und neuerer Zeit. Reprint der Ausgabe 1911. Kassel 1973.
Röding, Johann Hinrich: Allgemeines Wörterbuch der Marine. Bände I-IV. Hamburg, Halle 1798.
Scharnow, Ulrich: Lexikon der Seefahrt. Berlin 1976.

Anmerkungen:
1 Siehe Röding, Band II, S. 501, und Kluge, S. 619. Nach Röding ist die Bezeichnung »Plattfuß« für die Wache von 16.00-20.00 Uhr durchaus bekannt, aber damals (1789) nicht mehr sehr gebräuchlich. Kluge verweist u.a. auf Vischer, der im Glossar zu »Robinson Crusoe« für die gleiche Wache den Namen »Platvoet« angibt. Woher die Bezeichnung stammt, ist laut Kluge nicht mehr nachvollziehbar.
2 Ried, S. 151.
3 Müller, S. 147.
4 Ried, S. 151.
5 Kresse 1972, S. 24.
6 Soetbeer 1840, Theil 2, S. 259ff.
7 Ebd.
8 Kresse 1972, S. 46; Ried, S. 119.
9 Soetbeer 1840, Theil 1, S. 160ff.
10 Kresse 1969, S. 110, 254, 260, 307.
11 Goedel, S. 159.
12 Höver, S. 52.
13 Mondfeld/Zimmermann 1985, Plan I.
14 Menzel, S. 103.
15 Ebd., Abb. Nr. 107 auf S. 101.
16 Ebd., S. 104f.
17 Höver, S. 58.
18 Menzel, S. 105.
19 Röding, Band II, S. 270. – Das Pendant am Bug wird hiernach interessanterweise »Hell« oder »Hölle« genannt.
20 Chapman, Plan LX, Nr. 7.
21 Höver, S. 60.
22 Menzel, S. 96.
23 Möller, S. 78.
24 Röding, Band II, S. 654.
25 Höver, S. 60.
26 Kresse 1969, S. 110, 254, 260, 307.
27 Menzel, S. 92.
28 Höver, S. 63ff.; Ried, S. 135ff.
29 Zitiert nach Menzel, S. 105.
30 Burmester, S. 19ff.
31 Klimpert, S. 397f.
32 Kresse 1969, S. 110, 254, 260, 307.
33 Schriftliche Mitteilung des Museums für Hamburgische Geschichte, Frau Ramona Dios Nieto, vom 8. September 2005.
34 Klimpert, S. 397f.
35 Zur Beseglung der Galioten siehe auch Höver, S. 70ff.
36 Menzel, Abbildungen S. 62, 65, 66, 90, 94.
37 Telefongespräch mit Herrn Horst Menzel am 9. Februar 2006.
38 Ebd.
39 Ebd.
40 Ebd.
41 Ebd.
42 Ebd.
43 Howard, S. 238ff. – Was für Kriegsschiffe galt, lässt sich, mit Ausnahme der Kettenschlingen, wohl auch für zivile Schiffe annehmen; Röding, Band II, S. 333-335, sowie Band IV, Tab. XCI, Fig. 534.
44 Röding, Band II, S. 333-335.

45 Telefongespräch mit Herrn Horst Menzel am 9. Februar 2006.
46 Howard, S. 238ff.
47 Telefongespräch mit Herrn Horst Menzel am 9. Februar 2006.
48 Zweites Telefongespräch mit Herrn Horst Menzel am 16. Februar 2006. – MacGregor, S. 120, zeigt die Abb. 108 eines großen Segelschiffes von 1845 oder 1848 mit einer eindeutigen Klau an Baum und Gaffel.
49 Menzel, S. 135.
50 Ebd., Abb. 63b, 67, 91, 96a, 98 und 106 sowie Telefonat am 9. Februar 2006.
51 Menzel, Abbildungen auf den S. 19, 40, 95, 99 und weitere.
52 Ebd., S. 111.
53 MacGregor, S. 76.
54 Menzel, S. 111.
55 Röding, Band II, S. 422f.
56 Menzel, S. 96.
57 Mondfeld 1977, S. 184.
58 Zweites Telefongespräch mit Herrn Horst Menzel am 16. Februar 2006.
59 Ebd.
60 Röding, Band II, S. 491.
61 Möller, S. 79.
62 Ebd., S. 80.
63 Röding, Band II, S. 491. – Das Kapitän Möller zur Verfügung stehende Journal steht dem Deutschen Schiffahrtsmuseum leider nicht zur Verfügung, sein Verbleib ließ sich nicht klären.
64 Zweites Telefongespräch mit Herrn Horst Menzel am 16. Februar 2006.
65 Röding, Band IX, Tab. XC, Fig. 531.
66 Zweites Telefongespräch mit Herrn Horst Menzel am 16. Februar 2006.
67 Ebd.
68 Howard, S. 235; Mondfeld 1977, S. 234.
69 Zweites Telefongespräch mit Herrn Horst Menzel am 16. Februar 2006.
70 Röding, Band II, S. 262.
71 Kinder, u.a. S. 185f.
72 Menzel, S. 85.
73 Ebd., S. 95.
74 Ried, S. 135.
75 Menzel, S. 95.
76 Ebd.
77 Menzel, Abb. 61, 68, 73, 75 und 102 (was hier für Kuffen gilt, ist auch für Galioten anzunehmen) sowie Abb. 111 und 115c.
78 Zweites Telefongespräch mit Herrn Horst Menzel am 16. Februar 2006.
79 Ebd.
80 Bertelsmann Universallexikon, Band 11, S. 333.
81 Gespräch mit Herrn Dr. Albrecht Sauer, DSM, am 28. Januar 2006.
82 Menzel, S. 74. – Auch hier gilt: Was auf Kuffen zutrifft, hat auch für Galioten Gültigkeit; siehe auch Höver, S. 60.
83 Gespräch mit Herrn Dr. Albrecht Sauer, DSM, am 28. Januar 2006.
84 Menzel (wie Anm. 82); vgl. auch Höver (wie Anm. 82).
85 Scharnow, S. 54.
86 Röding, Band I, S. 929.
87 Kinder, u.a. S. 235.
88 Gespräch mit Herrn Dr. Albrecht Sauer, DSM, am 28. Januar 2006.
89 Venohr, S. 343.
90 Külken, S. 11.
91 Eschels, S. 112.
92 Ebd., S. 58ff.
93 Gespräch mit Herrn Dr. Albrecht Sauer, DSM, am 28. Januar 2006.
94 Ried, S. 162f.
95 Ebd.
96 Telefongespräch mit Herrn PD Dr. Günther Oestmann, Deutsches Museum, München, im Februar 2006.
97 Gespräch mit Herrn Dr. Albrecht Sauer, DSM, am 28. Januar 2006.
98 Ebd.
99 Ried, S. 143.
100 Külken, S. 16.
101 Ried, S. 143.
102 Ebd.
103 Mitteilung von Dr. Albrecht Sauer, DSM, vom 28. Februar 2006.

104 Mitteilung von PD Dr. Günther Oestmann, Deutsches Museum, München, vom 25. Februar 2006.
105 Eschels, S. 22.
106 Ebd.
107 Ebd.
108 Ried, S. 143.
109 Gespräch mit Herrn Dr. Albrecht Sauer, DSM, am 28. Januar 2006.
110 Ebd.
111 Ebd.
112 Eschels, S. 22.
113 Gespräch mit Herrn Dr. Albrecht Sauer, DSM, am 28. Januar 2006.
114 Ebd.
115 Ebd.
116 Ried, S. 142f.
117 Gespräch mit Herrn Dr. Albrecht Sauer, DSM, am 28. Januar 2006.
118 Mitteilung von Prof. Dr.-Ing. Peter Mesenburg, Universität Duisburg-Essen, vom 20. Februar 2006.
119 Gespräch mit Herrn Dr. Albrecht Sauer, DSM, am 28. Januar 2006.
120 Ebd.
121 Ried, S. 143.
122 Külken, S. 16.
123 Ried, S. 143.
124 Meyer, S. 26-34.
125 Burmester, S. 19ff.
126 Rath, S. 78.
127 Ebd.
128 Ebd.
129 Külken, S. 16.
130 Langenscheidts Taschenwörterbuch der spanischen und deutschen Sprache. Berlin u.a. 1976, S. 369.
131 Rath, S. 229ff.
132 Ebd.
133 Müller, S. 147.
134 Rath, S. 253.
135 Külken, S. 15.
136 Diese Angabe sagt nichts über die Menge des übernommenen Ballastes aus, da die Schuten in ihrer Tragfähigkeit nicht genormt waren (Mitteilung des Museums für Hamburgische Geschichte, Frau Ramona Dios Nieto, vom 22. Februar 2006).
137 Möller, S. 79.
138 Rath, S. 126.
139 Soetbeer 1842, S. 149ff.
140 Ebd., S. 160ff.
141 Bertelsmann Universallexikon, Band 18, S. 331.
142 Rohlfs, S. 112-120.
143 Rath, S. 323.
144 Ebd.
145 Fokken, S. 60, 67, 71 und weitere.
146 Whipple, S. 41ff.
147 Eschels, S. 106.
148 Mitteilung von PD Dr. Günther Oestmann, Deutsches Museum, München, vom 25. Februar 2006 sowie Mitteilung von Dr. Albrecht Sauer, DSM, vom 28. Februar 2006.
149 Wolfgang Walter: Die Geschwindigkeit der Salpetersegler. In: Feldkamp, S. 76-91, hier S. 83f.
150 Kresse 1969.
151 Meyer, S. 26.
152 Kresse 1969, S. 260.
153 Ebd., S. 254.
154 Ebd., S. 110.
155 Ebd., S. 307.

Anschrift des Verfassers:
Hagen Allmeling
Merziger Straße 23
D-27578 Bremerhaven

The Logbook of the Hamburg Galiot MARY ANN, 1834/35: A Source on Civilian Navigation in the First Half of the Nineteenth Century

Summary

The logbook of the galiot MARY ANN, a vessel of the shipping company Wachsmuth & Krogmann, is in the possession of the German Maritime Museum. It describes two voyages taken by this ship from Hamburg to the Mediterranean in 1834-35. The first voyage returns to Hamburg, the second continues on from the Mediterranean to New York. Built by J.C. Bufe of Cuxhaven in 1828, the MARY ANN was the first ship to be purchased by Wachsmuth & Krogmann, her third owner.

Although the Napoleonic Wars came to an end in 1815, the economy recovered only very gradually. Great Britain reintroduced the protectionist trade laws which had been tacitly relaxed during the wars. According to the resolutions of the Congress of Vienna, England was permitted to treat every member of the German Confederation as an independent state: This confederation consisted of thirty-five sovereign principalities and four likewise sovereign free cities. According to sources from the years 1836-38, trade between Hamburg and Spain / the Mediterranean gradually began to develop. While the Spanish Civil War of 1834-1839 (First Carlist War) will not have encouraged export to Spain, the German constituent states had a distinct demand for Spanish goods such as wine, raisins, lead, etc. The export of German goods to Spain on German ships, on the other hand, was impeded by high entrance duties. During the period under discussion here (1834/35), however, there were still heavy trade restrictions between Hamburg and the various Mediterranean countries. Thus as a result of high marginal duties, export from Hamburg to the Mediterranean on vessels of Hamburg was not economically worthwhile.

With the help of Spanish merchants, the galiot had developed from galley-type vessels which were modified and adapted to suit the Dutch tidelands: The body plan of the Furttenbach galley of 1571 exhibits a relatively flat bottom throughout some two thirds of its length, making it highly suitable for the conditions of the Zuidersee mud-flats. The galiots known to us today – those which survived into the twentieth and twenty-first centuries – were not built until the seventeenth century. They were constructed as small round-sterned vessels with lee-boards later replaced by a stem post timber extended by a *Luvklotz* (a timber fastened to the forward edge of the stem below the waterline) in order to enlarge the lateral surface to prevent leeway. A further feature is the *draai over Boord*, the rudder, whose tiller was operated freely above the ship's rail and the deck. In addition to the usually two-masted galiots used primarily in merchant navigation along the coast, leaner, higher-rigged three-masters sailed in convoys of the Dutch East India Company as far as Indochina, and operated in mud-flat fishery, whaling and seal-hunting.

The following are considered the correct dimensions of the MARY ANN: Length 24.25 m, beam 6.51 m, depth of hold 2.75 m when carrying 51 *Commerzlasten* (CL), corresponding to a deadweight carrying capacity of 148.29 metric tons.

The sails presumably consisted of three headsails, partially furnished with reef-bands and running on stays, the main mast with a gaff sail in addition to four square sails: the fore sail, topsail, topgallant and topgallant royal. The first three were each accompanied by a studding sail. The mizzen mast carried only one gaff sail and one gaff topsail. The yards were not yet equipped with jackstays. The trusses did not permit the yards to be braced up sharp, or, accordingly, the vessel to be sailed close to the wind.

On deck there were at least two hatches of unknown size to be battened down; the battening method of that period has not been determined with certainty. In addition to two pumps, probably astern on either side of the keelson, there were also two boats lashed to the hatch on the first voyage, one on the second. The MARY ANN was furnished with two bower anchors. There was a windlass on the fore ship. In the deckhouse, where the galley was located, it is likely that the helmsman, the cook and the ship-wright had their quarters, the latter two being employed as day labourers. The crew space housed two sailors, the novice and the bluejacket, with Captain Jessen naturally astern in the cabin. Like his helmsman, he was in possession of a license, in keeping with the regulations meanwhile in effect widely, and was therefore familiar with the manuals and nautical tables. Nevertheless, he navigated with a compass, sand-glass and traverse board and checked his position with the octant. In the period in question, octants and compasses were frequently home-made and not produced by instrument makers. There was apparently no barometer on board the MARY ANN. The Beaufort scale was little known; Captain Jessen used a scale of his own based on the velocity of the wind.

The first journey went from Hamburg to Malaga. The outward voyage, unballasted for the abovementioned duty-related reasons, took twenty-one days, the homeward-bound run, with 175 pieces of lead and crates of raisins, thirty-seven days, following a thirty-day stay in Malaga.

Again unballasted, the second voyage of the MARY ANN went from Hamburg to Palermo with a seventy-eight-day stay. Here there is mention of one of the sailors refusing to follow orders, for reasons which are unfortunately not revealed. Moreover a quarantine guard paid a visit to distribute health passes. In Licata the vessel took on a load of sulphur for Marseille (thirty-six-day stay) before setting off for New York with sulphur in barrels and mixed cargo. Shortly before reaching the east coast of America, the position had to be corrected by 10.5° eastwards following an encounter with another vessel.

Here the logbook ends. It mentions nothing about the provisioning on either voyage. Regulations on provisioning did not go into effect until twenty years later.

Le journal de la galiote de Hambourg MARY ANN en 1834-1835. Une source sur la marine civile durant la première moitié du XIXe siècle

Résumé

Le journal de navigation de la galiote MARY ANN, compagnie d'armement Wachsmuth & Krogmann, qui se trouve en possession du Musée allemand de la Marine, décrit deux voyages du navire au cours des année 1834-1835, depuis Hambourg jusqu'en Méditerranée. Le premier voyage ramena le navire à Hambourg, le second fut poursuivi en direction de New York. La MARY ANN était le premier navire de cette compagnie, construit à Cuxhaven par J.C. Bufe en 1928, la compagnie étant son troisième propriétaire.

La situation économique, bien que les guerres napoléoniennes aient pris fin en 1815, ne s'améliorait que de manière extrêmement lente. La Grande-Bretagne réintroduit les lois protectionnistes qui avaient été tacitement assouplies durant les guerres. Après les accords du Congrès de Vienne, l'Angleterre eut le droit de considérer chaque membre de la Confédération germanique comme un État indépendant, puisque celle-ci se composait de 35 États princiers souverains et de quatre villes également libres et souveraines. D'après les données présentes des années 1836-1838, le commerce entre Hambourg et l'Espagne et la Méditerranée recommença doucement à se développer. La guerre civile espagnole (1833-1839, 1ère guerre carliste) n'aura certainement pas favorisé l'exportation vers l'Espagne, la demande en marchandises espagnoles telles que le vin, les raisins secs, le plomb était cependant bien réelle dans les États confédérés allemands et n'aspirait qu'à être couverte. L'exportation de marchandises allemandes sur des navires allemands en direction de l'Espagne était rendue difficile par les droits de douane élevés. Durant la période 1834-1835 traitée ici, existaient encore de grandes restrictions commerciales entre Hambourg et les pays riverains de la Méditerranée, si bien qu'en raison des différences élevées de droits de douane, le commerce d'exportation entre Hambourg et la Méditerranée sur des navires de Hambourg ne s'avérait pas rentable.

La galiote, grâce à l'aide de commerçants espagnols qui apportèrent des modifications et des adaptations aux eaux peu profondes du Watt néerlandais, s'est transformée en un bâtiment semblable aux galères: le plan transversal de la galère de Furttenbach, datant de 1571, possède sur environ 2/3 de sa longueur un fond plutôt plat, qui convient bien aux eaux du Zuidersee. Les galiotes, que nous connaissons aujourd'hui et qui firent leurs preuves jusqu'au XXe siècle, sont apparues seulement au XVIIe siècle: des navires ronds avec des dérives latérales qui seront ultérieurement remplacées par un nez d'étrave, prolongé par un brion afin d'agrandir la surface latérale de la dérive. Une autre caractéristique est le draai over Boord, gouvernail dont la barre franche était manœuvrée librement par-dessus la lisse et le pont. Outre les galiotes, principalement utilisées dans le commerce effectué par cabotage et la plupart du temps à deux mâts, il en existait de plus élancées, à trois mâts, au gréement plus haut, qui naviguaient avec les convois de la V.O.C. néerlandaise jusqu'en Asie du sud-est et étaient employées dans la pêche dans le Watt, la pêche à la baleine et la chasse au phoque.

Les mesures de la MARY ANN, dont on peut être sûr, sont les suivantes: longueur 24,25 m; largeur 6,51 m; creux 2,75 m par 51 *Commerzlasten* (CL), ce qui correspond à 148,29 tonnes métriques. Le gréement était probablement constitué de la façon suivante: 3 focs qui étaient en partie agrémentés de bandes de ris et couraient sur les drailles; le grand mât possédait, outre une voile aurique, quatre voiles carrées: foc, hunier, perroquet, cacatois. Des vergues de bonnette accompagnaient les trois premières. Le mât d'artimon ne portait qu'une corne et une voile de flèche. Les vergues n'étaient pas encore équipées de filières d'envergure. Les racages ne permettaient ni de trop déborder au vent arrière, ni de trop remonter contre le vent.

Sur le pont se trouvaient au moins deux écoutilles, de taille inconnue, qui devaient être rendues étanches, la méthode employée à cet effet n'ayant pu être clairement prouvée. Outre deux pompes, probablement situées à l'arrière de chaque côté de la carlingue, se trouvaient au cours du premier voyage deux canots éclissés sur l'écoutille, au cours du second un seul canot. La MARY ANN était équipée de deux ancres à pattes articulées. Sur le pont avant se trouvait également le cabestan. Dans le rouf avec la cuisine étaient probablement hébergés le timonier, le cuisinier et le charpentier, les deux derniers étant des journaliers. Dans le logement habitaient deux matelots, le pilotin et le mousse, le capitaine Jessen étant bien entendu à l'arrière dans la cabine. Il possédait, comme son second, un brevet, qui entre-temps était devenu obligatoire partout, connaissait donc les manuels et les tables nautiques, mais il naviguait cependant avec le compas, le sablier et le renard de navigation et vérifiait sa position avec l'octant. À l'époque, octants et compas étaient souvent fabriqués à domicile, et non pas par des facteurs d'instruments. Il ne semble pas qu'il y ait eu un baromètre à bord de la MARY ANN. L'échelle de Beaufort était loin d'être répandue et le capitaine Jesse utilisait sa propre échelle basée sur la vitesse du vent.

Le premier voyage mena de Hambourg à Malaga. Pour les raisons de douane citées plus haut, le voyage aller en charge fut réalisé en 21 jours, le retour avec 175 caisses de plomb et de raisins secs en 37 jours, entre les deux furent comptés 30 jours de relâche à Malaga.

Le deuxième voyage mena la MARY ANN de nouveau en charge de Hambourg à Palerme, avec 78 jours de relâche. Il y sera fait mention d'un acte de désobéissance de la part d'un matelot, malheureusement, les conséquences n'en sont pas précisées, et de surcroît, d'un garde de quarantaine qui délivrera les livrets de santé. À Licata, une cargaison de soufre sera chargée pour Marseille (36 jours de relâche), avant que la MARY ANN s'en aille pour New York avec du soufre en tonneaux et des marchandises. Peu avant la côte est américaine, elle dut changer sa position de 10,5° est après une rencontre avec un autre navire.

C'est ici que prend fin le journal de navigation. Rien ne sera révélé sur le ravitaillement au cours des deux voyages. Ce n'est que 20 ans plus tard que des dispositions s'y rapportant seront établies.

ZEITZEUGNISSE, VORTRÄGE UND MISZELLEN

JÜRGEN W. SCHMIDT

Die Zerstörung eines türkischen Monitors auf der Donau im Russisch-Türkischen Krieg 1877/78

Unter einem Monitor verstand man im Zeitraum von 1865 bis zum Ersten Weltkrieg in den europäischen und außereuropäischen Kriegsflotten ein kleines, gedrungenes, flach gehendes und stark gepanzertes Kampfschiff, dessen zumeist großkalibrige Geschütze in der Regel in einem oder mehreren drehbaren Panzertürmen untergebracht waren. Heutzutage ist dieser Schiffstyp längst vergessen und wird selbst im »Großen Brockhaus«[1] nicht mehr erwähnt und als Sachbegriff erklärt. Trotzdem waren im Zweiten Weltkrieg beispielsweise in den sowjetischen Seestreitkräften noch insgesamt 27 Monitore verschiedener Klassen im Einsatz.[2]

Seinen Namen bekam der Monitor im amerikanischen Bürgerkrieg vom Nordstaatenschiff MONITOR des Erfinders John Ericsson, welches am 9. März 1862 in einem mehrstündigen Seegefecht bei Hampton Roads der behelfsmäßig gepanzerten Südstaatendampffregatte VIRGINIA schwere Treffer zufügte, selbst aber unbeschädigt blieb. Dieser erste schwer gepanzerte »Monitor« war sehr flach gehalten, denn er verfügte außer einem winzigen Ruderhaus über keinerlei Aufbauten, dafür aber über zwei großkalibrige 28-cm-Geschütze, welche zum ersten Mal in der Seekriegsgeschichte in einem gleichfalls gepanzerten Drehturm untergebracht waren. Monitore waren im Allgemeinen nicht besonders seetüchtig, jedoch aufgrund ihrer Bauweise und ihres geringen Tiefganges vorzüglich zum Einsatz auf größeren Flüssen geeignet. Dieser in den USA entwickelte Kriegsschiffstyp bot dort *eine ideale Projektionsfläche für nationalen Stolz*, und der amerikanische Admiral Porter forderte eine große Monitorflotte zur Küstenverteidigung.[3]

Auch in Europa wurde dieser seinerzeit effektive Typ von Kampfschiffen schnell nachgebaut. So kamen im Russisch-Türkischen Krieg 1877/78 auf türkischer Seite einige Monitore auf der Donau zum Einsatz. Russland verfügte damals im Schwarzen Meer über keine modernen Kampfschiffe, sondern nur über zwei große so genannte »schwimmende Batterien« namens NOVGOROD und VIZEADMIRAL POPOV, vier hölzerne Schraubenkorvetten, sieben bewaffnete Dampf(handels)schiffe, dreizehn Schraubenschoner und die Yacht LIVADIJA, ein Schraubenschiff aus Metall. Dazu kamen bei Kriegsausbruch noch zwölf kurzfristig angekaufte russische Handelsschiffe und mehrere kleine (Spieren-)Torpedoboote.

Die türkische Schwarzmeerflotte wiederum war zwar zahlenmäßig auch nicht besonders kräftig, hatte aber anfangs die Seeherrschaft auf dem Schwarzen Meer inne. Die Türken verfügten über acht gepanzerte Fregatten und fünf gepanzerte Korvetten mit Batteriedeck sowie zwei große Monitore mit je zwei Türmen. Zum Bestand der türkischen Donauflottille gehörten hingegen neben gepanzerten Korvetten, Kanonenbooten und einigen Raddampfschiffen auch neun kleine, flach gehende Monitore – zusammen 46 Kampf- und Transportschiffe mit 77 Geschützen und 946 Mann Besatzung.[4]

Der Grenzfluss Donau trennte damals Rumänien, wo die russische Balkanarmee aufmarschierte, vom heutigen Bulgarien, welches noch Teil des türkischen Imperiums war. Die Kampfhandlungen auf dem Balkan, im Kaukasus sowie Kleinasien und zur See begannen am 4. April 1877 mit der Kriegserklärung an die Türkei durch den russischen Zaren. Die zahlenmäßig unterlegene russische Kriegsmarine kämpfte in diesem Krieg aktiv und setzte erfolgreich Minen und Spierentorpedos ein.

Nachdem auf dem Unterlauf der Donau von den Russen insgesamt 509 Flussminen ausgelegt worden waren und bereits am 11. Mai 1877 (29. April alten Stils) in der Donaumündung bei Braila eine türkische Panzerkorvette namens LÜTF-I-DSCHELIL mit ihrem Kapitän Nagib-Bey und 213 Mann Besatzung im Feuer russischer Küstenbatterien gesunken war, griff nun am 26. Mai (14. Mai alten Stils) 1878 nachts der Leutnant Dubassov[5] auf der Donau bei Macin mit vier russischen Spierentorpedobooten drei türkische Kriegsschiffe an und versenkte dabei den Donaumonitor DUBA-SEIFI. Drei weitere russische Versuche, türkische Panzerschiffe und Monitore in der Donaumündung mit Spierentorpedos anzugreifen, scheiterten am 20. und 23. Juni sowie am 22. August.[6]

Die ungewöhnliche Versenkung eines weiteren türkischen Donaumonitors am 7. November 1877, nämlich durch planmäßiges Artilleriefeuer von Batterien des Feldheeres, beschrieb aus der Sicht des auf dem Kriegsschauplatz weilenden russischen Zaren Alexander II. (1818–1881) dessen damaliger Adjutant, der adlige Hauptmann Leonid Michajlovic Čičagov[7], in dem 1885 erstmals veröffentlichten »Tagebuch des Aufenthalts des Zar-Befreiers bei der Donauarmee im Jahre 1877«[8] im Eintrag zum 9. November (dem 23. November neuen Stils) 1877. Hierbei stützte er sich jedoch auf ungenaue Informationen und schrieb deshalb die Versenkung des Monitors im Gegensatz zum noch zu erwähnenden Major v. Villaume sogar den verbündeten rumänischen Truppen zu:

Am nächsten Tag, dem 8. November, gab es auch vieles, das die Rumänen erfreute: ihre Batterien, gegenüber Vidin auf dem linken Ufer der Donau bei der Ortschaft Kalafat, schossen fünf Stunden auf die türkischen Befestigungen und auf einen Monitor, welcher, sich vorwärts bewegend, bemüht war, mit seinem Feuer die rumänischen Batterien und die Ortschaft zu schädigen. Die Rumänen konzentrierten ihre Schüsse auf das Panzerfahrzeug, und eines ihrer Geschosse fiel unwahrscheinlich günstig in dessen Pulverkammer. Im selben Augenblick bildete sich mit lautem Krach eine hoch stehende pilzförmige Rauchsäule, und nach einer Viertelstunde, dabei ständig vollaufend, sank der Monitor vollständig. Über Wasser blieben nur die obersten Spitzen der beiden Schornsteine sichtbar. Das war nicht das erste Beispiel der glänzenden Handlungen der rumänischen Feld- und Küstenartillerie.

Wesentlicher detaillierter und exakter berichtete dem preußischen Kriegsminister über dieses lehrreiche Gefecht auf der Donau ein als Beobachter zur kämpfenden russischen Landarmee kommandierter preußischer Generalstabsoffizier. Am Russisch-Türkischen Krieg nahmen nämlich auf russischer Seite als neutrale Beobachter der Kampfhandlungen gleich mehrere preußische Generalstabsoffiziere teil, genauso wie im Deutsch-Französischen Krieg 1870/71 russische Offiziere in gleicher Funktion die deutschen Kampfhandlungen gegen Frankreich begleitet hatten. Das war damals eine allgemein akzeptierte und auch angewandte Form der Gewinnung praktischer Kriegserfahrungen für die eigene Armee, die in dieser Form letztmals während des Russisch-Japanischen Kriegs 1904/05 praktiziert wurde.[9] Zu diesen preußischen Militärbeobachtern gehörte neben dem General v. Werder sowie den Majoren Graf Pfeil und v. Lignitz[10] auch der Artillerieoffizier Major v. Villaume, welcher nach einer abwechslungsreichen militärischen Karriere 17 Jahre später zum Direktor der Preußischen Kriegsakademie in Berlin aufstieg.[11] Major v. Villaume wird sicherlich wie die anderen zur russischen Armee kommandierten preußischen Offiziere fließend Russisch[12] gesprochen haben, was ihm die Sammlung von nützlichen Informationen sehr erleichterte. Sein Bericht lautete wie folgt:

Paradim[13]*, den 8. December 1877*

<u>*Bericht vom Kriegsschauplatz No. 12*</u>
Zerstörung eines türkischen Monitors

Ein türkischer Monitor hatte schon seit längerer Zeit das rumänische Ufer zwischen Kalafat[14] *und der Insel Kanapa beunruhigt, ohne sich jedoch in die Wirkungssphäre der Bombardement-Batterien gegenüber Widin*[15] *und der Stromsperre südöstlich oben genannter Insel (Skizze No. 1) zu wagen.*

Der gewöhnliche Ankerplatz des Monitors befand sich nordwestlich Areer-Palanke unweit der Insel Kanapa am türkischen Ufer unter dem Schutze dort befindlicher Batterien (Skizze No. 2) und war gegen das rumänische Ufer durch zwei vor demselben liegende, mit dichtem hohen Gebüsch bestandene Inseln völlig gedeckt, ebendaselbst lagen ein hölzerner Dampfer und ein kleines Schleppschiff.

Ein in der Nacht zum 24. September unternommener Versuch, den Monitor durch Offensiv-Torpedos in die Luft zu sprengen, war nicht gelungen, da durch Stromsperren (mit Draht verbundene Balken) und andere Hindernißmittel eine Annäherung unmöglich gemacht war. Man beschloß daher ihn durch Mörserfeuer[16] *zu zerstören. Es kam dazu vor allen Dingen darauf an, dem Gegner den Bau der Batterie geheim zu halten, damit der Monitor seinen Platz nicht verließ, und demnächst durch Beobachtung von seitwärts eine Correctur der Schüsse zu ermöglichen.*

Als Platz für die Mörserbatterie wurde eine erhöhte, gegen den Fluß gedeckte Stelle des diesseitigen Ufers ausgewählt, 1850 m vom Monitor entfernt, und dort bei Nacht oder starkem Nebel bis zum 4. November eine um 2,70 m versenkte Batterie für 3 gezogene Mörser erbaut; nördlich und südlich derselben wurden noch 3 Feldgeschütze aufgestellt.

Eine Beobachtung der Schüsse konnte von einem Punkte am westlichen Ufer der Insel Kanapa aus erfolgen, und wurde dieser mit der Batterie telegraphisch verbunden. Am 7. November früh wurde das Feuer eröffnet, jedoch bedurfte es zunächst einer großen Anzahl von Schüssen, um durch Veränderung der Ladung und Elevation[17] *die richtige Entfernung zu ermitteln. Die zuerst angewendeten Geschosse explodierten, indem sie das Wasser trafen, und richteten zwar durch die Sprengstücke in der Umgebung großen Schaden an, nöthigten auch den größten Theil der Besatzung zum Verlassen des Schiffes, aber brachten dasselbe nicht zum Sinken. Erst die mit Hohlspitze versehenen Geschosse*[18] *drangen durch den Eisenbelag des Verdecks durch, crepierten am Boden des Monitors und wirkten hier nach Art eines Torpedos. Nach dem 77. Schuß folgten dicht aufeinander zwei starke Detonationen, eine Rauchsäule stieg auf, und gleich darauf begann der Monitor zu sinken. Die Versuche der Mannschaft, welche vom Lande Hilfe erhielt, möglichst viel zu retten, wurde durch das Salvenfeuer der Batterie, durch welche der Monitor noch fünfmal getroffen wurde, verhindert, und bald war derselbe, schräg im Wasser liegend, soweit versunken, daß nur noch die Schornsteine hervorragten. Der Dampfer und das Schleppschiff retteten sich in der folgenden Nacht.*

gez. von Villaume
Major im großen Generalstabe

Für die preußische Armee war das Problem der Anwendung von Feld- und Belagerungsgeschützen des Landheeres zur Vernichtung gepanzerter Kriegsschiffe besonders lehrreich und interessant, verfügte doch das Deutsche Reich zu damaliger Zeit nur über eine kleine und wenig kampfkräftige Flotte, welche kaum zum Schutz der ausgedehnten Küstenlinie ausreichte. Das hatten die Kriege von 1864 und 1870/71 hinlänglich bewiesen. Im Krieg von 1864 gegen Dänemark erschwerte beispielsweise das dänische Kriegsschiff ROLF KRAKE[19], welches aber ein seegängiges

Kriegs-Ministerium   Berlin d. 18. Januar 1878

Secret.   20/78 I   ~~No 313~~ C 3254.

Der Königl. General-Inspection übersendet ergebenst anbei eine Abschrift des Berichts No 12 des Majors von Villaume vom russisch-türkischen Kriegsschauplatze d.d. Paradim den 8. December 1877, die Zertrümmerung eines türkischen Monitors betreffend, zur gefälligen Kenntnißnahme ergebenst.

Der Kriegs-Minister
gez. von Kameke

General-Inspection der Artillerie.   Berlin den 22. Januar 1878.

Verfügt: pp. 1–3.
4) der Königlichen Direction der vereinigten Artillerie und Ingenieur-Schule zur Kenntnißnahme.

Von Seiten der General-Inspection der Chef des Generalstabes
gez. von Fassong
Oberst-Lieutenant

Paradim den 8. December 1877.

Bericht vom Kriegsschauplatz No 12.

Zertrümmerung eines türkischen Monitors.

Ein türkischer Monitor hatte sich seit längerer Zeit das rumänische Ufer zwischen Kalafat und der Insel Kanapa beunruhigt, ohne sich jedoch in die Wirkungssphäre der Bombardements-Batterien gegenüber Widdin und der Rumänischen ... (s. Skizze No 1) zu wagen.

Sk. I
No. 1.

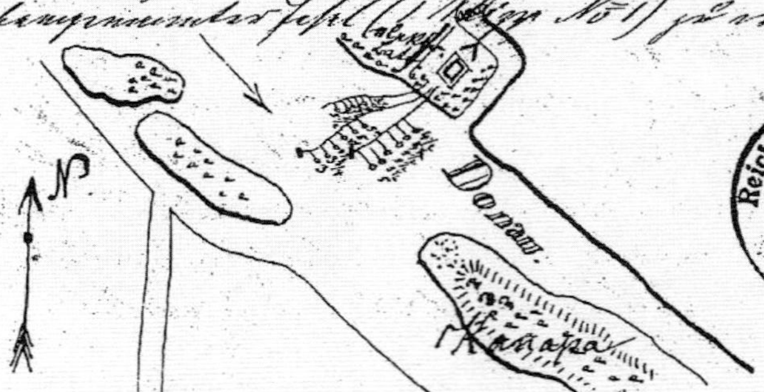

der gewöhnliche Ankerplatz des Monitors befand sich [illegible] Brza-Palanka zwischen der Insel Kanaša am türkischen Ufer unter dem Schutze der türkischen Batterien (Skizze No 2.) und zwar gegen das rumänische Ufer durch zwei vor denselben liegende, mit dichtem hohem Gebüsch bewachsene Inseln völlig gedeckt; ebendaselbst lagen ein hölzerner Dampfer und ein kleineres Schleppschiff.

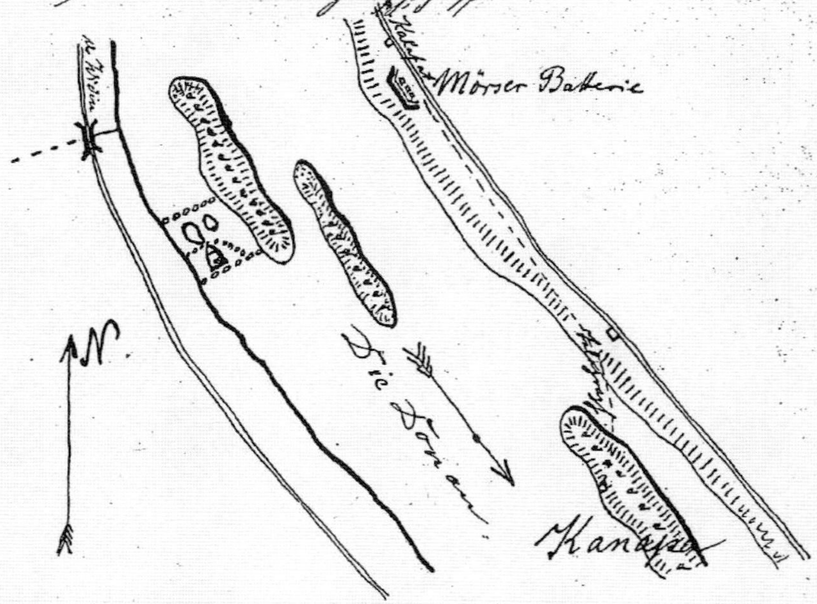

Ein in der Nacht zum 24. September unternommener Versuch, den Monitor durch Schiffs-Torpedos in die Luft zu sprengen, war nicht gelungen, da durch Baumsperren (mit Draht verbundene Balken) und andere Hindernismittel eine Annäherung unmöglich gemacht war. Man beschloß daher, ihn durch Mörserfeuer zu zerstören. Es kam dabei vor allem darauf an, den Gegner über den Bau der Batterie geheim zu halten, damit der Monitor seinen Platz nicht verließ und demnächst durch Beobachtung von der Seite eine Correctur der Schüsse zu ermöglichen.

Als Platz für die Mörserbatterie wurde eine erhöhte, gegen den Fluß gedeckte Stelle des diesseitigen Ufers gewählt 1850 vom Monitor entfernt, und dort bei Nacht oder Nebel bis zum 4 November eine um 2,70 m vertiefte Batterie für 3 gezogene Mörser erbaut; nördlich und südlich derselben wurden noch 3 Feldgeschütze aufgestellt.

Panzerschiff und kein Monitor war, die Kampfhandlungen der preußischen Armee vor der Erstürmung der Düppeler Schanzen bei Sonderburg und das folgende Übersetzen auf die Insel Alsen allein durch seine Existenz und einige zaghafte Angriffe stark.[20] In der Anfangsphase des Krieges von 1870/71 schließlich war ein bedrohliches Geschwader französischer Panzerschiffe sogar in der Ostsee vor Danzig aufgetaucht.[21] Der preußische Kriegsminister v. Kameke leitete deshalb das Schreiben des Majors v. Villaume in Abschrift an die Generalinspektion der Artillerie weiter. Das Begleitschreiben hatte folgenden Inhalt:

Kriegsministerium *Berlin d. 18. Januar 1878*
Secret!

Der Königl. General-Inspektion übersende ich anliegend eine Abschrift des Berichts No. 12 des Majors von Villaume vom russisch-türkischen Kriegsschauplatz Paradim den 8. December 1877 die Zerstörung eines türkischen Monitors[22] betreffend, zur gefälligen Kenntnisnahme ergebenst
der Kriegsminister
gez. v. Kameke

Von der Generalinspektion der Artillerie wanderte der Bericht, wie das nun folgende Schreiben beweist, zur Königlichen Direktion der Vereinigten Artillerie- und Ingenieurschule in Berlin weiter:

General-Inspektion der Artillerie *Berlin, den 22. Januar 1878*

[...]
4. Der Königlichen Direction der vereinigten Artillerie und Ingenieurschule zur Kenntniß von Seiten der General-Inspektion der Chef des Generalstabes
gez. von Fassong
Oberst-Lieutenant

Nach Kenntnisnahme (»Secret«) durch einen Oberstleutnant, zwei Majore, zwölf Hauptleute und einen Premierlieutenant der Vereinigten Artillerie- und Ingenieurschule wurde das Dokument der Bibliothek der Lehreinrichtung einverleibt und fiel somit glücklicherweise der Vernichtung des Heeresarchivs in Potsdam im April 1945 durch englische Flugzeuge nicht anheim, von welcher die übrigen Berichte des Majors v. Villaume betroffen waren. Heute befindet es sich als Dokument PH 2/715 im Bundesarchiv-Militärarchiv in Freiburg i. Br. und ergänzt unsere Kenntnisse über den heute außerhalb von Bulgarien längst vergessenen Krieg von 1877/78 um einige Details.

Quellen und Literatur:
Bundesarchiv-Militärarchv Freiburg: PH 2/715, v. Villaume: Zerstörung eines türkischen Monitors. Berlin 1878.
V.I. Vinogradov: Russko-Tureckaja vojna 1877-1878gg. i osvoboždenije Bolgarii. Izdatelstvo »Mysl´«. Moskau 1978.
N.P. Ignat´ev: Pochodnye pis´ma 1877 goda – Pis´ma Je. L. Ignat´evoj s balkanskogo teatra voennych dejstvij. Moskau 1999.
I.I. Rostunov u.a.: Russko-Tureckaja vojna 1877-1878. Voennoe Izdatelstvo Ministerstva Oborona. Moskau 1977.
L.M. Čičagov: Dnevnik prebyvanija Carja-Osvoboditelja v Dunajskoj armii v 1877 godu. St. Petersburg 1995.

Anmerkungen:
1 15. Auflage, Mannheim 1991.
2 Vgl. die taktisch-technischen Angaben und Abbildungen der verschiedenen sowjetischen Monitore bei S.S. Berežnoj: Korabli i suda VMF SSSR 1928–1945. Moskau 1988, S. 75-82.
3 Siehe Dirk Bönker: Zwischen Bürgerkrieg und Navalismus. Marinepolitik und Handelsimperialismus in den USA 1865 bis 1890. In: Michael Epkenhans und Gerhard P. Groß (Hrsg.): Das Militär und der Aufbruch in die Moderne 1860 bis 1890. (= Beiträge zur Militärgeschichte, Bd. 60). München 2003, hier S. 122.

4 I.I. Rostunov u.a.: Russko-Tureckaja vojna 1877–1878. (Der Russisch-Türkische Krieg 1877-1878). Moskau 1977, S.47f., 52 und 85, sowie V.I. Vinogradov: Russko-Tureckaja vojna 1877-1878gg. i osvoboždenije Bolgarii. Moskau 1978, S. 105.

5 Der russische Seeheld und spätere Konteradmiral Fedor Vasilevič Dubassov (1845–1912) musste im März 1895 auf Drängen des deutschen Kaisers Wilhelm II. wegen der Verwicklung in eine Spionageaffäre aus seiner Dienststellung als Marineattaché in Berlin abberufen werden. Trotzdem stieg der erzkonservative Offizier in den Revolutionswirren 1905 noch zum Generalgouverneur von Moskau auf. Siehe zu den Spionageaktivitäten von Admiral Dubassov in Deutschland mein Anfang 2006 im Ludwigsfelder Verlagshaus erschienenes Buch »Gegen Rußland und Frankreich. Der deutsche militärische Geheimdienst 1890–1914«.

6 Zu den Kampfhandlungen zur See im Krieg von 1877/78 siehe neben Rostunov (wie Anm. 4) und Vinogradov (wie Anm. 4) auch die davon mitunter abweichenden Angaben von E.B. Potter/C.W. Niemitz: Seemacht. Eine Seekriegsgeschichte von der Antike bis zur Gegenwart. Deutsche Fassung von J. Rohwer. Herrsching 1986, S. 242f.

7 1890 änderte der Offizier Čičagov grundlegend sein Leben und ließ sich unter dem neuen Namen Serafim zum Priester der russisch-orthodoxen Kirche weihen. Am 11. Dezember 1937 wurde der 82-jährige Metropolit Serafim von der sowjetischen Geheimpolizei auf einem Schießstand nahe Moskau erschossen und verscharrt.

8 Neueste Ausgabe des Buches: L.M. Čičagov: Dnevnik prebyvanija Carja-Osvoboditelja v Dunajskoj armii v 1877 godu. St. Petersberg 1995, S. 429f.

9 Vgl. J. Schmidt: Der russische militärische Nachrichtendienst während des russisch-japanischen Krieges 1904/1905 in der Mandschurei und zur See. In: Bochumer Jahrbuch zur Ostasienforschung 25, 2001, S. 111-129.

10 Der russophile Militärschriftsteller und spätere Kommandierende General des III. (Brandenburgischen) Armeekorps von Lignitz wird vom russischen Diplomaten Nikolaj Pavlovič Ignat´ev in den Briefen vom Balkankriegsschauplatz an seine Ehefrau als ein über gute Geländeskizzen verfügender Beobachter erwähnt, der den Russen auch Mitteilung über angebliche türkische Kriegsgreuel, nämlich 30 tot aufgefundene, von den Türken enthauptete russische Kriegsgefangene in einem türkischen Militärlager bei Šibka machte (N.P. Ignat´ev: Pochodnye pis´ma 1877 goda – Pis´ma Je. L. Ignat´evoj s balkanskogo teatra voennych dejstvij. Moskau 1999, S. 139f. und S. 209f.).

11 Rangliste der preußischen Armee für 1896, S. 473. Nach Tätigkeiten als Militärattaché in Rom und Paris war v. Villaume um 1890 im Range eines Oberst preußischer Militärbevollmächtigter am Zarenhof in St. Petersburg und damit Inhaber einer einflussreichen militärischen wie höfischen Vertrauensstellung. 1893/94 befehligte er als Generalmajor bzw. Generalleutnant die 2. Feldartillerie-Brigade in Stettin.

12 Die Kenntnis der russischen Sprache war übrigens im 19. und zu Beginn des 20. Jahrhunderts, als Deutschland und Russland noch eine lange gemeinsame Grenze hatten, im Offizierskorps der preußischen Armee dienstlich erwünscht und durchaus verbreitet.

13 In Paradim befand sich damals das Hauptquartier Zar Alexanders II.

14 Rumänische Stadt gegenüber dem heute bulgarischen Vidin am Mittellauf der Donau, ca. 60 km südöstlich des Eisernen Tores gelegen.

15 Die damalige türkische Festung Vidin wurde von den Russen und Rumänen erfolglos belagert und erst nach Abschluss des Vorfriedens am 31. Januar 1878 von den Türken übergeben (Rostunov, wie Anm. 4, S. 154).

16 Unter Mörsern verstand man in damaliger Zeit kurzläufige und ziemlich großkalibrige Steilfeuergeschütze, welche zumeist bei Belagerungen von Festungen eingesetzt wurden. Sie verschossen schwere Granaten mit einem hohen Sprengstoffanteil. Ihre Schussweite war allerdings nur gering.

17 Darunter verstand man die Rohrerhöhung, deren Veränderung die Granate jeweils kürzer oder weiter fliegen ließ.

18 Hohlspitzgeschosse besaßen eine Kappe über dem (Kopf-)Zünder. Dieser detonierte deshalb etwas verzögert, und folglich durchdrang die Granate vor der Detonation aufgrund ihrer kinetischen Energie besser das Panzerdeck des Monitors. Dies erhöhte die Sprengwirkung der Granate im Inneren des Schiffes ungemein.

19 Die in England 1863 vom Stapel gelaufene ROLF KRAKE war 1340 Tonnen groß und verfügte über zwei Drehtürme mit Geschützen.

20 Vgl. hierzu besonders die Erinnerungen zweier preußischer Artilleriegenerale: H. v. Müller: Kriegerisches und Friedliches aus den Feldzügen von 1864, 1866 und 1870/71. Berlin 1909, S. 22, 27, 63 und 82ff. (v. Müller nahm an den Kampfhandlungen in Schleswig-Holstein als Batteriechef teil), und des damaligen Königlichen Flügeladjutanten Prinz Kraft zu Hohenlohe-Ingelfingen: Aus meinem Leben. Band 3. 7. Auflage Berlin 1906, S. 60f. und 72.

21 Siehe dazu G. Meinhardt: Der Krieg zur See in den westpreußischen Gewässern 1870/71. In: Beiträge zur Geschichte Westpreußens, Nr. 4, Münster 1973, S. 151-163.

22 Die Worte »Zerstörung eines türkischen Monitors« sind vom Empfänger (?) mit rotem Bleistift unterstrichen.

Anschrift des Verfassers:
Dr. Jürgen W. Schmidt
Albert-Buchmann-Straße 2
D-16515 Oranienburg

The Destruction of a Turkish Monitor on the Danube in the Russo-Turkish War of 1877/78

Summary

The shipping class of the "monitors" originated in the American Civil War. Until World War I and beyond, monitors were also widespread in numerous different European fleets and river flotillas.

This article deals with the fighting on the Danube during the Russo-Turkish War of 1877/78 and the destruction of a Turkish river monitor by army artillery fire. It is based on a report by a Prussian artillery officer who was commanded to the Russian army as a military observer in order to gain military experience for the German army.

La destruction d'un monitor turc sur le Danube au cours de la guerre russo-turque, 1877/1878

Résumé

Le type de navire monitor (cuirassé fluvial) remonte à la guerre de Sécession américaine. Jusqu'à la Première Guerre mondiale et plus tard encore, les monitors étaient également présents dans les différentes flottes de guerre européennes et les flottilles fluviales.

Le présent article traite du déroulement des combats sur le Danube au cours de la guerre russo-turque en 1877-1878, et de la destruction d'un monitor turc par le feu de l'artillerie de l'armée de terre. L'article est basé sur le rapport d'un officier de l'artillerie prussienne, qui fut envoyé en tant qu'observateur militaire dans l'armée russe, afin d'y recueillir des expériences militaires pour l'armée allemande.

PETER DANKER-CARSTENSEN

Die vier Leben eines Dampfschleppers

Im Juni 2005 wurde die Hansestadt Rostock vom Landesamt zur Regelung offener Vermögensfragen Mecklenburg-Vorpommern in Greifswald (LAROV) darüber in Kenntnis gesetzt, dass sich der seit über 25 Jahren im Rostocker Schiffbaumuseum (heute Schiffbau- und Schifffahrtsmuseum Rostock) befindliche Dampfschlepper SATURN im Zuge eines Verwaltungsverfahrens (Antrag auf Rückübertragung von beweglichen Sachen) nach dem Gesetz zur Regelung offener Vermögensfragen den in München lebenden Erben der mittlerweile verstorbenen Anspruchsberechtigten zugesprochen worden sei.[1]

Diese Nachricht löste bei den Museumsmitarbeitern einige Verwunderung aus, denn diese konnten sich schwerlich vorstellen, dass ein fast einhundert Jahre altes Arbeitsschiff, das zudem seit Jahrzehnten völlig entkernt im Freigelände des Museums ausgestellt war, einen materiellen Wert darstellen könnte. Zwar teilte das LAROV dem Schifffahrtsmuseum wenig später, am 29. Juli 2005, die Einstellung des Verfahrens mit, da die anspruchsberechtigten Erben der im Jahre 2003 verstorbenen Antragstellerin den vermögensrechtlichen Antrag vom 28. Juni 1993 zurückgezogen hätten, doch war die ursprüngliche Nachricht Anlass genug, sich mit der Vorgeschichte dieses Fahrzeuges auseinanderzusetzen, denn im Museum war über das »Vorleben« des Schleppers nur wenig bekannt. In den Unterlagen des Schifffahrtsmuseums fanden sich zwar alle relevanten technischen Daten und einige Unterlagen, die 1979 von der Warnowwerft zusammen mit dem Schiff dem Museum übergeben worden waren. Über die übrigen Vorbesitzer und die frühere Verwendung des Schleppers gab es dagegen in Rostock nur spärliche Informationen.

Als der Verfasser gegenüber dem LAROV in Greifswald sein Interesse an weiteren Informationen zum »Vorleben« des Schiffes bekundete, gewährte das Landesamt dem Schifffahrtsmuseum freundlicherweise Einsicht in die umfangreiche Akte zu dem Entschädigungsverfahren. Die meisten Informationen dieses Beitrages beruhen auf den vom LAROV zur Verfügung gestellten Akten-Kopien.[2]

Die Herkunft des Schiffes

Das Fahrzeug wurde 1907 auf der Hamburger Schiffswerft und Maschinenfabrik AG (vormals Janssen & Schmilinsky) für die Hamburger Reederei Gebrüder Wulff gebaut, 1908 in Dienst gestellt und auf den Namen GEBR. WULFF IV getauft. Seiner Bauart nach ist es ein typischer kleinerer Hafenschlepper, wie er zu dieser Zeit in großen Stückzahlen in den Seehäfen eingesetzt wurde.

Die Bauwerft war 1858 von den Hamburger Unternehmern Janssen und Schmilinsky auf der Elbinsel Steinwärder für den Bau und die Reparatur von Eisenschiffen gegründet worden. Dieser Betrieb entwickelte sich recht gut, denn 1869 beschäftigte die Firma 120, 1886 bereits annähernd 300 Arbeiter. 1887 starb einer der Gründer, Schmilinsky, woraufhin die Firma im folgenden Jahr, 1888, in eine Aktiengesellschaft umgegründet wurde. Aufgrund mangelnder Ausdehnungsmöglichkeiten des Betriebsgeländes konzentrierte sich die Werft auf den Bau kleinerer Dampfschiffe unterschiedlichen Typs: Fahrgastschiffe für den Küsten-, Bäder- und Flussfahrgastdienst, kleinere Frachter und Leichter, Eisbrecher, Lotsendampfer, Zoll- und Polizeiboote, Fährdampfer und Barkassen, später auch Fischdampfer. Einen Schwerpunkt bildeten Schleppdampfer sowohl für den Bugsierdienst im Hafen als auch auf See. Es wurde ebenso an Kunden in Hamburg wie außerhalb Hamburgs geliefert. Ferner spielte der Export, vor allem nach Russland, Lateinamerika und Afrika, eine wichtige Rolle.[3]

Als Hafenschlepper in Stettin

Noch vor dem Zweiten Weltkrieg wurde der Schlepper von Hamburg nach Stettin verkauft. Erworben hatte das Schiff Herbert Tibow (geboren am 24. Juli 1907 in Swinemünde), der von 1933 bis 1945 in Stettin, Klosterstraße 4, eine Küsten- und Binnenschiffsreederei, verbunden mit einem Baustoffhandel sowie einem Speditions- und Befrachtungsgeschäft mit eigenen See- und Binnenschiffen sowie mit drei Lastzügen betrieb.[4] Mit dem Verkauf ging auch ein Namenswechsel einher, und das Schiff erhielt seinen bis heute unveränderten Namen SATURN.

Außer dem hier behandelten Dampfschlepper besaß Tibow unter anderem noch das Passagiermotorschiff URANUS, den Dampfkran (Windenschiff) MERKUR, den Küstendampfer MARS sowie den Haffleichter (Schleppkahn) HERBERT. Während des Zweiten Weltkrieges war MS URANUS bei der Kriegsmarine eingesetzt und ging 1942 durch Bombentreffer verloren. Der Schlepper SATURN war während dieser Zeit auf Abruf bei der Kriegsmarine im Einsatz.

Auf dem Weg in den Westen beschlagnahmt

Im Januar 1945 wurden die Schiffe der Reederei Tibow mit Wehrmachtsgut beladen und in einem Geleitzug Richtung Lübeck in Bewegung gesetzt. Die Schiffe liefen dann aber unter bisher nicht geklärten Umständen – möglicherweise gab es entsprechende Befehle – in den Peenestrom ein. Dort wurden sie von sowjetischen Truppen, die auf dem Vormarsch gen Westen waren, entdeckt und beschlagnahmt. Wie lange die Schiffe dort lagen bzw. ob sie auch von der Roten Armee für Transportzwecke benutzt wurden, geht aus den Akten nicht hervor. Ein ehemaliger Beschäftigter der Reederei Tibow sagte im April 1948 vor der Polizei in Neukalen aus, dass sie mit den Schiffen der Firma Tibow am 30. April 1947 nach Neukalen gekommen wären.[5]

Verfolgung und Enteignung des Schiffseigners

Der Eigner der Schiffe, der Schiffsreeder Herbert Tibow, wurde im Mai 1945 in Stettin von den sowjetischen Truppen interniert und im Mai 1947 nach Sibirien deportiert. Seine Frau Erna Tibow flüchtete 1945 aus Stettin nach Neukalen, Kreis Malchin (heute Kreis Demmin), und erhielt dort eine Wohnung in der Mühlenstraße 10. Aus den vorliegenden Unterlagen lässt sich nicht erkennen, ob Erna Tibow diesen Ort in der Hoffnung wählte, die im Peenestrom liegenden Schiffe der Firma Tibow zurückzuerhalten.

In späteren Erklärungen von Stettinern Geschäftspartnern Tibows im Rahmen eines Entschädigungsverfahrens in der Bundesrepublik wird hervorgehoben, dass Erna Tibow während der Haftzeit ihres Mannes die *Verfügungsgewalt* über die Schiffe besaß. Im April 1948 bestätigte Erna Tibow dem Polizeiwachtmeister Wodke in Neukalen, dass ihr durch die *Verleihung* ihrer Schiffe[6] folgende Einnahmen entstünden:

Schleppdampfer SATURN:	pro Tag 45 RM;
Schiff MARS:	pro Tag 45 RM;
500-to-Kahn:	von Oktober 1946 bis April 1948 800 RM.

Wie und durch wen die Schiffe in den Jahren 1945 bis 1949 genutzt wurden und ob sie nur auf dem Peenestrom oder auch auf benachbarten Gewässern unterwegs waren, ist nicht bekannt. In einem Bericht über eine Betriebsprüfung bei der Stralsunder Firma Berthold Staude Schiffsbergungen GmbH am 16. Mai 1947 findet sich in einer Aufstellung über *eigene und gecharterte Schiffe* unter der letzteren Rubrik auch ein Schiff MARS mit dem Hinweis *Einsatz Sassnitz*. In einem weiteren Revisionsbericht über den »Landeseigenen Betrieb Stadtwerft Stralsund«[7] findet sich in einer Aufstellung über *Wertberichtigungen des Umlaufvermögens* zum 31. Dezember 1947 der Schiffsname MERKUR mit der Zuordnung *Rote Armee, Hafenkommandantur.*[8]

Noch während der Haft Tibows hatten die Behörden belastendes Material gegen ihn gesammelt, da Tibow als Unternehmer und ehemaliges NSDAP-Mitglied[9] den neuen Machthabern ein Dorn im Auge war. Am 15. April 1948 übergab der Landesvorstand Mecklenburg der SED, Abt. Wirtschaft, dem Amt für Sequestrierung und Beschlagnahmung in Schwerin vier Protokolle von Aussagen vor der Dienststelle Malchin des damaligen Kriminalamtes in Rostock. Drei der vernommenen Zeugen wohnten zur Zeit ihrer Aussage ebenfalls in Neukalen und waren während der Kriegszeit bei der Reederei Tibow in Stettin beschäftigt gewesen.[10] Sie sagten übereinstimmend aus, dass Tibow zum Zeitpunkt ihrer Aussage (8. April 1948) noch drei Schiffe besäße, den Ladungsdampfer MARS, den Schlepper SATURN und den Kahn HERBERT. Einer der Zeugen erwähnte in seiner Aussage, dass der Schlepper SATURN gegenwärtig in Wolgast laufe.

Am 28. Juli 1948 wurde der Landesvorstand Mecklenburg der SED, Abt. Wirtschaft, in Schwerin ersucht, Belastungsmaterial gegen Herbert Tibow der Staatsanwaltschaft zu übergeben, um eine Enteignung Tibows durch Gerichtsbeschluss herbeiführen zu können. Da mit Befehl Nr. 64 der SMAD[11] die Sequestrierungen in der sowjetischen Zone abgeschlossen waren und der Reedereibetrieb Tibow in Neukalen auch nicht mehr nach Befehl Nr. 124 der SMAD sequestriert werden konnte, versuchte man nun die Enteignung Tibows auf »juristischem« Wege durchzusetzen.

Im April 1950 wurde Herbert Tibow aus sowjetischer Haft entlassen. Nach seiner Entlassung zog er zu seiner Frau nach Neukalen und versuchte von dort aus sein Reedereigeschäft wieder aufzubauen. Dies gelang ihm jedoch nicht. Im Oktober 1950 wurde Tibow erneut – diesmal von den DDR-Behörden – verhaftet und gegen ihn ein Verfahren wegen »Wirtschaftssabotage« angestrengt. Nach zwölf Tagen Haft wurde er entlassen. Nach Aussagen von Zeugen soll Tibow auch nach seiner Haftentlassung ständig bespitzelt worden sein, so dass er sich gezwungen sah, seinen Betrieb zur Tarnung nach Stralsund zu verlagern.[12] Aber auch hier habe die politische Verfolgung sofort wieder eingesetzt.

Flucht in die Bundesrepublik

Im Februar 1952 verließen Herbert und Erna Tibow die DDR *ohne Beachtung der polizeilichen Meldevorschriften*, aber mit Hilfe eines mit ihnen bekannten Volkspolizisten über Berlin gen Westen. Erster Wohnort in der Bundesrepublik wurde Glücksburg bei Flensburg, wo Tibows Schwiegervater Gotthard Schwarzlose ein Reedereigeschäft betrieb. Mit dessen Unterstützung erwarb Tibow einen Tanklastzug, so dass zumindest das Speditionsgeschäft wieder aufgenommen werden konnte. 1953 verzog Tibow nach Duisburg, wo er ebenfalls ein Speditionsunternehmen mit zunächst zwei Tanklastzügen betrieb. Später zogen Erna und Herbert Tibow nach Gmund am Tegernsee.[13] Herbert Tibow starb dort am 2. Januar 1982. Seine Witwe Erna Tibow verstarb am 28. November 2003.

Als Bergungsschlepper in Stralsund

Der in der DDR zurückgelassene Dampfschlepper wurde, wie sicherlich auch die übrigen Wasserfahrzeuge der Firma Tibow, aufgrund der Verordnung vom 17. Juli 1952 entschädigungslos enteignet und »in Volkseigentum überführt«. Das Schiff wurde der Deutschen Schiffahrts- und Umschlagsbetriebszentrale (DSU)[14], Zweigstelle Stralsund, Seestraße 6, zugeführt. Als Eigner wurde das Wasserstraßenamt Stralsund bestimmt und damit Stralsund zum Heimathafen der SATURN.

Hier gehörte der Schlepper zu den wenigen fahrtüchtigen Einheiten, die der neu gegründeten DDR beim Aufbau einer technischen Flotte zur Verfügung standen. Die SATURN leistete jahrelang ihren Dienst bei Schlepp- und Wrackbergungsaktionen im Stralsunder Revier. 1953 ließ die DSU den Schlepper auf der Warnowwerft in Rostock-Warnemünde reparieren.

Als Werftschlepper in Warnemünde

Seit dem 1. April 1955 war der VEB Warnowwerft in Warnemünde Rechtsträger für den Schleppdampfer SATURN. Abgebender Betrieb war die DSU Stralsund. Begründet wurde der Wechsel der Rechtsträgerschaft damit, dass die Warnowwerft *einen ständigen Schlepper für den innerbetrieblichen Transport* benötige und dass die SATURN wegen ihres *enormen Tiefganges für die Verwendung durch den DSU-Betrieb nicht geeignet* sei.

Im Dienste der Warnowwerft war der Schlepper SATURN dann viele Jahre bis zu seiner Außerdienststellung 1979 meist als Assistenzschlepper des Schwimmkrans GREIF auf der Unterwarnow und im Warnemünder Revier tätig. Ein weiteres Betätigungsfeld ergab sich nach Inbetriebnahme des Rostocker Überseehafens ab 1960, denn die den Rostocker Hafen anlaufenden Frachtschiffe unter DDR-Flagge mussten während ihrer Liegezeit gewartet bzw. repariert werden. Viele dieser Reparaturaufträge wurden der Warnowwerft zugeteilt. Den Transport von Arbeitskräften und Material von der Werft zu den jeweiligen Liegeplätzen der Schiffe übernahm oft der Werftschlepper SATURN.

Im Laufe der Zeit wurde der Reparaturaufwand dieses schon sehr betagten Arbeitsschiffes immer größer, so dass sich die Werftleitung 1978 entschloss, die SATURN auszumustern. Vor der Verschrottung konnte das Schiff aufgrund seines hohen Alters und seiner technikhistorisch interessanten Maschinenanlage gerettet werden. Da das Rostocker Schiffbaumuseum sich an einer Übernahme des »Veteranen« interessiert zeigte, kam es recht bald zu einer entsprechenden Vereinbarung zwischen Werft und Museum. Mit Datum vom 1. Oktober 1979 wurde das Schiff dann als Schenkung des VEB Warnowwerft mit der Inventar-Nr. SB 395/O als Eigentum des Rostocker Schiffbaumuseums registriert.

Als Museumsschiff in Rostock

Der Schlepper war eines der letzten voll genieteten und mit Dampf betriebenen Schiffe innerhalb der Seewirtschaft der DDR. So war der Erhalt des Schiffes für die Nachwelt und die Übernahme durch das Rostocker Schiffbaumuseum eine fast zwangsläufige Folge der Ausmusterung. In den ersten Jahren der musealen Nutzung wurde der Schlepper als schwimmendes technisches Denkmal neben dem Traditionsschiff Typ »Frieden« aufliegend erhalten. Für Museumsbesucher war das Schiff aber aus Sicherheitsgründen nicht begehbar. Der allgemeine Zustand war mittlerweile als recht bedenklich zu bezeichnen. Eine notwendige Grundsanierung war nicht möglich, solange sich das Schiff im Wasser befand. 1987 schließlich musste das ehemalige Arbeitsschiff zur konservatorischen Sicherung an Land gesetzt werden. Hierzu wurde vor dem Traditionsschiff ein Betonfundament als Pallung errichtet und der Schlepper mit Hilfe eines Schwimmkrans aufs Trockene verbracht.

Die weitgehend im Original erhaltene Dampfmaschine des Schiffes befand sich 1995 in einem Zustand, der eine Restaurierung sinnvoll erscheinen ließ. So entschloss man sich 1996 zu einer Totaldemontage der Antriebsanlage mit anschließender fachgerechter Restaurierung durch eine AB-Maßnahme. Ziel war die Präsentation der Dampfmaschine außerhalb des Schiffes, um den Besuchern das Herzstück des Schiffes, das wegen der beengten Platzverhältnisse im Maschinenraum nie hätte gezeigt werden können, nahe zu bringen. Dies geschah dann ab 1997 in dem ehemaligen Kassenhaus des Museums vor dem Traditionsschiff, das zu einer Art Großvitrine umgebaut worden war und in dem die restaurierte Maschine zusammen mit einer zweiten Dampfmaschine den Museumsbesuchern präsentiert wurde.

Die auf Land gelegte SATURN war eines der ersten Großobjekte in der Freilichtausstellung des Rostocker Schifffahrtsmuseums. (Foto: Ronald Piechulek, Schiffbau- und Schifffahrtsmuseum Rostock)

Als das Traditionsschiff mitsamt der Freilichtausstellung für die Zwecke und im Vorfeld der Internationalen Gartenbauausstellung IGA 2003 völlig umgestaltet wurde, mussten nicht nur das Traditionsschiff selbst, sondern auch die meisten Objekte und Fahrzeuge der Freilichtausstellung vorübergehend weichen. Nur der Dampfschlepper SATURN behielt wegen seiner massiven Beton-Pallung seinen alten Standort am Ufer der Warnow und wurde vor Eröffnung der Gartenschau mit einem neuen Anstrich versehen. Da diese Verschönerungsmaßnahme aber nur oberflächlich und konservatorisch unzureichend ausgeführt worden war, musste 2005/2006 eine weitere grundlegende Restaurierung des Schiffes vorgenommen werden. In diesem Zusammenhang wurde auch der hölzerne Teil des Fahrstandes komplett erneuert und die bisher im Museum gezeigte Dampfpfeife des Schleppers wieder an ihrem ursprünglichen Standort hinter dem Führerstand montiert.

Anhang

Aufruf!
An alle Eigentümer und Besitzer von Schiffen der Transportflotte einschließlich Schlepper, Fahrgastschiffe usw. in Mecklenburg-Vorpommern!

Betr.: Verlängerung der Fahrausweise.

Für die Binnen- und Küstenschiffahrt wird die Gültigkeitsverlängerung der Ausweise für die Schiffe der Transportflotte zum Befahren aller Wasserstraßen in der sowjetischen Besatzungszone Deutschlands in der Zeit vom 20.1. bis 10.2.1947 vorgenommen. Hierbei wird auch über die weitere Verwendung der Fahrzeuge, die bisher noch nicht oder rot registriert waren, neu entschieden.[15] *Die Verlängerung der Gültigkeit der Fahrausweise sowie die Nachregistrierung findet in Mecklenburg-Vorpommern*[16] *wie folgt während der Geschäftsstunden statt:*
Schwerin: WSD[17]*, Wilhelm-Pieck-Straße 10,*
Rostock: WSA[18]*, Koßfelder Straße 20,*
Stralsund: WSA, Frankendamm Nr. 40,
Waren: WSA, Kaiser-Wilhelm-Allee 20,
Anklam: Arbeitsgemeinschaft Binnenschiffahrt (AGB), Silostraße 4,
Demmin: AGB, Rosestraße 13,
Dömitz: AGB, Karl-Marx-Straße 17.

Alle Schiffseigner oder Schiffsführer müssen ihre Fahrzeuge umgehend, ohne Rücksicht auf den technischen Zustand bei der nächstgelegenen Registrierungsstelle anmelden. Neben dem Schiffspass (Fahrausweis) sind die Besitzpapiere und das Fahrtenbuch vorzulegen. Wer noch kein Fahrtenbuch besitzt, hat solches bei dieser Gelegenheit anzufordern. Wasserstraßendirektion Mecklenburg-Vorpommern.

gez. Petersen

Bei dieser Anmeldung ist im Zuge der Entnazifizierung mitzuteilen, ob die Eigentümer des Fahrzeuges der NSDAP oder einer ihrer angeschlossenen Gliederungen angehört haben. Im Verneinungsfalle ist eine diesbezügliche behördliche oder eidesstattliche Erklärung vorzulegen. Nach dem 15. Februar d.J. dürfen Fahrten ohne gültigen Ausweis nicht mehr durchgeführt werden.

Schwerin, den 16. Januar 1947[19]

Technische Daten:

Schiffstyp:	Hafenschlepper
Baujahr:	1907/08
Bauort:	Hamburg
Reederei:	Gebrüder Wulff, Hamburg Herbert Tibow, Stettin
Bauwerft:	Schiffswerft & Maschinenfabrik AG (vorm. Janssen & Schmilinsky)
Länge über alles:	16,04 m
Breite über alles:	5,20 m
Seitenhöhe:	2,45 m
Tiefgang (voll beladen):	2,05 m
Tiefgang (heute):	1,71 m
Höhe:	2,12, m
Höhe Schornstein:	3,25 m
Geschwindigkeit:	6 kn
Tragfähigkeit (tdw):	26,0 t
Maschinenanlage bei Indienststellung:	Dampfmaschine, erbaut bei Janssen & Schmilinsky 1908, Nr. 658
Typ der Antriebsmaschine:	Zweizylindrige Expansionsdampfmaschine
Antriebsleistung:	140 PSi / 103 kW
Kessel:	Dampfkessel, erbaut bei Janssen & Schmilinsky 1908, Nr. 571
Betriebsdruck:	12,5 atü
Heizfläche:	31,5, m^2
Rostfläche:	0,71 m^2
Besatzung:	4 Personen: 1 Schiffsführer, 1 Maschinist, 1 Heizer, 1 Decksmann

Quellen und Literatur:

Kopien von Akten aus folgenden Archiven und Behörden im LAROV HGW, Akte Herbert Tibow Erben, AZ: 06/93/005AW/021d:
- Landeshauptarchiv Schwerin;
- Landesarchiv Greifswald;
- Landkreis Uecker-Randow, Kreisarchiv, Pasewalk;
- Zentrales Ausgleichsamt Bayern, Außenstelle Bad Aibling.

Hansestadt Rostock, Denkmalliste der Hansestadt Rostock. In: Rathaus Intern Nr. 1/1993, Rostock 1993.

Schifffahrtsmuseum Rostock, Archiv, Kartei »Maritime Denkmale«.

Manfred Grunert: Die Technische Flotte der Bagger-, Bugsier- und Bergungsreederei Rostock 1945-1995. (= Schriften des Schifffahrtsmuseums der Hansestadt Rostock, Bd. 6). Rostock 2000.

Jürgen Kuhlmann: Hafenschlepper SATURN, Baujahr 1908. In: Modellbau heute, Heft 7, 1990.

Christian Ostersehlte: Von Howaldt zu HDW. 165 Jahre Entwicklung von einer Kieler Eisengießerei zum weltweit operierenden Schiffbau- und Technologiekonzern. Hamburg 2004.

Ronald Piechulek: Rostocks Maritime Denkmale. In: 777 Jahre Rostock. Neue Beiträge zur Stadtgeschichte. (= Schriften des Kulturhistorischen Museums in Rostock). Rostock 1995, S. 265-278.

Anmerkungen:

1 Schreiben LAROV HGW an das Schiffbau- und Schifffahrtsmuseum Rostock vom 17. Juni 2005. Dieser Entscheidung vorausgegangen waren langwierige Recherchen des Landesamtes zum Verbleib des in der DDR verbliebenen Eigentums der Antragstellerin Erna Tibow. Im Zuge dieser Recherchen stieß man in der Greifswalder Behörde auf den Schlepper des Rostocker Schifffahrtsmuseums. Hier konnte man dem Landesamt bestätigen, dass es sich um das gesuchte Schiff handeln könnte. Nach Abgleich aller vorliegenden Informationen ist nun davon auszugehen, dass es sich bei dem Rostocker Museumsobjekt um eines der Fahrzeuge aus dem Firmenbesitz des Herbert Tibow handelt.

2 Ich danke Frau Giese vom LAROV HGW für die Möglichkeit der Einsichtnahme in die betreffende Akte und das Anfertigen entsprechender Kopien.

3 Ostersehlte: Von Howaldt zu HDW, S. 283.

4 Im Stettiner Telefonbuch von 1938 wird die Firma Herbert Tibow mit »Personen- u. Schleppschiffahrt, Lastwagenfuhrbetrieb« bezeichnet. Um 1944 wurden ca. 25 Personen als Stammpersonal und ca. 35 bis 40 »unständige Hafenarbeiter« beschäftigt.

5 Zum Zeitpunkt der Zeugeneinvernahme am 8. April 1948 besaß Tibow nach Aussage eines ehemaligen Mitarbeiters noch drei Schiffe: *der* MARS *läuft in Saßnitz, der* SATURN *in Wollgast* [sic!]. *Wo der Kahn von 500 Tonnen läuft, ist mir nicht bekannt* (LHAS, Sign. 6.11-11, Nr. 3053).

6 Aus den Akten geht nicht hervor, seit wann und an wen Erna Tibow die Schiffe »verliehen«, d.h. verchartert hatte.
7 Die 1884 gegründete Stadtwerft Stralsund war der Rechtsnachfolger der »Schiffs- und Bootswerft Albert Dornquast & Sohn, Stralsund«. Die Werft befand sich zunächst auf dem Festland neben der Staatswerft. Nach dem Bau des Rügendammes und der Befestigung des ausgebaggerten Bodens hinter der Klappbrücke über den Ziegelgraben verlegte sie ihren Betrieb dorthin. Die Stadt Stralsund als Eigentümerin der neu entstandenen Flächen übergab das Gelände gegen Erbbaurecht an die Firma, die dort dann Hallen, Schuppen, Wohnbaracken sowie Brücken, Spundwände und Dalbenanlagen errichtete und zwei alte Slipanlagen wieder neu aufbaute. *Im April 1945 verlagerte der Besitzer den Betrieb unter Mitnahme verschiedener Werkzeuge und Maschinen, außerdem wurde der Betrieb geplündert.* Im Juni 1945 übernahm die Stadt Stralsund den Betrieb, der dann im April 1947 landeseigen wurde (Angaben aus dem Revisionsbericht vom September 1947, LHAS).
8 Ob es sich hierbei um die der Fa. Tibow gehörenden Stettiner Schiffe oder namensgleiche Fahrzeuge handelt, geht aus den Akten im LHA Schwerin nicht hervor.
9 Die NSDAP-Mitgliedschaft wurde übereinstimmend, allerdings von den von der Polizei einvernommenen ehemaligen Beschäftigten der Firma Tibow bestätigt.
10 Diese Tatsache wirft die Frage auf, ob nicht nur Erna Tibow, sondern auch die ehemaligen Angestellten der Fa. Tibow zusammen mit »ihren« Schiffen nach Neukalen gekommen sind.
11 SMAD = Sowjetische Militäradministration in Deutschland.
12 Es ist nicht klar, ob Tibow seine Firma wirklich jemals nach Stralsund verlagert und dort ein Gewerbe angemeldet hat. Die lokalen Adressbücher aus dieser Zeit und einschlägige Register im Stadtarchiv enthalten keine entsprechenden Einträge oder Hinweise.
13 Noch 1966 benutzte Tibow für seinen Schriftverkehr Briefbögen mit dem Briefkopf *Herbert Tibow Reederei.*
14 Die DSU wurde am 1. Oktober 1949 als volkseigener Transport-, Umschlag- und Lagerbetrieb gebildet. Sie hatte den Auftrag, den Personen- und Güterverkehr auf den Wasserstraßen der DDR sowie den Güterumschlag und die Güterlagerung durchzuführen. Außerdem erhielt die DSU das alleinige Befrachtungsrecht für die DDR-Binnenschifffahrt.
15 Nach den Fahrzeugzählungen wurden jeweils verschiedenfarbige Kennzeichnungen verteilt.
16 Mit einer Amtlichen Bekanntmachung wurde ab dem 26. März 1947 die Verwendung des Ausdrucks »Mecklenburg-Vorpommern« untersagt. Fortan waren nur noch die Bezeichnungen »Mecklenburg« oder »Land Mecklenburg« erlaubt.
17 WSD = Wasserstraßendirektion.
18 WSA = Wasserstraßenamt.
19 Dieser »Aufruf« erschien u.a. in der Tageszeitung »Der Demokrat« vom 22. Januar 1947.

Anschrift des Verfassers:
Dr. Peter Danker-Carstensen
Amberg 13
D-18055 Rostock

The Four Lives of a Steam Tug

Summary

In June 2005 the Hanseatic city of Rostock was informed by the "Landesamt zur Regelung offener Vermögensfragen Mecklenburg-Vorpommern" (Mecklenburg-Western Pomerania Regional Office for Settling Open Questions of Inheritance) in Greifswald that the steam-tug SATURN, which had been in a shipping museum for over 25 years, had been promised to the Munich-based heir of the person entitled to it because the latter had since died. This occurrence presented an occasion to examine the previous history of the vessel.

The tug was built in 1907 at the Hamburg Schiffswerft und Maschinenfabrik AG for the local shipping company of the Gebrüder Wulff, and was given the name GEBR. WULFF IV. It was a typical small tug of the type frequently used in harbours at that time.

Before World War II the tug was sold to Stettin. A ship-owner by the name of Herbert Tibow had purchased the vessel. In January 1945 the ships from the Tibow company were loaded with army cargo and sent off in a convoy to Lübeck. In Peenestrom, the ships were confiscated by

Soviet troops. The owner, Herbert Tibow, was subjected to severe political persecution after the war and fled to the Federal Republic in 1953. The tugboat, left behind in the German Democratic Republic, was expropriated without compensation.

In Stralsund the vessel belonged to the few operational units available to the newly founded GDR in its establishment of a technical fleet, and performed numerous tug rescue operations over several years in the Stralsund region.

From 1955 the state-owned Warnow shipyard in Warnemünde was legally in charge of the tugboat. The vessel spent several years there before being taken out of service in 1979, mostly as a support tug for the floating crane GREIF on the Lower Warnow and in the Warnemünde region. The tug was one of the last fully riveted, steam-driven vessels in the GDR. As a result, preservation of the tug for posterity and its inclusion in the exhibits of the Rostock Maritime Museum was almost an inevitable result of its decommissioning.

In its early years at the museum, the tug was kept alongside the traditional ship TYP FRIEDEN as a floating technological monument. In 1987 it had to be put on land for conservational purposes. Today, the steam-tug SATURN is still an impressive exhibit in the open-air section of the Rostock Maritime Museum.

Les quatre vies d'un remorqueur à vapeur

Résumé

En juin 2005, la ville hanséatique de Rostock fut informée par le «*Landesamt zur Regelung offener Vermögensfragen Mecklenburg-Vorpommern*» (Ministère du règlement des affaires en suspens du patrimoine du Mecklenbourg-Poméranie) à Greifswald que le remorqueur à vapeur SATURN, qui se trouvait depuis 25 ans au Schiffbaumuseum (Musée de construction navale) venait d'être rendu aux héritiers vivant à Munich de l'ayant-droit, entre-temps décédé, d'après la loi sur le règlement des affaires en suspens du patrimoine. Ceci fut l'occasion de se tourner vers l'histoire de l'embarcation.

Le bateau fut construit en 1907 sur le chantier naval de Hambourg, Hamburger Schiffswerft und Maschinenfabrik, pour la compagnie d'armement Gebrüder Wulff (Wulff Frères) et reçut le nom GEBR. WULFF IV. Son type de construction révèle qu'il s'agit d'un plus petit remorqueur portuaire typique, comme il en existait un grand nombre à cette époque dans les ports maritimes.

Bien avant la Seconde Guerre mondiale, le remorqueur fut vendu à Stettin. L'acheteur en était Herbert Tibow. En juin 1945, les embarcations de la compagnie d'armement Tibow, chargées de matériel de la Wehrmacht, se mirent en route vers Lübeck en convoi. Les navires furent confisqués à Peenestrom par les troupes soviétiques. Après la guerre, le propriétaire Herbert Tibow fut soumis à une continuelle persécution politique et décida pour cette raison de prendre la fuite en République fédérale. Le remorqueur abandonné en RDA fut exproprié sans dédommagement.

À Stralsund, le bateau faisait partie du peu d'unités encore en état de naviguer que la RDA avait à disposition pour monter une flotte d'assistance technique, et il fut en service des années durant dans le district de Stralsund, en tant que remorqueur et renfloueur d'épaves.

Depuis 1955, le chantier naval VEB Warnowwerft (*Volkseigener Betrieb* – en RDA, entreprise nationalisée) de Warnemünde était l'ayant-droit du remorqueur. Il y resta de nombreuses années jusqu'à sa mise hors service en 1979, la plupart du temps comme remorqueur-assistant de la grue flottante GREIF sur la rivière Unterwarnow et le district de Warnemünde. Le remorqueur était l'un des derniers navires totalement riveté et propulsé à la vapeur du secteur de l'économie maritime de la RDA. Sa mise hors service impliqua donc la conservation du bateau pour les générations futures et sa reprise par le Musée de la construction navale de Rostock en fut la conséquence logique.

Au cours des premières années muséales, le remorqueur fut entretenu comme un monument technique flottant, à côté du cargo de type «*Frieden*» de l'ex-RDA, le DRESDEN. Pour assurer sa conservation, sa mise à sec fut nécessaire en 1987. C'est encore aujourd'hui un objet impressionnant exposé en plein air au Musée de la construction navale de Rostock.